哲學的故事

The Story of

PHILOSOPHY

The Lives and Opinions of the Great Philosophers of the Western World

威爾杜蘭——著
林資香——譯

地球觀34

哲學的故事

跨世紀經典，
威爾杜蘭暢銷全球鉅作

The Story of Philosophy:
The Lives and Opinions of the Great Philosophers of the Western World

作　　者　威爾杜蘭 Will Durant
譯　　者　林資香

野人文化股份有限公司
社　　長　張瑩瑩
總 編 輯　蔡麗真
責任編輯　徐子涵
編　　輯　陳瑾璇
助理編輯　余文馨
行銷企劃經理　林麗紅
行銷企劃　蔡逸萱、李映柔
封面設計　井十二設計研究室
版型設計　洪素貞

出　　版　野人文化股份有限公司
發　　行　遠足文化事業股份有限公司（讀書共和國出版集團）
地址：231 新北市新店區民權路 108-2 號 9 樓
電話：（02）2218-1417　傳真：（02）8667-1065
電子信箱：service@bookrep.com.tw
網址：www.bookrep.com.tw
郵撥帳號：19504465 遠足文化事業股份有限公司
客服專線：0800-221-029
法律顧問　華洋法律事務所　蘇文生律師
印　　製　成陽印刷股份有限公司
初版首刷　2016 年 12 月
二版三刷　2024 年 02 月

ISBN 978-986-384-615-4（平裝）
ISBN 978-986-384-619-2（EPUB）
ISBN 978-986-384-616-1（PDF）

國家圖書館出版品預行編目（CIP）資料

哲學的故事 / 威爾杜蘭 (Will Durant) 作 ; 林資香譯 . -- 二版 . -- 新北市 : 野人文化股份有限公司出版 : 遠足文化事業股份有限公司發行 , 2021.12
　面；　公分 . --（地球觀 ; 34）
譯自 : The story of philosophy : the lives and opinions of the great philosophers of the Western world
ISBN 978-986-384-615-4(平裝)

1. 西洋哲學史

140.9　　110017536

野人文化
官方網頁

野人文化
讀者回函

哲學的故事

線上讀者回函專用 QR CODE，你的寶貴意見，將是我們進步的最大動力。

目錄

導讀：哲學之用大無哉　南方朔　013
推薦序：哲學思想烹飪學　范疇　017
給讀者的話　020
再版序言　021
引言：哲學的用途　028

第一章
柏拉圖 PLATO
I 柏拉圖的時代背景　034
II 蘇格拉底　038
III 柏拉圖的醞釀與準備　046
IV 道德問題　050
V 政治問題　053
VI 心理問題　056
VII 心理解決方案　058
VIII 政治解決方案　066
IX 道德解決方案　072
X 對柏拉圖的批評　074

第二章
亞里斯多德與希臘科學 ARISTOTLE AND GREEK SCIENCE
I 亞里斯多德的時代背景　082
II 亞里斯多德的成果　086
III 邏輯的基礎　091
IV 科學的組織架構　095
1.亞里斯多德以前的希臘科學
2.身為自然主義者的亞里斯多德
3.生物學的基礎
V 形上學與上帝的本質　103
VI 心理學與藝術的本質　106
VII 倫理學與幸福的本質　109
VIII 政治學　114
1.共產主義與保守主義
2.婚姻與教育
3.民主政體與貴族政體
IX 對亞里斯多德的批評　124
X 晚年及死亡　128

第三章

法蘭西斯・培根 FRANCIS BACON

I 從亞里斯多德到文藝復興 132
II 法蘭西斯・培根的政治生涯 141
III 培根散文集 145
IV 偉大的復興 153
1.學術的進展
2.新工具論
3.科學的烏托邦
V 對培根的批評 173
VI 結語 178

第四章

斯賓諾沙 SPINOZA

I 歷史與傳記 182
1.猶太人的奧德賽
2.斯賓諾沙的教育
3.逐出教會
4.退隱與死亡
II 關於宗教與國家的論述 197
III 智識的提升 200
IV 倫理學 203
1.自然與上帝
2.物質與心智
3.理性智慧與道德
4.宗教與不朽
V 關於政治的論述 224
VI 斯賓諾沙的影響 231

第五章 伏爾泰與法國啟蒙運動

VOLTAIRE AND THE FRENCH ENLIGHTMENT

I 巴黎：伊底帕斯王 236
II 倫敦：英國書信集 244
III 西雷：浪漫史 247
IV 波茨坦與腓特烈大帝 253
V 幸福園：論道德 258
VI 費爾尼：憨第德 262
VII 百科全書與哲學辭典 270
VIII 摧毀不名譽者 275
IX 伏爾泰與盧梭 284
X 結局 290

第六章 伊曼努爾・康德與德國的唯心論

IMMNUEL KANT AND GERMAN IDEALISM

I 通往康德之路 296
1.從伏爾泰到康德
2.從洛克到康德
3.從盧梭到康德
II 康德本尊 304
III 純粹理性批判 308
1.先驗感性論
2.先驗分析論
3.先驗辯證論
IV 實踐理性批判 318
V 關於宗教和理性 321
VI 關於政治與永恆和平 324
VII 對康德的批評與評價 328
VIII 簡述黑格爾 334

第七章

叔本華 SCHOPENHAUER

I 叔本華的時代背景 342
II 叔本華其人 345
III 表象的世界 351
IV 意志的世界 355
1. 生存的意志
2. 繁殖的意志
V 邪惡的世界 366
VI 生命的智慧 373
1. 哲學
2. 天才
3. 藝術
4. 宗教
VII 死亡的智慧 384
VIII 對叔本華的批評 387

第八章

赫伯特・斯賓塞 HERBERT SPENCER

I 孔德與達爾文 396
II 斯賓塞的成長與發展 400
III 第一項原則 409
1. 不可知者
2. 進化論
IV 生物學：生命的進化 416
V 心理學：心智的進化 419
VI 社會學：社會的進化 422
VII 倫理學：道德的進化 430
VIII 對斯賓塞的批評 437
1. 第一項原則
2. 生物學與心理學
3. 社會學與倫理學
IX 結論 443

第九章

弗里德里希・尼采

FRIEDRICH NIETZSCHE

I 尼采的思想脈絡 448
II 青少年時期 450
III 尼采與華格納 455
IV 查拉圖斯特拉之歌 462
V 英雄的道德 469
VI 超人 475
VII 衰敗 479
VIII 貴族政體 483
IX 對尼采的批評 489
X 終曲 496

第十章

當代歐洲哲學家：柏格森、克羅齊及伯特蘭・羅素

CONTEMPORARY EUROPEAN PHILOSOPHERS

I 亨利・柏格森 500
1.對抗唯物論的反叛
2.心智與大腦
3.創造進化論
4.對柏格森的批評
II 貝內德托・克羅齊 517
1.克羅齊其人
2.精神哲學
3.美是什麼？
4.對克羅齊的批評
III 伯特蘭・羅素 527
1.邏輯學家
2.改革者
3.後記

第十一章

當代美國哲學家：桑塔耶那、詹姆斯及杜威

CONTEMPORARY AMERICAN PHILOSOPHERS

引言 538

I 喬治・桑塔耶那 540

1. 生平
2. 懷疑主義與動物信仰
3. 理性科學
4. 理性宗教
5. 理性社會
6. 評論

II 威廉・詹姆斯 560

1. 其人
2. 實用主義
3. 多元論
4. 評論

III 約翰・杜威 571

1. 教育
2. 工具主義
3. 科學及政治

結語 580

詞彙表 582

《哲學的故事》中英對照索引表 586

一導讀一

哲學之用大無哉

哲學的定義是「愛智之學」，但這個簡單的定義，卻使人們經常愈搞愈迷糊。因此歷代都有很多偉人，對哲學和哲學給予各種不同的比喻。例如愛國著名哲學詩人波普（A. Pope）就說：「哲學家和朋友，是我的人生指針。」英國文豪米爾頓（John Milton）是個有神論的詩人及自由哲學家，他對自由哲學非常虔誠，他說：「深刻的哲學，有如聆聽阿波羅魯特琴的神音。」

但哲學的發展乃是人類文明發展的一部份，隨著文明的開展，人類由蒙昧而被啟蒙，由迷信而到科學理性，由神學專制而到俗世自由，哲學發展也由人際為主的倫理學、形上學、政治哲學、認識論，一路走到今天的後現代主義哲學。於是古典時代以人為主的哲學，遂發展成以哲學家為本的專技哲學，到了近年來，由於個人主義愈走愈極端，而個人都自以為是，說好聽的就是自由的極大化，說得不好聽，那就是穩定的秩序愈來愈稀薄。在這個新的時代，各種懷疑論大盛，什麼是真、什麼是假都亂了套。當一個時代，若人人都認為自己有知，那就是集體的無知，近代各種民粹主義大盛，有人已稱近代為新的反智時代，今天的時代場景就讓人想到蘇格拉底面對民粹主義而甘願殉道的時代，也想起羅馬哲學家西塞祿為了反專制而寧願犧牲自己的偉大傳奇。

我從初中開始，就是個文青，但並非所謂的文藝青年，而是廣義的文、史、哲青年，雖然後來的求學與文、史、哲無關，但業外讀書則和文、史、哲從無間斷，而且自認已到了相當專業的程度，因為長期關注哲學的發展，所以多少有了一得之愚：

一、哲學是個開闊的領域，它沒有被定格，永遠關注人與事物的根本問題，而且強調廣泛的會通。由於時代巨變，哲學關注的面向也一直流動不居，它從「認識自己」這個起點發源，然後擴及人際、社會國家，以及人和自然世界。而對內則收縮到人的心理與認知判斷，和對美感的認知。所以萬事萬物都有哲學這個面向，具有哲學思考傾向的人，他必定能會通有無，敢於提問根本的問題，所以有哲學思考傾向的人必定是個敢於質疑的人，能夠對基本問題質疑，始能成其大。所以人類知識的進步，背後都是有無數具有哲學思維的心靈在推動。因此讀哲學看似無用，但其實卻是有大用，哲學心靈是推動文明的那個巨輪。我曾指出，今天創新之口號被叫得震天價響，但沒有哲學思維能力，創新即無可能。

二、哲學經過四百年發展，它已成了一個專門學科。這乃是知識的專業化，這是任何學術發展的必然，但當它成了一門專業，就容易被學者定型，尤其是近代哲學常會被時代左右，難免倚重倚輕，或者成為神學的婢女，或者成為科學的信徒，哲學發展過程中那種原生的活力就會被稀釋，這時候我們自讀哲學，就會局限在許多繁瑣的術語和定義裡，而忘了哲學發展過程中原生的智慧活力，我讀過許多專業的哲學著作和哲學史，有些著作的確條理井然，但卻少了智慧的魅力和衝勁，許多知識會在專業化的過程中失掉一些重要的東西。

三、哲學的發展到了近代，由於社會的變化更加具有約制力，社會的氛圍更容易一窩蜂，使大家趨同，特別是在這個媒體及網路發達的時代裡，更容易眾聲喧譁、諸神交戰，人類社會以相對主義掛帥，人類對真實已不再執著，最新的術語是「後真實」（Post-truth），各式各樣的「論述」（Discourse）正取代了真實的探究與執著，哲學已被人視為一個衰老的知識。前幾年各種死亡論被人提出，他們說「文學死亡」、「藝術死亡」、「哲學死亡」，這種心態反映的其實就是人心的徬徨無依，也是一種新的虛無。

也正因此，我遂主張現在應該到了「哲學復興」的時候。但「哲學復興」，使人重燃對哲學的好奇與興趣，卻非易事。最重要的是必須有好的哲學讀本，要能以生動活潑的言詞，重現以前哲學活潑的場景，它不能太學究化，而應生動的講述哲學的人、事、地、物等故事。哲學的故事不能是哲學史教科書，教科書只會挫折掉人們對哲學的好奇，哲學起源於好奇，哲學的復興也有賴這種好奇心的掘發。重新使人燃起對綜合智慧的追求意願。我對近代英國工業革命非常好奇，但讀了牛頓後，英國皇家學院會長班克斯（Joseph Banks）這個博物學者及探險家的貢獻及生平故事、英國的第二次工業革命就生機活潑的呈現無遺。讀故事的妙用，遠勝於正規的教科書，與其讓人讀哲學史，不如教人去讀精彩的哲學故事書。

而若要論哲學的故事，則世人無疑的要推威爾．杜蘭在將近一百年前所著的那本巨著。《哲學的故事》為迄今為止最好的一本著作。威爾．杜蘭自己就學富五車，他著作等身，他寫的《文明的故事》早已膾炙人口，他寫的《哲學的故事》在全世界也有無數的讀者，這本巨著早已有了中文譯本，許多人都是受他的啟蒙而長大的。《哲學的故事》由於卷帙龐大，我只能以一個後學者的身份，表示我的讀後感以示我的感激與推崇。我們感謝他，是他能幫我們在這個昏暗不明的世界打開了一扇窗，使我們得以窺見智慧的殿堂。智慧是人生的修行，它需要有人帶路，而威爾．杜蘭就是偉大的帶路人。

西方哲學的系統學說法，是起源於前蘇格拉底時代，那是個好奇與玄想的時代，但人們對如何表述自己已有相當的能力。這種對世界根本問題探究的意願，終於在蘇格拉底、柏拉圖、亞里斯多德三個哲學巨人手中打開了哲學的大門。古典的人性論、政治論，以及自然科學論，甚或美學論，這些都是永恆的課題。即使到了今天，柏拉圖的《共和國篇》以及亞里斯多德的政治分析，都是我的案頭書之一。這顯示智慧並無老舊，老的智慧可能直到永遠，而許多所謂的新，可能也只是曇花一現。

而威爾．杜蘭所著的《哲學的故事》，最傑出的部分，乃是他以偉大哲學家的生平為經，他們的哲學主張和時代的關係為緯，如此經緯交織，整個哲學的發展遂能脈絡清晰，使人不至於跑進哲學術語之海中，反而抓不到百個哲學家的要旨，以及它對世界的影響與貢獻。而最可貴的，乃是威爾．杜蘭本人就是個博達君子，他對各家哲學都有深刻的理解，而且多讀原典，並能適時的引錄，拉近了哲學原典與人的距離。因此這部《哲學的故事》既是哲學的故事，也是哲學原典評論，在輕鬆中有它的深刻性。威爾．杜蘭已替哲學創造了一種與人有關的新文體。而且對每個哲學家，他在最後都有扼要的評點。這是談論哲學問題最難的部分，不是有大學問的人，不可能有這樣的境界。

我們也知道，美國是個以基督新教為主的國家，而且美國的世俗性極強，所以威爾．杜蘭在他的《哲學的故事》裡，在亞里斯多德後，就立即跳到英國的經驗主義者法蘭西斯．培根，為時久遠的經院哲學、後羅馬時代的神學，以及後來的美國神學，都輕輕帶過，或是根本就沒有觸及，對於這種故意的忽略，不能說不是一種缺憾。美國是個神學信仰極為頑強的社會，神學信仰能影響美國國民行為，以及內政外交，因此威爾．杜蘭對哲學中極為重要的神學漏而不提，可能是個重大缺憾。近年來我對美國神學相當重視，而威爾．杜蘭對神學這個版塊卻不碰觸，這可說是該書的故意遺漏。

威爾．杜蘭的《哲學的故事》定稿於一九二六年。距今已將近百年。在這段時間裡，更多的哲學又有了巨變，在精神哲學和社會哲學上有存在哲學，在知識論上有邏輯實證哲學和語言哲學，在本體論上有現象學，接著又有所謂的後殖民主義以及後現代主義、女性主義，在細部的哲學上又有虛無主義、新馬克斯及後馬克斯主義。在廿世紀後半期到廿一世紀，是哲學分工高度繁衍的時代，這乃是哲學過動的時代，人們就算跨步直進，也覺得相當乏力，但這麼多的哲學滋生，它的智慧稠密度卻似乎遠遠不及從前。這些以後的發展，當然不在《哲學的故事》的範圍內，這都將是《哲學的故事》外一章，有待於來茲。

哲學的故事發展長久，而我最喜歡的仍是啟蒙時代的古典哲學。它強調智慧的會通，強調知識的聲音，能由小見大，由少見多，當人們對智慧有企圖心，那樣的智慧就有較大的稠密度及含金量，而不只是知識的一種炫耀物。哲學的可貴，乃是它能厚植人間智慧，尋找到生命新向度，這乃是哲學對我們的啟發！

南方朔（作家、評論家）

哲學思想烹飪學

—推薦序—

買了這本書，千萬不要試圖一次從頭讀到尾。第一、它有五百多頁，犯不著如此挑戰自己。第二、三千年的西方哲學思想，你如果有本領一次吸收，那你比這本書中提到的任何一位哲學家都要厲害；當然這不代表不可能，但是，機會不大：-)

杜蘭把書取名為「哲學的故事」，意思就是，這裡面有很多故事。因而，讀這本書的最好辦法，就是隨便翻到某一節，找到吸引你眼球的故事或人物事蹟，因為只有當你對一個人物發生興趣，你才會對他的哲學產生興趣，而興趣是一切學習之母。

然後，你會遇到一些深奧的哲學名詞和道理，但這個時候因為你已經對故事產生了興趣，再往前一個章節回溯，你將發現，那些深奧，其實背後有著更為樸素的渴求。一直往前推到頭，這一路風光下來，你才知道，哲學的源頭，原來就是最樸素的對生命的渴求。除非你對生命不渴求，對種種疑惑不好奇，否則你也可能變成哲學家。

故事，就要有脈絡。杜蘭的厲害就在於，他給了你思想和環境互動的脈絡。脈絡就是時空，杜蘭不但告訴你哲學思想的歷史背景，有時甚至告訴你它的地理背景。例如，為什麼西方哲學的源頭在希臘？因為希臘所處的地理形狀，就像一只打碎了的玻璃杯，碎片四散，而雅典就是聯繫各個碎片的那一塊，吸引了各個碎片內產生的人物和思想，在雅典城邦內多元匯總沖擊。

你知道蘇格拉底喜歡用辯論的方式追求真理而被判死刑，但是你知道他是被民主制度處死的嗎？是的，因為他愛說別人不喜歡聽的話，因而在強大的輿論下被一人一票判決死刑。歷史教科書告訴我們，民主制度的源頭在雅典，但是忘了提，單單一人一票的制度並不能保障公義和言論自由。杜蘭沒忘記，這對我們是否也有些啟示呢？

讀這本書，你會遭遇到所有過去你看到就頭皮發麻的哲學概念，什麼認識論、唯心論、唯物論、本體、屬性、上帝、道德、公義、範疇、邏輯、絕對理性、存在、意識……再說下去你又得發麻了。但，杜蘭給你脈絡、給你人物，甚至給你幽默，讓你更容易看到議題的本質。

舉一個讓我看了哈哈大笑的例子。伏爾泰和盧梭被後世供奉為激起法國大革命的哲學推手，而伏爾泰本人也因為言論而被關入巴斯底監獄兩次。杜蘭在書中說了一個故事：有人問伏爾泰，從一千多年前的希臘時代以來，哲學家就對民主體制、權貴代議體制、君王體制這三種政府的優劣辯論不休，究竟哪一種才是最好的呢？伏爾泰回答說，這還不簡單，人在窮困的時候一定贊成民主體制，而一旦有錢了就一定支持權貴代議體制，但一旦有權了就堅持君王體制，君王體制往往最後勝出，因為其他兩種人都被辦掉了。

你說，這對今天你看到的世界是不是很有啟發性？

杜蘭花了極大的篇幅介紹伏爾泰和他同代人的哲學思想，並且和前一代、後一代的哲學思想聯繫起來，但杜蘭沒忘記說故事。他說伏爾泰可以用不敬的大笑聲擊敗一切敵人，有一次伏爾泰在公開場合對某貴族不敬，貴族礙於身份，只能事後派流氓去痛打伏爾泰一頓，但是吩咐完畢後又加了一句：別打他的頭，他的腦袋將來還能出點好東西。於是，伏爾泰只被打斷了腿。

東方人接觸西方哲學只有兩百年，還消化不了人家兩千多年的累積。台灣就距離西方哲學更遠了。因此，台灣社會雖然現在民主自由琅琅上口，科學精神、公平正義張口就來，但是許多時候只是「拿來主義」，對西方哲學如何從最樸素的追求真善美，一步一步嚴謹的走到今天的歷程並不清楚。杜蘭這本書，可以彌補這一段空缺。

這本書，若換一個方式來形容，可以稱之為一本「西方哲學思想的食譜」，或者「哲學思想烹飪學」，它告訴你各種哲學思想的材料是哪些概念，然後用邏輯告訴你思想的烹飪過程。台灣人好美食，但多半是到餐廳吃現成的，這本書等於是把你帶進米其林三星餐廳的廚房，讓你有機會親自看到大廚如何選料、如何下刀、如何烹調。但是這過程中你得用腦，才能體會出最後舌尖上產生的的那一點感覺是如何的不容易。

請記得，這本書不要死讀，要翻著讀，抓到你喜歡的人物，然後在杜蘭提供的時空脈絡下，體會這個人物的哲學。讀不懂的概念，先放一邊，日後再咀嚼，杜蘭寫了三千年的內容，我們花三年來捕捉並不過份。

范疇（作家、評論家）

於台北

給讀者的話

本書並非完整的哲學歷史，只是藉由把思辨思想的故事集中於深具主導性的特定人物身上，嘗試將知識人性化。因此，次要的特定角色會被略過不述，以便可以有足夠的闡述空間來發揮，讓那些被選上的人物鮮活起來；是故，對於半傳說式的前蘇格拉底時期、斯多葛學派與伊比鳩魯學派、經院哲學學者以及認識論者的闡述皆不甚充足。作者深信，認識論綁架了現代哲學，幾乎可說是徹底毀了它；因此作者希望在此之際，知識過程的研究可以被視為心理科學的範疇，哲學可以再度為人所理解為一切經驗的綜合解讀，而非經驗本身方式與過程的分析描述。分析屬於科學，可給予我們知識，然而哲學必須提供我們的是智慧所綜合之大成。

作者想在這裡記下一筆他永遠無法償還的債務。他所虧欠的奧爾登．弗里曼（Alden Freeman），不但提供他教育、旅行，更賦予他高尚而深受啟迪的生命之靈感。但願這位最好的朋友可以在這些書頁中——雖然並非主要之作，也不盡完美——瞥見若干或許不負其慷慨大度與深厚信念之微弱光芒。

威爾．杜蘭（Will Durant）

紐約，西元一九二六年

為本書致歉

—再版序言—

I

我的出版商要求我趁這次《哲學的故事》（The Story of Philosophy）再版的機會，討論「綱要」這個一般性問題，並仔細思考這本書的若干缺點與不足之處。我很高興有這個機會可在此表示我的感謝之意，並僅能以薄弱的文字表達我的感激之情——對於美國民眾願意接受這本尚有許多缺失的書，我深深感受到他們對我的寬宏大量。

這份「綱要」，果真是千呼萬喚始出來。人類知識已然龐大到無法駕馭，每一門學科又可衍生出十幾門另外的學科，一門比一門來得更加精細：望遠鏡揭露了人類心智無法計數編號或說出名稱的星辰與星系；地質學說出了數百萬年的奧祕，而人類曾經以為只有數千年的歷史；物理學在原子之中發現了一個宇宙，生物學則在細胞之中發現了另一個宇宙的縮影；生理學在每個器官中、心理學在每個夢中，都發現了無窮盡的奧祕；人類學重建了出人意料之外的古蹟遺物，考古學發掘出被埋葬的城市與被遺忘的國家；歷史證明了所有的歷史謬誤，描繪出一幅只有史賓格勒或愛德華．麥耶（Eduard Meyer）能綜覽全局的畫布；神學分崩離析，政治理論四分五裂；發明使生命與戰爭更形複雜，經濟信條顛覆了政府、燃燒了世界；至於哲學，曾經召喚所有學科在塑造世界的一致形象以及良善的誘人憧憬上助其一臂之力，但發現它的協調任務著實過於巨大，遠超過它那令人敬佩的勇氣，於是從真理的前線落荒而逃，躲進深奧狹窄的巷弄之中，膽怯地把自己穩當擺在探索生命的議題與責任之中。人類知識對人類的心智來說，已然過於浩瀚而龐大。

於是剩下來的，只有科學的專家了。他們「對愈來愈少的事物了解得愈來愈多」，而哲學的思辨者，則是對愈來愈多的事物了解得愈來愈少。這些專家戴上眼罩以便遮住全世界，讓他們的視線只集中在一小個焦點，可以把鼻子黏在上頭、專心地觀察；於是，他們失去了整體的觀點以及對全局的洞察。「事實」取代了理解，知識分裂成成千上百個孤立、分離的片段，不再有智慧的產生。每一門學科以及每一個哲學的分支，都發展出唯有它自己的信徒才能理解的專門術語；於是，人類對這個世界了解得愈多之後，卻發現他們比以往更無法對博學多聞的同胞們表達自己學到了什麼。生命與知識之間存在的鴻溝愈來愈寬，統治者不了解思考者，想知道的人不了解已經知道的人；在前所未見的學識當中，無知盛行且蓬勃發展，其佼佼者甚至被選來統治世界上最偉大的城市。就在科學受到史無前例的資助與推崇時，每天都有新的宗教誕生，古老的迷信不斷捲土重來。民眾發現自己被迫在科學的祭司與神學的祭司之間作出抉擇：前者咕噥著晦澀難解的悲觀主義，後者叨絮著難以置信的希望美夢。

在這種情勢下，專業教師的作用顯而易見，也就是在專家與國家之間居中斡旋：去學習專家的語言，如同專家去學習自然的語言，以便打破知識與需求之間的障礙，為新的真理找出舊有的用語，讓所有受過教育、具備基本讀寫能力之人都能夠理解。因為，知識如果在溝通方面變得過於龐大而沉重，它將會退化成為經院哲學，也難以為當權人士所接受；人類將會陷入一個信仰的新時代，只可遠觀崇拜他們的新祭司；而原本仰賴教育無遠弗屆的傳播而自我提升的文明，將會在技術性的學識基礎上搖搖欲墜，藉由不斷產生的大量專業術語得以與世隔絕，最後為深奧難解的階級壟斷。無怪乎，當詹姆斯・哈維・羅賓遜（James Harvey Robinson）呼籲消除這些障礙並人性化現代知識時，全世界都為他鼓掌叫好。

II

第一份「綱要」，也是首度對知識的人性化所做的努力，就是柏拉圖的《對話錄》。學者行家或許知道這位大師曾經寫過兩套的作品，一套是為了學院的學生而寫，用的是技術性的專門術語；另一套是為了吸引一般教育程度的雅典人，讓他們得以親近哲學這項「寶貴的樂趣」，所以是用大量的流行對話而寫。柏拉圖似乎並不認為將哲學轉化為文學、以戲劇的方式及優美的風格來實現它，是有辱哲學的做法，或是以易於理解的方式將哲學應用於道德與國家活生生的問題上，會有損哲學的尊嚴。事實上，以歷史的幽默感來說，他那套技術性的作品早已失傳，流傳下來的是平易近人版的《對話錄》；以歷史的反諷來說，反倒是這些親民的對話，讓柏拉圖在哲學界享有無人可及的聲譽與地位。

然而對我們來說，綱要的濫觴可說是始於赫伯特．喬治．威爾斯（H．G．Wells）。歷史學家們不太知道該拿《世界史綱》（The Outline of History）這本書怎麼辦，夏皮羅教授（Professor Schapiro）形容它充滿錯誤，是一種自由教育；沒錯，它跟涵蓋範圍廣大的任何書籍一樣，勢必會有許多錯誤，但它是一項激勵人心的驚人成果。威爾斯在新聞工作上的天賦，使該書不但與邁向國際和平的運動緊緊相扣，並且成為「教育與災難間競賽」的重要團隊。正因為沒人想要災難，所以每個人都買了這本書；歷史變得熱門了起來，歷史學家卻拉起了警報——現在，他們都必須寫得跟赫伯特．喬治．威爾斯一樣有趣才行。

說來奇怪，有兩個人的確做到了這一點。芝加哥及埃及的布雷斯特德教授（Professor Breasted）修訂並改進了一本老舊的教科書，羅賓遜教授（Professor Robinson）也做了同樣的事。一間深具創新精神的出版公司於是把他們的著作集結成可觀的兩冊，並且取了一個令人著迷的書名《人類探險》（The Human Adventure），出版了有史以來最佳的綱要與闡述的傑作，跟德國人一樣地權威可信賴，跟高盧人（Gaul）一樣地清楚不含糊。至今，在這兩位教授的領域中，尚無其他書籍能夠與之匹敵。

在此之際，亨德里克．威廉．房龍（Hendrik Willem van Loon）也在這塊相同的領域中毫不費力地攻城掠地，一手文筆、一手畫筆，兩眼閃爍著一抹光芒；他將尊嚴完全置之度外，出了名的愛開玩笑。他用笑聲駁斥了數個世紀，以圖畫及微笑表明他的道德。大人們為他們的孩子買了《人類的故事》（The Story of Mankind），結果自己卻偷偷地閱讀了起來。這世界開始以不怎麼體面的方式了解了歷史。

於是，門外漢的胃口被餵養得愈來愈大。在美國就有上百萬沒念過大學的男男女女，渴望對歷史與科學加以探索；即使是那些上過大學的人，也都表現出對知識的適度渴求。當約翰．梅西（John Macy）出版《文學的故事》（The Story of the World's Literature）時，許多人都欣然接受它是在文學這個迷人的領域當中，一本親切友善、深具啟發的全面性概論。而當《哲學的故事》問世時，它有幸能夠搭上這波民眾好奇心正在大漲的浪潮，因而被提升至一種夢想不到的受歡迎程度。讀者赫然發現，原來哲學這麼有趣——因為正確說來，哲學攸關生死；口耳相傳的結果，這本原為少數人所寫的書，很快就成了被讚揚、購買、甚至偶爾被閱讀的一種流行。從各方面來說，這本書是如此地成功，以致於沒有任何曾經嘗過這種成功滋味的作者，能夠奢望自己再經歷一次。

接下來，這股浪潮開始氾濫成災。一個綱要緊接著另一個綱要而至，一個故事也緊跟著另一個故事問世；科學、藝術、宗教及法律都各有其速記員，連貝克（Bekker）輕薄短小的文章，都被熱切地改造成《宗教的故事》（The Story of Religion）。一位作者在一本書中創作出一套囊括所有知識的綱要，從而使得威爾斯、房龍、梅西、斯洛森（Slosson）、布雷斯特德及其他作者顯得多餘；民眾的胃口很快就飽足而厭膩了，評論家與學者教授們也抱怨這些作品膚淺又草率，一股憤恨不滿之情蠢蠢欲動地潛伏著，從最後一本綱要擴大蔓延到第一本綱要。隨著這股暗潮迅速地洶湧而來，流行的風向轉變了；沒有人敢再嚷嚷要人性化知識。現在，譴責綱要式的書籍成了建立關鍵聲譽的康莊大道；以一種微妙的優越感談論任何可被理解的非小說類書籍，遂成為一種風格，於是，文學領域中假內行的虛榮運動就此展開。

III

許多的批評公允得令人不快。《哲學的故事》以往曾經充滿了缺憾與不足，現在也是。首先，它並不完整；完全無視經院哲學的存在實在是一項膽大包天的惡行，只有某些人在學校及神學院中受夠了它、把它當成變相的神學而非誠實的哲學般憎恨，才會原諒如此嚴重的冒犯。在某些情況下（叔本華、尼采、斯賓塞、伏爾泰），姑且不論它們的長度，對於學說的闡述的確比在哲學的大部分歷史中更為完整。本書也的確開宗明義地向世人宣告：

本書並非完整的哲學歷史，只是藉由把思辨思想的故事集中於深具主導性的特定人物身上，嘗試去將知識人性化。因此，次要的特定角色會被略過不述，以便可以有足夠的闡述空間來發揮，讓那些被選上的人物鮮活起來。（〈給讀者的話〉）

儘管如此，本書的不完整性仍然存在。而在所有的罪過中，最嚴重的一項（雖然評論家似乎並未注意到）就是對於中國與印度哲學的疏漏；即使是一個始於蘇格拉底的哲學「故事」，隻字未提到老子（Lao-tze）與孔子（Confucius）、孟子（Mencius）與莊子（Chwang-tze）、佛陀與商羯羅（Shankara），仍然是偏狹而不完整的。[1]至於**故事**這個字眼，雖然現在已經被如此地濫用，會選擇用它，部分是為了指出本書的記載所關心者，主要是更為不可或缺的重要哲學家，而部分則是為了傳達一種見解，說明思想的發展本為一種傳奇的故事，跟歷史上任何的傳奇故事一樣激勵人心。

但是對於認識論的忽視，本書並不準備為此致歉。這門令人沮喪的陰鬱學科，已經在康德那一章得到應有的對待；在那四十頁中，讀者已應邀仔細思考感知之謎。這一章應該會使年輕的博學之士龍心大悅，因為它距離晦澀難解僅咫尺之遙。（然而，一位在美國中西部大學任教的教授卻捎來訊息，他說自己已經教了十五年的康德，直到讀了基本的這一章，才了解康德的意義）對其他人來說，這本書難以親近地暗示了知識的過程只是哲學的許多問題之一，這個單一的問題不適合吸納關注——顯然學者專家與德國人已經慷慨地投注了過多的關注於其上；它那令人厭煩的剝削與利用，得為哲學的衰微負大半責任。法國人從來沒屈服於認識論的一時狂熱而排除道德、政治、歷史與宗教哲學；時至今日，甚至連德國人都已經從中甦醒、恢復了過來。聽聽凱塞林（Keyserling）這麼說：「哲學基本上是智慧綜合大成中的科學實現……認識論、現象論（phenomenology）、邏輯學等，無疑是科學重要的分支。」（確實如此，它們是科學的分支，就像化學或解剖學。）「然而正因如此，罪不可逭的是對這種充滿生氣的綜合體之感覺就此消失。」（《創造的智慧》（Creative Understanding），紐約，西元一九二九，第一二五頁）這是一個德國人所說的話，一位宛如丹尼爾（Daniel）般公正審判者所做的判斷。史賓格勒描述早期的中國哲學家直至孔子，他說他

1《世界文明史》（The Story of Civilization）的第1卷將試圖彌補這一疏漏之憾。

們是「政治家、統治者、立法者，就像畢達哥拉斯與帕梅尼德斯、霍布斯與萊布尼茨……他們都是堅實的哲學家，對他們來說，認識論就是現實生活中的重要關係之知識。」（《西方的沒落》（Decline of the West），第一卷，第四十二頁）毫無疑問，如今的認識論在德國已然瀕臨垂死，因此它被輸出到美國，作為民主贈禮的一項合適回報。

中國哲學家不僅反對認識論，甚至對延伸的形上學都有一種近乎法國式的蔑視。沒有任何年輕的形上學家願意承認孔子是一位哲學家，因為他不但對形上學幾乎隻字未提，對認識論說得更少；他是跟斯賓塞或孔德一樣的實證主義者，關注之事永遠是道德與國家。更糟的是，他的哲學很不光彩地讓人很容易就可以理解；對哲學家來說，再沒有比這一點傷害更大的事了。然而，我們「現代人」已經如此習慣於哲學中空談的冗詞與廢話，以致於當哲學的呈現沒了這些廢話時，我們反而認不出它的面貌了；顯然我們必須為歧視晦澀難解而付出代價。

本書還嘗試以幽默感的調味來為內容增添若干風味，不只是因為智慧倘若把歡樂嚇跑就不明智了，更是因為來自洞察力的幽默感與哲學密不可分，兩者互為對方的靈魂。但是，這顯然又會使學者專家大大不悅，再沒有比這本書的微笑對他們傷害更大了。對政治家與哲學家來說，幽默感的名聲顯然是場災難，德國人不會原諒叔本華寫的萬茲曼故事，也只有法國人能認可並賞識伏爾泰的機智與才華背後的深度。

我相信這本書從來沒有誤導過讀者，讓他們以為讀了它之後，就可以在一夕之間變成哲學家，或是讀了這些哲學家的故事之後，就可以拯救自己免於煩惱憂慮或是聲色之娛。上帝知道，通往知識的道路沒有捷徑；花了四十年的時間尋求知識，一個人會發現「真理」仍然朦朧不清，它展現的是自己最令人難堪而困窘的一面。與其立志成為哲學家的替代品，本書寧可明確地把自己定位成入門介紹及提出邀請的角色；它大量地引用哲學家，以便在閱讀結束時，讓他們的餘韻尚可繞梁三日、不絕於耳；它一再敦促讀者去詳參原文（譬如告訴大家這句話在原書第二二、六七、一二一、二八九、三三一、四二五、四三八頁），並且也提醒告誡他們，只讀其中一本是不夠的。參見第二〇四頁的內容：

> 斯賓諾沙的作品不是用來讀的，而是用來研究的。你必須像對付歐幾里德一樣去對付他，意識到在這短短的兩百頁之中，這個人宛如斯多葛派般去蕪存菁、略去一切贅述，寫下他畢生的思想。別以為快

速瀏覽過這本書，你就可以找出它的精髓要義……不要馬上就把整本書一口氣讀完，而是要分成許多次、每次讀上一小部分；讀完之後，要知道，你才剛開始認識它而已。接下來讀些評論專著，像是波洛克的《斯賓諾沙》或是馬蒂諾的《解析斯賓諾沙》，或者更好的是，兩本都讀。最後，再讀一次《倫理學》，它看起來將會是煥然一新的一本作品。而當你第二次讀完它時，你將永遠成為哲學的愛好者。

得知《哲學的故事》出版之後，哲學經典叢書竟提升了百分之兩百的驚人銷售量，著實令人感到欣慰。許多出版商都發行了這些叢書的新版，尤其是柏拉圖、斯賓諾沙、伏爾泰、叔本華與尼采。紐約公共圖書館（New York Public Library）一位要求不具名的高級官員報告說：

自從《哲學的故事》出版之後，我們開始接收到來自廣大民眾對於哲學經典叢書不斷增加的需求，我們在各分館的這類藏書也有逐漸增加的趨勢……以往，目前這類關於哲學的書籍在圖書館中都是小量的採購，但在最近這兩、三年，關於哲學的高可讀性新書往往在一開始就被採購進來，因為預期到終究會有這樣迅速發展的需求存在。

那麼，讓我們不恥下「教」吧。讓那些小心翼翼地守護、唯恐他人獲取自己所知的人只能責怪自己——如果他們的排他性以及粗魯不遜的術語使得世人只能從書籍、講座、成人教育中外求那些他們無法給予的教導；對於他們自己蹣跚遲疑的努力，讓他們對那些助其一臂之力的業餘愛好者表示感謝——這些外行人是如此地熱愛生命，以致於願意投注於人性化教學的志業上。或許各式各樣的教師都可以相輔相成：謹慎的學者可以精確性來審視我們的熱誠，熱心的愛好者可以為學術成果注入熱情與活力。集合我們眾人之力，或可為美國逐步培養出一群願意傾聽天才心聲的聽眾，從而準備好接受他們的誕生；我們都是不完美的教師，然而，我們若是能夠盡一己之力去推動這個目標、取得若干進展，我們或可得到寬恕。我們揭開了序幕，安然退居幕後；在我們身後，必然會有青出於藍的後浪到來。

＊《哲學的故事》已被翻譯成德語、法語、瑞典語、丹麥語、南斯拉夫語、中文、日文、匈牙利文各語版。

哲學的用途

—引言—

即使在形上學的海市蜃樓之中，每個學生都能感受到哲學的樂趣與吸引力，直到肉體存在的粗俗必要性，將他們從思想的高度拖下，來到經濟衝突與獲取的商業現實。我們大多數人都曾經歷過若干生命中的黃金歲月，當時哲學正就如柏拉圖所稱，是一項「寶貴的樂趣」；當時對於尚不至於太過難以捉摸的真理之熱愛，比之對於肉體方面以及世界無用的糟粕之渴望，似乎是一項無與倫比的光榮。早年對於智慧的這種追求，始終在我們心中殘留了些許的惆悵與感傷。「生命有其意義，」對布朗寧（Browning）所言，我們感同身受：「發現它的意義是我樂趣的源泉。」我們的生命中有太多無意義之事，躊躇不決與徒勞無功的事相互抵消，與我們周遭以及內在的混亂不斷搏鬥；但我們始終深信，我們的內心有著某種重要而有意義的事物——只要我們能夠破解自己靈魂的密碼；我們渴望去了解。「生命對我們的意義，是不斷地轉化我們的一切成為光與火焰，或是讓我們遇見光與火焰。」[2]我們就像《卡拉馬助夫兄弟們》（The Brothers Karamazov）中的米卡（Mitya）——「是其中一個不想要金銀財寶、只想得到問題解答的人。」我們想抓住瞬間即逝的事物之價值與觀點，藉此將自己拉出、脫離日常境況的混亂漩渦；我們想在一切為時已晚之前，預知什麼事是小事、什麼事是大事；我們想在當下就看出事物永遠不變的本質——「在永恆之光中」；我們想學會當面嘲笑無可避免之結果，甚至微笑面對死亡的威脅；我們想要有完整的自我，藉由譴責、協調我們的渴望以調整我們的能量，因為在倫理學與政治學中，協調一致的能量是具有決定權的結論，或許在邏輯與形上學中也是如此。「要成為哲學家，」梭羅如是說：「不是只要有精微的思想，甚至也不是要成立一個學派，而是要熱愛智慧，並根據其要求，過一種簡單、獨立、寬厚、信任的生活。」我們可以肯定，如果我們能夠找到智慧，所有其他的事物都會隨之而來。「你們要先尋求心靈的美好事物，」培根勸誡我們：「然後其他的一切，不是源源不絕而來，就是會讓我們感受不出它的損失。」[3]真理不會使我們富裕，但會使我們自由。

有些不怎麼溫和的讀者會在這裡制止我們，告訴我們說，哲學跟西洋棋一樣毫無用處，跟愚昧無知一樣含糊不清，跟心滿意足一樣停滯不前。「如此荒謬的事物，」西塞羅（Cirero）說：「只能在哲學家的書本中找到。」毫無疑問，某些哲學家擁有各式各樣的智慧，就是沒有常識；許多哲學能夠飛翔，是由於稀薄空氣的升降動力。在我們的這趟航行當中，我們下定決心只駛進光之港口，避開形上學的濁流以及神學爭議的「眾多冠冕堂皇之海」。然而，哲學果真停滯不前嗎？科學似乎總是有所進展，而哲學似乎總是步步潰敗。這只是因為，哲學承擔了艱鉅而危險的任務——對付尚無法以科學方法處理的問題，像是善與惡、美與醜、秩序與自由、生與死這類的問題。因此，一旦某個探索的領域產生了可以有確切公式存在的知識，就會被稱之為科學；每一門科學都始於哲學，終於藝術，產生於假設，匯流為成果。哲學是對未知事物（像是形上學）或不精確的已知事物（像是倫理或政治哲學）的一種假設性詮釋與演繹。在這場圍攻真理的戰事中，哲學是位於前線的戰壕，科學則是攻克的領土；科學身後是安全的大後方，在其中，知識與藝術建立了我們不完美但令人驚嘆的世界。哲學看來似乎在原地踏步、困惑而不知所措；但這只是因為它把勝利的果實都留給了它的女兒——科學，它自己則帶著莊嚴的不滿足，再度進入那不確定、尚未被探索的世界。

我們應該變得更專門、更技術嗎？科學是分析的描述，哲學則是綜合的解讀；科學希望把整體分解成部分，把生物分解成器官，把晦澀難解變成已知事物；它並未探索事物的價值與理想的可能性，也並未探索它們全體以及最終的意義，而是滿足於展示它們的現實性與運作現況，堅決窄化自己的目光於事物現下的性質與過程。在屠格涅夫（Turgenev）的詩中，科學家跟大自然一樣地不偏不倚：他對於天才的創造性煎熬與掙扎，就跟他對於跳

2尼采，《喜悅的智慧》，序言。

3《學術的進展》，第8卷，第2頁。

蚤的腿有同樣的興趣。然而，哲學家並不滿足於描繪事實，而是希望查明事實與經驗的普遍關係，從而探索其意義與價值；他以經過解讀的綜合性來結合事物，試圖把這個偉大的宇宙之表——被好奇的科學家拆開來分析檢查——拼湊在一起，並比之前運作得更好。科學告訴我們如何去治癒、如何去殺戮，因此降低了零星的死亡率，卻在戰爭中進行大批的屠殺；只有智慧——根據所有經驗加以調和的渴望——能夠告訴我們何時去治癒、何時去殺戮。觀察過程、建構方法是科學之事，而批評、協調目標則是哲學之務；因為這些日子以來，我們的方法與工具已然倍增至遠超過我們對理想與目標的詮釋與綜合之範圍，我們的生命充滿了喧譁與騷動，意味著什麼？什麼也沒有。因為，一個事實除了它與渴望的關係之外，什麼也不是；除了它與目的及整體的關係之外，它是不完整的。科學沒有哲學，事實沒有洞察觀點與價值判斷，都無法拯救我們脫離浩劫與絕望。科學給我們知識，但只有哲學能給我們智慧。

具體來說，哲學意味著並包括了五個研討與論述的領域，亦即邏輯學、美學、倫理學、政治學與形上學。**邏輯學**是對於思想與研究的理想方法之探討，包括觀察與內省、演繹與歸納、假說與實驗、分析與綜合，這類都是邏輯學嘗試去理解並引導的人類活動之形式；對我們大多數人來說，它是一項單調乏味的研究，然而思想史上的偉大事件，皆是人類在思想與研究方法上的改進所致。**美學**是對於理想形式或美的探究，是藝術的哲學。**倫理學**是理想行為的探究，如蘇格拉底所說，至高的知識即為善與惡的知識，也就是生命智慧的知識。政治學是理想社會體制的探討（它並非如一般人所以為，是抓取並保有公職的藝術與科學）；君主政體、貴族政體、民主政體、社會主義、無政府主義、女權主義，都是政治哲學的**劇中人物**（dramatis personae）。最後是**形上學**（它捲入那麼多的麻煩之中，就是因為它不像哲學的其他形式，嘗試根據理想去調整現實），一項對萬物的「最終現實」之探究，包括對「物質」（本體論）與「心智」（哲學心理學（philosophical psychology））的真實及最終本質，以及「心智」與「物質」在感知與知識過程中的相互關係（認識論）。

這些都是哲學的各個部分，但是如此分割它，卻讓它失去了它的美與樂趣。我們不該在哲學那乾枯的抽象概念以及拘泥形式中尋求它，而應該在披覆著生命形式的天才之中找到它。我們不該只研究哲學，而應該研究哲學家；我們應該把時間花在思想的聖徒與烈士，讓他們光芒四射的精神也能照耀在我們身上，直到或許我們也能在某種程度上，參與李奧納多．達文西所稱「最高貴的歡愉，理解的樂趣」。這些哲學家中，每一位都能給予我們若干課題——如果我們能正確地接近他。「你知道一位真正的學者有什麼祕密嗎？」愛默生問道：「每個人身上，都有某些我能從中學習的事物，在這一點上，我就成了他的學生。」是的，我們當然可以用這樣的態度來向歷史上偉大的大師心智學習，而無損我們的自尊心！我們還可以用愛默生其他的想法來讓自己深感榮幸，譬如，當天才對我們說話時，我們會感受到某種影子般的朦朧回憶，好似我們自己在遙遠的年輕時期，也曾隱約有過這種他所述說的、一模一樣的想法，只是我們沒有天才的那份藝術能力與勇氣，能將這樣的想法以形式與言辭表達出來。偉人的確能對我們說話，只要我們能用耳朵與靈魂去傾聽，只要在我們（至少）心中生了根，就能讓花朵從其中綻放出來。我們也有他們曾經擁有的經驗，但是我們並未榨乾那些經驗的祕密及其精微的意義；我們並沒有把現實在我們身邊嗡嗡作響的弦外之音放在心上。然而，天才聽到了它們，也聽到了行星的樂音；天才知道當畢達哥拉斯（Pythagoras）說哲學就是至高的音樂時，意味的是什麼。

讓我們傾聽這些偉人，準備好原諒他們過往的錯誤，熱切地向他們學習那些他們同樣熱切於教導我們的課題。「那麼，你可否通情達理，」年老的蘇格拉底對克里托（Crito）說：「別去介意哲學導師的好壞，只去思考哲學本身，試著好好地、真正地檢視它。如果它是邪惡有害的，努力讓所有的人都能遠離它；如果它是我所深信的模樣，就跟隨它並服侍它，並且帶著滿心的雀躍與歡喜。」

第一章

柏拉圖

PLATO

一個國家的公民是什麼模樣，這個國家就是什麼模樣，因此，我們不必期待國家會變得更好，除非我們的人民變得更好；而在那之前，所有的變化都不會改變任何根本的事物。

I

柏拉圖的時代背景

The Context of Plato

如果你看著一幅歐洲地圖，會觀察到希臘骸骨般嶙峋的手爪彎曲如鉤地伸入地中海。希臘的南邊橫臥著克里特島（Crete），西元前二千年時，這些手爪從這個大島上攫住了文明及文化的起源。東邊跨越愛琴海（Aegean Sea）者，是現在寂靜無聲、暮氣沉沉的小亞細亞（Asia Minor），然而在柏拉圖之前的時期，它曾經擁有熱絡活躍的工商交易與買賣市場。西邊跨過愛奧尼亞海（Ionian）的義大利，宛如一座頹圮的斜塔矗立於海中，還有西西里島和西班牙，都是昔日蓬勃發展的希臘殖民地；最西端坐落著「海克力斯之柱」（Pillars of Hercules）〔我們稱之為直布羅陀海峽（Gibraltar）〕，當時沒有幾個水手膽敢穿越這道陰鬱險峻的門戶。北邊的塞薩利（Thessaly）、伊庇魯斯（Epirus）及馬其頓（Macedonia）仍是半開化的蠻荒之地，從這些地區或經由這些地區而來的強悍勁旅，創立了荷馬史詩中伯里克里斯的希臘，也帶來對希臘影響甚鉅的人物。

再看一次這幅歐洲地圖，你會看到無數海岸凹陷的缺口及陸上驟升的高地；到處都是海溝、海灣以及侵入內陸的海洋，所有的陸地都宛如被隨手投擲、棄置於山谷與丘陵之間。由於這些山海的自然屏障，希臘被分成各自孤立的碎片，當時的旅行與通訊遠比現在要來得艱難而危險得多，也正因如此，每一座山谷都發展出自給自足的經濟生命體、主權政府、體制、方言、宗教及文化。每一、兩個城市及其周遭都有綿延的山坡及農業的腹地，形成了希臘的各個「城邦」（city-state）：優卑亞（Euboea）、洛克里斯（Locris）、埃托利亞（Aetolia）、福西斯（Phocis）、彼奧提亞（Boeotia）、亞該亞（Achaea）、阿爾哥利斯（Argolis）、伊利斯（Elis）、阿爾卡迪亞（Arcadia）、美塞尼亞（Messenia）、拉科尼亞（Laconia）〔以及斯巴達（Sparta）〕和阿提卡（Attica），還有雅典

（Athens）。

讓我們看這幅地圖最後一次，觀察雅典的位置。雅典位在希臘所有較大型城市以東的最遠端，據守希臘前往小亞細亞貿易繁忙之都所必經的優越門戶位置；經由該地，那些東方古城把它們的奢侈貨品及古老文化帶給相形之下尚處於青春發育期的希臘。雅典還有一座令人欽羨的比雷埃夫斯港（Piraeus），不但是無數船隻躲避惡水巨浪的天堂，更擁有一支偉大的海上艦隊。

西元前四九〇年至四七〇年，斯巴達和雅典盡棄前嫌，聯手抵禦在大流士（Darius）與薛西斯（Xerxes）帶領下來勢洶洶的波斯大軍——意圖把希臘納為這個亞洲帝國的殖民地之一。在這場爭戰之中，宛如初生之犢的歐洲對抗垂垂老矣的東方帝國，斯巴達提供了陸上的軍隊，雅典提供了海上的船艦。戰爭結束時，斯巴達遣散了它的軍隊，也因此飽受經濟動盪不安之苦；另一方面，雅典則把它的海軍轉型成為一支商船隊，使其成為古代世界中最偉大的貿易城市之一。斯巴達退回停滯不前的農業社會，與世隔絕；雅典卻成了一座繁忙的商業中心及商港，各種族的人民、多元的文化和習俗在此交會，他們的接觸與競爭帶來了比較、分析與思考。

在這樣的商業中心，透過形形色色的交流，傳統與信條不斷摩擦，直到彼此可相安無事的最低限度；而對於我們原本安之若素的成千上百條信念，則開始抱持著全盤懷疑的態度。或許貿易商人就是最早出現的懷疑論者，他們見多識廣以致於無法盡信；把所有人區分為不是傻瓜就是無賴的商人通性，使他們傾向於質疑每一項信條，也逐漸發展出科學：隨著貨物交易愈趨複雜而發展出數學，隨著航海的膽量及勇氣與日俱增而發展出天文學。財富的成長帶來了閒暇時間與安全感，正是研究探索與潛心思索的前提要件。現在，人們看著星辰時不再只是為了在海上航行時指引方向，更是為了解開宇宙萬物之謎。希臘最早的哲學家就是天文學家，「以他們的成就為傲，」亞里斯多德（Aristotle）[4]如是說：「波希戰爭之後，人們又往前邁得更遠了；他們不但蒐羅了學術範圍中所有的知識，還尋求更廣泛的學科領域。」人們開始敢於嘗試對自然的過程及活動加以解釋，而非將其直接歸因於超自然的作用或力量；魔法與儀式也逐漸不敵科學和控制檢驗。接下來，便由哲學揭開了序幕。

起初，哲學還只是停留在物質層面，關注於物質世界，尋找事物最終且無法簡化的構成要素。這一派自然哲學的見解，結果即為德謨克利特（Democritus）（西元前四六〇年至三六〇年）所持的唯物論（materialism）：「現實世界中除了原子與空間之外，別無他物。」這是希臘思想的主流之一，在柏拉圖時期雖然還未成氣候，但在伊比鳩魯（Epicurus）時期（西元前三四二年至二七〇年）已嶄露頭角，並在盧克萊修（Lucretius）時期（西元前九八年至五五年）形成一股辯才無礙的狂潮。無疑，希臘哲學最具特色、最富饒的發展成形於辯士學派（Sophist），這些遊歷各地的智慧導師，與其向外尋求外物的世界，他們寧可向內關注於自身的思維與本質；這些人都絕頂聰明〔舉例來說，像是高爾吉亞（Gorgias）與希比亞斯（Hippias）〕，其中許多人所學更是淵博而深奧〔像是普羅泰哥拉斯（Protagoras）與普勞底加斯（Prodicus）〕，在我們目前的哲學心智及行為範疇中，幾乎沒有任何問題或是解決方案是他們未曾領悟及討論過的：他們對一切無所不問，對宗教或政治禁忌無所畏懼，在理性的審判台前大膽傳召各項信條與制度出席。在政治上，他們分成兩個學派，其中一個學派——以盧梭（Rousseau）為代表——主張自然是好的，文明是壞的，人生而平等，只因人為階級制度的制定，才使人變成不平等；法律則是強者創造來束縛、統治弱者的工具。另一個學派——以尼采（Nietzsche）為代表——則主張自然並無好壞之分，人生而不平等，道德規範是弱者創造來限制、阻礙強者的工具，權力是人類至高無上的美德與渴望；而所有政府的形態之中，最明智、最自然的政府就是貴族政體（aristocracy）。

這項對民主政體的抨擊，無疑反映了一群少數的富人在雅典的崛起，他們自稱寡頭黨（Oligarchical Party），譴責民主為一場無能的騙局。從某種意義上來說，也沒有多少民主能被譴責，因為在雅典的四十萬居民當中，就有二十五萬人是沒有任何政治權利的奴隸，剩餘的十五萬自由人或市民當中，只有一小部分可以在討論、決定城邦政策的市民議會（Ecclesia）或是大會中代表自己。然而，他們從來未曾擁有如此徹底而全面性的民主；大會是至高無上的權力，民眾法庭（Dikasteria）或最高法院是最高的官方機構，由超過一千位的成員組成（使得行賄相當昂貴），按照所有市民名冊的字母排列順序來挑選。再沒有任何制度可以比這樣的做法更民主，或是根據它的反對者所說，更荒謬可笑了。

在長達一整個世代之久的偉大戰役——伯羅奔尼撒戰爭（Peloponnesian war）（西元前四三〇年至四〇〇年）中，

斯巴達以其軍隊奮戰，最終擊敗了雅典的海軍，克里提亞斯（Critias）領導的雅典寡頭黨遂以民主在這場戰爭中的成效不彰為由，主張摒棄民主政體，暗中推崇斯巴達的貴族政體，許多寡頭黨的領導者也都因此而被放逐。然而，當最後雅典投降時，斯巴達要求的談和條件之一，卻是召回所有這些被放逐的貴族；而這群以克里提亞斯為首的貴族才剛回來，便宣布展開一場富人的革命，以對抗那場災難性的伯羅奔尼撒大戰中手握統治權的「民主」政黨。結果革命失敗，克里提亞斯也在戰場上被殺了。

這個克里提亞斯就是蘇格拉底的學生之一，也是柏拉圖的舅舅。

4《政治學》（Politics），1341。

II

蘇格拉底
Socrates

如果我們從古時流傳下來的胸像（出自於部分古代雕像的殘垣遺蹟）來判斷，即使哲學家都可稱得上的相貌堂堂，蘇格拉底仍然差得遠了。禿頭、一張又大又圓的臉、深陷而圓突的雙眼、寬扁得像朵花的鼻子，這個在許多學術討論會上辯才無礙的睿智頭腦，看起來卻更像是某個腳伕或雜工的腦袋，而不是屬於最知名的哲學家之一。但是，如果我們再細看一次這塊簡陋的石像，我們會看到某種人性的善良仁慈與不做作的純樸真誠，使得這位樸實無華的思想家成為雅典最優秀的青年們摯愛的導師。我們對他的所知雖然甚為有限，卻比對貴族氣派的柏拉圖與含蓄矜持、學者風範的亞里斯多德，感覺要來得更為親切而熟悉。跨越兩千三百年的時空鴻溝，我們彷彿還能看到他那笨拙的身影，總是包裹在同一件皺巴巴的短袖束腰外衣裡，悠然自得地漫步在集會廣場上，不受混亂政治局面的干擾，鎖定他的獵物，把年輕人和想跟他學習的人們聚集起來，帶到神殿門廊陰涼幽靜的角落中，要求他們定義自己所用的語詞。

這些年輕人不過是一群烏合之眾，卻絡繹不絕地蜂擁而至，跟蘇格拉底一起創造出歐洲的哲學。其中有富裕的青年，像是柏拉圖與阿爾西比亞德斯（Alcibiades），津津樂道於他對雅典民主的諷刺分析；也有社會主義者像是安提斯泰尼（Antisthenes），熱愛他的導師對於貧窮安之若素的態度，並為此而創造出一個學派；甚至還有一兩個無政府主義者像是亞里士底布斯（Aristippus），渴望一個既無主人也無奴隸的世界，所有人都像蘇格拉底一樣無憂無慮。在今日使人類社會焦慮不安、給予年輕人無盡激辯題材的所有問題，也為這一小群的思想家和談話者帶來激烈的辯論，他們跟他們的導師都認為，沒有經過辯證的生命是不值得存在的。每一門社會思想學派的代表性人物都在這裡，或許還源起於此。

幾乎沒有人知道這位導師怎麼過日子。他從來沒工作過，也毫不擔心明天怎麼過活，當他的追隨者們邀請他去家裡用餐時，他就去吃飯，而他們必定相當喜愛這位導師的陪伴，因為種種跡象顯示他的生理發展得頗為福泰。但在自己的家中，由於對妻兒的忽視，他並不怎麼受歡迎，從他的妻子贊西佩（Xanthippe）的立場來看，蘇格拉底只是個遊手好閒、沒出息的窩囊廢，帶給這個家的臭名比麵包還多。贊西佩說起話來滔滔不絕的功力幾乎不亞於蘇格拉底，他們似乎有些對話是柏拉圖沒能記載下來的；然而，她也深愛著蘇格拉底，甚至一輩子都無法對蘇格拉底的死感到釋懷。

為什麼蘇格拉底的學生這麼敬愛他呢？或許因為他不只是個哲學家，更是一個有血有肉的凡人。他曾經在戰場上冒著極大的風險拯救了阿爾西比亞德斯的性命，但他喝起酒來卻像個紳士——無所畏懼，也有所節制。但毫無疑問，他們最愛他那謙遜的智慧。關於這一點，蘇格拉底宣稱他並沒有智慧，只是熱愛追尋智慧，而且是智慧的**外行業餘人士**，而非內行的專家。據說就連德爾斐（Delphi）神廟的神諭都以非比尋常的好眼光，斷言蘇格拉底是全希臘最有智慧的人，而蘇格拉底自己對這件事的解讀，則認為是來自不可知論（agnosticism）的一項認同；事實上，不可知論可說是他的哲學起點：「我只知道一件事，就是我一無所知。」哲學開始於一個人學會去質疑，特別是去質疑他最珍視的信仰信念、教義信條、公理原則。誰知道這些我們所珍視的信念如何成為我們所確信的事實？是否有些祕密的願望暗中醞釀、促成它們生成，在思想的服裝披覆上欲望的外衣？一直要到我們的心智能夠改變看法、回過頭來自我檢視，才會有真正的哲學產生。因此蘇格拉底說：「認識你自己（gnothi seauto）。」

在蘇格拉底之前當然還有別的哲學家，強者如泰勒斯（Thales）及赫拉克利特（Heraclitus），敏銳精微者如帕梅尼德斯（Parmenides）、埃利亞的芝諾（Zeno of Elea），預言家如畢達哥拉斯（Pythagoras）及恩培多克勒（Empedocles）。但是，他們多為偏重物質層面的哲學家，尋求的是外物的物理形態（physis）或性質，以及在可測量的物質世界之中尋找法則定律與組成要素。蘇格拉底說，這很好，但是對於哲學家來說，有一個主題遠比所有的樹木、石頭，甚至星辰，更具備無窮盡的價值——那就是人類的心智。人是什麼？他可以成為什麼？所以，蘇格拉底四處窺探人類的心靈、揭露習以為常的假設、質疑深信不疑的事實。如果有人不假思索地爭論何謂正義，他會輕聲詢問他們：「它是什麼？你用這些抽象的字句如此輕易地解決了生死的問題，那麼這些抽象的字句是什麼意思？你所說的榮譽、美德、道德規範、愛國主義，是什麼意思？你所說的你**自己**，又是什麼意思？」這類道德和心理問題，就是蘇格拉底最愛討論的主題。有些人對於這種「蘇格拉底式教學法」很頭痛，因為它要求精確的定義、清晰的思考、確切的分析，他們反對的理由是，蘇格拉底詢問的問題比他所回答的問題還多，這只會讓他們的心智益發困惑而無所適從。儘管如此，蘇格拉底的確針對兩個最困難的問題，留給我們兩個非常明確的答案，那就是「什麼是美德的意義？」以及「什麼是最好的國家？」

對那個世代的雅典年輕人來說，再也沒有比這些問題更重要的主題了。辯士學派摧毀了這些青年對奧林匹斯山眾天神與女神的信仰，也摧毀了他們對於道德規範的信心——主要憑藉著人們對於那些無處不在、無數神祇的恐懼，這些道德規範才得以施加其制裁與懲處的力量。現在，顯然沒有任何理由可以解釋，為什麼一個人不應該做他高興去做的事——只要是在法律許可的範圍之內。個人主義（individualism）造成的分崩離析，逐漸削弱了雅典人可貴的特性，使這個城市終於淪為以嚴厲教育訓練而成的斯巴達人之獵物。而對一個城邦來說，還有什麼比這種由烏合之眾領導、激情凌駕於理性之上的民主，以及由辯論團體駕馭的政府更可笑的呢？倉促魯莽的挑選、免職與處決將領？未經選擇的以字母排列順序輪流選中單純的農夫與商人，作為這片土地最高法院的成員？如此一來，新的、自然的道德規範要怎麼在雅典生根萌芽？這個國家要如何才能被拯救呢？

蘇格拉底對這些問題的回答，一方面宣判了他的死刑，一方面也賦予了他不朽的地位。老市民們會給予他榮耀與敬意，只要他願意回歸古老的多神教信仰，帶領他那群不受約束、靈魂解放的追隨者來到神殿及神聖的樹叢之中，召喚他們再度向他們父親的神祇獻祭。但是，蘇格拉底認為這是一項毫無希望的自殺政策、直接邁向死亡的一種退步。蘇格拉底有自己的宗教信仰，他相信他的神只有一個，並希望以自己謙遜的方式行事，死亡不會完全地摧毀他；[5]不過蘇格拉底深知，持久的道德規範無法建立於如此不確定的神學基礎之上，如果人們可以建立一套完全獨立於宗教教義之外的道德規範體制，對無神論者與虔信派教徒一樣有效，那麼不論來來去去的神學或宗教理論為何，都不會動搖道德的凝聚力，使其能發揮作用，讓任性頑固的個體成為社會中和平共處的公民。

舉例來說，如果**好**意味著**聰明才智**，**美德**意味著**智慧**；如果人們可以被教導要看清楚他們真正的利益，能把眼光放遠，看見他們現在的所作所為會在未來造成什麼樣的結果，經由自我抵消（self-cancelling）的混亂機制去批判、協調他們的欲望，達成有目的性、創造性的和諧結果；如此一來，或許就能提供道德規範給那些受過教育、老練世故的人，而未受教育者對道德規範的遵循，則有賴不斷重申的戒律及外部的控制。或許，所有的罪惡不過就是錯誤、短視、愚蠢？聰明才智的人可能跟愚昧無知的人一樣有著相同的暴力及反社會的衝動，但是他們肯定可以控制得較好，較少陷入與禽獸相差彷彿的狀態。在一個被明智管理的社會中——將放寬的權力歸還給個體，遠大於它從個體取得的受限自由權——每個人的利益端賴合群、忠誠的行為，僅需清晰的見解與視界即可確保和平、秩序及善意的運作。

但是，如果政府本身就是混亂、荒謬之源，統治而無助益，命令人民而非領導群眾？我們如何能說服個體在這樣的一個國家中遵守法律，把他的自我追尋局限於對全體有益的範圍之中？也難怪阿爾西比亞德斯掉過頭來反對這樣一個猜疑能力、尊崇數字更甚於知識的國家；更難怪混亂之處即為無思想之地，決定走上草率無知之路的群眾，只能在荒蕪廢墟中深感懊悔。只有數字能給予我們智慧，不是一項基本的迷信觀念嗎？反之，比起離群、單獨的個人，聚集成群的人們相形之下更為愚蠢、暴力、殘酷，這難道不是舉世皆可見的事實嗎？民眾為雄辯家所統治，難道不可恥嗎？因為他們「滔滔不絕高談闊論個不停，就像黃銅鍋一樣，敲擊時響個不停，直到有隻手放上去阻止它們。」[6]當然，一個國家的管理是件大事，為此，人們不能太過於聰明，而需要思路不受阻礙的最

5參見伏爾泰（Voltaire）有關兩個雅典人談論蘇格拉底的故事：「那個無神論者說，只有一個神。」《哲學辭典》（Philosophical Dictionary），藝術，文章〈蘇格拉底〉（Socrates）。

6柏拉圖的《普羅泰哥拉斯篇》（Protagoras），329節。

優秀心智；一個社會除非由最有智慧的人所領導，否則，它要如何被拯救、如何強大起來呢？

當戰爭進行得如火如荼時，正需要壓制所有的反對與批評，況且又正值少數富人與受教育者密謀一場革命之際，試想雅典那些人民黨派對於這樣的貴族式教義信念會有何反應。再想想阿尼圖斯（Anytus）的感受：這位民主政體領導者的兒子成為蘇格拉底的學生之後，竟回過頭來反對他父親所信仰的神祇，還當著他父親的臉大肆嘲笑。阿里斯托芬（Aristophanes）不就準確地預知了如此的結果——由不合群的聰明才智似是而非地取代了舊日的美德？[7]

接著革命到來，人們為之奮戰，悲憤地抗爭到至死方休。當民主政體獲勝時，蘇格拉底的命運已然決定：他是叛亂反對黨的思想領袖，不論他本身多麼愛好和平，他仍是那令人憎惡的貴族哲學之源，腐化了那些陶醉於辯論的年輕人，阿尼圖斯及美勒托斯（Meletus）都認為，蘇格拉底死了會更好。

剩下的故事全世界都知道了，因為柏拉圖把它用比詩句更優美的散文寫了下來。我們有幸可以親自讀到這篇樸實、充滿勇氣的——如果不用「傳奇性」來形容的話——「申辯」或答辯文字；其中，哲學的第一位殉道者宣揚了自由思想的權利與必要性，對國家捍衛他的價值觀，並且拒絕向他始終蔑視的群眾求饒——他們有權赦免他，但他不屑於做出這樣的請求；這對他的理論來說是一項空前絕後的證實，審判的法官應該是希望放他一馬，但是憤怒的群眾投票決定了他的死亡。難道他沒有否定過神嗎？哀哉！他教導人們的觀念，在當時還無法為他們所理解、學習，終於使得他惹禍上身。

因此，他們判決蘇格拉底應該喝下毒芹汁。蘇格拉底的朋友們來監獄看他，提供他一個很容易逃脫的機會，因為他們已經買通了所有阻擋他通往自由的官員；但蘇格拉底拒絕了，他那時（西元前三九九年）已經七十高齡了，或許他認為自己死得其時，而且也不可能死得比現在更有價值了。「你們不要垂頭喪氣，」他告訴那些悲傷的朋友們：「這麼說吧，你們埋葬的只是我的身體而已。」「當他說這些話時，」在全世界文學中最偉大的段落之一，[8]柏拉圖描述如下：

他站起來，與克里托（Crito）走進浴室，吩咐我們等待。我們等著、談著、想著……我們的悲傷是多麼的巨大難當；他就像我們的父親，我們痛失親人，即將像孤兒般度過我們的餘生……現在，日落的時刻已近，當他在裡面的時候，已經流逝了許多的時間。當他出來時，他再次跟我們一起坐下來……但是沒多說什麼。不久，獄卒……進來，站在他身旁，說道：「你，蘇格拉底，是我所知來到此地的所有人之中最高貴、最和善、最好的一個。當我遵從當局的要求，命令他們喝下毒藥時，我不會對那些憤怒咒罵我的人勃然大怒。事實上，我很確定你不會對我發怒。正如你所知，其他人都是有罪的，而不是我。所以永別了，設法不費力地承擔你所必須承擔之事吧，你知道我的差事是什麼。」然後他放聲大哭，轉身走了出去。

蘇格拉底看著他說：「我回報你美好的祝福，我會照著你的吩咐行事。」然後他轉向我們，說道：「這個人多麼令人高興啊，自從我來到這座監獄，他就一直來探看我，現在，你看看他是多麼不吝於為我感到悲傷。克里托，我們要照他所說的做，如果毒藥準備好了，就讓他們把杯子帶進來吧；如果還沒準備好，就讓隨從去準備一些。」

「但是，」克里托說：「太陽仍在山頂上，許多人遲至晚間才會一口飲盡那毒藥；在宣告了他們的死期之後，他們仍會大吃大喝、縱情於感官的歡愉。別催促吧，我們還有時間呀。」

但蘇格拉底說：「是的，克里托，你所說的那些人，他們這麼做是有道理的，因為他們認為拖延時間就是自己的收穫，但是我不這麼做也是有道理的，因為我不認為自己可以因為拖延時間而多獲得什麼，我不過是多此一舉地拯救一條已然消逝的生命，我只會因此而嘲笑我自己。所以，請別拒絕我，依

7 在《雲》（In The Cloud）（西元前423年）這齣戲劇中，阿里斯托芬大肆嘲弄蘇格拉底以及他的「思想店鋪」：在那裡你學會了證明自我權利的技巧，不過是錯的。菲迪皮德斯（Phidippides）在他父親常常打他的地上打他的父親，意指每一筆債都該償還，這樣的諷刺似乎已經夠溫和了。我們發現阿里斯托芬常陪伴著蘇格拉底，對民主的蔑視有著一致的看法。柏拉圖甚至推薦《雲》給狄奧尼西奧斯（Dionysius）。由於這齣戲劇在早於蘇格拉底的審判二十四年前即已出現，它跟這位哲學家悲劇性的結局應無甚相關。

8 《斐多篇》（Phaedo），116－118節，約威特（tr. Jowett）版。

照我所說的去做。」

克里托聽聞此言，便對僕人做了個手勢，僕人進來逗留了一段時間，然後跟獄卒一起帶著裝滿毒藥的杯子返回。蘇格拉底說：「我的好朋友，你對這些事經驗豐富，可否給予我指示，告訴我該如何進行。」獄卒回答：「你只要走動到雙腿感覺很沉重時躺下來，毒藥就會開始發作了。」在此之際，他把杯子遞給了蘇格拉底。蘇格拉底仍然一秉其極為輕鬆自在、溫文和善的態度，臉色容貌一如往常，毫無懼色。他直視著獄卒，神色從容地舉杯問道：「從這杯中液體取出若干，當作獻祭給任何神祇的獻酒，你認為如何？我可以這麼做嗎？還是不行？」獄卒回答：「蘇格拉底，我們只準備了我們認為足夠的份量而已。」「我了解了，」蘇格拉底說：「但我會——並且也必須祈求諸神庇護我，讓我從這個世界前往另一個世界的旅途順利。我祈禱，但願諸神可賜給我這項恩惠。」然後，蘇格拉底把杯子送到他的唇邊，相當欣然而愉悅地一飲而盡。

到目前為止，我們大部分人都還能控制自己悲痛的心情。但是此刻，當我們看見他喝下了毒藥，也看見他喝到一滴不剩時，我們再也忍耐不住了。我的眼淚情不自禁地湧出，所以我把臉遮起來啜泣；我當然不是為他而哭泣，而是想到自己就要蒙受如此巨大的不幸——失去一位良師益友的陪伴。然而我也不是第一個暗自飲泣的人，當克里托發現他無法克制自己的眼淚時，便站起身來走開了，我也跟著走開。就在這時，一直抽抽噎噎個不停的阿波羅多洛斯（Apollodorus）猛然大聲哭嚎了出來，讓我們相形之下都成了膽小鬼，只有蘇格拉底冷靜沉著如故，「你們是在吵鬧鬼叫個什麼勁兒？」他說：「我把女士們支開，就是為了不讓她們以這種方式讓我苦惱；因為我聽說一個人應該在平靜中死去。那麼，安靜下來吧，保持你們的耐心。」我們聽了之後都感到很難為情，克制住自己的眼淚。蘇格拉底一直走動到如獄卒所說的，雙腿開始失去了作用；然後他躺了下來，遵照著獄卒給予他的指示。給蘇格拉底毒藥的這個獄卒，不時前來查看他的腿跟腳；過了一會兒，獄卒用力按壓蘇格拉底的腳，問他有沒有感覺，他說：「沒有。」接著是他的腿，然後一路往上按壓，我們可以看到他的身體逐漸變冷、僵硬。蘇格拉底自己也感覺到了，他說：「當藥效到達心臟時，一切就結束了。」他開始感覺腹股溝變冷。當他揭開臉上的覆蓋物時（他之前已經把自己完全遮蓋了起來），說了最後的遺言：「克里托，我還欠阿斯克雷比斯（Asclepius）一隻公雞，你會記得幫我還給他嗎？」「我會償還這筆債務的，」克里托回答：「還有別的事嗎？」蘇格拉底沒有回答這個問題。過了一、兩分鐘，我們聽到了某種動靜，隨從揭開了他臉上的覆蓋物時，他的眼睛已然呆滯不動了。克里托闔上了他的雙眼跟嘴巴。

這就是我們的朋友最後的結局，這位在我所認識的人當中，可以真正稱之為最有智慧、最公正、最好的一個人。

III

柏拉圖的醞釀與準備

The Preparation

柏拉圖與蘇格拉底的相遇，是他生命中的轉捩點。柏拉圖是在一個舒適、甚至可說是富裕的環境中被撫養長大，他是個帥氣漂亮、精力充沛的年輕人。據說他之所以被稱為柏拉圖，就是因為他有著寬廣的肩膀。同時，他也是表現出色的軍人，曾於伊斯特米亞競賽（Isthmian games）中奪得兩次大獎。哲學家通常不會從如此輝煌的青少年時期中孕育出來，但是柏拉圖纖細敏銳的靈魂卻從他與蘇格拉底的「辯證」遊戲中發現了新的歡愉。看著這位導師以尖銳的問題與觀點浹教條的氣、戳破自以為是的論斷，委實是一種莫大的樂趣。柏拉圖進入這項運動，宛如參加某種粗俗的角力般，在這位老「牛虻」（gad-fly）（這是蘇格拉底的自稱）的指導下，他從單純的辯論演變到可以仔細分析、並且導引出成果豐碩的討論。他變成一個非常熱愛智慧以及他的導師的人。「我感謝神，」他曾經這麼說：「讓我身為希臘人而非野蠻人、自由之身而非奴隸、男人而非女人，但更重要的是，讓我出生於蘇格拉底的時代。」

當這位導師辭世時，柏拉圖才二十八歲。他原本平靜的生活卻以如此悲劇的結局收尾，也因此在他每個階段的思維中，都留下了難以磨滅的痕跡，讓他對民主政體蔑視不已，對烏合之眾充滿憎惡——連他的貴族血統與教養都無法造成這樣的結果；更導致他產生堅定不移的決心，認為民主政體必須被摧毀，必須以最有智慧、最好的人來統治取代。這個題目成為他畢生所著迷、追尋的一個問題，他始終在尋找方法，讓最有智慧、最好的人可以被發掘出來，使他們能夠、並能被說服以擔負起統治的責任。

同時，柏拉圖為營救蘇格拉底時所做的努力，已經使他成為民主政體領導者所猜忌的眼中釘。他的朋友們都力勸他，說雅典對於他已經不是安全之地了，這正是他出去遊歷世界的最佳時機。因此，在西元前三九九年，他動身出發了。我們無法肯定地說出柏拉圖究竟去了哪些地方，他的路線動不動就得與政府當局來場歡樂的衝突與對抗。他似乎先去了埃及，頗為震驚的得知統治埃及的僧侶階層，竟認為希臘還是一個宛如嬰兒的國家，既沒有穩定的傳統，也沒有底蘊深厚的文化，尚未被尼羅河畔這些自命為獅身人面像的學者專家們放在眼裡。誠然，再也沒有比震驚更能發揮震撼教育的作用了，柏拉圖對這種世襲社會階級制度的記憶——以神權統治一群安靜無聲、以農耕為生的人民——在他的腦海中栩栩如生，也在他所撰寫的《烏托邦》（Utopia）中扮演了一角。之後，他航行至西西里島以及義大利，並參與了偉大的畢達哥拉斯所成立的學校或學派一段時間，他易感的心智再度因這次的記憶烙下了印記——一小群人拋開學識和規定，視權力如破帚，過著簡樸的生活。柏拉圖漫遊了十二年，從各種來源吸收、汲取智慧，棲息過每座神殿、體驗過每個信念。有些人認為他還去到古羅馬所統治的朱迪亞（Judea），曾經短暫受到幾近社會主義提倡者的傳統影響；他甚至還設法到恆河之畔，學習印度教神祕的冥想。但實情如何，我們不得而知。

柏拉圖在西元前三八七年回到雅典時已經四十歲了，經過形形色色人種的多樣性與四方各國土地的智慧歷練，愈臻成熟。他已不復年輕時期的熱情洋溢，取而代之的是一種思想的洞察力：每種極端主張的陳述有一半為真，每個問題的多重面向融合成通往真理各個面向的分配正義（distributive justice）。柏拉圖擁有知識也擁有藝術，哲學家與詩人僅此一次並存於同一個靈魂之中；同時，他為自己創造出一種表達的媒介，一種「對話」的文體，使美與真理得以在其間悠遊共舞。我們可以相信，哲學以前從未披上一件如此輝煌的裝束，當然從那之後也未曾有過。而即使經過翻譯，這樣的文體依舊閃耀著火花，洋溢著歡快跳躍、源源不絕的才華。據他的一位愛人雪萊（Shelley）的描述，「柏拉圖呈現出罕見的和諧，結合了準確精微的邏輯與阿波羅神殿中皮提亞祭司般熱忱的詩歌，由他的時代之輝煌與和諧融合而成，逐漸演變成一股不可抗拒的音樂印象之潮流，在他令人屏息的生涯中，催促著信仰與信念的向前邁進。」[9]這位年輕的哲學家曾經身為劇作家的歷練，並非徒勞無功。

要理解柏拉圖，困難之處就在於理解他那哲學與詩歌、科學與藝術之間令人陶醉的交織融合。我們始終無法分辨出對話中作者是以哪個角色在說話、或是使用哪種形式；他是如實敘述、或是以隱喻象徵的方式在述說；他是在開玩笑、還是認真的。柏拉圖對於詼諧、嘲諷以及神話的熱愛，時不時就會讓我們感到困惑不解。基本上我們只能說，寓言是他唯一的教化方式。「身為一個年長者，我可以用寓言或神話來對你這個年輕人說話嗎？」他的《普羅泰哥拉斯》問道。[10] 我們得知這些對話是柏拉圖在他所處的時代，為那些具備普通閱讀能力的民眾而撰寫的，以他們的對話方法、生動活潑的優劣之爭、對每項重大爭論的逐步推演及頻繁重複的方式所寫成；這些對話明確地調整成適合那些偶爾淺嘗哲學這項奢侈品的人、以及因生命短暫而被迫在旅行時閱讀的人所能理解的程度（雖然我們現在看來似乎頗為晦澀難解）。因此我們必須有心理準備，會在這些對話中發現許多打趣隱喻的文字以及晦澀難懂的內容——除非是那些鑽研柏拉圖時代社會與文學枝微末節的學者才能理解；其中還有許多是我們現在看來似乎毫無相關及天馬行空的內容，但在當時可能很適合幫難以消化的思想大菜調味，使那些不習慣哲學這道菜肴的心智仍可加以消化、理解。

讓我們坦承，無可否認地，柏拉圖自己就具備了許多那些被他所譴責的特質。他猛烈抨擊詩人以及他們虛構的神話故事，然而他自己也位居詩人之列，更創造出數以百計的神話故事；他控訴祭司僧侶〔他們反覆灌輸地獄的觀念，並以提供救贖作為代價——參見《理想國》（The Republic），364節〕，然而他自己就是祭司、神學家、傳道者、超級衛道者、薩沃納羅拉（Savonarola）般的修士，抨擊藝術、認為虛榮該被烈火所焚；如莎士比亞般，他承認「比喻是靠不住的」〔《智者篇》（Sophist），231節〕，但是他卻一而再、再而三地說出了一個又一個的比喻；他責難辯士學派是空談的辯論者，然而他自己也不比那些切砍邏輯的二年級生強多少。法蓋（Faguet）拙劣地模仿過他：「整體是不是大於部分？——當然啊。部分是不是小於整體？——是呀。……所以，哲學家顯然應該統治國家？——這是什麼道理？這是顯而易見的道理，讓我們從頭再來一次。」[11]

不過呢，對於柏拉圖，我們能說的最糟批評也就是這樣了，他的《對話錄》（Dialogues）迄今仍為世上的無價珍寶之一。[12] 其中最好的一篇《理想國》，本身即為一本完整的專著，柏拉圖把它縮減成一篇論述；在該篇當中，我們可以看到他的形上學（metaphysics）、神學、倫理學、心理學、教育學、政治學以及藝術理論，發現帶有現代與當代色彩的問題：共產主義和社會主義，女權主義、節育和優生學，道德與貴族統治的尼采式問題（Nietzschean problem），回歸自然與自由意志主義教育的盧梭式問題（Rousseauian problem），柏格森哲學的生命衝動（Bergsonian élan vital），佛洛伊德學說的心理分析（Freudian psychoanalysis），都被囊括於此，這是一位慷慨的主人為款待**精英份子**所設下的盛宴。「柏拉圖就是哲學，哲學就是柏拉圖。」愛默生（Emerson）如是說。套句歐瑪（Omar）所說關於《可蘭經》的話來頌讚《理想國》：「燒了圖書館吧，因為它們的價值盡在此書。」[13]讓我們來讀《理想國》吧。

9 為巴克（Barker）所引用，《希臘政治理論》（Greek Political Theory），倫敦，1918，第5頁。

10 《普羅泰哥拉斯篇》，320節。

11 《必讀柏拉圖》（Pour qu'on lise Platon），巴黎，1905，第4頁。

12 對話錄中最重要的數篇如下：《蘇格拉底的申辯篇》（The Apology of Socrates）、《克里托篇》（Crito）、《斐多篇》、《會飲篇》（The Symposium）、《斐德羅篇》（Phaedrus）、《高爾吉亞篇》（Gorgias）、《巴曼尼得斯篇》（Parmenides）、《政治家篇》（The Statesman）。《理想國》中最重要的部分（參考頁緣編號的節數，而非頁數）為327–32、336–77、384–5、392–426、433–5、441–76、481–3、512–20、572–94節，最好的版本是約威特版，最便於使用者為人人系列（Everyman series）。除非另有說明，參考文獻為《理想國》。

13 《代表性人物》（Representative Men），第41頁。

IV

道德問題

The Ethical Problem

這場討論發生在一位富裕的貴族克法洛斯（Cephalus）家中，討論的人包括了柏拉圖的兄弟葛勞康（Glaucon）、阿狄曼圖斯（Adeimantus），以及激動粗率的辯士色拉敘馬霍斯（Thrasymachus），後者在這場對話中充當柏拉圖的代言人，詢問克法洛斯：

「你認為什麼是你從財富中所獲取的最大恩賜？」

克法洛斯回答，財富對於他是一項恩賜，主要是因為財富能使他成為一個慷慨、誠實、公正的人。蘇格拉底以他特有的機敏方式，詢問克法洛斯所指稱的正義到底是什麼，眾人於是就此展開了一場沸沸揚揚的哲學之戰。再沒有比定義更困難的事，也再沒有比心智清晰度與技巧的試驗和鍛鍊更嚴峻的事了。蘇格拉底發現要摧毀一個接一個被提出來的定義真是易如反掌，直到最後，最沒有耐心的色拉敘馬霍斯爆發出一聲怒吼：

「蘇格拉底，你是在搞什麼鬼啊？你們其他人又是為什麼被這種愚蠢的方式搞得一個個敗下陣來？我說，你如果想知道正義是什麼，你就該回答問題而不是問問題，不該以駁斥別人而感到自豪……因為有許多人只會問問題，而不會回答問題。」（336節）

蘇格拉底並未因此受到驚嚇，仍然繼續詢問而非回答問題，經過片刻的攻防戰之後，他成功地誘導粗心大意的色拉敘馬霍斯說出自己對於該定義的看法：

「那麼你聽著，」這位憤怒的辯士說道：「我聲明，強權即公理，正義即強者的利益……民主、貴族或獨裁的不同政府形態皆以各自的利益來制定法律，因此這些由其所制定的法律，即是為了保護其本身之利益；他們對臣民所公布的法律就是『正義』，而膽敢違背他們的人就是『不公義』，應受懲罰……我所說的是廣義的『不公義』。我所指稱者，在獨裁政體——以欺騙及武力的手段，大規模而非零星地奪取他人的財產——之中最為顯而易見；現在，一個奪取公民財物並奴役他們的人，卻興高采烈地為眾人所祝福，而不是被稱為騙子跟小偷。不公義之所以會受到譴責，只是因為那些譴責它的人懼怕受苦，而不是因為他們自己行不公義之事可能會帶來的任何良心上的不安。」（338－44節）

當然，在我們自己的時代，多少會把這個學說與尼采的名字正確地聯繫在一起。「我確實多次嘲笑懦弱者，他們認為自己是好人，只因為他們的腳爪是瘸的。」[14]施蒂納（Stirner）也簡單扼要地表達了這個想法，他說：「一把的強權也強過滿滿一袋的公理。」或許在哲學史上，再沒有比柏拉圖在他的另一篇對話錄《高爾吉亞篇》（483 f）中能夠更有系統地闡述這個學說了；在這篇對話錄中，辯士卡利克勒斯（Callicles）抨擊道德，認為它是弱者創造來抵消強者的力量。

他們以各自的利益分配讚譽與責難。他們認為不誠實的行為是可恥的、不公義的——意思是，不能誠實坦承他們渴望擁有的比自己的鄰居多。因為了解自己的劣勢，他們很樂意擁有平等……但如果有一個人擁有足夠的力量（超人上場），這種正義是僕役的道德，而非人的道德（oude gar Andros all' andrapodou tinos）；是奴隸的道德，而非英雄的道德；一個人的真正美德是勇氣（andreia）與才智（phronesis）。[15]

或許這種嚴厲的「非道德論」（immoralism）反映了雅典外交政策中逐漸發展出來的帝國主義，以及它對弱小國家所施加的殘忍無情姿態。[16]「你的帝國，」佩里克利斯（Pericles）在修昔底德（Thucydides）為他所虛構的演說當中說道：「是建立在你自己的兵力之上，而非人民的善意之上。」據修昔底德這位歷史學家的記載，雅典

14《查拉圖斯特拉如是說》（Thus Spake Zarathustra），紐約，1906年，第166頁。
15《高爾吉亞篇》491節，參見馬基維利（Machiavelli）定義美德（virtù）為非凡的才智加上力量。
16巴克，第73頁。

特使脅迫米洛斯（Melos）加入雅典對抗斯巴達的戰役：「而且你也知道，我們這麼做是對的，正如這世界局勢的發展，權力均等是唯一的爭論點；強者盡其所能的擴張，弱者則遭逢他們必須忍受的痛苦。」[17]在此，我們遇到了道德的根本問題，亦即道德作為理論的關鍵難題。什麼是正義？我們應該追求公義還是權力？成為好人還是成為強者？哪一個是更好的選擇？

蘇格拉底以及柏拉圖如何面對這個理論的挑戰呢？剛開始，他毫不面對它。他指出正義是個體之間的關係，端視社會組織而定；因此，把正義視為社會結構的一部分來研究它，比視為個人作為的一項特質要來得更為合適。他建議，如果我們能描繪出一個公義的國家，我們應該更容易描繪出一個公義的個體。柏拉圖因在這方面插了個題外話而請求原諒：測試一個人的視力時，我們會先讓他讀大的字體，然後較小的字體；所以他認為，在大範圍中分析正義，比在個體行為的小範圍中分析要來得容易。然而，我們不能因此被騙；因為事實上，大師蘇格拉底正把兩本書拼湊在一起，利用這個論點作為接縫，希望討論的不僅是個人道德問題，還有社會及政治重建的問題；他有一個烏托邦的錦囊妙計，並且下定決心要把它製造出來。要原諒柏拉圖很簡單，因為這個題外話構成了他書中的核心與價值。

17《伯羅奔尼撒戰爭史》（History of the Peloponnesian War），第１０５卷。

V 政治問題

The Political Problem

柏拉圖說，如果人很簡單，正義也會是一件簡單的事，一個無政府的共產主義就足夠了。他描述了自己想像中的統治國度：

> 那麼，首先讓我們仔細思考他們的生活方式……他們不會自己生產玉米、酒，製造衣物、鞋子以及建造房屋嗎？他們在屋中安置好之後，夏天時通常都打著赤膊與赤腳工作，冬天時基本上會穿著衣鞋工作。他們以大麥與小麥為食，烘焙小麥、揉捏麵粉，製作出高尚的布丁與麵包，以蘆葦做成的墊子或是乾淨的樹葉端上餐桌，而他們自己此時則斜倚於用紫杉或桃金孃樹枝製成的床上。他們和自己的孩子們可盡情享用食物、暢飲自製的美酒，頭上戴著花環，雙唇吐出對神的讚美之詞，生活在愉快愜意的社會裡，注意他們的家庭人數不會超出其資產收入所能負擔的範圍；因為，他們會提防貧窮或戰爭的發生……當然，他們也有佐料及調味品——鹽、橄欖、乳酪、洋蔥、捲心菜或是其他適合烹煮的鄉村風味草藥。我們也應該給予他們無花果、畢豆、豆子、桃金孃漿果以及山毛櫸堅果作為甜點，他們會在火中炙烤、適度飲用。以這樣的飲食方式，他們可預期會在平和中頤養天年，並且把這種類似的生活方式傳給後來的子孫。（372節）

在此，我們可以觀察到文中所附帶提及的參考，包括人口控制（據推測，大概是藉由殺嬰的方式）、素食主義、「回歸自然」，以及希伯來傳說所描繪的伊甸園中之簡樸與單純。整體看來有「犬儒學派門徒」（Cynic）第歐根尼（Diogenes）的語氣感覺，而正如其稱號所意味，他認為我們應該「回過頭去跟動物一起生活，因為牠們是那麼溫馴平和、自給自足」；因此有那麼一時半刻，我們可能會把柏拉圖歸類成聖西門（St. Simon）、傅立葉（Fourier）、威廉・摩里斯（William Morris）、托爾斯泰（Tolstoi）之屬。但是他又比這些人和藹可親的信念要來得更多疑些，他安靜地進入這個問題：為什麼他所描述的這樣一個單純的天堂，從來沒能實現？為什麼這些烏托邦從來沒在地球的地圖上出現過？

他的回答是，因為貪婪和奢侈。人們不滿足於簡單的生活，他們貪得無厭、野心勃勃、好競爭又好嫉妒，對自己擁有的事物很快就感到厭倦，渴望自己沒有的事物；而只要一件事物是屬於別人的，他們就會渴望去擁有。結果就是一群人侵犯另一群人的領土，群體之間為了土地資源競爭對立，接下來就是戰爭。而貿易和金融的發展，產生了新的階級分化（class-divisions）。「任何一個普通的城市，事實上都是兩個城市：一個是窮人的城市，另一個是富人的城市，每一個都跟另一個處於交戰的狀態。每一個階級區隔之內又有更小的區隔，因此，你如果把它們當成是單一狀態，那就大錯特錯了。」（423節）一個商業的資產階級（bourgeoisie）崛起，它的成員藉由財富與炫耀性消費（conspicuous consumption）以尋求社會地位：「他們會在他們的妻子身上花費鉅資，為的是擺闊。」（548節）這些財富分配上的改變，也帶來政治上的改變：當這些商人的財富過度往地主的資產擴張時，貴族社會也向財閥統治的寡頭政治讓步了，使富裕的貿易商及銀行家得以統治國家。然後，政治才能（使社會力量得以協調，政策調整也得以成長）為政治權謀（政黨策略以及對官職分贓的貪欲）所取代。

每種形態的政府都會因為基本原則的執行過當而趨於滅亡。貴族政體因為過度限縮它的權力範圍而斷送前景，寡頭政體則因魯莽輕率地爭奪眼前的財富而自我毀滅，兩者的結局都是革命。當革命發生的時候，看起來可能像是起因於小而瑣碎的突發奇想；然而，儘管它可能從微不足道的情況中萌芽，卻是許多嚴重錯誤累積並沉澱的結果。當身體因忽視疾病而衰弱時，即使只是暴露在外面一丁點兒，都可能產生嚴重的疾病（556節）。「接下來，就是民主的到來：窮人戰勝了他們的對手——屠殺了一些人、再放逐剩下的人，給予人民平等共享的自由與權力。」（557節）

然而，即使是民主，也會因過度的民主而腐化。根據民主的基本原則，所有人都享有擔任公職及決定公共政策的相等權力；乍看之下，這是一個令人愉快的安排，但卻會發展成一項悲慘的災難，因為人們並未被適當的教育如何挑選最佳的統治者以及最明智的做法（588節）。「因為對那些人來說，他們對此並不了解，只會重複他們的統治者喜歡對他們說的話。」（《普羅泰哥拉斯篇》，317節）要讓某項政策為人接受或是抵制，只需要讓它在某一齣通俗的流行戲劇中被讚美或是被譏諷就成了（阿里斯托芬的戲劇無疑是最叫座的，幾乎每一項新想法都會被他的喜劇所抨擊）。烏合之眾所形成的暴民統治（mob-rule）宛如波濤洶湧的大海，難以讓國家之船航行於其上，每一波由雄辯演說激起的風浪，都足以擾亂水域，使船隻偏離航線。這樣的民主，結果卻是專制或獨裁；群眾如此熱愛阿諛奉承的言辭，宛如「對蜂蜜之渴求」，最瘋狂、最肆無忌憚的諂媚者自稱為「人民的保護者」，最後卻得以崛起，掌控至高無上的權力（565節）（仔細思考一下羅馬的歷史）。

柏拉圖思考得愈多，愈震驚於這樣的愚行——把挑選政府官員的重責大任留給反覆無常、容易受騙的暴民，更別提把這項責任留給那些靠不住、為財富效力的謀略家，在民主舞台幕後操縱寡頭政治之實。柏拉圖控訴，既然更簡單的事項，像是製鞋，我們認為只要一個受過特別訓練的人就管用了；那麼在政治上，我們為什麼擅自假定每個知道怎麼投票的人，也都知道如何去管理一個城市或一個國家呢？當我們生病時，我們會找來一位訓練有素的醫生，他的學位就是特定藥劑調配與技術能力的保證，我們不會要求要找最英俊瀟灑、最辯才無礙的醫生。那好吧，當整個國家生病時，我們難道不該尋求最明智、最好的人來提供服務與指引嗎？設計一種方法禁止無能與狡詐之人從事公職，並且挑選、準備讓最好的人為達成共同利益而進行統治——這就是政治哲學的難解之題。

VI

心理問題
The Psychological Problem

然而，在政治問題背後的是人性；不幸的是，要了解政治，我們必須先了解心理學。「有其人必有其國」（575節），「政府會隨著人民的特質改變而改變……國家是由人民的人性製造出來的」（544節）；一個國家的公民是什麼模樣，這個國家就是什麼模樣，因此，我們不必期待國家會變得更好，除非我們的人民變得更好；而在那之前，所有的變化都不會改變任何根本的事物。「人民是多麼迷人啊！總是在治療他們的失調不適，使其變得更加嚴重而複雜，想像有人建議他們嘗試某些萬靈丹可以治好這些病，事實是他們從來沒有因此而變好，只有變得更糟……他們壓根就不像戲劇中演得那麼美好，嘗試制定法律，想像藉由改革，可以終結人類的不誠實等惡行——渾然不知事實上，他們切掉的是九頭蛇的頭嗎？」（425節）

讓我們檢視一下政治心理學必須處理的、跟人有關的議題。

柏拉圖說，人類行為源自三個主要的來源：欲望、情感、知識。欲望、渴望、衝動、本能，是來源之一；情感、心靈、雄心、勇氣，是來源之二；知識、思想、才智、理性，是來源之三。欲望源自腰部下身，是個充滿（基本上是與性有關的）能量的貯水庫；情感源自於心，源自於血液的流動與力量，是經驗與欲望的自然共鳴；知識源自頭腦，是欲望之眼，可以成為靈魂的導航。

這些力量與特質人人皆有，只是程度有所不同。有些人肯定是欲望的化身、無法滿足且貪得無厭的靈魂，只專注於物質的追尋與爭執，熱切渴盼著奢侈與炫耀的貪欲，總是與不斷往後退的目標作無價值的比較，藉此評量自己的收穫，這些就是主宰和操縱產業的人。然而，也有其他人是感情及勇氣的殿堂，他們不是那麼在乎自己為之奮鬥的對象是什麼，而是在乎勝利「本身」；他們爭強好勝而非貪得無厭，他們的驕傲在於權力而非財物；他們的樂趣在於戰場而非商場，這些就是組成世上的軍隊與海軍的人。最後，還有少數喜愛冥想與理解的人，他們渴望的既非財產、亦非勝利，而是知識；他們遠離商場與戰場，就為了讓自己與世隔絕，沉浸於寧靜清晰的思考之中；他們的目的是光而不是火，他們的天堂是真理而不是權力。這些智者都被世界晾在一旁，閒置不用。

此時，如同有效率的個人行為所意指，欲望雖以情感加溫，仍以知識為引導。因此，在完美的狀態下，產業力量負責生產但不統治；軍隊力量負責保衛也不統治；知識、科學及哲學的力量會被孕育、保護，並負責統治。沒有知識的引導，人民不過是一大群沒有秩序的烏合之眾，宛如一片混亂中的欲望；人民需要哲學家的指引，就像欲望需要知識的啟蒙與教化。「當那些唯財富是從的商人成為統治者時，毀滅就來臨了。」（434節）或者，當將領利用他的軍隊建立一個軍事獨裁的統治政權時，亦是如此。生產者在經濟領域最在行，而戰士最拿手的就是上戰場，他們兩者最不擅長的則是擔任公職，經由他們粗糙的手，擁有治國之才的政治家只會淹沒於政治之中；因為政治家的才能不僅是一門科學，更是一門藝術，一個人必須為它而活並且經過長期準備，才能夠具備這樣的才能——只有哲學家國王（philosopher-king）才適合引導國家。「直到哲學家成為國王，或是這世上的國王與王子都具備了哲學的精神與力量，讓智慧與政治領袖得以在同一個人身上合一以前……城市永遠不會停止生病，人類也是。」（473節）

這就是構成柏拉圖思想基礎的拱心石。

VII 心理解決方案
The Psychological Solution

好吧，那麼，我們該做些什麼呢？

我們必須開始「把城市中十歲以上的居民送到鄉下，藉由接管這些孩子的措施，即可保護他們免受父母習性的影響。」（540節）如果這些年輕人以他們的長輩為榜樣、動輒墮落腐敗，我們便無法把烏托邦建立起來；我們必須盡可能地讓他們像是一張乾淨的白紙般展開新生活。有些開明的統治者極有可能允許我們在他的部分領土或殖民地上展開這樣的一個起點（有個統治者這麼做了，我們將會看到）。在任何情況之下，我們必須從一開始就給予每個孩子完全均等的教育機會，因為人才或天才的光芒說不準會突然出現在哪裡，我們必須毫無偏頗地在每種階級及種族中到處尋找。在我們的道路上，第一個轉折點就是普及的教育。

在生命中的第一個十年，教育應該以體能的訓練為主。每間學校都應該要有體育館和運動場，全部的課程就是玩耍和運動；在頭一個十年中藉由這種方式，健康之本可以被儲備起來，讓所有的醫藥都無用武之地。「會需要醫藥的幫助，是因為懶惰、奢侈的人們把自己像充滿水與風的水池般填滿……腸胃脹氣和黏膜炎——這不是很丟臉嗎？……我們現在的醫藥體系可說是在教育疾病。」這不過是在延長他們的生命，而不是治癒他們，那是一種有錢有閒之人的荒謬行為。「當一位木匠生病時，他會要求醫生給他粗略、現成的治療方法——催吐劑、瀉藥、燒灼劑，或是用手術刀。如果有人跟他說，他必須用營養學、用繃帶包裹住他的頭等這類的療程治療，他會馬上回答說，他可沒時間生病，若把時間花在照顧疾病而不是日常工作上，他看不出這樣的生命有什麼好處；因此，他會跟這類的醫生說再見，恢復他所習慣的飲食，要麼康復起來、繼續過活、繼續工作，要麼不敵病魔，就此一命嗚呼、過完這一生。」（405－6節）我們的國家負擔不起裝病以逃避責任之人與殘疾病弱之人。人民強健的身體是建構烏托邦的基礎。

但是，倘若只有競技運動和體育活動，會使得一個人過於著重在單一面向。「我們該如何找到與偉大勇氣並存的和善天性？這兩者似乎是相互矛盾而且並不協調的特質。」（375節）我們不需要一個滿是職業拳擊手與舉重運動員的國家。或許音樂可以解決我們的問題：藉由音樂，靈魂可以學習到和諧和韻律，甚至培養公平正義的性格傾向，因為「一個內在和諧的人，會是不公義之人嗎？若非如此，葛勞康，為何音樂訓練的力量如此強大？這是因為韻律及和諧可以直達靈魂的神祕之處，以其優雅之姿使靈魂亦顯得優美曼妙？」（401節；《普羅泰哥拉斯篇》，326節）音樂塑造性格氣質，因此也會對社會及政治議題的決定造成影響。「戴蒙（Damon）告訴我（我對此亦深信不疑），當音樂的風格形態改變時，國家的根本法律也會跟著改變。」[18]

音樂的價值不僅在於它可使情感與性情變得更加高雅，更在於它可維護並恢復健康；有些疾病只能透過心靈來治療（《查密迪斯篇》（Charmides），157節），因此，瘋狂的祭司會以管樂器演奏的狂野音樂來治療歇斯底里的女人，讓她們隨著音樂激動起舞，直到她們筋疲力竭地倒在地上睡著；當她們醒來時，她們的歇斯底里就被治癒了。藉由這樣的方式，可以接觸並安撫人類思想中無意識的源頭，而天賦才能也正是深植於這些行為與情感的底層基礎之中。「沒有一個人能在神智清醒時產生真實或是被啟發的直覺，反而是在熟睡、生病或痴呆的情況下，當理智的力量備受束縛之時。」先知（mantike）或天才，與瘋子（manike）只有一線之隔（《斐德羅篇》，244節）。

柏拉圖傳遞了一項「心理分析學」（psychoanalysis）上了不起的預測。他認為，我們的政治心理學之所以複雜難解，是因為我們沒有好好地研究人類各種不同的欲望與本能。夢境或許可以提供我們這些微妙、難以捉摸的傾向若干線索。

若干不必要的愉悅及本能被認為是不合法的。每個人似乎都擁有它們，但有些人受到法律與理性

18參見丹尼爾．奧康內爾（Daniel O'Connell）：「讓我為一個國家寫歌，我就不在乎由誰來制定它的法律。」

〔昇華（sublimated）〕的控制，以較好的欲望為優先，不是完全地壓抑住，就是降低了它們的強度及數量；然而對於其他人來說，這些欲望相較之下更為強烈而豐沛。我的意思特別是指，當個性中的理智、馴服、支配力量〔潛意識壓抑力（censor）〕沉睡時，那些被喚醒的欲望；我們本性中意欲狼吞虎嚥的野獸就會突然冒出來，大搖大擺、赤裸裸地走來走去，隨自己高興地暴飲暴食。這跟可以想像得到的愚行或罪行並無相關，而是厚顏無恥與不合常理——亂倫與弒親〔伊底帕斯情結／戀母情結（Oedipus complex）〕也不例外；這樣的天性或許並非有罪……但是當一個人的脈搏健康又溫和時，他會冷靜而理性的進入夢鄉……適度地滿足自己的欲望，剛好足夠平息它們、安然入眠……他最不可能成為耽於空想、目無法紀的賭徒……我們所有人，即使是好人，內心都潛伏著這種野獸的本性，在我們沉睡時探出頭來、向外窺視（571—2節）。

音樂及其方式賦予身心靈優雅及健康。但同樣地，過量的音樂跟過量的運動一樣危險：僅僅成為運動員，幾乎無異於野蠻人；單單成為音樂家，會被「融化並軟化於良善以外的事物。」（410節）這兩者必須結合，並且在十六歲之後，必須中止個別的音樂學習——不過宛如各團體間共同遊戲的合唱，將會持續一生。音樂也不只是音樂，有時必須用來為索然無味的數學、歷史和科學提供有趣的表現形式，對年輕人來說，這些艱難的學習沒有理由不該以詩句來撫平、以歌聲來美化。即使如此，這些學習都不能強加於不情願的心智上，自由意志論（libertarian）的精神仍應適度地被列入為主要考量。

教學的基礎原理……從童年開始就應該呈現給學習的心智，但不帶任何強制性；作為一個自由人，在知識的學習上也應該是一個自由人……在強迫之下獲取的知識是記不住的。因此，不要採用強迫的方式，而是讓早期的教育更像是一種娛樂，這會使你更容易發現孩子們天生的傾向與天分（536節）。

有了如此自由成長的心智以及由各種戶外生活與運動訓練而形成的強健身體，我們理想的國度將擁有穩固的心理與生理基礎，寬廣到足以容許每一種可能性與每一項發展。然而，道德基礎也是不可或缺的，這個群體的成員必須團結一致，認識彼此相依以及彼此應恪盡特定禮儀與義務的道理。那麼，既然人性貪得無厭、猜疑忌妒、爭強好勝、性好漁色，我們該如何說服他們循規蹈矩呢？利用警察無所不在的棍棒嗎？這是一種粗暴嚴酷的方法，成本高昂又令人不快。較好的方法是，使超自然權威的制裁成為團體的道德要求——我們必須有一個宗教。

柏拉圖相信，一個國家除非信仰上帝，否則無法強大起來。一股單純的宇宙力量、第一因（first cause）或是生命衝動，並不是一個人，因此很難激發人們的希望、奉獻或犧牲，既無法撫慰傷痛的心靈，也無法鼓勵準備戰鬥的靈魂。但是，一位永生的上帝可以做到這些，祂可以使那些自私自利的個人主義者感到不安甚至驚恐，以節制他們的貪念、控制他們的情欲。更何況若是信仰上帝，不啻是為這個信仰加入個人永生的信念：對於另一種生命的希冀，給予我們勇氣去面對自己的死亡，並承受自己所愛之人死亡的痛苦；在戰場上，如果我們擁抱信念而戰，便宛如身著雙層盔甲。想當然耳，沒有任何信仰是可以被證實的：畢竟，上帝也許只是我們的愛及我們的希望，經過人格化所產生的完美典範；靈魂宛如七弦豎琴的音樂，隨著賦予其形體的樂器停擺，它也就跟著消殞了。然而可以肯定的是（從而申明《斐多篇》中宛如巴斯卡（Pascal）的論點），信仰對我們不但無害，還可能為我們及我們的子孫們帶來不可估量的好處。

如果我們試圖向孩子們的簡單心智解釋並證明每一件事，我們可能會陷入困境。當他們滿二十歲時，我們應該會有一段時間特別不好過，因為他們必須面對第一次的仔細審查，同時測驗這些年來接受平等教育（equal education）的學習成果；接下來，就是無情的淘汰過程，我們或許可以稱其為「大淘汰」（Great Elimination）。這場測驗不只是單純的學業考試，更兼重實用與理論，「為他們所開的處方，也應該包括了艱辛磨練、嘔心瀝血、矛盾衝突。」（413節）每一項能力都有機會表現，每一種愚行也都無法隱而不宣；失敗的人，會被分配以從事國家的經濟工作，成為商人、書記、工人以及農夫。測驗必須公正無私，無論一個人最後成為農夫或是哲學家，都不是因壟斷性的機會或裙帶關係的偏袒而做出的決定，遴選的過程會比民主還要民主。

通過第一次測驗的人，會再接受十餘年在身心靈及品格上的教育和訓練；之後，他們會面對第二次的測驗——遠比第一次測驗要來得更為嚴格。失敗的人，會成為助手、行政助理以及軍官。在這些大淘汰的測驗中，我們需要傾一切說服之力，讓這些被淘汰的人——包括第一次測驗中未被選中的大多數人，以及第二次測驗中更強健、更有能力的少數人——能夠溫和平靜地接受他們的命運，以防他們扛起武器，把我們的烏托邦粉碎成一段崩塌的回憶。有什麼是可以防止他們當下建立起一個還是只用數字或武力來統治的世界，使得民主騙局那令人作嘔的笑鬧劇再度重演？在此情況下，宗教和信仰成為我們唯一的救贖：我們應該讓那些年輕人知道，他們被分配到的這些工作範疇是來自上帝的旨意，無法改變，即使他們用盡所有的眼淚都改動不了一個字。我們應該告訴他們一個關於金屬的神話：

公民們，你們都是兄弟，但是上帝把你們塑造得不盡相同。你們之中有些人具有指揮統率的力量，這些人是祂用金做成的，因此他們擁有最高的榮譽；有些人是用銀做成的，遂擔任助手之職；其他成為農夫與工匠的人，則是用銅與鐵做成的。一般來說，孩子們的身上都保有這些不同的種類特性。然而，正因你們源自於相同的家庭，由金做成的父母有時候會生出由銀做成的兒子，或是由銀做成的父母有時候會生出由金做成的兒子。上帝是這樣宣稱的……如果由金或銀做成的父母，他們的兒子是銅或鐵的混合，那麼意味著自然界必須進行一種等級上的轉換。統治者不必因為他的孩子必須降至農夫或工匠等級而感到傷悲，同樣地，別人可能也會從工匠等級晉階至更高的榮譽，成為保衛者與助手。因為神諭指示，當用銅或鐵做成的人來保衛國家時，這個國家將會被摧毀（415節）。

或許用這個「冠冕堂皇的神話」（royal fable），我們可以廣獲贊同，藉此促成我們的計畫。

那麼現在，這些通過一波又一波遴選後剩下來的幸運角逐者，要做些什麼呢？

他們要學習哲學。他們現在已屆三十之齡，因為「讓他們太早體驗這種寶貴的樂趣是不明智的……對年輕人來說，當他們的口中初次體驗到哲學的滋味時，他們會為了娛樂消遣而爭辯，總是否定與駁斥……就像是與高采烈的小狗，撕裂、拉扯所有挨近牠們的人。」（539節）哲學這項寶貴的樂趣，主要意味著兩件事：清晰的思維，即形上學；以及明智的統治，即政治學。首先，我們的年輕精英必須先學會清晰明確地思考，而為達此目的，他們應該要先學習理念（Ideas）的學說。

但是，這套知名的「理型論」（the doctrine of Ideas）經過柏拉圖的幻想與詩歌所美化、混淆，對現代學生來說就像是座令人氣餒的迷宮，晦澀難解；而對那些歷經多次篩選的倖存者來說，必然也是另一項嚴酷的考驗。一件事物的理念，可能是它所屬類型的「一般概念」（general idea）（譬如約翰、迪克、哈利是男人的理念）；或者，它可能是依照這件事物所運作的定律或法則（譬如約翰的理念，即為可歸納、簡化成他所有行為的「自然法則」（natural laws）」；又或者，它也可能是發展出這件事物及其所屬類型的完美目的與理念（譬如約翰的理念，即為烏托邦中那個特定的約翰）。極有可能觀念、定律及理想都是理念。事物的普遍原則、規律一致性以及發展方向，藏身於我們的感官所能感知的表面現象及個別細目背後，無法為感官所察覺，卻是由理性與思想所孕育、構思出來的。比之感官所能察覺的特定事物（我們藉由這些事物進行構思設想與演繹推論），這些觀念、定律及理想更為恆久，也因此更為「真實」。舉例來說，男人的理念比湯姆、迪克或哈利更為永久；經由我的鉛筆與模具的移動、橡皮擦的磨損擦拭，才能產生一個圓圈，然而，圓圈的這個概念卻是可以永遠持久不變的；這棵樹聳立著，那棵樹卻倒了，然而決定哪些樹幹該倒、何時會倒、如何倒下的法則，無所謂開始、從現在到永遠應該也沒有所謂的結束。如同溫和的斯賓諾沙（Spinoza）所言，事物的世界可由感官所察覺，法則的世界則由思想所推斷；我們看不見平方反比定律（the law of inverse squares），但它就在那裡，而且無所不在，在任何事物開始之前它就已經存在了，而且在世界萬物灰飛煙滅之後，仍然會繼續存在。一座橋梁，我們的感官覺察到它有一億噸的水泥及鐵，但數學家以心靈之眼來看的話，對這一大堆材料所做之膽大心細的調整，是為了使其能符合力學、數學及工程學的法則，因為根據這些法則，一定會建造出優良的橋梁。如果這位數學家也是詩人，他就會看見支持著這座橋的那些法則。如果這些法則被違反了，那麼這座橋就會坍塌，掉進下方的溪中；這些法則就是托起這座橋、將它放在手心之中的上帝。亞里斯多德也多少暗示過這樣的主張，他說柏拉圖藉由理念所意指者，即為畢達哥拉斯藉由數字所意指者——根據他的教導，這是一個數字的世界（意思大概是說，這世界是由數學的恆常性與規律性所統治）。普魯塔克（Plutarch）告訴我們，根據柏拉圖所言「上帝總在研究幾何學」，或是根據斯賓諾沙所見略同的想法，認為上帝以及宇宙法則的結構與運作是同一件實際存在的事物。也因此對柏拉圖來說，就像對伯特蘭．羅素（Bertrand Russell）來說，數學對哲學而言是不可或缺的前奏，也是哲學最高的形態；柏拉圖在他所設立的學苑（Academy）

大門上，安置了這些但丁風格的語句：「對幾何學一無所知的人，不得進入此門。」[19]

沒有了這些理念（這些普遍原則、規律性、理想），這個世界在我們的眼中，就彷彿嬰孩第一次張開眼睛時所感知的情景，是一大堆未經分類、無意義的個別細目。因為，事物只有經過分類歸納、找出它們所屬的法則以及它們活動的目的與目標，才能被賦予意義。這世界倘若沒有了理念，將會是一大堆落在目錄之外、雜亂無章的書名，而非根據其分類、先後順序及目的而適當排序的書名；也將會是山洞裡的陰影，而非經陽光照射的外部現實所投射出虛幻迷惑、欺騙人心的內部陰影（514節）。因此，更高階的教育精髓，就在對於理念的探究，亦即對於普遍原則、順序法則（laws of sequence）、發展理想的追尋；我們必須發掘出事物背後的關係與意義、方法模式與運作定律，以及它們欲達成或預示的作用與理想。我們必須根據定律與目的去分類、調整我們的感官經驗，若非如此，傻子的心智將與凱撒（Caesar）的心智無異。

那麼，經過五年浸淫於深奧的理念學說這門藝術的訓練當中，亦即從混亂而危險的感官知覺中感知顯著的形式、因果的順序以及理想的潛力，並且將這項原理應用於人類行為與國家管理之上；經過了如此漫長的準備——從孩提時期到青年時期，再到三十五歲的成熟期——現在，這些完美的產物確定已經準備好承擔王位以及最高公職了嗎？他們當真是最後將遂行統治、解放全人類的哲學家國王嗎？

哎呀！還沒呢！他們的教育尚未完成。因為他們至今所接受的，主要是理論教育，他們還需要別的東西。現在，我們得讓這些哲學博士（Ph.D.）從哲學的高度往下降，來到充滿人、事、物的世界「洞穴」，因為普遍原則、抽象概念一無是處——除非它們能通過具體世界的考驗。我們讓這些學生進入真實世界，一視同仁、毫無偏袒，讓他們跟商人、跟精明實際的個人主義者、跟四肢發達的人、跟狡猾的人一起競爭。在這個充滿衝突與紛爭的市場，他們將從生命之書當中親身學習；在這世界粗野的現實中，他們哲學家的手指會受傷、小腿會劃破，他們得從高傲的眉毛上流下汗水，才能賺取自己的生計。這項最後也是最嚴苛的考驗將無情地持續十五年之久，我們的完美產物中，有些會在壓力下崩潰，淹沒於最後一波大淘汰的浪潮之中；而那些存活下來的人不但傷痕累累，也已經五十歲了，但他們冷靜而清醒，而且能夠自力更生，經過生活的無情磨損，已將他們的學術虛榮心消磨殆盡；現在，他們已披上了傳統與經驗、文化與衝突的智慧盔甲，可以同心協力貢獻所學了——這些終於通過考驗的人，應自動成為國家的統治者。

19在此所詮釋的理念學說，有關這項論點的細節可在D．G．里奇（D. G. Ritchie）所著、1902年在愛丁堡出版的《柏拉圖》一書中找到，特別是在第49頁及85頁。

VIII

政治解決方案

The Political Solution

所謂自動，意指不需任何虛假偽善的投票表決。民主意味著完美的機會均等，而非讓每個湯姆、迪克與哈利輪流擔任公職。每個人都應該有均等的機會讓自己符合資格，得以承擔管理的複雜任務；然而唯有那些能證明自己具備勇氣魄力（mettle）——或者是我們的神話中所提及，他們是由什麼金屬（metal）做成——的人，佩戴著本領才幹的徽章，從所有的考驗中脫穎而出，才有資格去統治國家。政府官員的選擇不該由投票來決定，也不該由暗中集結的黨派逕行操縱著民主幌子背後看不見的線，而應該由他們本身在基本民主的平等競賽中所展現出來的能力來決定。任何擔任公職的人都該接受特定的訓練，並且在尚未擔任過低階職位之前，不得擔任高階職位（《高爾吉亞篇》，514－5節）。

這是貴族政體嗎？如果它所預示的現實是美好的，我們不需懼怕這個字眼。言詞本身沒有自己的價值，它們是智者的籌碼，是傻子與政客的金錢。我們想被最好的人統治，而這就是貴族政體所意指的——我們難道不像卡萊爾（Carlyle）一樣渴望、祈禱被最好的人所統治嗎？我們所想到的貴族政體是世襲的，但要謹慎注意的是，柏拉圖式的貴族政體並非如此，倒不如稱其為民主式的貴族政體更為貼切。因為與其從黨派提名出來的候選人中盲目地選出兩害相權較輕者，在這裡，每個人自己就是候選人，也會有均等的機會接受教育及遴選以擔任公職。這裡沒有世襲的社會階級制度，沒有地位或特權的傳承，也不會阻礙身無分文的人才誕生。即使是統治者的兒子，也得與擦鞋人的兒子從同樣的等級開始，接受同樣的待遇與機會；如果統治者的兒子是個傻瓜，他在一開始的篩選中就會被刷下來了，而如果擦鞋人的兒子是個有能力的人，他肯定會成為國家的保衛者（423節）。人才不論出身如何，職業的大門始終會為他們敞開。這是一種學校養成的民主，百倍誠實、有效於投票選舉的民主。

因此，「這些保衛者把所有其他的事務擱在一旁，畢生致力於維護國家自由，並將其視為他們的職業，所作所為無不與這個目標有關。」（395節）他們應該集立法機關、行政機關和法院於一體，面對環境改變的情況下，甚至連法律也不該以教條來約束他們；保衛者的角色應為靈活而可變通的智慧，不被前例所束縛。

但是，五十歲的人要如何擁有靈活而可變通的智慧？他們的心智不會因例行公事而變得固定、僵化嗎？阿狄曼圖斯（無疑呼應了若干發生在柏拉圖家中兄弟間的熱烈辯論）提出反對的意見，認為哲學家不是傻瓜就是流氓，統治的方式不是很愚蠢、就是很自私，要不然就是既愚蠢又自私。「哲學的信徒不僅在年輕時以教育為目的鑽研它，甚至在年長時仍繼續追尋它；他們大部分都變成非常奇怪的人，更別說變成徹頭徹尾的惡棍。歷經你所大力吹捧的這項特別學習過程，這些人的下場，對這世界毫無用處就是最好的結果了。」（487節）這對某些戴著眼鏡的現代哲學家來說，是相當公平的描述。但柏拉圖回答，藉由給予他的哲學家們不只學校教授的學識，還有生活實際的訓練，他可以預防這類情況的發生；如此一來，他們會成為真正起而行之人，而非只空想不行動者——也就是藉由長期的經驗及考驗，已習於崇高目的與高尚性情之鍛鍊的人。柏拉圖的哲學意味著積極進取的文化以及混合了生活具體面向的智慧，而非閉門造車、不切實際的形上學。柏拉圖「是最不像康德（Kant）的人，這點（從各方面看來）是一個很大的優點。」[20]

關於無能力或不稱職的討論就告一段落，到此為止。至於惡行，我們可以藉由建立保衛者之間的一套共產制度（a system of communism）來加以防止：

> 首先，除非絕對必要，否則他們都不該擁有任何財產，也不該擁有任何私人房舍，或是以門擋與門門關起門來阻擋任何想進去的人。他們所需的物資設備等應該僅止於此，就跟訓練有素、有所節制並具備勇氣的戰士所要求的一樣；他們的協定是接受公民們所支付的固定酬勞，足以應付一整年所需的費用

20法蓋，第10頁。

即可，再多也沒有了。他們有正常的三餐並且住在一起，跟軍人一樣紮營而居。對那些由金、銀做成的人，我們會讓他們知道他們來自上帝，身上有神所授予的金屬，所以他們不需要任何以金子之名而轉讓傳遞的俗世糟粕，也不該以俗世的攙雜物玷汙這份神性——因為較為普通的金屬是許多邪惡行為的來源，但他們自己的金屬則是未被玷汙的。所有的公民之中，只有他們不得碰觸或經手金銀，不得跟金銀同處於一個屋簷之下，也不得穿金戴銀、或是使用金銀製成的器具飲水。這會是他們自身的救贖，同時也是國家的救贖。但是，一旦他們取得自己的房舍、土地或金錢，他們就會變成管家與農夫，而非國家的保衛者；變成敵人與暴君，而非公民的盟軍；仇恨他人並被他人仇恨，設計他人也為他人所設計，也就是說，他們所度過的生命將會是強烈的內在恐懼遠大於外在敵人所帶來的恐懼。對他們自己或是對國家其他人來說，毀滅的時刻即將到來（416—17節）。

讓這些如同黨派般的保衛者逕行統治，只顧謀求本身階級而非全體公眾的利益，這樣的安排不但毫無益處可言，而且還很危險。因為他們會被保護不受欲望的侵蝕，高尚生活中的必需品以及適度的奢侈品也會定期提供給他們，不會因擔憂經濟問題而枯萎、衰老。然而同樣的道理，他們也會被杜絕於貪婪與卑劣的野心之外，在世上始終只擁有這麼多的財物，不會再多；他們會如同醫生般為國家建立起飲食的規定，而他們自己也甘之如飴；他們會像擔任聖職的人一般一起用餐，也會像宣誓要過簡單樸素生活的軍人般一起睡在營房裡。「朋友應該共有一切事物。」就如畢達哥拉斯曾言〔《法律篇》（Laws），807節〕。因此，可說這些保衛者的職權經過消毒，他們的權力也是無毒的；他們唯一的獎賞，就是對團體的榮譽感以及為公眾服務的意識。打從一開始，他們就已慎重同意去過著這樣一種物質有限的職業生涯；這樣的人，在嚴峻的訓練結束之時，將學會視政治家崇高聲望之價值高於謀求公職的政客或「有利可圖之人」所取得的粗俗報酬。隨著他們的到來，黨派政治之爭將不復存在。

然而，他們的妻子會對這一切的安排有什麼樣的意見呢？她們會同意放棄奢侈的生活與炫耀性的消費嗎？這些保衛者不會有妻子，他們共有的財產不僅是物品而已，還有女人；他們不僅從自我的、更從家庭的利己主義（egoism）中解放出來，不會被丈夫易受刺激的焦慮占有欲所限制，並把自己奉獻給社會公眾，而非一個女人。

即使是他們的孩子，都不該被特別區分為是誰的孩子，因為所有保衛者的孩子們，從一出生就會被帶離他們的母親，由大家共同將他們撫養長大，他們真正的父母身分，也會因這樣的安排不得而知（460節）。保衛者所有的妻子們將會照顧他們所有的孩子們，在這些限制之下，男人的兄弟情誼將從言語發展成為事實；每個男孩都是所有其他男孩的兄弟，每個女孩也都是所有其他女孩的姊妹，每個男人都是父親，每個女人也都是母親。

但是，這些女人從哪裡來呢？毫無疑問，有些是保衛者從產業階級或軍人階級中追求來的，其他本身就是保衛者階級的成員，因為在這個社會裡沒有任何形式的性別障礙，尤其在教育方面——女孩應該跟男孩一樣，擁有相同的受教育機會、晉升至國家最高職務的機會。葛勞康對此持反對意見（453節f），他認為就算女人通過了這些考驗，准許她們擔任公職即違反了勞動分工（division of labor）的原則；而他所得到的激烈答覆是，勞動分工必須視才能與能力來決定，而非性別。如果一個女人展現自己足以擔任政治管理工作的能力，就讓她統治；如果一個男人展現自己只能擔任洗碗工作的能力，就讓他發揮這項神所指派給他的長才。

然而，共妻並非意味著可以無區別的任意交配，反倒更像是對於所有生殖關係的優生學嚴格監管。來自動物繁殖的論點，從這裡開始娓娓道來：如果我們在牛隻的育種上可以藉由挑選我們想要的品質之方式——只繁殖每一代牛隻中最好的品種——得到良好的結果，為什麼我們不能在人類的交配上運用類似的原理？（459節）因為，光是正確地教育他們是不夠的，他們必須先經過挑選、擁有健康的血統，被正確地生出來。「教育應始於出生之前。」（《法律篇》，789節）因此，只有身體健康的男人與女人才應當生兒育女，每位新娘與新郎都必須具備健康證明書（《法律篇》，772節）。男人只有在三十歲以上、四十五歲以下才能生育，而女人只有在二十歲以上、四十歲以下才能生育。男人到了三十五歲還沒結婚，就會被課以幸福稅（《法律篇》，771節）。未經許可的交配所生出的後代以及有殘缺的畸形嬰孩，應被棄置在外、任其死亡。在規定的生育年齡之前以及之後皆可自由交配，前提是如果有了胎兒就必須墮胎。「我們以嚴格的命令將此權限授予當事人，盡一切力量阻止胚胎誕生；如果有人強行把它生出來，他們必須理解，這樣的結合之下所產生的後代是不能被留下來的，他們必須作出相對應的安排（461節）。親屬之間的聯姻是被禁止的，因為會導致後代子孫的惡化與病變（310節）。「任一性別中的最優者應盡可能多與最優者結婚，次優者則與次優者結婚，如此一來，他們就會培育出一個品種的後代，而非另一個品種的後代，這是讓群體保持最佳狀態的唯一方法……更勇敢、更優秀的青年，我們除了給予他們各種榮譽與獎勵，還允許他們擁有更多不同的配偶，因為如此優秀的父親，生的兒子理應愈多愈好。」（459－60節）

然而，我們的優生社會需要被保護，以免遭受來自內部的疾病、惡化以及來自外部的敵人，如果需要的話，它必須準備好以發動成功之戰。誠然，我們的模範社會平靜祥和，因為我們會在維持自給自足生活方式的範圍內嚴格控制人口，但鄰近管理得沒那麼好的國家，可能會垂涎於我們井井有條、繁榮興旺的烏托邦，把它當成突襲、劫掠的俎上肉。因此，即使強烈譴責其必要性，我們仍須擁有數量足夠的戰士（來自我們社會的中間階級），像保衛者般過著刻苦而簡樸的生活，由他們的「維護者及先人們」（人民）供應少量的指定物資。同時，我們的社會也必須採取一切預防措施以避免引起戰爭，其中最主要的起因就是人口過剩（373節），其次即為國際貿易，附帶不可避免的糾紛而使其中斷。激烈競爭的貿易的確是戰爭的一種形態，「和平只不過徒有其名。」（《法律篇》，622節）因此，讓我們的理想國度坐落於內陸會是頗佳的選擇，如此一來，即可將一切高度發展的對外貿易阻擋在外。「大海以貨物、商業利潤以及買賣交易滿足一個國家，在人的心智中滋長出貪得無厭與背信忘義的習性，在它的內部及對外關係上皆是如此。」（《法律篇》，704－7節）對外貿易需要一支強大的海軍來保護國家，而海軍至上主義（navalism）跟軍國主義（militarism）一樣糟。「在所有情況下，戰爭的罪責僅局限於若干人，其餘眾多人都是戰爭的支持者。」（471節）最常發生的戰爭正是最糟糕、最可恥的內戰——希臘人對抗希臘人的戰爭，為的是讓希臘組成一個泛希臘的國家聯盟，團結起來免得「整個希臘民族有一天落入野蠻人的統治之下」（469節）。

因此，我們的政治架構最頂端會加上一小群的保衛者階級，由人數較多的士兵與「助手」階級來保護他們，並且依靠商業、工業、農業人口的廣大基礎來支撐他們；最後這個階級（或稱經濟階級），可以保有私人財產、自己的配偶及家庭，不過貿易和工業則為保衛者所管制，以防止個人過多財富與過度貧窮的狀況產生。任何人如果擁有超過四倍的平均公民所有財產，必須把超過的部分繳給國家（《法律篇》，714節f），他們或許會被禁止收取利息，獲取的利潤也有限（《法律篇》，920節）。保衛者採用的共產制度對經濟階級來說是不切實際的，因為這個階級顯著的特點就是對獵取財物與商業競爭的強大本能；他們之中有些高貴的靈魂會因此得以擺脫這種爭鬥財物的狂熱，但是大多數的人都對此著迷不已，而他們的飢渴並非出自於正當或榮譽，而是成倍數無止盡成長的財物占有欲。熱中於追求金錢的人並不適合管理國家，而我們整體計畫端賴於一個希望——如果保衛者統治得好、生活也簡單，那麼經濟階級的人或許願意讓保衛者壟斷管理之職，只要保衛者允許他們獨占奢侈生活與財物。簡而言之，最完美的社會就是每個階級、每個單位各司其職，而且做的是最適合其天性與才能所發揮之事，如此一來，階級之間或個體之間都不會互相干擾，在不同方面又可以互相合作，產生一個效率高又和諧的整體（433－4節），一個公平正義的國家。

IX

道德解決方案
The Ethical Solution

現在，我們的政治題外話告一段落，終於準備好要回答我們最初的問題——什麼是正義？世界上有三件事物是有價值的：正義、美，以及真理，或許它們全都無法被定義。在柏拉圖死後四百年，一位羅馬的行政官朱迪亞曾經無助地問道：「何謂真理？」哲學家不曾回答過這個問題，也不曾回答我們何謂美；但是對於正義，柏拉圖曾經大膽地為其定義。「正義，」他說：「就是各安其分、各司其職（the having and doing what is one's own）。」（433節）

這個定義聽起來有點令人失望，耽擱了那麼久之後，我們期待的是一個絕無謬誤、絕對正確的揭示。這個定義是什麼意思？簡單地說，每個人應該得到他的產能之等價物，並發揮他最適其所的功能；一個公平正義（just）之人，亦即一個人正好（just）在對的地方，盡其所能、產出他所獲取事物的完全等價物。由公平正義之人所組成的社會，將是一個高度和諧並極有效率的團體，因為每個組成元素都適得其所，履行其適當的職責，就像組成一支完美樂隊的每個環節。一個社會的正義，宛如行星之間井然有序（或者，就像畢達哥拉斯會這麼形容：「他們的音樂」）的移動所形成的和諧關係；如此井井有條，就是一個適合生存的社會，而正義得到的是一種達爾文式的制裁：當人們不在其該在的位置，政治家臣服於商人之下，國王之位為士兵所篡奪——等到各環節的協調性都被摧毀了，接合處都腐爛了，社會也就隨之分崩離析。正義，就是有效的協調。

對於個人來說也是如此，一個人體內的各個組成部分和諧運作、各安其所，個別發揮其對於行為的協同貢獻。每個個體都是一個由欲望、情感與思想組成的宇宙，或是一片混沌。如果這些元素可以和諧相處，個體不但能夠生存，還可以獲致成功；如果它們失去了適當的位置與作用，讓情感成為行動的指引及熱能（就像狂熱份子），或是讓思想成為行動的熱能及指引（就像知識份子），那麼人格就會開始崩解，失敗就像黑夜般無可避免。正義是靈魂各要素的一種秩序與美（taxis kai kosmos），正義之於靈魂，宛如健康之於身體。所有邪惡危害皆源自於不協調，不論是人與自然之間、人與人之間，或是人與自身之間，皆是如此。

因此，柏拉圖以一個永恆的答案回覆了色拉敘馬霍斯、卡利克勒斯以及所有的尼采哲學信徒：正義不僅是力量，更是一種和諧的力量，讓欲望與人可以落入以才智及條理組成的秩序當中。正義不是強者的權利，而是整體的有效和諧。對於那些不安分、不遵循天性與才華的個體來說，沒錯，短時間內可能會抓住某些利益與好處，但是逃不掉復仇女神（Nemesis）在他們身後的窮追不捨。就如安納薩哥拉斯（Anaxagoras）所說，復仇女神三姊妹（Furies）會追趕任何偏離軌道的行星。自然萬物（Nature of Things）以令人敬畏的指揮棒驅趕執拗頑強的樂器回歸它們的位置、音調及原本的音符。科西嘉的中尉（編按：指拿破崙）可能試圖以繁文縟節的專制政體（despotism）來統治歐洲，但顯然這個政體對古老的君主國家（monarchy）比一夜間誕生的王朝來得更加合適，因此，他最後的結局是被囚禁於海中一座島嶼上的監獄，悔恨地領悟到自己是「自然萬物的奴隸」。不公不義之舉，終究會被判出局。

這個概念中並無任何奇特的新意，實際上在哲學的領域，我們應該對標榜創新、自我誇耀的任何學說感到懷疑。真理經常更換她的外衣（就像每一位得體的淑女），但是在這個新習慣之下，她永遠都保持不變。對於道德，我們不需期待會有驚人的創新：雖然辯士學派與尼采哲學帶來有趣的冒險，所有道德的概念還是圍繞著全體的利益打轉，道德始於夥伴關係、相互依存以及組織體制，社會生活需要某部分的個人主權對共同秩序做出若干讓步，讓行為規範最終成為團體共同的福祉。自然界有其行事之道，它的審判永遠留在最後；一個團體與另一個團體產生競爭或衝突時，它能否生存下去，取決於它的團結與力量，以及它的成員為達共同目標的合作能力。然而，有什麼合作，比得上每個人都在做他最拿手的事呢？這是每個想生存下去的社會，都必須尋求的組織目標。耶穌說，道德是對弱者的仁慈；尼采說，道德是強者的勇氣；柏拉圖則說，道德是整體的有效和諧。或許這三種學說可以結合起來，找出完美的道德準則；但我們能夠質疑其中的哪一個，不是道德的基本要件嗎？

X 對柏拉圖的批評 Criticism

現在，我們該怎麼來談整個烏托邦的概念呢？它可行嗎？倘若不可行，是否其中有任何行得通的特點，是我們可以拿來運用在現代社會中？這個概念是否曾在任何地方、或是以任何方法被實現過？

至少，最後這個有利於柏拉圖的問題可以被回答。歐洲曾經長達千年為一個保衛者的教團階層所統治，相當類似於柏拉圖的預見。在中世紀時，基督教國家（Christendom）的人口習慣被區分為**工人**（**laboratores**）、**戰士**（**bellatores**）以及**神職人員**（**oratores**），最後的這個群體雖然人數不多，卻壟斷了文化的工具與機會，以幾乎無限制的權勢統治了一大半地球上最強大的歐洲大陸。神職人員這個階層，就像是柏拉圖所設想的保衛者階層，被授予的職權並非出自人民的投票選舉，而是來自他們在基督教會的研究與管理上所展現的才華，以及對於沉思與簡樸生活的傾向，還有（這一點或許也應該加上去）他們的親友對於國家與教會力量的影響。在他們統治期間的後半部，神職人員從家庭牽絆中解脫——更甚於柏拉圖的期望，而在某些情況下，他們似乎可以享受相當程度的生育自由，與柏拉圖所描述的保衛者情況一致。獨身生活是構成神職人員權力的部分心理結構，一方面不會受制於家庭狹隘的利己主義，另一方面，肉體的禁欲也帶給他們顯而易見的優勢，使得俗世的罪人更加敬畏他們，也更樂於在告解室揭露自己的生活。

許多天主教教義中的權謀手段，都是源自柏拉圖的「冠冕堂皇的謊言」（royal lies），或者深受其影響，包括以中世紀形態呈現的天堂、煉獄及地獄之觀念，可追溯至《理想國》的最後一本書。經院哲學（scholasticism）的宇宙論大部分來自《蒂邁歐篇》（Timaeus），唯實論（realism）的學說（一般概念的客觀現實）則是理念學說的演繹，甚至連教育的「四藝」（quadrivium）（算術、幾何、天文、音樂四門高級學科）都是模仿柏拉圖所概述的課程。藉由這項學說的主體，統治歐洲人民幾乎毋需訴諸武力，一千年來，人民更貢獻了大量的素材以支持他們的統治者，不但欣然接受這樣的統治，也不要求政府給予任何的發言權；而且這樣的默許並非只局限於一般民眾，舉凡商人、士兵、封建首領、公民力量，全都臣服於羅馬之下。這是一個擁有出色政治睿智的貴族政體，建立起或許是世上有史以來最了不起、最強大的組織。

一度統治巴拉圭的耶穌會會士（Jesuit）也是半柏拉圖式的保衛者，那是個在野蠻民族當中的神職寡頭政體，會士們因擁有知識與技能而被授予權力。在一九一七年十一月俄國革命之後，掌控政權的共產黨（Communist Party）曾經採取一種統治形態，不可思議地讓人聯想起《理想國》；幾乎是以宗教信念維繫在一起的一小群人，揮舞著正統信仰及逐出教會的武器，如同聖人般嚴格致力於他們的志業，雖然統治著大半片的歐洲領土，卻過著簡樸至極的生活。

這樣的例子指出，在某些限制範圍內加上若干的修改，柏拉圖的規劃是行得通的。實際上，他也是大量取材於自己在旅途中實際的所見所聞。古埃及的神權政體（theocracy）讓他留下深刻的印象：偉大而古老的文明為一小群的僧侶階層所統治，與雅典市民議會的口角之爭、專橫獨裁及不稱職相較之下，柏拉圖認為，埃及政府代表著一種高等許多的國家形態（《法律篇》，819節）。在義大利，柏拉圖有一段時間與信奉畢達哥拉斯學說的團體待在一起，他們都是素食者及支持共產主義者，世世代代掌控著他們所居住的希臘殖民地。在斯巴達，他看到少數的統治階層在一群臣服的人民當中，過著一種刻苦、簡單的共同生活，一起進食，為優生目標而嚴格管制的交配，給予勇士多妻的特權；他一點也不意外聽到尤里庇狄斯（Euripides）主張共有妻子、解放奴隸，並藉由希臘聯盟的組成使希臘世界和解〔《美狄亞篇》（Medea），230節；《殘篇》（Fragm.），655節〕，也不意外得知犬儒學派門徒展開一場激烈的共產主義運動，我們現在可能稱之為「蘇格拉底左翼」（Socratic Left）。簡言之，柏拉圖一定認為就他在現實世界所見，他所提議的規劃並非不可能達成的任務。

然而，從亞里斯多德的時代到我們的時代，對於《理想國》的批評揭開了諸多異議與疑問。「這些事情以及許多其他的事物，」這位斯塔吉拉人（Stagirite）[21]憤世嫉俗、簡明扼要地下了結論，「在數個時代的進展過程中已經被發明過好幾次了。」規劃一個人人皆兄弟的社會是很令人愉快，但是要把這樣的條件擴展、套用到當代所有的男性身上，就像是把所有的溫暖和意義都攙水稀釋掉了：共同財產意味著責任的稀釋，因為當每一件事物屬於所有人的時候，沒有人會照料任何一件事物；最後，這位偉大的保守份子爭辯，共產主義會使人陷入一種難以忍受、連續不斷的接觸，使個人隱私與特徵蕩然無存；而且，它更擅自假設只有少數聖徒般的人，才擁有耐心與合作這類的美德。「我們不該認為美德的標準應高於普通人，也不該認為天性與環境特別有助於教育；但我們必須考慮到大部分人可以分享的生活，以及一般國家可以實現的政府形態。」

迄今，柏拉圖最偉大的（也是最令人眼紅的）學生以及後來大部分人的批評意見，大致如出一轍。他們認為，柏拉圖低估了一夫一妻制的習俗所累積的力量，以及附加於這項制度之上的道德規範；他假設一個男人會滿足於只擁有一等分的妻子，也小看了男性爭風吃醋的占有欲；同時，他假設母親會同意讓自己的小孩被帶走、以一種冷酷無情的匿名方式扶養長大，也是低估了母性的本能。最重要的是，他藉由廢除家庭的做法，同時摧毀了培育道德的偉大搖籃以及養成合作、共產習性的主要來源——這些都是建立他的國家不可或缺的心理基礎。他以無與倫比的辯才，把自己正坐在上頭的樹枝給鋸斷了。

對於所有的這些批評，其實可以很簡單地回答：他們摧毀的是個稻草人。柏拉圖很明確地讓大部分的人免除於他的共產計畫之外，他已經承認得夠清楚了，只有少數人能夠過著克己的物質生活——這是他建議他的統治階層要做到的；只有保衛者能稱呼另一位保衛者是他的兄弟或姊妹，也只有保衛者不能擁有金銀財物。絕大多數的人民仍可保留所有體面的習俗與制度，包括財產、金錢、奢侈品、競爭以及他們所渴望的任何隱私，也可以保有像是他們所能承受的一夫一妻制婚姻，以及所有源自婚姻及家庭的道德規範，父親可以保有他們的妻子，母親也可以保有她們的孩子。對於保衛者來說，他們所需要的不是共產的傾向，而是一種榮譽感，以及對這種榮譽感的愛，支撐他們的是驕傲而非仁慈。至於母性本能，在孩子出生之前並不強烈，甚至在孩子成長時也是一樣，一般的母親與其說滿懷喜悅地接受新生兒，不如說是無可奈何地順從；對新生兒的愛是慢慢發展出來的，而非突然出現的奇蹟，隨著孩子的成長而成長，在母親不辭辛勞的照料下逐漸成形，直到母性的藝術作品具體化之後，這份愛才會無可救藥地抓住她的心。

其他反對的理由是在經濟方面而非心理方面。柏拉圖的《理想國》提出理由，譴責每個城市都被分裂成兩個城市，但它給我們的這個城市，卻是被劃分成了三個。對於這項異議的答覆是，第一個例子之中的分裂源自於經濟的衝突，然而在柏拉圖的國家中，保衛者與助手階層都特別被排除於參與金銀財物的商業競爭之外。那麼，保衛者若是擁有權力而無須擔負責任，難道不會走上專制暴政之路嗎？絕對不會，因為他們雖然有政治力量與方針，卻無經濟力量或財富，經濟階層倘若對保衛者的統治模式不滿意，可以把糧食的供應抓在手上，就像國會把預算抓住不放，藉此掌控行政官員。好吧，那麼，保衛者若是只有政治力量而無經濟力量，要如何維持他們的統治？哈靈頓（Harrington）、馬克思（Marx）以及其他許多人，不是都證明了政治力量是經濟力量的反射，一旦經濟力量轉移至以政治意識為主的團體時——就像十八世紀時的中產階級——局勢就會變得動盪不安？

這是一項非常基本的反對理由，或許是致命的一擊。這個問題或許可以這樣回答：羅馬天主教會（Roman Catholic Church）的力量甚至可以讓國王在嘉諾撒（Canossa）向教宗屈膝，在教會早期數百年的統治期間，這股力量與其說是以財富的謀略為主，不如說是以教條的灌輸為基礎。教會的長期統治可能是源自於歐洲的農業形態，農民無助地依賴種種反覆無常的大自然因素，卻又無法控制它們，因此容易產生超自然信仰的傾向，從懼怕進而產生崇拜；然而當工業與商業開始發展，一種新類型的心態與人民崛起，更注重實際與名利，而一旦教會與這股新的經濟局勢正面交鋒，它的力量便開始崩毀了。政治力量必須持續因應經濟力量不斷變化的平衡而自我調整。柏拉圖的保衛者在經濟上對於經濟階層的依賴，很快就會使他們淪為被經濟階層所控制的政治行政官，連軍事力量的操縱都無法先發制人、長久阻止這種不可避免的情況發生——就像俄國革命的軍事力量，無法阻止主張私有財產的利己主義在控制食物成長、進而控制國家命運的農民間沸沸揚揚地蔓延開來。只有這一點尚待柏拉圖解

21 指亞里斯多德，因為他出生於斯塔吉拉——譯注。

決：即使政治政策必須由在經濟上占主導地位的團體來決定，這些政策最好還是由特別為此目的量身打造的官員來管理，而不是由那些從商業或製造業半路出家走上政治生涯、沒受過半點政治技巧訓練的人來執行。

柏拉圖尤其缺乏的，或許是赫拉克利特般的流變與改變感（Heraclitean sense of flux and change）。他過於焦慮，以致於無法看清世界不斷改變的局勢，他眼中的世界遂成為一幅固定而靜止的戲劇畫面；就像許多膽小怕羞的哲學家，他特別熱愛秩序；因為曾經受到雅典狂暴的民主動亂所驚嚇，他變得極端不重視個人價值；他安排眾人所屬的階層，宛如昆蟲學家在幫蒼蠅做分類；他不介意利用僧侶祭司的胡說八道來哄騙大家、確保他的目的可以達成。他的國家是停滯不前的，很容易變成一個非常守舊的社會，由一群不知變通、仇視發明並猜忌改變的八旬老人所統治。一個只有科學而無藝術的社會，尊崇秩序，極為看重科學的心智，同時極為忽視作為藝術靈魂的自由；推崇美之名，卻放逐那些能夠創造出美、或是指出何謂美的藝術家。這是一個斯巴達或是普魯士的國家，而不是一個理想的國度。

現在，這些令人不快的必然性都已經被坦率地寫出來了，剩下來的就是心甘情願地對柏拉圖概念的力量與深奧表示敬意。基本上來說，他並沒有錯。不是嗎？這個世界所需要的，就是由最明智的人來統治。我們的責任是調整他的想法，使其適用於我們自己的時代與限制的因素。今日，我們必須視民主為理所當然，無法像柏拉圖所建議般限制選舉權，但是我們可以加上擔任公職的限制，藉此鞏固民主與貴族的一種混合政體——也是柏拉圖似乎曾經考慮過的做法。對於柏拉圖認為政治家應該跟醫生一樣接受具體而全面的訓練之論點，我們可以照單全收：我們可以在大學中開設政治學與行政管理的科系，當這些科系開始適當運作之後，我們可以規定除了這些政治院校的畢業生之外，其餘之人皆不得被提名擔任公職；我們甚至可以讓每個合格擔任公職的人都受過相關的訓練，從而完全淘汰那複雜的提名系統——我們腐敗的民主也在其中參了一腳。讓選民可以選擇任何受過適當訓練、宣布自己是候選人的合格人選，如此一來，民主的選擇將遠比現在（每四年上演一次半斤八兩的騙局大戲）更為寬廣。為了讓這項計畫更為民主，只有一項修正是必須執行的，也就是限制擔任公職的畢業生要具備管理的技能。此外，相當均等的教育機會將開放給所有人，不分男女，不論他們的父母是貧是富，也不論他們通往大學訓練和政治發展的道路為何。要求各城市及國家提供獎學金給初中、高中和大學的畢業生並不困難，只要他們展現出一定水準的能力，同時，他們的父母沒有經濟能力幫他們進入教育過程的下一個階段。這才是名副其實的民主政體。

最後，還要加上這一點才算公平：柏拉圖了解他的烏托邦並不完全可行，他承認自己描述的是一個難以實現的理想。他的回答是，儘管如此，描繪出我們心中渴望的想像仍然有其價值，身為一個人的意義就在於他可以想像一個更好的世界，那麼至少其中有部分可以被實現。人類是造就烏托邦的動物。「我們往前看、往後看，渴望我們沒有的事物。」這些並非都徒勞無功，許多夢想的確可以長出四肢行走或長出翅膀飛翔，就像伊卡魯斯（Icarus）夢想著人可以飛翔。而即使我們只是畫出一幅藍圖，它還是可以作為我們行動與行為的目標與典範；當我們之中有夠多人看見這幅藍圖、跟著它的微光前進時，烏托邦就能在地圖上找到它的一席之地。同時「在天堂中已架設好這樣一座城市的格局，渴望它的人可以見著它、瞻仰它，從而接受它的統治。然而，在塵世是否真有或是將會有這樣的一座城市……他將會依據那座城市的律法行事，不做他想。」（592節）良善之人會在不完美的國家中，運用完美的律法。

儘管對所有的質疑做出讓步，當機會上門時，這位大師竟也大膽到願意冒著生命的危險以實現他的烏托邦計畫。西元前三八七年，柏拉圖接受了狄奧尼索斯——當時繁榮強盛的西西里首都西拉鳩斯市（Syracuse）的統治者——之邀，前往他的國度，把它變成一個烏托邦。這位哲學家的想法跟杜爾哥（Turgot）一樣，認為教育一個人——即使是一位國王——也總比教育一群人要來得簡單，所以他答應了。然而當狄奧尼索斯發現根據這項計畫的要求，他不是得變成一位哲學家，就是得放棄王位，他猶豫了，結果就是一場激烈的爭吵，故事是這麼說的：柏拉圖被賣去當奴隸，但是被他的朋友兼學生安尼塞里士（Anniceris）所拯救；而當柏拉圖在雅典的追隨者想償還他為柏拉圖所付的贖金時，他拒絕了，還說他們不該是唯一有幸能夠幫助哲學的人。這個經驗（如果我們相信第歐根尼．拉爾修斯（Diogenes Laertius）是另一個類似的經驗）或許可以說明柏拉圖最後的作品《法律篇》中所展現的，為何是夢想幻滅後的保守主義（conservatism）。

不過，柏拉圖漫長一生的最後幾年必然過得相當快樂，他的學生開枝散葉，他們的成功讓他到處備受尊崇。他在自己的學苑中平靜度日，遊走於一群群的學生之間，給予他們必須認真研究的問題與任務，然後等到下次他再趨近他們時，即可得到他們的報告跟回答。拉羅什富科（La Rochefoucauld）曾言：「很少人知道如何變老。」顯然柏拉圖就是這少數人之一，他像梭倫（Solon）般學習，像蘇格拉底般教學，指引熱切的年輕人，找到戰友間的智慧之愛。他的學生們愛他，就像他愛他們一樣，他是他們的朋友，也是他們的哲學家及指引者。

柏拉圖的一位學生，剛好面臨了一種我們稱之為婚姻的萬丈深淵，於是邀請這位大師去參加他的婚宴。已屆八十高齡的柏拉圖去了，興高采烈地加入這群尋歡作樂的人；但隨著歡笑時光的流逝，這位年老的哲學家退到屋中一個安靜的角落，坐在椅子上打算小憩一番；到了清晨婚宴結束時，這些筋疲力竭的狂歡者想來叫醒他，卻發現原來在夜裡，柏拉圖已經悄悄地從小憩變成長眠，沒打擾到任何一個人。所有的雅典人都來為他送行，一路跟隨他直到他的長眠之地。

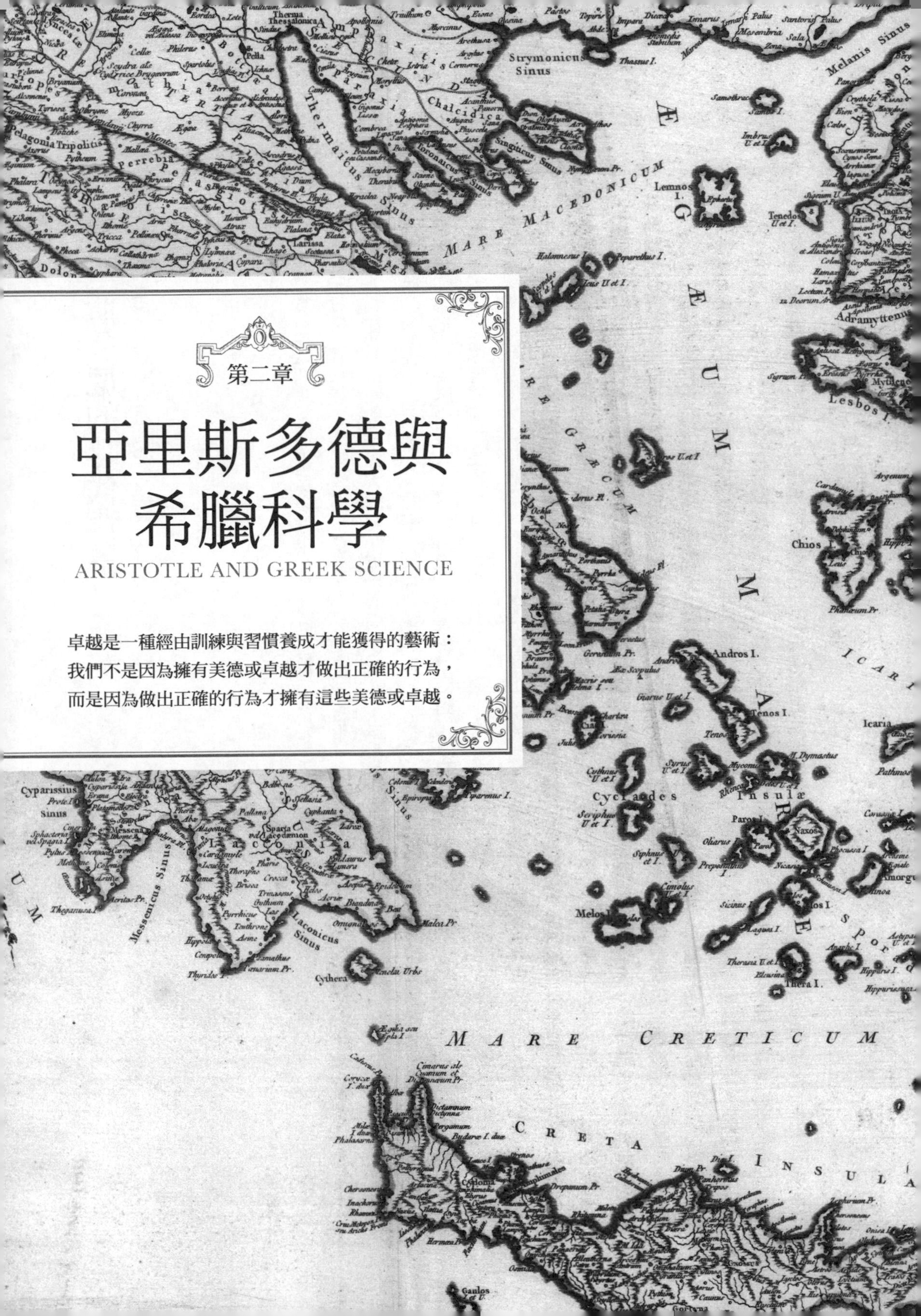

第二章

亞里斯多德與希臘科學

ARISTOTLE AND GREEK SCIENCE

卓越是一種經由訓練與習慣養成才能獲得的藝術：我們不是因為擁有美德或卓越才做出正確的行為，而是因為做出正確的行為才擁有這些美德或卓越。

I 亞里斯多德的時代背景

The Historical Background

西元前三八四年，亞里斯多德出生於斯塔吉拉（Stagira），約莫在雅典北方兩百英里處的一個馬其頓城市。他的父親是馬其頓國王亞米塔斯（Amyntas）的朋友及醫生，亞米塔斯就是亞歷山大（Alexander）的祖父；因此，亞里斯多德儼然即將成為偉大的阿斯克勒庇阿德斯（Asclepiads）醫療界同僚的成員之一（譯注：阿斯克勒庇阿德斯是傳說中的醫學奠基人和醫藥之神阿斯克勒庇俄斯（Asclepius）的徒子。）他在藥物的氣味中被帶大，就好像許多後來的哲學家是在神聖的氣味中長大；他也有充分的機會並受到充分的鼓勵，得以發展出具備科學傾向的心靈。打從一開始，亞里斯多德就準備好要成為科學的奠基人。

關於亞里斯多德的青年時期，我們有各式各樣的故事可以選擇。有一說是他過著花天酒地的生活，把祖產都揮霍光了，只好加入軍隊填飽肚子，後來回到斯塔吉拉開業行醫，三十歲時前往雅典，在柏拉圖門下學習哲學。另一個比較莊重的版本是說，他在十八歲那年前往雅典，隨即拜入柏拉圖門下，接受這位大師的指導；但即使是在這個更可信的故事當中，都充分暗示了一位生活步調飛快、魯莽而不穩定的年輕人[22]。不過，震驚的讀者至少可以安慰自己，在兩個版本的故事當中，我們的哲學家最後都選擇停泊在柏拉圖學院的幽靜林間。

亞里斯多德在柏拉圖的指導下學習了八年——或是二十年。實際上，從亞里斯多德的見解中無所不在的柏拉圖主義（Platonism）來看，即使是其中最反柏拉圖（anti-Platonic）的看法，也都暗示了他在柏拉圖門下學習的時間應該頗長。我們可以想像那樣的歲月一定相當快樂：一位聰明絕頂的學生在一位舉世無雙的老師指導之下，兩人宛如一對希臘愛侶般漫步於哲學的花園裡；然而，他們兩人都是天才，大家都知道，天才彼此之間相容的和諧程度就彷彿炸藥與烈火。為此，他們有將近五十年的時間不相往來，很難用諒解或寬容來彌補這些年的隔閡，將兩個靈魂間的水火不容一筆勾銷。柏拉圖認可了這位奇特的新學生——據說是來自蠻荒的北方——有其偉大之處，曾以「學院的**奴斯**」（Nous of the Academy）來稱呼他，意指人格化的理性智慧（Intelligence）。亞里斯多德在書籍的收藏上出手非常大方（在以前尚無印刷技術的年代，那些書籍都是手抄本），他是在尤里庇狄斯之後，第一個把藏書聚集起來成為圖書館的人；同時，亞里斯多德為圖書館分類原則所奠定的基礎，也是他在學術上的諸多貢獻之一。也因此，柏拉圖把亞里斯多德的家稱之為「愛書人之屋」（the house of the reader），似乎意味著最真誠的讚美；不過，有些由來已久的流言蜚語則認為，柏拉圖其實是既狡猾又冠冕堂皇地好好挖苦了一下亞里斯多德相當程度的書呆子氣。在柏拉圖晚年時，兩人之間似乎發生了一場較為可信的爭執；我們這位野心勃勃的青年在哲學的偏愛與情感方面，似乎對他精神上的父親發展出一種「伊底帕斯情結」，開始做出若干隱射，暗示著智慧不會隨著柏拉圖的死而消逝。而在柏拉圖這方面呢，這位老智者則說，他的學生就像一頭小駒，把母駒的奶吸乾了之後卻反踢她一腳[23]。飽學之士柴勒[24]筆下的亞里斯多德，受人敬重的程度幾乎已達涅槃（Nirvana）的境界，也讓我們排除了那些故事的可信度；不過，我們還是可以據此推測，無煙不起火，事出必有因。

在這段雅典時期中的其他事件則更加有問題。有些傳記作者告訴我們，亞里斯多德成立了一間專門教授演講術的學校，要跟伊索克拉底（Isocrates）一較高下；而且這間學校的學生當中，有一位就是富裕的赫米亞斯（Hermias），他很快就成為阿塔內斯（Atarneus）城邦的獨裁者；而在到達權力顛峰時，他邀請亞里斯多德來到他的宮廷，並在西元前三四四年時，更把他的妹妹（一說是姪女）許配給亞里斯多德以報答他昔日的恩情。有些人可

22 格羅特（Grote），《亞里斯多德》（Aristotle），倫敦，１８７２，第４頁；柴勒（Zeller），《亞里斯多德與早期逍遙學派門徒》（Aristotle and the Earlier Peripatetics），倫敦，１８９７，第１卷，第６ f.頁。

23 本恩（Benn），《希臘的哲學家》（The Greek Philosophers），倫敦，１８８２，第１卷，第２８３頁。

24 第１卷，第１１頁。

能會猜想這是項別有用心的禮物，但是歷史學家卻又忙不迭地跟我們保證，儘管亞里斯多德是個天才，他跟他的妻子卻過得相當幸福美滿，甚至在他的遺囑中仍以最深情的口吻提及她。一年之後，馬其頓（Macedon）國王菲利普（Philip）召喚亞里斯多德前往他位於佩拉（Pella）的宮廷，承擔起教育亞歷山大的重責大任；這個事件在在顯示我們的哲學家聲譽鵲起，因為當時最偉大的君王在為他的兒子——世界未來的主人——尋找最偉大的導師時，單單挑選了亞里斯多德。

菲利普下定決心要讓他的兒子享有充分的教育優勢，因為他已經為他做了無限遠大的規劃。西元前三五六年時，菲利普征服了色雷斯（Thrace），此舉也讓他得以掌控金礦，同時開始為他生產貴重的金屬，比當時衰退中的拉夫里翁（Laurium）輸往雅典的銀產量還要多上十倍。菲利普的人民都是強健有力的農民與戰士，尚未被城市的奢華與邪惡所腐化，這樣的結合使得征服上百座小城邦不再是夢想，也可能促成希臘的政治統一。對於助長希臘的藝術與智慧、同時卻又使其社會秩序崩解的個人主義，菲利普完全不表贊同，在所有的小城市中，他眼中所見不是令人振奮的文化以及無與倫比的藝術，而是商業的腐敗與政治的動亂；他看到貪得無厭的商人及銀行家吸光國家的重要資源，無能的政客與聰明的演說家誤導勤奮的民眾走向陰謀與戰爭的災難，派系切割階級、階級又形成僵化的世襲社會階級制度。菲利普認為，這不是一個國家，只是一堆雜亂無章的個體——不是天才，就是奴隸。他會讓秩序之手落在這團混亂之上，讓所有希臘城邦都能團結一致地站起來，宛如世界的政治中心與基礎般強大。菲利普年輕時，曾在底比斯（Thebes）向高貴的埃帕米農達（Epaminondas）學習軍事戰略和公民組織，並帶著無窮盡的勇氣與野心青出於藍。西元前三三八年，他在克羅尼亞（Chaeronea）打敗了雅典人，終於看到希臘的統一——雖然上了枷鎖。接下來，正當菲利普站在勝利的浪潮上，計畫著要怎麼跟兒子共同統一天下，卻於此刻死於刺客之手。

當亞里斯多德到來時，亞歷山大還只是個狂野不羈、滿懷激情的十三歲毛頭小子，患有癲癇，差不多可說是個酒鬼；平常的娛樂消遣就是馴服那些難以為人所馴服的馬匹。我們的哲學家用在冷卻這座蠢蠢欲動的火山上所付出的心力，顯然有些徒勞無功；亞歷山大對他的愛馬布西發拉斯（Bucephalus）的訓練還比亞里斯多德對亞歷山大的訓練來得更有成效。「有一陣子，」普魯塔克說：「亞歷山大熱愛並珍惜亞里斯多德，絲毫不亞於他對自己親生父親的愛；他說，雖然他從父親那裡得到生命，另一個父親卻教導了他生活的藝術。」（有句希臘格言說得好：「生命是大自然的禮物，美好的生活則是智慧的禮物。」）「對我而言，」亞歷山大在一封寫給亞里斯多德的信中這麼說：「我寧願在追求良善的知識上精益求精，而不是在我的權力和統治範圍更上一層樓。」然而，這或許不過就是一份來自王室青年的恭維，掩藏在這位熱誠的哲學新手之下，是蠻族公主與不羈國王所生、性格如烈火般的兒子。理性的束縛對他來說顯然過於薄弱，以致於無法抑制這股祖傳下來的熱情。兩年之後，亞歷山大丟下哲學、登基王位並征服天下去了，歷史讓我們完全相信（雖然我們應該懷疑這些令人愉快的想法），亞歷山大的統一熱情中，有若干的力量及氣勢來自於他的導師——思想史上想法最綜合的思想家；在政治領域征服秩序的學生，以及在哲學領域征服秩序的老師，是一項史詩般高貴計畫的不同面向——兩個志向宏大的馬其頓人分別統一了兩個混沌的世界。

亞歷山大出發征服亞洲，他留在希臘城邦中的，是站在他這邊的政府以及另一邊堅決與他作對的人民。曾經享有自由與最高權力的雅典，悠久的傳統使得它對屈服於亞歷山大感到無法容忍——即使屈服的對象是一位征服世界的英明霸主；同時，狄摩西尼斯（Demosthenes）激烈尖刻的口才，使得議會（Assembly）始終瀕臨違抗掌權的「馬其頓黨」（Macedonian party）之處境。而當亞里斯多德在西元前三三四年，經過一段時期的遊歷返回雅典時，他很自然地與這個馬其頓團體聯繫在一起，毫不隱瞞他對亞歷山大統一大業的認同。然而，當我們研究——不論是經由推測或是學術研究——亞里斯多德在他生命的最後十二年中著手進行的一連串非凡成果，以及當我們看著他執行組織學校、統籌如此豐富的知識——或許以前從來沒有此等豐富的知識越過一個人的心智——等多重任務時，別忘了，追尋真理的道路從來不是寧靜和安全的，在任何一刻，政治的天空都可能改變，並在亞里斯多德平靜的哲學生活引發一場風暴。唯有考慮到這樣的情況，我們才能了解亞里斯多德的政治哲學（political philosophy）以及他悲劇性的結局。

II

亞里斯多德的成果

The Work of Aristotle

對王中之王的指導者來說，即使是在雅典這樣一個充滿敵意的城市，要找到學生並不困難。當五十三歲的亞里斯多德成立他的萊錫姆學苑（Lyceum）時，蜂擁而至的學生之多，使得學校有必要制定複雜的規定以維護秩序；學生們可自行決定規則，每十天選出一個人來擔任監督管理工作。但是，我們不必把它想成是一處紀律嚴格之地，我們腦海中浮現的畫面，反而比較像是學者們與這位大師一同用餐，一起沿著田徑場——學校因其而得萊錫姆之名[25]——的廊道（the Walk）漫步時，一邊向他請益。

這所新的學校並不是單純複製柏拉圖遺留下來的學苑模式。柏拉圖的學苑特別投注心力於數學、思辨哲學（speculative philosophy）與政治哲學，而萊錫姆則較傾向於生物學與自然科學。如果我們相信蒲林尼（Pliny）所言，[26]亞歷山大曾指示他的獵人、獵場看守人、園丁和漁夫提供亞里斯多德可能想要的所有動植物種類；其他古籍作者則告訴我們，亞里斯多德一度曾有一千個遍布希臘與亞洲的人隨他差遣，為他蒐集每一片土地上的動植物樣本。如此大量而豐富的素材，讓他得以建立起這世界前所未聞的第一座巨大動物園。我們幾乎毋須誇大其詞，就可以了解這些蒐藏對於亞里斯多德在科學與哲學方面的影響之鉅。

亞里斯多德是從哪裡獲得資金以資助他的這些志業呢？當時，他自己的收入已經頗為寬裕，他與希臘最有權勢的一位公眾人物聯姻，又為他帶來相當的財富。據亞賽納西烏斯（Athenaeus）所述（無疑有些誇大），亞歷山大賜予亞里斯多德共計八百塔冷通（talent，古希臘的重量或貨幣單位）作為物理和生物的設備購置及研究經費；以現代的購買力來說，相當於大約四百萬美金[27]。有些人更認為是出於亞里斯多德的建議，亞歷山大才派出一支耗資甚鉅的探險隊遠征尼羅河，探索尼羅河的源頭，從而發現它週期性氾濫的原因。[28]還有匯編一百五十八份政治法規摘要之類為亞里斯多德而制定的工作，顯示有相當數量的助手與書記團從旁協助。簡言之，這是歐洲歷史上由公眾資產大規模贊助科學研究的首例。如果現代國家也以如此大手筆的規模來支持研究計畫，哪有什麼知識是我們無法唾手可得的！

然而，我們如果忽略了下列的事實，會對亞里斯多德不太公平：當時他雖然擁有前所未有的資源與設備，但能使用的裝置用具卻嚴重受限；因此，他不得不「在沒有鐘表的情況下校準時間，在沒有溫度計的情況下比較熱度，在沒有望遠鏡的情況下觀察天空，在沒有晴雨表的情況下觀察天氣……我們現在所擁有的一切數學、光學以及物理儀器之中，他只有尺跟羅盤，以及一些其他少數最不完善的替代品；化學分析、正確的度量衡單位、數學在物理學上的深入應用，在當時全屬未知的事物。物質之間的引力、萬有引力定律、與電有關的現象、化學結合的條件、空氣壓力及其影響，以及光、熱、燃燒的特性等等。簡而言之，現代科學之物理理論所建基於其上的一切事實，全部，或者說幾乎全部，都尚未被發現。」[29]

我們從這裡可以看出發明如何創造歷史：因為沒有望遠鏡，亞里斯多德的天文學是一套不成熟的虛構故事；因為沒有顯微鏡，他的生物學始終徘徊於無止盡的歧途上。的確，希臘在工業和技術發明方面的水平，遠遠落後它在其他方面無與倫比的成就。希臘人不屑體力勞動的工作，使得每個人——除了懶洋洋的奴隸——對生產過

25 這條廊道被稱為「逍遙廊道」（Peripatos），也是學校後來的名稱「逍遙學派」（Peripatetic School）之由來；田徑場所在之地即為太陽神阿波羅（Apollo Lyceus）〔保護羊群免遭狼（lycos）吻的守護神〕神廟的部分場域。

26 《自然史雜誌》（Hist. Nat.），第８期，第１６頁；劉易斯（Lewes），《亞里斯多德，科學史上的重要篇章》（Aristotle, a Chapter from the History of Science），倫敦，１８６４年，第１５頁。

27 格蘭特（Grant），《亞里斯多德》（Aristotle），愛丁堡，１８７７年，第１８頁。

28 根據這支遠征隊伍的報告，尼羅河的氾濫是由於阿比西尼亞（Abyssinia）山脈融化的雪水所致。

29 柴勒，第１卷，第２６４頁與４４３頁。

程都缺乏親身的理解；然而與機械裝置實際接觸的刺激，才能讓人察覺美中不足之處並預見未來的可能性。技術的發明，只有那些對它沒興趣的人才會去做，而且無法從中獲取任何物質上的報酬。或許極為廉價的奴隸造成了發明的落後，因為運用肌肉的勞力還是比運用機器來得便宜。所以，希臘的商業征服了地中海，希臘的哲學也征服了地中海沿岸地區民族的心智，然而希臘的科學卻踉踉蹌蹌地落在後頭，希臘的工業幾乎還停留在一千年前希臘人入侵愛琴海的克諾索斯（Cnossus）、提林斯（Tiryns）、邁錫尼（Mycene）時的工業水準。毫無疑問，我們可以從這裡得出亞里斯多德鮮少求助於實驗的原因，因為實驗的機械裝置尚未形成，他充其量也只能利用幾乎是舉世皆然的持續觀察法。儘管如此，他與他的助手們所蒐集到的龐大資料，仍然為科學的進步與知識的教科書奠定了兩千年的基礎，可說是以一人之工所造就的一項奇蹟。

亞里斯多德的著作多達上百本，有些古籍的作者認為他有四百本著作，其他人甚至認為他有上千本著作，而流傳至今的僅是其中的一部分；光是想想這些著作整體所涵蓋的範圍及壯觀的程度，就足以構成一座圖書館了。首先是**邏輯**方面的著作，包括《範疇篇》（Categories）、《論題篇》（Topics）、《分析前篇》（Prior Analytics）、《分析後篇》（Posterior Analytics）、《命題篇》（Propositions）以及《辯謬篇》（Sophistical Refutation），這些著作由後來的逍遙學派門徒所編輯、收錄於亞里斯多德的《工具論》（Organon）之下，所謂工具論，指的就是正確思考的器官或工具。其次，**科學**方面的著作包括《物理學》（Physics）、《論天》（On the Heavens）、《論生滅》（Growth and Decay）、《天象論》（Meteorology）、《自然史》（Natural History）、《論靈魂》（On the Soul）、《論動物結構》（The Parts of Animals）、《論動物運動》（The Movements of Animals）以及《論動物生殖》（The Generation of Animals）。再來，則是**美學**的著作，包括《修辭學》（Rhetoric）與《詩學》（Poetics）。最後是嚴謹的**哲學**著作，包括《倫理學》（Ethics）、《政治學》（Politics）以及《形上學》（Metaphysics）。[30]

這裡，顯然就是希臘的大英百科全書：舉凡太陽底下的每一個問題，都可以在這裡找到解答，難怪亞里斯多德筆下的謬誤遠比任何其他哲學家曾寫過的都要來得多。如這般集所有綜合性的知識與理論之大成，可以說在斯賓塞（Spencer）的時代之前皆無人能出其右；而即使在那時，也從未達到過亞里斯多德一半的輝煌成績。亞里斯多德征服世界的成果，更甚於亞歷山大反覆不定、野蠻殘酷的勝利。如果哲學就是統一與團結的追尋，那麼亞里斯多德理應獲得二十世紀的人們給予他的更高評價——哲學家（Ille Philosophus）。

具備了這樣一個科學傾向與才能的心智，缺乏詩意的想像力也是理所當然的，我們不能期望亞里斯多德跟戲劇哲學家（dramatist-philosopher）柏拉圖一樣文思泉湧、文才洋溢。與其帶給我們偉大的文學作品，讓哲學在其中以神話及比喻的方式具體呈現（以及混淆遮掩），亞里斯多德寧願帶給我們科學、技術、抽象概念、專注集中；如果我們想在他的著作中找樂子，應該只會要求退費。不像柏拉圖在文學作品中所用的一般用語（term），亞里斯多德建立起科學與哲學的專門術語（terminology）。今日，我們所談及的任何科學用語，幾乎都脫離不了他所發明的這些術語——它們就像化石般安然藏臥於我們談話的岩層之中，包括：才能（faculty）、中間點（mean）、準則（maxim）〔對亞里斯多德來說，意指三段論（syllogism）的大前提〕、範疇（category）、能量（energy）、現實性（actuality）、動機（motive）、目的（end）、原理（principle）、形式（form）；這些術語就像哲學思想不可或缺的錢幣般，深深地鑄印在他的心智之中。或許與時並進地從令人愉快的對話推移至精準嚴謹的科學論述，是哲學發展時必要的一個進程；但科學是哲學的基礎與支柱，科學本身若是無法逐步發展出嚴格的流程與表現方法，它就無法成長。亞里斯多德曾經撰寫過文學的對話錄，在當時亦贏得高度的評價，不亞於柏拉圖的對話錄；但是他的這類作品已經失傳，就像柏拉圖的科學專著亦已然佚失。或許時間為這兩人保留下來的，剛好是他們各自最精華的部分。

最後，那些歸功於亞里斯多德的著作也有可能並非由他親筆所著，大部分是由他的學生與追隨者，集結他們記錄亞里斯多德授課內容的筆記中未加修飾的素材，經過彙整、編輯而使其長存不朽。因為我們似乎看不出亞里斯多德在他的有生之年，除了邏輯與修辭學之外，還曾經出版過任何技術性的著作；其中，邏輯專著的現存形式也是經過後期的編輯，而《形上學》及《政治學》似乎是由他的執行者集結他所遺留下來的筆記而成，未經修改

30這些著作按照迄今為人所知的年代順序排列（柴勒，第1卷，第156頁），而除了《形上學》之外，我們的討論也將遵照這個順序進行。

或變更。甚至連被視為是亞里斯多德著作正字標記的一致性風格，都給那些為亞里斯多德著作權歸屬辯護的人提供了一個論據；畢竟，這樣的風格或許只是經過逍遙學派的統一編輯後，給予這些著作的一種統一性。這個事件引發的是一種範圍幾乎如史詩般廣闊無垠的問題，然而忙碌的讀者不會去在意，審慎的學生也無法加以評斷。[31]無論如何，我們可以確定亞里斯多德是所有這些他所掛名之著作的精神作者，也就是說，某些著作可能出自他人之手，但其中心思想與情感，無疑皆源自亞里斯多德。[32]

---

31 參見柴勒，第2卷，第204頁，注釋；以及舒勒（Shule）的《亞里斯多德著作史》（History of the Aristotelian Writings）。

32 想親自了解這位哲學家的讀者，會發現《天象論》是亞里斯多德科學著作的一個有趣範例，從《修辭學》中獲得許多實用的指導，並在《倫理學》的第1、2卷及《政治學》的第1～4卷中看到亞里斯多德最佳的表現。《倫理學》最好的英譯本是由韋爾敦（Welldon）所譯，《政治學》的則是約威特。亞歷山大．格蘭特爵士（Sir Alexander Grant）的《亞里斯多德》簡明易懂，柴勒的《亞里斯多德》（在他的《希臘哲學》（Greek Philosophy）中第3～4卷）極具學術水平，但枯燥乏味；貢貝爾茨（Gomperz）的《希臘思想家》（Greek Thinkers）（第4卷）內容精練巧妙，但艱深困難。

III

邏輯的基礎
The Foundation of Logic

亞里斯多德的第一項最大特色就是幾乎沒有前例可循，幾乎完全靠他自己的勤於思考，才創造出一門新的科學——邏輯。勒南（Renan）說道：「每個訓練不良的心智，都是因為沒有直接或間接的在希臘紀律下受過訓練。」[33]但事實是，希臘的思維能力本身就是不守紀律、混亂而散漫的，直到亞里斯多德的無情公式為思想的試驗與修正提供了一個現成的方法；即使柏拉圖——如果根據一位情人對他的推斷——也有著任性、不守常規的靈魂，他太常陷入一大堆神話當中，讓過多的美好矯飾遮蓋住真理的面貌。而正如我們所見，亞里斯多德也常常違反他自己的準則；但在當時，他是自己的過往所造成的產物，而非他的思想所建構起來的未來成果。希臘在政治及經濟上的衰退，使得希臘的思想與性格在亞里斯多德之後逐漸弱化；但經過了蠻族統治的一千年黑暗期，一個新的民族再度發現了運用腦力思考的樂趣與能力。由波底烏斯（Boethius）（西元四七〇年至五二五年）所譯的亞里斯多德《工具論》，其中的邏輯塑造了中世界的思想；這項經院哲學（scholastic philosophy）之母儘管被嚴格的教義環抱而顯得枯燥乏味，卻為仍處於青春期的歐洲訓練出具備論據推理與敏銳覺察的思維能力，為現代科學建構起專門術語，並為同樣成熟的心智奠定基礎，讓它們得以成長、超越並推翻原來孕育滋養它們的系統與方法。

簡單來說，所謂邏輯，指的就是正確思考的藝術與方法，也是每一門學科、每一項訓練、每一種藝術的學問（logy）或方法，甚至連音樂也不離其宗。邏輯是一項科學，因為正確思考的過程在相當程度上可以被精簡成規

33《以色列人的歷史》（History of the People of Israel），第5卷，第338頁。

則，譬如物理學與幾何學，然後教導給任何具備普通智力的一般人。邏輯也是一門藝術，因為經由練習，它最後可以為思想帶來不自覺且立即反應的精確度，導引鋼琴家的手指在樂器上不費吹灰之力地找出和諧的樂音。再沒比邏輯更單調乏味的事，但是也再沒有比邏輯更重要的事了。

這門新科學可從蘇格拉底在定義上令人抓狂的堅持、以及柏拉圖在每項概念上的不斷精進中略窺端倪。亞里斯多德在《論定義》（Definitions）中的些許論述，顯示出他的邏輯如何從這個源頭得到滋養。「如果你想和我交談，」伏爾泰如是說：「先定義你的用語。」如果爭論者膽敢先定義他們的用語，有多少場滔滔不絕的冗長辯論會因此洩氣受挫，而成為一段簡短的文字？定義就是邏輯的一切、邏輯的身心靈，每一場交談中的每個重要語詞，都應該經過最嚴格的檢視與定義。這的確很困難，而且對於心智是一種嚴苛無情的考驗，然而一旦你做到了，就能收取事半功倍之效。

我們該如何對一個物體或是一個用語進行定義？亞里斯多德的回答是，每一個好的定義都包含兩個部分，宛如兩隻穩固的腳堅實地踩在地面上：首先，它可以把這個討論中的物體分配到某個類別或群組中，使這個類別或群組的一般特性也適用於這個物體；所以首先呢，譬如說，人類是一種動物。其次，它指出這個物體在哪一點上跟這個類別中的其他物體有所區別；所以在亞里斯多德式的系統中，人類是一種**理性**的動物，他的「具體區別」就是，不像所有其他的動物，他是理性的（這是一個美麗傳說的起源）。亞里斯多德就像是把一個物體丟進它所屬類別的大海之中，然後把它拿出來時，只見它濕淋淋地滴落一般特性的水珠，標記著這個種類及群組的意義；然而它的個體特徵與區別的差異性，與其他物體並列在一起時卻閃耀得益發清晰——跟它是如此地相同，卻又如此地不同。

離開這條邏輯的後方防線，我們來到亞里斯多德與柏拉圖為了令人畏懼的「共相」（或稱普遍性）（universals）問題而爭論不休的偉大戰場，這場戰爭中的首要衝突，不僅延續至今，更使得中世紀所有的歐洲地區皆充滿著「唯實論者」（realist）與「唯名論者」（nominalist）的交鋒與衝突之回響。[34] 對亞里斯多德而言，共相是任何的普通名詞，任何能普遍運用於該類別所有成員的名稱。所以，動物、人類、書籍、樹木都是共相，但這些共相都是主觀概念（subjective notion）而非有形的客觀現實（objective reality）；它們只是名稱（nomina），而非事物（res）。存在於我們之外的一切，是一個充滿個別及特定物體的世界，而不是一般、普遍的事物。人、樹木及動物都存在，但是除了在我們的思想當中，一般的人或是普遍的人並不存在：他們只是心理上一種便於使用的抽象概念，而非一種外部的存在或真正的**現實**。

亞里斯多德了解，柏拉圖始終主張共相有其客觀存在（objective existence）之重要性。的確，柏拉圖曾說比之個體，共相無疑更持久、更加重要且更為真實，個體不過是無止盡的浪潮中一道小小漣漪；就像許許多多個別的人（men）來了又走，但是人（man）的普遍性概念，也就是共相，卻可以永遠持續下去。亞里斯多德具備著注重事實的心智，如同威廉・詹姆斯（William James）所述，是一個強硬堅韌、而非柔弱敏感的心智。他從柏拉圖式的「唯實論」中看到了學術性的無稽之談與無休止的神祕主義（mysticism）根源，因此，他以宛如參加第一場辯論般卯足了勁，火力全開地攻擊這一點。如同布魯特斯（Brutus）說他愛凱撒、但更愛羅馬，亞里斯德多也說道：

「吾愛吾師，吾更愛真理。」（Amicus Plato, sed magis amica veritas）

一位不甚友善的評論家可能會評論亞里斯多德（就像尼采一樣）之所以如此激烈地批評柏拉圖，是因為亞里斯多德意識到自己借用了大量的柏拉圖思想，而債務人眼中的債權人當然不會是什麼英雄。儘管如此，亞里斯多德有著健康的心態；以現代意義來說，他幾乎是一個現實主義者，他決定去關切客觀的現在，而柏拉圖則全神貫注於主觀的未來——由於蘇格拉底／柏拉圖式的定義需求，遂產生了一種遠離事物與事實、傾向理論與概念的趨勢，從個別細目變成一般性通則，從科學走向經院哲學（scholasticism）。到最後，柏拉圖變得過於致力於一般性通則，而讓一般性通則去決定他的個別細目；變得過度致力於想法概念，更讓想法概念去定義、挑選他的事實。亞里斯多德則鼓吹回歸事物、「尚未消失的本質面」以及現實，並對於具體的細節以及血肉之軀的個體有著強烈

34 關於這項辯論，弗里德里希・施萊格爾（Friedrich Schlegel）曾言：「每個人生來不是柏拉圖主義者（Platonist），就是亞里斯多德主義者（Aristotelian）。」（在本恩的著作中，第1卷，第291頁）

的偏好，而相形之下，柏拉圖熱愛的是一般性與普遍性，在他的《理想國》中，甚至為了建立一個完美的國家而摧毀了個體性。

然而，正如歷史中常見的幽默感，這位年輕的戰士也從他所撻伐的這位大師身上，繼承到許多的特質；我們所譴責的事物，在自己的身上聚積得可多了；正如只有類似的東西才能拿來做比較的道理，也只有相像的人才會爭吵個不休，最激烈的戰爭都是由於目的或信仰上最細微的差異所致。十字軍騎士發現在薩拉丁（Saladin），他們可以跟一位紳士進行友善地爭辯，但是當歐洲的基督徒闖入敵對的陣營中時，甚至對最彬彬有禮的敵人都毫無寬貸可言。亞里斯多德對柏拉圖毫不留情，因為他身上有著太多柏拉圖的影子；他仍然有著對於抽象概念與一般性通則的熱愛，不斷為某些華而不實、過度粉飾的理論而背叛簡單的事實，被迫持續掙扎於克服自己探索崇高哲學的欲望與熱情。

史都華．彌爾（Stuart Mill）時期的邏輯學家指出，困難之處在於，三段論的主要前提正好把尚待證明的這一點視為理所當然；而如果蘇格拉底不是理性的（當然沒人會懷疑他是個人），那麼說人是理性的動物，就不是一項普遍適用的真理。毫無疑問，亞里斯多德會這麼回覆：當一個個體被發現擁有某個類別的大量特性時（「蘇格拉底是個人」），認為該個體也擁有該類別其他特性（「理性」）的有力假設就會被成立。然而在思想的闡述與澄清上，三段論顯然並非發掘真理的最佳機制。

如同亞里斯多德《工具論》中的許多其他項目，所有這一切都有它們的價值。「亞里斯多德以一種讓人無法過於恭維的勤奮與犀利，找出並系統化闡述理論一致性的每一項準則以及辯證式辯論的每一項技巧；他在這方面所付出的心力與貢獻，對於其後世在智力上的刺激與啟發，或許遠超過其他任何一位作者。」[35]有史以來，從沒有人能把邏輯提升至如此勞苦功高的地位，讓正確推理的指引宛如禮儀手冊般崇高；我們可以利用它，但它並不是讓我們走向崇高之途的動力。即使是最勇敢的哲學家，也不會對放在樹蔭下的邏輯之書輕快高歌；由於邏輯平淡無味的中性色彩，讓我們對邏輯退避三舍的態度，宛如維吉爾（Virgil）吩咐但丁（Dante）對待那些被詛咒者的態度：「讓我們把他們置諸腦後，看過之後就繼續往前走吧。」（Non ragionam di lor, ma guarda e passa.）[36]

IV

科學的組織架構

The Organization of Science

1. 亞里斯多德以前的希臘科學

Greek Science before Aristotle

「蘇格拉底把哲學帶給人類，」勒南[37]如是說：「而亞里斯多德把科學帶給人類。在蘇格拉底之前即有哲學，在亞里斯多德之前也有科學，但自從蘇格拉底與亞里斯多德的時代以來，哲學與科學才有了長足的進步，一切都建立於他們所奠定的基礎上。」亞里斯多德以前的科學還只是個胚胎，是亞里斯多德讓它得以誕生。

比希臘更早的文明亦在科學上做了不少的嘗試，至於他們的想法，到目前為止，我們只能透過他們依舊晦澀難解的楔形文字和象形文字略窺一二，他們的科學仍難以從神學中區辨出來。也就是說，這些古希臘人以超自然的力量來解釋自然界中每一種難以理解的作用，所以到處都有神的存在。顯然愛奧尼亞的希臘人是最先敢於以自然成因來解釋宇宙複雜性與神祕事件的人，他們從物理學中尋求具體事件的自然成因，從哲學中尋求整體的自然理論。被譽為「哲學之父」的泰勒斯（西元前六四〇年至五五〇年）原是一位天文學家，他告訴米利都（Miletus）人

35 本恩，第1卷，第307頁。

36《地獄篇》（Inferno），第3卷，第60頁。

37《耶穌傳》（Life of Jesus），第28章。

太陽跟星星（他們不會拿來當作神崇拜）只是火球，使他們大感震驚。泰勒斯的學生阿那克西曼德（Anaximander）（西元前六一〇年至五四〇年）是第一個製作天文與地理圖表的希臘人，他相信宇宙始於一大團未分化的混沌，所有的一切都是經由對立的分離而形成；天文歷史本身會週期性地重複無窮世界的演變與解體；地球在太空中靜止不動，是由於內部脈衝驅動力的平衡〔就像布里丹之驢（Buridan's ass）〕[38]；我們所有的行星都曾經是液態的流體，但是被太陽蒸發了；生命最初形成於大海，經由水位的下降而被帶往陸地，而在這些擱淺於陸地的動物之中，有些發展出呼吸空氣的能力，遂成為所有後來陸上生命的始祖；人類並非打從一開始就是現在的模樣，因為人類若是在剛開始出現時就是這副模樣——出生時如此無助，發育到青春期又需要這麼久的時間，那麼在往後的那些日子，人類根本就無法存活下來。另一個米利都人阿那克西美尼（Anaximenes）（活躍於西元前四五〇年）描述事物的原始狀態就像是一團非常稀薄的物質，逐漸濃縮成風、雲、水、土、石，氣體、液體以及固體這三種物質形態則是濃縮物的進化階段，冷和熱也不過是稀薄化與濃縮凝結的表現；地震是原為液體的地球固體化之後所引起；生命和靈魂本為一體，生氣蓬勃、不斷擴大的力量無所不在，賦予一切萬物生命。佩里克利斯的導師安納薩哥拉斯（西元前五〇〇年至四二八年），似乎對日蝕與月蝕提供了正確的解釋，並發現了植物與魚類的呼吸過程；他說明人類的前肢自從不必再擔當移動的任務之後，開始有了操作控制的能力，人類的智力也開始隨之發展。這些學者的知識，逐漸循序漸進地轉變成為科學。

赫拉克利特（西元前五三〇年至四七〇年）拋下財富，過著無憂無慮的貧窮生活，在以弗所（Ephesus）的神廟門廊陰暗處學習研究，把科學從高高在上的天文學轉變成更接近俗世所關心的事物。他曾說，一切萬物的流動與變化永不停歇，即使是最靜止不動的物質，都有看不見的變遷與運動在進行。宇宙的歷史重複循環，始於火也終於火〔這裡就是斯多葛學派（Stoic）及基督教教義中提及最後審判及地獄的源頭之一〕；「經由爭鬥傾軋，所有的事物出現了，又消逝了……戰爭是一切之父，也是萬物之王，他把有些造成了神，有些造成了人；有些造成了被奴役者，有些造成了自由的人。」沒有爭鬥之處，就有衰敗產生。「沒被搖動的混合物會腐爛。」在改變、鬥爭與淘汰不斷的變動當中，唯有一件事是恆久不變的，那就是自然界的法則。「這種秩序與規律，對所有的事物一視同仁，也不是由任何神或人創造出來的，但它恆久長存，過去是如此，現在是如此，未來也應該是如此。」恩培多克勒（活躍於西元前四四五年的西西里）發展出進一步階段的演化觀念。[39]器官的出現不是因為原本的設計，而是因為選擇與淘汰；大自然對生物進行許多考驗與實驗，對器官進行各種不同的結合，當一項結合符合了環境的需求，生物就得以存活，並讓類似它的有機體可以延續下去；如果一項結合失敗，那麼生物也就被淘汰了。隨著時間的推移，生物變得愈來愈能複雜而成功地適應它們的周遭環境。最後，色雷斯阿布德拉（Abdera）的導師留基伯（Leucippus）（活躍於西元前四四五年）與學生德謨克利特（西元前四六〇年至三六〇年），給了我們在亞里斯多德之前最後階段的科學——唯物、決定性的原子論（atomism）。留基伯認為，「一切都是由必要性所驅動。」德謨克利特說：「現實世界中，只有原子與虛空（void）存在。」感知能力是來自於原子被它的物體排逐出來，然後為我們的感官所接受。現在有、或者說從以前到現在都有、或是以後也會有無窮無盡的世界存在，每一刻都有行星碰撞並消逝，而藉由類似大小與形狀的原子選擇性地匯聚在一起，新的世界得以從混亂中誕生。沒有任何事物必須經過重新創造，宇宙本身就是一部機器。

綜上所述，這令人頭暈目眩的膚淺結論就是希臘在亞里斯多德之前的科學。考慮到這些探索者不得不在狹隘的實驗與觀察設備中工作，上述粗略的內容也是情有可原。在奴隸制度的沉重負擔下，停滯不前的希臘工業阻止了這些美好開端的全速發展；同時，加速複雜化的雅典政治局勢也使得辯士學派、蘇格拉底和柏拉圖離棄了物理及生物研究，轉而投入倫理與政治理論的懷抱。亞里斯多德眾多輝煌的成就之一，就是他敢於廣納並結合物理與道德這兩條希臘思想路線，更回過頭來超越他的導師，再度抓住蘇格拉底之前希臘科學發展的脈絡，以更為果斷、具體的細節與更多樣化的觀察繼續前人未竟之業，並且匯集所有累積結果之大成於宏偉壯觀、條理分明的科

38「布里丹之驢」是以十四世紀法國哲學家布里丹名字命名的悖論，其表述如下：若將一隻完全理性的驢置於兩堆等量等質的乾草的中間，這隻驢將會餓死，因為牠不能對究竟該吃哪一堆乾草做出任何理性的決定。

39參見奧斯本（Osborn）的《從希臘人到達爾文》（From the Greeks to Darwin）；以及M．阿諾（M. Arnold）的《恩培多克勒在埃特納》（Empedocles on Etna）。

學主體之中。

2. 身為自然主義者的亞里斯多德
Aristotle as a Naturalist

如果我們按照年代順序來研究亞里斯多德，他的《物理學》可能一開始就會讓人大失所望，因為我們會發現這本專著其實是一本**形上學**的著作，是對於物質、運動、空間、時間、無限、原因以及其他這類「終極概念」深奧費解的分析。而其中較令人振奮的一段文字，則是對於德謨克利特所提出的「虛空」概念；亞里斯多德說，自然界中沒有虛空或真空的存在，因為在真空中，所有物體都會以等速墜落，而這是不可能的，「這種假想的虛空，結果就是裡頭真的空無一物。」這個例子同時說明了亞里斯多德偶一為之的幽默感，他沉迷於未經證實的假設，以及他蔑視哲學前輩的傾向。我們的哲學家習慣在開始進入他的作品之前，先對前人在相關主題上的貢獻做個歷史性的概述簡介，並對每一項看法都加以徹底摧毀與駁斥。「亞里斯多德的做法就像鄂圖曼（Ottoman）土耳其人，」培根（Bacon）曾如此評論，「除非把自己的兄弟們都先處死，否則無法安心在位。」[40]但是這股「相煎何太急」的狂熱其來有自，因為我們對於蘇格拉底之前的思想所知極為有限。

由於前述提及的原因，亞里斯多德的天文學與前人相較之下，幾乎無甚建樹。他駁斥了畢達哥拉斯以太陽為我們的世界中心之觀點，並寧可把這份榮耀歸於地球；不過，他對於氣象學的若干論述倒是有許多出色的觀察，甚至連他的推測都點燃了極富啟發性的火花。我們的哲學家說，這是一個循環不已的世界，太陽恆久以來蒸發海水、枯竭河川和泉源，最後把無垠的大海轉變成光禿禿的岩石；相反地，那些上升的溼氣則聚集成雲，落在河裡、海裡，補充它們失去的水分。到處都有難以察覺卻極有成效的變化，不斷地在進行；埃及即為「尼羅河的傑作」，千百年來經河川沉澱、累積的產物。大海在這裡侵蝕了陸地，陸地在那裡小心翼翼地延伸至海中，新的大陸與海洋出現，舊的大陸與海洋消失，世界的各個面向在成長與崩解的巨大收縮與舒張循環中，不斷改變。有時候，這些巨大的作用會突然發生，摧毀文明的地質與物質基礎，甚至摧毀了生命。大型的災難也會週期性地剝蝕地球，讓人類又回到最初的起點。就像薛西弗斯（Sisyphus）的故事，文明不斷重複著攀升至顛峰的頂點、掉落回未開化的谷底，再重新開始往上攀升的艱辛任務。因此，文明之中這種「永恆循環」的現象，造成了同樣的發明與發現，同樣緩慢累積的經濟與文化之「黑暗時期」，同樣的學習、科學與藝術復興。毫無疑問，有些廣為流傳的神話，其實是從早期的文化中殘留下來、含糊不清的傳統。所以，故事中的主角日復一日運行於枯燥沉悶的循環之中，因為他還無法控制那個擁有他的地球。

3. 生物學的基礎
The Foundation of Biology

當亞里斯多德漫步於他那偉大的動物園中，他開始深信，變化無窮的生命是由一種連續性的系列所安排，每一種聯結與它其後的聯結幾乎無甚區別。從各方面來看，不論是在構造、生活模式、繁殖和培養、知覺和感覺上，從最低等到最高等的生物皆存在有微細的階段性變化及進展。[41]在等級的最底端，我們幾乎無法區別某些有機體是活的還是「死的」；「自然界從無生命到有生命所做的轉變是如此緩慢漸進，以致於區分它們的界線模糊難辨且令人疑惑。」說不定連無機體中，都有某種程度的生命存在。此外，許多物種無法確定應被歸為植物還是動物，而且有時候，幾乎不可能把這些低等的生物歸到合適的屬（genus）與種（species），因為它們是如此的相

40《學術的進展》（Advancement of Learning），書籍，第3章。
41《動物的歷史》（Hist. Animalium），第8卷。

似；所以，在生命的每一個目（order）之下，等級與差異的關聯性就如同功能與形態的多樣性一樣顯著。然而，在豐富性如此令人眼花撩亂的結構之中，若干深具說服力的發現仍然脫穎而出：生命在複雜度及能力上穩定地成長，[42]而智力的進步則與形態的移動性及結構的複雜性有關；[43]功能的特殊化不斷增加，生理的控制也持續集中化。[44]逐漸地，生命為自己創造出神經系統及大腦，心智則堅定地朝著掌握環境的方向邁進。

在這裡，有一點值得注意的是，雖然有這麼多的階段變化與相似之處呈現在亞里斯多德眼前，卻沒能讓他產生進化論（theory of evolution）的想法。亞里斯多德駁斥恩培多克勒認為所有器官及生物都是適者生存的學說，[45]也不贊同安納薩哥拉斯認為人類是因為用手來進行操作（而非用來移動行進）才開始變聰明的想法；事實上，他認為剛好相反，人類是因為變聰明了，才開始嫻熟於用手來操作事物。[46]對一個創立生物學的人來說，亞里斯多德的確犯下了不勝枚舉的錯誤；舉例來說，他認為雄性元素在繁殖時僅有刺激及活躍的作用，他沒想到（我們現在已經可從單性生殖的實驗中得知）以精子的基本功能來說，不是使卵子受精，而是提供胚胎來自父系的遺傳特性，並使後代子孫成為強健有力的變種——來自兩條祖系血統的一個新的混合體。由於人體解剖在亞里斯多德的時代尚未施行，所以他在生理學上所犯的錯誤特別多：他完全不知道肌肉這回事，甚至不知道它們的存在；他沒能區分出動脈與靜脈；他認為大腦是冷卻血液的器官；他相信男人頭蓋骨中的縫合處比女人多，這點是可以原諒的；他相信男人兩側分別僅有八根肋骨，這點是較不可原諒的；他相信女人的牙齒比男人少，這點是不可置信而且不可原諒的。[47]顯然他跟女人的關係是屬於最友好的那一種。

儘管如此，他在生物學上所做出的偉大而全面之進展，確是前無古人、後無來者。他察覺到鳥類和爬蟲類在結構上幾乎是同類的生物，猿猴在形態上介於四足動物與人類之間；他曾經大膽宣稱，人類屬於胎生四足動物的這個群組（也就是我們的「哺乳類動物」）；[48]他還談到，嬰兒的靈魂與動物的靈魂沒什麼兩樣。[49]他做出極具啟發性的觀察，認為飲食往往決定了生活的方式；「在野獸之中，有些是群居的，其他則是非群居的，牠們以自己最能適應的方式生活……獲取牠們所選擇的食物。[50]」他預見了馮．貝爾（Von Baer）知名的法則：在生物發展的過程中，「屬」的一般特徵（像是眼睛跟耳朵）先出現在「種」的特殊特徵（像是牙齒的「規則」）或是個體本身的特殊特徵（像是眼睛的最終顏色）之前。[51]而跨越了兩千年的時間鴻溝，他也預見了斯賓塞的推論——個體化成反比變化的起源；也就是說，一個物種或個體發展及特殊化的程度愈高，它的後代數量就會愈少。[52]他還注意到並說明了隔代遺傳的類型——一種顯著的變異傾向（就像天才）會經由交配而減弱，並於後續的世代中喪失。他進行了許多動物學上的觀察，雖然一度被他之後的生物學家駁斥，最後還是為現代的研究所肯定；舉例來說，他發現魚類會築巢，鯊魚也有胎盤。

最後，亞里斯多德還建立起胚胎學這門科學。「從事物的起源開始看它們成長，」他寫道：「會得到關於它們的最佳見解。」希臘最偉大的醫生希波克拉底（Hippocrates）（出生於西元前四六〇年）曾經藉著打破不同孵化階段的雞蛋，提供了一個實驗方法的絕佳範例，並將這些研究的結果運用於他的論述《幼兒的起源》（On the Origin of the Child）之中。亞里斯多德學習希波克拉底的方式進行實驗，使他能夠詳加描述小雞逐步生長的過程——甚至備受今日的胚胎學家讚譽。[53]亞里斯多德必然進行了某種遺傳學上的新奇實驗，因為他駁斥了孩子的性別由來

42《論靈魂》（De Anima），第2卷，第2頁。
43《論動物結構》（De Partibus Animalium），第1卷，第7頁；第2卷，第10頁。
44出處同上，第4卷，第5-6頁。
45《論靈魂》，第2卷，第4頁。
46《論動物結構》（De Partibus Animalium），第4卷，第10頁。
47貢貝爾茨，第4卷，第57頁；柴勒，第1卷，第262頁，注釋；劉易斯，第158、165頁等。
48《動物的歷史》（Hist. An.），第1卷，第6頁；第2卷，第8頁。
49出處同上，第8卷，第1頁。
50《政治學》，第1、8頁。
51《動物的歷史》，第1卷，第6頁；第2卷，第8頁。
52《論動物生殖》（De Generatione Animalium），第2卷，第12頁。
53《論動物結構》，第3卷，第4頁。

自睪丸的生殖液所決定之理論，舉證了一個例子是把父親右側的睪丸綁住，仍可生出不同性別的孩子。[54]他提出了相當現代的遺傳問題：某個居住在伊利斯的女人嫁給了一個黑人，她生出來的孩子全都是白人，但是她的孫子之中卻又出現了黑人；於是亞里斯多德問道，在中間這一代，黑人的元素被隱藏在哪裡呢？[55]這是一項既關鍵又聰穎的大哉問，距格雷戈爾．孟德爾（Gregor Mendel）（西元一八二二年至一八八二年）劃時代的實驗僅一步之遙；**知道要問什麼問題，就已經知道了一半的答案（Prudens quaestio dimidium scientiae）**。誠然，亞里斯多德的生物學成果中存在著許多謬誤，但這些成果仍形塑了科學有史以來最偉大的里程碑，且不曾由任何人以一己之力達成過。至少就我們目前所知，在亞里斯多德以前，除了零零星星的觀察之外，並無任何生物學的研究可言，我們就可以理解，光是他的這項成就即足以窮盡一人的畢生之力，並且永垂不朽。但是對亞里斯多德來說，這還只是個開始。

V 形上學與上帝的本質
Metaphysics and the Nature of God

亞里斯多德的形上學源自於他的生物學。世上萬物皆被一種內在的強烈欲望所驅使，意欲成為比自身來得更加偉大的事物。每件事物都是從它的**物質**（matter）或原始材料中產生出來的**形式**或現實，而這種形式或現實也有可能反過來成為物質，還有更高等的形式會從其中產生出來。所以幼兒是物質，而成人是形式；胚胎是物質，而幼兒是形式；卵子是物質，而胚胎是形式；如此循環往復，一直到我們來到某個物質的概念晦暗不明、毫無形式可言的境界。但是，這樣一個沒有形式的物質就會是空無一物（no-thing），因為每件事物都有它的形式。以物質最廣泛的意義來說，它就是形式的可能性（possibility），而形式則為物質的現實性（actuality）或現實成品。物質會阻撓，形式會建構。形式不止是形體，更是形塑的力量，一種把純粹的物質塑造成特定形體與目的的內在必要與衝動；它是物質的潛能實現，也是存在一切事物——去做、去成為、去變成任何事物——之中的力量總和。自然界以形式征服了物質，展現不斷發展、演進的生命之勝利的面貌。[56]

世上萬物自然而然會走向某個特定或具體的實現目的。在決定結果的各種不同原因之中，決定目的的最後

---

54 劉易斯，第112頁。

55 岡波茲，第4卷，第169頁。

56 我們的讀者之中，有一半會覺得很高興，另一半則會覺得被逗樂了——當他們知道在物質與形式上，亞里斯多德最喜愛的例子竟是女人與男人；他認為男人是主動的、成形的原則，而女人則是被動的黏土，等著被塑造成形。雌性後代就是形式主導物質卻失敗的結果（《論動物生殖》，第1卷，第2頁）。

「目的因」（final cause），是其中最具決定性、也是最關鍵的原因。大自然的失敗、錯誤與徒勞無功，都是由於物質抗拒有目的之形塑力量的惰性，因此，才會有流產與怪物的出現，破壞了生命的精彩全貌。進化絕非偶然或隨意發生（否則我們要如何解釋。實用的器官都有著幾乎舉世皆然的外觀與傳輸功能），萬物皆由內在特定方向之本質、構造、圓滿實現（entelechy）的生命原理所引導，[57]母雞的蛋裡早就設計好或注定長成一隻小雞而不是一隻小鴨，橡實會長成一棵橡樹而不是一棵柳樹。這對亞里斯多德來說，並非意味著來自外界的天意設計了塵世萬物的構造及活動，而是這種設計來自內在，從事物的類型及功能中產生。「對亞里斯多德而言，神聖的天意完全與自然因素的運作一致。」[58]

然而，亞里斯多德的確認為有上帝的存在，雖然祂可能跟未成熟的心靈中所設想之滿懷寬恕、擬人化、簡單而人性化的神不盡相同。亞里斯多德從「運動」（motion）這個古老的謎題切入，他問道，運動是怎麼開始的？他不能接受運動也是「沒有開始」（beginningless）的這種可能性——跟他所設想的物質一樣；物質可能是永恆的，因為它只是一種恆久的可能性，用以塑造未來的形式。但是，運動及成形的龐大過程是何時以及如何開始，終於讓遼闊的宇宙充滿了無窮無盡的形體？亞里斯多德認為，運動必然有其源頭，倘若我們不想一頭栽進沉悶的無盡回溯（infinite regress）思考邏輯，一步步沒完沒了的讓問題回到原點，我們就必須先假設有一個不會動搖的原動力（prime mover）（primum mobile immotum），一種無形體、不可分割、無限、無性別、無情、不變、完美及永恆的存在。上帝並未創造世界，而是推動了世界；不是以機械力學的力量，而是作為世上所有運作的所有動因。「上帝推動這世界，就像心愛的人推動著戀人」。[59]祂是自然界的最後「目的因」、萬物的驅動力與目的，以及世界的形式；祂也是這世界生命的起源、生命過程與力量的總和、萬物成長與生俱來的目標，以及整體欣欣向榮的圓滿實現。祂就是純粹的能量，[60]即經院哲學所謂的**純粹的行為（Actus Purus）**，也就是行動（activity）本身，或許也是現代物理學及哲學中神祕的「力」（Force）。亞里斯多德的上帝不怎麼像個神，倒比較像是一種磁力。[61]

然而，就像亞里斯多德在言詞上常見的前後不一致，他聲稱上帝是自我意識的精神，一種相當神祕的精神；因為亞里斯多德的上帝從來不做事，沒有任何欲望、意志或目的，祂是那麼純粹的行動（activity），以致於祂從不採取行動（act）；祂絕對的完美，因此祂從來不渴求任何事物，也因此祂什麼都不做。祂唯一的工作就是思忖萬物的本質，而既然祂自己就是萬物的本質，形式中的形式，祂唯一的活動，就是對自己沉思。[62]亞里斯多德的上帝多麼可憐啊！祂是一個**無所事事**（**roi fainéant**）的國王，「國王在位，但不統治」。難怪英國人喜歡亞里斯多德，他的上帝顯然就是從英國人的國王複製來的。

又或者，他的上帝其實是複製自亞里斯多德自己。我們的哲學家如此熱愛沉思，甚至把他的神性概念獻給了它：他的上帝是安靜的亞里斯多德類型，一點也不浪漫，退回自己的象牙塔、置身於世間的紛爭與汙染之外；於是全世界皆遠離了柏拉圖的哲學家國王，遠離了耶和華血肉般的嚴峻現實，也遠離了基督教上帝溫柔渴盼的天父。

57 圓滿實現（Entelecheia）的意思是，內在（echo）蘊含（telos）本身之目的（entos），是亞里斯多德式的眾多華麗名詞之一，把各語詞匯聚在一起，成為一個整體的哲學思想。
58 《倫理學》，第1卷，第10頁；柴勒，第2卷，第329頁。
59 《形上學》，第9卷，第7頁。
60 出處同上，第12卷，第8頁。
61 格蘭特，第173頁。
62 《形上學》，第7卷，第8頁；《倫理學》，第10卷，第8頁。

心理學與藝術的本質
Psycology and the Nature of Art

亞里斯多德的心理學同樣傷痕累累，充滿晦澀難解、搖擺不定的觀點，也有許多有趣的片段，譬如對習慣的力量特別加以強調，也是習慣首度被稱之為「第二天性」（second nature）；聯想法則（laws of association）雖然尚未發展出來，卻可以在這裡找到一個明確的構想；但是，哲學心理學的兩大至關緊要的問題——意志的自由與靈魂的不朽——在此仍然晦暗無解。亞里斯多德的論調經常像個決定論者：「我們無法直接想要成為跟『現在的我們』不一樣的事物。」但是，他又不改自己反對決定論（determinism）的觀點，認為藉由當下選擇了可塑造我們的環境，我們就可以選擇自己未來想成為的模樣；所以在某種程度來說，我們是自由的，因為我們可以藉由自行選擇朋友、書籍、職業和娛樂活動去形塑自己的性格特質。[63] 然而他沒有到決定論者可以迅速回應，這些選擇的形成，本身就是由我們先前的性格特質所決定，而這些性格特質又是由我們所無法選擇的遺傳因素與早期環境所決定。亞里斯多德堅持，我們反覆使用讚美與責備的方式，就是以道德責任與自由意志作為前提；但是他沒有想到，決定論者也可以從相同的前提得出一個完全相反的結論——這些被給予的讚美與責備，也可能是決定後續行為的部分原因。

亞里斯多德的靈魂理論則始於一個有趣的定義。靈魂是所有生物整體的生命起源，其力量與過程的總和。對植物來說，靈魂只是一股滋養、繁殖的力量；對動物來說，它也只是一股靈敏、運動的力量；對人類來說，它卻是理性與思想的力量。[64] 作為肉體力量之總和，靈魂不能離開肉體而單獨存在，這兩者宛如形式與蠟，僅在思想上是可分離的，然在現實上是一整個有機體。靈魂無法被放進肉體，像代達羅斯（Daedalus）把水銀注入維納斯的雕像中一樣，讓它們「站起來」；個人及特定的靈魂只能存在於它自己的肉體中。儘管如此，如德謨克利特所持論點，靈魂並非有形，也不會完全消逝。人類靈魂中部分的理性力量是被動的，與記憶有著密切的關係，隨著承載著記憶的肉體逝去，這個部分也就隨之消逝；但是「主動的理性」（active reason），亦即思想的純粹力量，則獨立於記憶之外，不為衰敗腐朽所影響。主動的理性是區別人的普遍性與個別性元素之要件，這項存活下來的要件並非帶有短暫情感與渴望的個人性格，而是以最抽象、非個人形式所呈現的理性心智。[65]簡言之，亞里斯多德摧毀了靈魂，為的是賦予它不朽的地位，因此這不朽的靈魂是一種「純粹的思想」（pure thought），不會被現實所玷汙，如同亞里斯多德的上帝是一種純粹的行動，不會被任何作為所玷汙；就讓他從這項神學中得到寬慰吧，只是有時候我們也不禁納悶，這種形而上的「把某人的蛋糕吃掉、又把它留下來」，是否是亞里斯多德拯救自己免於喝下那一杯反馬其頓毒芹汁的微妙方式呢？

在心理學較為安全的一個領域中，亞里斯多德的論述也較具獨創性且切中要點，幾乎可以說創立了美學——美和藝術的理論——這門學問。亞里斯多德認為，藝術創作源自一股形成的衝動（formative impulse）以及情感表達的渴望。基本上，藝術的形式即為一種對現實的模仿，反映自然界的真實寫照；[66]而人類這種模仿的愉悅感，顯然在低等動物身上是找不到的。但是，藝術所要表達的目的並非事物的外觀，而是它們內在的意義；也就是說，並非它們的格調形式以及細微末節，而是它們的真實存在。所以呢，在《伊底帕斯王》（Oedipus Rex）這本嚴肅自制的經典之作中所展現的人性真理，可能比《特洛伊婦女》（Trojan Women）中所有真實的眼淚還來得多。

63《倫理學》，第3卷，第7頁。
64《論靈魂》，第2卷。
65《論靈魂》，第2卷，第4頁；第1卷，第4頁；第3卷，第5頁。
66《詩學》，第1卷，第1447頁。

最崇高的藝術不止能吸引情感，還有理性的智慧（就像一首交響樂，吸引我們的不止是它的和聲與序列，還有它的結構與發展）。這種理性之樂，才是一個人所能提升至最高形式的歡愉。因此，藝術的作品應以形式為目的，尤其是統一性，更是形式的結構與重心之基礎；舉例來說，一齣戲劇的情節應該要有一貫性（unity），不該有令人困惑的次要情節，也不該有任何離題的插曲或事件出現。[67] 但最重要的一點是，藝術的功能是情感的宣洩與淨化。我們在社會約束的壓力下所累積的情感，容易以反社會或破壞性的行為表現出來而造成突發性的問題，因此可以利用令人興奮的戲劇性去刺激這種無害的形式，使其得以激發、宣洩出來；所以像是悲劇，「透過憐憫與畏懼，適當地發揮了淨化這些情感的效果。」[68] 雖然亞里斯多德忽略了悲劇的某些特性（例如，原則與個性的衝突），但他在這個情感淨化理論中的見解，對我們理解藝術中這股幾可說是神祕的力量貢獻良多。這也是一個極富啟發性的例子，再次證明了亞里斯多德在每個領域都有出色的思索與推理能力，為他所接觸的一切學門增色不少。

VII

倫理學與幸福的本質

Ethics and the Nature of Happiness

當亞里斯多德的聲望逐漸如日中天，許多年輕人蜂擁而至以尋求他的教誨與養成，但他將愈來愈多的心思從科學的局部細節轉向更廣泛、更不明確的作為與性格問題上。他的想法愈來愈清晰：在實體世界的所有問題之上，逐漸向他逼近的大哉問是：「最好的生命是什麼？」「生命中的至善（supreme good）是什麼？」「美德是什麼？」「我們如何才能找到幸福（happiness）與滿足（fulfilment）？」

亞里斯多德的倫理學極為實事求是並簡明扼要。他的科學訓練使他遠離超人理想（superhuman ideal）的長篇大論以及完美的空洞建議。桑塔耶那（Santayana）說道：「亞里斯多德對於人性的概念完全合理而正確；每個理想都有其合乎常情的基礎，每件合乎常情的事物也都有其發展中的理想。」亞里斯多德一開始即坦承，他認為生命的目的不是為自己著想的善行（goodness），而是幸福。「因為我們選擇的是幸福本身，而從來不是以任何更進一步的事物為目的；雖然我們選擇了榮譽、愉悅、理智……那是因為我們深信應可經由它們而獲致幸福。」[69] 但他也了解，把幸福稱之為至善只是老調重彈，我們需要的是某些更明確的解釋，說明幸福的本質以及如何獲得

---

67 亞里斯多德只有在一個句子中提過時間的一貫性（unity of time），並未提過地點的一貫性（unity of place）；所以常被冠在他頭上的「三一律」（three unities），顯然為後人之作（諾伍德（Norwood）《希臘悲劇》（Greek Tragedy），第42頁，注釋）。

68 《詩學》，第6卷，第1449頁。

69 《倫理學》，第1卷，第7頁。

它。他希望藉由對於人類哪一點異於其他生命的探索，並且假設人類的幸福端賴這項特別的人性特質充分發揮其作用，進而找出獲得幸福的方法。好，那麼，就說人類特有的卓越（excellence）就是思想的力量，可以藉此超越並統治所有其他的生命形式；隨著這項才能的成長，給予人類至高無上的霸權，所以我們或可假設，它的發展將帶給人類幸福與滿足。

既然如此，幸福的首要條件，除了特定的物質先決條件之外，就是理性的生活——特別屬於人類的榮耀與力量。美德，或更確切地說，卓越[70]，取決於明確的判斷、自我的控制、欲望的平衡、方法的巧妙；它不是頭腦簡單的人能擁有的，也不是天真無辜的動機能享有的恩賜，而是擁有充分發展的人以經驗換來的成果。然而，的確有一條通往它的道路、邁向卓越的指引，可以幫你省下許多繞路及延誤的功夫；這條道路就是中道，也就是所謂的黃金中道（golden mean）。性格的特質可以用三個一組的方式來排列：在每一組中，第一個跟最後一個特質都是極好跟極壞，再加上中間的特質——美德或卓越。所以，介於膽小怯懦與輕舉妄動之間的，是勇氣；介於吝嗇小氣與奢侈浪費之間的，是慷慨；介於怠惰懶散與貪婪無度之間的，是雄心；介於謙卑恭讓與傲慢自大之間的，是矜持適中；介於守口如瓶與多嘴饒舌之間的，是誠實坦率；介於陰鬱脾氣與插科打諢之間的，是幽默感；介於動輒吵架與阿諛諂媚之間的，是友好情誼；介於哈姆雷特的優柔寡斷與唐吉訶德的一時衝動之間的，是自我控制[71]。那麼，在倫理或作為上的「正確」（right）跟數學或工程學上的「正確」並無二致，都意味著準確、適合、用最有效的做法產生最好的結果。

然而，黃金中道並不像算術平均值，以兩個精準的極端值即可計算出一個準確的平均值，而是跟著每種情況所伴隨的環境而變動，並且只有成熟通達的理性才能找到它。卓越是一種經由訓練與習慣養成才能獲得的藝術：我們不是因為擁有美德或卓越才做出正確的行為，而是因為做出正確的行為才擁有這些美德或卓越；「經由一個人的作為，這些美德才得以在他身上形成。」[72]我們重複的作為造就了我們自己。所以，卓越並非一種行為，而是一種習慣，「人的良善來自靈魂以卓越方式及完整生命的造就……就像一隻燕子或一個晴天無法造就出春天，一天或是一段短暫的時間也無法造就出一個幸福快樂的人。」[73]

青春期是容易走向極端、偏激的年齡。「年輕人犯的錯往往是屬於過度、無節制的那一種。」而年輕人（以及許多年輕人的長輩）所面對的最大困難點，就是如何避免自己才擺脫一個極端的處境，卻又掉進另一個相反的極端處境；因為一個極端很容易通往另一個極端，不論是藉由「過度矯正」或其他方式：偽善表態過頭，而謙卑則徘徊於自負的懸崖[74]。意識到自己處於某個極端境況的人，會把另一個極端——而非中道——當成是美德；有時候這麼做也好，因為我們如果意識到自己犯下某個極端的錯誤，「應該以另一個極端為目標，那麼我們可能就會達到中間點……就像人們把彎曲的木材拉直，是一樣的道理。」[75]但是，無意識的極端份子則視黃金中道為最大的罪行，「他們相互驅趕著採行中道之人，於是勇敢的人被膽小怯懦者稱作急躁魯莽，卻又被急躁魯莽者稱作膽小怯懦；其他情況亦是如此。」[76]所以在現代政治中，「自由派」遂被激進派稱為「保守派」，又被保守派稱為「激進派」。

中道之說顯然形成一種深具特色的態度，差不多在希臘哲學的每個體系中都可以發現它的存在。當柏拉圖稱美德為和諧的作為、或是當蘇格拉底視美德為知識時，他們都將中道銘記在心。希臘七賢（Seven Wise Men）藉由在德爾斐阿波羅神廟上雕刻的箴言——**無過之，亦無不及**（meden agan）建立了這項傳統。或許正如尼采所言

70卓越（excellence）這個字或許是希臘語arete最合適的翻譯。Arete常被誤譯為美德（virtue），當譯者把它寫成美德時，如果讀者可以用卓越（excellence）、能力（ability）或才能（capacity）來取代它，就可以避免誤解柏拉圖與亞里斯多德。希臘語arete是古羅馬語的美德（virtue）之意，兩者都暗示著某種男性化的卓越優勢（ares是戰神之意，vir是男性之意）；傳統古代是根據男性來設想美德，就像中世紀基督教是根據女性來設想它。

71《倫理學》，第1卷，第7頁。

72《倫理學》，第2卷，第4頁。

73出處同上，第1卷，第7頁。

74「安提斯泰尼，」柏拉圖說這位犬儒學派之徒，「他的虛榮心從他斗篷的破洞中探出頭來窺探。」

75《倫理學》，第2卷，第9頁。

76出處同上，第2卷，第8頁。

[77]，這些嘗試都是希臘人意欲控制他們本身性格中暴力與衝動的一面；更真切地說，這些都反映出希臘人認為激情本身並非惡行，而是美德與惡行的原始材料，端視它們是作用於過與不及的極端，還是權衡與和諧的中道[78]。

然而，我們實事求是的哲學家說，黃金中道並非通往幸福的完全祕訣，我們仍必須擁有相當程度的世俗財物，貧窮會使人吝嗇小氣、貪得無厭，財物則會讓人擁有免於煩憂與貪婪的自由，這是優雅的閒適與魅力之源。在這些幸福的外在輔助當中，最崇高的一項就是友誼；的確，快樂的人比不快樂的人更加需要友誼，因為藉由分享，快樂會以倍數的方式增長，這甚至比公平正義還重要，因為「當人們是朋友時，他們不需要公義；但是當他們是公義之人時，友誼仍然是一項恩賜。」「摯友宛如是兩副軀體共同擁有同一個靈魂。」然而，真正的友誼意味著少數的朋友而非眾多的朋友；「太多朋友等於沒有朋友。」「想跟許多人保持完美無瑕的友誼，是不可能的。」美好的友誼需要的是耐久的持續度，而不是反覆無常的強烈情感，這一點即意味著性格上的穩定度；因此，我們必須把友誼的變幻莫測與破滅消失歸因於性格的改變。友誼需要平等的基礎，感激之情充其量只能給友誼一個不穩定的基礎。「施恩者通常對他們施予善意的對象保有更多的友誼，對此，一個滿足大部分人的解釋是，一方是債務人，另一方則是債權人……債務人希望他們的債權人別礙事，而債權人則急欲讓債務人保留債務。」但亞里斯多德駁斥了這項解讀，他寧可相信施恩者的無比柔情可以用藝術家對自己的作品、或是母親對孩子的感情來比擬——我們熱愛自己所創造的事物。[79]

然而，外在的財物與人際關係雖是幸福的必要條件，幸福的精髓仍保存於我們內在全面發展的知識與靈魂的清晰度中。而感官的享受當然不是通往幸福的道路，因為這條路只會不斷地循環；正如蘇格拉底以較為粗俗的措辭來說明伊比鳩魯的概念：我們搔抓自己可能會癢的地方，又在我們可能會搔抓的地方發癢。政治生涯也不是通往幸福的道路，因為一路上，我們還得忍受被人們的奇思異想所支配——再沒有別的事物比群眾更為反覆無常了。不對，幸福必須是心智的一種愉悅樂事，只有在幸福來自對真理的追尋或獲取時，我們才能信任它。「理性智慧的運作……目的在於永無止境地超越自己，並於內在發現這種愉悅，從而刺激其本身進一步的運作；因為自給自足、孜孜不倦、安定能力的特質……顯然皆屬於這樣的運作，完美的幸福必然就在其中。」[80]

然而，亞里斯多德理想中的人可不只是形上學家而已。

他不會使自己遭受不必要的危險，因為沒有幾件事情是他極為在乎的，但他甘冒極大風險、甚至奉獻自己的生命，只因為他深知在特定情況下並不值得苟活。他樂於服務他人，卻羞於接受他人的服務，因為釋出善意是優越的特點，而接受善意卻是屈從的印記……他不會公開炫耀自己……由於他對人事物的蔑視，他從不諱言自己的嫌惡與喜好，言行舉止也極為坦率……因為在他眼中沒有偉大到無以復加的人事物，所以他從不會因為傾慕、讚頌而激動不已。除非是他的朋友，否則他不會以殷勤順從的方式對待他們，因為殷勤順從是奴隸的特性……他從不怨恨，對自己受到的傷害總是採取船過水無痕的態度……他不愛饒舌多嘴……也不關心自己是否應該被讚揚、其他人是否應該被責怪。他不說別人的壞話——甚至是他的敵人——除非那個別人就是他自己。他的舉止沉著、聲調低沉、言談謹慎、不慌不忙，因為只有一些事情是他所關切的；他也不易感到激憤，因為他認為天底下沒什麼大不了的事，刺耳的聲音和匆忙的腳步是憂心忡忡的人才會有的……他以尊嚴與風度面對人生的意外，盡力而為、善處逆境，像是一位精明能幹的將軍在一場戰爭中，盡力安排他有限的兵力以配合整體的戰略……他是自己最好的朋友，並視獨處為樂事；因為，沒有美德或能力之人才是自己最大的敵人，並視獨處為懼事。[81]

這，就是亞里斯多德心目中的超人（Superman）。

77《悲劇的誕生》（The Birth of Tragedy）。

78參見一個想法相同的社會學構想：「價值從來就不是絕對的，而只是相對的……人性中的某個特質，比之它應該要達到的程度，被視作較為不足；因此，我們把一項價值加諸於其上，並且……激勵、培育它成長，把這項價值的結果稱之為美德；然而，這項相同的特質倘若變得過多，我們便把它稱之為惡習，並試圖去抑制它。」——卡弗（Carver），《社會正義隨筆》（Essays in Social Justice）。

79《倫理學》，第8卷、第9卷。

80出處同上，第10卷，第7頁。

81《倫理學》，第4卷，第3頁。

VIII 政治學 Politics

1. 共產主義與保守主義 Communism and Conservatism

如此貴族化的倫理規範，自然有一套嚴格的貴族政治哲學隨行其後（又或者這順序是顛倒的？），不必期待一位身兼帝王導師與公主丈夫的王親貴族會跟平民老百姓、甚至跟重商主義的資產階級有過度強烈的情感牽絆；亞里斯多德認為，我們的哲學就是我們的珍寶。但是更進一步來說，雅典民主政體所帶來的動盪與災難使得亞里斯多德著實偏向保守主義；他就像典型的學者，嚮往秩序、安全與和平，認為我們實在無暇顧及政治鋪張華麗的娛樂表演。激進主義（radicalism）是穩定政局的一種奢侈品，只有在事情穩穩地躺在我們的手上時，我們才可能敢於求變。總的來說，亞里斯多德認為：「輕率地改變法律是一項惡習。當變革所帶來的好處極為有限的時候，無論在法律上或是在統治者身上的某些瑕疵，最好可以符合哲學的容忍度；而平民老百姓經由這項改變的獲益，將比他因不服從、不合作的損失，來得更小。」[82] 確保眾人遵守法律、從而維繫政局穩定的力量，大半以風俗慣例為基礎。「輕率地通過新法律、摒棄舊法律，是削弱任何法律最深奧精義的特定手段。」[83]「讓我們別漠視年齡的經驗：當然，這麼多年來，這些事物若是有益的，不會始終不為人知。」[84]

無疑，「這些事物」主要即指柏拉圖的共和理想國。亞里斯多德反對柏拉圖關於共相的唯實論以及關於政府的唯心論（idealism），並發現這位大師所描繪的美景中滿是汙點；他不怎麼欣賞兵營般不斷與他人接觸的生活方式，而柏拉圖顯然迫使他的保衛者哲學家們處於這種狀態下。亞里斯多德雖保守，卻珍視個人特質、隱私與自由於社會效能與力量之上。他不想跟同齡者互稱兄弟姊妹，也不想以父親或母親稱呼年長者；因為，如果所有人都是你的兄弟，結果就是，沒人是你的兄弟。「成為某人真正的表親，要比以柏拉圖的方式成為眾人的兒子好得多了！」[85]在一個婦女與孩童都是公有的國家之中，「愛會變得稀薄平淡……激發尊重與感情的首要兩項特質——屬於你自己的事物，以及由這樣的事物所喚醒的真愛——都無法存在於如此的國家之中。」如此的國家，也就是柏拉圖的理想國。[86]

或許在晦暗無光的過去曾經有過共產社會，當時家庭是唯一的形態，而畜牧或簡單的耕作是唯一的生活方式。然而「在一個劃分得更細的社會狀態」，重要性不均等的分工引發並加劇了人類天生的不平等，共產主義因而崩毀，因為它無法提供足夠的激勵，使卓越的能力得以發揮並行使。獲益的激勵對於艱苦的工作是必要的，擁有權的激勵對於恰當的工業、農牧業及關切之事物也是必要的。當眾人共同擁有一切事物時，沒有人會特別去照管好任何事物。「共有的事物最多時，受到的關注卻最少，因為每一個人最先想到的都是自己的利益，幾乎從來就不是公眾的利益。」[87]同時，「生活在一起、共同擁有事物始終是件難事，特別是共同擁有財產；同路人的夥伴關係，」（更不必說婚姻這項艱鉅的共產制度）「就是切中要點的一個範例，他們總是失和，為任何一件小事爭吵不休。」[88]

82《政治學》，第2卷，第8頁。
83出處同上，第5卷，第8頁。
84出處同上，第2卷，第5頁。
85出處同上，第2卷，第3頁。
86出處同上，第2卷，第4頁。
87《政治學》，第2卷，第3頁。
88出處同上，第2卷，第5頁。

「人們很容易聽信烏托邦，並且很容易會被勸誘，相信以某些美好的方式，每個人都會變成大家的朋友，特別是當有人聽到現存的惡行被譴責、抨擊時……而這些罪惡據稱是來自私人財產的持有。然而，它們其實是來自另一個源頭——人性的邪惡。」[89]政治學並未造就人類，而是帶出他們來自人性之中的邪惡。[90]

平均來說，人性與其說是接近神性，不如說是接進獸性。絕大多數的人都是天生的傻瓜與懶鬼，不論在任何體制中，這些人都會沉落底層；以政府補貼來幫助他們，「無啻於把水倒進漏水的桶子裡。」這樣的人在政治上必須被控制，在產業上必須被管理——如果可能的話就取得他們的同意，必要的話，即使沒有他們的同意也得這麼做。「從他們出生開始，有些人就注定要屈從、臣服，其餘人則注定要擔任統率、命令的角色。」[91]「那些天生就可以用自己的心智預見未來的人，即準備擔任君王與主人之職；而那些天生只能用自己的身體勞動的人，則準備擔任奴隸的工作。」[92]奴隸之於主人，宛如身體之於心智，而身體應臣服於心智，因此「對所有低階之人來說，他們最好可以居於主人的統治之下。」[93]「奴隸不過是有生命的工具，工具則是無生命的奴隸。」然後我們這位冷酷無情的哲學家，帶著工業革命（Industrial Revolution）可能會從我們手上展開的模糊暗示，有那麼一刻寫出了他的渴望：「如果每樣工具都能做好自己分內的工作，可遵守或預期他人的要求……如果梭子織布、撥弦彈琴都不需由人來指引，那麼首要的工匠就不需要助手，也就沒有所謂的主人或奴隸之分。」[94]

這樣的哲學即為希臘人蔑視體力勞動工作的典型。當時在雅典，這類工作尚未像今日一樣複雜。今日許多手工行業中所需求的聰明才智，有時候還遠高於中下階層的運作所需；因此，甚至一位大學教授都可能把一位汽車修理工當成神來看待（在某些緊急情況下）。但在當時，體力勞動的工作就純粹是體力勞動而已，亞里斯多德也相當鄙視這類工作，從哲學的高度來看，這種工作屬於沒有心智的人，只適合奴隸以及被奴役者來做。他相信體力勞動的工作會鈍化並劣化心智，讓人既無時間也無精力發展、運作政治智能。這對亞里斯多德來說，似乎是一個相當合理的推論：只有擁有若干閒暇時間的人，才可以在政府單位占有一席之地。[95]「最佳形態的國家不會准許修理機械的工人取得公民權……底比斯有條法律規定，十年前尚未從工作上退休的人，不得擔任公職。」[96]即使是商賈與金融家，都被亞里斯多德分類為奴隸之屬。「零售貿易是不自然的……一種人們從彼此間獲利的方式，這類交易當中，最令人痛恨的一種就是……高利貸，從金錢本身、而非它的自然用途中獲益。金錢本來只是作為交易的工具，而非作為孳生利息之用，高利貸（tokos）意指從錢中生錢，是所有獲益方式中最不自然的一種。」[97]金錢不該被孳生，因此「討論金融理論是無價值的哲學，而從事金融或熱中於金錢的獲利，對於一個自由人來說是不值得的。」[98]

89出處同上。要注意的是，關於他們想要相信的、可能既沒那麼好也沒那麼壞的人性——與其說是出於天性，不如說是出於早期訓練與環境的養成——保守主義者即悲觀主義者（pessimist），激進主義者即樂觀主義者（optimist）。

90出處同上，第1卷，第10頁。

91出處同上，第1卷，第5頁。

92出處同上，第1卷，第2頁。或許奴隸（slave）是忠僕（doulos）這個字眼更嚴苛的表現方式。這個字眼只是坦率地承認了一個殘酷的事實，而這個事實在我們的時代，就是噴灑勞工尊嚴與兄弟情誼的香水來加以美化；我們在創造辭令這方面，比之古人的確更青出於藍。

93出處同上，第1卷，第5頁。

94出處同上，第1卷，第4頁。

95《政治學》，第3卷，第3頁；第7卷，第8頁。

96出處同上，第3卷，第5頁。

97出處同上，第1卷，第10頁。這項觀點影響了中世紀對利息孳生的禁令。

98出處同上，第1卷，第11頁。亞里斯多德補充，如果哲學家想要淪落到跟他們一樣，大可以在這些領域有所斬獲；他自豪地指出泰勒斯之例，他因為預見會有一次好收成，就先把所有的收割機買進他的城市，之後在收割季節，再以極好的價格賣出。亞里斯多德據此觀察到，雄厚財富的普遍祕訣，就是創造壟斷。

2. 婚姻與教育
Marriage and Education

女人之於男人宛如奴隸之於主人、體力勞動之於腦力勞動、野蠻人之於希臘人。女人是未完成的男人，被留在演化階梯上較低的一級臺階上。[99]男性生而優越，女性生而劣等；一方支配，另一方被支配；出於必要性，此一原則擴大適用於全人類。女人的意志薄弱，因此無法勝任獨立的角色與職務，安靜的家居生活對她是最好的；由男人主外，支配她的對外關係，而由女人主內，擔任家庭事務的總司令。如同柏拉圖在理想國中所述，女人不該被造得更像男人，相反地，兩者間的差異性應該要提升，再沒有比差異性更吸引人了。「就像蘇格拉底所設想，男人的勇氣不同於女人的勇氣：男人的勇氣展現在指揮上，而女人的勇氣展現在服從上……如同詩人所言：『沉默是女人的榮耀』。」[100]

亞里斯多德似乎也深感懷疑，如此奴役女人的理想方式是男人難得一見的成就，而且權力的手杖往往掌握在言語而非胳膊。而彷彿是為了給予男人一項不可或缺的優勢，他建議男人應該要延遲婚事直到三十七歲左右，然後娶一位大約二十歲的小姑娘。一位二十歲左右的女人，成熟度相當於三十歲左右的男人，但或許還可以被一位三十七歲經驗豐富的戰士所駕馭。在這項婚姻數學題中，亞里斯多德所考量的是兩個如此完全不同的人，會在大約相同的時間失去他們的生殖能力與熱情。「如果男人還能生小孩，而女人已經無法孕育他們，或者情況反過來時，就會產生爭吵和分歧……既然衍生後代一般限於男性七十歲、女性五十歲以下的年齡，他們展開結合的時機，也應該符合這些期間的限制。男女在太年輕時結合會不利於後代的產生，因為所有的動物都一樣，年輕稚幼者所生出的後代都是既瘦小又發育不良，而且多為雌性。」健康遠比愛情更為重要，再者，「別太快結婚也有益於節欲，因為早結婚的女人有輕率放蕩的傾向，而男人如果在成長發育階段結婚，則容易導致發育不良、矮小遲緩。」[101]這些問題不該留給反覆無常的年輕人自行決定，而應該由政府來加以監督及管控：政府應該分別為男性與女性決定可結婚的最小與最大年齡、受孕的最佳季節以及人口的增加率。倘若自然的增加率過高，殺嬰的殘酷做法或許可以用墮胎的方式來替代，並且「讓墮胎在胎兒的感官及生命開始發展之前就要完成。」[102] 每個城邦都有理想的人口數量，視其位置及資源而定。「一個城邦組成的人口太少時，就無法達成城邦該有的自給自足目標；組成的人口太多時……就變成一個國家而非一個城邦，幾乎是一個無法勝任憲法的政府。」或者是無法符合民族或政治團結的統一體。[103] 超過一萬的人口數量是不被樂見的。

教育也應該由國家來掌控。「調整教育以適應政府的形態，是最有助於維護憲法持久性的方法……公民應該以其所居之地的政府形態來加以塑造。」[104] 藉由國家對學校的掌控，我們可以讓人們所從事的行業從工業和貿易轉變成農業，也可以訓練他們在保有私有財產的同時，把這些財產提供給公眾有條件的使用。「至於所有物的使用，良善的人可適用『朋友應共享一切』這句諺語。」[105] 但最重要的一點是，必須教導這些成長中的公民服從法律，否則國家將無法成形。「『沒能學會服從的人，無法成為好的指揮官』這句話說得好……好公民應該兩者兼具。」唯有納入國家體制下的學校，才能在民族異質性中達成社會團結的目的；國家是由眾人組成的大熔爐，必須藉由教育達成一個統一、共同的整體。[106] 所以，我們也要教導年輕人有國家才有恩賜與裨益，才有因社會組織

99 《論動物生殖》（De Gen. Animalium），第2卷，第3頁；《動物的歷史》，第8卷，第1頁；《政治學》（Pol.），第1卷，第5頁。參見魏寧格（Weininger）；以及梅雷迪斯（Meredith）的「男人最不可能教化的就是女人」（Woman will be the last thing civilized by man）《理查．費佛拉的考驗》（Ordeal of Richard Feverel），第1頁。但男人顯然才是最不可能為女人所教化，因為偉大的教化機構是家庭以及安定的經濟生活，兩者都是女人創造出來的。

100 《政治學》，第1卷，第13頁。

101 出處同上，第7卷，第16頁。顯然亞里斯多德只想到女人的節欲，而延遲婚姻對男人的道德效應，似乎並未令他感到不安。

102 《政治學》，第7卷，第16頁。

103 出處同上，第7卷，第4頁。

104 出處同上，第5卷，第9頁；第8卷，第1頁。

105 出處同上，第6卷，第4頁；第2卷，第5頁。

106 出處同上，第6卷，第4頁；第2卷，第5頁。

而產生、但未受重視的安全防衛，才有法律的產物——自由。「完美的人是最好的動物，而孤立的人則是最糟的動物；因為，擁有武裝的不公義更加地危險。人類從出生就配備有智力的武器以及性格特質，可以用來達成最卑劣的目的。因此，如果人類沒有美德，他就會是最邪惡、野蠻的動物，只想著暴食與貪欲；而只有社會控制可以為他帶來美德。人類藉由說話的能力，逐步發展出社會；藉由社會，發展出智力；藉由智力，發展出秩序；藉由秩序，發展出文明；在如此井然有序的國家之中，有著多如牛毛的發展機會與道路可以開放給個人，這是非群居的孤單生活所無法比擬的。所以，才有此一說：「一個人非得是動物或是神，才能獨自生活。」[107]

因此，革命幾乎都是不明智的。革命或許可以帶來某些好處，但付出的代價與壞處更多，主要是會引起騷亂不安，或許還有政局的崩解；然而，每項政治利益全仰賴這些社會秩序與結構的穩定。革命性創新直接的影響可能是可以計算的，而且是有益的；但間接的影響通常是無法計算的，而且不堪設想的災難性後果也不少見。「只考慮到幾點意見的人，很容易就可以驟下斷論。」一個人如果要決定的事很少，當然可以很快就下定決心。「年輕人很容易被欺騙、蒙蔽，因為他們急於懷抱著期望。」因為人們會執著於根深柢固的習性，所以引進改革的政府倘若對這種長期養成的習性施以鎮壓，容易導致被推翻的後果；人的個性不像法律那麼容易被改變。如果一項法規章程是永久性的，那麼社會的各個組成單位一定都希望它能被保持下去，因此，想避免革命的統治者應避免形成極端的貧富差距，「這樣的情況是戰爭中最常見的結果。」他應該（像英國人一樣）鼓勵以殖民方式作為危險的擁擠人口之出路；同時，他也應該扶植並施行宗教。專制獨裁的統治者特別「應該在崇敬眾神一事上顯得認真而熱誠，因為人們會認為，如果一位統治者篤信宗教、敬畏眾神，他們較不懼怕會經由他的手而遭受不公義的對待，也較不至於傾向密謀對其不利，因為他們相信，眾神會站在他那一邊。」[108]

3.民主政體與貴族政體
Democracy and Aristocracy

在宗教、教育以及家庭生活的秩序上擁有這樣的保護傘，幾乎任何傳統形式的政府都可以為人民服務。各種形式都有好有壞，分別適用於各種不同的情況。理論上，政府的理想形式應該是把所有的政治權力集中於一個最好的人身上。荷馬（Homer）是對的：「惡是眾人的統治主權，讓其中之一成為你的統治者與主人。」對這樣的一個人來說，法律與其說是一種限制，倒不如說是一項工具：「法律對能力出眾的人來說是不存在的，他們就是自己的法律。」試圖為他們制定法律的任何人都會成為笑柄；他們可能會以安提斯泰尼的寓言加以反駁，在由一群野獸組成的議會中，獅子對正在滔滔不絕、宣稱人人平等的野兔說道：「你的爪子在哪裡？」[109]

然而實際上，君主政體通常是最糟的一種政府形態，因為強大的實力與偉大的美德毫無關聯。因此，最可行的政體就是貴族政體，由明智且有能力的少數人來進行統治。政府是如此複雜的組織，以致於不能以人數多寡來決定它的議題，並把較少的議題保留給知識及能力來決定。「正如同醫生應該由另一名醫生來評斷，所以一般來說，人們也應該由他們的同輩來評斷……那麼，這項相同的準則不是也該適用於選舉嗎？正確的選舉，只能由那些擁有知識的人來達成。舉例來說，在幾何學的事務上，幾何學家的選擇是正確的；在航海學的事務上，領航員的選擇是正確的[110]……因此，不論是治安官的選舉或是召喚他們前來質詢，都不能託付給大多數人。」

107《政治學》，第1卷，第2頁。「又或者，」政治哲學幾乎全來自亞里斯多德的尼采加以補充，「一個人必須兩者都是——也就是，一位哲學家。」

108《政治學》，第4卷，第5頁；第2卷，第9頁；第5卷，第7頁；第2卷，第11頁。

109 出處同上，第3卷，第13頁。亞里斯多德在寫這段文字時，心中想到的八成是亞歷山大或是菲利普，就像尼采似乎是被俾斯麥（Bismarck）與拿破崙（Napoleon）極吸引人的生涯所影響，而得出類似的結論。

110《政治學》，第3卷，第13頁。參見「職業代表權」（occupational representation）的現代論點。

世襲貴族政體的難處在於沒有持久的經濟基礎。**富豪新貴階級**（nouveaux riches）的無盡循環，遲早會使公職成為價高者得的俎上肉。「這當然很糟，最偉大的公職……竟然可以被收買，而法律允許這項弊端暢行無阻，使得財富比能力更形重要，也使得整個國家變得貪婪愛財。因為不論何時，只要國家的首長們視為尊貴體面之事物，其他的公民就必然以他們為榜樣。」（亦即現代社會心理學中的「聲望的模仿」（prestige imitation））。「當能力不是首要考量時，就沒有真正的貴族政體。」[111]

民主通常是對抗富豪統治（plutocracy）的革命結果。「統治階級對獲益的狂熱，使其數量有不斷減少的傾向，」（馬克思的「消失的中產階級」（elimination of the middle class））「同時強化了廣大民眾的力量，使其最後決定了他們的主人，並且建立起民主政體。」如此「由窮人統治」的方式也有若干好處。「比之擁有專業知識的人，廣大的人民群眾雖然以單獨個體而言可能是很糟的裁判，但全體而言卻是好的。再說，藝術家的作品最好別只讓他們自行評斷，而該讓那些不懂藝術的人來評斷；舉例來說，一間房舍的使用者或主人，會比它的建築者更能評斷其優劣……一場盛宴的客人，也是比它的廚師更好的裁判。」[112]

同時，「多數人比少數人難以收買，他們就像是大量的水，比之少量的水更不容易變質腐敗。個人比較容易被怒氣或某些其他的激烈情感所駕馭，使得他的判斷必然會遭受扭曲；但是，很難想像眾人會一起陷入某種情感的狂熱中，同時做出錯誤的決定。」[113]

但整體上來說，民主政體仍不如貴族政體。[114]因為，民主政體是建立在平等的錯誤假設上，「而這個假設是由『人們在某一方面平等（舉例來說，在法律方面），在所有方面也都平等』的概念所產生，享受同樣自由的人會自稱擁有絕對的平等。」結果就是，多數取代了被犧牲的有能力之少數者，然而多數卻又被權謀詭計所操縱；因為人們很容易被誤導，看法也極為多變，選票應該要限於為智者所用才對。我們需要的是貴族政體與民主政體的結合。

立憲政府（constitutional government）就是這項令人滿意的結合，雖然並非設想得最完善、擁有貴族教育的政府，但已是最有可能實現的最好國家。「我們必須自問：對大多數國家來說，最好的組成是什麼？對大多數人民來說，最好的生活是什麼？既不是假設某種超乎普通常民水準之上的卓越標準，也不是某種基於本質或環境而備受青睞的教育，更不是一個只是眾人心目中渴望實現的理想國家；我們必須銘記在心的是一種多數人都能夠分享的生活，以及一種各個國家通常都能實現的政府形態。」「先假設一般適用的原則是必要的，也就是說，國家中想讓政府延續下去的那個部分，必須比不想的另一個部分要來得強大。」[115]「而這股力量不只存在於多數優勢，也不只存在於財物資產，更不只存在於軍事能力或政治能力，而是存在於這些所有的組合；所以，這件事必須利用到「自由、財富、文化、高貴的出身，以及純粹數量上的優勢。」那麼，我們要在哪裡找出這樣的一個**經濟多數**（**economic majority**）以支持我們的立憲政府？或許中產階級是最佳的選擇——此處，我們再一次提及黃金中道的概念，正如立憲政府，本身就是民主政體與貴族政體的中道。如果通往每個公職的道路開放給所有的人，我們的國家就可以說已實現了充分的民主體制；而如果這些職位本身的開放只限於那些做好萬全準備、一路鍥而不捨地走到終點的人，我們的國家亦可以說已實現充分的貴族體制。不論我們從什麼角度去處理這項永遠的政治問題，都會得到千篇一律的相同結論：公眾應該決定所欲追求的目標，但只有專業人士才能挑選並運用達成該目標之方法；這樣的選擇機會應該以民主的方式廣為傳播，但公職本身則應該嚴格保留給具備能力資格、經過精心篩選的最佳人選。

111 出處同上，第2卷，第11頁。
112 出處同上，第3卷，第15頁、8頁與11頁。
113《政治學》，第3卷，第15頁。塔爾德（Tarde）、勒龐（Le Bon）以及其他的社會心理學家所主張的剛好相反，而他們雖然誇大了群眾的惡習，但比之亞里斯多德在西元前430－330年間的雅典議會中所觀察到的群眾行為，他們的立論似乎有更佳的佐證。
114 出處同上，第2卷，第9頁。
115 出處同上，第4卷，第11頁與10頁。

IX

對亞里斯多德的批評

Criticism

我們該怎麼評論這樣的哲學呢？或許沒什麼讓人興高采烈的亮點。很難對亞里斯多德充滿熱情，因為他也很難對任何事物充滿熱情；但是，**如果你想讓我哭泣，你總得先哭吧**（si vis me flere, primum tibi flendum）[116]。亞里斯多德的座右銘是，**無所欽慕、無所驚異**（nil admirari）。所以在這裡，我們也不願違反他的座右銘。我們懷念他改革柏拉圖的熱忱以及對人性的憤怒之愛——使得這位偉大的理想主義者不惜公開抨擊他的同胞；我們也懷念他的導師所擁有的大膽原創性、崇高的想像力以及豐富幻想的能力。然而讀完柏拉圖之後，再沒有比亞里斯多德持懷疑論觀點的冷靜從容對我們更有益身心了。

讓我們總結與亞里斯多德意見不一致之處。他對於邏輯的堅持，從一開始就讓我們感到困擾；他認為三段論是對人類推理、論證方式的一種說明，然而它不過是人類精心修飾其推理、論證方式以說服他人心智的一種描述。他以為思想始於前提，並尋求這些前提的結論（但事實上，思想始於假設的結論，尋求的則是可充分合理化這些結論的前提）；同時，在實驗中被控制與隔離的情況下觀察特殊的事件，藉以尋求最佳的結論。但我們若是忘了下面這些事，就真的很愚蠢了：亞里斯多德的邏輯，兩千年以來只有附帶事項被改變過，而奧卡姆（Occam）、培根、惠威爾（Whewell）、彌爾（Mill）以及許多其他的人，都在他的光芒之中找到了自己的論點。亞里斯多德創造出來的這門思想新學科，連同他對於基本方法的堅實制定，皆躋身於人類心靈歷久不衰的成就之列。

再一次，缺乏實驗與成功的假設，使得亞里斯多德的自然科學宛如一團未經消化的觀察結果。他的專長在於資料的蒐集與分類，在每個領域中都運用他的分類並產生目錄；但是與這種觀察的天賦與才華並行的，則是一種對於形上學的柏拉圖式嗜好，使他在每門科學上都犯下錯誤，誘使他走進最瘋狂的前提假設。這的確是希臘心智的最大缺憾：沒有紀律，缺乏約束與穩固可靠的傳統，無節制地邁向未知的領域，過於輕易地得出理論及結論。結果是，當希臘的哲學再次躍升至無法觸及的高度時，希臘科學還在後面一瘸一拐的跛行；我們目前所面對的風險則是恰恰相反：吸引人的資料宛如維蘇威火山（Vesuvius）的熔岩般，從四面八方把我們淹沒，未經協調的現實細節讓我們窒息；因為缺乏綜合性思想與統一的哲學，使得經科學繁衍與倍數增長而形成的專業式混亂，令我們的心智不堪重負。我們都只是拼湊成人類模樣的碎片。

亞里斯多德的倫理學是其邏輯的分支——理想的生活就像是一道正確的三段論。他給我們的是一本禮儀手冊，而非一種改進的激勵；一位古代的評論家就曾說他是「適度得太超過」。在所有的文學作品中，極端主義者可能會把《倫理學》稱之為陳腔濫調之冠；反英份子想到這一點可能會感到相當安慰：英國人在青年時期就已先為他們成年後所犯下的帝國主義惡行做了懺悔——因為在劍橋大學與牛津大學，他們都不得不細細研讀《尼各馬科倫理學》（Nicomachean Ethics）書中的每一句話。我們渴望能把鮮綠的《草葉集》（Leaves of Grass）混入這些枯燥乏味的書頁之中，把惠特曼（Whitman）令人振奮的喜悅感之正當性添加進亞里斯多德的純粹理智幸福感之昇華；我們也想知道，這種亞里斯多德式的過度節制之理想，是否與英國貴族平淡無奇的美德、拘泥刻板的完美以及呆板單調的禮貌行為有所關聯。馬修．阿諾德（Matthew Arnold）告訴我們，在他那個時代，牛津大學的老師們視《倫理學》為絕對正確的經典之作；三百年來，這本書與《政治學》形塑了英國統治階級的心智：塑造出偉大、高貴的成就？或許吧，但冷硬的效率是無庸置疑的。如果這最偉大帝國的主人們是以《理想國》的崇高熱忱與充滿建設性的熱情來加以培育，結果會是如何呢？

但亞里斯多德畢竟沒那麼「希臘」。來到雅典之前，他的思想就已經固定成形了，他身上流的血液沒有一丁點兒的雅典味，也毫無任何草率倉促、鼓舞人心的實驗主義（experimentalism）思想——使雅典因為政治的**活力**

116「如果你想讓我哭泣，你總得先哭吧」——霍勒斯（Horace），《詩的藝術》（Ars Poetica），對演員及作家之言。

（élan）而躍動，最後更使它臣服於統一的專制君主。亞里斯多德徹底了解德爾斐避免過與不及的箴言，所以他急於削去極端，最後什麼也沒剩下；他過於懼怕混亂無序，以致於忘了該懼怕被這個想法所奴役；他膽怯於不確定的改變，以致於寧可選擇近似死亡的確定不變。他缺乏赫拉克利特般的流變感可證明其正當性——讓保守派相信所有永久性的改變都是漸進的，讓激進派相信沒有什麼固定不變的事物是永久的。他忘了柏拉圖的共產體制只為精英階層而設，是為了那些不自私、不貪婪的少數人，反而迂迴地得出一個柏拉圖式的結果：就是當他說，雖然財產應該保持私有制，卻應該盡可能地由眾人共同使用。他沒有看出的重點是（或許我們無法期待他在早期即能看出），只有在生產的工具簡單到任何人都買得到時，由個人來控制這些工具才能發揮激勵、有益的作用；這些工具不斷增加的複雜性與成本會導致所有權和權力的集中化，風險極高，最後導致人為的、深具破壞性的不平等現象產生。

歸結而言，這些相當無關緊要的批評並不減其美，亞里斯多德的思想仍是一套最了不起、最具影響力的思想體系，從來不曾有過任何一個單獨的心智能將其匯聚於一堂，也令人懷疑，是否有任何其他的思想家能夠對世界思想的啟蒙產生如此巨大的貢獻。其後的每個時代都汲取、利用到亞里斯多德的思想，並且站在他的肩膀上看清真理。亞歷山大港（Alexandria）多樣而輝煌燦爛的文化，即從亞里斯多德的思想中找到自己的科學靈感；他的《工具論》在形塑中世紀的野蠻人心智成為紀律分明、條理一致的思維方面，發揮了關鍵性的作用。他的其他作品在西元五世紀時，曾由景教的基督徒翻譯成敘利亞文，在十世紀時翻譯成阿拉伯文和希伯來文，接近西元一二二五年時又翻譯成拉丁文，使經院哲學從阿貝拉（Abélard）開始的滔滔雄辯轉變成湯瑪斯．阿奎那（Thomas Aquinas）完備的百科全書。其後，十字軍帶回更多這位哲學家精確的希臘版本著作；西元一四五三年之後，當君士坦丁堡（Constantinople）的希臘學者們從土耳其人的包圍中逃離時，也帶走了更多的亞里斯多德著作珍藏。亞里斯多德的作品遂成為歐洲的哲學，其地位宛如《聖經》之於神學般——幾乎絕對正確的內容，可以為每個問題找出解答。西元一二一五年時，在巴黎的教皇使節禁止教師講授亞里斯多德的作品；西元一二三一年時，教宗格雷戈里九世任命了一個委員會對亞里斯多德的著作進行刪修；在西元一二六〇年之前，亞里斯多德已成為每間基督教學校**必備之儀**（de rigueur），基督教集會亦對與他的觀點有所偏差之人進行懲處。喬叟（Chaucer）即描述他的學生是多麼滿足於：

> 在他的床頭
> 堆起二十本黑、紅封皮的
> 亞里斯多德以及他的哲學作品。

同時，但丁也在他所描繪的第一層地獄中寫道：

> 我看到眾所皆知的大師都在那裡，
> 在哲學家族當中，
> 為眾人所欽慕，也為眾人所崇敬者，
> 我看到柏拉圖，還有蘇格拉底，
> 以及站在他身旁、比其餘人更接近他的人。

這樣的詩文不由得給予我們若干暗示，千年來的這項榮譽獻給了這位斯塔吉拉人（Stagirite）。一直要到新的工具、累積的觀察、耐心的實驗重塑了科學，並給予奧卡姆、拉穆斯（Ramus）、羅吉爾（Roger）、法蘭西斯·培根（Francis Bacon）不可抗拒的武器，亞里斯多德的王朝才算告一段落。沒有任何其他的心智曾經統治人類的思維領域長達如此久的一段時間。

X

晚年及死亡
Later Life and Death

在此之際，生命之於我們的哲學家，逐漸變得複雜而難以控制。一方面，他發現自己已捲入對亞歷山大的反抗——抗議他處決了卡利斯尼斯（Calisthenes）（亞里斯多德的一位姪子），只因為卡利斯尼斯拒絕把他當成神來崇拜；亞歷山大對這場抗議的回應是，暗示他自己的無所不能，甚至可以把哲學家處死。然而另一方面，亞里斯多德卻又忙著在雅典人中為亞歷山大辯護，與城邦的愛國主義比較起來，他寧可選擇希臘的團結一致，並認為當瑣碎不重要的主權與爭端結束時，科學與文化才有可能被發揚光大。他眼中的亞歷山大，就像歌德（Goethe）眼中的拿破崙一樣，能夠在這個混亂、多樣到無法忍受的世界中，達成哲學上的統一。而當亞歷山大在這充滿敵意的城市中心豎起一座哲學家的雕像時，渴求自由的雅典人對亞里斯多德的咆哮變得愈來愈苦澀難當；在如此動盪不安的局勢中，我們藉由他的《倫理學》得到的印象，卻與他原本留給我們的印象完全相反：他不是一個冷酷無情、冷靜得毫無人性的人，而是一位鬥士，在群敵環伺的困境中仍致力追尋自己如泰坦神般的艱鉅目標。柏拉圖學院的接班人、伊索克拉底那所專門教授演講術的學校、被狄摩西尼斯尖酸刻薄的言詞所鼓動的憤怒群眾，都激憤叫囂著亞里斯多德該被放逐或處死。

接著，在西元前三二三年，亞歷山大猝逝。愛國的雅典人欣喜若狂，馬其頓黨就此被推翻，雅典宣告獨立。亞歷山大的繼任者安提帕特（Antipater）也是亞里斯多德的至交，進軍鎮壓這座叛亂的城市，而大部分的馬其頓黨人皆已作鳥獸散。一位祭司長尤里梅敦（Eurymedon）帶來對亞里斯多德的指控，說他教導大家祈禱和犧牲都是徒勞無功的作為。亞里斯多德眼看著自己注定要由陪審團及群眾——比之那些謀殺了蘇格拉底的人更加滿懷強烈的敵意——來進行審判，於是他非常明智地離開了雅典，他說，他不會給雅典人第二次機會去犯下反對哲學的錯誤。這完全不是一項怯懦的行為，在雅典，遭受指控的人總是有寧可被放逐的選擇[117]。但在抵達加爾基斯（Chalcis）時，亞里斯多德就病倒了；第歐根尼．拉爾修斯告訴我們，這位老哲學家極度失望於所有的事都反過來跟他作對，因此喝下毒芹汁自殺了[118]。但無論是什麼原因引起的，他的疾病被證明是極為致命的，所以在西元前三二二年，離開雅典沒幾個月，寂寞的亞里斯多德就離開了人世。

同年，亞里斯多德最大的仇敵狄摩西尼斯，跟他一樣六十二歲，也喝下毒藥身亡。於是希臘在短短的十二個月中，失去了最偉大的統治者、最偉大的演說家以及最偉大的哲學家。現在，在羅馬的太陽逐漸升起的曙光中，曾經屬於希臘的榮光已逐漸消逝了，羅馬的顯赫興盛，與其說是靠思想之光芒，不如說是靠權力之誇耀。接著，等到這股顯赫之勢衰敗之後，那道思想的微光也幾乎熄滅了。黑暗籠罩歐洲長達千年之久，而全世界都在引頸期盼哲學的再次復甦。

117 格羅特，第20頁。
118 格羅特，第22頁；柴勒，第1卷，第37頁注釋。

第三章

法蘭西斯・培根

FRANCIS BACON

哲學家應該盡力探究習慣、運動、習性、教育、範例、模擬、仿效、同伴、友誼、讚揚、責備、勸勉、聲譽、法律、書籍、學問等的力量與能量，因為這些事物支配了一個人的道德品行；藉由這些媒介，心智因而成形且被征服。

I

從亞里斯多德到文藝復興

From Aristotle to the Renaissance

當斯巴達在西元前五世紀末封鎖並擊潰雅典時，政治優勢已從這座希臘哲學與藝術之母的城市流逝，而雅典人心智的活力與獨立性也逐漸衰敗。西元前三九九年，當蘇格拉底被處死時，雅典人的靈魂也跟著他一起凋零了，只有在他引以為傲的愛徒柏拉圖身上尚可略窺端倪。接下來，西元前三三八年，馬其頓的菲利普在克羅尼亞擊敗了雅典人，亞歷山大在三年之後，一把火將偉大的城市底比斯夷為平地，即使品達（Pindar）倖存房舍的豪闊排場都無法掩蓋這個事實：無論是在政權上或思想上，雅典的獨立性都已經無可挽回地被摧毀殆盡了。由馬其頓的亞里斯多德所主導的希臘哲學，正是希臘在政治上臣服於來自北方強勢青年翻版。

西元前三二三年，亞歷山大的死亡加速了衰敗的過程。這位野蠻人的少年帝王雖然謹記著亞里斯多德的教誨，然而他尚未學會尊重希臘豐富的文化，就已夢想著將希臘文化以他的勝利之軍傳播至東方。希臘商業的發展以及遍布小亞細亞、不斷增長的希臘貿易站點，為統一該區域成為希臘帝國的一部分提供了經濟的基礎。亞歷山大希望藉由這些繁忙的商站，讓希臘的思想與貨物都可以大放異彩、征服異邦，但他低估了東方心智的慣性與抵抗力，以及東方文化的質量與深度；畢竟那只是年輕人的幻想，以為可以把希臘這般不成熟、不穩定的文明強置於廣袤無垠、根植於最古老的東方傳統文化之上。亞洲文化的底蘊，顯然是希臘文化的質量所無法承受之深厚。亞歷山大自己在成功開疆闢土的同時，也被東方的靈魂所征服了；他（從幾位女士中）選擇迎娶了大流士的女兒，採行波斯人的王冠與長袍，把東方國家君權神授的概念引進了歐洲，最後還以華麗壯觀的東方風格宣布自己就是神——使原本就對他抱持著懷疑態度的希臘人為之瞠目結舌。希臘人嘲笑他，而他則痛飲至死。

把東方的教派與信仰大量傾注到希臘之後，亞洲的靈魂迅速沿著年輕征服者開拓的特定交流路線，微妙地注入了希臘主人疲憊不堪的身軀；破碎的堤壩讓東方思想的大海往歐洲心智尚未成熟的低地奔流而去。本來就深植於希臘窮人間的神祕與迷信之信仰，更因此而被強化、傳播了開來。冷漠屈從的東方精神在頹朽抑鬱的希臘找到了一片現成的沃土，腓尼基商人芝諾（約於西元前三一〇年）引進雅典的斯多葛派哲學，只是眾多由東方滲透進來的思想之一。斯多葛學派（Stoicism）與伊比鳩魯學派（Epicureanism）——前者是無動於衷地接受失敗，後者則是致力在歡愉的懷抱裡忘卻失敗——都是關於一個人要如何在亡國與被奴役的情況下還是感到很開心的理論，而不論是叔本華（Schopenhauer）悲觀的東方斯多葛學派，還是勒南抑鬱的伊比鳩魯學派，都正好象徵了十九世紀驚天動地的革命與支離破碎的法國。要注意的是，道德理論的這種自然對立，對希臘來說還是相當新穎的思想，你可以在陰鬱的赫拉克利特以及有「大笑哲學家」（laughing philosopher）之稱的德謨克利特的思想中找到，也可以觀察到蘇格拉底的學生在安提斯泰尼與亞里士底布斯的分別帶領下，分裂成為犬儒學派與施內尼學派（Cyrenaic），一方頌揚淡漠無情（apathy），另一方則歌頌幸福快樂。然而在當時，這些甚至可說是異國形態的思想模式，並未被雅典帝國所接納，一直要到希臘眼見克羅尼亞血流成河、底比斯化為灰燼，第歐根尼的聲音才終於有人傾聽；而當榮光終於遠離了雅典時，芝諾與伊比鳩魯登上希臘舞台的時機即已然成熟了。[119]

芝諾所建立的**恬淡寡欲（apatheia）**哲學，是基於一種決定論的觀點——後來的斯多葛派學者克律西波斯（Chrysippus），發現很難把它跟東方的宿命論（fatalism）區分開來。當不相信奴隸制的芝諾鞭打某個觸犯他的奴隸時，這個奴隸為減輕懲罰向芝諾懇求，因為根據他的主人芝諾的哲學，他注定得犯下這項錯誤；對此，芝諾以智者的淡定回答，同理可證，他，芝諾，也是注定要為這項過錯而鞭打這個奴隸。就像叔本華認為以個體意志對抗宇宙的意志是徒勞無功的，斯多葛學派亦主張，哲學的淡漠是唯一合理的人生態度，畢竟人生中為生存所做的掙扎是如此不公平，注定會走向無可避免的失敗；而倘若勝利是如此不可求，我們就該蔑視勝利。平靜的祕訣不

119 第140頁的表格可顯示在歐洲與美國的哲學發展大致的主要路線。

是讓我們的成就等同於我們的欲望，而是把我們的欲望降低到跟我們的成就相同的水平。「如果你所擁有的對你來說似乎尚嫌不足，」羅馬的斯多葛學派學者塞內卡（Seneca）（死於西元六五年）如是說：「那麼就算你擁有全世界，你還是會很悲慘。」

這個哲學向天堂呼喚著持對立論點的對手，而伊比鳩魯應聲而出。伊比鳩魯自己雖然在生活上跟芝諾一樣是個恬淡寡欲之人，但費尼隆（Fenelon）[120]說：「他購入一座美麗的花園自己耕種，並在那裡設立了他的學校，與他的學生一起過著平和怡然的生活，他在散步及工作時一邊教導他們……他待人溫和，對所有人都和藹可親……他認為，沒有什麼比一個人將自我致力於哲學更高貴的事了。」他的出發點所持之信念是，要我們保持淡漠無情是辦不到的事，歡愉——雖然不盡然要是感官的歡愉——則是對生命與作為來說，唯一可以想見、極為正當之目的。「大自然引導每種生物喜愛自己的好處，而非他人的好處。」即使是斯多葛學派，都能在克己之中得到一種微妙的歡愉。「我們不該逃避歡愉，而該選擇歡愉。」然而，伊比鳩魯絕非享樂主義者（epicurean），他頌揚理性智慧的樂趣遠勝過感官的樂趣，並針對刺激、擾亂靈魂的歡愉提出警告，認為靈魂應該寧願處於平靜、和緩的狀態。最後，他建議尋求非一般意義的歡愉，而是**心神寧定**（**ataraxia**）的歡愉——平靜安寧、沉著鎮定、心智的和諧與恬靜。這些全都瀕臨芝諾所謂「淡漠無情」的邊緣。

西元前一四六年，羅馬人大舉入侵掠劫希臘，發現這些互相競爭的學校瓜分了哲學的領域，既非閒暇時的自我沉思，亦非精細微妙之見解；羅馬人遂將這些哲學與他們其他的戰利品一起帶回羅馬。偉大的組織者跟必定會存在的奴隸一樣，多傾向於斯多葛學派；如果一個人太過易感，很難成為主人或奴僕。因此，羅馬許多的哲學理念主要是來自芝諾的學派，不論是身為皇帝的馬可．奧里略（Marcus Aurelius）還是身為奴隸的愛比克泰德（Epictetus），甚至連盧克萊修，都是以斯多葛式的方式來談論伊比鳩魯學派〔就像海涅（Heine）說英國人是悲傷地享受歡愉〕，最後以自殺結束他那嚴峻的信念。他那高貴的史詩級作品《物性論》（On the Nature of Things）[121]，跟隨著伊比鳩魯的腳步以幽微隱約的讚美來譴責歡愉。盧克萊修幾乎與凱撒和龐培（Pompey）同一個時代，活在動盪與驚恐之中，他那緊張不安的筆總是會寫出祈求寧靜與和平的禱詞。有人把他描繪成一個膽怯的靈魂，年輕時為宗教恐懼的陰影所籠罩，因此向來不厭其煩地告訴他的讀者，除了當下眼前的世界，地獄並不存在；除了那些住在雲端的伊比鳩魯花園之中、從不介入人類事端的溫文有禮者，神也並不存在。面對羅馬人中逐漸盛行的天堂與地獄狂熱，他則反對如此無情的唯物論之說。靈魂是與心智及肉體一起進化的，跟肉體一起成長，跟肉體的病痛一起受苦，也跟肉體一起死亡；除了原子、空間與法則之外，什麼也不存在，而法則中的法則就是，進化與崩解無所不在。

沒有任何單一事物常駐，所有事物皆不斷流動，
碎片凝聚碎片，萬物因而生長，
直到我們認識它們、賦予名稱，
而它們逐漸消融，不再是我們所認識的事物，
以原子形成球狀，緩慢或快速地墜落。
我看到太陽，看到使事物成形的秩序與規律，
甚至它們本身的太陽、本身的秩序與規律，
緩慢回歸至永恆的漂流。
汝也是，這地球啊——汝之帝國、陸地及海洋——
汝所有之銀河星辰，
皆以如此之漂流形成球狀，汝等亦為如此
該當離去。時復一時，汝之術業如斯運行，

120 引述自阿納托爾．法朗士（Anatole France）《伊比鳩魯的花園》（Garden of Epicures）一書書名頁上的題詞。
121 肖特韋爾（Shotwell）教授的《歷史中之歷史概要》（Introduction to the History of History）稱其為「在所有古代文學中表現得最不可思議的作品」。

> 無所佇留。籠罩於細緻薄霧中，汝之海洋
> 消逝遠颺。新月般的沙粒離棄了它們的居所，
> 而原來之居所依序由其他的海洋取而代之，
> 以它們潔白的鐮刀割刈其他的海灣。[122]

除了天文的演化與崩解，還加入物種的起源與淘汰。

古老的地球也試圖製造出許多怪物，有著怪異面孔與四肢的事物……有些沒有腳，有些沒有手，有些沒有嘴巴，有些沒有眼睛……所有其他的怪物……地球所製造出來諸如此類的怪物，結果卻是徒勞無功；因為，自然界會自動禁止牠們的繁殖增生，牠們無法成長到令人渴求的花樣年華，或是覓食不易，或是無法配對結合……因此許多物種必然會滅絕、無法生育以繼續繁殖下去。因為，你所看到的一切呼吸生命氣息的生物，從存在的第一天開始，不是具備了特別技能，就是勇氣，甚至速度，以保護並保存每種特殊的物種……至於那些未被大自然賦予任何特性的物種，就會任憑其他物種宰割，成為獵物或戰利品，直到大自然讓牠們自動滅絕。[123]

國家也像這些個體，緩慢地成長，而且必然會有死亡的一天：「有些國家會逐漸變得強盛，有些則變得沒落；在一段短暫而持續的時間之內，物種也會不斷地變化，就像參加賽跑的運動員輪流移交出生命之燈。」面對戰爭與不可避免的死亡，沒有任何的智慧比**心神寧定**——以平靜的心智看待一切事物——更適用了。此時，古老異教之生趣顯然已不復存在，一種幾可說是外來的靈魂正撫觸著這把破碎的七弦豎琴。即使是極富幽默感的歷史，也從沒開過如此滑稽的玩笑——把簡樸克己、堅苦卓絕的悲觀主義者稱之為伊比鳩魯學派。

如果這就是伊比鳩魯的信徒所秉持之精神，不難想見直截了當的斯多葛學派學者，像是奧里略或愛比克泰德，他們的精神是多麼樂觀又令人振奮。在所有的文獻當中，再沒比關於奴隸的《論說集》（Dissertations）更令人沮喪的了——除非它來自皇帝的《沉思錄》（Meditations）。「不去追求那些你想選擇讓它發生的事，而寧可選擇讓該發生的事情自然地發生，那麼你就可以活得順利又豐饒。」[124] 毫無疑問，一個人可以用這種方式來決定

他的未來，在宇宙中扮演殿下的角色；有一個故事是這麼說的：愛比克泰德的主人一直相當殘酷地對待愛比克泰德，有一天他為了消磨時間而絞扭愛比克泰德的腿，「如果你繼續下去，」愛比克泰德平靜地說：「就會扭斷我的腿。」但是他的主人置若罔聞，繼續絞扭他的腿，於是他的腿果真斷了。「我不是告訴過你，」愛比克泰德溫和地說：「你這樣會扭斷我的腿嗎？」[125]但這套哲學之中有某種神祕的高尚情操，宛如某些杜斯妥也夫斯基式的和平主義者那種安靜的勇氣。「無論如何都別說我失去了某件事物，而應該說我歸還了這件事物。你的孩子死了？他是被送回去了；你的妻子死了？她是回到來的地方了；你被剝奪的財產呢？這不是也被還回去了嗎？」[126]在這類的段落中，我們感受到近似基督教及其大無畏的烈士精神；更確切地來說，克己的基督教倫理、近乎共產主義兄弟之情的基督教政治理想，以及全世界陷於末日烈焰的基督教末世論（eschatology），不正是斯多葛派教義漂浮於思想之流中的碎片嗎？愛比克泰德認為，希臘羅馬的靈魂已經失去了異教的信仰，而且已準備好擁抱全新的信仰。被早期的基督教會（Christian Church）採用作為宗教手冊，是愛比克泰德著作的特點。從他的這些《論說集》與奧里略的《沉思錄》出發，距《師主篇》（The Imitation of Christ）僅一步之遙了。

在此之際，歷史背景逐漸融入了新的場景。盧克萊修有一段精彩的段落，[127]描述了羅馬帝國逐漸衰敗的農業，歸結其原因為土地地力的枯竭。不論起因為何，羅馬的財富逐漸耗盡而變得貧窮，組織逐漸解體，權力與榮耀逐漸變成墮落衰微、暮氣沉沉，城市逐漸褪色退縮成不起眼的內陸區域，年久失修的道路不再有熱絡的貿易往

---

122 由馬洛克（Mallock）釋義的《盧克萊修論生死》（Lucretius on Life and Death），第１５頁與１６頁。

123 第５卷，第８３０ f.頁。由蒙羅（Munro）翻譯。

124 《愛比克泰德的手冊及論說集》（Enchiridion and Dissertations of Epictetus），羅爾斯頓（Rolleston）編輯，第８１頁。

125 出處同上，第３６卷。

126 出處同上，第８６頁。

127 第２卷，第１１７０頁，是羅馬帝國衰亡最古老，也是最新的理論。參見西姆柯維奇（Simkhovitch）的《對耶穌的理解》（Toward the Understanding of Jesus），紐約，１９２１。

來，有教養的羅馬小戶人家逐漸與未受教育的強健日耳曼異族通婚並繁殖下一代；年復一年，跨越邊境，異教文化日漸臣服於東方的教派，而羅馬帝國（Empire）的主權也逐漸難以察覺地移轉至羅馬教廷（Papacy）。

基督教會早期數百年間，深受羅馬皇帝的支持並逐漸吸收其權力，在教會的數量、財富及影響範圍各方面皆快速增長。直到十三世紀，它不但已擁有三分之一的歐洲土地，[128] 而且庫房還塞滿了來自富人與窮人皆有的捐獻。千年以來，教會藉由恆久不變的教義統一了這塊大陸上絕大多數的人民，如此廣布各地又愛好和平的組織，真可謂空前絕後。然而，正如同教會所認為的，這種統一需要高舉著超自然制裁力旗幟——能夠超越時間的變化與鏽蝕——的共同信仰。因此，定義明確的教義，宛如為中世紀歐洲的青澀心智澆鑄上一層外殼；而在這層殼中，經院哲學以不受批判的假設與命定的結論組成令人費解的迴路，狹隘地從信仰轉向理性，再從理性轉回信仰。在十三世紀時，整個基督教世界深受翻譯成阿拉伯語及猶太語的亞里斯多德著作之刺激與震驚，然而基督教會仍有足夠的安定力量，藉由湯瑪斯・阿奎那及其他人之力，讓亞里斯多德搖身一變成為中世紀的神學家，帶來相當微妙（而非明智）的結果。「人類的智慧與心靈，」如同培根所言，「如果是運作於某件事物上，取決於某個物件，就會受到局限；但如果是運作於其本身之上，就會像是蜘蛛在織自己的網，結果是無窮盡的，產生實實在在的學習之網，是令人欽佩的精細成果，而非出於實質的利益動機。」歐洲的理性智慧，遲早終將破繭而出。

經過千年的耕耘，歐洲這片土壤再度肥沃興盛了起來。成倍增加的貨物因生產過剩，促使貿易開始熱絡發展；貿易活絡的交通要道使得大城市再度如雨後春筍般出現，為人們提供了滋養文化、重建文明的合作場域。十字軍的東征開啟了通往東方的道路，也讓東方的奢侈品與異教之說長驅直入，宣告了禁欲主義（asceticism）與教條的式微已然在劫難逃。此時，來自埃及的紙張價格低廉，取代了以往價格不斐的羊皮紙，使得學習不再是神職人員的專利；而印刷這項眾人引領企盼的低成本媒介，如同點燃的炸藥般，引爆後將其深具破壞性的明確影響力散布至各地。勇敢的水手現在有了羅盤，願意冒險航入人跡罕至的海域、征服地球上人類以往一無所知的區域；耐心的觀察家現在有了望遠鏡，可以超越教條的束縛，征服人類以往對太空的愚昧無知；在大學、修道院、隱僻的靜修之所等各地，人們不再爭論不休，而是開始研究探索：以往致力於把賤金屬變成黃金的煉金術，繞了一個圈子轉型成為化學；人們從占星術中摸索前進，以膽怯的勇氣闖入天文學的領域；從動物寓言中，演化出動物學這門學科。這樣的覺醒始於羅傑・培根（Roger Bacon）（卒於西元一二九四年），才華無限的李奧納多（Leonardo）（西元一四五二年至一五一九年）將其發揚光大，更在哥白尼（Copernicus）（西元一四七三年至一五四三年）及伽利略（Galileo）（西元一五六四年至一六四二年）的天文學、吉爾伯特（Gilbert）（西元一五四四年至一六〇三年）對磁學與電學的研究、維薩里（Vesalius）（西元一五一四年至一五六四年）的解剖學，以及哈維（Harvey）（西元一五七八年至一六五七年）的血液循環論之中達到顛峰。隨著知識的增長，無知的恐懼也逐漸消退，人們對於未知事物的崇拜漸減、克服漸增，新的信心提升了所有充滿活力的重要風氣潮流，障礙已被打破而不復存在；此時，已經沒有什麼是人們該當去做、或不該去做的事情了。「小小的船隻宛如天體般，繞著整個地球航行，是我們這個時代的福祉。在這些時刻，人們有充分的理由可以**再往前走**（**plus ultra**）——與古人謹遵的**別再往前**（**non plus ultra**）之訓誡相反。」[129] 這是一個充滿成就、希望和活力的時代，每個領域都有新的開始與新的事業產生，這個時代正等著有人為它發聲，某個具備綜合理解力的心靈為它的精神與決心做出歸納與總結；這，就是法蘭西斯・培根，「當代最強大的心靈，」[130] 他「一擊中的，集機智與風趣於一身，大受歡迎」宣示了歐洲時代的來臨。

128 羅賓遜（Robinson）和比爾德（Beard）的《歐洲歷史概要》（Outlines of European History），波士頓，１９１４，第１卷，第４４３頁。
129 培根，《學術的進展》（The Advancement of Learning），第２冊，第１０章。這是一句中世紀的警語，銘刻於一艘在直布羅陀海峽掉頭進入地中海的船上，寫著別再往前。
130 佩恩（E. J. Payne）的《劍橋近代史》（The Cambridge Modern History），第１卷，第６５頁。

哲學的從屬關係表

赫拉克利特 540-480 B.C
帕梅尼德斯 539-469 B.C
辯士學派 500-400 B.C
安納薩哥拉斯 500-428 B.C
留基伯 活躍於450 B.C
埃利亞的芝諾 活躍於450 B.C
蘇格拉底 469-399 B.C
恩培多克勒 490-430 B.C
德謨克利特 460-370 B.C
安提斯泰尼 440-370 B.C
柏拉圖 427-347 B.C
亞里士底布斯 435-356 B.C
第歐根尼 412-323 B.C
亞里斯多德 384-322 B.C
斯多葛的芝諾 336-264 B.C
伊比鳩魯 342-270 B.C
愛比克泰德 50-125 B.C
盧克萊修 95-54 B.C
馬可・奧里略 121-180 B.C
基督教神學？
湯瑪斯・阿奎那 1225-1274 B.C
法蘭西斯・培根 1561-1626
布魯諾 （Bruno） 1549-1600
笛卡爾 （Descartes） 1596-1650
斯賓諾沙 1632-1677
萊布尼茲 （Liebnitz） 1646-1716
洛克 （Locke） 1632-1704
霍布斯 （Hobbes） 1588-1679
貝克萊 （Berkeley） 1685-1753
伏爾泰 1694-1778
休謨 （Hume） 1711-1776
孔狄亞克 （Condillac） 1715-1780
康德 1724-1804
孔多塞 （Condorcet） 1743-1794
謝林 （Schelling） 1775-1854
費希特 （Fichte） 1762-1814
黑格爾 （Hegel） 1770-1831
叔本華 1788-1860
孔德 （Comte） 1798-1857
彌爾 （J. S. Mill） 1806-1873
勒南 1823-1892
尼采 1844-1900
斯賓塞 1820-1903
柏格森 （Bergson） 1859-1941
克羅齊 （Croce） 1866-1952
伊肯 （Eucken） 1846-1926
詹姆斯 （James） 1842-1910
杜威 （Dewey） 1859-1952
羅素 （Russell） 1872-1970
桑塔耶那 1863-1952

II

法蘭西斯・培根的政治生涯

The Political Career of Francis Bacon

西元一五六一年一月二十二日，培根出生於倫敦的約克宅邸（York House），這是他父親尼古拉斯・培根爵士（Sir Nicholas Bacon）的居所；而尼古拉斯・培根爵士在伊莉莎白女王在位的前二十年，一直擔任她的掌璽大臣（Keeper of the Great Seal）。「父親的名聲，」麥考萊（Macaulay）說：「對兒子造成了相當的陰影，但也莫可奈何，因為尼古拉斯爵士並非常人。」[131]這不禁讓人感到納悶，因為天才已經到達了智能的顛峰，是一個家庭經由天賦才能的承傳孕育而成，但經由同樣的承傳，這種智能在天才的後代身上也會逐漸消退，再度使他們成為平庸之輩。培根的母親是安妮・庫克夫人（Lady Anne Cooke），她的妹夫是威廉・塞西爾爵士（Sir William Cecil），就是伊莉莎白女王的財政大臣（Lord Treasurer）伯利勳爵（Lord Burghley），也是全英國最有權勢的人之一。安妮・庫克夫人的父親曾是英王愛德華六世的首席教師，她本身亦是一位語言學家兼神學家，認為希臘與英國國教沒有任何相通之點，更不遺餘力地擔負起教育兒子的重責大任。

然而，伊莉莎白女王統治下的英國，這個最強大的現代國家適逢最興盛的時代，才是真正孕育出培根的偉大功臣。美洲大陸的發現，不但使貿易開始由地中海改道轉向大西洋，更使大西洋國家像是西班牙、法國、荷蘭、英國得以掌控商業與金融的霸權——以往由義大利所掌控，當時大半的歐洲與東方的貿易皆須從它的港口進出；而隨著這項改變，文藝復興（Renaissance）從佛羅倫斯、羅馬、米蘭、威尼斯傳到了馬德里、巴黎、阿姆斯特丹

131《培根散文集》（Essays），紐約，1860，第3卷，第342頁。

及倫敦。西元一五八八年，西班牙的海軍艦隊被摧毀之後，英國的商業擴展至每一片海域，城鎮亦隨著國內產業的茁壯而成長；英國的水手隨著船隻環繞地球航行，船長則征服了美洲大陸。英國的文學，發展成斯賓塞的詩歌和西德尼（Sidney）的散文；英國的舞台，則與莎士比亞、馬洛（Marlowe）、本・瓊森（Ben Jonson）以及上百枝充滿活力的筆所寫出的戲劇一起悸動。沒有人在如此的一個時代及國家會無所作為——如果他心中的確想要有所作為。

培根十二歲時，被送進劍橋大學的三一學院（Trinity College）就讀，在那裡的三年時間，讓他對學院所使用的教科書與教學方式產生了強烈的厭惡感，更增強他對亞里斯多德學派堅定不移的反感，決心要將哲學導引至一條更豐饒的道路，讓它從學術辯論轉變成對人類福祉的啟發與提升。當時，培根雖然只是個十六歲的小伙子，卻有機會被任命為英國大使駐法國的工作人員。慎重地考慮**利弊得失**之後，他接受了這份職務。在《自然的詮釋》（The Interpretation of Nature）的序言當中，他談論到這個將他從哲學轉向政治的重大決定，下列就是這段不可不讀的文字：

> 鑑於我相信自己生來即以服務全人類為目的，並把公眾福祉的關懷視為自身的職責之一——亦即對所有人等開放如同水與空氣般的公眾權利。因此我自問，對人類最有利的是什麼？我又是天生為達成什麼樣的任務而被塑造出來？當我深入探索時，我發現再也沒有比藝術與創造的發現及發展，對人類更具價值、更令人讚佩了……尤其是，倘若有人能成功——不僅是發現某一項特別、實用的發明，而是從本質上點燃某個才智傑出人物的熱情，於是當他開始崛起時，就會清楚地顯現出人類所發現事物的限制與界線；而待他爬升得愈來愈高時，將會使每個黑暗的角落無可隱藏、一目了然。在我看來，這樣的一位發現者，可當之無愧地被稱為人類國度在宇宙的真正開拓者、人類自由的鬥士、解除束縛人類之物的終結者。再者，我發現自己的天性特別適於思索真理，因為我的心智可以立即靈活而有彈性地考慮到最重要目標的各個面向——我指的是對於類似之物的認識、理解與比擬——同時，能夠穩定且專注地觀察其

中細微的差異之處。我也具備了研究的熱情、不驟下判斷的耐心、愉悅地沉思、審慎地同意、以萬全準備糾正虛假的印象、一絲不苟地理出思緒；我不追求新奇、不盲從古風，更極端憎惡各種形式的騙局。基於種種因素的考量，我認為自己的天性及性格傾向，可說與真理的追尋密不可分。

然而我的出身、教養方式與教育，全都指向政治之途而非哲學之道的發展。我從小即深受政治的影響，而如同在年輕人身上極為常見的情況，我的想法有時也會因各種意見而動搖；而基於我對國家的責任，我亦加諸了特別的要求在自己身上——例如，不能為生命中其他責任所驅策而取代了這樣的責任。最後，我懷抱著如此的希望——倘若我擔任了某些光榮的公職，或許可以獲取若干支援以助我一臂之力，更有助於我注定要完成的使命。基於上述動機，我決定從政。[132]

接下來讓人措手不及的發展是，尼古拉斯・培根爵士於西元一五七九年猝逝。他原本打算給法蘭西斯一份財產，卻先被死神趕上而擾亂了他的計畫；因此，這位被緊急召回倫敦的年輕外交官，發現自己在十八歲這年，不但驟然失怙而且身無分文。已經習於奢華生活的他，發現自己很難由奢入儉，於是他開始從事法律工作，並且對他那些深具影響力的親戚們死纏爛打，要求他們提拔他擔任某些公職，讓他脫離經濟上的窘境。然而，他那些近乎乞求的書信幾乎都石沉大海——不論這些書信的風格有多優美、多有活力，也不論書信的作者已經證明自己在從政方面多有能力。或許是因為，培根並未低估自己的能力，並理直氣壯地視那些職位為自己應得之權益，而伯利勳爵未能回應他所渴望的要求；又或許是因為在這些書信中，作者對尊貴的君王流露出過多的過去、現在與未來之忠誠度——然而政治就像愛情一樣，一個人不能把自己完全毫不保留地奉獻出來，而是應該隨時給予，但任何時候都不能一古腦兒的全倒出來。感激之情是用期望逐漸滋養出來的。

沒能獲得高層的賞識與提拔，培根最後還是靠自己的實力往他的仕途挺進，但每往前邁進一步，都花了他許多年的時間。西元一五八三年，培根代表湯頓（Taunton）被選入議會（Parliament），深受選民的愛戴，讓他一次

132由亞伯特（Abbott）翻譯的《法蘭西斯・培根》（Francis Bacon），倫敦，1885，第37頁。

又一次地連任；他辯論時的口才簡潔而生動，是一位不用華麗詞藻的演說家。「從來沒有人，」本・瓊森評論他，「能夠對自己所欲表達的內容演說得如此巧妙、精練、有力，卻又不至於空洞而散漫。他的演說充滿了獨特的優雅魅力，征服了演說所到之處……沒有人像他一樣帶有如此強烈的情感。每個聽他演講的人只擔心他結束演講，因為他們意猶未盡。」[133] 多麼令人羨慕的演講家啊！

一位極有權勢的朋友對培根相當慷慨大方，他就是俊俏的艾塞克斯伯爵（Earl of Essex），伊莉莎白女王追求他未果，因此由愛生恨。西元一五九五年，艾塞克斯為了補償他為培根謀求某個官職的失利，遂把位於特威克納姆（Twickenham）的一座美麗莊園送給了培根；接受了這項豪華的禮物，任何人都以為培根恐怕自此必須對艾塞克斯唯命是從，然而事實並非如此。數年之後，艾塞克斯陰謀囚禁伊莉莎白女王，並挑選了她的繼任者；培根不斷寫信給他的這位恩人反對這項叛國的罪行，當艾塞克斯仍然一意孤行時，培根甚至警告他，自己會將對女王的忠誠置於對朋友的感激之上。之後，艾塞克斯圖謀失敗並被逮捕，培根代表艾塞克斯不斷地向女王求情，直到女王終於受不了，命令他「給我說點別的任何事都好」。當艾塞克斯暫時被釋放、卻又聚集身邊的武裝部隊進軍倫敦，並試圖激擾民心以促成革命時，培根憤怒地轉而對抗他，並被賦予一席議院的起訴之職。當艾塞克斯再度被逮捕並以叛國罪受審時，培根甚至主動起訴這位曾經對他慷慨解囊的好友。[134]

艾塞克斯被判有罪並處以死刑。培根在這場審判中所扮演的角色，不但使他有好一陣子不太受歡迎，而且從那時候開始也使他樹敵甚多，這些敵人在旁伺機而動，隨時準備摧毀他。他貪得無厭的野心讓他不得休息，他永不滿足，總是提前透支一年左右的收入，因為他的開支相當大手筆且無節制，鋪張的排場是他的手段之一。培根四十五歲時結婚，豪華昂貴的慶典讓新娘的嫁妝——這也是新娘充滿吸引力的因素之一——出現了一個相當大的缺口。西元一五九八年，培根因虧欠債務而被捕；儘管如此，他的事業仍繼續步步高升，由於他具備了多樣的能力以及幾可說是無窮盡的知識，讓他成為每個重要的委員會之中不可或缺、極有價值的成員。於是，更高層級的公職大門逐漸為他敞開：西元一六一八年，五十七歲的培根終於被擢升為大法官（Lord Chancellor）。

III

培根散文集 The Essays[135]

聲勢如日中天的培根，似乎實現了柏拉圖的哲學家國王之夢。因為，藉由一步步爬升至政治權力的核心，培根也攀上了哲學的顛峰；在動盪不安的政治生涯中經歷過那麼多的事件及岔路之後，他居然可以有如此浩瀚的學習成果與文學成就，委實令人感到不可思議。培根的座右銘是，**一個人在隱居生活中過得最好**（**bene vixit qui bene latuit**），但他無法完全下定決心，自己到底比較喜歡沉思收斂的生活，還是積極活躍的生活；他希望自己可以像塞內卡一樣，既是哲學家、亦是政治家，雖然他也曾懷疑，自己人生的雙重方向是否會縮短他的可及範圍、削弱他的成就表現。「很難說，」他寫道，[136]「是沉思與活躍混合的生活方式，還是完全退隱到沉思的生活，會對心智造成更多的阻礙或使它失去能力。」他認為，學習本身並不是目的，也不等同於智慧；沒能運用在行動上

---

133 尼科爾（Nichol）的《法蘭西斯．培根》（Francis Bacon），愛丁堡，1907，第1卷，第27頁。

134 有上百冊的著作曾經撰寫過培根這方面的生涯，這個不利於培根的案例，像是「最聰明也是最卑鄙的人類」（羅馬教皇（Pope）對他的稱呼），可以在麥考萊的文章中找到，在亞伯特的《法蘭西斯．培根》中更為詳盡；而他自己的話也適用於自己身上：「一個人利己的智慧相當於老鼠的智慧，在一間房子倒塌之前一定會先離開。」（散文〈論利己之智慧〉（Of Wisdom for a Man's Self））培根的例子亦可見於斯佩丁的《法蘭西斯．培根的生命及時代》（Life and Times of Francis Bacon）以及《與評論家共度之夜》（Evenings with a Reviewer）（對麥考萊的詳細回應）之中。在真理之中（medio veritas）。

135 作者認為，在這個章節中最好別嘗試去進一步濃縮已經夠簡潔的培根思想，因此寧可以哲學家自己無可比擬的文筆去表達他的智慧，而非花上可能更大的篇幅或更不清晰、優美、有力的筆觸去解釋同一回事。

136《自然的詮釋》（Valerius Terminus）最後。

的知識只是一種黯淡遜色的學術虛榮心。「花太多時間學習，是怠惰誤事的慢郎中；過度用學習來矯飾，是裝模作樣的偽君子；完全用學習的規則來做判斷，是學者的幽默感作祟……狡猾的人指責學習，樸實的人仰慕學習，而明智的人利用學習，因為學習教我們的並不是它本身的用途，而是一種超越它本身，由觀察得來的智慧。」[137]這個新的詮釋，標註了經院哲學的結束並強調知識的經驗與結果，亦即把知識的使用與觀察分開；此舉不但凸顯出英國哲學的特徵，更使實用主義（pragmatism）攀上了顛峰。培根不曾停止他對於書籍及沉思冥想的熱愛，他以讓人聯想到蘇格拉底的文字寫道：「沒有了哲學，生死與我何干。」[138] 他描述自己畢竟是「一個天生適合文學勝過其他事物的人，但因擔負著某種與自己天賦傾向（亦即性格特質）相違背的命運，才走上活躍的仕途之路。」[139]差不多是他第一本出版的作品，就叫做《知識之頌讚》（The Praise of Knowledge）（西元一五九二年），對於哲學的熱情促成了以下引文的產生：

> 我的讚詞應該獻給心智本身。一個人就等於他的心智，屬於知識的心智，因為一個人不過就是他所知曉的一切……難道情感的愉悅不比感官的愉悅來得更強烈嗎？難道智識的愉悅不比情感的愉悅又來得更強大嗎？難道不是唯有真實與自然的愉悅，才能賦予我們滿足感嗎？難道不是唯有知識，才能使深陷煩擾不安的心靈重現清明澄澈嗎？有多少我們所想像的事物，其實並非如此？有多少我們所珍視的事物，其實並沒有那個價值？這些徒勞無功的想像，這些不成比重的估算，都是由錯誤偏差之陰雲累積成動盪不安之風暴。那麼，比起讓一個人的心智超越任何的疑惑迷惘——使他得以重視自然的秩序以及人類的錯誤——還有任何更快樂的事嗎？這不就是一種出於喜悅而非發現、出於滿足而非利益的看法嗎？我們不是應該對大自然寶庫的豐饒與美麗一視同仁嗎？真理是無益的嗎？藉此，我們難道不能夠產生值得稱道的影響，以無盡的價值賦予人類生命的意義嗎？

從培根最傑出的文學作品《培根散文集》（西元一五九七年至一六二三年）中，可看出他仍在政治與哲學兩種熱愛之間來回拉扯。在〈論榮譽和名譽〉（Of Honor and Reputation）一文當中，培根將所有的榮譽歸於政治與軍事的成就，完全未提到文學或哲學；但是在〈論真理〉（Of Truth）一文當中，他卻又寫道：「真理的探索，是在跟它談情說愛；真理的知識，是對它的讚頌。對真理的信念，則是對它的一種享有，也是對人性至高無上的益處。」至於書籍，「我們跟智者交談，跟愚人行動。」也就是說，如果我們知道如何選擇自己該看的書，「有些書可用來細細品味，」你可以讀取其中著名的段落，「其他的書囫圇吞棗就好；而極少數的書，是用來反覆咀嚼消化、融會貫通。」所有這些不同類別的書，無疑只是每天浸淫、毒害、淹沒這世界的筆墨之海與洪流當中，極其微小的一部分。

毋庸置疑，《培根散文集》必然名列值得再三咀嚼並消化吸收的少數書籍之中。我們很難得在這麼小的一盤菜中發現這麼多的肉，而且烹調與風味都極佳。培根憎惡多餘的廢話，也不屑多用一個字，在一句短語當中，他可以表達出無限豐富的意涵，每一篇散文都只有一、兩頁的篇幅，是大師的心智針對生命中的重大問題濃縮而成的微妙精華。很難說是文章的主題內容還是風格手法比較優越，因為在這裡，培根的散文之卓越，宛如莎士比亞的詩歌般至高無上，宛如塔西佗（Tacitus）的風格般堅實，精練而優美；更確切地說，它的簡潔，部分是由於培根極有技巧地採用拉丁文慣用的成語及片語，但它的豐富隱喻，不但是典型的伊莉莎白式風格，更反映了文藝復興時期的繁盛；英國文學中，從來沒有人能夠賦予如此耐人尋味的豐產與精闢的比喻。然而培根的風格中，過度鋪張的陣仗是他的一大敗筆：無止盡的隱喻、諷喻與典故，宛如鞭子般落在我們的神經上，最終讓我們筋疲力竭。《培根散文集》就像是豐盛濃郁、難以消化的食物，無法一次吃太多，但是一次讀上四、五篇，就是英語智識的最佳滋養。[140]

我們該從這些已經精練過的智慧中提取些什麼？或許在中世紀哲學的潮流風氣中，最佳的起點以及最引人注

137〈論學習〉（Of Studies）。
138《古人的智慧》（Wisdom of the Ancients）之題詞。
139《學術的進展》（De Augmentis），第8卷，第3頁。
140 作者偏愛的散文是第2、7、8、11、12、16、18、20、27、29、38、39、42、46、48、50、52、54篇。

目的背離，就是培根坦然直率地擁抱伊比鳩魯的倫理學說。「『不用則不求，不求則不懼』這種哲學的進展似乎只是指出一種薄弱、心虛與膽怯的心態；的確，這些哲學家的學說大多顯得過度多疑，重點都放在對人類的關照上，而非事物的本質所需。因此，他們為對抗死亡而提出的補救方法，反而讓人增加了對死亡的恐懼；因為在此之際，他們貶抑了人類的生命，使其成為只是為了迎接死亡到來的一種準備與懲罰。當我們為了抵抗敵人而進行永無止盡的防禦時，敵人必定要顯得極為恐怖駭人才行。」[141] 再沒有比斯多葛學派的壓抑欲望更有害健康了，當淡漠無情變成宛如提早死亡時，延長生命有什麼用呢？除此之外，斯多葛學派所主張的也是一種不可能的哲學，因為本能終究會出現。「本性往往會被隱藏起來，有時會被戰勝或克服，但鮮少會被撲滅；強加之力只會使本性的反撲更為猛烈。學說與論述只會使本性較不胡來，風俗也只能轉移或壓抑本性……但是，別讓一個人過於相信他已戰勝了自己的本性，因為本性雖然可以被埋藏很長一段時間，終究會視時機或誘惑而甦醒過來。就像伊索（寓言）（Aesop）的少女，從一隻貓變成一個女人，嫻靜地端坐於床尾——直到一隻老鼠從她面前跑過去。因此，不是讓一個人完全避開那樣的時機，就是讓他常常面對這樣的誘惑，他才可能會無動於衷。」[142] 培根的確認為身體應該要對過度與克制習以為常，否則，即使僅是一時的放縱，都可能會毀了它。（所以，一個習於與最純淨、最容易消化的食物為伍之人，當他因疏忽或必要而無法保持原有的完美狀態時，也會很容易感到心煩意亂。）然而，「品嘗多樣的美食遠勝於過量的飽食」，因為「年輕人不會注意無節制的過度行為，但這股自然之力只是拖欠到他們年歲漸增，就得償付。」[143] 一個成熟的人得為自己年輕時的荒唐付出代價。通往健康的一條康莊大道就是一個花園，這一點培根同意《創世紀》（Genesis）的作者之言：「全能的上帝首先栽種了一座花園。」伏爾泰也說，我們必須耕耘自己的後院。

《培根散文集》中的道德哲學，與其說是為基督教歡呼，不如說是為馬基維利擊掌；培根對後者表示出高度而機敏的遵從。「我們受惠於**馬基維利**（Machiavel）這類的作者，公然而坦率地揭露人們實際的作為，而非應該的作為。因為，沒有事先認識邪惡的本質，就不可能結合毒蛇的智慧與鴿子的清白；倘若如此，美德則會赤裸裸地暴露在外，毫無防備。」[144]「義大利人有句不客氣的俗諺：『**好到一無是處**』（Tanto buon che val niente）。」

[145]培根的做法與他的主張相符，建議明智而審慎地混合虛偽與誠實，就像一種混合了更純淨但更柔軟的金屬合金，能藉此延長它的使用壽命。培根想要的是一種完整而多樣的生涯歷練，讓他得以了解能開拓、深化、強化、銳化心智的一切事物；他並不欽羨只有沉思的生活，就像他看不起的歌德，並未將知識化為行動：「人們要了解的是，在人類生命的舞台上，只有上帝與天使才能當觀眾。」[146]

宛如國王般，培根的信仰就是愛國。他不只一次被指控為無神論（atheism），而他的哲學整體趨勢也是傾向世俗、非宗教與理性化。對於不信神，他做出相當具說服力而真誠的聲明：「我寧願相信傳說、《塔木德經》（Talmud）與《可蘭經》（Alcoran）中所有的故事，也不願相信這宇宙的框架中沒有一個心智的存在……略懂哲學，會使一個人的心智傾向於無神論；但深入哲學，則會將他的心智帶往宗教的方向。因為，當一個人的心智看著零星出現的第二因（second cause）時，它有時可能就停駐於此，不再進一步往前探尋；但是，倘若這心智察覺到它們之間結合並連接在一起的鏈結，一定會往上帝及神的方向飛奔過去。」[147]對宗教的冷漠是因為派系過多。「無神論是由於宗教上過多的分歧所致，因為任何一種分歧都會使得意見相左的兩方更加狂熱，而過多的分歧，就造成了無神論……最後，再加上經由學習或經驗所得，特別是和平與繁榮；而煩惱與逆境，則會使人們的心智更容易臣服於宗教。」[148]

141《學術的進展》（Adv. Of L.），第7卷，第2頁。本書中的某些段落被放在這裡，以避免每本作品下主題的重複。
142〈論人的天性〉（Of Nature in Men）。
143〈論養生〉（Of Regiment of Health）。
144《學術的進展》，第12卷，第2頁。
145〈論善〉（Of Goodness）。
146《學術的進展》，第7卷，第1頁。
147〈論無神論〉（Of Atheism）。
148 出處同上。

但培根的價值信念，比起神學與倫理學，還不如在心理學之中的表現來得多。他對人性的分析誠實無欺，並且把他的矛對準了每一顆心。在這個陳腐的俗世主題上，他深具原創性的見解頗讓人耳目一新。「一個結婚的男人，比他真正的年齡要老上七歲。」[149]「頗為常見的是，糟糕的丈夫卻有著良善的妻子。」（在這一點上培根是例外）「獨身生活對牧師來說很合適，因為施捨的善行幾乎不會澆灌在必須用水池來填滿的地面上……他有了妻子與孩子就只能聽天由命，因為他們對於偉大的志業來說都是阻礙——不是美德就是禍害。」[150]培根似乎因為太過努力工作，以致於沒有時間談戀愛，因此，他或許從來不曾真切地感受過愛情的深奧。「注意到這種過度的熱情是件奇怪的事……驕傲的人從來未曾想過自己會如此荒謬可笑，像是戀人為心愛之人所做的事……你可以觀察到，所有偉大與可敬的人士當中（不論古今），沒有一個會因為瘋狂的愛而激動忘我，這說明了偉大的心靈與志業都會把這種軟弱的激情阻擋在外。」[151]

比之於愛情，培根反倒更珍視友情，雖然對於友情他亦有些存疑。「在這世上的友情少之又少，特別是在地位平等的人之間，友情才不會被誇大；也就是說，上位者與下位者之間，前者的財富可能囊括了後者的……友誼的主要成效，在於緩解並釋放一個人心中因各種激情導致或產生的過度膨脹。」朋友是傾聽之耳。「那些希望朋友可以對自己敞開心房的人，是他們自己心靈的蠶食者……讓自己的心智充滿許多想法的人，在與他人的溝通及交談當中，必然可以釐清並拆解自己的思維與理解；因此他可以更容易地拋出他的想法，更有條理地整理他的思緒，也知道該如何把這些思想形諸於文字。最後，他可以讓自己表現得比實際上更聰明。與朋友交談一個小時，比自己沉思一天的獲益更多。」[152]

在〈論青年與老年〉（Of Youth and Age）的散文當中，培根把一本書濃縮成一段文字。「年輕人適合發明甚於評斷，適合執行而非商議，適合創新而非守成；因為對於經驗豐富的長者來說，事物倘若是在他們可及的範圍之內，他們可以加以指點；但若是新的事物，就會被濫用而成弊端……年輕人基於行動的貫徹與落實，急於擁抱比自己能掌握的更多事物，勇於攪動比自己能平息的更多漣漪；還沒考慮到方法和程度，就先飛撲上去；一有機會就荒謬可笑地追逐某幾項信條，不介意（亦即他們如何）創新，即使會帶來未知的不便……年長者反對得太多、諮詢得太久、冒險得太少、後悔得太快，極少可以讓人完整、充分地認識或理解一件事，而自我滿足於平庸的成功。如果能迫使兩者的好處都被運用上，當然最好……因為彼此的優缺點可以互補。」然而培根認為，青少年與孩童的自由度可能太高了，因此成長得太過於渙散失序。「讓父母及早為子女選擇他們希望子女修習的課程與從事的職業，因為子女在那個時候最具可塑性；別讓他們過於被子女的性格傾向牽著走，以為他們對自己最有意向之事會做得最好。的確，如果子女的情感與才能傾向都非比尋常，那麼別去反對或阻礙他們是對的；但是一般來說，畢達哥拉斯學派的訓誡是對的：**『選擇最好的，習性的代勞將使它輕鬆愉快。』（Optimum lege, suave et facile illud faciet consuetudo）**」[153]因為，「習性是人類生活中最重要的治安官。」[154]

《培根散文集》中的政治，主張的是一種保守主義，對渴望統一的人來說相當自然。培根渴望一個強大的中央集權，君主政體是最理想的政府形態，而一個國家的效能往往隨著這股力量的集中度而改變。「業務有三項重點，」在政府中，「準備工作、思辨與審查，以及完美完成」（或執行）；「為茲證明，如果你想要迅速處理工作，讓多數人承擔中間的事務，讓少數人承擔最前面與最後面的事務。」[155]培根是個直言不諱的軍國主義者，譴責工業的成長宛如讓不健壯的男人上戰場，悲嘆長期的和平宛如在哄騙戰士放鬆警惕。儘管如此，培根認知到原物料的重要性：「梭倫對克里薩斯王（Croesus）說得好（當克里薩斯王故意炫耀，展示給梭倫看他的黃金時）：『閣下，如果任何前來的人有比你更好的鐵器，他就會成為這所有黃金的主人。』」[156]

---

149 寫給伯利勳爵之信，１６０６。
150 〈論婚姻與獨身〉（Of Marriage and Single Life）。相較之下，莎士比亞的用語「愛賦予每種力量雙倍之效」要讓人愉快的多了。
151 〈論愛情〉（Of Love）。
152 〈論信徒與朋友〉（Of Followers and Friend）；〈論友情〉（Of Friendship）。
153 「論父母與子女」（Of Parents and Children）。
154 「論習性」（Of Custom）。
155 「論迅能」（Of Dispatch）。

與亞里斯多德所見略同的是，培根也對如何避免革命提出了一些建議。「預防叛亂發生的最可靠辦法……就是消除會造成叛亂的問題，因為，如果燃料已然準備好，很難說什麼時候會出現火花，釀成一發不可收拾的大火……不能做的事，就是過於嚴厲地鎮壓飢餓」（亦即討論）；「這應該是解決紛爭動亂的補救措施，因為時常蔑視他們是最好的控制辦法，阻止他們只會讓這個問題繼續存活下去……叛亂的問題有兩種：過度貧窮以及過度不滿……叛亂的原因與動機則包括了：宗教改革、稅賦、法律與風俗的改動、特權的損害、一般的壓迫、拔擢卑鄙可恥之人或外來之人、饑荒、被遣散的士兵、鋌而走險的派系之爭，以及觸犯到人們的任何事情，都是常見的原因。」每個領導人的角色，當然都是去分裂他的敵人並團結他的盟友。「一般來說，分裂、打破所有的派系……對國家來說是不利的，在他們之間製造距離，至少是不信任感，並不算是一種最糟的補救措施；因為這是一種極端危急的情況，那些贊同國家現行方向的人必然相互不和、派系內訌，而那些反對的人則會全部團結起來。」[157] 財富的公平分配是避免革命的較佳方式，「金錢就跟肥料一樣，除非撒開來，否則沒什麼用處。」[158] 但這並非意指社會主義或甚至民主政體。培根時代的人沒什麼受教育的機會，所以他不信任這些平民百姓，「所有的諂媚奉承之中，最低俗的就是老百姓的阿諛之辭。」[159] 同時，「福西昂（Phocion）說得對，他被眾人讚揚之後問道，他做錯了什麼事？」[160] 培根所設想的，首先是擁有農民的義勇騎兵隊，然後是貴族統治的政權，更重要的是，一位哲學家國王。「任何政府在有學問的統治者管理之下仍無法成功繁盛，可說幾乎沒有過這樣的例子。」[161] 他提到了塞內卡、安東尼・皮烏斯（Antoninus Pius）及奧里略；他希望後人在提到這些先賢時，可以把他的名字加上去。

IV

偉大的復興
The Great Reconstruction

沉浸於他的成就之中，培根的心仍不自覺地牽繫著哲學。哲學在他年輕時培育他，在他擔任公職時陪伴他，在他身陷囹圄、蒙受恥辱時安慰他；他感慨（並認為）哲學已然凋零之惡名，將其歸咎於枯燥無味的經院哲學。「由於隨真相而起之爭議，人們很容易譴責真相，並以一種前所未見的錯誤方式去思考這一切。」[162]「科學……已停滯了好一段時間，沒有接受到任何對人類有價值的增長與擴展……所有傳統承繼的學校，仍有一堆的教師與學者們，但是沒有發明家……在科學這個主題中目前已經完成的事，只有一陣混亂，無止境的激盪不安，才剛開始就結束了。」[163]在培根仕途順遂、平步青雲的那些年，他仍然不斷憂慮地思考如何去重整與重建哲學，**實踐哲學的變革**（Meditor Instaurationem philosophiae）。[164]

156《論邦國強大之術》（Of the True Greatness of Kingdoms）。
157《論叛亂與動亂》（Of Seditions and Troubles）。
158 出處同上。
159 在尼科爾書中，第2卷，第１４９頁。
160《學術的進展》，第6卷，第3頁。
161 出處同上，第1卷。
162 出處同上。
163《大復興》（Magna Instauratio）序言。

培根盤算著要把自己所學完全集中於這項任務上。首先，他的「工作計畫」（Plan of the Work）讓我們知道，他會先撰寫若干**引言論述**（**Introductory Treatises**），說明老舊方式的遺害使得哲學停滯不前，並概述他為哲學得以重新開始所作的提議。其次，他嘗試以一種新的**學科分類**（**Classification of the Sciences**）去分配各學門的研究範疇，並一一詳列出各個領域中尚待解決的問題。第三，他會描述自己對**自然的詮釋**（**Interpretation of Nature**）所採用的新方法。第四，他會（在百忙之中）親身嘗試實際的自然科學，並研究**自然的現象**（**Phenomena of Nature**）。第五，他會展示**智識之梯**（**Ladder of the Intellect**），過去那些致力於攀登真理之峰的作者們將可脫離中世紀連篇冗辭的背景，在其中躍然成形。第六，他會嘗試某些科學結果的**預測**（**Anticipations**），他有信心在運用自己的方法之後，這些結果將會脫穎而出。最後，如同**第二哲學**（**Second Philosophy**）或**應用哲學**（**Applied Philosophy**），他會描繪一個將使所有正在萌芽的科學興盛茁壯的烏托邦，而他希望成為先知先覺的提倡者。這一切將組成**大復興**（**Magna Instauratio**），亦即哲學的偉大復興（Great Reconstruction of Philosophy）。[165]

這是一項規模恢宏的偉大志業，除了亞里斯多德外，在思想史上可說是前無古人。與所有其他哲學不同者在於，它的目的是實用而非理論，是特定的具體用途而非純理論的整齊對稱。知識就是力量，而不只是為了爭辯或裝飾之用。「這不是一種徒具形式的意見……而是一項要被完成的工作；我……所致力奠定的基礎，並非是為了任何派別或學說，而是為了效能與力量。」[166]這是第一次有人為現代科學發聲並定調。

1. 學術的進展
The Advancement of Learning

為了產生成果，一個人必須具備知識。「自然無法被命令，只能被遵從。」[167]讓我們先學會自然的律法，才能成為它的導師——愚昧無知的我們，現在只是它的奴僕。科學是通往烏托邦的道路，但是在某些情況下，這條道路迂迴曲折、沒有照明、不斷讓你繞圈子走回原路，或是迷失在無用的歧路小徑上，不是導引你走向光明而是混亂。讓我們先以調查各門學科的現況做為開端，然後為它們分別制定、劃分出適當並獨特的領域，讓我們「使每門學科各安其位」，[168]檢視它們的缺失、需求以及可能性，指出等待被照亮的新問題，並且全面地「略略挖開並攪動」它們「根部的泥土」[169]。

這是培根在他的《學術的進展》一書中為自己設定的任務。「這是我的意圖，」他寫道，就像一個國王走進

164《哲學的批判》。

165 在前述的標題之下，培根確實的成果主要是這些：

I.《自然詮釋的概要》（De Interpretatione Naturae Proemium，Introduction to the Interpretation of Nature，1603）；《哲學的批判》（Redargutio Philosophiarum，A Criticism of Philosophies，1609）。

II.《學術的進展》（1603-5；翻譯成De Augmentis Scientiarum，1622）。

III.《萬物之所思所見》（Cogitata et Visa，Things Thought and Seen，1607）；《迷宮的線索》（Filum Labyrinthi，Thread of the Labyrinth，1606）；《新工具論》（Novum Organum，The New Organon，1608-20）。

IV.《自然史》（Historia Naturalis，Natural History，1622）；《論述地球之智慧》（Descriptio Globi Intellectualis，Description of the Intellectual Globe，1612）。

V.《木林集》（Sylva Sylvarum，Forest of Forests，1624）。

VI.《原則與起源》（De Principiis，On Origins，1621）。

VII.《新亞特蘭提斯》（The New Atlantis，1624）。

注意：除了《新亞特蘭提斯》及《學術的進展》之外，以上所有論述皆是以拉丁文撰寫而成；而為了爭取歐洲讀者，《學術的進展》後來也由培根及其助手翻譯成拉丁文，因為歷史學家及評論家總在他們的參考文獻中使用拉丁文的標題，這裡的英文標題是為了學生的使用方便而提供。

166《大復興》序言。

167「論工作計畫」（Plan of the Work）。

168《學術的進展》，第4卷，第2頁。

169 出處同上，第6卷，第3頁。

他的領土，「巡迴知識的領域一圈，留意哪塊荒蕪之地尚待耕耘，卻被棄置而乏人問津。藉由如實標示出廢棄的大片土地，結合公共與私人資源，即可以促成改善、達成進步為目的。」[170]他會是忠實的考察員，負責檢視野草叢生的土壤，使道路截彎取直，為勞工劃分工作的領域。這是個大膽到近乎自負的計畫，但培根還相當年輕（以哲學家來說，四十二歲還很年輕），足以規劃偉大的航行旅程。「我把所有的知識都納入我的轄區之中。」西元一五九二年，在他寫給伯利勳爵的信中如是說；他並非意指要把自己變成《大英百科全書》（Encyclopedia Britannica）的先行版，只是暗示在這項社會重建的任務中，他的工作會把他帶往所有的知識領域，擔當每門學科的評論家和協調者。這項目標不同尋常的重要性，為他的風格帶進宏偉莊嚴的壯闊感，有時甚至將其提升至英國散文的高度。

因此，培根涉獵、徘徊於遼闊浩瀚的戰場，在其中，人類的研究成果與自然的阻礙加上人類的無知激烈爭戰，而他的努力照亮、啟發了每個領域。他相當重視生理學與醫學，並讚揚醫學是調整「有著多種精緻做工、容易走調的樂器」，[171]但反對當代醫生馬虎、散漫的經驗主義（empiricism）以及他們多使用相同的處方——通常是瀉藥——來治療所有疾病的輕率做法。「我們的醫師就像主教，只有捆綁與釋放的鑰匙，再沒別的了。」[172]他們過於依賴偶然隨意、未經統整的個人經驗。培根建議，要讓他們進行更為廣泛的實驗，讓他們以比較解剖學（comparative anatomy）來啟迪人類的智識，讓他們進行解剖，必要的話甚至進行活體解剖；最重要的是，讓他們建構起方便使用且易於理解的實驗成果紀錄。培根認為，醫學界應該要允許可緩解及加速死亡的做法（安樂死）——否則到最後，死亡只會極為痛苦不堪地拖延上好些日子。然而同時，他也敦促醫師要對延長生命的這個課題多加研究。「這是一個新的領域，」在醫學上，「雖然是所有領域中最高貴的一項，但相關研究仍十分貧乏；如果它可以被提供的話，那麼醫學就不再只是熟諳悲慘的治療方法，醫師也不再是因為必要而受到尊敬，而是成為塵世能賦予凡人的最大幸福之施予者。」[173]在這一點上，或許會有若干叔本華式、尖酸刻薄的抗議聲音出現，反對長壽是一項恩賜的假設，反而主張醫師結束我們的病症之速度是一種圓滿的實現，值得被虔誠地讚揚。但是培根，雖然煩憂不堪、不斷被恐嚇騷擾，而且還結了婚，卻從來不曾懷疑過生命終究是一件非常美好的事。

在心理學上，培根幾乎可說是一位「行為主義者」（behaviorist）。他在人類行為方面，要求極為嚴格的因果研究，希望能把**偶然**（chance）這個字從科學的字彙中根除，「**偶然**是一件不存在事物的名稱。」[174]同時，「偶然之於宇宙，宛如自制力之於人類。」[175]這裡是意義的世界以及戰爭的挑戰，全都在一小行文字之間：經院學說的自由意志，如以下的討論般被拋諸腦後；普遍假設的「意志」（will）與「智識」（intellect）之區別，亦被摒棄不用。這些都是培根並未遵循的導引與線索。[176]這並不是培根唯一一次把一本書演繹成一句話，然後繼續快活地進行下去。

也是用幾句話，培根就發明了一門新的學科——社會心理學（social psychology）。「哲學家應該盡力探究習慣、運動、習性、教育、範例、模擬、仿效、同伴、友誼、讚揚、責備、勸勉、聲譽、法律、書籍、學問等的力量與能量，因為這些事物支配了一個人的道德品行；藉由這些媒介，心智因而成形且被征服。」[177]這些由新興科學所嚴密遵循之概要綱領，讀起來幾乎就像是塔爾德、勒龐、羅斯（Ross）、華萊士（Wallas）以及涂爾幹（Durkheim）作品的目錄。

沒有任何事物的地位是低於科學之下，或者凌駕於其上。巫術、夢境、預言、心靈感應術、「靈魂的現象」，一般來說都必須經過科學的檢驗與查證。「因為我們無從得知在什麼情況下，自然原因中的迷信成分影響

---

170 出處同上，第2卷，第1頁。
171 《學術的進展》（De Aug），第4卷。
172 《學術的進展》，第4卷，第2頁。
173 出處同上。
174 《新工具論》，第1卷，第60頁。
175 尼科爾的《自然詮釋的概要》，第2卷，第118頁。
176 這些在斯賓諾沙的《倫理學》（Ethics）中被發揚光大，見附錄至第1冊。
177 《學術的進展》，第7卷，第3頁。

有多大。」[178] 培根雖然有強烈的自然主義傾向，仍然為這些問題所吸引；對他來說，舉凡與人類相關的事物無不可親。的確，誰知道會有什麼未知的真相與嶄新的學科，會無預期地從這些調查研究當中冒出來？就像化學從煉金術中萌芽成形。「煉金術可以比作這個故事：一個人跟他的兒子們說，他留給他們的黃金就埋藏在葡萄園的某處；他們挖遍了各處都沒找到黃金，但因為他們翻動了葡萄藤根部的鬆軟沃土，使得該季的葡萄產量大豐收。同理，投注在煉金上的研究與精力，也帶來許多實用的發明與深具啟發性的實驗。」[179]

在第八冊中，還有另一門學科的形成——人生成功學。尚未從權力顛峰墜落的培根，提供了若干如何在這世上出人頭地的初步提示：首要之務就是知識——關於我們自己以及他人的知識，**認識你自己**（Gnothe seauton）就已經成功了一半；認識自己的價值，主要在於可以作為認識他人的工具。我們必須勤奮地：

> 讓自己了解那些我們必須與之相處的特定人士——他們的性情脾氣、想望之事、觀點看法、習性與習慣，他們主要倚賴的援助、幫助與保證，以及他們獲取權力的源頭、缺點與弱點，他們會公開出現、可接近的所在；他們的朋友、派系、贊助人或保護人、家眷、敵人、妒嫉者、競爭對手；還有可以接近他們的時機與方式……然而，解開他人心智最可靠的關鍵，就在於探究並詳查他們的性情與本性，或是目的與計畫。愈脆弱、簡單的人，愈能由他們的性情來判斷，而愈謹慎、沉默的人，則愈能由他們的計畫來判斷……但這整個探究與調查的捷徑，是以三項細節為基礎，亦即：1.努力獲取眾多的友誼……2.觀察介於自由談話與沉默之間的一種審慎中道與節制……最重要的是，別用過度的溫和與好脾氣——只會讓一個人暴露於傷害與指責之下——解除自我的武裝，再沒比這件事更有助於得體表現出一個人的自我並確保自己的權利。更確切地說……有時從自由、寬厚的心靈投擲出若干火花，獲得的蜂蜜並不比螫刺少。[180]

朋友對培根來說，主要是作為通往權力的一種手段。他分享馬基維利的一個觀點：一開始，人們傾向歸功於文藝復興，直到他們想起米開朗基羅（Michelangelo）與卡瓦列力（Cavalieri）、蒙田（Montaigne）與博埃希（La Boetie）、飛利浦・西德尼爵士（Sir Philip Sidney）與哈伯特・朗蓋（Hubert Languet）之間無利害算計的美好友誼[181]。

或許這種對友誼過於講求實際的評量可以說明培根的失勢，正如同類似的觀點也可以適用在拿破崙身上：因為一個人的朋友，極少會用比這個人對待他們的態度更崇高的原則來看待彼此之間的關係。培根更引述古希臘七賢中畢阿斯（Bias）之言：「愛友如敵，愛敵如友。」[182]即使對你的朋友，也不要透露過多你真正的目的與想法；在談話中，與其表達意見，不如多問問題；當你開口時，侃侃而談你的信念與判斷，還不如多提供數據與資訊[183]；表露自豪感有助於讓你更上一層樓；「賣弄排場是道德上、而非政治上的缺點。」[184]這裡又再度讓人聯想起拿破崙。培根就像那一位小科西嘉人，在自己的城牆內是個相當簡樸的人，但在城牆之外卻要求裝模作樣的儀式與排場，因為他認為這些對於公眾的聲望來說，是不可或缺的。

因此，培根從一個領域跨越到另一個領域，把他思想的種子傾注、澆灌在每一門學科的土地上。在他的調查告一段落時，他得到的結論是，科學光靠自己是不夠的，必須要有科學之外的力量與紀律去協調、整合各門學科，為它們指引目標。「科學為何進展甚微，這就是另一個深具影響力的原因。當目標本身沒有被正確地訂定好時，要正確執行一門課程是不可能的。」[185]科學需要的是哲學——亦即科學方法的分析，以及科學目的與結果的協調。如果沒有這些，科學就只是不痛不癢的表面功夫。「因為，就像從平地無法取得俯瞰整個地區的完美視野，站在跟科學同樣的高度上，倘若不往上提升，也不可能發現任何一門學科中深遠的部分。」[186]培根譴責只看

178《學術的進展》，第9卷，在尼科爾書中，第2卷，第129頁。
179《學術的進展》，第1卷。
180出處同上，第8卷，第2頁。
181參見愛德華．卡彭特（Edward Carpenter）令人愉快的《友誼文集》（Iolaüs: an Anthology of Friendship）。
182《學術的進展》，第8卷，第2頁。
183《培根散文集》中的〈論偽飾〉（Of Dissimulation）與〈論辭令〉（Of Discourse）。
184《學術的進展》，第8卷，第2頁。
185《學術的進展》，第1卷，第81頁。

孤立事實片段，而不看整體來龍去脈的習性，未將自然的一致性納入考量；他認為，這彷彿是在說，一個人應該在一間有著中央光源的房間角落裡帶根小蠟燭。

長久以來，培根所熱愛的一直是哲學，而非科學。只有哲學，甚至能為動盪不安、憂戚悲痛的生活帶來經理解而產生的莊嚴、高貴之平靜感。「學習能戰勝或減輕對死亡及厄運的恐懼。」他引述維吉爾的偉大名言：

了解事出必有因的快樂之人（Felix qui potuit rerum cognoscere causas），

把所有的恐懼、無情的命運（Quique metus omnes, et inexorabile fatum），

以及貪婪地獄中吵嚷之爭鬥，都置諸於他的腳下（Subjecit pedibus, strepitumque Acherontis avari）——

這或許是學習哲學最好的收穫，藉由哲學，我們可以捨棄無盡的抓取——這是工業環境讓我們執意重複的惡習。「哲學導引我們先尋求心靈之財，其餘的東西不是隨之而來，就是不再需要。」[187]些微智慧就是永恆的喜悅。

政府所遭遇的問題，剛好與科學如出一轍，也是缺乏哲學的引導。哲學之於科學，就像政治家之於政治：以整體的知識與洞察力導引其活動，而不是漫無目的的個人利益之追尋。政治正如知識一樣，脫離了人類與生命的確實需求，知識的追尋就會變成墨守成規的經院哲學；而脫離了科學與哲學，政治的追尋就會變成消極無助益的混亂精神病院。「把自然的身體托付給經驗主義者是大錯特錯，因為他們通常只靠幾個處方來治病，但他們既不知疾病的原因與患者的體質，亦不知意外的危險性，更不知真正的治療方法。同理，把國家的公民政體交付給以經驗為依據的政治家來管理，必然也會相當危險，除非可以加入其他在學習上受過訓練的人……雖然他可能會被認為是偏袒說過『在國王是哲學家或是哲學家國王的情況下，國家即可幸福無憂』的同行，但是經過這麼多的經驗驗證可得知，最繁盛的時代總是出現在明智與博學之君的統治之下。」[188]他讓我們想起在圖密善（Domitian）之後、康茂德（Commodus）之前統治羅馬的偉大帝王。

因此，培根就像柏拉圖跟我們大家一樣，盛讚自己的愛好，並且把它當成人類的救贖。但在專門學科以及士兵與軍隊的專業研究之必要性上，他認知得比柏拉圖更清楚（也清楚認知現代化時代到來的區別）。沒有人能夠涵蓋

這整個領域，甚至培根也不可能做到——即使是從奧林匹斯山（Olympus）頂往下看。在這項孤立無援的志業高峰上，培根知道自己需要幫助，也敏銳察覺到一種強烈的孤寂感。「你有志同道合的工作夥伴嗎？」他曾經詢問過一位朋友，「因為就我而言，我是處於完完全全的孤寂之中。」[189]他夢想藉由不斷的交流與合作，讓科學家們去協調他們的專業領域，並且可以藉由某個偉大的機構，讓他們團結一心往共同的目標前進。「從人類大量的空暇時間、聯合的勞動力、接續的世代，想想我們可以預期的收穫有多大；況且，這並不是一次只有一個人可以通行的道路（像是思考或理解的情況），而是所有的心力與各方人士所集結之最佳成果（特別在集結經驗這方面），都可以被加以匯聚、分類，然後再結合起來。因為只有在人們開始了解自己的長處之後才會開始分工，由一個人負責一件事，而由另一個人負責另一件事，而不是眾人都在做相同的一件事。」[190]科學是知識的組織系統，所以科學本身必須要先有條理、有組織。

這樣的組織必須國際化，讓它得以自由地跨越各國的疆界，促使歐洲在智識上成為一個整體。「我所發現的第二項匱乏不足之事，就是學院與大學之間幾乎毫無共鳴與相似之處，不論是在整個歐洲或是在同一個國家或國土之內，皆是如此。」[191]讓所有的大學院校自行分配研究主題與問題，同時在研究與出版上亦展開合作。在這樣的組織條理與密切關聯的模式運作下，大學院校將被視為值得擁有最佳的資源與支持，成為在烏托邦中應扮演的角色——公平而中立的學習中心，讓人得以在其中學習如何統治世界。培根並提到，「無論是科學或藝術方面的公共講師，應享有平均分配的薪酬。」[192]他認為，這項工作應該持續到政府能夠接管這項偉大的教育任務為止。

---

186 出處同上，第1卷。
187 出處同上，第8卷，第2頁。
188 出處同上，第1卷。
189 在尼科爾書中，第2卷，第4頁。
190 《新工具論》（Nov. Org.），第1卷，第113頁。
191 出處同上。

「最古老及最美好時代的先賢哲人共同的怨言，皆認為國家總是太忙於法律，太輕忽教育。」[193] 培根的偉大夢想是讓科學社會化，以達成征服自然、擴展人類力量的目的。

因此，培根求助於詹姆斯一世（James I），他知道他的殿下喜歡品味何種奉承之辭。詹姆斯不只是一國之君，他也是一位學者，對他的文筆比他的權杖與刀劍更感自豪；對於這樣一位有著文學造詣又博學多聞的國王，培根認為自己有望從他那裡得到若干協助。於是培根告訴詹姆斯他所描繪的這項計畫是「不折不扣的**王者般任務**（**opera basilica**）」，「以一人之力去執行這項任務，宛如十字路上的一個影像，可以指出方向，但無法行走於其上。」這些崇高而偉大的工作當然會牽涉到費用，但是「就像國家與國君的書記與密探們以情報消息來索費，你也必須允許大自然的密探與情報員索取其費用——倘若你充分理解到，許多事物值得付出代價去了解。如果亞歷山大大帝為亞里斯多德提供了如此巨大的財富，讓他可自由支配獵人、捕鳥人、漁夫等人為他效力，表示對於這項揭露大自然迷宮的餽贈來說，這些人的存在有其不可或缺之必要性。」[194] 有了君王的援助，這項偉大的復興工程將指日可待，於數年中即可完成；若非如此，則需要數個世代的時間才有可能完成。

培根令人耳目一新的觀點是他那恢宏大氣的保證——他預測大自然將會被人類征服：「我打賭這場比賽中，技術將會戰勝自然。」人類會完成的「不過是一項他們該做之事的保證。」但是，為何培根會懷抱如此巨大的希望？在過去的兩千年中，人類難道不曾追尋真理、不曾探索通往科學的道路嗎？在長久以來成果極為有限的情況下，為何一個人會在此時指望能夠獲致如此巨大的成功？培根的答覆是，話是沒錯，但有沒有可能長久以來我們都用錯了方法，以致於徒勞無功呢？如果是因為正確的道路已經不見，使我們的研究都誤入歧途，以致於毫無成果呢？我們需要在研究與思考的方法上以及科學與邏輯的體系上，展開徹底無情的改革，也就是說，我們需要比亞里斯多德的工具論更好、更適用於這個更廣大世界的新工具論。

為此，培根為我們獻上他最重要的巨著。

2. 新工具論
The New Organon

「培根最偉大的成就，」對培根的批評最惡毒尖刻的一位評論家如是說：「就是《新工具論》的第一冊。」[195]從來不曾有人賦予邏輯如此充滿活力的生命，更讓歸納法（induction）成為史詩般的冒險與征服。如果有人必須學習邏輯，就讓他從這本書開始吧。「人類哲學的這個部分，把邏輯視為不符眾人喜好之事物，因為在他們看來，邏輯不過是一種陷阱，一個精細棘手的圈套，等著你自投羅網……但倘若我們根據事物真正的價值來評量它們，這些理性的學科才是所有其他學科的關鍵所在。」[196]

哲學荒蕪了如此之久，培根說，因為它需要新的方法讓土壤重新肥沃起來。希臘哲學家所犯下的最大錯誤，就是花了太多時間在理論上，花太少時間在觀察上；但是，思想應該是觀察的助手，而非它的替代品。「人類，」《新工具論》的第一句箴言即如是說，彷彿向所有的形上學下了一張戰帖，「作為大自然的執行者及詮釋者，盡可能去執行並理解他對自然秩序的觀察……那些容許他進行的觀察；同時，既不認識也無法負擔更多的觀察。」在這個課題上，蘇格拉底的前輩做法比他的後輩更為健全而扎實；尤其是德謨克利特，有著嗅聞事實的鼻子，而非觀看浮雲的眼睛。無怪乎哲學自亞里斯多德時代開始幾乎無甚進展，因為它運用的一直是亞里斯多德的方法。「想跳脫亞里斯多德卻又沿用亞里斯多德的觀點，就像是一盞燈借用了另一盞燈的光源，卻以為它可以為原來的這盞燈增加明亮度。」[197]經過兩千年來以亞里斯多德發明的方法進行邏輯的斷義與詭辯（logic-chopping），

192《學術的進展》，第2卷，第1頁。
193 出處同上，第1卷。
194 出處同上，第2卷，第1頁。
195 麥考萊，引述自前述提及之作品，第92頁。
196《學術的進展》，第5卷，第1頁。

現在，哲學已經跌落至谷底，沒有人對它懷抱有崇敬之情；所有這些中世紀的理論、定理和爭辯，都必須被驅逐且被遺忘。為了自我重建，哲學必須把過去一筆勾銷，以淨化的心智重新開始。因此第一步要進行的，就是智識的刪除與淨化（Expurgation of the Intellect），我們必須變成孩童，對主義學說與抽象概念一無所知，洗除偏見與成見。我們必須摧毀心智的「偶像」（Idol）。

培根使用偶像這個字眼（或許是反映新教徒拒絕形象的崇拜（image-worship）），意指把某個圖像誤認為是一種現實，把某個想法誤認為是一件事物。謬誤是來自我們的頭腦，而邏輯的第一個問題，就是去追溯並阻礙這些謬誤的源頭。培根現在要著手進行的，是一種對於謬誤的公正分析；「沒有人，」孔狄亞克這麼說：「比培根更了解人為錯誤之因。」

這些謬誤，第一種就是**族群偶像（Idols of the Tribe）**，這是人性中自然而普遍的謬誤。「因為人類的意識會錯誤地堅持，」（亦即普羅泰哥拉斯所稱「人是一切萬物的基準」）「把自己認定為事物的標準。但是，包括感官與心智的所有感知，都是基於與人的關聯性，而非與宇宙的關聯性，人類的心智就像那些凹凸不平的鏡子，把自己所屬的特性傳遞給不同的對象……從而扭曲、破壞了它們真實的面貌。」[198] 我們的想法，與其說是外在對象的描繪，不如說是我們自己的寫照。舉例來說：「人類的理解力以其特有的性質形成，很容易假設事物擁有比它們實際上程度更高的秩序與規律性……所以，才會想像所有的天體環繞、移動於完美的循環之中。」[199] 更確切地說：

> 一旦任何命題（proposition）被定下來之後（不論是來自普遍的認可或看法，還是來自這種命題所提供的愉悅感），人類的理解力會強迫其他所有事物也去支持、證實這個命題，而即使存在許多切實有力的相反例證，人類的理解力不是對它們視而不見或嗤之以鼻，就是以某些差異來排除、拒絕它們，帶著強烈有害的偏見，而不願意犧牲自己的權威，捨棄最初得到的結論。最好的答案是一座神殿中所懸掛著誠心祈求的碑文，宛如從船難中逃離而大難不死，被迫去面對是否因而認清了眾神之力的問題……「但儘管他們立下了誓言，那些毀壞的肖像如今何在？」所有的迷信皆大同小異，不論是出於占星術、夢境、預兆、報應、天譴或諸如此類，深受矇騙的輕信者眼中只看到那些滿足自己想法的事物，漠視並忽略了另外那些

使自己受挫的事物——儘管這些事物可能更為常見。[200]

「人們先根據他的意向決定問題，再訴諸經驗，然後將它扭曲成與他的想法一致，宛如對一列隊伍中毫無抗拒之力的俘虜般誘導它。」[201]簡言之，「人類的理解力並非純淨、不受遮蔽的燈光，而是從人類的意願與情感中接受灌溉滋潤，由此展開的各門學科，可被稱作是『基於意願而產生的學科』（sciences as on would）……因為，比起真實的狀況來說，人們更願意相信自己所擁有的事物。」[202]不是這樣嗎？

在這一點上，培根給了我們一句珍貴的忠告。「大體而言，要讓大自然的每個學生都以此為準則：不論他的心神為什麼事物所占據，專注於其上而感到特別滿足時，都必須對其抱持著懷疑的態度，要特別、特別小心地處理這類問題，才能保持理解力的一致與清明。」[203]「理解力不能從個別的項目，一下就跳入無甚關聯性的原理，或甚至是最高等級的一般性原則……你不能給理解力翅膀，而寧可給它掛上重量，別讓它天馬行空地跳躍、飛行。」[204]想像力可能會成為智識的大敵，然而，它其實應該只是智識的試驗及實驗而已。

第二種類型的錯誤，培根稱之為**穴居偶像**（Idols of the Cave），特別指個體會犯的錯誤。「因為每個人……都有自己的洞穴或窩巢，會對自然的光源進行折射或使其變色。」這種個人的特質是由先天與後天因素、情緒或身心狀況而形成。有些心智，例如善於分析的天性，無論在何處皆可看出事物之間的差異性；其他的心智，或許

197《自然的詮釋》。
198《新工具論》，第１卷，第４１頁。
199 出處同上，第１卷，第４５頁。
200 出處同上，第１卷，第４６頁。
201 出處同上，第１卷，第６３頁。
202 出處同上，第１卷，第４９頁。
203 出處同上，第１卷，第５８頁。
204 出處同上，第１卷，第１０４頁。

是善於綜合的天性，則可看出其間的相似性。因此，我們一方面有科學家與畫家，另一方面有詩人與哲學家。再者，「有些性情傾向表現出對古代器物的無限欽慕，但有些傾向則表現出對新穎事物的熱切接受度，只有少數人能夠保有恰如其分的中庸之道，既不會摧毀古人正確的建設，也不會蔑視今人獨創的新意。」[205]真理不分黨派。

第三種類型，即為**市集偶像**（Idols of the Market-place），產生於「人們與他人之間的交流與交往。因為人們藉由語言交談，但文字是根據對群眾的理解而施加利用的，所以這一類型的錯誤，就隨著不當與不宜的文字組成以及驚人的心靈阻塞而產生。」[206]哲學家以文法學家處理不定詞那種漫不經心的保證來處理無窮盡的時空概念，然而，有誰知道這個「無窮盡」是什麼，或者它是否有對存在採取預防措施？哲學家會說「沒有原因的第一因」（first cause uncaused）或是「不會移動的第一動力」（first mover unmoved），而這些不過又是遮羞的詞彙，用來掩飾赤裸的無知嗎？或許顯示出使用者的內疚感？只要是頭腦清楚誠實的人都知道，沒有什麼叫做沒有原因的原因、或是不會移動的動力。或許，哲學上最偉大的重建就在於此——我們應該要停止說謊。

「最後一種類型的錯誤，是從不同哲學家的學說以及錯誤的示範法則中，移入人類心智的偶像，我稱其為『**戲劇偶像**』（Idols of the Theatre），因為以我的判斷，所有的這些哲學接收體系不過就是許多的舞台劇，在虛幻優美的時尚背後代表著它們自己所創造的世界……在哲學劇場的戲劇當中，你可以觀察到在詩人劇場中也可以發現的相同事物；為了舞台演出而創造出來的故事，更簡潔、更優美、更接近我們希望它們呈現的模樣，而非歷史沿革中真正的故事。」[207]柏拉圖所描繪的世界，只是一個由柏拉圖所建構的世界，描繪柏拉圖更甚於這世界。

如果這些偶像仍然在每個轉彎之處絆倒我們，即使是我們當中最優秀的人也躲不掉，那麼我們將永遠與真理漸行漸遠。我們需要新的推論模式與新的理解工具。「如果羅盤的用途沒有先為人所知曉，西印度群島無限廣袤的區域也將永遠不會被發現；無怪乎在科學的發現與進步上，我們始終沒有太大的進展，因為科學在發明及發現的技術上，迄今仍然一無所知。」[208]「這當然極為可恥，若說有形地球的區域……在我們的時代已經門戶大開、讓人一覽無遺，而智識的地球卻仍然閉鎖於舊有發現事物的狹窄限制之內。」[209]

歸根究柢來說，我們的困境是源自於武斷的教條與演繹法（deduction）。我們無法發現新的真理，因為我們把某些脆弱又可疑的命題當成是不容置疑的起始點，從來沒想過要把這項假設置於觀察或實驗的測試之下。現在，「如果一個人始於確定，必將終於不確定；但如果他始於不確定，則將終於確定。」（哎呀，這也不是必然會發生的事。）這是一個常見於現代哲學初期的注解，可說是它部分的獨立宣言。笛卡爾當時也談到「方法的存疑」（methodic doubt）之必要，並且作為誠實思維的前提，有助於釐清千絲萬縷的思緒。

培根繼續對探究科學的方法提出讓人稱道的說明。「保持**簡單體驗**（simple experience），如果要尋求的話，就是實驗……體驗的真正方法，首先，點燃蠟燭，」（假設）「然後藉著蠟燭照亮方向，」（安排並界定實驗），「以確實井然有序且融會貫通的經驗開始，既非拙劣粗糙、也非難以捉摸，從其中推演出原理，再從已建立的原理中推演出新的實驗。」[210]（我們在此對於假設、實驗及演繹法的必要性有了明確（雖然可能還不夠充分）的理解，而這是某些批評培根的人以為他完全忽略的部分；在後面的一段文字[211]中，亦提及最初的實驗結果可作為指引未來研究的「初釀」（first vintage）。）我們必須依循自然，而非書本、傳統及權威；我們必須「拷問自然、強迫它做見證」，即使違背了它的運作，如此一來，才能控制它以達成我們的目的。我們必須每一季就集結一部世界的「自然史」，由歐洲科學家的聯合研究建構而成。我們必須有歸納法。

然而，歸納法所指的並非僅是「簡單列舉」所有的資訊，可以想見，這樣只會沒完沒了，而且毫無用處。沒有任何大量資料可以自己形成科學，因為這會像是「在一片開闊空曠的郊野追逐獵物」。我們必須縮小並圍起我

---

205 出處同上，第1卷，第56頁。
206 出處同上，第1卷，第43頁。
207 出處同上，第1卷，第44頁。
208《學術的進展》，第5卷，第2頁。
209《新工具論》，第1卷，第84頁。
210 出處同上，第1卷，第82頁。
211 出處同上，第2卷，第20頁。

們的原野，才能追捕到我們的獵物。所以，歸納的方法必須包括資料分類以及排除假設的技巧；藉由逐步消去可能的解釋，最後應該只會留下一個解釋。或許在這項技巧當中，最有用的項目就是「多或少的表格」（table of more or less），列出有兩項特性或情況一起增減的例子，根據推測，可顯示出這種同時改變的現象之間的因果關係。所以，培根問道，熱是什麼？尋找某些會隨著熱度上升而增加、隨著熱度降低而減少的因素就對了。經過長期的分析之後，他發現熱與運動之間存在著一種確實的關聯性，因此得到的結論是：熱是運動的一種形式，這也是他對自然科學的幾個具體貢獻之一。

以培根的用語來說，藉由堅持不懈地對資料進行累積與分析，我們遂得窺我們所研究的現象之**形式**——它的奧祕本質與內在精髓。形式的理論之於培根，像極了理念的理論之於柏拉圖：一種科學的形上學。「當我們談到形式時，我們指的不外乎是那些排列、構成所有簡單本質的簡單行動之定律與規則……因此，熱的形式或是光的形式，指的也不外乎是熱的定律或光的法則。」[212]（類似的沿襲之下，斯賓諾沙則是說，圓的法則就是它的**本體**（**substance**））。「儘管除了個體根據特定法則顯示出清楚明確的個別影響之外，自然界中並無其他事物的存在，但在學習領域的每一項分支當中，那些特有的法則——包括它們的調查、研究與發展——既是理論也是實踐的基礎。」[213]理論與實踐相互依存、缺一不可，否則就會變得無用且危險；無法帶來成果的知識黯淡且無生氣，對人類來說毫無價值。我們致力於學習事物的形式並不是為了形式本身的緣故，而是因為藉由對形式與法則的了解，我們才能以自己渴望的形象去改造事物。因此，我們研究數學以便計算數量、搭建橋梁，研究心理學以便在社會混亂的叢林中找出自己的道路。當科學可以徹底地查找出事物的形式時，這世界就不過是原料而已，而烏托邦的人們便可以用這些原料去製造出任何他們想要的事物。

3. 科學的烏托邦
The Utopia of Science

使科學更臻完美，從而藉由控制科學使社會秩序更臻完美，就足以使其本身成為烏托邦。這就是培根以簡短片段在最後作品《新亞特蘭提斯》當中，為我們所描繪的世界。這部作品在培根去世的兩年前發表，威爾斯（Wells）認為它是培根為我們所描繪的「對科學最偉大的貢獻」。[214] 雖然是粗略的描述，但在這幅社會的寫照之中，科學終於被擺對位置，成為萬物的主宰。這是一項想像力的盛舉，三百年來，在知識與發明對抗無知與貧窮的戰場上奮戰的勇士大軍，始終以此作為成功在望的目標。在這幾頁的內容中，我們看見法蘭西斯·培根的精髓與「形式」，他的本質與生命之法則，他的靈魂之奧祕以及持久不懈的熱望。

柏拉圖在《蒂邁歐篇》[215] 曾講述過亞特蘭提斯的古老傳說，一片在西部海域中沉沒的大陸。培根跟其他人認為哥倫布（Columbus）和卡博特（Cabot）發現的新美洲大陸，即為古老的亞特蘭提斯；這片偉大的陸地其實並未沉沒，而是在等待人們憑藉著航海的勇氣去發現它。但因為這片舊的亞特蘭提斯現在已為人所知，而且似乎被某個相當凶猛的種族所占據，跟培根想像中聰明傑出的烏托邦人有相當的出入，因此他構想出一個新的亞特蘭提斯，一座小島位於那只有德瑞克（Drake）與麥哲倫（Magellan）曾經到過的遙遠太平洋上，不但距離歐洲極為遙遠，更遠到足以讓烏托邦的豐富想像力有充分發揮的空間。

新亞特蘭提斯的故事以最巧妙而自然的方式展開，宛如迪福（Defoe）與史威夫特（Swift）筆下的歷險與遊

212 出處同上，第2卷，第１３頁與１７頁。
213 出處同上，第2卷，第2頁。
214 《世界史綱》（Outline of History），第３５章，第6節。
215 第２５節。

記。「我們從祕魯啟航（我們在那兒待了一整年），經由南海出發前往中國與日本。」海上平靜異常，船隻數週以來都宛如一面鏡子上的斑點，靜悄悄地臥於無垠的大海上，糧食物資逐日減少；接下來，不可抗拒的強風無情地將船隻不斷吹往北方，驅使船隻從島嶼散布的南海轉向渺無人跡的無垠海域。配給的糧食不斷減少、再減少，全體船員都染上了疾病，最後，當他們已打算向死亡低頭時，竟看見一座令人不敢置信的美麗島嶼，赫然隱現於天空之下；而當他們的船隻逐漸靠近岸邊時，他們看到島上的住民並非野蠻人，而是穿著乾淨、美麗服飾的人們，顯然擁有發展成熟的智慧。他們被允許登上了陸地，但是被告知，這座島嶼的政府不允許陌生人駐留該地，但考量到他們有部分的船員生了病，特別允許他們待到那些船員痊癒為止。

於是在數週的療養期間，這些迷途的漂泊客逐日揭開了新亞特蘭提斯的奧祕。「島上從一千九百年前起開始接受統治，」一位居民告訴他們，「就我們的記憶所及，其中有一位國王是我們最敬愛的……他叫所拉門納（Solamona），我們視他為國家的立法者。這位國王宅心仁厚……而且一心想讓他的王國與人民幸福快樂。」[216]「在這位國王所有傑出的作為之中，又以秩序（Order）或社會制度（Society），之創建與制定，為其中最為出色的一項成就，故又被稱之為『所羅門之屋』（Solomon's House），正如我們所構想的，它是地球上有史以來最高貴的機構，也是指引王國的明燈。」[217]

接下來，就是對於所羅門之屋的描述，對引述的摘要來說太過於複雜，但從對培根不甚友善的麥考萊看法中擷取若干內容，就已經夠傳神了。「在任何人類的作品中，從未有過以如此深奧、寧靜而祥和的智慧而彰顯出眾的段落。」[218]在新亞特蘭提斯島上，所羅門之屋的地位宛如倫敦的議會大廈（Houses of Parliament），是島上的政府所在地。但是，所羅門之屋中沒有政客，沒有傲慢自大的「民選人士」，沒有「國家空談者」——如卡萊爾所言；也沒有黨派、政黨預選、初選、大會、競選活動、聽差、平版印刷、社論、演講、謊言以及選舉；藉由上述如此戲劇性的方式擔任公職的想法，似乎從來不曾在這些亞特蘭提斯人的腦袋中形成。然而，通往高度科學聲譽的道路則為所有人而開放，而唯有那些行經這條道路的人，才能端坐於國家的議會之中。這是一個人民的政府，由人民之中精選出來的人來為全體人民效力，由技師、建築師、天文學家、地質學家、生物學家、醫生、化學家、經濟學家、社會學家、心理學家和哲學家所組成的政府。複雜得很，但是想想看，一個沒有政客的政府！

沒錯，在新亞特蘭提斯，幾乎是沒有政府的狀態。這些管理者所從事的事務，與其說是統治人民，不如說是控制自然。「我們的機構，目的在於尋求因果的知識、驅動一切事物的奧祕以及拓展人類帝國的疆界，之於一切萬物的影響。」[219]這是《新亞特蘭提斯》一書中的關鍵語句，也是法蘭西斯．培根想表述之語。我們會發現管理者從事諸如研究星辰、利用水力作為工業用途、開發可以治癒各種疾病的氣體[220]、進行動物實驗以獲取外科手術知識、透過雜交育種來培育新品種的動植物等有損尊嚴、不甚莊重的任務。「我們模仿鳥類的飛行，可以進行某種程度的空中飛行，也有船艦與輪船可以航行於水面之下。」對外貿易亦存在，然而是一種不尋常的貿易內容；這座島嶼生產它所消費的事物，並消費它所生產的事物，毋須為了爭奪外國市場而開戰。「我們所維持的貿易，不是黃金、白銀或珠寶，也不是絲綢或香料，更不是任何其他商品或物資，而是上帝的第一項創造物——光，世界各地的成長之光。」[221]這些「光之商賈」（Merchants of Light）都是所羅門之屋的成員，每十二年就會被派到世界各地各個文明地域，與外國人士一起生活，學習他們的語言、科學、工業及文學，十二年之後再返回故鄉，把他們的發現向所羅門之屋的領導者們逐一報告。而在他們出國的這段期間，他們的位置則由一個新的科學探索者組成的小組所取代。如此一來，全世界最精華的事物很快就可以集合、匯聚於新亞特蘭提斯。

如同這幅簡潔的畫面所描繪，我們再度看到每位哲學家心目中的烏托邦之輪廓——一個極為和平、謙遜的民

216《新亞特蘭提斯》，劍橋大學出版社，1900，第20頁。
217 出處同上，第22頁。
218 出處同上，第25頁。
219 出處同上，第34頁。
220 參見1923年5月2日的《紐約時報》（New York Times），報導美國陸軍部（War Department）的化學家利用戰爭所使用的氣體治癒疾病。
221《新亞特蘭提斯》，第24頁。

族，由人民之中最有智慧的人所引導。以科學家來取代政客既然是所有思想家的夢想，為何經過這麼多次的化身之後，它仍然只是一個夢想呢？是因為思想家的才智設想得過於夢幻，以至於無法走入實務世界、把他的概念轉化為現實嗎？還是因為哲學家及聖賢者溫和謹慎的抱負，注定永遠無法戰勝狹隘貪婪、野心勃勃的靈魂？抑或是因為，科學尚未發展成為成熟、有自覺的力量？是否僅在我們的時代，物理學家、化學家和技術人員才開始發現科學在工業及戰爭中占有日益重要的角色，賦予他們在社會策略上的關鍵地位，顯示出他們的時代來臨——當他們井然有序的力量足以說服這世界讓他們擔任領導者的地位？或許科學還沒有好到足以統治這世界，但或許再過沒多久，科學就可以做到了。

V 對培根的批評

Criticism

那麼現在，我們該如何給予法蘭西斯·培根的哲學評價？

他的哲學中有任何新意嗎？麥考萊認為，培根所描述的歸納法是極為老套的陳腔濫調，不值一哂，更稱不上是什麼豐功偉業。「打從這世界開始運行以來，每個人每天從早到晚都會用到所謂的歸納法。一個人會推斷那塊肉餡餅不適合他，因為他吃了餅之後會感到不舒服，而不吃就沒事；吃得少就略微不舒服，吃得愈多就愈不舒服。他其實在不知不覺中已經充分利用了《新工具論》裡的所有列表。」[222]只不過，這位約翰·史密斯先生沒能那麼精準地處理他那「多或少的表格」，而且可能會無視於他腸胃底層的騷動不安，繼續與那塊肉餅奮戰；而即使這位約翰·史密斯先生再明智也無損於培根的價值。畢竟邏輯的功能，不就在於系統性地闡述智者的經驗與方法嗎？任何學科不也就是試圖藉由規則，將少數人的技巧變成可以傳授給所有人的一門學問嗎？

但是，歸納法是培根自己的構想嗎？蘇格拉底的方法不是歸納法嗎？亞里斯多德的生物學所運用的不是歸納法嗎？羅傑·培根難道沒有反覆實踐並鼓吹這種歸納的方法——反倒是只有法蘭西斯·培根鼓吹它而已？伽利略難道沒有制定更完善的程序與步驟，讓科學可以確實地利用嗎？答案是，羅傑·培根的確有用到歸納法；伽利略，不怎麼正確；亞里斯多德，更不正確了；而蘇格拉底則是最不正確。伽利略勾勒出來的是科學的目標而非科學的方法，在他的追隨者面前以所有經驗與關係的數學與量化公式之目標作為範例；亞里斯多德只會在沒有別的

222引述自前述提及之作品，第471頁。

事要做，以及在研究素材本身並未投其強烈傾向——從一般堂而皇之的假設中所推演出來的特定結論——之所好時，才會實行歸納法；而蘇格拉底也不怎麼利用歸納法（蒐集資料）分析文字與想法的定義與區辨。

培根並未自命為前無古人的獨創者。就像莎士比亞，培根有著點石成金的手，舉凡他所觸摸的事物，皆可增添新的光彩。每個人都有其能量之泉源，宛如每種生物皆有食物的來源，而培根的泉源，就在於他消化資料、並將其轉化為可資利用的鮮活素材之方法。如同羅萊（Rawley）的描述，培根「蔑視任何人的觀察意見，但會以他的火炬點燃所有人的蠟燭。」[223]不過，培根倒是認可他承受過的若干恩惠：像是他提到「希波克拉底的有益方式」[224]，讓我們馬上得知歸納的邏輯在希臘人之中的真正源頭何在；還有「柏拉圖，」他也寫道（有時我們較不精準的寫為「蘇格拉底」），「藉由個別項目的歸納與觀察，提供了探究問題的典範；雖然以這種漫不經心的方式，並不會產生影響力或成果。」[225]培根必然不屑於質疑這些前輩對他的恩惠，而我們也應該不屑於誇大其詞。

但話說回來，培根哲學的方式是正確的嗎？它是運用在現代科學中成果最為豐碩的方法嗎？並非如此。整體而言，為科學所運用、成果最佳的方法，並非資料的累積（《自然史》）以及經由《新工具論》中複雜列表的處理方法，而是更簡單的假設、演繹和實驗方法。因此，達爾文（Darwin）讀過馬爾薩斯（Malthus）的《人口論》（Essay on Population）後，構思出將馬爾薩斯的假設——人口增長快過於糧食供給——套用於所有生物的想法，從這個假設所推演出的可能結論是，人口在食物供應上的壓力導致了一場生存的競爭，從而使得適者生存，同時每一個世代、每個物種都會變得愈來愈適應它的生存環境，最後（藉著限制其問題與觀察範圍的假設與推論）致力於研究「大自然永不老去的容顏」，並促成長達二十年的耐心歸納與檢視事實。同樣地，愛因斯坦構思出一個假設，或者可能是從牛頓的想法中汲取得到光以彎曲的弧線、而非直線行進的假設，並從中推演出的結論是，（在直線的理論中）看似在天空特定位置上的星辰，事實上是略微偏向該位置的一側；同時，愛因斯坦徵求實驗與觀察以測試他的這個結論。顯然假設與想像的作用比培根所設想的更大，科學的程序比培根的方式更為直接、界定範圍更為明確，而培根自己也預料到他的方法終究會過時，科學的確實執行將會找出比政治家的間歇表演更好的研究調查方式。「這些事物，需要若干歲月讓它們更成熟。」

即使是培根式精神的愛好者也必須承認，偉大的大法官雖然制定了科學的法則，卻沒能成功地在他的時代跟上科學的腳步。他反對哥白尼、忽視開普勒（Kepler）與第谷．布拉赫（Tycho Brahe）；他輕貶吉爾伯特，並似乎未注意到哈維的存在。事實上，比起研究，培根更愛演講；又或者他沒有時間可以花在辛苦費力的研究工作上。他在哲學與科學上的這類工作，在他去世之後僅留下一堆雜亂零散，充滿重複、矛盾、意向與導言的片段。**技藝長久，時光飛逝**（**Ars longa, vita brevis**），這對每個偉大的靈魂來說都是一場悲劇。

他對哲學的重建工作甚至還得想方設法擠進自己煩擾不斷、疲憊不堪的政治重擔與縫隙之間，要把莎士比亞廣泛豐富而複雜的創作歸於一個工作如此過度的人，無異於讓學生們浪費時間在閒閒無事的理論家於會客室中的爭論。莎士比亞缺乏的，正是這位大法官的傑出特色：博學與哲學。莎士比亞令人印象深刻的，就是對於眾多科學的知識皆一知半解，而且無一精通，所以當涉及這些知識時，他皆以外行人的滔滔雄辯來傳神達意。莎士比亞也接受占星術，「這個巨大的國家……在其上方的星辰祕密地影響著下方的議論。」[226] 他始終犯下一些博學的培根絕不可能會犯的錯誤。他筆下的赫克特（Hector）引述亞里斯多德的話，他的科里奧蘭納斯（Coriolanus）則拐彎抹角地提到加圖（Cato）；他以為牧神節（Lupercalia）是一座小山丘，但他了解凱撒的程度就跟赫伯特．喬治．威爾斯（H. G. Wells）了解凱撒的程度一樣深刻。他援引了無數自己早年生活與婚姻磨難之例，也使得粗俗與猥褻言語永存不朽。這位和善的浪蕩子說起雙關語來極為自然，但似乎無法脫離斯特拉特福城（Stratford）的暴徒及屠夫兒子的習氣，也幾乎不可能被認為是冷靜沉著的哲學家。卡萊爾稱莎士比亞為最偉大的天才，但更確切地說，他有最偉大的想像力，有著最敏銳的眼睛。他必然是一位心理學家，但不是一位哲學家，因為他沒有統一的思維結

223 引述自羅伯遜（J. M. Robertson）對《法蘭西斯．培根的哲學著作》（The Philosophical Works of Francis Bacon）之簡介，第7頁。
224 《學術的進展》，第4卷，第2頁。
225 《迷宮的線索》（Fil Lab.），到最後。
226 《莎士比亞十四行詩集》（Sonnet），第15首。

構，以促進他自己的生活與全人類之福祉為目的；他沉浸在愛情與隨愛情而來的問題之中，套句蒙田的話，只有在心碎時才會想到哲學，除此之外，他相當歡樂而快活地接受這世界，並未一心沉迷於使柏拉圖、尼采或培根更顯崇高的重建願景之中。

培根的偉大與軟弱之處，恰恰在於他對統一的熱情，以及他對擴展自己的協調才得以涵蓋百餘門學科的渴望。他嚮往自己能像柏拉圖一樣，「一位令人崇敬的天才，彷彿是從一塊高聳的巨石上觀看萬物。」培根因加諸於自己身上的重擔而崩垮，但他的失敗是可原諒的，因為他承擔的任務委實太多。他雖然無法進入科學的應許之地，但就如考利（Cowley）的墓誌銘所述，他至少已站在它的邊界上，指出遠方的科學真正的特點。培根的成就並未因此遜色，因為他的影響力是間接的；他的哲學作品雖然現在能讀到的極少，「推動了知識份子，進而使他們去推動這世界。」[227]他使自己成為文藝復興時代堅定與樂觀主義的有力喉舌，從來沒有人可以給予其他思想家如此巨大的激勵。沒錯，詹姆斯國王拒絕了他關於支持科學發展的提議，認為《新工具論》「就如同上帝的祥和，傳遞了所有的理解（passeth all understanding）。」然而在西元一六六二年，更優秀的人創辦了英國皇家學會（Royal Society），成為世界上最偉大的科學家協會，提名培根為他們的典範，也是激勵他們不斷前進的人；他們希望這個英國的研究機構可以引領他們走向一個以全歐洲為範圍的協會——這就是培根在《科學的進展》中教導他們要去渴望的目標。當法國啟蒙運動（French Enlightenment）的偉大心靈著手進行**百科全書**（**Encyclopédie**）時，他們亦將這項智識事業的傑作獻給法蘭西斯．培根。狄德羅在該書的序言簡介中即說道：「如果我們獲得了成功的結果，應該將大部分的功勞歸於培根大法官，他在一個可說是既無藝術亦無科學存在的時代，拋出了這項編纂科學與藝術通用辭典的計畫；這位非凡的天才，在不可能撰寫出已知歷史的時代，卻撰寫出我們必須學習的內容。」達朗貝爾（D'Alembert）稱培根為「最偉大、最博學多才、最辯才無礙的哲學家。」議會（Convention）以國家經費出版培根的著作，[228]整個英國思潮的趨向與歷程都遵循著培根的哲學。他以德謨克利特式機械用語構思這世界的傾向，給了他的書記霍布斯一個起點，發展出徹底而詳盡的唯物論。他的歸納法也給了洛克發展經驗心理學（empirical psychology）的點子，以觀察為界，從神學與形上學中解脫出來。同時，他對「有用之物」

（commodities）與「成果」（fruits）的強調，為邊沁（Bentham）建立起「有用」（useful）與「良好」（good）之關聯的構想。

只要控制支配的精神壓倒聽任屈從的精神，培根的影響力即已顯現。他是那些歐洲知識份子的喉舌——那些人把歐洲大陸從一座叢林轉變成一片藝術與科學之寶地，把不過丁點大的半島地區變成世界的中心。「人類並不是直立的動物，」培根說：「而是不朽之神。」「造物者給予我們跟全世界萬物相同的靈魂，但卻無法滿足於這個世界。」對人類來說，一切皆有可能。為時尚早，給我們幾個世紀，我們就可以控制、再造一切事物。或許我們最終會學到的最崇高一課是，人類不該相互爭鬥，而是應該向阻礙了人類勝利的自然界開戰。「這沒什麼不恰當之處，」培根在他最傑出的段落之一中寫道：「把人類的野心區分為三個種類或等級。第一種，是那些想在自己本國內擴展權力的人，屬於庸俗與墮落之人；第二種，是那些費力於擴展他們國家的權力與其統治權的人，無疑較為高尚，但並非較不貪婪。然而，倘若一個人致力於建立並擴展人類本身在宇宙的力量與統治權，他的野心無疑比前述兩者更為有益與高尚。」[229] 培根的命運，就是被那些意欲爭奪他的靈魂、滿懷敵意的野心撕成碎片。

227 麥考萊，第491頁。
228 尼科爾，第2卷，第235頁。
229 《新工具論》，第1卷，第129頁。

VI

結語
Epilogue

「位於重要職位的人是三重的公僕，亦即君主或國家、聲譽，以及職責的公僕，所以他們沒有自由，不論是他們的個人、作為或是時間上……晉升至要職的過程嚴峻費勁，一個人歷經千辛萬苦，然後爬升到得承擔更大痛苦的職位，有時是很卑劣的，宛如藉由輕蔑與屈辱的途徑獲得尊嚴。但是，職位雖高卻滑溜不穩固，倘若打回原形，不是垮台，至少也是聲譽受損。」[230]這是一段多麼傷感的結語，宛若培根結局的縮影！

「一個人的缺點，」歌德如是說：「是他的時代所造成的，但他的美德與偉大之處則屬於他自己。」這對**時代精神（Zeitgeist）**來說似乎有點不公允，但是在培根的例子上卻是再正確不過了。亞伯特[231]苦心鑽研伊莉莎白宮廷所盛行的道德之後，結論是，所有的領導者不論男女，都是馬基維利的信徒。羅傑．阿什姆（Roger Ascham）則以打油詩來描述在女王宮廷中必須具備的四項基本美德：

行賄、謊言、奉承及厚顏，
四個方法在宮廷中可以為一個人贏得恩寵，
如果你不受任何一樣所奴役，
走吧，美好的碼頭！回家吧，約翰大人物！

在那些活潑熱鬧的日子裡，法官從他法庭裡所審案件當事人手中收取「禮物」，是約定成俗的慣例之一。在這件事上，培根也不能免俗，而且他的花費始終超前他的收入好幾年，這種傾向也使他無法顧忌太多。原本沒人會注意到這件事，但他曾經因艾塞克斯一案而樹敵，並總是樂於以他的演說去攻擊反對者。一位朋友曾經警告他說：「在法庭上，每個人嘴下不留情雖然十分尋常……當你的利舌如利刃般對別人劈砍，小心他們也會這樣對你。」[232]但培根沒把這警告當回事，因為他似乎總是深得國王的青睞；他在西元一六一八年被封為維魯拉姆的維魯拉姆男爵（Baron Verulam），西元一六二一年被封為聖阿爾班子爵（Viscount St. Albans），更擔任了三年的大法官。

接著，致命的一擊突如其來地來臨。西元一六二一年，一位失望的求婚者控告培根為禮服的發送而收賄。這種事雖然司空見慣，但培根馬上就知道，如果他的敵人想用這件事來使他就範，他們終究會讓他下台。因此，他先退居家中，靜待事態發展。當他得知他所有的反對者都叫囂著要求他被免職，他上呈了一份「自白及謙卑的呈遞書」給國王；但詹姆斯國王仍然屈服於當時大獲全勝的議會——培根過於堅持為其捍衛而與之對抗——還是把他送進了倫敦塔（Tower）。培根兩天之後即被釋放，而且加諸於他身上的巨額罰金也由國王赦免了，他的自尊心尚未完全被粉碎。「我是英國這五十年來最公正的法官，」他說：「但議會是這兩百年來最公正的裁判。」

培根在人世的最後五年時間，過著平靜無波、深居簡出的退隱生活，雖然被無預期的貧窮問題所煩擾，但積極追尋哲學的喜悅仍撫慰了他的心靈。培根在這五年中，撰寫出他最偉大的拉丁文著作《學術的進展》，發表了《培根散文集》的增補版，未完成的《木林集》，以及《亨利七世統治史》（History of Henry VII）；他甚至哀痛地認為自己早該放棄政治，把所有的時間奉獻給文學與科學。直到最後一刻，他仍然全心貫注於工作上，可說是死於戰場。在他的散文「論死亡」（Of Death）中，他表達自己希望死於「熱切地追尋，宛如滿腔熱血的傷者，幾乎感覺不到痛楚。」就像凱撒，培根獲得了他自己的選擇。

西元一六二六年三月，培根騎馬從倫敦到海格特（Highgate）的途中，一個問題在他心中不停地翻攪著：如果

230《培根散文集》，〈論高位〉（Of Great Place）。
231《法蘭西斯．培根》，第1章。
232出處同上，第13頁注釋。

以白雪來覆蓋住新鮮的肉，肉可以被保存到什麼程度而不致於腐敗？他決定馬上把此事付諸測試。於是他在一座小村舍稍作逗留，買了一隻家禽，把牠殺了，並把雪塞進牠的肚子裡。但是當他在進行實驗時，卻染上了風寒而虛弱不堪，當時他發現自己已經過於病重，無法騎馬回到城裡。於是他指示別人把他送到附近阿倫德爾勳爵（Lord Arundel）的家中臥床休息；他還沒打算放棄生命，當時他還愉快地寫道：「這個實驗……結果出奇地成功。」但它也成了培根的最後一項實驗。他多采多姿的生活帶來反覆無常的興奮與狂熱，已經將他消耗殆盡；現在，他已油盡燈枯，疲乏於對抗這場悄悄逼近、威脅他的病症。培根於西元一六二六年四月九日辭世，享年六十五歲。

培根以這些引以為傲的代表性語句，在他的遺囑中寫道：「我將我的靈魂託付予上帝……我的肉體將被悄然掩埋，但我的名字將流傳至其後的時代與其他的國家。」顯然時代與國家都接受了他。

第四章

斯賓諾沙

SPINOZA

歸根究柢，正如我們的理解，斯賓諾沙的哲學是嘗試去愛這個世界——即使是一個讓他無家可歸，倍感孤獨的世界。

I

歷史與傳記
Historical and Biographical

1. 猶太人的奧德賽（Odyssey）
The Odyssey of the Jews

猶太人自大離散（Dispersion）後展開的故事，是歐洲歷史中史詩般的壯舉之一。被耶路撒冷的羅馬人從他們原本的家園驅離（西元七〇年），藉由航線與貿易分散至世界各大洲與各大國，遭受偉大宗教——基督教和伊斯蘭教——的信仰者迫害、被大批大批地殺害，這些都來自於他們的經文及記憶之中。他們被封建體制禁止擁有土地，被同業公會限制不得參與產業事宜，被封閉於擁擠的貧民區與狹窄的職業選擇之中，被群眾施暴、被君王劫掠，卻以他們的資金與貿易，建立起與文明密不可分的城鎮；無家可歸、被逐出教會、遭受羞辱又蒙受冤屈，然而，在沒有任何政治組織、沒有社會統一的法律強制性，甚至沒有共同語言的情況下，這個令人讚嘆的民族全心全意地堅守下去，保存了種族與文化的完整性，以得來不易的愛守護著最古老的儀式與傳統，耐心而堅決地等待著拯救之日的到來，前所未有的大量人數湧現於各個領域，並以其卓越天賦與才華之貢獻而著稱。歷經兩千年的流浪與漂泊之後，終於能凱旋回歸、振興魂縈夢繫的古老家園。有哪一齣戲劇能媲美這些苦難的莊嚴偉大、各式各樣的場景、榮耀與正義的實現？有哪一部小說可以匹配得上這個真實存在的傳奇故事？

在聖城（Holy City）淪陷之前許多個世紀以來，猶太人的大離散即已展開。經由泰爾（Tyre）、賽頓（Sidon）及其他港口，猶太人飄洋過海去到地中海的每一個角落：雅典與安提阿（Antioch）、亞歷山大港與迦太基

（Carthage）、羅馬與馬賽（Marseilles），甚至遙遠的西班牙。而在聖殿（Temple）被毀之後，大離散幾乎變成了一項大規模的遷徙活動。最終，這場大型的遷移大抵沿著兩條路線行進：一條是沿著多瑙河與萊茵河來到波蘭與俄羅斯，另一條是隨著摩爾人（Moors）的入侵來到西班牙與葡萄牙（西元七一一年）。在中歐，猶太人成為傑出的商人與金融家；在半島地區，他們則欣然吸收了阿拉伯人的數學、醫學和哲學知識，在科爾多瓦（Cordova）、巴賽隆納及塞維利亞的優秀學校發展他們自己的文化。在十二、十三世紀時，猶太人在傳遞東方文化至西歐地區這方面，扮演著極為重要的角色；在科爾多瓦，摩西．邁蒙尼德（Moses Maimonides）（西元一一三五年至一二〇四年）是他的時代最偉大的醫生，撰寫了他知名的《聖經》評註《迷途指津》（Guide to the Perplexed）；在巴賽隆納，哈西德．克萊斯卡（Hasdai Crescas）（西元一三七〇年至一四三〇年）則提出了震驚全猶太教的異教之說。

西班牙的猶太人持續興盛繁榮，直到斐迪南（Ferdinand）在西元一四九二年征服格拉納達（Granada）以及摩爾人最後的驅逐，於是半島地區的猶太人遂失去了在伊斯蘭教寬容的優勢下所享有的自由，在宗教法庭（Inquisition）的猛烈掃蕩下，他們不是選擇受洗與接受基督教，就是被放逐、財物被沒收充公。其實，並非基督教會極度敵視猶太人，事實上連教宗都一再抗議宗教法庭的蠻橫暴行，但西班牙國王認為，他可能可以從這個異族身上收刮他們耐心貯存的財富，用以充實自己的荷包。幾乎就在同一年，哥倫布發現了美洲新大陸，而斐迪南也發現了猶太人的滾滾財源。

絕大多數的猶太人接受了那個更為艱難的選擇，到處尋找他們的避難所。有些人搭著船，試圖進入熱那亞（Genoa）及其他的義大利港口，被拒絕之後，只好在愈來愈悲慘的處境及愈來愈多的疾病中繼續航行，直到抵達非洲海岸；然而在那裡，他們有許多人被認為吞下了攜帶的珠寶而被謀殺。有些人被接收到威尼斯——這個城市深知它在海上的優勢，有多少是得力於這些猶太人之助；有些人資助哥倫布（可能跟他們同為猶太人）的航程，希望這位偉大的航海探險家可以幫他們找到一個新家。這一天，一大批猶太人搭著不甚堅實的船隻啟程，航行於滿懷敵意的英國與法國之間的大西洋上，終於在土地雖小卻有寬大胸懷的荷蘭，受到某種程度的歡迎與接受；其中，有一個來自葡萄牙的猶太家庭，姓埃斯賓諾沙（Espinoza）。

西班牙衰敗之後，荷蘭繼之蓬勃發展。西元一五九八年，猶太人在阿姆斯特丹建立了他們的第一座猶太會堂；七十五年之後，他們又建立了第二座，是歐洲最為宏偉壯麗的一座會堂，更由他們的基督教鄰國協助他們籌措資金。如果我們可以從他們堅實的商業貿易與林布蘭（Rembrandt）賦予其不朽地位的拉比來判斷的話，猶太人這時應該相當地快樂而滿足。但是，接近十七世紀中葉時，這些事件平順的進程被發生在會堂中一場激烈的爭論打斷了：一位熱情洋溢的青年烏列爾・達・科斯塔（Uriel a Costa）跟某些其他猶太人一樣，對文藝復興的影響抱持著懷疑的態度，撰寫了一篇論述，強烈攻擊來生的信仰；這種負面的態度並不一定會牴觸古老的猶太教義，但猶太會堂強迫他公開撤回他的論述，以免招致曾經慷慨歡迎他們的教區反感，並對如此引人注目的異端邪說——尖銳地批評被認為是基督教本質的教義——產生無法止息的敵意。依照取消撤回及懺悔贖罪的慣例，這位驕傲的作者得橫臥在猶太會堂的門檻上，讓會眾們逐一跨過他的身體。這比苦難更甚的羞辱，讓烏列爾返回家中之後，寫下對他的迫害者的激烈譴責，然後舉槍自盡。[233]

這是西元一六四七年所發生之事。被譽為「現代最偉大的猶太人」[234]以及最偉大的現代哲學家，巴魯赫・斯賓諾沙（Baruch Spinoza）當時還只是一個八歲的孩子，是猶太會堂最鍾愛的學生。

2. 斯賓諾沙的教育
The Education of Spinoza

就是這樣的猶太《奧德賽》般的史詩，填滿了斯賓諾沙的心靈背景，使他成為一個徹頭徹尾的猶太人，然而最終卻被逐出教會。雖然斯賓諾沙的父親是一位成功的商人，這個年輕人並沒有從商的打算，寧願把他的時間花在猶太會堂中或是與猶太會堂有關之事，吸收他的民族之宗教與歷史知識；他是一位才華洋溢的學者，老一輩把他看成是猶太團體與信仰的未來之光。很快地，斯賓諾沙從《聖經》進展到猶太法典《塔木德經》嚴格、精微的評註，再到邁蒙尼德、萊維·本·格爾森（Levi ben Gerson）、伊本·埃茲拉（Ibn Ezra）、哈西德·克萊斯卡的著作；他那不加選擇的貪婪與渴求，甚至延伸到伊本·蓋比魯勒（Ibn Gebirol）以及科爾多瓦的摩西複雜難解的猶太神祕哲學——他震驚於後者對上帝與宇宙的認定，但採行了本·格爾森的世界永恆以及哈西德·克萊斯卡認為物質的宇宙即為上帝之身的想法；他讀到邁蒙尼德對於阿威羅伊（Averroës）的學說所發表的一項好壞參半之討論，認為不朽的並非個體，但他在《迷途指津》中發現的困惑比指引還多，因為這位偉大的拉比提出的問題比他所答覆的還多。斯賓諾沙發現，即使在邁蒙尼德的解釋消失、忘卻之後，《《舊約聖經》》（Old Testament）中的矛盾與不可能性，仍徘徊在他的腦海中久久不去。信仰最聰敏的捍衛者也是它最大的敵人，因為這些捍衛者的精微敏銳會讓他們產生懷疑，並且刺激他們的心智活動。邁蒙尼德的著作已然對斯賓諾沙造成如此影響，更別說伊本·埃茲拉的評註，在其中，舊信仰的問題更直接被披露出來，有時因無法回答而被棄置。斯賓諾沙涉獵得愈多就思考得愈多，而他原先所認知的簡單純粹且無庸置疑之信念，更是快速消融於一片疑惑與懷疑之海中。

斯賓諾沙的好奇心因而被激發，想進一步去探究基督教世界的思想家寫了什麼關於上帝與人類命運的偉大問題。於是他開始跟一位荷蘭學者范·登·恩德（Van den Ende）學習拉丁文，踏進更寬廣的經驗與知識領域；而他的新老師本身也有點兒像是個異教徒，是教義與政府的批評者，也是冒險的同夥，踏出自己的圖書館去參與一場對抗法國國王的陰謀叛變，最後在西元一六七四年上了斷頭台。他有一個漂亮的女兒，變成了拉丁文的成功勁敵，爭奪著斯賓諾沙的寵愛；在這種誘惑之下，甚至連現代的大學生都可能被說服去學習拉丁文。只是這位年輕女士並非那種對大好良機視而不見的知識份子，當另一位帶著貴重禮物的求婚者出現時，她就失去了對斯賓諾沙的興趣。無疑從那一刻起，我們的英雄變成了一位哲學家。

不過好歹，我們的英雄總算征服了拉丁文。藉由拉丁文，他得以深入古代及中世紀歐洲思想的傳承；他似乎

233 居茨科（Gutzkow）把這個故事變成一齣戲劇，在歐洲常見的劇目中仍占有一席之地。

234 勒南，《馬可·奧勒留》（Marc Aurele），巴黎，卡爾曼－李維（Calmann-Levy），第65頁。

研讀了蘇格拉底、柏拉圖及亞里斯多德，但偏好偉大的原子論者如德謨克利特、伊比鳩魯及盧克萊修，同時，斯多葛學派在他身上留下不可磨滅的印記。斯賓諾沙也研讀了經院哲學，從其中汲取了不僅術語，還有他們藉由公理、定義、命題、論證、評註、推論而闡述的幾何方法。斯賓諾沙還研究布魯諾（西元一五四八年至一六〇〇年），這位崇高的反叛者所燃起的激情「連高加索山脈所有的冰雪也無法澆熄、冷卻」；他從一個國家漫遊到另一個國家，從一種教義來到另一種教義，永遠「從他進去的同一扇門出來」，始終處於不斷追尋與疑惑當中。最後，他被宗教法庭判刑，「盡可能仁慈、不流血地」被處死，亦即被活活燒死。在浪漫的義大利，想法是多麼地豐富啊！首先是統一的主要觀念：所有的現實一為本質、一為原因、一為起源，而上帝與這樣的現實實為一體。同時，對布魯諾來說，心靈與物質亦為一體，現實中的每一顆粒子都是由密不可分的物質與心靈的元素所組成；因此，哲學的目的就是在多樣性中感知統一性、在物質中感知心靈、在心靈中感知物質，找出可使對立與矛盾交融的綜合體，提升普遍統一性的最高知識——相當於上帝之愛的理性智慧。這些概念中的每一項，都變成斯賓諾沙思想緊密結構之一環。

最後，也是最重要的一點，斯賓諾沙深受笛卡爾（西元一五九六年至一六五〇年）的影響。笛卡爾是現代哲學中主觀與唯心主義傳統之父（相對於培根的客觀與唯實主義），對他的法國追隨者及英國敵人來說，他的中心概念為意識至上（primacy of consciousness）——無疑是他明顯至極的命題，主張比之認知其他事物，心靈能夠更立即、更直接地先認知到它自身；心靈僅能藉由這世界以感覺與知覺使它留下印象的方式，來認知「外在的世界」，所以，所有的哲學都必須（儘管它應該要懷疑一切）從個人心靈和自我開始，從而以三個拉丁文形成其首要論點：「我思，故我在。」（Cogito, ergo sum.）以此為起點，或許有幾分文藝復興時期的個人主義；但毫無疑問的是，在這整頂魔術師的帽子當中，有許多推論可供日後的沉思之用。從這裡，即展開了認識論（epistemology）的偉大遊戲，萊布尼茨（Leibniz）、洛克、柏克萊、休謨、康德更將其磨淬成一場三百年的戰爭，隨即刺激並震撼了現代哲學。

但是，斯賓諾沙對笛卡爾在這方面的思想並不感興趣，他不願讓自己迷失於認識論的迷宮當中。笛卡爾吸引他的概念，是關於潛藏於所有物質形式之下一種同質的「本體」，以及潛藏於所有心靈形式之下的另一種同質的本體；這種將現實分離為兩種終極本體的思想，對斯賓諾沙在統一性上的熱情是一大挑戰，在他知識的積累上，作用宛如使卵子受精的精子。另外，笛卡爾還有一點吸引他之處，就是笛卡爾渴望以機械及數學法則去解釋整個世界——除了上帝與靈魂，是一個可以回溯至達文西與伽利略的想法，或許也反映了機械及工業在義大利城市的發展。笛卡爾說（極為類似安納薩哥拉斯在二千年前所說），上帝給予這世界最初的推動力，其他的天文、地質以及所有非精神層面的過程和發展，都可被解釋為來自一種剛開始以分裂形式存在「（拉普拉斯（Laplace）與康德提出的「星雲假說」（nebular hypothesis））的同質性本體。一切動物（甚至人體）的運動，都是一種機械的運動，舉例來說，血液的循環及反射動作；整個世界及每個軀體都是一部機器，但上帝存在於整個世界之外，而靈魂則存在於每個軀體之內。

笛卡爾所述僅止於此，但斯賓諾沙熱切渴望能加以發揚光大。

3. 逐出教會 Excommunication

以上，就是這一位外表安靜、內心奔騰的年輕人心理發展的前因後果。西元一六五六年，斯賓諾莎（出生於西元一六三二年）被傳喚至猶太會堂的眾長老面前，被控以異端邪說之罪名；他們詢問他，他跟他的朋友們說上帝可能有一個物質世界的身體、天使可能是幻覺、靈魂可能只是生命、《舊約聖經》中完全沒談到永生不朽，這一切是否為真？

我們不知道他的回答是什麼，只知道猶太會堂願意給他一年五百元的年金——只要他同意對他的會堂與信仰

235 認識論意指，在詞源學上理解（episteme）的邏輯（logos），亦即知識的起源、性質及有效性。

維持表面上的忠誠；[236]但是，他拒絕了這項提議。因此在西元一六五六年七月二十七日，猶太會堂以所有嚴峻、沉重的正式希伯來儀式，把他逐出了教會。「在宣讀這份詛咒的內容時，大號角拉著長音宛如慟哭的哀號時而可聞；儀式剛開始時發出耀眼光芒的燈火，也隨著儀式的進行漸次熄滅，直到儀式結束，連最後一盞也滅了——代表這個被逐出教會之人的精神生活隨之滅絕，全體會眾於是置身於全然的黑暗之中。」[237]

范．伏洛頓（Van Vloten）提供了我們關於逐出教會所使用的常規儀式之描述：[238]

> 教會理事會（Ecclesiastical Council）的主要成員特此宣告周知，本會已然確認巴魯赫．斯賓諾沙的邪惡思想與作為無疑，並已盡力以各種方式與承諾，欲使其從邪惡的路線回歸正道，但仍無法將其帶回任何更佳的思維方式，反而日復一日更為確定他所公然承認並抱持的駭人異端邪說，無恥地散布並流傳至國外，許多聲譽卓絕之人皆可在斯賓諾沙該人面前證明上述確有其事，他應完全承擔相同之罪名。因此，該事件已於理事會主要成員面前完成審查並做出正式決定，委員們對此已達成共識，宣告將斯賓諾沙該人逐出教會，斷絕他與以色列人的關係，即日起以下列詛咒宣告他已被革出教會：
>
> 以天使的審判與聖徒的判決，我們強烈譴責、詛咒、求上帝降禍於巴魯赫．斯賓諾沙，並將其逐出教會；整個神聖的教區同意，在其中寫有六百一十三條戒律的聖典面前，藉以利沙（Elisha）對頑童之詛咒以及《法之書》（Book of the Law）中所有的詛咒，宣告對他的判決，讓他該當日夜、寤寐、出入皆被詛咒，願主永不赦免或承認他，願主之怒火與不滿從今而後燒灼此人，讓此人擔負所有《法之書》中所載之詛咒，從天空之下抹去他的名，願主為他奉上所有以色列宗族的罪惡禍事，以含括於《法之書》中所有蒼穹之下的詛咒加諸其身。願所有順從上帝之人，你們在這一天將被拯救。
>
> 是故特此告誡眾人，不得有人與其進行口頭交談，或是藉由文字與其進行溝通；不得有人為其提供任何服務，或與其一起居住；也不得有人接近他四腕尺的範圍之內，或閱讀任何由他口述或出自他之手的文件。

我們別對猶太會堂的領導者們妄下評斷，因為，他們的確處於一種相當棘手的情況。毫無疑問，他們也很遲疑是否要採行這項控訴——如同宗教法庭偏執地認為他們是異端、遂將他們逐出西班牙的類似控訴。但是他們認為，為了向荷蘭的東道主表示感激之情，他們必須將打擊基督教（幾與猶太教一樣重要）教義並對其存疑的人逐出教會。基督教的新教（Protestantism）當時還不像它日後轉變而成的哲學那般自由與流暢，宗教戰爭使每個團體根深柢固地死守著自己的教義，堅定不移的程度因捍衛教義而灑下的鮮血比以往更甚。出現一個達・科斯塔已經夠了，再接著一個斯賓諾沙？荷蘭的當權者會怎麼看這樣一個以此回報基督教之寬容與保護的猶太教區？再者，對於這些老一輩的人來說，全體毫無異議的宗教，似乎是他們保存這個位於阿姆斯特丹的猶太小群體免於分崩離析的唯一之途，幾乎也可說是維持統一性的最後手段，使得散落世界各地的猶太人得以永續生存下去。如果他們有自己的國家、自己的民法、自己建立的俗世力量與權力，迫使內在凝聚力與外來的敬意成形，他們可能會比較寬容；宗教之於他們，等同於他們的愛國心及信仰，猶太會堂就是他們的社會及政治生活、也是儀式與禮拜的中心，而斯賓諾沙指責其真實性的《聖經》，就相當於他們民族的「可攜式祖國」（portable Fatherland），在這些情況的考量之下，他們會認為異端形同叛國，寬容等同自殺。

有人可能會認為，他們應該勇敢地承擔這些風險。但是，很難在極度震驚的情況下去公平地評斷他人。整個阿姆斯特丹猶太教區的精神領袖瑪拿西・本・以色列（Menasseh ben Israel）或許[239]可以找出某種皆大歡喜的和解方案，讓猶太會堂與哲學家雙方都可以擁有相安無事的相處空間；但是這位偉大的拉比當時正在倫敦，試圖說服克倫威爾（Cromwell）對猶太人開放英國。顯然命運早已寫定，斯賓諾沙理應屬於全世界。

---

236 格雷茨（Graetz），《猶太人歷史》（History of the Jews），紐約，１９１９，第５卷，第１４０頁。
237 威利斯（Willis），《斯賓諾沙》（Benedict de Spinoza），倫敦，１８７０，第３５頁。
238 由威利斯翻譯，第３４頁。
239 如同《大英百科全書》藝術類中，以色列・亞伯拉罕（Israel Abrahams）在《猶太人》（Jews）一書所暗示。

4.退隱與死亡
Retirement and Death

斯賓諾沙以相當的勇氣看待這項逐出教會的懲罰。他說道：「它強迫我的是無中生有、在任何情況下我都不該做的事。」然而，這宛如黑暗之中呼嘯的哨音；事實上，這位年輕的學生現在發現自己陷入殘酷又無情的孤獨之中，再也沒有比孑然一身更糟的處境了。鮮少有其他的方式比一位猶太人與他的民族隔離開來，還要來得更為艱難。斯賓諾沙已經蒙受失去舊日信仰的損失，以如此方式連根拔除一個人頭腦中的思維內容，宛如動了一場重大的手術，會留下許多傷痕；如果斯賓諾沙轉成另一類信徒、擁抱另一種正統信仰——人們在其中像母牛一樣聚集在一起取暖，他可能會在改變信仰的高貴角色當中，找回若干他因被家人與族群徹底拋棄而失去的生活。但是，他並未加入任何其他教派，而寧可選擇孤獨一人過活。他的父親原本期望自己的兒子能在希伯來文的學習上有傑出的表現，選擇把他送走；他的姊姊則試圖騙取他的一小筆遺產；[240]他從前的朋友們都躲著他。難怪斯賓諾沙沒什麼幽默感！也難怪當他思及律法的守護者（Keepers of the Law）時，偶爾會迸發出若干苦澀之情。

> 那些想尋求奇蹟之因、想像哲學家一樣了解自然界事物——而不是盯著他們看、震驚得如同傻瓜般——的人，很快就會被視為異端與褻瀆神，並且被那些為暴民視作自然與眾神的詮釋者而愛慕之人，宣告犯下這類的罪名。因為這些人深知，一旦無知被擱置一旁，對他們的驚嘆情感也會隨之消失；然而，這樣的情感卻是他們的威權得以維持的唯一手段。[241]

在被逐出教會之後不久，斯賓諾沙的苦難體驗達到頂點。有天晚上，斯賓諾沙正走過街道，一個虔誠的暴徒決定以謀殺的方式來展現他的神學信仰，遂以一把出鞘的短劍攻擊這位年輕的學生；斯賓諾沙迅速地轉身逃跑，只在脖子上留下一道輕微的傷口。他的結論是，世界上只有少數幾個對哲學家來說是安全的地方，於是他搬去阿姆斯特丹城外奧特戴克路（Outerdek road）上一間安靜的閣樓客房；可能就在此時，他把自己的名字從巴魯赫（Baruch）改成了本尼迪克特（Benedict）。他的房東與房東太太是門諾教派（Mennonite sect）的基督教徒，在某種程度上可以理解一個異教徒的心聲；他們喜愛斯賓諾沙悲傷和善的面孔（那些遭受過極大苦難的人，不是變得極為尖刻，就是變得極為溫和），而且當他偶爾在傍晚下樓來、抽著他的菸斗跟他們閒話家常時，會感到很欣喜。剛開始，斯賓諾沙在范・登・恩德的學校教書以維持生計，後來又從事打磨鏡片的工作，彷彿他天生就有處理難駕馭的材料之能耐；當他還住在猶太社區時，就已經在學習光學手藝，與希伯來教會的教規相符——認為每個學生都應該學會某種手工的技藝。不僅是因為研究工作與正當教學幾乎無法維持生計，而是因為如迦瑪列（Gamaliel）所言，工作可讓人保持良善的德行，反之，「每一位未能學習手藝的博學之士，終究會變成一名惡棍。」

五年之後（西元一六六〇年），斯賓諾沙的房東搬到萊頓（Leyden）附近的倫斯伯格（Rhynsburg），斯賓諾沙也跟著他一起搬了家；這座房舍至今依然屹立，房舍所在的道路也以哲學家之名來命名。斯賓諾沙便如此過了多年樸素、崇高的思考生活。他常常待在房間兩、三天時間，足不出戶也不見任何人，只讓人為他送來簡便的餐點。他打磨的鏡片手工很完美，但無法持續為他賺取僅供溫飽之外更多的錢；或許他太過於熱愛智慧，以致於無法成為一位「成功」的人士。跟隨著斯賓諾沙住在這些居所的可拉勒斯（Colerus），從那些認識這位哲學家的人之描述與記載中，撰寫出他短暫的一生；可拉勒斯說：「他每一季都非常小心地把帳目加總起來，他這麼做是為了讓自己的花費既不多也不少於每年必須支出的開銷；有時候他會對屋裡的人說，他就像條圍成一圈的蛇一樣，嘴裡咬著自己的尾巴，意味著他在每年年底時已身無分文了。」[242]但是，他感到快樂並安於這種捉襟見肘的生活，對某個勸他相信天啟而非理性的人，他的回答是：「雖然我有時會發現，藉由自然理解所採集的果實是虛幻不真實的，然而這使我再滿足不過了。因為在這樣的採集過程中，我很快樂，可以祥和、寧靜、喜悅而非以悲傷、嘆息來度日。」[243]「如果拿破崙也像斯賓諾沙一樣有智慧，」一位偉大的智者曾說：「他就會住在閣樓上，寫出四本

240 他雖然在法庭上爭辯這個案子並打贏了它，但他仍把遺產給了他姊姊。
241《倫理學》（Ethics），第一部分，附錄。
242 波洛克（Pollock），《斯賓諾沙的生活與哲學》（Life and Philosophy of Spinoza），倫敦，１８９９，第１８０頁。

書了。」[244]

對於我們腦海中既有的斯賓諾沙形象，還可以再加上可拉勒斯的描繪。「他的身材中等，五官長得很好，皮膚微黑，頭髮黑而捲曲，眉毛長而黑，讓人可以藉由他的長相，就輕易辨識出他是來自葡萄牙的猶太人後裔。」至於穿著，他對此相當漫不經心，穿得不比那些最卑微的人好多少。曾有一位名聲顯赫的議員來拜訪他，結果發現他穿著一件相當邋遢的晨袍；於是議員為此事數落了他一頓，給了他另一件晨袍。斯賓諾沙的回答是，一個人不會因為擁有一件精美的袍子就變得更好，並補充說：「以珍貴的遮蓋物去包裹價值極低或毫無價值之物，是不合理的。」[245]但斯賓諾沙的服飾哲學也不總是那麼地苦行主義論。「雜亂無序或不修邊幅的舉止態度並不能使我們成為智者，」他寫道：「因為，假裝對個人外表漠不關心只能顯示出靈魂的貧瘠，真正的智慧在其中將找不到有價值的居所，科學也只能找到無序與紊亂。」[246]

待在倫斯伯格的五年中，斯賓諾沙寫出了《智識改進論》（De Intellectus Emendatione，On the Improvement of the Intellect）的若干片段，以及《倫理學》（Ethics Geometrically Demonstrated，Ethica More Geometrico Demonstrata）；後者完成於西元一六六五年，但是接下來的十年中，斯賓諾沙並未試圖發表該書。西元一六六八年，阿德里安·考貝夫（Adrian Koerbagh）因為發行了類似斯賓諾沙觀點的出版品，被判入獄十年，結果在服刑十八個月之後就死在獄中。西元一六七五年，斯賓諾沙前往阿姆斯特丹，當時他相信已經可以安全地發表自己的**傑作**（**chef-d'oeuvre**）了；但他在給朋友奧爾登伯格（Oldenburg）的信中寫道：「謠言四處流傳，說我有一本書即將問世，在其中我將極力證明沒有上帝的存在；我很遺憾地補充，這則報導被許多人誤認為真。某些特定的神學家（他們自己可能就是謠言的始作俑者）趁機向親王及治安官提出對我的控訴……我從某些可信賴的朋友之處接收到關於這些發展局勢的警示，他們更進一步向我保證，這些神學家到處埋伏著準備伺機而動。所以我決定延後我想嘗試出版的這本書，直到事情有轉機。」[247]

一直到斯賓諾沙離開人世之後，他的《倫理學》才與未完成的政治學論述《政治論》（Tractatus Politicus）以及《代數彩虹論》（Treatise on the Rainbow）一起問世（西元一六七七年）。所有的著作皆以拉丁文撰寫，因為它是十七世紀時歐洲哲學與科學的共通語言。以荷蘭文寫成的《簡論上帝與人》（A Short Treatise on God and Man）由范．伏洛頓在西元一八五二年發現，顯然是一份為撰寫《倫理學》而準備的草稿梗概。在斯賓諾沙生前出版的書籍，只有《笛卡爾哲學原理》（The Principles of the Cartesian Philosophy）（西元一六六三年）以及在西元一六七〇年以匿名方式現身的《神學政治論》（A Treatise on Religion and the State，Tractatus Theologico-Politicus）。該書隨即登上了**禁書目錄**（**Index Expurgatorius**），民間也禁止販售；但是在得到若干協助之下——封面書頁偽裝成醫學論述或是歷史故事——它的發行量也頗為可觀。無數的書籍被撰寫出來反駁他的論述，有人還稱斯賓諾沙為「地表上有史以來最褻瀆神的無神論者」，但可勒拉斯提及另一則駁斥稱其為「永不滅亡的無價瑰寶」[248]——留下來的只有這個短評。除了這類的公開譴責之外，斯賓諾沙還收到若干試圖使他悔改的信函；一位斯賓諾沙以前的學生阿爾伯特．伯格（Albert Burgh），後來改信天主教，即可在此作為一例：

> 你以為自己終於找到真正的哲學，但你怎麼知道你的哲學是所有曾經在世界上被教導過的、或是今後會被教導的哲學之中最好的？更別提未來可能會被發想出來的哲學。你檢視過在這裡、在印度，以及在全世界各地曾被教導過的所有古今中外之哲學家嗎？就算你已經充分地檢視過他們，你又怎麼知道自己所選擇的是最好的？……你怎麼敢把自己置於所有的元老、先知、使徒、烈士、醫生以及教會中不畏受難的基督徒之上？你是地球上最粗鄙悽慘的人及蟲子，對，你就是灰燼與蟲子的食物。以你可怕到難以啟齒的褻瀆言語，你怎麼能與永恆的智慧對質？你這輕率、荒唐、可悲又可惡的教義是依據什麼基礎

---

243 書信，第３４頁，威利斯編輯。
244 阿納托爾．法朗士，《貝格瑞先生在巴黎》（M. Bergeret in Paris），紐約，１９２１，第１８０頁。
245 波洛克，第３９４頁。
246 威利斯，第７２頁。
247 書信，第１９頁。
248 波洛克，第４０６頁。

而建立的？什麼樣邪惡的驕傲讓你自我膨脹，以為你可以對玄妙的奧義——連天主教徒自己都表示是難懂而費解之事——做出判斷？等等，等等。[249]

對此，斯賓諾沙的回覆是：

你以為自己終於找到最好的宗教，或者應該說是最好的老師，輕易地託付你的信任予他們；你怎麼知道他們是曾經、現在，或是今後教授宗教的老師之中最好的？你檢視過在這裡、在印度，以及在全世界各地曾被教授過的所有古今中外之宗教嗎？就說你已經充分地檢視過它們，你怎麼知道自己所選擇的是最好的？[250]

顯然我們這位溫和的哲學家，遇到該出頭的時候也絕不含糊，態度十分堅定。

並非所有的信函都是令人不舒服的這一種，也有許多是來自成熟文化及位居高津的人們。這些寫信的人當中，最顯赫知名者包括亨利．奧爾登伯格（Henry Oldenburg），擔任新近成立的英國皇家學會書記一職；馮．契爾豪斯（Von Tschirnhaus），年輕的德國發明家兼貴族；惠更斯（Huygens），荷蘭科學家；萊布尼茨，哲學家，曾在西元一六七六年拜訪斯賓諾沙；路易斯．梅耶（Louis Meyer），海牙的醫生；以及西蒙．德．弗里斯（Simon De Vries），阿姆斯特丹的富商。這位富商極為仰慕斯賓諾沙，甚至哀求他收下一千元的贈禮，但斯賓諾沙婉拒了；後來，當德．弗里斯在擬定他的遺囑時，甚至提出要把他所有的財富都留給斯賓諾沙的建議，然而斯賓諾沙反而說服德．弗里斯，要把財產留給他自己的兄弟。一直到這位富商去世之後，才發現他的遺囑中還是要求從其財產收入之中，支付斯賓諾沙一筆二百五十元的年金。斯賓諾沙再次想婉拒，他說道：「大自然滿足於寥寥無幾的資源，如果它可以，我也可以。」但最後，他還是被說服了，接受了一筆一百五十元的年金。另一位朋友簡．德．威特（Jan de Witt），擔任荷蘭共和國的首席治安官，也提供斯賓諾沙一筆五十元的國家年金。最後，大君王（Grand Monarch）路易十四（Louis XIV）亦提供斯賓諾沙一筆優渥的津貼，並暗示斯賓諾沙應該將他的下一本書獻給國王；斯賓諾沙對此禮貌地婉拒了。

為了取悅他的朋友們以及與他書信往來的人，西元一六六五年，斯賓諾沙搬到了海牙郊區的沃爾伯格

（Voorburg），西元一六七〇年又搬到海牙。在這些年中，他與簡．德．威特發展出情感深厚而親密的情誼，所以當德．威特與他的兄弟在街上被一夥暴民謀殺——他們認為德．威特等人必須為西元一六七二年荷蘭部隊被法國打敗而負責——而斯賓諾沙被告知這項噩耗時，不禁痛哭失聲；然而，以往用來約束他的那股力量，宛如第二個安東尼般，開始出擊聲討在該地點犯下的那項罪行。不久之後，入侵荷蘭的法軍統帥孔德親王（Prince de Condé）邀請斯賓諾沙來到他的指揮部，向他轉達，法國願意提供他一筆皇室津貼，並且為他介紹某些親王這邊仰慕他的人。斯賓諾沙在這方面，似乎比較像是一位「好歐洲人」而非民族主義者，認為對他來說，跨界去到孔德的陣營沒什麼好奇怪的；但是當他返回海牙時，他此行的消息已經傳得沸沸揚揚，民眾對其發出了不滿的怨言。斯賓諾沙的房東主人范．登．斯佩克（Van den Spyck）害怕他家會因此受到攻擊，但斯賓諾沙讓他鎮定了下來，說道：「我可以很輕易地洗清自己所有的叛國嫌疑……但若是人們對你表現出絲毫的騷擾意向，甚至聚集在你的屋前喧譁吵鬧，我會下來面對他們，儘管他們可能會像對待可憐的德．威特一樣對待我。」[251] 但是，當群眾知道了斯賓諾沙只是一個哲學家，他們的結論是，他一定是無害的，騷動才平息了下來。

正如我們在這些小插曲中所見，斯賓諾沙的一生並非傳統記載中所描繪的窮困潦倒、與世隔絕。他有某種程度的經濟保障，也有深具影響力且意氣相投的朋友；他對當時的政治議題有相當的興趣，也遇過差點兒就攸關生死的驚險經歷，雖然歷經放逐與禁令，他仍然成功地走出自己的路，贏得他同時代的人之尊敬。西元一六七三年，海德堡大學（University of Heidelberg）提供他大學教授的職位，並表達最具敬意的讚美之辭，承諾他予「哲學研究上最完全的自由，殿下也會因此感到安心，你不將因為對國家現有的宗教表示懷疑而加以誹謗。」斯賓諾沙深具個人特色的回覆是：

249 書信，第73頁。
250 書信，第74頁。
251 威利斯，第67頁。

尊貴的先生：如果從事任何大學院系的教授職務曾為我之所欲，那麼接受這項尊貴的王子殿下賜予我的榮譽、並經由你而提供予我的職位，我的願望將會得到充分滿足。也由於附帶了哲學研究上的自由度，這個機會在我眼中更是價值非凡……但我不知道在什麼確切的限制之外，這項研究的自由度就必須被加以約束，似乎是要讓我不去干預國家現有的宗教……因此，尊貴的先生，我並不想尋求比現在所擁有的任何更高層級的世俗職位。我認為倘若接受了這個職位，就無法保有我所深愛的寧靜生活，為此，我必須放棄從事公眾教職的事業……[252]

西元一六七七年，斯賓諾沙寫下他人生的最後一章。這一年他才四十四歲，但他的朋友都知道，他已經不久於人世了。他的家族有肺病的遺傳，同時，他又一直居住在較為封閉的空間之中，而他為維持生計所從事的鏡片打磨工作，又讓環境中充滿粉塵，更無法適當地矯正那項原本就不利於他的先天條件。因此，他呼吸愈來愈困難，他那敏感的肺一年比一年的情況更糟。斯賓諾沙對於提早結束他的人生並無不甘，唯一擔心的是他在有生之年不敢出版的作品，會在他死後遺失或被銷毀；於是，他將手稿放在一張小寫字桌裡鎖起來，並把鑰匙交給他的房東主人。斯賓諾沙要求他，當無可避免的那一天終於到來時，請他把桌子跟鑰匙都送去給一位阿姆斯特丹的出版商簡・瑞利沃茲（Jan Rieuwertz）。

二月二十日星期天，與斯賓諾沙同住的這一家人，在得到他說自己病情並未特別嚴重的保證之下，遂前往教堂做禮拜，只有梅耶醫生留下來陪他；而當他們返家時，卻發現這位哲學家已經躺在他朋友的懷中溘然而逝了。許多人前來悼念斯賓諾沙，因為淳樸的民眾愛他的親切和善，不下於知識份子敬重他的智慧之程度。哲學家及地方治安官也加入送行的行列，一路送他至他的長眠之所；不同信仰的人們也齊聚在他的墓前哀悼。

尼采曾說，最後一個基督徒已在十字架上死去；但他忘了斯賓諾沙的存在。

252 書信，第54頁。

II 關於宗教與國家的論述

The Treatise on Religion and the State

讓我們按照斯賓諾沙撰寫的先後順序來研究他的四本著作。對今日的我們來說，《神學政治論》或許是其中最無趣的一本，因為斯賓諾沙發起的這項層級較高的批判運動，當初讓斯賓諾沙甘冒生命危險的主張，如今已經成了陳舊平凡的論點。對一個作者來說，過於徹底證明自己的觀點是不明智的；他的結論逐漸在所有受過教育的人之中廣泛流傳，他的作品也不再擁有曾經吸引我們的神祕感。伏爾泰是這樣，斯賓諾沙的宗教與國家之論述也是如此。

這本書的基本原則是在論述，《聖經》的語言其實是刻意以隱喻性或寓言式的風格來表達，不僅是因為它帶有高度東方傾向的文學色彩與修飾，以及誇大的描述與表達方式，更是因為先知與使徒們也是藉由激發想像力的方式來傳達他們的教義，因此不得不調整自己以適應普羅大眾的心智能力與素質傾向。「所有的經文主要是為了整個民族而撰寫，其次才是為了全人類；因此，它的內容必須被調整到盡可能適合廣大群眾的理解能力。」[253]「經文無法藉由事物的第二因（secondary cause）來解釋它們，只能以最能感動人的條理與風格去講述它們，特別是對於未受教育的人們，去奉獻……它的目的不是為了說服理性，而是吸引並抓住想像力。」[254]從而才會有不可計數的神蹟與不斷重複出現的上帝。「廣大群眾認為，與他們形成的自然概念相反、異乎尋常的事件，最能清楚

253《神學政治論》，第5章。
254 第6章。

展現上帝的力量與天意……他們的確認為，只要自然界以慣常的規律運作，就表示上帝沒在管事；反之亦然，當自然界的力量與自然因素空轉不起作用時，就表示上帝之力正在介入運作；因此，在他們想像中的這兩股力量，上帝之力與自然之力。是涇渭分明的。」[255]（這裡即將導入斯賓諾沙哲學的基本思想——上帝與自然的運行實為一體。）人們樂於相信，上帝是特別為他們而打破事件發生的自然規律。因此，猶太人將白日的延長解釋為一種神蹟，以便讓他人（或許包括他們自己）留下深刻印象，並對猶太人是上帝的最愛這種說法深信不疑。在每個民族早期的歷史當中，類似的事件比比皆是。[256]嚴肅樸實、缺乏想像力的敘述無法感動靈魂。如果摩西（Moses）說，其實只是東風（如同我們根據其後某段文字所推測）幫他們清出一條穿越紅海的道路，那麼就無法在他所領導的廣大群眾心中留下任何深刻的印象；再者，使徒們訴諸於神奇故事的原因，跟他們訴諸於寓言故事的道理是一樣的，都是一種迎合大眾心智的必要調整。與哲學家和科學家比較起來，這類人士所產生影響力更大，而且主要歸因於其生動活潑且充滿比喻的演說形式——也就是宗教的創立者根據其使命的性質與本身強烈的情感，不得不採用的方式。

是故，依據這項原則來分析，斯賓諾沙說，《聖經》中並無任何與理性相悖之處。[257]但若按照字面意思來解讀的話，則充滿了謬誤、矛盾與明顯不可能之事——就像說《摩西五經》（Pentateuch）的作者是摩西一樣不可能。更多哲學上的理解與說明顯示出，偉大思想家與領導者的深奧思想，可藉由寓言與詩歌所蒙上之迷霧，使《聖經》的淺顯易懂歷久不衰，並對廣大群眾造成無止盡的影響。這些解讀各安其位、各司其職：人們永遠都需要措辭充滿想像、頂著超自然光環的宗教，如果某一個這類形式的信仰被摧毀了，他們就會創造出另一個。但是哲學家知道，上帝與自然實為一體，根據必然性與不變的法則而運行，因此他崇敬並服從的是這項崇高莊嚴、博大精深的法則。[258]他知道在經文之中「上帝被描述為法律制定者或是君主，並被形塑為公正、仁慈等特質，只是對廣大群眾的理解力及不完美的知識所做出的一種讓步；事實上，上帝……以其本質之必要行事，祂的意旨……是永恆的真理。」[259]

斯賓諾沙並未特別區分《舊約聖經》與《新約聖經》，並且把猶太教與基督教視為一體，當普遍的仇恨與誤解被擱置一旁時，哲學的解讀可以從對立的宗教之中，找出隱藏的核心和本質。「我常常對那些自誇信奉基督教

——亦即對所有人施予愛、喜樂、和平、節制、寬容——的人感到懷疑，以如此充滿怨恨的敵意爭吵，並且每天對彼此展現出如此深痛惡絕的仇恨，這就是他們的信仰最現成、最容易達成的標準，而非他們宣稱自己所奉行的美德。」[260]猶太人得以生存下去，主要是因為基督徒仇恨他們，迫害讓他們產生種族存續所必需的團結一致向心力，倘若沒有這樣的迫害，他們可能早已融入歐洲各民族之中，與其結合、通婚，被他們周遭人數眾多的各民族同化了。然而，當所有的無稽之見都被摒棄在一旁時，哲學的猶太教徒與哲學的基督教徒，沒有理由不能在教義上達成充分一致的意見，相互和睦共處。

斯賓諾沙認為，實現這項圓滿結局的第一步，就是對耶穌的共同理解；讓不可信的教義被取消，那麼猶太人即可確認耶穌是最偉大、最高貴的先知。斯賓諾沙不接受基督的神性（divinity），但他將基督的地位置於眾人之上。「上帝的永恆智慧……自行示現於一切萬物之前，主要在於人類的心靈，最重要的是在於耶穌基督身上。」[261]「基督被送到人間要教導的不只是猶太人，而是全人類。」因此，「他調適自己以遷就群眾的理解能力……最常使用寓言故事來教導眾人。」[262]他認為，耶穌的道德幾乎可說是智慧的代名詞，並將其提升為「上帝的理智之愛」以表示對祂的崇敬：如此高尚的人物，免於只會導致分歧與紛爭的教義之阻礙，把眾人都吸引了過來；或許以祂之名，因自我毀滅的唇槍舌戰而導致四分五裂的世界，最終可以找到信仰的團結一致以及手足情誼的可能。

255 出處同上。
256 出處同上。
257 序言。
258 第5章。
259 第4章。
260 第6章。
261 書信，第21頁。
262 第4章。

III

智識的提升

The Improvement of the Intellect

翻開斯賓諾沙的下一本書，我們就此揭開哲學文獻的珍寶之一。斯賓諾沙告訴我們，他為了哲學而放棄一切的原因：

> 經驗教導我，日常生活中經常發生的一切皆為徒勞無功，以及當我看到我所害怕的、以及害怕我的所有事物本身並無好壞之分，僅在於被它們所影響的心智時，我最後決定要追根究柢的問題是：是否有任何事物可能是真的至善，並且能夠傳播這份良善，讓心智得以排除所有其他事物而僅受其影響？如我所說，我決定去探究是否自己能發現並實現得以享受永恆持續不斷的無上幸福之能力……
>
> 我可以預見許多伴隨著榮譽與財富而來的利益，我也知道自己若是想認真探究一項新的問題，將會被排除於這些利益之外……但是，一個人擁有其中的任一方愈多，就會有愈來愈多的樂趣，也因此益發受到激勵去提升這樣的樂趣；然而若是任何時候我們的希望受挫，我們心中就會出現最深的痛楚。名聲也有這項偉大的弊病，如果我們追求它，就必須將我們的生命導往取悅人們幻想的方向，避免他們不喜歡的事物而尋求能夠取悅他們的事物……然而，單單是對永恆與無限事物的愛，就足以讓人擁有免於所有痛苦之歡愉，並得以餵養心智……最偉大的至善，是心智與整個自然界合而為一的知識……心智了解得愈多，就愈能了解本身的力量與自然界的秩序；它愈了解自己的力量或長處，就愈能導引、堅持自己的行為準則；而它愈了解自然界的秩序，就愈容易從無益之事中解脫出來。這就是整個方式。

唯有知識是力量與自由，知識的追求和理解的喜悅是唯一恆久的幸福，然而，哲學家畢竟還是一個人、還是一個公民，在他追求真理的過程中，該維持怎樣的生活模式？對此，斯賓諾沙制定了簡單的行為準則，而據我們所知，他實際的作為亦完全符合這些準則：

1.以可理解的方式跟人們說話，為他們做所有的事——只要不會導致我們無法實現我們的目的……2.只享受對於保持健康來說是必要的這類歡愉。3.最後，只追求足夠的錢財……以維持我們的生活與健康所需即可，並在不違背我們所追尋的目標之情況下，遵循這樣的慣例。[263]

但在開始這樣的追尋時，誠實且頭腦清楚的哲學家都會馬上遇到這個問題：我如何知道我的知識是真的知識？我的感官可以信任它們傳遞給判斷力的材料嗎？我的判斷力可以信任它從感覺的材料中得到的結論嗎？在我們聽任自己往這些方向前進時，不該先檢視載運的工具嗎？我們不該盡全力使它更臻完美嗎？「在一切開始之前，」斯賓諾沙說，頗有培根哲學的意味，「必須先設計出一種可增進並澄清思維能力的方式。」[264]我們必須謹慎地區辨不同形式的知識，只信任其中最好的一種。

首先，就是聽來的知識。舉例來說，我知道我的出生之日。其次，就是模糊的經驗，由減損的感官得來的「以經驗為依據」之知識，譬如一個醫生是根據「一般印象」（而非實驗測試的科學方法）知道某種「通常」有效的療法。再者，立即的推論，或是經由推理、判斷而得到的知識，譬如，藉由觀察其他物體的距離會使其看起來的實際大小變小之現象，我得到太陽的實際大小應該極為巨大之結論；這類的知識優於前述的另外兩類，但還是岌岌可危，因為容易受到直接經驗的立即反駁；所以，百年來的科學推論出「以太」（ether）的存在，但這種說法現在卻相當不受物理學精英們的青睞。因此，最高等級的知識種類就是第四種形式，來自於立即的推論與直接的感知，譬如，當我們看到2:4=3:x的比例時，馬上就可以看出6就是其中缺失的數字；或是我們可以察覺到整體會大於部分。斯賓諾沙相信，精通數學的人最了解歐幾里德（Euclid）這種直觀的方式，但他同時也沮喪地承認，

263 修訂版（De Emendatione），人人出版社（Everyman）版本，第231頁。

264 出處同上。

「直至目前為止，我能夠藉由這種知識去了解的事物，極為稀少。」[265]

在《倫理學》中，斯賓諾沙把前兩種形式的知識縮減為一種，並稱這種直觀的知識是對事物**永恆形式**（**sub specie eternitatis**）的感知，給予**「科學的直觀」**（**Scientia intuitiva**）這個詞彙一個哲學的定義；也就是說，試圖去發現事物與活動背後的法則與永恆的關係，由此形成斯賓諾沙在「世俗的秩序」（temporal order）（存在事物與事件的「世界」）與「永恆的秩序」（eternal order）（存在法則與架構的世界）之間最為基本的不同點（也是他整個思想體系的基礎）。讓我們仔細審視這兩者之間的區別：

必須留意的是，在一系列的原因與真正的實體中，我所不了解的是一系列個別易變之事物，而非一系列永恆不變之事物。因為以不牢靠且軟弱的人性來說，要追查一系列個別易變的事物是不可能的；不僅因為它們的數量驚人，也因為在許多情況下，一模一樣的事物當中的每一件，都可能各自形成這件事物存在的原因。的確，特定事物的存在不但與其本質沒有任何關聯，也並非一項永恆的真理；同時，我們也沒有必要去了解一系列個別易變之事物，因為它們的本質……只能在永恆不變的事物中去尋找；它們的法則，也就是銘刻於這些事物內真正的規則。所有個別的事物，皆根據這些法則而被創造、安置成它們現有的模樣；這些個別易變之事物，極為密切地依賴固定不變的法則，因為倘若沒有這些法則，它們既不可能存在，也不可能被孕育出來。[266]

當我們研究斯賓諾沙的大作時，如果能夠將這段文字謹記在心，許多部分就會豁然開朗；尤其是複雜得令人沮喪的《倫理學》，將會變得簡明易懂、不言自明。

265 出處同上，第233頁。
266 第259頁。參見培根的《新工具論》，第2卷，第2頁：「雖然除了根據特定法則而呈現出清楚明確的個別影響之個體外，沒有任何事物存在於自然界中；然而，在每一門的學科當中，那些特有的法則之探究、發現與發展，都是理論與實踐的基礎。」從根本上來說，所有的哲學家都同意這一點。

IV

倫理學
The Ethics

現代哲學最寶貴的成果是以幾何的形式呈現，使思維如歐幾里德般清晰，但言簡意賅的結果卻變成了晦澀難解，每一行都需要加上猶太法典般的注釋說明。經院學派以系統化的方式闡述其思想，展現前所未有的精辟力度，並有助於澄清他們預先制定的結論。笛卡爾曾提出，除非能以數學的形式表達，否則哲學將無法精確地呈現；然而，他從來不曾努力達成自己的這項理想。斯賓諾沙採行了他的這項建議，以訓練有素的數學頭腦作為所有嚴謹的科學流程之根本基礎，並對哥白尼、開普勒和伽利略的成就印象深刻。然而對我們這種較不嚴謹的心智來說，斯賓諾沙所呈現的不論是內容或形式，皆是令人筋疲力竭的濃縮成果；我們會很想藉由譴責這種哲學家的幾何學——就像是思想的人造西洋棋遊戲——來自我安慰：在其中，公理、定義、定理、證明，宛如棋戲中的國王、主教、騎士、兵卒般被操縱，一種斯賓諾沙發明來排解寂寥的單人邏輯紙牌戲。秩序違反我們心智的本質，因為我們寧可跟隨著幻想雜亂蔓延的思緒行事，用我們的幻夢去編織岌岌可危的哲學。然而，斯賓諾沙只有一項迫切的渴望——把這世界令人無法忍受的混亂，歸納成井然有序的一致性；他有那種北方人對於真理的飢渴，而非南方人對於美麗的貪欲。他身體裡面的那個藝術家，純粹就是一位建築師，亟欲建構起一套使對稱與形式臻至完美的思想體系。

再者，現代的學生會因受挫於斯賓諾沙的專門術語而對其頗有怨言。因為斯賓諾沙的作品是以拉丁文撰寫而成，他不得不以中世紀及經院的用語來表達自己深具當代本質的思想；當時除了拉丁文外，並沒有其他的哲學語言是可以被理解的。因此，他用的**「物質」**（substance）這個字，我們應該要寫成**「實體」**（reality）或**「本質」**

（essence）；「完美」（perfect）應該寫成「完整」（complete）；「理想」（ideal）應為「目標」（object），「客觀地」（objectively）應為「主觀地」（subjectively），而「正式地」（formally）應為「客觀地」（objectively）。比賽中的障礙物會使弱者卻步，卻會使強者備受激勵而勇往直前。

簡言之，斯賓諾沙的作品不是用來讀的，而是用來研究的。你必須像對付歐幾里德一樣去對付他，意識到在這短短的兩百頁之中，這個人宛如斯多葛派般去蕪存菁、略去一切贅述，寫下他畢生的思想。別以為快速瀏覽過這本書，你就可以找出它的精髓要義，因為從來沒有如此短小輕薄的一本哲學作品是不能遺漏任何內容、否則將會損失慘重的。書中的每一個部分都取決於其前述的部分，環環相扣；有些平淡無奇、顯然不必要的命題，後來卻變成洋洋灑灑的邏輯發展基石。非要到你閱讀完整本作品、仔細琢磨推敲時，才會開始徹底理解其中重要的章節內容。更不用說，以雅各比（Jacobi）熱烈的誇大之詞來形容的話就是「沒人能理解斯賓諾沙，他的倫理學中的單一思路至今仍然晦澀難解。」「在這一點上，毫無疑問，」斯賓諾沙在書中的第二部分說道：「讀者會感到困惑而迷惘，千思萬緒會讓他陷入停滯、無法向前邁進；因此，我懇請你緩步與我同行，對於這些觀點先別形成任何判斷，直到讀完整本書為止。」[267]但是，不要馬上就把整本書一口氣讀完，而是要分成許多次、每次讀上一小部分；讀完之後，要知道，你才剛開始認識它而已。接下來讀些評論專著，像是波洛克的《斯賓諾沙》（Spinoza）或是馬蒂諾（Martineau）的《解析斯賓諾沙》（Study of Spinoza），或者最好是兩本都讀。最後，再讀一次《倫理學》，它看起來將會是煥然一新的一本作品。而當你第二次讀完它時，你將永遠成為哲學的愛好者。

1. 自然與上帝
Nature and God

《倫理學》的第一頁，馬上就讓我們陷入形上學混亂的大漩渦之中。我們現代精明而實際的頭腦（還是愚笨痴傻、無判斷能力的頭腦？）對形上學的深惡痛絕俘虜了我們，有那麼一刻，我們會希望自己在哪都好，就是別跟斯賓諾沙在一起。然而就如威廉．詹姆斯所說，形上學無非是嘗試去清楚地思考事情的終極意義，找出它們在現實結構中的真實本質——或是如斯賓諾沙所說，必要的本體；從而使所有的真理融為一體，達到「最高的普遍原則」——即使是對講求實際的英國人來說[268]——從而構成哲學。科學本身雖然傲慢地蔑視形上學，卻在它的每一個想法中都呈現出形上學的色彩，而這樣的形上學剛好又呈現出斯賓諾沙的形上學色彩。

斯賓諾沙的思想體系中有三個關鍵性的詞語，亦即**本體**（substance）、**屬性**（attribute）、**方式**（mode）。為簡化之故，屬性我們暫時先撇開不談。方式指的是現實暫時所呈現的任何單獨個別事情或事件，或是任何特定形式或形狀；你、你的身體、你的思想、你的團體、你的物種、你的星球，都是形式、方式，按照字義來說，簡直可稱之為流行的樣式；而某些永恆不變的真實，則潛藏於它們的背後及表相之下。

這種潛在的真實是什麼？斯賓諾沙稱其為**本體**（substance），按照字義來說，就是處於下方之物。已有八個世代為了這個用語的涵義吵翻了天，所以我們如果無法在這個段落中解決此事，也不需覺得沮喪氣餒；只有一個錯誤是我們必須提防的：**本體**指的並不是構成任何事物的原料，像是我們會說，一張椅子的原料是木頭；而當我們說到「他的評論之『要義』」時，反而比較接近斯賓諾沙對這個字的用法。「如果我們回溯至經院哲學家——斯賓諾沙採用該詞的源頭，我們會發現他們所用的這個詞是希臘文中『**實質**』（ousia）的翻譯，是『**存在**』（einai，to be）的現在分詞，指的是內在本性或本質。」因此，本體指的就是這種永恆不變之本質（斯賓諾沙並未忘記《舊約聖經．創世記》中令人印象深刻的「我就是我」（I am who am）」）；除此之外，一切其他的事物都只是短暫出現的形式或方式。如果我們現在比較這世界劃分成的本體與方式兩大部分，在《智識改進論》中，會分成一邊是**法則**的永恆秩序與不變關係，另一邊是時間產生（time-begotten）及死亡注定（death-destined）之**事物**的短暫秩序。

267 第二部分，命題2，注釋。
268 斯賓塞，《第一項原則》（First Principles），第2部分，第1章。

我們不得不做出結論：斯賓諾沙在這裡所指的本體，非常接近他在《智識改進論》中所指的永恆秩序；讓我們暫時把它當成本體這個用語中的一項要素，證明存在的根本結構隱含在所有事件與事物之下，組成了這世界的本質。

不過，斯賓諾沙更進一步地認為，本體等同於自然與上帝。經歷過經院哲學家的方式之後，斯賓諾沙設想出雙重面向下的自然：積極而重要的過程，斯賓諾沙稱之為**不斷生成的自然**（natura naturans，natural begetting），亦即柏格森哲學中的生命衝動及創造進化；以及這項過程的被動產物，被稱之為自然所生成之物（natura naturata，natural begotten），亦即自然的材料及內容，譬如它的森林、風、水、山丘、田野以及無數的外在形式。斯賓諾沙否定後者但肯定前者所指的自然，並將其與本體及上帝視為一體。本體與方式、永恆秩序與短暫秩序、積極的自然與被動的自然、上帝與世界，全都是斯賓諾沙重合且同義的二分法，每一種都將宇宙劃分成本質與事件。本體並無實體，有形而非物質，與物質及思想的混雜或中性合成物並無相干（有些詮釋者認為有關聯），極為清楚地凸顯出本體與創造性的自然實為一體——而非被動或物質的自然。斯賓諾沙書信中的這段文字，有助於我們更加清楚了解這項概念：

> 我用截然不同的觀點看待上帝與自然——後來的基督徒經常抱持並接受這一點，因為我認為，上帝是一切萬物的內在因（immanent cause）而非外在因（extraneous cause）。我說，一切萬物、所有的生命與變化，都在上帝之中。這一點我與使徒保羅（Apostle Paul）、或許與每一位古代哲學家的看法皆無二致，雖然方式不盡相同；我甚至可以大膽地說，我的看法與古老的希伯來人所抱持的觀點亦無二致——雖然其中有許多可能是從某些特定的傳說中被推論出來，經過大幅的竄改或偽造而成。然而，那些人犯了一個徹底的錯誤，說我的目的……是為了證明上帝與自然——他們所認識的自然指的是大量特定而有形的物質——實為一體，然而我並無此意。[269]

再者，斯賓諾沙在《神學政治論》中寫道：「藉由上帝的幫助，我指的是固定不變的自然秩序或是有**連鎖關係**（chain）的自然事件。」[270] 自然的普遍法則以及上帝永恆的律例是同一件事。「基於上帝的無限本質，萬物……遵循著相同的必要性，宛如遵循著三角形的本質般相同的方式，從永恆到永恆，它的三個角等於兩個直角。」[271]上帝的法則適用於這個世界，如同圓的法則適用於所有的圓。就像本體，上帝是因果的連鎖關係或過程，[272]萬物最根本的條件，[273]也是世界的法則與結構。[274]以方式與事物呈現的具體宇宙之於上帝，宛如一座橋梁之於它的設計、結構、數學法則與力學定律，根據上述這些條件，橋梁才得以搭建起來，它們就是橋梁的支撐基礎、根本條件以及本體。倘若沒有這些條件，橋梁將會垮下來。而就像這座橋梁，這世界本身也是由其結構與法則所維持，在上帝的手中被撐起。

上帝的旨意與自然的法則是為同一現實，只是措辭不一樣而已。[275]所有的事件皆出自於不變法則的機械運作，而非出自於一位坐在星辰之間、反覆無常的暴君之一時興致。這樣的機制，笛卡爾僅從物質與身體中觀察到，而斯賓諾沙則從上帝與心智中觀察出來。這是個決定論的世界，而非設計的世界，因為我們是為有意識的目的而採取行動，並假設所有的過程都有這樣已計畫好的目的；而且因為我們是人類，我們會假設所有的事件都是為人類而準備，是被設計成有助於人類的需求。然而，這是一種以人類為宇宙中心的錯覺，就像我們許多的想法也都犯了一樣的錯誤。[276]哲學中最大的錯誤根源，就在於我們把人類的目的、標準與偏好，投射到客觀的宇宙中，從而形成我們的「問題之惡」（problem of evil）：努力以上帝的仁慈去調和生命中的不幸，而忘了約伯（Job）

---

269 書信，第２１頁。
270 第３章。
271 《倫理學》，第１卷，第１７頁，注釋。
272 霍夫丁（Hoffding），《現代哲學史》（History of Modern Philosophy），第１卷。
273 馬蒂諾，《解析斯賓諾沙》，倫敦，１８２２，第１７１頁。
274 伍德布里奇教授（Prof. Woodbridge）。
275 《神學政治論》（T. T-P.），第３章。
276 《倫理學》，第１部分，附錄。

被訓誡的課題——上帝超越於我們的小善小惡之上。**好**或**壞**之於人類，往往取決於個人的愛好與目的，對宇宙來說並無絲毫的效力，因為在其中，人類宛如生命稍縱即逝的蜉蝣，冥冥之中甚至已經在水中寫下了種族的歷史。

> 無論何時，在我們看來似乎是荒謬可笑或邪惡不快的任何自然界之事物，那是因為我們對它們只有部分的知識，對於自然整體的秩序與連貫性更是一無所知，也因為我們希望一切都能根據我們自己的理由去發號施令；雖然事實上，我們的理由所斷言的壞事，在宇宙自然的秩序與法則看來並非壞事，只是在我們自己的天性單獨看來是壞事。[277]……至於**好**、**壞**之詞，並未顯示其本身有任何絕對的好與壞……因為同一件事可以同時是好的、壞的，或是既不好也不壞；舉例來說，音樂對悲傷的人來說是好的，對哀悼者來說是壞的，而對死者來說則無關緊要，並無好壞之別。[278]

好與壞，皆為永恆之現實無法辨識的偏見。「世界應正確無誤地展現無限的完整性質，而不只是人類的特定目的。」[279]而就如同好與壞，美與醜亦然，皆是主觀的個人用語，用力拋向宇宙，將會寄回給不名譽的發送者。「我得提醒你，我不會將美麗或殘缺、秩序或混亂歸因於自然；只有在涉及我們的想像時，事物才會被稱為美麗或醜陋、井然有序或亂七八糟。」[280]「舉例來說，如果神經藉由眼睛接收到我們眼前物體的動作傳導出健康的狀態，那些物體就會被稱之為美麗；如果並非如此，那些物體就會被稱之為醜陋。」[281]在這些段落中，斯賓諾沙超越了柏拉圖——因為柏拉圖認為自己的美學判斷，必定是創造的法則與上帝的永恆律例。

上帝是一個人嗎？這個字不以任何人類的觀念與意義來加以解釋。斯賓諾沙注意到「普遍的信仰仍然將上帝刻畫為男性，而非女性。」[282]他也英勇到敢於拒絕接受這反映女性臣服於男性的世俗概念。對一位書信往來者反對他所主張的上帝非人之概念，斯賓諾沙給他的回信當中措辭明確，讓人聯想起古希臘的懷疑論者色諾芬（Xenophanes）：

> 當你說道，我是否不承認上帝可以看、聽、觀察、願意等等運作……你並不知道我的上帝是什麼樣的上帝，因此我猜想，你相信再沒比前述特質更趨近完美的事物了。我對此一點也不感到疑惑，因為我相信如果一個三角形會說話，也會以類似的方式說上帝是一個最傑出的三角形；一個圓形也會說神性就

是一個最出色的圓形。每個人都會把自己的特性歸屬給上帝。[283]

最後，「與上帝的本質有關的，既非智慧亦非意志。」[284]在一般意義上來說，歸因於上帝是這些人性特質；但實則上帝的意志是所有起因與法則之總和，上帝的智慧是所有心智之總和。「上帝的心智，」斯賓諾沙設想，「是遍布於時間與空間的所有精神力量，往四面八方擴散、賦予世界生命的意識。」[285]「以不同的程度，所有萬物皆被賦予生命。」[286]生命或心智，只是我們所知事物的一個階段或面向，就如同物質的增長或身體是另一個階段或面向；藉由這兩個階段或屬性（如同斯賓諾沙所稱），我們可以感知到本體或上帝的運作；而就這個意義來說，在萬物變遷背後的上帝，擁有萬能的過程與永恆的現實，或許可以說祂亦擁有心智與身體；但心智或物質都不是上帝，而是構成世界雙重歷史的心智運作過程與分子運作過程，以及它們的起因與法則，才是上帝。

277《政治論》，第2章。
278《倫理學》，第4卷，序言。
279 桑塔耶那，《倫理學導讀》（Introduction to the Ethics），人人出版社編輯，第20頁。
280《書信》，第15頁，波洛克編輯。
281《倫理學》，第1卷，附錄。
282《書信》，第58頁，威利斯編輯。
283《書信》，第60頁，威利斯編輯。
284《倫理學》，第1卷，第17頁，注釋。
285 桑塔耶那，在引用之處，第10頁。
286《倫理學》，第2卷，第13頁，注釋。

2.物質與心智
Matter and Mind

但是，心智是什麼？物質又是什麼？如同某些缺乏想像力的人所臆測，心智是有形的物質嗎？還是說，如同某些深具想像力的人所猜想，身體只是一個概念？心理運作是大腦運作的原因，還是結果？還是宛如馬勒伯朗士（Malebranche）的學說，認為心智與物質是不相干的獨立過程，只是恰好平行運作？

斯賓諾沙的回答是，心智並非有形的物質，物質也不是精神或心理；大腦運作的過程既非思想的因或果，這兩種過程亦非獨立或平行運作。因為它們並非兩種過程，也不是兩個主體，而是一種往內是思想、往外是運動的過程，一個往內是心智、往外是物質的主體；在現實中，是內外兩者不可分割的混合體與統一體。心智與身體不會對另一方起作用，因為它們並無二致，實為一體。「身體不能決定心智的思考，心智也不能決定身體要處於運動、休息或是任何其他的狀態。」原因很簡單，「心智的決定，與身體的欲望和判斷……是完全一樣的同一件事。」[287]全世界皆是如此展現雙重的一致性。無論何處，只要有一個「有形」的外在過程——一個真正過程中的一方或一面，更全面的觀點也會包括一個與心理過程關聯程度不一的內在過程——這是我們可在自己的內心中發現。「心理」的內在過程在每個階段都與「物質」的外部過程相對應，「想法的秩序與關聯，與事物的秩序與關聯是相同的。」[288]「思考的本體與延伸的本體並無二致，藉由這個或那個屬性或層面而被理解。」「某些猶太人似乎也察覺到這一點，雖然仍然困惑不清；因為他們說道，上帝和祂的智慧，以及由祂的智慧所孕育出來的事物，是相同的一件事。」[289]

廣義來說，如果把「心智」拿來與錯綜複雜的神經系統相對應，那麼「心智」中的相關改變將會伴隨著「身體」產生改變（或者更好的情況是，兩者形成一個整體）。「就像思緒與心理過程是相互連結、妥善安排於心智當中，身體當中的改變與事物的改變也是如此。」藉由感官知覺影響身體，「根據它們的秩序而加以妥善安排。」[290]同時，「沒有一件發生在身體上的事不為心智所察覺。」[291]不管是有意識或無意識地察覺。正如情感是整體的一部分，循環、呼吸及消化系統的改變都是覺察的依據；因此，想法也是一部分，在錯綜複雜的有機過程中，伴隨著「身體」而改變。即使是無限小而精微的數學反射運作，也會與身體產生關聯性。（「行為主義者」不是曾經提出，藉由記錄那些不由自主的聲帶震動——似乎伴隨著所有思考而產生——來偵測一個人的思想嗎？）

經過如此努力去除身體與心智之間的區別後，斯賓諾沙繼續將智識（intellect）與意志（will）之間的差異歸納成一個問題。心智中沒有任何的「官能」存在，也沒有任何稱為智識或意志的個別獨立實體，更不用說想像力或記憶力；心智不是處理想法的代理單位，而是串聯與運作過程中的想法本身。[292] **智識**只是一連串想法的抽象、簡寫之詞，**意志**則是一連串行動或選擇的抽象之詞：「智識與意志與這個或那個想法或選擇有關，宛如堅硬性與這個或那個岩石有關。」[293] 最後，「意志和智識是同一件事。」[294] 因為一個選擇，只是一個想法藉由豐富的聯想（又或許是因為沒有其他具競爭性的想法）而在意識中停留得夠久，足以將其付諸行動。每一個想法都會變成一項行動，除非在轉換的過渡期被另一個不同的想法給中止住了；因此在同一個自然的過程中，想法是它的第一個階段，外在的行動則是它的完成階段。

而我們通常所說的意志，即決定想法可在意識中停留、持續多久的推動力量，應該被稱之為渴望，是「人類特有的本質」。[295] 渴望是一種我們可意識到的欲望或本能，但本能並不總是透過有意識的渴望來運作。[296] 在本能

287《倫理學》，第3卷，第2頁。
288 第2卷，第17頁。
289 出處同上，注釋。
290 第5卷，第1頁。
291 第2卷，第12頁與13頁。
292 因為斯賓諾沙預期到聯想的理論（association theory），參見第2卷，第18頁，注釋。
293 第2卷，第48頁，注釋。
294 第2卷，第49頁，推論。
295 第4卷，第18頁。

背後，是各種隱約不明確、為了自保所做的努力；斯賓諾沙從所有的人類、甚至從低於人類層級的活動中觀察到這一點，就像叔本華與尼采觀察到無處不在的求生意志或權力意志。哲學家很少對這一點有異議。

「萬物只要在本身可及的範圍之內，無不致力於延續它本身的生命；一件事物尋求延續自身生命的努力，正是這件事物實際的本質。」[297] 一件事物藉此持續下去的力量，即為它的生命核心與本質。每一種本能都是由天性發展出來的機制，用來保護個體（或者，我們這位孤獨的單身漢沒補充到，物種或群體）。歡愉或痛苦對本能來說，可以是滿足，也可以是阻礙；它們不是渴望的起因，而是結果。我們不是因為事物帶給我們歡愉而渴望它們，而是因為我們渴望它們，它們才會帶給我們歡愉。[298] 而我們渴望它們，是因為我們必須渴望。

因此，我們可以說沒有自由意志的存在。生存的必要性決定了本能，本能決定了渴望，渴望從而決定了思想與行為。「心智的決定脫離不了渴望，而渴望則根據不同的意向而變化。」[299]「在心智中，沒有絕對或自由的意志；心智因為某個原因而決定想要這個或那個，而這個原因反過來由那個原因來決定，那個原因又由另一個原因來決定，以此類推至無窮無盡。」[300]「人類認為自己是自由的，因為他們意識到自己的選擇與渴望，但對於引導他們走向希望與渴望的原因一無所知。」[301] 斯賓諾沙把自由意志的感覺比作一顆石頭的思考，當它穿越空間時，它決定了自己的軌跡，選擇了自己墜落的地點與時間。[302]

既然人類的行為遵循著如同幾何學般的固定法則，心理學應該以幾何的形式以及數學的客觀性來加以研究。「我所描寫的人類，就像我所關注的直線、平面與立方體。」[303]「我費盡心力不去嘲弄、悲嘆或恚恨人類的行為，而以理解來取代；為此，我看待激情……並非人性的惡習，而是與其相關的特性，如同冷、熱、風暴、雷電等，皆為大氣的特性。」[304] 這種不偏不倚的無私方式，為斯賓諾沙對於人性的研究帶來極大的優勢，弗勞德（Froude）稱其是「所有曾經研究道德的哲學家中，迄今顯然最為完整的研究。」[305] 丹納（Taine）找不出更好的方式去稱讚拜爾（Bayle）的分析，只能將其與斯賓諾沙的研究相提並論；當約翰內斯．米勒（Johannes Müller）深究本能與情感的主題時，他寫道：「關於各種情感相互間的關係，撇開它們的生理狀況不談，要超越斯賓諾沙所奠定的精湛描述內容，是不可能的。」這位知名的生理學家，以往往伴隨著真正偉大而產生的謙遜與虛心，詳盡地引用了《倫理學》的第三本書。藉由人類行為的分析，斯賓諾沙終於直搗問題的核心，並為他最傑出的作品贏得應有的讚譽。

3. 理性智慧與道德 Intelligence and Morals

歸根究柢來說，倫理學有三大體系，亦即主張理想品德與合理生活的三種概念。其一，佛陀與耶穌，強調女性化的美德，認為每個人都一樣珍貴，只以善行的回報來抵禦邪惡，視美德與愛為一體，在政治上傾向於無限制的民主。其二，馬基維利與尼采，強調男性化的美德，接受人類的不平等，對於戰鬥、征服、統治的危險樂在其中，視美德與力量為一體，讚頌世襲的貴族政體。其三，蘇格拉底、柏拉圖與亞里斯多德，否定普遍適用的女性

296 斯賓諾沙意識到「無意識」（unconscious）的力量，如我們所觀察到的夢遊（第2卷，第2頁，注釋）；他還注意到雙重人格（double personality）的現象（第4卷，第39頁，注釋）。
297 第3卷，第6頁與7頁。
298 第3卷，第57頁。
299 第3卷，第2頁，注釋。
300 第2卷，第48頁。
301 第1卷，附錄。
302 《書信》，第58頁，波洛克編輯。
303 《神學政治論》，引言。
304 出處同上，第1章。
305 《簡要研究》（Short Studies），第1卷，第308頁。

化或男性化美德，認為唯有明智而成熟的心智能根據不同的情況，判斷何時應由愛或權力來統治、支配，視美德與理性智慧為一體，主張政府應採行一種貴族與民主的混合政體。斯賓諾沙的不同點在於，他的倫理主張不自覺地調和了這些哲學家們明顯對立的主張，讓他們變成和諧的一體，從而帶給我們現代思想中至高成就的一套道德體系。

斯賓諾沙一開始就把幸福設定為人類行為的目標，而且把幸福極簡單地定義為只有歡愉、沒有痛苦。但是，歡愉與痛苦是相對而非絕對的，它們不是一種固定的狀態，而是一種過渡的轉變。「歡愉，是人類從較不完美的狀態轉變（即完整或實現的滿足感）至較完美的狀態。」「喜悅也存在於一個人的力量增加之時。」[306]「痛苦，則是人類從較完美的狀態轉變至較不完美的狀態，也就是我所說的過渡轉變；因為，歡愉並不等於完美本身；如果一個人生來就擁有完美，他就不會有……歡愉的情感。反之則更為明顯。」[307]所有的激情都是通道，所有的感情都是運動，通往或來自於完整與力量。

「藉由**情感**（affectus），我理解了身體的調整與改變，身體的行動力量更藉此增強或減弱、受助或受限，而想法也會同時做出調整與改變。」[308]（這項情感的理論往往被歸功於詹姆斯與蘭吉（Lange），但在斯賓諾沙的論述中，其實闡述得比他們兩位心理學家都還來得更為精確，而且與坎農教授（Professor Cannon）的發現極為相符。）激情或情感本身並無好壞之分，而僅在於它是否加強或減弱我們的力量。「我所指的美德與力量，是同一件事。」[309]美德是行使的力量，能力的形式；[310]「一個人愈能保護自己的生命，尋求對自己有用之事物，他的美德就愈大。」[311]斯賓諾沙並不鼓勵一個人要為他人的利益而犧牲自己，他比大自然更寬容，認為利己主義是最高自衛本能的必然結果。「沒有人會忽視對自己有好處的事物，除非他抱持獲取更大好處的希望。」[312]這對斯賓諾沙似乎是再合理不過了。「既然理性絲毫不需違反自然，它容許每個人都必須愛自己、尋求對自己有利之事、渴望任何真正引領他走向更完美狀態的事物，同時每個人都應該盡其所能地努力保護自己的生命。」[313]因此，他的道德不是建立在利他主義以及人類的良善天性上（如同烏托邦的改革者），也不是建立在自私自利以及人類的邪惡天性上（像是憤世嫉俗的保守主義者），而是建立在無可避免且無可非議的利己主義上，一套主張人類變成弱者將毫無價值的道德體系。

「美德的基礎，不過就是維繫個人生命的努力；人類的幸福，即存在於能夠致力於此的力量。」[314]

跟尼采一樣，斯賓諾沙認為謙卑的用處不大，[315]不是謀士的偽善，就是奴隸的膽怯。謙卑意味著缺乏力量，然而對斯賓諾沙來說，所有的美德都是能力與力量的形式，因此，懺悔自責是缺點而非美德。「懺悔的人會加倍的痛苦及軟弱。」[316]但是，斯賓諾沙並沒有像尼采一樣花許多時間猛烈抨擊謙卑，因為「謙卑非常難得一見。」[317]而如西塞羅（Cicero）所說，即使是出書讚揚謙卑的哲學家，也都不會忘記要把自己的姓名放在封面上。「一個鄙視自己的人，正是最近乎自傲的人。」斯賓諾沙如是說。（提出一句精神分析學家的寵物理論（pet theory），每一項有意識的美德都是為了隱藏或更正另一項祕密惡習的努力）雖然斯賓諾沙對謙卑沒什麼好感，卻很欣賞虛心自制，也反對與行為不相符的驕傲。自負會使人變成令他人討厭的人，「自負的人只會述說自己的豐功偉業以及別人的惡行禍事。」[318]他會很高興有下屬或低於他的人存在，這些人會對他的完美與功績驚詫不已；但他最後會變成那些

306 參見尼采的《反基督》（Antichrist）第二部分：「幸福是什麼？是力量增強、阻力被克服的感覺。」
307 第3卷，附錄。
308 第3卷，定義（def.），第3項。
309 第4卷，定義（def.），第8項。
310 第3卷，第55頁，要義（cor.），第2頁。
311 第4卷，第20頁。
312 《神學政治論》，第16章。
313 第4卷，第18頁，注釋。
314 出處同上。
315 第3卷，第55頁。
316 第4卷，第54頁。
317 第3卷，附錄，定義（def.），第29項。
318 出處同上；第3卷，第55頁，注釋。

對他極盡吹捧者的犧牲品，因為「再也沒有比驕傲者更易受阿諛奉承所欺騙。」[319]

到目前為止，我們溫和的哲學家提供我們一種相當斯巴達式的道德標準，但他在其他章節中則敲擊著較為柔和的音調。他對妒忌、相互指責與輕貶，甚至仇恨的數量之多，感到驚異不已；這些都是會煽動人們並造成分裂的情感；除非消除這些及類似的情感，我們的社會弊病將沒有任何的補救方法。斯賓諾沙相信，要讓大家知道仇恨可以輕易被愛——而非冤冤相報式的仇恨——克服，這並非難事；或許是因為，仇恨戰慄於愛的邊界。仇恨是被餵養以回報它的情感，然而只要一個人相信他自己是被另一個他憎恨的人所愛，就成了矛盾的愛恨情感之獵物——因為愛往往會產生更多的愛（斯賓諾沙或許過於樂觀地相信這件事），因此他的仇恨會逐漸被瓦解、失去力量。憎恨他人，等於是承認我們自己的自卑與恐懼的情緒；對於一個我們有信心可以戰勝他的敵人，我們不會去恨他。「一個想藉由相互仇恨來復仇的人，將會活在悲慘與痛苦之中；但他若是努力用愛的方式驅走仇恨，將會懷抱著愉悅與信心去戰鬥。他抵禦一個或多個人沒什麼不同，幾乎不需要幸運之神的眷顧，而那些他所戰勝的人，也會欣然地臣服。」[320]「征服心智靠的不是兵戎相見，而是靈魂的偉大。」[321]在這些段落當中，斯賓諾沙看見了照耀在加利利（Galilee）山丘上的一線光明。

然而，斯賓諾沙的倫理學本質，其實更偏向希臘思想而非基督教義。「盡力去了解，是美德的首要與唯一基礎。」[322]——再也沒有別的文字比它能更簡單、徹底地呈現出蘇格拉底的精神了。因為「我們被外在因素以各種方式翻來覆去地折騰，就像浪潮被逆向的風推動著搖晃不定，並未意識到問題所在以及我們的命運將何去何從。」[323]我們以為自己在最滿懷激情時，最能做自己的主人，但其實那時我們是最被動的，陷入某種遺傳自世系的衝動或感情的狂潮當中，被急躁、魯莽的反應所席捲，只看得見部分的情況；因為如果沒有思想，我們只能感知到局部的狀況。激情是一種「不足的想法」（inadequate idea），而思想則是一種延遲的回應，直到一個問題的每個關鍵角度都激發了相關的反應——不論是先天遺傳還是後天習得，它才會出現；而唯有如此，想法才會變得充足，回應才會變得完備。[324]本能作為驅動力很棒，作為指引則很危險，因為經由我們稱之為本能的個人主義，每一種本能都只會追求本身的滿足，而不管這麼做是否有利於整體人格；隨之而來的浩劫，舉例來說像是毫無節制的貪婪、好鬥、貪欲等，直到這個人變成這些支配自己本能的附屬品。「這些每天都困擾我們的情感與身體的某些部分關聯性較強，故其所受之影響會高於其他部分；因為這些情感往往過於強烈，使得心智只專注於思索某特定目標而無法關注於其他事物。」[325]然而，「與身體某一個或某幾個特定部位相關的歡愉或痛苦，從而產生的渴望，對一個人整體來說並無任何好處。」[326]要成為我們自己，我們必須讓自己完整而圓滿。

當然，這些都是以前的哲學對於理性與激情所做的區別。但是斯賓諾沙為蘇格拉底與斯多葛學派補充了至關緊要的觀點。他知道，沒有理性的激情是盲目的，而沒有激情的理性則是麻木的。「情感既不能阻止亦不能消除，除非由另一種相反的、更強烈的情感來取代。」[327]與其讓理性對激情展開一場徒勞無功的競賽——更為根深柢固、代代相傳的元素通常是獲勝的一方，斯賓諾沙反對的是毫無理性的激情，而非經由理性加以協調、通盤考量之後將其放在正確位置的激情。思想不應缺少渴望之熱的激發，渴望也不該沒有思想之光的引導。「一旦我們對這股激情形成清晰而明確的想法，那麼這股激情就不再是激情，心智也就會按照自己所擁有的『充足的想法』（adequate idea）之比例，服從於它的指引。」[328]「所有的欲望都是激情，這是單就它們從不足的想法之中產生而言；只有當它們是從充足的想法之中產生時……欲望才會成為美德。」[329]所有理性而明智的行為（亦即所有能配合

---

319 第４卷，附錄，定義（def.），第２１項。
320 第４卷，第４５頁。
321 第５卷，附錄，第２頁。
322 第４卷，第２６頁。
323 第３卷，第５９頁，注釋。
324 以後來的措辭表達，即反射動作是對局部刺激的一種局部反應，本能動作是對部分情況的一種部分反應，而理性則是對整體情況的完整反應。
325 第４卷，第４４頁，注釋。
326 第４卷，第６０頁。
327 第４卷，第７頁與１４頁。
328 第５卷，第３頁。

整體狀況反應）就是品德高尚的行動；到最後，存在的已經不是美德，而是智慧了。

斯賓諾沙的倫理學源自他的形上學。形上學的理性存在於混亂變遷的事物中所認知的法則，倫理學的理性則存在於混亂變遷的渴望中所建立的法則；形上學的理性存在於所見，倫理學的理性存在於所為——在**永恆形式**下，使感知與行動可以符合整體性的永恆觀點。思想在想像力的加持下，有助於我們擴展更寬廣的視界，因為想像力可以把目前行動對未來的深遠影響，呈現給意識知道——但這些影響對於立即而不假思索的反應，無法發揮任何的作用。對於理性而明智的行為來說，最大的阻礙是感官鮮活感受到的當下，遠優於我們稱之為想像力所投射的記憶。「就心智根據理性的要求所設想的事物來說，不論是現在、過去或未來的想法，都會受到同等程度的影響。」[330]藉由想像與理性，我們將經驗轉換成先見之明，藉此，我們可以成為未來的創造者，而不再是過去的奴隸。

因此，我們達成了對人類來說唯一可能的自由。激情的順從是「人性的枷鎖」，理性的行動是人類的自由。自由不是來自因果法則或過程，而是來自部分的激情或衝動；不僅是來自激情，更是來自不協調、未完成的激情。只有在我們知道的時候，我們才是自由的。[331]成為超人，並非不受社會正義與禮儀的約束，而是不受本能個人主義的約束。有了完整性與完全性，隨之而來的是智者的平靜與沉著；不像亞里斯多德的英雄般有著貴族的自滿，更非尼采完美典範般有著傲慢的優越，而是一種更像戰友般、沉著平靜的心智。「理性的良善之人——即在理性的引導下尋求對自己最有益事物的人——是己所不欲，勿施於人的。」[332]成為偉大之人，並不是要超越人性、統治他人，而是要超越不明智的渴望所帶來的偏倚不公與徒勞無功，統治個人的自我。

比起我們稱之為自由意志的自由，這是一種更為高貴的自由。因為意志並不自由，或許連「意志」都不存在；而且不讓任何人假設，因為他不再「自由」，就不必再對自己的行為與生命的構成負道德上的責任。準確地說來，因為人們的行動是由其記憶所決定，社會為了保護自身之故，必須藉由他們的希望與恐懼形成某些社會秩序與合作的措施，組成它的公民。所有的教育皆以決定論為前提，在年輕人開放的心智中注入大量的禁令——預期將可參與行為的決定。「由邪惡的作為而引發的邪惡，並不因為它是必要之惡，就會讓人比較不恐懼；不論我們的行動是否自由，我們的動機仍然是希望與恐懼。因此，這項主張是錯誤的，我並未為戒律與命令留下任何討論餘地。」[333]相反地，決定論有利於更好的道德生活，因為它教導我們不要鄙視、嘲笑任何人，或是對任何人發怒；[334]人本「無罪」，儘管我們會懲治歹徒，但是不會有任何恨意存在：我們會原諒他們，因為他們不知道自己在做什麼。

最重要的是，決定論支持我們以平等的心智，期待並承受命運的好壞兩面，牢記一切萬物皆遵循著上帝永恆的律例；或許它還會教導我們「上帝的理性之愛」，藉此，我們應當欣然地接受自然的法則，在自然的限制中尋找我們的滿足與實現。視一切事物為已決定的人雖然可能會抗拒，但是不會抱怨，因為他「感知到萬物處於某種形式的永恆之下」，[335]也理解自己的厄運或不幸在整體的規劃中並非偶然，在永恆的次序以及世界的結構中找到若干正當的理由。因此，他有心把自己從激情且反覆無常的歡愉提升至沉思的高度寧靜與安詳之中，看待萬物為永恆秩序與進化發展的一部分，學會微笑以對不可避免的命運；而且，「不論他是現在還是再過一千年才能獲得應有的名聲，他都能安然端坐、心滿意足。」[336]他會學到古老的一課：上帝並非專注於其信徒私事的善變人格，而是宇宙不變的秩序維繫。柏拉圖在他的《理想國》中，曾以優美詞句表達同一概念：「心智專注於存在本質的

329 注意最後兩段引文之間的相似性，以及精神分析學說所述，只有在我們未充分意識到這些渴望的確切原因時，它們才是「情結」。因此，治療的第一個元素就是嘗試去把渴望及其原因帶入意識層面，形成它們的「充足的想法」。

330 第４卷，第６２頁。

331 參見杜威教授（Professor Dewey）所言：「醫生或工程師在思想與行動上是自由的，以他們知道自己在跟什麼打交道的程度而言之。或許我們可以在這裡找出通往任何自由的關鍵。」——《人性與行為》（Human Nature and Conduct），紐約，１９２２，第３０３頁。

332 第４卷，第１８頁，注釋；參見惠特曼：「感謝上帝，我不會有任何東西是不能同時擁有它們的對應之物。」

333 《書信》，第４３頁。

334 第2卷，末尾。

335 第2卷，第４４頁，要義（cor.），第2項。

336 惠特曼。

人，沒有時間去顧及人們的小事，或是滿懷嫉妒和敵意的與他們爭鬥；他的目光永遠朝向固定不變的原則，這些按部就班、依據理性的原則，在他看來既不會傷害彼此，也不會使自己受傷。他以這些原則作為仿效之對象，並盡其所能使自己遵從這些法則行事。」[337]尼采說道：「必要之事並不會使我感到苦惱，**命運之愛**（Amor fati）是我核心的本性。」[338]或是如濟慈（Keats）所述：

承擔一切赤裸的真理，
想像命運的境況，一切風平浪靜：
那就是最至高無上的主權。[339]

這樣的哲學，教導我們對生命、甚至對死亡說「是」；「自由之人思考的不外乎死亡，但他的智慧所沉思的並非死亡，而是生命。」[340]這樣的哲學，以它的寬闊視野平靜了煩躁苦惱的自我，使我們安於受限——我們的目的必須在其中加以限制。雖然這樣的哲學可能會導致放棄退縮，以及東方文化中的消極苟安與被動屈從，但它仍然是一切智慧與力量不可或缺的基礎。

4. 宗教與不朽
Religion and Immortality

歸根究柢，正如我們的理解，斯賓諾沙的哲學是嘗試去愛這個世界——即使是一個讓他無家可歸、倍感孤獨的世界。就如同約伯，斯賓諾沙也是他的族群的典範，並問道，為什麼即使是最公義之人，也會像被選中的人一樣，必須遭受迫害與流亡、承受孤寂與悲傷？將世界的概念視為客觀不變法則的過程，曾經足以撫慰、滿足他的心靈；但到最後，他根本的宗教精神把這項沉默的過程轉變成某些幾乎是可愛的事物。斯賓諾沙試圖將自己的渴望併入萬物的宇宙秩序，變成一種幾乎是自然無可區辨的一部分。「最偉大的良善，是心智與整個自然界合而為一的知識。」[341]的確，我們個別的孤獨與隔離只是一種虛幻感，我們是法則與原因所組成偉大洪流的一部分，也是上帝的一部分；我們不過是某種存在短暫轉變的形式——某種比我們自己更偉大的存在，在我們死後仍無止盡地存在。我們的身體不過是在種族的身體之中的細胞，而我們的種族也不過是在生命劇本中的一個插曲。我們的心智，只是一道永恆之光斷續間歇的閃爍而已。「我們的心智，在其所能理解的範圍之內，是一種思維的永恆模式，由另一種思維模式所決定，而這種思維模式又由另一種思維模式所決定，無窮無盡地以此類推下去，從而同時組成上帝永恆及無限的智慧。」[342]在這類關於個體與整體泛神論式的合併方面，東方人曾說：我們聽見歐瑪[343]的共鳴，他「從不將整體稱之為兩種分離的事物」；印度教古老的詩句中也說道：「了解你與一切都是一個完整的靈魂，驅逐與整體分離的幻夢。」[344]「有時候，」梭羅（Thoreau）說道：「當我懶洋洋地漂蕩於瓦爾登湖（Walden Pond）面上，我停止了生活，並開始感受到存在。」

作為這樣一個整體的一部分，我們是不朽的。「人類的心智不會完全隨著肉體而毀滅，它的某些部分仍將永遠存在。」[345]那些存在的部分即意指著孕育、構想出事物的部分；我們越能如此認知事物，我們的思想就越能永恆地存在。斯賓諾沙在此處所表達的文字意涵更是隱晦難解，而經過不同詮釋者間無止盡的爭論，他的語言仍然

337 §５００。
338 《瞧，這個人》（Ecce Homo），第１３０頁。與其說這是尼采的成就，不如說是他的希望。
339 《海伯利安》（Hyperion），第２卷，第２０３頁。
340 《倫理學》，第４卷，第６７頁。
341 修訂版，第２３０頁。
342 《倫理學》，第５卷，第４０頁，注釋。
343 歐瑪（西元一〇四八～一一二三年）：波斯詩人、數學家、天文學家。——編注
344 波洛克，第１６９頁與１４５頁。
345 《倫理學》，第５卷，第２３頁。

對不同的心智訴說著不同的涵義。有時我們會想像他所指的就是喬治・艾略特（George Eliot）所說的不朽聲響，藉著我們的思想與生命中最理性、最美麗之事物，讓我們可以一種幾乎永恆的功效，一年年地延續下去。但有時，斯賓諾沙心中所想的似乎是個人與個體的不朽，可能是因為死亡的陰影過早籠罩於他的人生道路上，他熱切盼望能夠以源泉永遠存在人心的希望來自我安慰。不過，斯賓諾沙堅持把永恆與持久性區別開來：「如果我們注意人們的共同想法，就會發現他們有意識到心智的永恆，但是混淆了永恆（eternity）與時間的持續（duration），而且把永恆歸於想像或記憶——這是他們認為會在自己死後繼續留存下來的事物。」[346]但就像亞里斯多德，斯賓諾沙雖然談及不朽，仍否定個人記憶的存續。「即使在身體中時，心智既無法想像亦無法記起任何事物並加以保存。」[347]斯賓諾沙也不相信天堂的回報與賞賜：「對於那些期望美德有所回報的人，若認為天堂的賞賜是美德的真正評量，則已誤入歧途太遠了；這宛如是一種最偉大的奴隸制度，上帝會用最偉大的獎賞來凸顯他們的光彩，彷彿美德與服侍上帝並不是幸福，也不是最偉大的恩典。」[348]「神的恩惠，」斯賓諾沙書中最後的命題是這麼說的，「並非美德的獎賞，而是美德本身。」或許以同樣方式來說，不朽並非清晰思維的獎賞，而是清晰思維本身，因為它承載過去到現在，再走向未來，克服了時間的限制與狹隘，抓住在千變萬化的萬花筒背後永恆留存的視界。這樣的思想是不朽的，因為每一項真理都是永恆的創作，也是人類永恆的收穫的一部分，將會無止盡地影響他們。

《倫理學》以莊嚴肅穆且充滿希望的語氣作結。很少有一本書能夠包含如此豐富的思想，創立那麼多的評論，還可以為敵對的詮釋保有如此血腥的一個戰場。它的形上學可能有缺陷，心理學可能不完美，神學令人不滿且晦澀難解，但是這本書的靈魂——它的精神與本質，讀過它的人無不肅然起敬。在結尾的段落中，基本的精神以簡單的說服力表達得熠熠發光：

> 以此方式，我已完成了所有想表達的內容——有關於心智超越情感的力量，以及心智的自由。由此即清楚可見，智者在無知者面前的價值，以及智者比起無知者來說是多麼地強大——因為後者只受貪欲的指引。因為，無知者除了會被外在因素以各種方式煽動，從未享受到心智真正的滿足感，更甚者，他

雖然活著，卻幾乎沒有意識到自己、上帝及萬物的存在，而一旦他終止了被動的方式，也就終止了存在。智者則剛好相反，只要他意識到這樣的情況，在精神上就絕不動搖；他藉由某種特定的永恆必要性，覺察到自己、上帝及萬物的存在；他從不終止存在，總是享受心智的滿足感。我所展示的那條通往此境界之道路可能極為艱難，但它仍可能被發現；顯而易見，一條如此難以被發現的路，走起來一定相當艱辛而費力。因為，倘若救贖就近在眼前、得來全不費工夫，它怎麼會被幾乎所有的人視而不見？可知所有精彩絕倫之事物，像它一樣困難的，也會像它一樣稀少。

346 第5卷，第34頁，注釋。
347 第5卷，第21頁。
348 第2卷，第49頁，注釋。

V 關於政治的論述
The Political Treatise

剩下有待我們分析的是《政治論》未完成的斷簡殘章。這本作品是斯賓諾沙在他思想最為成熟的數年中所撰寫，其後因他的英年早逝戛然而止。這本書很簡短，但仍充滿了思想的瑰寶，會讓人再次覺得，當這溫和高尚的生命在他最成熟、火力全開的非常時刻殞落時，我們的損失是多麼地巨大。在同一個時代，見證了霍布斯頌讚絕對的君主政體、痛斥英國人民起義反抗他們的國王，其程度幾乎如同米爾頓（Milton）捍衛它般大力而積極；身為共和政體擁護者迪．威特（De Witts）的朋友，斯賓諾沙制定出一套政治哲學，表述他在荷蘭時所抱持的自由和民主希望，並成為盧梭與大革命達到高峰時的思想潮流主要來源之一。

斯賓諾沙認為，所有政治哲學必然產生於自然秩序與道德秩序——也就是在有組織的社會形成之前與之後——之間的差異。斯賓諾沙假設，人類曾生活於相對孤立的環境中，沒有法律或社會組織；他說，當時沒有對和錯、公義或不公義的概念，強權與公理實為一體。

> 自然狀態中，沒有能以共識稱之為好或壞的事物存在，因為每個處於自然狀態中的人只會考慮自己的利益，根據自己的想法決定什麼是好的或是壞的，只重視自己的利益，不須對任何人負責，也不須用任何法律來解救自己。因此在自然狀態下，人類無法構思出罪惡，只有在文明狀態下，藉由共識才能判定對或錯，而每個人都得對國家負責。[349]……自然法則與慣例，所有人都出生於其下，而且大部分還生活於其中，只禁止沒有人想去做或能夠做到的事，並不反對衝突、仇恨、憤怒、背叛，或大體上來說，任何欲望所暗示之事。[350]

從國家行為的觀察當中，我們可以對自然的法則或毫無法紀略有所得。「國家之間沒有利他主義的存在」，[351]因為只有某個眾人接受的組織，一個共同而公認的權威機構存在時，才有法律與道德規範的存在。現在，國家的「權利」即個人以往（現在往往也還是如此）所擁有的「權利」，亦即強權，主要的國家被某些健忘而誠實的外交官極為貼切地稱之為「列強」（Great Powers）。在物種之間也是如此，沒有共同的組織存在，也沒有任何的道德或法律存在它們之間，因此各個物種各行其是，對其他物種做它想做的、能做的事。[352]

然而在人類之間，隨著相互的需求衍生出相互的援助，力量的自然秩序逐漸變成權利的道德秩序。「對孤寂的恐懼存在於所有人心中，因為沒有任何孤寂獨處的人堅強到足以自我防禦，並且能夠獲取生活的必需品；結果就是，人類天生傾向於形成社會組織。」[353]為防止危險的產生，「如果人類沒有互助與交流，一個人的力量或強項幾可說是絕不足夠的。」[354]然而，人類並非天生就有對社會秩序相互節制的能力，而是由危險衍生出聯盟，從而逐漸滋生並強化出社會本能。「人類並非生而為公民，而是必須被塑造成適合這樣的身分與表現。」[355]

大部分的人內心都是懷有個人主義精神的反叛者，反抗法律或風俗習慣，後來的社會本能比之個人主義稍嫌薄弱，故需要加以強化。人並非如同盧梭災難般的假設「人性本善」，但是藉由聯盟，即使只是家庭，同情心也會隨之而來，一種寬容的感情，最終即為仁慈。我們喜歡像我們一樣的人，「我們同情的不只是我們所愛的事物，也是經我們判斷後認為與自己相似的事物。」[356]一種「情感的模仿」（imitation of emotions）即出自這裡，[357]最

349《倫理學》，第４卷，第３７頁，注釋２。
350《政治論》，第４章。
351 俾斯麥。
352《倫理學》，第４卷，第３７頁，注釋１；附錄，第２７頁。
353《神學政治論》，第６章。
354《倫理學》，第４卷，附錄，第２８頁。
355《神學政治論》，第５章。

後是某種程度的良知；然而，良知不是與生俱有，而是後天習得，且隨地域而變化。[358]良知是團體的道德傳統，儲存於不斷增長的個體心智之中，社會藉此可為自己在敵人——也就是生來即為個人主義的靈魂——心中創造出一位盟友。

在發展過程中，逐漸有了個人權力的法律出現。在自然狀態下獲得的個人權力，在有組織的社會中讓步予全體的法律與道德權力。強權仍是公理，但全體的強權限制了個人的強權——理論上限制了個人的權力，並限制了此權力的行使須與他人的平等自由一致。個人原有的部分強權或主權遂移交給有組織的共同社會，以換取擴大個人剩餘的權力範圍。舉例來說，我們放棄從憤怒衍生至暴力的權利，同時也免於承受來自他人的這類危險暴行。法律是必須的，因為人容易受到激情的支配，如果所有人都明智有理性，法律就是多餘的了。完美的法律之於個體，猶如完美的理性之於激情，協調衝突的力量以避免崩毀，並強化整體的力量。正如形上學中的理性是對事物秩序的感知，倫理學中的理性是在渴望中建立秩序，因此在政治學中，理性是在人類中建立秩序。完美的國家只會在公民的各項權力相互摧毀對方時，才會去限制這些權力；它不會收回自由，只會加上一項更大的自由。

國家的最終目的不是去統治人民，也不是以恐懼去遏止他們，而是要讓每個人免於恐懼，可以在充分的安全保障下生活、行動，而不會傷害到自己或他的朋友鄰人。國家的目的，我再重複一次，並不是要使理性的人變成蠻橫的野獸與機器，而是要使他們的身體與心智能夠安全地運作，引導他們運用自由的理性，並在這樣的理性下生活，而不把力氣浪費在相互的憎恨、憤怒和欺詐，也不會對他人行事不公。如此一來，國家的目的才是真正的自由。[359]

自由是國家的目標，因為國家的功能在於促進成長，而成長取決於達成自由的能力。但是，萬一法律遏止了成長與自由呢？如果國家像每種生物體或組織一樣，只試圖保持它自己的生存（這通常意味著承擔公職的人只想保住自己的職位）而變成一種統治和剝削的機制？斯賓諾沙的回答是，即使是不公的法律也要遵守，如果合理的抗議與討論可被允許、言論可維持自由，即可確保和平的變革。「我承認，這樣的自由有時會帶來不便，但有什麼問題曾被如此明智地解決過，以致於毫無弊病會從其中滋生？」[360]違反自由言論的法律，對所有法律皆具破壞性，因為人們不會尊敬他們不能批評的法律。

政府越努力遏制言論自由，它就會越頑固地反抗，並不是由那些貪得無厭者……而是由那些受過良好教育、道德健全以及賦予更多自由美德的人。一般來說，擁有這些特質組成的人，當他們深信為真實的事物卻被視為違反法律的罪行時，他們是沒有任何耐心去忍受的……在這種情況下，保有如此令人憎惡的法律、克制著不採取反抗政府的行動，他們並不認為這麼做是可恥的，而是最可敬的。[361]……對同胞並未犯任何錯誤卻可以被打破的法律，只會變成一個笑柄，這樣的法律非但**無法約束人類的欲望，反而會強化它們**（Nitimur in vetitum semper, cupimusque negate）。[362]

斯賓諾沙像是絕佳的美國憲政主義者般做出了結論：「如果只有行動能夠作為刑事起訴的理由，言論始終可以免責，煽動叛亂罪將剝除視為正當理由的各種假象。」[363]

國家對心智進行的控制越少，對公民及國家兩者都越好。斯賓諾沙雖然認可國家的必要性，卻也不信任它，因為他了解權力會使人腐化——即使是最清廉、最不貪腐之人（這不就是羅伯斯比爾（Maximilien Robespierre）[364]的稱號嗎？）。對於國家的權力掌控從人民的身體與行動擴展到靈魂與思想，斯賓諾沙並未平靜以對，因為如此一來，結果將會是成長的結束與群體的死亡；因此，他不贊成教育由國家控制，尤其是大學。「以公帑成立的學

356《倫理學》，第３卷，第２２頁，注釋。
357 出處同上，第２７頁，注釋，第１項。
358 第３卷，附錄，第２７頁。
359《神學政治論》，第２０章。
360 出處同上。
361 出處同上。
362《政治論》，第１０章（「我們總是抗拒禁令，渴望拒絕給予我們的事物」）。
363《神學政治論》，序言。
364 馬克西米連·羅伯斯比爾（Maximilien Robespierre，一七五八～一七九四年），法國大革命時期，恐怖統治的代表人物——編注。

院，設立的目的與其說是培養人的自然能力，不如說是抑制這些能力。然而在自由政體中，如果每個人皆可取得公開教學的許可，自行承擔成本與風險，藝術與科學便能被更充分、完整地建立與培養。」[365]如何在國家控制的大學與私人控制的大學之間找出一條平衡的中道，是斯賓諾沙未能解決的問題。私人財富的比例，在他的時代尚未成長到足以造成問題，而顯然他的理想就是如同曾經在希臘蓬勃發展的高等教育，不是來自教育機構，而是來自自由的個體——從一個城市遊歷到另一個城市的「辯士學派」，在公共或私人控制的學校獨立地授課。

以上述為前提，政府的形式為何並無太大的區別；對此，斯賓諾沙僅表達了對民主的輕微偏好。任何傳統的政治形式都可以被加以塑造成「讓每個人……寧可選擇公權勝於私利，這是一項困難的任務。」而且是立法者的苦差事。[366]君主政體效率雖高，但是專制暴虐又偏向軍國主義。

經驗想教導我們的是，賦予一個人完整的權力可促成和平與和諧。因為沒有任何的統治權可以像土耳其一樣，在毫無顯著變革的情況下仍可長久地維持下去。另一方面，也沒有任何的統治權像那些普遍或民主的政體般無法持久，並出現如此眾多的煽動與叛亂。然而，如果奴隸、野蠻和荒蕪可以被稱為和平，人類就沒有更糟的厄運了。無怪乎總是有更多、更劇烈的爭吵與不睦發生在親子之間，而非主僕之間；但進步並不是把父親的權利變成財產的權利，也不是把孩子視為奴隸就改進了家庭管理的藝術。把整個權力交給一個人，助長的是奴役而非和平。[367]

斯賓諾沙還對祕密外交補充了如下：

那些渴望絕對權力的人，歌頌著為了國家的利益著想，國家的事務需要在暗中進行……但在公共福祉之名下，這類自我偽裝的論點愈多，它們所導致的奴役就益發專制而暴虐……應該對公民隱瞞的是敵人所熟知的權利商議，而非暴君的邪惡祕密。那些暗中處理國家事務之人，擁有可掌控一切的絕對權力；正如他們在戰爭時期密謀對付敵人，他們在和平時期也密謀對付著民眾。[368]

民主是最合理的政府形式，因為在這樣的形式中，「每個人都會屈服於控制行動的權力，而非控制判斷與理性的權力；換言之，既然所有人無法所見略同，那麼大多數人的聲音即具有法律之效力。」[369]普遍兵役制

（universal military service）應為民主政體的軍事基礎，公民應在和平時期仍保有他們的武器，[370]而單一稅制應為它的財政基礎。[371]讓平庸之人也能擁有權力是民主政體的傾向，除了限制擔任公職者須擁有「訓練有素的技能」之外，別無他法可以避免這項缺點。[372]多數並不能產生智慧，而且可能會把公職當成最大的恩惠，贈予那些最令人作嘔的逢迎拍馬者。「大眾善變的性情與意向，幾乎使那些有經驗於公職者喪失了信心，因為大眾完全以情緒而非理性遂行支配。」[373]因此，民主政府成了蠱惑民心的煽動者及政客短暫存活的遊行隊伍，有價值的人不願被列在表上、被不如他們的人加以評斷，[374]更有能力的人雖然是少數，但遲早也會反抗這樣的一種體制。「因此我認為，民主政體就是這樣變成貴族政體，經過一段時間後又從貴族政體變成了君主政體。」[375]最終，人們寧願選擇暴政而非混亂，因為權力平等是一種不穩定的情況，人生而不平等，「在不平等中尋找平等的人，等於在尋找無稽之談。」如何爭取最有才幹的人，同時又可以一視同仁地提供**訓練有素又適合的人**——也是眾人希望能由其來擔任管轄之責者——同樣的選擇，這個問題顯然還有待民主來解決。

365 《政治論》，第８章。
366 《神學政治論》，第１７章。
367 《政治論》，第６章。
368 《政治論》，第７章。
369 《神學政治論》，第２０章。
370 《政治論》，第７章。
371 「田野、整片土地以及（倘若可加以管理的）房舍都應該屬於公共財產……讓公民每年支付租金來承租……例外的是，在承平時期允許他們免於繳納所有土地的稅收。」
372 《神學政治論》，第１３章。
373 出處同上，第１７章。
374 《倫理學》，第４卷，第５８頁，注釋。
375 《政治論》，第８章。

誰能預料，如果斯賓諾沙能夠倖免於英年早逝的命運而完成他的作品，他的天才將會在現代政治的關鍵問題上投射出什麼樣的光芒？但即使如此，我們擁有的這份論述僅是他的思想未臻完善的初稿，因為就在撰寫民主政體這一章時，斯賓諾沙離開了人世。

VI

斯賓諾沙的影響

The Influence of Spinoza

「斯賓諾沙並未尋求建立學派，也沒有建立起任何學派。」[376]然而，在他之後的所有哲學都充盈著他的思想。在他死後，接下來的那個世代對他的名字深痛惡絕，連休謨都以「令人驚駭的假設」提及他。「人們談論斯賓諾沙的方式，」萊辛（Lessing）說：「彷彿他是一條死狗。」

萊辛恢復了斯賓諾沙的聲譽。在西元一七八〇年知名的萊辛與雅各比對談中，[377]這位偉大的評論家之言論震驚了雅各比。萊辛說道，自他成年之後始終是斯賓諾沙的信徒，堅信「沒有別的哲學比得上斯賓諾沙」。他對斯賓諾沙的熱愛也鞏固了他與摩西·門德爾松（Moses Mendelssohn）[378]的友誼。同時，在他偉大的戲劇《智者納旦》（Nathan der Weise）中，他以這位活著的商人與死去的哲學家，塑造其理想的猶太人模型。數年之後，赫爾德（Herder）的《關於斯賓諾沙體系的若干討論》（Einige Gespräche über Spinoza's System）使自由派神學家的注意力轉移到《倫理學》上；這個學派的領袖施萊爾馬赫（Schleiermacher）撰寫了「神聖而被逐出教會的斯賓諾沙」一文，而天主教詩人諾瓦利斯（Novalis）則稱斯賓諾沙為「陶醉於神之人」。

同時，雅各比也使歌德注意到斯賓諾沙。這位偉大的詩人告訴我們，他從初次接觸《倫理學》就開始轉變自

376 波洛克，第78頁。
377 全文發表於威利斯書中。
378 摩西·門德爾松（Moses Mendelssohn，一七二九～一七八六年），德國猶太哲學家、學者——編注。

己的信仰，[379]因為這正是他深沉的靈魂所渴求的哲學；從此，斯賓諾沙的思想便滲透於他的詩歌與散文的字裡行間。也因此他學到了**「我們該當放棄」**（**dass wir entsagen sollen**）的一課：我們必須接受自然置於我們的限制。而呼吸著斯賓諾沙沉著平靜的空氣，在一定程度上也讓歌德從**葛慈**（**Götz**）與**維特**（**Werther**）狂野的浪漫主義中提升，轉變成晚年時期典雅穩重、沉著靜謐的風格。而藉由結合斯賓諾沙與康德的認識論，費希特、謝林與黑格爾形成了他們各個不同的泛神論（pantheism）主張；基於**努力自保**（**conatus sese preservandi**）的觀點，費希特的**自我**（**Ich**）、叔本華的「生存意志」（will to live）、尼采的「權力意志」（will to power）、柏格森的**生命衝動**於焉誕生。黑格爾對斯賓諾沙體系的過於死寂與苛刻感到不以為然，但他忘了其中的動態元素，只記得上帝即法則的磅礴概念，並將其應用在自己的「絕對理性」（Absolute Reason）中；不過，他也極為誠實地承認：「要成為一位哲學家，得先成為斯賓諾沙的信徒。」

在英國，斯賓諾沙的影響隨著革命運動的浪潮而興起。年輕的反叛者像是柯勒律治（Coleridge）、華茲華斯（Wordsworth），以激勵俄羅斯知識份子在**人民**（**Y Narod**）承平時期的討論般相同狂熱，談論「斯拜諾沙」（Spynosa）（政府派去監視他們的間諜以為是在談論他們的鼻音）。柯勒律治以斯賓諾沙信徒的席間閒談來款待賓客，華茲華斯則在這位哲學家著名的字裡行間攫取住他的某些思想：

> 某些事物
> 存在於不變的恆星之間，
> 存在於周而復始的海洋與生機盎然的空氣中，
> 存在於蔚藍天空與人們的心智裡；
> 是運動也是精神，推動
> 所有理性的事物，一切思想的對象，
> 席捲萬物。

雪萊在他的《麥布女王》（Queen Mob）原始註記中引用了《神學政治論》，並且為其進行翻譯——拜倫

（Byron）甚至答應為他寫序。這部作品未完成的部分流入米德爾頓（C. S. Middleton）之手，他將其視為是雪萊自己的作品，認為它「學童般的思考……出版全文則嫌過於粗糙。」喬治・艾略特在性格較為溫馴的後期階段，對《倫理學》進行翻譯，雖然她從未出版過這部翻譯的作品；可能有人會懷疑斯賓塞的「不可知論」（Unknowable）概念，得力於他與這位小說家的親密關係，故在某種程度上應歸功於斯賓諾沙。「當今，沒有任何地位顯赫的人士會不認可，」貝爾福特・巴克斯（Belfort Bax）說道：「斯賓諾沙的學說中包含了充實豐富的現代科學。」這麼多人深受斯賓諾沙的影響，或許是因為他助長了如此之多的詮釋，讓人在每次閱讀時都產生新的獲益；所有涵義深奧的言論，對不同的心智展現不同的面向。一個人可能會以《聖經》中的《傳道書》（Ecclesiastes）論及智慧的方式來描述斯賓諾沙：「第一個人並未完整地認識他，最後一個人也並未查明他的真相，因為他的思想比大海更廣闊，他的忠告比最深之處更深奧。」

在斯賓諾沙逝世兩百週年紀念時，海牙發起一項募款活動以豎立一座他的雕像。捐款來自深受他啟發的世界各地每個角落，從來沒有一座紀念碑是聳立於如此寬廣的愛之基座上。在西元一八八二年的揭幕式上，歐內斯特・勒南（Ernest Renan）以下列言詞總結了他的演說，也很適合為我們這一篇章作結：「對這個溫和沉思的頭顱謾罵侮辱的過路人有禍了，因為他極端粗俗以及缺乏想像神聖事物的能力，他將如同所有粗俗的靈魂一樣被懲罰。這個人從他的花崗岩基座上，為所有人指出他所尋找到的真福之路。路過此地、深具教養的旅人，將會在內心說道：上帝曾經來訪的最真實所見，或許就在這裡。」[380]

379 布蘭德斯（Brandes），《十九世紀文學主要潮流》（Main Currents in Nineteenth Century Literature），紐約，１９０５，第６卷，第１０頁。參見布蘭德斯，《沃爾夫岡・歌德》（Wolfgang Goethe），紐約，１９２４，第１卷，第４３２-７頁。

380 《倫理學》，人人出版社編輯，引言，第２２頁，注釋。

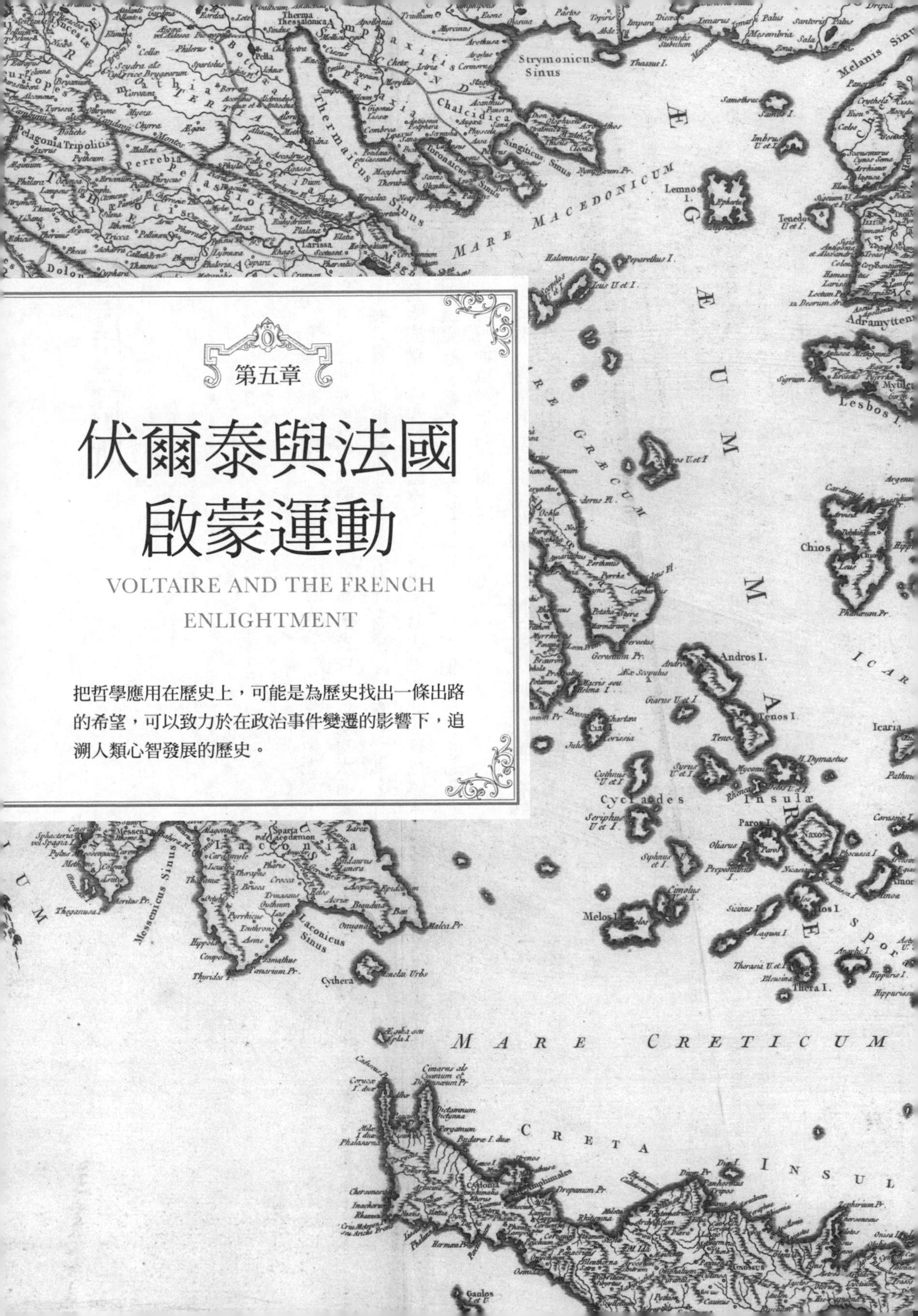

第五章

伏爾泰與法國啟蒙運動

VOLTAIRE AND THE FRENCH ENLIGHTMENT

把哲學應用在歷史上，可能是為歷史找出一條出路的希望，可以致力於在政治事件變遷的影響下，追溯人類心智發展的歷史。

I 巴黎：伊底帕斯王

Paris: Oedipus

西元一七四二年的巴黎，伏爾泰正在指導一位杜美斯妮女士（Mlle. Dumesnil）在他的一齣戲劇《梅羅珀》（Mérope）中的排練，告訴她要如何提升演出表現至悲劇的水準與高度。這位女士抱怨說，她心裡得有「真正的魔鬼」才能激發出伏爾泰所要求的激情吧；而伏爾泰的回答是：「這就對了，妳必須擁有這樣的魔鬼，才能在任何的技藝上成功。」[381]連伏爾泰的評論家與敵人都承認，伏爾泰本身已完美無缺地符合了這項標準。「**他體內有著真正的魔鬼（Il avait le diable au corps）**。」聖柏夫（Sainte-Beuve）如是評論，[382]德．麥斯特（De Maistre）也稱他為「手中握有地獄奉上的所有力量」之人。[383]

其貌不揚、醜陋自負、輕率無禮、淫穢下流、肆無忌憚，有時甚至不誠實；伏爾泰就是這樣的一個人，背負了他的時代與背景的缺失——幾乎無一遺漏。然而，同樣的這一個人，也堅持著良善體貼，毫不吝於揮灑他的精力與錢財；不遺餘力地幫助朋友，也始終不懈於粉碎敵人；大筆一揮就可傷人於無形，殷勤友好的些許撫慰又可使他輕易卸下武裝。多麼矛盾的一個人。

然而，這些特質不論好壞都是次要的，並非伏爾泰的本質。他驚人而根本的本質，在於他的心智源源不絕的豐饒與取之不竭的才華。他的作品數量高達九十九冊，其中的每一頁，都閃耀著機智生動的火花、結出纍纍的成果，範圍從一個主題跨越到另一個主題，而且橫跨世界各地，宛如創作一部斷斷續續的百科全書般之壯舉。「我的職業就是說出我所思考之事。」[384]他所思考的事總是值得一說，他所述說的內容也總是精彩絕倫。如果我們現在不再閱讀他的作品（雖然有像阿納托爾．法朗士這樣的人，藉由鑽研他的作品而形塑出敏銳與智慧之見解），那是因為他曾為我們而打的神學之戰，已不再與我們密切相關或使我們深感興趣；我們已經進入了其他主題的戰場，全神貫注於此生的經濟學遠勝來世的地理學。伏爾泰在教會主義與盲目崇拜上的大獲全勝，使得那些他曾經認為生氣盎然的議題已如一潭死水；他的名氣也有一大部分是來自他那無人能比的獨特談吐，但是**文字永存，言語已逝**（**scripta moment, verba volant**），伏爾泰的機智言語也早已飛逝而不復存在。留存至今的伏爾泰，血肉情欲過多，精神中的神聖之火過少，然而，當我們透過時光之鏡看他時，會發現這是一個多麼陰鬱的靈魂！「純粹的智慧，將怒氣轉化為趣事，將磨難之火轉化為啟發之光。」[385]「空氣與激情火焰的產物，有史以來最令人興奮的存在，是由比所有人更超凡似仙、更令人悸動的原子所組成，沒有人比他擁有更為敏銳細膩的心智機制，也沒有人比他更能同時達成精準轉換之平衡。」[386]或許，他就是歷史上所有最偉大的智慧能量？

伏爾泰無疑相當勤奮地工作，比之他同時代任何人的成就都高。「不專注在工作上與不存在，結果並無不同；」他說道：「除了無所事事者，其他所有人都是好人。」他的助手也說，他只在自己的時間上是個吝嗇鬼。[387]「一個人必須盡其所能地把自己所有的時間用來工作，以支持世界上的生命之存續……我年紀愈大，越發現工作之必要，因為從長遠看來，它變成你最大的樂趣，取代生命的幻覺與假象。」[388]「如果你不想要自殺，就要隨時找事情來做。」[389]

381 塔蘭泰爾（Tallentyre），《伏爾泰傳》（Life of Voltaire），第3版，第145頁。
382 《十八世紀的人物肖像》（Portraits of the Eighteenth Century），紐約，1905，第1卷，第196頁。
383 布蘭德斯，《十九世紀文學主要潮流》，第3卷，第107頁。
384 塔蘭泰爾，第32頁。
385 羅伯遜，《伏爾泰》（Voltaire），倫敦，1922，第67頁。
386 丹納，《古代政權》（The Ancient Régime），紐約，1876，第262頁。
387 伏爾泰，《浪漫史》（Romances），紐約，1889，第12頁。
388 聖柏夫，第1卷，第226頁。
389 塔蘭泰爾，第93頁。

自殺必然無止盡地誘惑著伏爾泰，因為他總是在工作。「因為他是如此徹底地活著，遂讓整個時代都充滿了他的生命與存在。」[390]身處最偉大的世紀之一（西元一六九四年至一七七八年），伏爾泰就是這個世紀的靈魂與本質。「伏爾泰的名字，」維克多・雨果（Victor Hugo）如是說：「就代表整個十八世紀的時代特性。」[391]義大利有文藝復興，德國有宗教改革，但法國有伏爾泰；對於他的國家來說，他既是文藝復興，亦是宗教改革，更是大半個法國大革命（the Revolution）。他承繼了蒙田缺乏熱情的懷疑主義（scepticism）以及拉伯雷（Rabelais）世俗的健康幽默感；他比路德（Luther）、伊拉斯謨（Erasmus）、卡爾文（Calvin）、諾克斯（Knox）或墨蘭頓（Melanchthon）更為兇猛、更有戰鬥力地對抗迷信與腐敗；他幫米拉波（Mirabeau）、馬拉（Marat）、丹敦（Danton）與羅伯斯比爾一起製造炸毀舊政權（Old Regime）的火藥。「如果我們藉由人們所做之事來評斷他們，」拉馬丁（Lamartine）說：「那麼伏爾泰無庸置疑是現代歐洲最偉大的作家……命運給了他八十三年的時間，讓他可以緩慢分解那個腐敗的時代，讓他有時間與時代搏鬥，而當他倒下去時，他已是一位成功的征服者了。」[392]

從來沒有一位作家能在他的有生之年產生如許的影響力。儘管被放逐、監禁，幾乎每一本書都受到教會及政府爪牙的打壓，他還是勇猛地打造出一條通往他的真理之道路，直到最後，國王、教皇與皇帝都不得不迎合他，君權與王位都在他面前顫抖，半個世界的人都專注聆聽他的每一句話語。這是一個許多事物都亟需一位毀滅者的時代。「大笑之獅必然到來，」尼采說；沒錯，伏爾泰來了，並且「以其笑聲使敵人全軍覆沒。」[393]經濟與政治的統治權從封建貴族過渡到中產階級之手，伏爾泰與盧梭代表著這項龐大過程中的兩種聲音；當現有的法律或風俗慣例對一個新興的階級造成不便時，它將訴諸理性而非風俗慣例、訴諸自然而非法律，就像個人矛盾衝突的欲望會激發思想的火花。因此，富裕的中產階級支持伏爾泰的理性主義（rationalism）以及盧梭的自然主義（naturalism），在偉大的革命到來之前，放鬆舊有的習慣與風俗之限制、革新並為感覺與思想注入活力、敞開心胸接受試驗與改變，都是必要的。與其說伏爾泰與盧梭是法國大革命之起因，倒不如說他們是與法國政治與社會生活底下暗潮洶湧的力量共同作用之結果，是伴隨著火山高熱與大火而來的光明與光彩。哲學之於歷史，宛如理性之於欲望，兩者皆是在有意識思考的層面下所決定的無意識過程。

然而，在試圖糾正哲學家容易誇大哲學的影響力之傾向時，我們不能矯枉過正。路易十六（Louis XVI）在他的聖殿中看到伏爾泰與盧梭的作品時，說道：「這兩個人毀了法國。」[394]他指的是他的王朝。「波旁王朝（Bourbons）或許可以免於滅亡，」拿破崙說：「如果他們對書寫的文字內容加以控制；大砲的出現毀滅了封建制度，筆墨則毀滅了現代社會組織。」[395]「書籍統治了這世界，」伏爾泰說：「或者至少是那些有著書寫語言的國家，其餘國家不算在內。」「再沒有比教育更能解放人民的事物了。」而他正有解放法國之意。「一旦一個國家開始思考，便不可能阻止它。」[396]而隨著伏爾泰的腳步，法國開始思考了。

「伏爾泰」，也就是弗朗索瓦．瑪利．阿魯埃（Francois Marie Arouet），西元一六九四年出生於巴黎，是一位成功、生活安逸的公證人之子，有一位帶著幾分貴族氣息的母親；他的精明與易怒的特質或許應歸功於他的父親，而輕率與機智的某些部分則應歸功於他的母親。他差一點就沒能來到人世：他的母親沒能在生產中活下來，而他又是如此羸弱又奄奄一息的嬰孩，連護士都認為他活不過一天；她顯然出了些許的差錯，因為伏爾泰活到將近八十四歲，終其一生，他羸弱的身體雖然不斷為病痛所折磨，但他的精神卻始終不曾屈服。

伏爾泰深受他的模範大哥阿曼德（Armand）的薰陶與啟迪，他是一位愛上詹森教派（Jansenist）異端學說的虔誠小伙子，為他的信仰勇於追求殉難。阿曼德對一個勸告他不必作無謂冒險的朋友說：「如果你不想被吊死，至少不要澆熄別人的熱情。」伏爾泰的父親說，他的兩個兒子都是傻瓜，一個愛詩歌，一個愛散文。事實上，弗朗

390 莫利（Morley），《伏爾泰》（Voltaire），倫敦，１８７８，第１４頁。
391 伏爾泰二百週年紀念演說。
392 《浪漫史》，第６頁與１１頁。
393 布蘭德斯，第５７頁。
394 塔蘭泰爾，第５２６頁。
395 柏圖（Bertaut），《拿破崙如是說》（Napoleon in His Own Words），芝加哥，１９１６，第６３頁。
396 塔蘭泰爾，第１０１頁。

索瓦幾乎一會寫自己的名字就會寫詩了，使他那極為實際的父親深信，這個兒子不會帶來什麼好事。

但是，有一位知名的交際花尼依．德．朗克洛（Ninon de l'Enclos），就住在弗朗索瓦出生之後遷回居住的城鎮上，獨具慧眼地看出這個年輕人身上偉大不凡的跡象，所以當她離開人世時，留了二千法郎給伏爾泰作為購買書籍之用，因此他的早期教育就由此而來，還有就是一位放浪形骸的教士〔吉羅姆．可瓦尼亞（Jérome Coignard）〕在禱詞中教導他懷疑主義；他後來的耶穌會士教師們則藉由辯證法教導他懷疑主義的特有工具——證明一切的技巧，最終什麼也不相信的習慣。於是，弗朗索瓦成了辯論的能手；當男孩們去田野間嬉戲時，十二歲的他則留下來跟醫生們討論神學。當他到了要自行謀生的年紀時，他提出從事文學作為自己的職業，但這項提議使他的父親大為震驚。「文學，」阿魯埃先生嗤之以鼻說道：「是想要成為社會無用的蠹蟲與親戚友人的負擔之人，才會去從事的職業，最後一定會餓死。」你可以想見他鏗鏘有力的怒氣，使得他面前的桌子也隨之顫抖不已。但弗朗索瓦還是走上了文學這條道路。

弗朗索瓦可不是一個安靜而且只會勤奮好學的小伙子，他跟別人一起挑燈夜戰。他特別喜歡晚上不睡覺，與鎮上機智風趣的才子及愛喝酒喧鬧的人一起嬉戲聚會、測試戒律的底線，直到他那怒不可遏的父親把他送到卡昂（Caen）的一位親戚那裡，明確指示以近乎監禁的方式好好管教這位年輕人。然而，看守弗朗索瓦的人卻拜倒在他的機智風趣之下，很快就讓他重獲了自由；監禁之後，就跟他後來的際遇一樣，隨之而來的就是放逐，他的父親又把他送往海牙一位法國大使處，請求讓這位狂妄魯莽的男孩受到嚴密的監控看管，但這次，弗朗索瓦立刻就與一位年輕女士「彭班德」（Pimpette）墜入愛河，與她進行令人喘不過氣的暗中面晤，寫給她充滿激情的書信——結尾總是信誓旦旦地重複說道：「我一定會永遠愛妳。」他們的戀情終於紙包不住火，結果弗朗索瓦又被送回家。他對彭班德女士念念不忘了數週之久。

西元一七一五年，對自己年滿二十一歲而洋洋自得的弗朗索瓦再次前往巴黎，剛好趕上路易十四駕崩之際，繼任者顯然過於年輕以致於無法治理法國，更別說是巴黎了，於是權力落入了攝政王之手，在這段皇權旁落的過渡期間，巴黎這座世界之都中的暴動騷亂肆無忌憚地恣意橫生，年輕的阿魯埃則隨之起舞；沒多久，這位才華洋溢又魯莽行事的小伙子就贏得了相當的名聲。當攝政王因經濟的考量而出售皇家馬廄中大半的馬匹時，弗朗索瓦評論道，解僱皇家宮廷中大半的笨驢應是更明智之舉。最後，所有關於巴黎的議論與耳語，不管是歡快還是不當的，皆被說是出自於弗朗索瓦之口；運氣更不濟的是，裡頭還包括了兩首指控攝政王意欲篡奪王位的詩歌。攝政王大發雷霆，有天在公園遇見這位年輕人，便對他說：「阿魯埃先生，我保證，我可以讓你看到以前從未見過的事物。」「是什麼？」「巴士底監獄。」於是第二天，西元一七一七年四月十六日，阿魯埃就看到它了。

被關在巴士底監獄時，他因為某些不明的原因而採用了伏爾泰的筆名，[397]最後終於成為一位認真的詩人。他在獄中的前十一個月中，寫了一首冗長、毫無價值的史詩《亨利亞德》（Henriade），述說納瓦爾（Navarre）的亨利的故事。接著，攝政王或許發現他囚禁的只是一個無辜的人，遂釋放了他，並給了他一筆津貼；為此，他還寫信感謝攝政王如此照料他的膳宿，並請求攝政王允許，讓他從今而後自行照料自己的住所就好。

伏爾泰這時幾乎是從監獄躍進了舞台。他的悲劇《伊底帕斯王》於西元一七一八年演出，以連續上演四十五晚的表現，打破了巴黎有史以來的演出紀錄。打算來訓斥他的老父親坐在包廂裡，以發著牢騷的咕噥聲掩蓋他的喜悅之情，每聽到一句諷刺的俏皮話時，他都說：「喔，這個淘氣鬼！這個搗蛋鬼！」當詩人豐特奈爾（Fontenelle）在演出之後見到伏爾泰，咒罵著給予它極高的評價，說它是「太過出色的悲劇」時，伏爾泰微笑著回應：「我得重讀你的田園詩。」[398]這個年輕人顯然毫無殷勤有禮或謹慎行事的心思，他不就把這些輕率魯莽的台詞放進他的劇本之中嗎？

我們的神父並非天真的人們所以為的模樣，

他們的學識不過就是我們的輕信。（第四幕第一場）

或藉由伊拉斯帕（Araspe）之口，道出劃時代的重大挑戰？

397 卡萊爾認為它是A-r-o-u-e-t l. j.（年輕人（le jeune）之縮寫）的變位字謎，但這個名字似乎是從伏爾泰母親的家族那邊而來。

398 羅伯遜，第67頁。

讓我們相信自己，以自己的雙眼目睹一切，
讓這些成為我們的神諭、我們的祭壇、我們的神。（第二幕第五場）

這齣戲劇為伏爾泰賺進四千法郎，他以一種在文人身上聞所未聞的明智之舉，把這筆錢拿去投資。藉由他所經歷的磨難，他把戲劇當成不僅是一筆利潤豐裕的收入，更是一項工作；他遵守那句經典的諺語：「一個人在高談闊論哲學之前，得先活得下去。」西元一七二九年，伏爾泰把一項設計充滿漏洞的政府彩券全數購入，賺進使政府怒不可遏的一大筆彩金。然而，隨著財富的遞增，伏爾泰也變得更加慷慨大方，當他步入晚年時，圍繞在他身旁的追隨者圈子也愈來愈廣。

所幸，伏爾泰有為他那法國式機敏的生花妙筆添加上這種近乎希伯來式的金融敏銳度，因為他下一齣戲劇《阿特米爾》（Artemire）的演出結果不如預期。伏爾泰敏銳地察覺到這項失敗，每一次的勝利，都使後來的失敗更加刺痛難當，而他總是對輿論意見敏感異常，甚至羨慕動物——因為牠們不知道人們對自己有什麼評論。此時，命運更為他的失敗雪上加霜，讓他罹患上天花；在沒有更多藥劑的情況下，他喝了一百二十品脫的檸檬汁治癒了自己。當他走出死亡的陰影時，才發現他的《亨利亞德》讓他成名了；於是伏爾泰頗合情理地誇耀自己使詩歌蔚為潮流。他在各地皆廣受歡迎並被盛情款待，皇親貴族纏住他，把他變成舉世聞名的文人雅士、無與倫比的對話大師、以及歐洲文化傳統精髓的承先啟後之人。

八年來，伏爾泰皆沉浸於社交名流歡樂的沙龍聚會中；但接下來好景不常，命運之神不再眷顧他。有些貴族無法接受這個年輕人除了天才的稱號之外，並無其他足以被任命或加以榮耀的頭銜，並且無法容忍他享有如此的聲譽。在德．蘇利公爵（Due de Sully）莊園的一次晚餐，伏爾泰以毫不掩飾的口才和機智滔滔不絕好一會兒之後，德．羅翰爵士（Chevalier de Rohan）提高聲量問道：「那個大發議論的年輕人是誰？」「閣下，」伏爾泰迅速地回答：「他只是一個沒有偉大名聲、但為自己的姓名贏得尊重之人。」直接回應爵士是一項徹底放肆無禮之舉，而回答他不可回答之事更是一項叛逆之罪。於是這位尊貴的閣下找了一幫惡棍，計畫在夜間襲擊伏爾泰，但提醒了他們：「別打他的頭，可能還會有好東西從那裡生出來。」第二天，伏爾泰包紮著繃帶、一瘸一拐地出現在戲院，走進德．羅翰爵士的包廂，提出決鬥的挑戰，然後回家整天練習他的劍術。但是高貴的爵士並不打算被一位沒有頭銜的天才送進天堂或其他地方，他求助於擔任警察部長（Minister of Police）的表親來保護他；因此，伏爾泰被逮捕了，發現自己又回到了他的老家巴士底監獄，再一次享受到從巴士底監獄裡頭觀看外頭世界的特權。不過，這一次他幾乎馬上就被釋放了，條件是他必須被放逐到英國；伏爾泰同意了，但被護送過多佛（Dover）之後，他又跨越海峽、喬裝打扮返回法國，熱切地想為自己報仇。然而，在被人警告說他的行跡已被發現，並即將被逮捕第三次時，他只好再次認分地搭上船，屈服於在英國待上三年（西元一七二六年至一七二九年）的命運。

II

倫敦：英國書信集

London: Letters on the English

伏爾泰開始勇氣十足地學習如何掌握一門新的語言——英語。他不太高興地發現，**瘟疫**（**plague**）這個字只有一個音節，**瘧疾**（**ague**）這個字卻有兩個音節，他真希望瘟疫可以帶走這門語言的一半，然後瘧疾再帶走另一半。不過沒多久，伏爾泰就可以很好的閱讀英文了，不到一年時間，他已然可以精通當代最佳的英國文學作品了。博林布魯克勳爵（Lord Bolingbroke）把他介紹給英國的文學界人士，一個接一個地宴請他們，甚至包括了難以捉摸、深具侵略性的文壇泰斗斯威夫特（Dean Swift）。伏爾泰假裝自己並無任何家世背景，也不過問其他人的出身。當康格里夫（Congreve）把自己的戲劇看成微不足道的玩意兒，並說希望被視為一位有錢有閒的紳士而非作家時，伏爾泰毫不留情地回答他：「如果你不幸跟其他人一樣只是一位紳士，我永遠不會來見你。」

令伏爾泰感到驚訝的是，博林布魯克、波普（Pope）、艾迪生（Addison）及斯威夫特皆可隨他們高興自由地寫作。這是一個有自己主張的民族，可以改造自己的宗教、吊死自己的國王再引入另一位、建立起一個比歐洲任何統治者都強大的議會；這裡沒有巴士底監獄，也沒有**蓋上公家圖章的批准信函**（**lettres de cachet**）——任何有貴族頭銜或游手好閒的皇親貴族，都可以用這種信函把他們沒有頭銜的仇敵送進監獄，不需原因也不必審判。這裡有三十種宗教，而沒有教士；其中最大膽的教派是貴格會教徒（Quaker），他們宛如基督徒的作為讓整個基督教世界震驚不已。伏爾泰在有生之年始終對他們感到萬分的驚奇，在《哲學辭典》（Dictionnaire Philosophique）中，他讓其中一人說道：「我們的上帝，叫我們要愛我們的敵人、毫無怨言地受苦，祂一定沒有想到我們要跨越大海往前行、割斷我們兄弟的喉嚨，因為穿戴紅衣與兩英尺高帽的殺人兇手，正用兩根棍子敲擊驢皮鼓發出噪音徵召公民。」

這也是一個因聲勢浩大的知識份子活動而活躍悸動的英國。培根之名仍飄揚在空中，歸納法在每個領域都大獲全勝。霍布斯（西元一五八八年至一六七九年）貫徹了文藝復興的懷疑精神以及其導師的務實精神，造就出完整徹底且直言不諱的唯物論，若在法國，他或許會贏得「謬論的殉道者」之譽。洛克（西元一六三二年至一七〇四年）寫了一部心理分析的傑作（《人類理解論》（Essay on the Human Understanding），西元一六八九年），毫無任何超自然的假設在其中。科林斯（Collins）、丁道爾（Tyndal）及其他自然神論者，在質疑教會所有現存的學說之後，重中他們對上帝的信仰。牛頓才剛與世長辭，而伏爾泰參加了他的葬禮，並常常回想起這位被授予國家級榮譽的謙遜英國人給他留下的印象。「不久前，」他寫道：「一群傑出的同伴們討論到一個無聊的老掉牙問題：『誰是世界上最偉大的人？是凱撒、亞歷山大、帖木兒（Tamerlane），還是克倫威爾？』有人回答，毫無疑問是艾薩克．牛頓（Isaac Newton）。沒錯，因為他以真理的力量駕馭我們的心智，不同於那些以暴力奴役我們心智的人，我們虧欠他一份崇敬之情。」[399]伏爾泰變成牛頓作品的學生，耐心、徹底而周密；其後，又成為牛頓學說在法國的主要倡導者。

我們不得不驚嘆於伏爾泰以如此敏捷的速度，吸收了幾乎整個英國教導他的文學、科學以及哲學。他汲取各式各樣的元素，讓他們經由法國文化與精神之火的冶煉，轉變為法國式的機智和口才之黃金。伏爾泰把他的感想記錄在《英國書信集》（Letters on the English）中，這部手稿僅限在他的朋友之間傳閱；他不敢出版這本書，因為書中給予「背信忘義的阿爾比恩（Albion）」過高的評價，鐵定無法符合皇家審查員的品味；況且，其中不但把

399《英國書信集》，第１３卷；莫利，第５２頁。

英國的政治自由及知識獨立與法國的專制及奴役拿來對比，[400]還譴責法國那些游手好閒的皇親貴族與徵收什一教區稅的神職人員，以巴士底監獄作為永久的手段以及對所有問題與懷疑的答復，是故，書中呼籲中產階級應提升至這個國家的適當地位，如同英國的中產階級。雖然並未明確地意識到或是意圖去這麼做，但這些書信無疑是法國大革命中第一隻雄雞報曉的啼叫聲。

400 狄德羅（Diderot）因他的《盲人書信集》（Letter on the Blind）而入獄六個月；西元一七五一年，布馮（Buffon）被迫公開撤銷他在古地球方面的學說；弗雷烈（Freret）因一項對於法國王權根源的重要探究而被送進巴士底監獄；直到西元一七八八年，大量書籍持續由公眾絞刑手公開焚毀，西元一八一五年復辟之後亦然；西元一七五七年，一項法令被制定以宣判任何「抨擊宗教」的作者死刑，亦即對傳統信仰的任何教義表示懷疑者。——羅伯遜，第73、84、105、107頁；佩利希爾（Pellissier），《哲學家伏爾泰》（Voltaire Philosophe），巴黎，1908，第92頁；巴克爾（Buckle），《文明史》（History of Civilization），紐約，1913，第1卷，第529 f.頁。

西雷：浪漫史
Cirey: The Romances

然而，攝政王並未意識到這隻雄雞的存在，在西元一七二九年，他允許伏爾泰重返法國。接下來的五年，伏爾泰重新享受到巴黎的生活方式，讓巴黎的美酒在他的血管中流動，更讓巴黎的精神在他的筆下傾瀉而出。在此之際，某個握有《英國書信集》內容的無賴出版商，在沒有經過作者允許的情況下，逕自將其出版並廣為發行，震驚了所有良善的法國人——包括伏爾泰在內。巴黎議會立刻命令把這本「可恥、違反宗教與道德、不尊重權威」的書當眾燒毀，伏爾泰知道，自己恐怕又得踏上前往巴士底監獄的老路了；於是就像一位好哲學家，他趕緊腳底抹油，並利用這個機會跟別人的老婆一起潛逃。

夏特萊侯爵夫人（Marquise du Chatelet）年方二十八歲，但是伏爾泰這時已經四十歲了。這位侯爵夫人是一位了不起的女士，她跟令人敬畏的莫佩爾蒂（Maupertuis）學習數學，後來又跟克萊羅（Clairaut）學習，還為牛頓的《原理》（Principia）寫過一份學術性的注釋翻譯；在一場法國科學院（French Academy）舉辦的競賽中，她以一篇關於火的物理學論文得獎，贏得比伏爾泰更高的評價。簡言之，夏特萊侯爵夫人正是那種不會與男人隨便私奔的女人。但侯爵太過愚鈍乏味，而伏爾泰又是那麼地有趣，據她的形容是「一個在各方面都惹人愛的傢伙」、「為法國增添光彩的最佳人物」[401]；伏爾泰則以熾熱的仰慕之情回報她的愛，稱其為「錯生為女兒身的偉大男人」——伏爾泰心理上對於兩性天生平等的信念，即由夏特萊侯爵夫人以及當時法國眾多才華洋溢的女性所形塑

401聖柏夫，第1卷，第206頁。

[402]——並認定在巴黎政治險惡的天候中，她的西雷莊園是絕佳的避難所。侯爵跟他的兵團一起遠離了此地——這一直是他逃避數學的方法，伏爾泰對於這項新的安排毫無異議；當時的**權宜婚姻（manages de convenances）**強迫年輕女士因利害關係嫁給富有的年老男士，然而年輕女士們對於老邁男性並不感興趣，反而更渴望浪漫韻事。因此，當時的道德觀念容許一位貴婦人在她的**家庭（ménage）**中納入一位情人，前提是以合乎禮儀的尊重來完成人類這項偽善的安排；而當這位夫人選擇的不只是一位情夫、更是一位天才時，全世界都原諒了她。

在西雷莊園，夏特萊夫人與伏爾泰並未把時間花在情人間的卿卿我我，而是成天醉心於學習與研究上，伏爾泰甚至有一間專為自然科學研究而設置的昂貴實驗室；數年來，這對愛侶一直在發現與研究上相互競爭。他們有許多賓客，但據了解，這些賓客得自己找一整天的樂子，一直到九點鐘吃晚餐；晚餐之後偶爾會有私人的戲劇表演，或者伏爾泰會為賓客朗誦一個他的生動故事。西雷莊園很快就成了法國人心目中的巴黎，貴族階層與資產階級競相加入這場朝聖之旅，品味伏爾泰的迷人美酒與機智風趣，觀賞他在自己的戲劇中演出。伏爾泰則樂於成為這個既腐敗又輝煌的世界中心，對任何事情都不太當真，好一陣子還把**「大笑並製造大笑」（Rire et faire rire）**當成他的座右銘。俄羅斯的凱薩琳大帝（Catherine of Russia）稱他為「狂歡之神」。「如果大自然沒能讓我們稍微輕率點，」他說：「我們應該會變得最為悲慘不幸，這是因為，如果人可以輕浮草率些，絕大多數的人就不會上吊自盡了。」他完全不像消化不良、乖戾的卡萊爾，**「偶爾愚蠢是一件討喜之事（Dulce est desipere in loco）**，那些無法用笑來驅除皺紋的哲學家，哀哉！我看待嚴肅正經宛如一種疾病。」[403]

這段時間，他開始撰寫那些令人愉快的浪漫故事，包括《札第格》（Zadig）、《憨第德》（Candide）、《微型巨人》（Micromegas）、《天真漢》（L'Ingenu）、《世界原貌》（Le Monde comme il va）等，其中所表達的伏爾泰精神，比他九十九本著作之中任何其他形式的作品，都來得更為純粹。這些作品並非小說，而是以流浪漢或無賴為題材、幽默詼諧的短中篇小說，其中的英雄不是個人而是想法，惡棍代表迷信，事件則代表思想；有些作品甚至尚未完成，像是《天真漢》，就是指作為尚．雅克（Jean Jacques）之前的盧梭。[404]一位休倫族（Huron）的印地安人跟著一些歸國的探險家來到法國，他引發的第一個問題就是要成為一位基督徒；有位神父給了他一本《新約聖經》

（New Testament），他喜愛到不僅很快就接受了洗禮，還接受了割禮。「因為，」他說：「我在這本放到我手中的書裡，找不到一個人是沒有行過割禮的。因此很顯然地，我必須對希伯來的習俗做出犧牲，而且愈快愈好。」這個難題勉強被解決之後，他在告解上又遇到了另一個難題：他詢問，福音書中的哪一段文字命令我們要這麼做？於是被指引到〈聖雅各福音〉（Epistle of St. James）中的一節文字：「互相懺悔你們的罪。」於是他懺悔了，但是當他懺悔完時，他把神父從告解室的椅子上拖出來，自己坐上去，命令神父說，輪到他懺悔了。「來吧，我的朋友，《聖經》裡不是說『我們必須互相懺悔我們的罪』嗎？我已經對你講述了我的罪，除非你也對我詳述你的罪，否則你不能離開。」他與一位聖．伊芙女士（Miss St. Yves）墜入愛河，卻被告知他不能娶這位女士，因為這位女士在他受洗時擔任他的教母；他對這個命運的小惡作劇大發雷霆，甚至威脅要放棄受洗。最後，他終於被允許可以娶她，並驚訝地發現為了結婚，「公證人、牧師、見證人、契約、特許狀都是絕對必要的……『然後你就成了十足十的惡棍，因為有那麼多必要的預防措施。』」就這樣，故事從一個插曲導引到另一個插曲，早期單純的基督教義與基督教會間矛盾與牴觸之處，被迫一一攤開上演、公諸於世，其中所缺者，即學者的公正中立與哲學家的寬容仁慈。但伏爾泰已展開他的對抗迷信與盲目崇拜之戰，在戰爭中，我們也只要求敵人的公正和寬容。

《微型巨人》是一部模仿斯威夫特之作，但在對宇宙的想像上，或許比它的雛形要來得更為豐富。一位來自天狼星（Sirius）的居民前來拜訪地球，他約莫有五十萬英尺高，正適合在那麼大的一顆星球上居住。在他穿越太空的途中，結識了一位來自土星的男士——他因為自己只有幾千英尺高而感到悲傷。當他們行經地中海時，天狼星人只弄濕了他的腳跟。他詢問他的同伴，土星人有多少種感官？他的同伴回答他：「我們有七十二種，但是我

402 塔蘭泰爾，第207頁。對比伏爾泰的「上帝創造女人只為了馴服人類」（《天真漢》，在《浪漫史》中，第309頁）與梅雷迪斯的「男人最不可能教化的就是女人」（《理查．費佛拉的考驗》，第1頁）。社會學家應會支持伏爾泰。男人是最後被女人馴化的動物。

403 給腓特烈大帝（Frederick the Great）之信，1737年7月。

404 盧梭的全名為尚－雅克．盧梭（Jean-Jacques Rousseau）

們每天都在抱怨我們的感官數量太少。」「你們通常活到幾歲呢？」「哎呀！不值一提……在我們的星球上，能活到一萬五千年的人寥寥無幾。所以你看，在某種程度上，我們在出生的那一刻起就開始邁向死亡了，我們的存在不會比一小點大，我們能存活的時間不過就是一瞬間，而我們的星球就像一個原子而已。在死亡阻擾我們之前，我們幾乎還沒開始學到什麼可以讓我們從中獲益的經驗。」[405] 當他們站在大海中時，他們拿起一艘船，就像我們拾起某種微生物一樣；天狼星人把這艘船平穩地擺在他的拇指指甲上，引發船上乘客一陣相當混亂的騷動。「於是船上的牧師不停地祈禱驅魔，水手邊詛咒邊起誓，哲學家則形成了一個體系，以解釋這項干擾萬有引力定律的現象。」天狼星人俯下身來，宛如一片罩頂的烏雲對他們說：

「你們這些聰明的原子，上帝素來樂於向你們展現祂全知全能的力量，毫無疑問，你們在地球上的歡樂必然是純粹而細膩的，因為你們不受物質的妨礙，所有外表都沒比靈魂大多少，所以你們應該把生命用在享樂與反思的樂趣上，這才是一個完美靈魂的真正享受，也是我在別處未曾發現的真正幸福，但在此處，它的確存在。」

其中一位哲學家回答：「我們的物質已足以造成多不勝數的災禍亂源……你得知道，舉例來說，在我說話的這一刻，就有十萬隻我們族類的動物，戴著帽子，正在殘殺約莫相等數量、戴著頭巾的同類，無論如何，他們不是屠殺別人，就是被別人宰殺。自遠古以來，地球上各個地方的情況皆是如此。」

「極惡之徒啊！」這位憤怒的天狼星人大叫，「我真想踐踏兩三步，把這整夥可笑的兇手踩死在我的腳下。」

「不用這麼麻煩，」這位哲學家答道：「他們正汲汲於確保自取毀滅。十年過後，這些可惡又可憐之人中將有百分之一無法存活下去……此外，這樣的懲罰也不該施加於他們身上，而應該施加於那些只會坐著不動的野蠻人身上——他們從自己的宮殿中發號施令謀殺一百萬人，然後一本正經地感謝上帝賜予他們如此的成就。」[406]

《憨第德》屬於伏爾泰晚期的作品，緊接著其後的故事之中，《札第格》是最出色的一部。札第格是一位巴比倫的哲學家，「是一個人所能達到的最明智程度……他了解的形上學比任何時代都來得多——也就是說，差不多什麼都沒有。」嫉妒使他想像自己愛上了席米拉（Semira），在為了保護她而對抗盜匪的過程中，札第格的左眼受了傷。

為了偉大的埃及醫生赫密士（Hermes），一名信使被派遣到孟斐斯（Memphis）。赫密士帶著眾多隨從前來，他拜訪了札第格，並宣稱這位病患將失去他的眼睛；他甚至預言這件致命的事件將會發生在何日何時。「如果受傷的是右眼，」他說：「我可以輕易地把它治好，但是左眼的傷勢就無藥可醫。」所有的巴比倫人都為札第格的命運悲嘆不已，而對赫密士淵博的學識感到萬分欽佩。兩天之後，札第格左眼的膿瘡自己破掉並完全痊癒了，於是赫密士寫了一本書以證明這個傷口為何本來是不該痊癒的。但札第格沒讀這本書。[407]

相反地，他趕緊去找席米拉，卻發現她聽了赫密士的初次診斷之後，已經跟另一個男人訂了婚，因為她「對獨眼的男人有種無法克服的厭惡感。」於是，札第格娶了一位農婦，希望能在她身上找到宮廷仕女席米拉身上所缺乏的美德。但為了確保妻子對他忠貞不二，他一方面裝死，一方面安排一位朋友，在他假死一個小時之後向他的妻子示愛。因此，札第格讓他自己被宣告死亡，躺在棺材裡；這時他的朋友來了，先是弔慰、接著就恭喜這位寡婦，然後隨即向她求婚。寡婦短暫地抗拒了一會兒，接著，「雖然聲明她將永遠不會同意，終究還是同意了。」札第格死而復生逃進森林中，以大自然的美景撫慰自己受創的心靈。

札第格變得極有智慧，成為國王的大臣，為國王的領土疆域帶來繁榮、正義與和平；但是，皇后卻與他墜入

405《浪漫史》，第339頁。參見蕭伯納（Shaw）的《回到瑪土撒拉時代》（Back to Methuselah），蕭伯納最有名的妙語（bon mot）之一，原型即來自伏爾泰的《哲學家門農》（Memnon the Philosopher）之語：「我恐怕我們這個小小的水陸形成之地球，是成千上百萬無以計數的世界之瘋人院，你在其中的統治權給予我發言的榮幸。」——出處同上，第394頁。

406 出處同上，第351頁。

407 出處同上，第40 f.頁。

了愛河。國王也察覺了這件事，「開始感到困擾……他特別注意到皇后的鞋是藍色的，札第格的鞋也是藍色的；皇后的緞帶是黃色的，札第格的帽子也是黃色的。」於是國王決定要毒死他們兩人，但皇后發現了他的陰謀，送了一封便箋給札第格：「飛吧，我懇求你，以我們彼此的愛以及我們的黃色絲帶！」於是札第格再次逃進了森林中。

札第格向自己指出，人類確實就像是在一丁點兒泥土中互相吞食的一群昆蟲；這幅逼真的影像似乎使他的不幸遭遇化為幻影，使他意識到自身的存在以及巴比倫的存在皆是微不足道的虛無。他的靈魂投入了無垠的時空，與他的感官分離開來，沉思於宇宙永恆不變的秩序。但是之後，當他回過神來……想到皇后可能已經為他而死時，宇宙便從他的視界中消失了。

離開巴比倫之後，札第格看到一個男人正殘酷地毒打一個女人，他回應了女人哀號的呼救聲，跟男人打起架來，最後為了自衛奮力一擊，殺死了這個男人。他隨即轉向那個女人問道：「女士，還有什麼是妳需要我幫忙的事嗎？」「去死吧，你這個惡棍！你殺死了我的愛人。天啊！真希望我能夠挖出你的心臟！」

不久之後，札第格就被捕並成了奴隸，但他教導他的主人哲學，成了他主人信任的諮詢對象。經由他的建議，殉夫自焚（寡婦與丈夫的屍體同焚殉節）的做法被廢除，並加了一條法律要求在執行這樣的殉節行為之前，寡婦得先與一位英俊的男人獨處一個小時。札第格派去為錫蘭（Serendib）國王執行任務時教導國王，要選出一位誠實的大臣，最好的方式就是在所有候選人當中，選出那位舞姿最輕盈的人；他把貴重值錢的物品隨意置放於跳舞的門廳中，讓它們很容易被偷取，然後安排每一位候選人在無人監看的情況下，獨自穿過這座門廳；而當他們進入門廳時，要求他們開始跳舞。「從來沒有看過如此不情願、抑或如此不優美的舞蹈表演；只見跳舞的人低下頭往下看，彎腰駝背，雙手壓住身體兩側。」——故事就這麼繼續往下發展。我們不難想見，那些西雷莊園的夜晚是多麼地令人心醉神迷！

IV

波茨坦與腓特烈大帝

Potsdam And Fredrick

那些無法來訪伏爾泰的人也會寫信給他。西元一七三六年，他開始與腓特烈通信，腓特烈當時還只是王子，尚未成為大帝。腓特烈的第一封信就像是一個男孩寫給國王的信，其中大量的吹捧與奉承，使我們可略窺伏爾泰如日中天的聲譽——雖然當時的他尚未寫出最傑出的作品；信中稱頌伏爾泰是「法國最偉大的人，也是榮耀語言之人……我與擁有如此傑出成就的你出生於同一時代，是我的生命最大光榮之一……並不是每個人都能使心靈歡笑。」還有，「有什麼歡愉可以勝過心靈的歡愉？」[408]腓特烈是一位自由思想家，他看待教義信條即宛如國王看待臣民一樣，伏爾泰滿心期望腓特烈登基之後，可以使啟蒙運動合乎潮流，而他自己或許可以為腓特烈這位狄奧尼索斯扮演柏拉圖的角色。而當腓特烈對這頂高帽子表示他的疑慮時，伏爾泰回覆他：「一位王子寫說他反對讚譽之辭，就像是一位教皇寫說他反對絕對正確。」腓特烈寄給他一冊的《反馬基維利主義》（Anti-Machiavel），這位王子在書中對於戰爭的罪惡不公以及國王對於維護和平的責任，皆有極為優美流暢之論述。伏爾泰對這位來自王室的和平主義者簡直感動到喜極而泣。數月之後，腓特烈正式登基成為國王，他入侵西里西亞（Silesia），使歐洲再度陷入血流成河的殺戮之中。

西元一七四五年，這位詩人與他的數學家動身前往巴黎。當時伏爾泰已成為法國科學院成員的候選人之一，為獲取這一項相當多餘的榮譽，伏爾泰撒下瞞天大謊，說自己是一位虔誠的天主教徒，恭維某些有權有勢的耶穌

408 聖柏夫，第1卷，第212-215頁。

會會士，就像是我們大多數人在這種情況下會做的事；最後，他沒能過關。但是在一年之後，他又如願以償了，並且發表了一場接受這項殊榮的演說——是法國文學的優秀典範之一。伏爾泰在巴黎流連忘返了一段時日，穿梭於藝文沙龍之間，製作一齣又一齣的戲劇；從十八歲的《伊底帕斯王》到八十三歲的《伊雷娜》（Iréne），他寫出一長串的劇作，有些失敗，有些成功。西元一七三〇年，《布魯圖斯》（Bruttis）失敗；西元一七三二年《厄里費勒》（Eriphyle）也失敗，伏爾泰的朋友甚至力勸他放棄戲劇，但在同年他製作的另一部《薩伊爾》（Zaire）卻成了他最成功的劇作；接下來還有西元一七四一年的《穆罕默德》（Mahomet）、西元一七四三年的《梅羅珀》、西元一七四八年的《賽密拉米斯》（Semiramis）以及西元一七六〇年的《唐克瑞迪》（Tancréde）。

悲劇與喜劇也同時在伏爾泰自己的真實生活中上演。在一起十五年之後，他與夏特萊侯爵夫人（Mme. du Chatelet）的愛情逐漸轉淡，甚至已然停止爭執。西元一七四八年，侯爵夫人又愛上了一位年輕英俊的聖朗貝爾侯爵（Marquis de Saint-Lambert）；伏爾泰發現此事時雖然暴跳如雷，但當聖朗貝爾請求他原諒時，他又軟化而為其祝福。伏爾泰此時已攀上一生中功成名就的最高峰，也開始遙見在遠方對他揮著手的死亡。他並不介意被年輕人取代。「女人便是如此，」他豁達地說（忘了男人也是如此）；「我取代了黎塞留（Richelieu），現在輪到我被聖朗貝爾趕走！這就是事情發生的順序，一根釘子驅逐另一根釘子；這世界也是如此。」[409]他還寫了一小節美麗的詩句給這第三根釘子：

聖朗貝爾，這一切都是為了你
鮮花繁茂盛開；
玫瑰的棘刺全給了我；
嬌豔欲滴的花朵則為你而留。

接著，西元一七四九年，夏特萊侯爵夫人因難產不幸死亡。她的丈夫、伏爾泰以及聖朗貝爾，在她臨終的病榻前齊聚一堂，對彼此沒有任何責備的言語，反而因他們共同的損失而形成了真摯的情誼——委實是那個時代特有的一幅景象。

伏爾泰試圖以工作來忘卻他的傷痛。有段時間，他埋首於《路易十四時代》（Siécle de Louis XIV）的寫作之中，但真正把他從意志消沉當中拯救出來的，是腓特烈大帝為重續前緣的適時邀約，邀請他來訪位於波茨坦的宮廷；隨著這份邀請，還附上了令人無法抗拒的三千法郎作為旅費之用。因此在西元一七五〇年，伏爾泰踏上了前往柏林的旅程。

令伏爾泰深感安慰的是，他發現自己被分配到腓特烈宮殿中的一間壯觀又華麗的套房，並且以平等的地位被這位當代最有權力的君王認可，備受尊崇。剛開始，伏爾泰的信中充滿了心滿意足的歡快；他在七月二十四日寫給達讓塔爾（d'Argental）的信中描述波茨坦為「十五萬位士兵……集歌劇、喜劇、哲學、詩歌、雄偉與優美、擲彈兵與繆思、小號與小提琴、柏拉圖的晚宴、社會與自由於一身，誰能相信呢？但這是千真萬確之事。」數年之前，他曾經寫道：「我的上帝啊……與三、四位才華洋溢、彼此毫無妒忌的文人墨客住在一起，會是一種多麼令人愉快的生活啊！」（這是怎樣的一幅想像！）「相親相愛，寧靜度日，在個人技藝上精益求精，互相討論切磋、彼此開導啟發！我想像自己有一天就應該生活於這樣的小天堂之中。」[410] 顯然波茨坦對伏爾泰來說，就是這樣的新天堂樂園！

伏爾泰盡可能避開國宴之類的場合，因為他無法忍受被一群怒髮衝冠的將軍們圍繞著；他寧可參加腓特烈在傍晚之後舉行的私人晚宴，因為腓特烈會邀請的與會人士都是來自藝文界的小圈子。這位當代最偉大的君王，極渴望能成為一位詩人兼哲學家。這些晚宴中的談話通常是以法文來進行，伏爾泰也試過學習德文，最後在差點噎死的情況下還是放棄了，誠摯地企盼德國人能夠多點風趣，少點子音。[411] 親炙這些對話的人說道，它們比世界上最有趣、寫得最好的作品還要更勝一籌。這些參加者無話不談，並且暢所欲言。腓特烈機智的反應與敏捷的思路

409 聖柏夫，第1卷，第211頁。
410 出處同上，第1卷，第193頁。
411 布蘭德斯，《主流思潮》（Main Currents）第1卷，第3頁。

與伏爾泰幾乎不相上下，而且只有伏爾泰膽敢以不犯上卻可成功應付的巧妙手段回應他。「在這裡，你的想法可以很大膽又很自由。」伏爾泰欣然寫道。腓特烈「用一隻手抓傷你，再用另一隻手撫慰你……所幸我安然無事……在經過十五年的風風雨雨之後，我終於找到一個有著國王庇蔭的避風港；集哲學家的言談與和藹之人的魅力於一身，他十六年來寬慰了我的厄運，庇護我免遭敵人之毒手。若說有什麼事是可確然無疑的，那就是這位普魯士國王（King of Prussia）高尚的品德了。」[412]然而，好景不常……

就在這一年的十一月，伏爾泰認為投資撒克遜債券（Saxon bond）可以改善他的財務狀況，雖然腓特烈三令五申禁止這類的投資。其後，債券的價格飛漲，伏爾泰的獲利也隨之水漲船高，但他的代理商赫希（Hirsch）藉著威脅公開這些交易而試圖敲詐他，於是伏爾泰「撲向他的喉嚨，讓他四肢倒地」。腓特烈知道了這件事之後勃然大怒，在給拉美特利（La Mettrie）的信中，他寫道：「我頂多再留他一年，柳橙榨乾汁液後就該把果皮給扔了。」拉美特利或許是急於驅走他的對手，刻意把這段話告訴了伏爾泰。晚宴重新恢復舉辦，「但是，」伏爾泰寫道：「柳橙果皮的比喻縈繞在我的心頭，揮之不去……一個人從尖塔的頂端跌落，然後發現經由空氣可以輕柔地墜落，於是說道：『上帝啊，讓它持續下去吧！』——這一點也不像我。」

伏爾泰有點希望與腓特烈來一場決裂，因為他像法國人一樣犯了思鄉病。西元一七五二年，發生了一件決定性的小事。當時，腓特烈從法國請來的偉大數學家莫佩爾蒂——還有一起前來的許多人，試圖藉由與「啟蒙運動」的直接接觸喚醒德國人的心智——與他的下屬，也是一位數學家柯尼希（Koenig），在牛頓學說的解讀上起了爭執。腓特烈在這場爭執中站在莫佩爾蒂這一方，但勇氣勝過謹慎行事的伏爾泰，卻站在柯尼希那一方。「我的不幸之處，」他寫給丹尼斯侯爵夫人（Mme. Denis）的信中說道：「我也是一位作家，卻選擇了跟國王相反的陣營；我雖沒有權杖，但有一枝筆。」大約在這個時候，腓特烈寫給他姊姊的信中說道：「魔鬼化身為我的學者文人，幾乎無法跟他們一起做任何事。這些傢伙除了交際之外，別無其他智慧可言……對動物來說，看到擁有心智的人們往往沒比牠們強多少，一定感到很安慰。」[413]在此之際，伏爾泰撰寫出他著名的《阿卡其亞博士之誹謗》（Diatribe of Dr. Akakia）反對莫佩爾蒂的主張；他把它的內容念給腓特烈聽，腓特烈整個晚上都笑著談論它，但請求伏爾泰不要發表。伏爾泰似乎是默許了，然而實情是，這部作品早已寄給了印刷業者，因為作者無法容許自己殺害自己筆下所產出之成果。因此當這部作品問世時，腓特烈的熊熊怒火一發不可收拾，於是伏爾泰趕緊逃之夭夭。

法蘭克福雖然已經是腓特烈的轄區相當外圍的區域，伏爾泰還是在這裡被國王的執法官追趕上並加以逮捕；他被告知，除非交出腓特烈的詩作《守護神》（Palladium）——尚未被修改成適合公開於上流社會之內容，比伏爾泰自己的《聖女》（Pucelle）還要更加大膽而觸犯禁忌——否則他不能繼續前行。但是，那份後果嚴重的手稿放在一個行李箱，在途中遺失了，一直到它被尋回的數週之內，伏爾泰幾可說都被關在監獄裡。一位伏爾泰對其有所虧欠的書商，認為此時機不可失，竟跑來催逼伏爾泰繳付他的帳款；怒不可遏的伏爾泰，一拳打在書商的耳朵上。於是，伏爾泰的祕書柯里尼（Collini）便安慰這個人說：「先生，你耳朵上挨的這一拳，好歹是被世界上最偉大的一位人物打的。」[414]

伏爾泰終於被釋放，當他被流放的消息傳來時，他正準備穿越邊境進入法國。這個被追捕、疲憊又焦慮的老靈魂，簡直不知道該何去何從；有段時間，他甚至想過要去美國的賓夕法尼亞州，你可以想像他是多麼地絕望。西元一七五四年三月，伏爾泰都在日內瓦附近尋找「一個合適的墳墓」，使他免遭來自巴黎與柏林敵對的獨裁者之毒手。最後，他終於買下一片名為「幸福園」（Les Délices）的古老莊園，定居下來耕種花園、休養身心。當他的人生似乎跌落低潮、逐漸邁向衰老之際，卻是進入了他最高貴、最偉大的作品之創作時期。

412 塔蘭泰爾，第226頁與230頁。
413 聖柏夫，第1卷，第218頁。
414 莫利，第146頁。

V

幸福園：論道德

Les Délices: The Essay on Moral

伏爾泰這次被放逐的原因是什麼？因為他在柏林出版了「最有企圖心、最龐大冗長、最具特色，也是最大膽的作品。」[415]這部作品的標題也相當有看頭，《論道德與民族精神：從查理曼大帝（Charlemagne）到路易十三（Louis XIII）》（Essai sur les moeurs et l'esprit des Nations, et sur les principaux faits de l'histoire depuis Charlemagne jusqu'à Louis XIII）（Essay on the Morals and the Spirit of the Nations from Charlemagne to Louis XIII）。在西雷莊園時，伏爾泰是因夏特萊侯爵夫人對歷史的譴責，而激勵他開始著手進行這項任務。

歷史是「一本古老的年鑑，」夏特萊侯爵夫人曾經如此評論：「我不過是一個生活在自己莊園內的法國女人，知道瑞典的埃吉爾（Egil）是阿坎（Haquin）的繼任者、奧圖曼是奧圖古魯（Ortogrul）的兒子，這些與我有什麼相干？我曾經愉快地閱讀希臘與羅馬的歷史，其中某些特定的畫面很吸引我；但是，我從來沒能讀完任何有關我們的現代國家歷史，除了困惑與混淆之外，我在其中幾乎什麼都看不到，只有一大堆沒有關連與順序的瑣碎事件，成千上百什麼也搞不定的戰役。我要宣布放棄這樣的一項研究——這項壓垮心智、而非啟發它們的研究。」

伏爾泰對此相當贊同。他藉《天真漢》指出：「歷史不過是罪惡與災難的一幅畫面。」他寫給霍勒斯・沃波爾（Horace Walpole）的信中（西元一七六八年七月十五日）說道：「說真的，讀約克黨（Yorkist）、紅薔薇黨（Lancastrian）以及許多其他黨派的歷史，就像是在讀公路劫匪的歷史。」他曾對夏特萊侯爵夫人表示，把哲學應用在歷史上，可能是為歷史找出一條出路的希望，可以致力於在政治事件變遷的影響下，追溯人類心智發展的歷史。[416]「只有哲學家才應該撰寫歷史，」他說道，[417]「所有國家的歷史，都被虛構的傳說、神話故事等毀損而失去了本來的面貌，直到最後，才有哲學出現以啟發人類的心智。但當哲學終於到來，卻發現人類的心智在這黑暗深淵之中，已被數個世紀以來的錯誤蒙蔽得如此嚴重，哲學幾乎無法喚醒它們；而哲學所發現的儀式慶典、事實論據、歷史遺蹟堆疊如山，在在證明了歷史的謊言。」[418]「歷史，」伏爾泰的結論是，「說到底，不過就是我們在死者身上玩弄的一堆把戲。」[419]我們改造過去以符合我們對於未來的期望，結論就是「歷史證明了，一切都可以被歷史所證明。」伏爾泰像是一位礦工般，汲汲於在「密西西比的虛實」（Mississippi of falsehoods）[420]中挖掘出關於人類真實歷史的真理結晶。年復一年，他持續進行準備性的研究工作，探索的內容包括《俄羅斯歷史》（History of Russia）、《查理十二的歷史》（History of Charles XII）、《路易十四的時代》（The Age of Louis XIV）以及《路易十三的時代》（The Age of Louis XIII）；藉由這些課題，他發展出一種堅定不懈的智識良知，讓他成為一個天才。「寫出《法國史》（History of France）的耶穌會會士丹尼爾·佩爾（Daniel Pere）曾經在巴黎皇家圖書館（Royal Library of Paris）要求把一千兩百冊的文件與手稿放在他面前，花了約莫一小時的時間翻閱它們，然後去找伏爾泰以前的老師圖爾內米內神父（Father Tournemine），宣稱所有的素材都是『沒用的老舊廢紙，他根本不需要利用這些來寫他的歷史』，完全摒棄這些題材。」[421]但伏爾泰並非如此：他詳讀自己可以找到與主題有關的任何資料；他鑽研並審視上百冊的傳記；他向知名事件的存活者寫數以百計的信件以查證事實；甚至在發表他的作品之後，他還是繼續研究，改進後續的每一個版本。

---

415 塔蘭泰爾，第２９１頁。
415 羅伯遜，第２３頁；莫利，第２１５頁；塔蘭泰爾，《伏爾泰與他的書信》（Voltaire in His Letters），紐約，１９１９，第２２２頁。
417 佩利希爾，第２１３頁。
418 《論道德與民族精神》，引言。
419 莫利，第２２０頁。
420 馬修·阿諾德的歷史描述。
421 布蘭德斯，《弗朗索瓦·伏爾泰》（Francois de Voltaire）。

像這樣蒐集素材的工作，只是事前的準備工夫，還需要有新的篩選與整理的方法，只有事實還不夠——即使它們真的是事實（這種情況也極少發生）。「細節對歷史來說毫無助益，宛如輜重對軍隊來說，只是**妨礙行進的累贅**（**impedimenta**）；我們必須從規模更宏大的角度來看待事件，原因是，人類的心智委實過於渺小，很容易被枝微末節的重量一壓就沉沒了。」[422]「事實」應該由編年史者來蒐集，並以某種歷史辭典的方式來安排整理；一個人可以根據他所發現的字句，找到他所需要的內容。伏爾泰所尋求的是統一且一致的原則，整個歐洲的文明史才能藉此交織在一起，形成清楚的脈絡；他深信，這樣的脈絡也正是文化的歷史。他下定決心，他的歷史要處理的不是國王，而是運動、有影響力的人事物以及平民百姓；不是國家，而是人類；不是戰爭，而是人類心智的進展。「戰役與革命可說是這張大圖中最微小的部分，兵連與營隊征服或被征服，城鎮被占領或被奪回，對所有的歷史來說都是再尋常不過了……但拿走藝術與心智的進展，歷史便一無所有，」任何時代皆是如此，「沒有任何非凡之事值得吸引後人的關注。」[423]「我想寫的歷史不是與戰爭有關，而是與社會有關；查明人們如何生活於家庭之內，他們通常會培養哪些藝術……我的目標是人類心智的歷史，而非僅是瑣碎事實的細節；我也不甚關心偉大君王的歷史……我想知道的是人類從野蠻到文明的進展足跡。」[424]這種將國王拒於歷史之外的研究方式，是民主思潮抬頭的表現之一，最終，更將其拒於政治體制之外。《論道德與民族精神》顯然揭開了波旁王朝被廢黜的序幕。

故此，伏爾泰創作出第一部歷史的哲學——首次有系統地嘗試追溯歐洲人的心智發展過程中自然因果關係的趨勢。可以預期的是，隨著這樣的試驗而來的，應是對超自然解釋的摒棄，因為，一直要到神學讓出路來，歷史才得以彰顯本身的價值。根據巴克爾所述，伏爾泰的書為現代的歷史科學奠定了基礎，吉朋（Gibbon）、尼布爾（Niebuhr）、巴克爾與格羅特都是對他心存感激、蒙其恩惠的追隨者，他是他們所有人的**尼羅河之源**（**caput Nili**）；他首先探究的這個領域，至今仍然無人能出其右。

但是，伏爾泰這本最偉大的書為何會為他帶來放逐的命運呢？因為，說出實話會得罪所有人；尤其是吉朋後來發展出來的觀點——認為基督教迅速征服異教，從內部瓦解了羅馬，使基督教成為蠻族入侵、遷移、不堪一擊的犧牲品——特別激怒了神職人員。他們更因數個原因被進一步地激怒，包括給予古猶太王國與基督教世界比以往更少的篇幅、以火星人般的旁觀者姿態公正的談論中國、印度、波斯以及他們的信仰；以新的角度揭露一個浩瀚又新奇的世界；每一種教條都消失於相對主義（relativity）中；廣闊的東方在地理上出現了，於是歐洲瞬間意識到，與之相比自己宛如那座擁有更偉大文化的大陸的試驗半島。它怎能原諒一個如此不愛國的歐洲人揭露出這樣的真相？於是國王裁定，既然這個法國人膽敢把當一個「人」的責任置於當「法國人」的要務之前，那他便永遠不得再踏上法國的土地。

422 莫利，第275頁。
423 《伏爾泰與他的書信》，第40-41頁。
424 巴克爾，《文明史》，第1卷，第580頁。

VI 費爾尼：憨第德
Ferny: Candide

幸福園是伏爾泰暫時的家園，讓他可以從這個中心所在去尋找一處更為永久的庇護所。西元一七五八年，他在瑞士邊界內靠近法國的費爾尼找到了；在這裡，他可以免受法國勢力的威脅，若是瑞士政府找他麻煩，他還可以前往就近的法國避難所尋求庇護。最後的這項改變結束了他的**漫遊期**（**Wanderjahre**）。他斷續來回的奔逃並非全是緊張不安的結果，也反映了他對於無所不在的迫害有著相當的不安全感；只有在六十四歲這年，他終於找到一座屋舍，可以當成他的家。他的故事之一《斯卡爾蒙塔多遊記》（The Travels of Scarmentado）結尾有一段文字，幾乎也適用於它的作者，這裡寫道：「現在，我已經見識過地球上所有罕見或美麗的事物了，我下定決心，未來，我只想看到自己的家；我娶了個老婆，但過沒多久，我就懷疑她欺騙我。儘管心中有此疑惑，我仍然發現，在人生所有的情況之下，這是最幸福快樂的時候。」伏爾泰沒有老婆，不過他有一位侄女——對一位天才來說，這是較好的安排。「我們從沒聽他說過希望自己身在巴黎……毫無疑問，這場明智的流亡延長了他的生命。」[425]

伏爾泰樂於待在他的花園栽種果樹——他並未期望在有生之年可以看到這些果樹繁茂茁壯。當一位仰慕者讚揚他為後人所完成的工作，他回答：「是呀，我種了四千棵樹。」他對每個人說話都很和善，但在不得已的情況下，他的言詞也可以變得很尖銳。有天，他詢問一位訪客是從哪裡來的，「從哈勒先生（Mr. Haller）那裡。」「他是一位偉大的人，」伏爾泰說：「一位偉大的詩人、偉大的自然主義者、偉大的哲學家，幾乎可說是一位萬能的天才。」「先生，你所說的話更令人欽佩，因為哈勒先生並未給予你相同的評價。」「喔，」伏爾泰說：「或許我們都錯估了對方。」[426]

費爾尼這時成了世界的知識首府，當代每位博學之士或開明的統治者，不是親自前來就是藉由通信來向伏爾泰獻殷勤，有懷疑論的教士、自由主義的貴族、博學多聞的女士，有來自英國的吉朋與鮑斯韋爾（Boswell），有達朗貝爾、愛爾維修（Helvetius）以及其他啟蒙運動的反叛者，不計其數。最後，川流不息、無止盡的訪客所衍生的高昂招待費用，即使連伏爾泰都吃不消，他抱怨自己成了整個歐洲的旅館老闆。對某個宣稱要來住上六週之久的熟人，伏爾泰說：「你跟唐吉訶德（Don Quixote）有什麼不同？他錯把客棧當成莊園，你是錯把莊園當成客棧。」「上帝只要保護我免遭朋友的毒手就好，」他做了結論，「我會自行料理我的敵人。」

除了無止盡的款待之外，還有前所未見數量最多、也最精彩的書信往返──來自各式各樣以及各種情況下的人們。一位市長從德國寫信來「私下詢問到底有沒有上帝的存在」，並懇求伏爾泰回信以讓送信人捎回；[427]瑞典的古斯塔夫三世（Gustavus III of Sweden）因為想到伏爾泰有時會瞥看北方而感到振奮不已，他告訴伏爾泰，這是對他們在北方所做努力的最大激勵；丹麥的克里斯蒂安七世（Christian VII of Denmark）因未能立即完成各項改革而向伏爾泰致歉；俄羅斯的凱薩琳二世（Catherine II of Russia）寄給伏爾泰精美贈禮，也頻繁地來信，希望伏爾泰不會介意她的厚顏糾纏。甚至連腓特烈都在一年的低潮停滯期後浪子回頭，恢復他與這位費爾尼之王的書信往來。

「你對我所犯下的滔天大罪，」他寫道：「我已經盡釋前嫌，甚至希望忘掉它們，然而，你若不曾與一個愛上你高貴天才的瘋人有所瓜葛，你也無法全身而退地逃脫懲罰……你想聽甜言蜜語嗎？很好，我會告訴你若干事實。我敬重你是有史以來最優秀的天才，我欽羨你的詩作，熱愛你的散文……在你之前，從未有一位作家有如此敏銳的機智以及如此確實可靠、精巧優雅的品味；你的言談迷人，你知道如何同時寓教於樂；你是我所認識的人之中最有魅力的一位，只要你願意，你可以讓全世界的人都愛上

425 莫利，第239頁。
426 塔蘭泰爾，第349頁。
427 莫利，第335頁。

你。擁有如此的心智魅力讓你可以得罪那些了解你的人，同時又贏得他們對你的縱容。簡而言之，如果你不是男人，就十全十美了。」[428]

誰能料到這麼快活的一位東道主會成為悲觀主義（pessimism）的代表？年輕時候流連於巴黎藝文沙龍間尋歡作樂，雖然有巴士底監獄的陰影，伏爾泰早已看盡生命中美好的一面；但即使在那些無憂無慮的日子裡，他仍然反對萊布尼茨所主張的違反自然之樂觀主義（optimism）。某位熱切激動的年輕人出版了一本書攻訐他，並堅決贊成萊布尼茨的主張，認為我們的世界是「所有可能的世界中最好的一個」；對此，伏爾泰回覆，「先生，我很高興得知你寫了一本小書來反對我，你真是太抬舉我了……當你能夠說明，不論是以詩歌或是以其他方式，為何在所有可能的世界中最好的一個世界中會有那麼多人割斷自己的喉嚨，我必將非常感激你。我期待你的爭辯、你的詩文，以及你的辱罵，我可以打從心底向你保證，我們倆都對此一無所知。這將是我的榮幸。」等等。

遭受迫害以及理想幻滅已然使伏爾泰對生命的信念消磨殆盡，在柏林與法蘭克福的經驗也削弱了他的希望，但對他的信念與希望打擊最大的一件事，是在西元一七五五年十一月時，從里斯本傳來一場可怖的地震消息，三萬人死於這場災難之中；因為地震發生在萬聖節（All Saints' Day）這一天，所有教堂裡都擠滿了禮拜者，發現敵人近在咫尺的死神顯然贏得了一場大豐收。當伏爾泰聽到法國的神職人員把這場災難解釋為是對里斯本人的罪孽懲罰時，他驚呆了，勃然大怒的同時也意識到這個事件的嚴重性。他在一首熱情洋溢的詩中爆發出激昂的情緒，轟轟烈烈地道出古老的難題：上帝到底是能夠阻止邪惡但不願意去做，還是希望能阻止邪惡但無能為力？他對於斯賓諾沙的答案——善惡只是人類自己的定義，並不適用於宇宙，以永恆的角度來看，我們的悲劇其實微不足道——並不甚滿意。

我是偉大整體中微不足道的一小部分，
沒錯，但是所有的動物都注定得存活下去，
一切有情萬物，皆由同樣嚴峻的法則生成，
像我一樣的受苦，也像我一樣地死去。

禿鷹緊抓住牠膽怯的獵物，
以血淋淋的尖喙刺進獵物顫抖的四肢，
對牠來說似乎一切都很好，然而不久之後，
一隻老鷹把禿鷹撕成了碎片，
老鷹又被人類的箭桿給刺穿，
而人類，倒臥於戰場的塵土之中，
鮮血與其他垂死的夥伴交融在一起，
反過來又為貪食腐肉的鳥類所吞噬。
因此，整個世界的每個成員都呻吟受苦，
全是為了痛苦的折磨及彼此的死亡而生，
你會說，越過這令人不快的混亂，
小我的苦難會成就大我的利益！
這是何等的恩惠啊！既是如此，以顫抖的聲音，
以致命又可憐的聲音你哭號著「一切都很好」。
宇宙辜負了你以及你的心，
駁斥你心智的自滿與自大不下百遍……
這最浩瀚無垠的心智啊，它的裁決是什麼呢？
只有沉默：命運之書向我們封閉；
人類對自己一無所知，

428 聖柏夫，第1卷，第221頁。

不知道自己從何處來，也不知道要往何處去。
像泥床上痛苦的微小原子，
為死亡吞噬，為命運嘲弄；
但是想想這些有先見之明的原子，
由思想所指引，甚至可以量測光芒黯淡朦朧的恆星，
我們的存在與無垠的時空緊密相連，
我們自己卻從未發現，也不曾理解。
這個世界，宛如一座充滿傲慢與謬誤的劇院，
擠滿了高談幸福、令人厭煩的傻瓜……
曾經我的高歌聲調少有哀傷，
多是充滿歡愉、陽光普照的大道，
時代已經改變，在漸增歲月的教誨下，
分擔人類的脆弱，
尋求深沉黑暗之中的一線光明，
我只能受盡苦難，而不怨天尤人。[429]

數月之後，七年戰爭（Seven Years' War）爆發。伏爾泰將其視為瘋狂與自殺之舉，用摧毀歐洲來解決英國或法國誰應該在加拿大多贏「幾英畝雪地」的爭端。最重要的是，尚．雅克．盧梭（Jean Jacques Rousseau）對於這首里斯本之詩的公開回復。盧梭說道，這場災難應被歸咎於人類自己，如果我們住在原野而非城鎮，就不會有這麼大規模的死傷；如果我們住在天空之下而非房屋之內，房屋就不會倒塌在我們身上。伏爾泰驚愕於這套深奧的自然神學（theodicy）竟大受歡迎，氣憤於他的名聲將因這樣的一位唐吉訶德而蒙塵，他以人類不曾使用過的最可怕的知識武器攻擊盧梭，也就是伏爾泰的嘲笑[430]。西元一七五一年，伏爾泰在三天之內完成了《憨第德》。

從來沒有任何悲觀主義能以如此興高采烈的方式加以論述，也從來沒有一個人在了解這是個充滿苦難的世界之後，還可以如此盡情地歡笑。極少有故事可以用如此簡單而隱祕的藝術來述說——只有單純的敘述與對話，沒有任何硬湊的描述，情節進展極快。「伏爾泰的手，」阿納托爾．法朗士如是說：「讓筆能跑會笑。」[431]《憨第德》或許是所有文學作品之中最傑出的短篇故事。

憨第德（Candide）人如其名是個憨厚老實的小伙子，是威斯特法倫（Westphalia）偉大的森特．登．脫龍克（Thunder-Ten-Trockh）男爵之子，也是飽學之士邦葛羅斯（Pangloss）的學生。

邦葛羅斯是形上學神學宇宙學等各學門的教授。「顯而易見，」他說：「為達到最好的目的，所有這些都是必要的。你可以觀察到，鼻子是為了要戴上眼鏡而形成……腿是為了要讓長襪可以被看見而設計……石頭是為了要用來建造城堡而存在……豬則是為了要讓我們整年都可以吃到豬肉而生；因此，那些說一切都很好的人是在說蠢話，其實他們應該說，一切都是為了最好的結果。」

當邦葛羅斯正在高談闊論時，城堡被保加利亞人的軍隊攻陷了，於是憨第德被俘虜，成了一名士兵。他推著車子往左、往右，拖出、放回他的撞槌，站出來、開火射擊、行軍前進……某個晴朗的春日，他決定去散個步，於是大步往前走；他深信愛怎麼利用自己的雙腿，不但是人類也是動物的特權。當憨第德被四位六英尺高的英雄追趕上時，他已經走了兩里格[432]；他們把他綁起來，送進一座地牢。他被詢問想要選擇哪一個選項：被全軍團的人鞭打三十六下，還是腦袋馬上吃兩顆鉛彈；他徒勞無功地爭辯說，人類的意志是自由的，他兩個都不想選。但是，在被逼著要做出選擇的情況下，他決定憑藉著上帝稱之為自由的恩賜，接受夾道鞭笞的刑罰三十六下。他承

429《伏爾泰精選集》（Selected Works of Voltaire），倫敦，1911，第3-5頁。
430 塔蘭泰爾，第231頁。
431《憨第德》引言，現代版本。
432 約十公里——編注。

受了這項處罰兩次。[433]

憨第德最終還是逃脫了，他經由水路前往里斯本時，在船上遇到邦葛羅斯教授，告訴他男爵及男爵夫人已在城堡被攻陷時遭遇不測，「所有這些事，」他下了一個結論，「都是必不可少的，因為個人的不幸會成全整體的利益，所以個人的不幸愈多，整體的利益就愈大。」他們抵達里斯本，卻不巧遇上一場地震；地震結束之後，他們告訴對方自己的驚險經歷以及遭受的苦難，隨後，有一位年老的僕人跟他們保證，他們的不幸根本比不上他自己的遭遇。「我有無數次想了結自己的生命，但我熱愛生命。這個可笑的怪癖，或許是我們最致命的特點之一；畢竟，還有什麼比希望繼續背負著一個你始終可以扔下的包袱更可笑的事？」或者，如同另一個人物所表達，「綜合各方面的考量，一名船夫的日子比一位總督的日子更勝一籌，但我相信這兩者之間的區別微乎其微，不值得費心探討。」

憨第德逃離宗教法庭，前往巴拉圭。「在那裡，耶穌會的神父們擁有一切，人民則一無所有，這就是理性與正義的傑作。」在某個荷蘭的殖民地，他偶然遇見一位黑人，他只有一隻手、一隻腳，以及一片用來蔽體的破布。「當我們在甘蔗園工作時，」這個奴隸解釋，「榨汁機捲進我一根手指，他們就把整隻手砍了下來；然後當我們試著逃跑時，他們又砍掉我一根腿……這就是你在歐洲吃糖的代價。」憨第德在未開拓的內陸發現許多散落的黃金，於是他回到沿岸地區，僱了一艘船送他回到法國，但船長載著黃金揚帆而去，獨留憨第德在碼頭上沉思哲理；後來，憨第德只好用所剩無幾的盤纏付了駛往波爾多（Bordeaux）的一艘船之船費。在船上，他與一位年老的智者馬丁（Martin）攀談。

「你是否相信，」憨第德問道：「人們有史以來一直互相殘殺，就像他們現在所做的一樣？他們一直都是說謊者、騙子、叛徒、忘恩負義之輩、盜賊、白痴、小偷、惡棍、貪食者、酒鬼、吝嗇鬼、妒忌鬼、野心家、殘忍刻薄者、中傷誹謗者、浪子、狂熱份子、偽君子和傻瓜？」

「你是否相信，」馬丁問道：「當老鷹發現鴿子時，一定會吃掉牠們？」

「這是當然的啦。」憨第德回答。

「這樣的話，那麼，」馬丁說：「如果老鷹的性格始終不曾改變，你憑什麼認為人類會改變他們的性格呢？」

「喔！」憨第德說：「這兩者有相當多的區別，因為人類有自由意志……」

隨著推論的發展，他們也抵達了波爾多。[434]

我們無法跟隨憨第德走完他剩下的冒險旅程——在中世紀的神學與萊布尼茲的樂觀主義造成的困境上，建構出嬉鬧歡快的評論。在經歷了各式各樣的人與他們的各種醜惡現象之後，憨第德在土耳其定居下來，成為一名農夫。故事結束於一段老師與學生之間最後的對話：

邦葛羅斯有時會對憨第德說：

「在所有可能的世界中最好的這一個世界中，有一連串的事件。因為，如果你沒有被人從宏偉的城堡中踢出來……如果你沒被放上宗教法庭，如果你沒有穿越美國……如果你沒有遺失你所有的黃金……你就不會在這裡吃著醃製香櫞和開心果。」

「一切都非常好，」憨第德回答：「但讓我們耕耘我們的花園吧。」

433《憨第德》，第7頁。
434《憨第德》，第104頁。

百科全書與哲學辭典

The Encyclopedia And The Philosophic Dictionary

像《憨第德》如此玩世不恭的一本作品竟大受歡迎，在某種程度上也讓我們對當時的時代精神有所理解。路易十四時代不可一世的貴族文化，儘管許多口若懸河的主教也是其中的一部分，已經學會對教條與傳統微笑以對。改革的失敗使得法國人在無錯誤與不信神之間已無妥協、折衷的餘地，當德國與英國的知識份子在宗教演進的路程上從容不迫地前進時，法國人的心智已從屠殺胡格諾教徒（Huguenot）時的熱烈信念，驟變成拉美特利、愛爾維修、霍爾巴赫（Holbach）、狄德羅轉而攻擊原有宗教的冷漠敵意。讓我們來看看當時知識份子所處的環境，其後為伏爾泰所推動，並使他在其中亦占有一席之地。

拉美特利（西元一七〇九年至一七五一年）原本是一位軍醫，因為寫了一部《靈魂的自然史》（Natural History of the Soul）而丟了官，後來又因著作《人是機器》（Man a Machine）而被放逐。他在腓特烈大帝的宮廷中尋求庇護，因為腓特烈可說是個先進的思想家，決心要引進巴黎最新的文化。拉美特利採行了機械作用的想法——當初曾讓笛卡爾像是燒到手指的小男孩般嚇壞而摒棄的想法，並且大膽宣稱整個世界是一部機器，人類也不排除在外。靈魂是有形的物質，物質則充滿精神的性質，不論它們是什麼，都彼此影響、相互作用，以某種方式一起成長及衰退，讓人對於它們本質上的相似性與相互依存性不疑有他。如果靈魂只是純粹的精神，為何熱忱會讓身體發熱？為何肉體的發燒會擾亂心智運作的過程？所有生物體都是由一個原始的微生物與環境之間的互動而進化發展出來的，動物擁有智慧而植物卻沒有的原因，就在於動物會四處尋找牠們的食物，而植物只能攝取周遭所能得到的養分。人類之所以擁有最高等的智慧，是因為人類擁有最強烈的需求以及範圍最廣泛的遷移與移動能力。「生物倘若沒有需求，也就沒有心智。」雖然拉美特利因這些主張而被放逐，採用拉美特利的想法作為其著作《論人》（On Man）的愛爾維修（西元一七一五年至一七七一年），卻成為法國最富有的人之一，並為他帶來地位與榮譽。除了拉美特利的形上學，還有無神論的倫理，主張所有行動皆由愛自己（self-love）的利己主義所支配、決定。「即使是英雄，也會遵循與他能獲取的最大喜悅有所關聯的感覺。」同時，「美德不過是配了一副望遠鏡的利己主義。」[437]良心並非來自上帝的聲音，而是對於警察公權的恐懼，是由父母、老師、公眾輿論在我們靈魂的成長過程中持續灌注以大量的禁令，逐漸堆積、殘留在我們身上的結果。道德必須被建立於社會學之上，而非神學之上；是社會不斷改變的需求決定了良善，而非任何不變的天啟或教條。

丹尼斯．狄德羅（Denis Diderot）（西元一七一三年至一七八四年）是這群人當中最偉大的要角。出自他筆下的想法，散見於各類作品片段以及霍爾巴赫男爵（Baron d'Holbach）（西元一七二三年至一七八九年）的《自然體系》（System of Nature）之中，這位男爵的沙龍也是狄德羅的社交圈中心。「如果我們回到起點，」霍爾巴赫說道：「會發現是無知與恐懼創造出神；是那樣的幻想、熱忱與謊言粉飾或損毀了祂們的面貌，是那樣的弱點崇拜祂們，是那樣的輕信保存了祂們，是那樣的習俗賦予祂們敬意，是那樣的暴政支持祂們不墜；所有這一切，皆為利用人們的盲目以遂其本身之利益。」霍爾巴赫說，對上帝的信仰與對獨裁政體的服從，兩者之間有密切的關聯，休戚與共；同時，「直到最後一位國王被最後一位教士的腸子絞死，人民才會得到自由。」只有天堂被摧毀時，地球才能綻放自己的光芒。物質主義對於一個所有物質或許都充滿生命的地球來說，可能過於單純化了，因為要將意識的統一性僅歸納為物質和運動，是不可能的；不過，物質主義是對抗教會的一項極佳武器，必須被利用到另一項更好的武器出現為止。同時，一個人必須散布知識並提倡工業，工業會促進和平，而知識可形成一種新的、自然的道德規範。

這就是狄德羅與達朗貝爾想藉出他們從西元一七五一年至一七七二年所發行的一冊又一冊、大部頭的《百科

[435] 丹納，《古代政權》。

全書》（Encyclopedic）所致力宣傳、散播的想法與觀念。教會查禁了首冊的百科全書，而當反對派的聲勢逐日高漲時，狄德羅的戰友們也棄他而去；但是，狄德羅仍然堅持下去，勃發的怒氣使他更加奮戰不懈。「我沒遇過這麼下流的事，」他說：「像是這些神學家違反理性的含混演說。聽著他們的滔滔雄辯，你會以為除非牛群進入馬廄，否則人類將無法進入基督教的懷抱。」就像潘恩（Paine）的說法，這是理性的時代。這些人從未懷疑，智識是人類在一切真理與良善上的最終試煉；讓理性得到解放，他們說，人類即可在數個世代之間建立起烏托邦。狄德羅並未察覺他剛帶進巴黎的那位好色又神經質的讓．雅克．盧梭（西元一七一二年至一七七八年），在他的腦袋裡，或者說在他的心裡，隱藏著反對理性登基的革命種子，以伊曼努爾．康德（Immanuel Kant）令人印象深刻的晦澀難解武裝，迅即引發了一場攻占哲學每座要塞的革命。

對伏爾泰來說，對每件事物都感興趣、在每場爭論中都參一腳，是再自然不過的事了。他有一段時間頗受百科全書編纂者的圈子吸引，這些學者也很高興能稱伏爾泰為他們的領袖，而他也不反對他們的恭維，雖然他們的若干想法仍需稍加調整。這些百科全書的編纂者要求伏爾泰為他們的偉大志業撰寫文章，他則回以隨和易與及豐富的思想，讓他們雀躍不已。當他完成這項工作，他開始著手於創作一本自己的百科全書，他稱之為《哲學辭典》，以前所未有的大膽勇氣，用字母順序來訂定一個接一個的主題，在每個標題之下注入他那取之不盡、用之不竭的知識與智慧泉源；想像一個人撰寫的主題雖然五花八門，仍然可以創作出一部經典傑作，可說是除了他的浪漫史故事之外最具可讀性、最生動活潑的作品，每一篇文章都是簡明扼要、清楚明晰、機智風趣的典範。「有些人在一本篇幅有限的小冊中寫得囉哩叭唆、冗長繁瑣，而伏爾泰即使寫了一百冊的作品，文字還是簡潔精練。」[436]終究，伏爾泰還是在這裡證明了自己是一位哲學家。

就像培根、笛卡爾、洛克以及所有思想現代化的哲學家，伏爾泰以懷疑與（據稱）從頭歸零作為起點。「我與我所崇敬的最高典範，存疑的聖托馬斯（St. Thomas of Didymus）一樣，始終堅持以自己的雙手加以檢視。」[437]他感謝拜爾教導他懷疑的藝術，駁斥所有的體系，懷疑「每一個哲學派別的領袖都有幾分江湖郎中的味道。」[438]「我在這條路上走得愈遠，就愈確認這個想法：形上學的體系之於哲學家，就宛如小說之於女人。」[439]「只有江湖術士才會言之鑿鑿。我們對於基本原理一無所知，更何況奢談如何定義上帝、天使、心智，確切了解為什麼上帝形成這世界，不知道為什麼我們可以隨意地移動我們的手臂。誠然，抱持懷疑並不是一種令人愉快的狀態，但絕對的正確則更是一種可笑而荒謬的狀態。」[440]「我不知道我是怎麼創造出來的，也不知道我是如何被生出來的；我一無所知，在我一生四分之一的歲月中，我看到、聽到或感覺到的原因……我已經見識過所謂的物質，包括像是天狼星以及像是只能以顯微鏡察覺到的最小原子，但我仍然不知道什麼是物質。」[441]

他說了一個「好婆羅門」（The Good Brahmin）的故事，這個婆羅門說道：

「我希望我從來沒出生！」

「為什麼呢？」我問道。

「因為，」他回答：「我已經研究了四十年，我發現有那麼多時間都白花了……我相信自己由物質組成，但對於是什麼製造出思想這個問題，我從來沒能消除自己的疑慮；我甚至不知道我的理解力是否就像走路或消化食物一樣，只是個簡單的機能，又或者我是否以雙手抓住東西的相同方式在用腦袋思考……我雖然滔滔不絕，但是當我說完時，我仍然對自己所說的話感到困惑及羞愧。」

同一天，我跟他的鄰居，一位老婦人談話。

我問她，她是否曾因不了解自己的靈魂是如何產生而感到不快樂？而她甚至無法理解我的問題；在她的生命中，從來沒有短暫的一刻曾經想過這些好婆羅門用來折磨自己的題目。她打從心底相信毗濕奴

436 羅伯遜，第87頁。
437《哲學辭典》，紐約，1901，第9卷，第198頁。
438 出處同上，第42頁。
439 佩利希爾，第11頁，注釋。
440 羅伯遜，第122頁。
441《哲學辭典》，文章〈無知〉（Ignorance）。

（Vishnu）的變形化身，如果能從恆河中取些聖水來沐浴，她認為自己就是世界上最快樂的女人了。我深受這個可憐人的幸福所衝擊，折回去找我的哲學家，跟他說：

「你對自己如此悲慘不感到羞愧嗎？尤其在距離你不到五十碼之遙，有一個老機器什麼都不想，卻活得心滿意足？」

「你是對的，」他回答：「我對自己說了一千次，如果我像我的老鄰居一樣無知，我就可以很快樂；然而，那是一種我並不渴望的快樂。」這位婆羅門的回答，比以往的任何事都更讓我印象深刻。[442]

即使哲學的結果是蒙田的**「我知道什麼？」**（Que sais-je?）之全面存疑，它仍然是一個人最偉大、也是最崇高的冒險。讓我們學著滿足於知識上的有限進展，而不是永遠在編織出自我們虛假想像的新體系。

我們不應該說，讓我們開始發明某些能夠解釋一切的原則，而是應該說，讓我們確實分析物質，然後再以極度的謙遜，試著去看看結果是否與任何原則相符。[443]……大法官培根已讓我們看見科學可能遵循的道路……然而，笛卡爾出現並做了他所該做的相反之事——他想憑直覺去洞察自然，而非研究它……這位最好的數學家所創造的，只是哲學上的浪漫故事。[444]……它讓我們得以計算、權衡、測量、觀察，這就是自然哲學，其餘幾乎全都是虛構的妄想。[445]

442《浪漫史》，第450 f頁。
443 佩利希爾，第28頁，注釋。
444《伏爾泰散文集》（Voltaire's Prose），科恩（Cohn）與伍德沃德（Woodward）編輯，波士頓，1918，第54頁。
445 佩利希爾，第29-30頁。

VIII

摧毀不名譽者

Ecrasez l'infame

在正常情況下，伏爾泰可能絕不會從懷疑主義彬彬有禮、冷靜從容的哲學處世態度，演變至晚年艱辛而費力的哲學論戰。他如魚得水、優遊其間的貴族圈子很容易就同意了他的觀點，沒有任何讓他掀起論戰的動機；甚至連教士都對他在信仰上的異議一笑置之，而樞機主教則認為，說到底，他們可能還沒使他轉變成一名好方濟各會會士（Capuchin）。到底發生了什麼事讓他從不可知論斯文有禮的插科打諢，轉變成激烈尖刻的反教權主義（anticlericalism），坦承絕不妥協，並發動無情冷酷的戰爭以對抗教會主義（ecclesiasticism）、「摧毀不名譽者」（crush the infamy）？

距費爾尼不遠的圖盧茲（Toulouse）是法國的第七大城市，在伏爾泰的時代，天主教的神職人員在這裡享有絕對的統治權；這個城市不但以壁畫慶祝南特敕令（Edict of Nantes）（一項賦予自由信奉新教之法令）的廢止，還將聖巴塞洛繆大屠殺（Massacre of St. Bartholomew）當成節慶慶祝。在圖盧茲，沒有一位新教徒可以成為律師、醫生、藥劑師、雜貨商、書商或是印刷業者；天主教徒甚至不能僱用新教徒當僕人或店員。西元一七四八年時，有個女人就因為僱用了一位新教徒為助產士而遭罰三千法朗。

接下來，發生了讓．加勒士（Jean Galas）的事件。讓．加勒士是圖盧茲的一位新教徒，他的女兒成為天主教徒，兒子卻上吊自殺——據推測，原因應該是商場上的失意。圖盧茲有一條法律規定，每一個自殺的人都得被剝光衣服，臉朝下放在一片欄架上，拖行過街道，然後被吊在絞刑架上示眾。這位父親為了避免這種情況發生，要求他的親友們作證他的兒子是自然死亡。結果，一項關於謀殺的謠言卻流傳開來，暗示這父親殺了他的兒子，為的是阻止兒子即將皈依天主教之舉；加勒士因此被逮捕並受酷刑折磨，不久就死了（西元一七六一年）。他的家人也因此傾家蕩產且被追捕，他們逃到費爾尼尋求伏爾泰的援助。伏爾泰把他們安置在他的家裡、安慰他們，並對他們這個宛如中世紀宗教迫害的故事感到驚愕不已。

大約就在此時（西元一七六二年），傳來了伊麗莎白．史蒂文斯（Elizabeth Sirvens）的死訊。謠言再度譴責說，她是因為即將宣布皈依天主教而被推進一口井裡；但合理的推測是，膽怯的少數新教徒根本不敢這麼做，因此才止息了這則道聽塗說的謠言。西元一七六五年，一個年方十六、名叫拉巴里（La Barre）的年輕人，被控毀損十字架上的耶穌受難像而遭到逮捕，在酷刑的折磨下，他承認了自己的罪行；於是他的頭被砍下來，身體扔進火堆，圍觀的群眾則在旁拍手叫好。在這個小伙子的身上找出的一冊伏爾泰的《哲學辭典》，跟他一起葬身火海。

在伏爾泰的一生當中，這幾乎是他第一次轉變成如此徹底嚴肅的一個人。當達朗貝爾表示他對國家、教會與人民同樣反感，說到此後他只會嘲笑每一件事時，伏爾泰回他：「這不是一個可以嘲笑打趣的時代，機智風趣無法與大屠殺同調……這是個充滿哲學與歡樂的國家嗎？還不如說這是個聖巴塞洛繆大屠殺的國家。」當時的情況之於伏爾泰，就如同德雷福斯（Dreyfus）事件之於左拉（Zola）和阿納托爾（Anatole），如此殘暴的不公義使他振作了起來，不再甘於只是坐而言的文人，而是起而行的實踐家。他為了開戰，寧可將哲學擱置一旁，或是將他的哲學變成無情的炸藥。「這一次，一個微笑就像是一樁罪行一樣，沒有一個微笑可以躲過我對自己的譴責。」就在此際，他採用了他那句著名的格言「摧毀不名譽者」，煽動法國的靈魂起而反抗教會的陋習與弊病。他開始源源不絕地傾注宛如地獄之火般的大量智識，藉以融化主教法冠及統治君權，打破法國神職人員的權力，並推翻王位。他號召他的朋友及追隨者一起加入這場戰鬥：「來吧，勇敢的狄德羅，強悍的達朗貝爾，聯合起來……壓垮那些狂熱份子與流氓無賴，摧毀那些味同嚼蠟的長篇大論、悲慘的詭辯、說謊的歷史……，多到數不清的荒謬與怪誕；別讓那些有判斷力的人受那些沒有判斷力的人控制，讓新生的世代將它的理性與自由歸功於我們。」[446]

正當此危急存亡之際，出現了一項收買他的舉動。透過龐巴度侯爵夫人（Mme. de Pompadour），他收到紅衣主教的帽子作為一項贈禮，也就是與教會和解的獎賞。[447]彷彿幾個短舌頭、說話結巴的主教所通用的慣例，會使一個在智識世界中擁有不爭統治權的人感興趣！伏爾泰拒絕了，而且宛如另一個加圖，他開始以「摧毀不名譽者」作為所有信件最後的結語。他把自己的作品《論寬容》（Treatise on Toleration）發送出去，他說，他會承受神職人員賴以堅守冗長布道並容忍差異的荒謬教條，但是「其中的微妙之處，在福音書中根本無跡可尋，卻是基督教歷史中血腥爭論的由來。」[448]「對我說『跟我一樣相信，否則上帝會讓你下地獄』的那個人，不久之後就會說『跟我一樣相信，否則我會刺殺你、蹧蹋你的名譽』。」[449]「一個生而自由的生命，有什麼權力強迫另一個生命要像他一樣地思考？」[450]「由迷信與無知組成的宗教狂熱，是數百年以來的痼疾。」[451]不會有任何如同聖皮耶教士（Abbé de St.-Pierre）所懇求的自由可以被實現，除非人們學會容忍彼此在哲學、政治以及宗教上的差異與分歧。邁向健康的社會最合適的第一步，就是摧毀偏狹觀念根深柢固的教會力量。

《論寬容》之後，隨之而來的是宛如尼加拉瓜瀑布般傾瀉而出的小冊子、歷史、對話、書信、問答集、譴責短文、諷刺短文、說教、詩文、故事、寓言、評論和散文，以伏爾泰之名或上百個假名發表，是「一個人所能發動的最驚人且猛烈之宣傳攻勢。」[452]從來沒有哲學可以用如此清楚的言語、如此旺盛的生命力表達出來，伏爾泰的文筆好到讓人並未意識到他寫的其實是哲學。他以極度的謙虛談論自己，「我極為清楚地表達了自己：我就像小溪流，因為不深，所以一目了然。」[453]他的作品也因此可讀性高，不久之後，不但人手一本他的小冊子，連神

---

446 《書信往來》，１７６５年１１月１１日。
447 塔蘭泰爾，第３１９頁，若干質疑。
448 《伏爾泰精選集》，第６２頁。
449 出處同上，第６５頁。
450 《論道德與民族精神》，散文作品，第１４頁。
451 出處同上，第２６頁。
452 羅伯遜，第１１２頁。
453 聖柏夫，第２卷，第１４６頁。

職人員也不例外；其中有些甚至售出三十萬冊——雖然當時的讀者比現在少得多，但如此空前的盛況在文學史上已可說是前所未見。「大部頭的書，」他說道：「已經不流行了。」所以他派出他的小士兵們，週復一週，月復一月，堅決不懈地進攻，以他思想的豐盛度以及七十高齡的宏偉能量震驚全世界；就像愛爾維修的形容，伏爾泰已跨越了盧比孔河，矗立於羅馬面前。[454]

首先，伏爾泰對《聖經》的真實性與可靠性進行「更高的批判」（higher criticism）。他從斯賓諾沙取材甚多，更多從英國自然神論者（English Deist）而來，而絕大部分則來自拜爾（西元一六四七年至一七〇六年）的《批判辭典》（Critical Dictionary）；然而，看看他們的素材到了伏爾泰手上，變得多麼精彩而熾熱！有一本叫《薩帕塔的問題》（The Questions of Zapata）的小冊子，描述了一個叫薩帕塔的神職人員候選者，他天真地問道：「我們該如何著手證明那些被我們數以百計燒死的猶太人，四千年來都是上帝的選民？」[455]他繼續不斷地提出問題，一一揭穿並戳破《舊約聖經》中年代與敘事的不一致性。「當兩個理事會彼此互相強烈譴責時——就像以往經常發生的情況，他們之中的哪一個會是絕對正確的？」最後，「得不到任何答案的薩帕塔，選擇以最簡明易懂的方式來布道，向人民宣布神是所有人共同的父親、獎賞者、懲罰者以及寬恕者，讓真理從謊言中解脫出來，讓宗教與狂熱分離開來，教導並實踐美德。溫柔、善良又謙虛的薩帕塔，於蒙神恩典的西元一六三一年在巴利亞多利德（Valladolid）被燒死。」[456]

在《哲學辭典》中的文章「預言」（Prophecy），伏爾泰針對希伯來對耶穌的預言之應用，引用了艾薩克牧師（Rabbin Isaac）的《信仰的壁壘》（Bulwark of Faith），並繼續諷刺地說道：「因此，這些對自己的宗教與語言盲目詮釋者，與教會奮戰，並且固執地認為這項預言不能以任何方式與耶穌基督扯上關係。」[457]在那些危險的日子裡，一個人被迫以不發一言來表達他的意思，達到目的的最短的距離曲折不直。伏爾泰喜歡追溯基督教義以及希臘、埃及和印度的宗教儀式，並認為這些調整與轉換都不是基督教在古代世界獲致成功的原因。在「宗教」（Religion）這篇文章中，他狡詰地問道：「在我們自己神聖的宗教之後，哪個宗教無疑是唯一的一個好宗教？什麼宗教最不會引起人們的反感與不快？」他接著開始描述一種與他那個時代的天主教迥然相反的信仰與崇拜。

「基督教必然是神聖的，」他以最莫測高深的言詞挖苦，「因為它已延續了一千七百年——儘管事實是，它充滿了惡行與胡說八道。」[458]他說明幾乎所有古代民族都有類似的神話，匆匆得出結論，認為由此可證明神話是教士們的發明：「第一個牧師，就是遇上第一個傻瓜的第一個惡棍。」然而，他並不把宗教問題本身歸因於教士，而是神學；就是神學上的細微差異，導致了那麼多充滿仇恨的爭端與宗教戰爭。「並不是一般老百姓……引發這些荒謬又致命的爭執，成為這麼多恐怖慘劇的根源……那些人因你的辛苦勞動而坐享其成，因你的汗水和苦難而富裕，為黨羽及奴隸而鬥爭；他們激發你心中毀滅性的狂熱，讓你以為他們是你的主人；他們讓你形成迷信，不是為了讓你懼怕上帝，而是為了讓你懼怕他們。」[459]

然而從這些情況推論，伏爾泰也並非想當然耳的沒有宗教信仰；他甚至果斷地否決了無神論，[460]以致於某些百科全書編纂者轉而反對他，說道：「伏爾泰是個盲信者，他相信上帝。」在《無知哲學家》（The Ignorant Philosopher）中，他對斯賓諾沙的支持者所擁護的泛神論加以討論，但之後又退回幾近無神論的主張。他寫給狄德羅的信中說道：

我承認，我一點也不贊同桑德森（Saunderson）的看法，他因為生來即雙目失明而否定了上帝的存在。我也許是錯的，但我若是他，我應該會體認到一種更偉大的智慧存在，給予我許多的天賦以代替我的視力，並反思、察覺出萬物之間的美妙關係以及能力無限的造物者之存在。如果猜測祂是**什麼**、以及祂**為**

454 佩利希爾，第101頁。
455《伏爾泰精選集》，第26頁。伏爾泰本身有幾分反猶太份子的味道，主要是因為他與那些金融家不怎麼令人欽佩的交易。
456 出處同上，第26-35頁。
457 第9卷，第21頁。
458《論道德與民族精神》，第2部分，第9章；莫利，第322頁。
459《伏爾泰精選集》，第63頁。
460 參見《聖人與無神論者》（The Sage and the Atheist），第9章與第10章。

什麼創造出萬物的存在是一項放肆之舉，那麼對我來說，否定祂的存在似乎也是一項放肆之舉。我極為心焦，想跟你當面討論：你是否認為自己是祂的一項作品，還是一顆必要的微粒，汲取自永恆及必須的物質。不論你是什麼，你是我所不了解的偉大整體之中，深具價值的一份子。[461]

對霍爾巴赫，伏爾泰指出他的《自然體系》一書，書名即已表明一種神聖有系統的智慧存在。另一方面，他堅決否認奇蹟與祈禱能產生超自然的功效：

我在修道院門口，正當菲蘇（Fessue）修女對康費德（Confite）修女說：「上帝肯定特別眷顧我。妳知道我多愛我的麻雀，如果我沒唸九次萬福瑪麗亞（Ave-Maria）把牠治好，牠一定會死掉……」一位形上學家對她說：「修女，再沒比萬福瑪麗亞更好的事了，特別是當一個住在巴黎郊區的女孩用拉丁文把它唸出來時；但是，我無法相信上帝會讓妳的麻雀占據祂過多的心思——雖然妳的麻雀很可愛。我祈禱妳會相信，祂還有別的事要忙……」菲蘇修女說：「先生，這種論調聽起來具有異端的意味。聽我告解的神父……會推測你不相信上帝。」形上學家說：「我相信一位宇宙共同的神來自一切永恆，親愛的修女，祂制定主宰一切的法則，彷彿來自太陽的光芒；但我相信，不會有一位特定的神為了妳的麻雀去改變這世界的經濟體制。」[462]

「祂那神聖的最高權力——機會，決定了一切。」[463]真正的祈禱並不在於提出違反自然法則的要求，而在於接受宛如上帝不變意旨的自然法則。」[464]

同樣地，伏爾泰也否定自由意志。[465]而談到靈魂，他則是一位不可知論者。「瀏覽過上千冊的形上學書籍，仍無法告訴我們靈魂是什麼。」[466]身為老人，伏爾泰也願意相信靈魂不朽，但他發現這並不容易。

沒有人會想到要把永生的靈魂給跳蚤，那麼，為什麼要給大象、猴子，或是我的僕從呢？[467]……孩子死在母親的子宮內，就在它得到靈魂的那一刻，那麼，它會以胎兒、男孩，或男人的形態死而復生呢？為了死後再次復生為原來的你，你必須讓你的記憶猶新，因為就是記憶使你成為原來的同一個人；如果你失去了記憶，你要怎麼成為同一個你呢？[468]……為什麼人類會自我誇耀，說只有他們被賦予靈魂與不朽的運作原則？……或許是他們過度的虛榮心作祟吧。我相信，如果一隻孔雀會說話，牠必然也會誇耀自己的靈魂，並且斷言它就存在於牠那富麗堂皇的尾巴之中。[469]

早些時候，伏爾泰也否決了不朽的信仰對道德來說是不可或缺的觀點：古代的希伯來人也沒有這樣的觀念，他們當時還是上帝的「選民」呢；更別提斯賓諾沙是道德的典範。

到了後期，伏爾泰改變了他的心意。他開始覺得，除非伴隨著對於獎懲的不朽信仰，否則對上帝的信仰幾乎毫無道德價值可言。或許，「對**一般民眾**（**la canaille**）來說，一位獎懲分明的上帝」的確有其必要。拜爾曾經提出質疑，一個無神論者的社會是否能夠存續下去？伏爾泰回答，是的，如果他們也是哲學家就可以。[470]但是，很少人可以成為哲學家。「如果有個小村落，最好也能有個宗教才是好事。」[471]「我希望我的律師、我的裁縫、我的妻子都能相信上帝，」假設「A、B、C」三人中的「A」這麼說；「那麼我想，我比較不會被漫天要價，也比較不會被欺騙。」「如果上帝不存在，那麼有必要去創造一個出來。」[472]「比之真理，我開始較為重視幸福與

461《伏爾泰與他的書信》，第８１頁。
462《哲學辭典》，文章「神」（Providence）。
463《書信往來》，１７６７年２月２６日。
464《浪漫史》，第４１２頁。
465《無知哲學家》。
466《哲學辭典》，文章〈靈魂〉（Soul）。
467莫利，１８８６年編，第２８６頁。
468《哲學辭典》，文章「耶穌復活」（Resurrection）。
469《浪漫史》，第４１１頁。
470佩利希爾，第１６９頁。
471《哲學辭典》，文章「宗教」（Religion）。
472佩利希爾，第１７２頁。

生命。」[473]——這是在啟蒙運動中一項值得注意的預期，後來伊曼努爾．康德即以這項特定的信條反對啟蒙運動。伏爾泰溫和地為自己辯護，抵禦他那些無神論的朋友們。他在《哲學辭典》〈上帝〉（God）一文中向霍爾巴赫說道：

> 你自己說過，信仰上帝……會使某些人遠離罪行，單是這一點，對我來說就夠了。當這個信仰得以阻止即使只有十項暗殺、十項誹謗，我認為整個世界都應該信奉它。你說，宗教帶來數不盡的災難，還不如由迷信來統治我們這個不幸的地球。這是對上帝的純粹崇拜最殘酷的敵人，讓我們鄙棄這隻隨心所欲撕裂母親胸懷的怪獸，那些起而與之戰鬥者，都是對人類有恩之人；這隻怪獸是一條把宗教盤捲住、使其窒息的毒蛇，我們必須粉碎牠的頭，而不傷及牠所吞噬的母親。

迷信和宗教之間的區別，對伏爾泰來說極為重要。他可以欣然接受登山寶訓（Sermon on the Mount）的神學，並以充滿神聖狂喜之記載也幾乎無法與之匹配的敬意來稱頌耶穌；他描繪身處聖賢先哲之間的基督，為以其名義犯下的罪行而哭泣。最後，他建立自己的教堂，以「伏爾泰的上帝興起」（Deo erexit Voltaire）為獻辭；他說，這是歐洲唯一一座為上帝而建立的教堂。他向上帝致上莊嚴動人的禱詞，在「有神論者」（Theist）一文中，他徹底並清楚地詳述了他的信仰：

> 有神論者堅信萬能及至高力量的存在，並創造出一切萬物……懲處所有罪行，但摒棄殘酷的方式，並以仁慈回報所有善行……以此原則重新統一宇宙的其餘部分，並且不參與任何相互牴觸的宗教派別。他的宗教是最古老、最廣為流傳的一個，單純崇敬一位造物主優於世界上所有的宗教體制；他所說的語言是世界上所有人都能了解的言語——雖然他們彼此之間並不了解。從佩金（Pekin）到卡岩（Cayenne）都有他的弟兄，所有聖賢先哲皆被視為是他的同伴。他相信宗教既非存在於難以理解的形而上學觀點之中，亦非炫耀無益的表演，而是存在於崇敬與正義之中。行善是他的禮拜儀式，服從上帝是他的信條。伊斯蘭教徒向他大聲疾呼：「如果你不能去麥加朝聖的話，你就要小心啊！」教士也跟他說：「如果你不能去巴黎洛雷特聖母院（Notre Dame de Lorette）的話，你就要當心被詛咒！」他嘲笑洛雷特和麥加，但他救濟窮

人、捍衛受壓迫者。

473 《書信往來》，1738年9月11日。

IX 伏爾泰與盧梭
Voltaire and Rousseau

伏爾泰在他晚年的數十載中，極為投入反抗教會暴政的志業，以致於他不得不從對抗政治腐敗及壓迫的戰爭中退出。「政治不是我擅長的範圍，我始終局限自己於善盡一份棉薄之力，使人們少些愚蠢、多些榮譽。」伏爾泰深知政治哲學的問題可以變得多複雜，但隨著年齡增長，他不再那麼肯定。「我厭倦了那些人從他們的閣樓深處治理國家。」[474]「這些立法者將法律條文打印在一張兩毛錢的紙張上，然後以此統治世界……他們管不了自己的妻子與家庭，反而從管理全世界得到莫大的樂趣。」[475]這些問題不可能以一般性的簡單規則來解決，或是把所有人分成傻瓜與惡棍在一邊，而我們自己在另一邊。「真理無黨派之名。」他寫給伏維納格斯（Vauvenargues）的信中說道：「擁有偏好而非排斥，是像你一樣的人應擔負之責任。」[476]

伏爾泰在變得富裕之後，開始有保守主義的傾向，因為再也沒有比迫使飢民群起要求變革更糟的理由了。資產的普及是他的萬靈丹，他認為，所有權會賦予擁有者品格與振奮人心的自豪感。「擁有資產的念頭會使人勇氣倍增。毫無疑問，房地產的擁有者會更盡心地耕耘他自己的繼承物，而非他人之物。」[477]

伏爾泰不願讓自己特別熱中於哪一種政體。理論上，他偏好共和政體，但他也十分清楚其缺點：共和政體容許派系存在，而派系就算沒製造內戰，也會破壞國家的團結一致性；因此，共和政體只適合有地理優勢保護的小國，並且尚未被財富汙染及分裂。一般來說：「極少有人足以擔負自行治理之責」。共和政體充其量不過是短暫的政體，是社會的第一種形態，從家庭的集合而產生，美洲印第安人生活在部落共和體中，非洲也充滿了這類的民主政體。但是，經濟狀況的分化結束了這些主張平等主義的政府，而分化卻又是伴隨成長發展而來的必然結果。「哪個比較好？」他問道：「君主政體還是共和政體？」他的答案是：「四千年來，這個問題被翻來覆去地討論個不休。問富人的答案，都希望採行貴族政體；問窮人的答案，則希望採行民主政體；只有君主們想要採行君主政體。那麼，整個地球幾乎被君主所統治的情況是怎麼發生的？問問那些建議要在貓咪脖子上掛鈴鐺的老鼠吧。」[478] 但是，當一位與伏爾泰有書信往來的人爭辯說君主政體才是最好的政體時，伏爾泰回答：「以馬可．奧里略是君主為前提才是。否則對一個窮人來說，被一隻獅子或一百隻老鼠吞噬，有什麼差別呢？」[479]

像個旅人般的伏爾泰，對國家民族也近乎漠不關心，以愛國主義這個字眼的一般意義來說，伏爾泰幾乎可說沒甚麼愛國精神。他認為愛國主義通常意味著一個人憎恨所有的國家——除了自己的國家以外；如果一個人希望自己的國家強盛，但並非以犧牲其他國家為前提，那麼他才可說既為明智的愛國者，又不愧為宇宙的公民。[480] 伏爾泰像是一個「好歐洲人」一般讚揚英國的文學與普魯士的國王——當時法國正同時與英國及普魯士交戰；而只要國家採行了戰爭的做法，在它們之中就沒什麼可挑選的了。

因為，伏爾泰痛恨戰爭勝於一切。「戰爭是所有罪行中最大的一項，而且，所有侵略者都會拿正義當藉口以粉飾自己的罪行。」[481]「殺人是被禁止的，因此所有殺人兇手都會受罰——除非他們是在戰場的號角聲下殺死許多人。」[482] 在《哲學辭典》的〈人類〉（Man）一文最後，他寫了一段令人敬畏的「對人類的整體省思」（General

474 《書信往來》，1763年9月18日。
475 佩利希爾，第237頁，注釋；第236頁。
476 佩利希爾，第23頁；莫利，第86頁。
477 《哲學辭典》，文章「資產」（Property）。
478 《哲學辭典》，文章「祖國」（Fatherland）。
479 《書信往來》，1777年6月20日。
480 佩利希爾，第222頁。
481 《無知哲學家》。

Reflection on Man）：

把人類從植物的狀態（存在母親的子宮中）變為動物的狀態（在早期嬰兒階段），再提升至開始有理性的成熟度並有所感受的狀態，需要二十年的時間；發現他的若干人體構造，需要三十個世紀的時間；了解關於他的靈魂的任何事，需要無止盡的永恆。然而要殺死他，僅需片刻的時間即已足夠。

因此，他是否考慮過以革命作為補救之道？答案是否定的，因為首先，他並不信任人民。「當人民試圖去承擔理性時，將會一敗塗地。」[483]絕大多數的人總是太過於忙碌以致於無法察覺真理，直到改變使真理成了一項錯誤，而他們的思想史不過是從一個神話換成另一個神話。「當一個舊有的錯誤被建立起來時，政治會把它當成少許佳肴，讓人民可以放進自己的嘴巴裡；直到另一項迷信出現、摧毀了現在這一項，政治還是可以從這第二個錯誤中得利，就像它從第一個錯誤中得利一樣。」[484]然後再次，被寫進社會結構本身的不平等是幾乎無法被根除的——因為人就是人，而人生就是一場搏鬥。「那些說人人皆平等的人，說出了一項最偉大的真理——如果他們指的是，所有人都擁有自由、持有私人財物以及受法律保護的平等權利。」然而，「平等既是世上最自然、卻也是最荒誕之事；自然是指當它僅限於權利時，不自然是指當它試圖使財物與權力平等時。」[485]「並非所有公民都能一樣強壯，但是他們可以一樣自由，英國就贏在這一點……自由僅受法律而非其他事物所控制。」[486]這就是自由主義者的詮釋，像是杜爾哥、孔多塞、米拉波以及伏爾泰其他的追隨者，都希望能進行一場和平的改革；然而這無法滿足受壓迫者，他們的訴求主要是平等而非自由，為達平等，甚至可以自由為代價而在所不惜。代表普通百姓心聲的盧梭，深切感受到處存在的階級差異，要求平等地位的公平提升。而當大革命落入他的追隨者馬拉與羅伯斯比爾之手時，平等的機會來臨，自由卻上了斷頭台。

伏爾泰始終懷疑烏托邦是人類的立法者塑造出來的，他們從自己的想像力中創造出一個全新的世界。社會是時間的產物，而非邏輯的三段論：當過去從門口被趕出去時，它還是會從窗戶進來。這個問題正好顯現出，在我們實際生活的這個世界中，我們可以藉由什麼樣的變化去減少痛苦不幸與不公義的存在。[487]在「理性的歷史頌歌」（Historical Eulogy of Reason）中，理性的女兒真理，表達出對路易十六登基的喜悅以及對偉大改革的期望；對此，理性的回應是：「我的女兒啊，妳很清楚我對這有多麼地渴望，甚至遠甚於妳，但這些都需要時間與思考。在許多不如意之中，當我得到自己渴望的若干改善時，總是感到快樂而欣慰。」而當杜爾哥上台執政時，伏爾泰也感到極為欣喜；杜爾哥在給他的信中寫道：「我們正處於豐收滿溢的黃金時代中！」[488]現在，他所主張的改革終於到來：陪審團制度、什一稅的廢除、免除窮人的所有稅金等等。而他不是寫了那封著名的信嗎：

> 我所看到的一切似乎都播撒出革命的種子，而革命有天必然會無可避免地到來——但我將無法享受親眼見證的歡愉。雖然法國人做事總是拖拖拉拉，該來的最後還是會來。家家戶戶擴展開來的火花，將會在某個時機首度盛大爆發，造成一場罕見的起義！幸運的年輕人將得見美好的事物。[489]

然而，伏爾泰尚未十分明白他將發生什麼事，也從未曾想到在這場「盛大的爆發」之中，所有法國人都將熱情擁抱古怪的讓·雅克·盧梭，從日內瓦與巴黎，都為多情的浪漫故事與革命的小冊子而激動不已。法國的複雜靈魂似乎將自己一分為二，成了如此不同卻又如此法國的兩個人。當尼采說到**歡愉的智慧**（la gaya scienza）、輕盈、機智風趣、熱情、優雅、強有力的邏輯、自負的知性，宛如群星之舞——他想到的必然是伏爾泰。現在，伏爾泰旁邊放上了盧梭：充滿激昂與幻想，一個有著崇高與空虛願景的人，資產階級的**非猶太婦女**（**la bourgeoise gentile-femme**）之偶像，像巴斯卡般聲稱，心靈自有頭腦所無法理解的理由與動機。

482《哲學辭典》，文章〈戰爭〉（War）。
483《書信往來》，1766年4月1日。
484《伏爾泰散文集》，第15頁。
485《哲學辭典》，文章〈平等〉（Equality）。
486《哲學辭典》，文章〈政府〉（Government）。
487 佩利希爾，第283頁。
488 聖柏夫，第1卷，第234頁。
489《書信往來》，1764年4月2日。

從這兩個人之中，我們再次看到理性思維與本能直覺間所存在的古老衝突。伏爾泰始終深信理性：「我們可以藉由言語跟筆，讓人類變得更明智、更美好。」[490]但盧梭對理性沒什麼信心，他渴望的是行動；革命的風險並未使他卻步，他靠兄弟之情再度結合起社會元素——這些元素因動盪及古老習性的改變而潰散，讓法律被移除，那麼人類就可以進入平等與公義的統治領域。他把他的《論人類不平等的起源》（Discourse on the Origin of Inequality）寄給伏爾泰，連同他反對文明、文字、科學以及回歸在野蠻人及動物身上所看到的自然狀態之論點。伏爾泰回覆他：「先生，我收到了你反對人類物種的新書，為此我感謝你……沒有任何智者像你一樣，試圖把我們變成畜牲；讀了你的書，使人頗想四肢著地爬著走。然而，因為距離我放棄這項練習已經約莫有六十個年頭了，頗為可惜的是，我覺得不太可能重新開始。」[491]他很懊惱看到盧梭對野蠻狀態的熱情不減，在他的《社會契約論》（Social Contract）繼續延燒。「啊，先生，」他寫給博爾德先生（M. Bordes）的信中說道：「你看看現在那個讓．雅克裝成哲學家的樣子，就像猴子裝成人類的樣子。」[493]他就像是「第歐根尼發瘋的狗」。[493]然而，他抨擊瑞士當局燒毀這本書，堅持他著名的原則：「我完全不贊同你的言論，但是我會誓死捍衛你的言論權利。」[494]而當盧梭逃離上百個仇敵時，伏爾泰誠摯親切地邀請他來與自己一起待在幸福園。那是怎樣的一幅景象啊！

伏爾泰深信，所有這類對於文明的譴責都是孩子氣的胡說八道。人類在文明之下的境況，當然比在野蠻之下好得多；他告訴盧梭，人類的天性就是掠食的野獸，文明社會意味著對這樣的野獸加以束縛，減少他的殘暴行為，並經由社會秩序，提升智識與樂趣發展的可能性。他同意局勢很差：「一個政府倘若允許某個特定階級的人說：『讓那些得工作的人繳稅就好，我們不應該繳稅，因為我們不工作。』那麼，它並不比南非何騰托人的政府強多少。」即使為腐敗貪汙所包圍，巴黎仍有其可取之處。在〈如此世界〉（The World as It Goes）一文中，伏爾泰敘述，一位天使如何派遣巴別克（Babouc）到波斯波利斯（Persepolis），就這個城市是否該被毀滅提出他的報告。巴別克去了之後，被他所發現的邪惡罪行嚇壞了，但是一段時間之後，「他開始漸漸喜歡上這個城市，它的居民彬彬有禮、和藹可親又仁慈——雖然他們也善變、喜歡挖苦人、虛榮又自負。他非常害怕波斯波利斯會被定罪，甚至不敢呈上他的紀錄與陳述。於是，他以下列方式來完成這項使命：他塑造了一座以各種金屬組成的小雕像，加上不同的泥土與礦石（包括最珍貴的寶石以及最無價值的石頭），由城中最好的鑄造工鑄成。巴別克把這座雕像帶去給天使，『你願意打破，』他說，『這座美麗的雕像，只因為它不是完全由金子與鑽石做成的嗎？』」天使決定不再考慮摧毀波斯波利斯，而是讓「世界維持它的現狀」。畢竟，當一個人在未改變人性的情況下試圖去改變體制，未改變的人性不久必將重啟這些體制；這就是舊有的惡性循環：人類形成體制，體制造就人類。改變可以從何處切入以打破這項循環？伏爾泰與自由主義者認為，智識可以循序漸進的和平方式，藉由教育並改變人類打破循環。盧梭與激進主義者則認為，只有靠本能與激情的行動才能打破循環、打破舊體制，並在心的指揮下建立新體制——在這樣的新體制下，自由、平等、友愛才能遂行統治之實。或許真理處於這兩個分裂的陣營之上：舊體制須以本能摧毀，但唯有智識可建立起新體制。誠然，反動的種子仍蘊藏在盧梭激進主義的肥沃土壤中，因為本能和感情終究是忠於產生它們的古老過去，並被刻板化以適應這古老的過去：經過革命的淨化之後，心的需求將會使超自然的宗教信仰以及慣例與和平的「美好舊日」復甦。盧梭之後，隨之而來的還有夏多布里昂（Chateaubriand）、德．斯達爾（De Stael）、德．麥斯特以及康德。

490《伏爾泰精選集》，第62頁。
491《書信往來》，1755年8月30日。
492 出處同上，1765年3月。
493 聖柏夫，第1卷，第230頁。
494《伏爾泰與他的書信》，第65頁。

X

結局

在此之際，這位年老的「大笑哲學家」正在費爾尼辛勤耕耘他的花園，這「是我們在地球上能做的最好之事」。他也想尋求長壽：「我怕自己在尚未善盡完職責之前就死去。」[495]但現在，他顯然已貢獻了自己的本分，有無數事蹟記載了他的慷慨大方。「人們不論遠近，都來要求他的調停，徵詢他的意見，敘述自己身為受害者的冤屈，懇求他的文筆及信譽之協助。」[496]他特別關心犯下輕微罪行的窮人，保證會寬恕他們、並且把他們安置在若干誠實的職業崗位上，同時還會察看他們的情況、提供他們諮詢意見。當一對搶劫他的年輕人跪在地上乞求他的原諒，他也跪下把他們扶起來，告訴他們別擔心，他原諒了他們，而他們應該只為上帝而跪。[497]他特有的作為之中，有一項是把高乃依（Corneille）一貧如洗的姪女扶養長大，不但教育她，還給了她一份嫁妝。「我所做過的那些微不足道之善行，」他說：「是我最好的作品……當我被攻訐時，我會像魔鬼般戰鬥，不屈服於任何人；但實際上，我是個好的魔鬼，以大笑作為我的結尾。」[498]

西元一七七〇年，伏爾泰的朋友們為了幫他鑄造一座半身像而安排了一項捐款活動。富人被禁止大額捐款，因為成千上百的人都希望有幸能參與這項捐獻。腓特烈詢問他應該捐多少錢，而他被告知：「陛下，一克朗，並在上面刻上你的名字。」伏爾泰恭喜他除了培育許多學科，也藉由捐贈這座骷髏般的塑像而鼓勵了解剖學。事實上，伏爾泰以自己已經無顏作為模型為理由抗議這整件工程；「你幾乎猜不出來它本來的位置在哪裡。我的眼睛已經凹陷了三英寸，我的雙頰宛如老羊皮紙……我殘存的幾顆牙也沒了。」達朗貝爾對此的回覆是：「天才……始終擁有某種容顏，使他的天才兄弟能夠很容易地找到他。」[499]當他的寵物貝特列—波尼（Bellet-Bonne）親吻他時，他說那是「生命在親吻死亡」。

伏爾泰現在八十三歲了，他有一股渴望，想在死前回去看看巴黎。醫生勸告他別從事如此勞累的一趟旅程，但他的回答是：「如果我想犯下一樁愚行，沒有什麼阻止得了我。」他已經活了這麼久，也工作得這麼努力，或許他認為自己有權利以自己的方式，在他因長期放逐而遠離、始終魂牽夢縈的巴黎死去。因此，他還是踏上了這趟歸鄉的旅程，舟車勞頓地橫越了法國。當他的四輪馬車終於進入首都巴黎時，他的骨頭也幾乎散了。他立刻去拜訪年輕時的朋友達讓塔爾，說：「為了來看望你，我不死了。」第二天，伏爾泰的房間圍滿了三百名訪客，把他當成國王般熱烈歡迎，如此盛況令路易十六妒忌不已。班傑明．富蘭克林（Benjamin Franklin）也在這些訪客之列，還帶了他的曾孫一同前來接受伏爾泰的祝福；於是老人將他瘦弱的雙手放在這位年輕人的頭上，祝他獻身予「上帝及自由」。

伏爾泰現在已經病得相當重了，一位教士前來準備聽取他的懺悔、赦免他的罪。「你從誰那裡來，教士先生？」伏爾泰問道。「我從上帝那裡來。」教士回答。「那麼，好吧，先生，」伏爾泰說：「你的證明文件呢？」[500]於是教士放棄他的獵物離開了。後來，伏爾泰派人去請另一位教士戈蒂埃（Gautier）來聽取他的懺悔；戈蒂埃來了，但拒絕赦免伏爾泰的罪，除非他願意簽署一份完全信仰天主教義的聲明書。伏爾泰不願意，相反地，他還起草了一份聲明給他的祕書華格納（Wagner）：「我死時敬慕上帝、熱愛我的朋友、不憎恨我的敵人、厭惡迷信。」（簽名）伏爾泰。西元一七七八年二月二十八日。」[501]

495《書信往來》，1766年8月25日。
496 聖柏夫，第1卷，第235頁。
497 羅伯遜，第71頁。
498 出處同上，第67頁。
499 塔蘭泰爾，第497頁。
500 塔蘭泰爾，第535頁。
501 出處同上，第538頁。

雖然如風中殘燭般奄奄一息，伏爾泰還是通過騷動混亂的群眾——他們爬上他的馬車、把俄羅斯凱薩琳大帝給他的珍貴毛皮大氅撕碎當成紀念品——驅車前往法國科學院。「這是本世紀歷史性的大事之一。沒有任何偉大的統帥從一場困難重重又危機四伏的長期戰役中返回，可以酬以如此光榮至極的勝利、受到如此光彩輝煌又響徹雲霄的盛大歡迎。」[502]在科學院中，他提出修訂法語辭典的建議，並以充滿年輕活力的熱情表示，他願意承擔字母A以下所有的這類工作；座談結束時，他說道：「男士們，我以英文字母順序之名感謝你們。」對此，主席夏斯特呂（Chastellux）回應：「而我們以所有英文字母之名感謝你。」

此時，伏爾泰的劇作《伊雷娜》正在戲院上演，他再次不顧醫生的建議堅持出席。這齣戲劇並非佳作，但令人們感到驚訝的並非一個八十三歲的老人寫了一齣表現欠佳的戲劇，而是他居然還可以寫得出任何戲劇。[503]觀眾以不斷的歡呼表達對作者的尊崇，聲勢甚至壓倒了台上演員們的演出陣容；一位闖進戲院的陌生人還以為自己進了瘋人院，驚恐地倉皇奔逃回街上。[504]

當這位德高望重的字母界元老在那天傍晚回到家中時，差不多心滿意足地準備接受死亡了。伏爾泰知道自己現在幾近油盡燈枯，他已然充分運用了大自然賦予他的狂野而非凡之精力——或許比他之前的任何人都來得多。當他覺得生命正逐漸遠離時，他頑強地與之對抗，然而死亡可以擊敗任何人，即使是伏爾泰。他的最終時刻在西元一七七八年五月三十日到來。

伏爾泰拒絕了在巴黎舉行的基督教葬禮。他的朋友們肅穆地將他安置於一輛馬車上，假裝他還在世一般駛離了巴黎。在賽維爾格斯（Scelliéres），他們找到一位了解世俗律法不適用於天才身上的教士，然後將伏爾泰葬於聖地之上。西元一七九一年，在大革命中獲勝的國民議會（National Assembly）強迫路易十六將伏爾泰的遺體召回、安置於萬神殿（Pantheon）中。於是這位具備偉大激情的死者骨灰，遂由十萬名男女組成的隊伍護送著穿越巴黎，還有六十萬人夾道歡迎。送葬的車上寫著：「他給予人類心靈巨大的動力，讓我們準備好迎接自由的來臨。」而他的墓碑上只需放上這幾個字：

伏爾泰長眠於此

502 莫利，第262頁。
503 塔蘭泰爾，第525頁。
504 出處同上，第545頁。

第六章

伊曼努爾・康德與德國的唯心論

IMMNUEL KANT AND GERMAN IDEALISM

每個人都應以其本身絕對的目的而受到尊重，違反屬於他身為人類的尊嚴、只把他當成是達成某些外在目的的工具，都是一項罪行。

I 通往康德之路

Roads to Kant

從來沒有一種思想體系像伊曼努爾．康德的哲學一樣，勢不可擋地主導了十九世紀整個時代的思想。經過近乎六十年沉寂孤立的發展，西元一七八一年，這位柯尼斯堡的蘇格蘭人（Scot of Königsberg）以他知名的《純粹理性批判》（Critique of Pure Reason），不可思議地把世界從「教條的沉睡」（dogmatic slumber）之中喚醒；自其時起至今，「批判哲學」始終安歇於歐洲思辨哲學之棲木而不墜。叔本華的哲學曾短暫搭上西元一八四八年爆發的浪漫主義浪潮之高峰，西元一八五九年之後，進化論席捲了一切；當十九世紀接近尾聲時，尼采振奮人心的破除偶像主義（iconoclasm）站上了哲學舞台中心。然而，這些都是次要而表面的發展，隱藏在這些發展底下潛伏流動的，仍是康德運動強勁穩定、寬廣深厚的暗潮；至今，康德的基本命題仍為所有成熟哲學之公理。尼采視康德之理論為理所當然，並且將它傳遞了下去；[505]叔本華則稱《純粹理性批判》為「德國文學中最重要之作」，並認為任何人在理解康德之前，都只能算是不成熟的孩童；[506]斯賓塞無法理解康德，或許正因如此，在完整的哲學高度上略顯不足；套用一句黑格爾用在斯賓諾沙身上的說法，就是：要成為一位哲學家，得先成為康德的信徒。

那麼，讓我們立刻成為康德主義者吧！但顯然，這是無法一蹴可幾的事，因為哲學就如同政治學，兩點之間最長的距離是一條直線。在研究康德的哲學時，這世上我們最不願做的一件事，就是去讀康德自己的著作。我們的哲學家像又不像耶和華，彷彿是從雲端在對你講話，只是沒能配上耀眼閃電雷霆萬鈞的氣勢；他蔑視具體實例，他的說法是，因為它們會讓他的書中內容顯得過多[507]（在經過如此的壓縮之後，這麼精簡的一本書也包含了約莫八百頁的內容）。只有專業的哲學家——那些不需要實例說明的人——才讀得了他，但當康德把他那本《純粹理性批判》的手稿給他的朋友赫茲（Herz）看時，即使像赫茲這樣一位在思辨上造詣不凡的學者，也在讀了一半之後就把手稿還給了康德，說他怕自己繼續讀下去會發瘋。對於這樣一位哲學家，我們該怎麼辦呢？

讓我們迂迴繞道、小心翼翼地接近康德，與他保持相敬如賓的安全距離，從主題周邊的不同要點開始下手，再朝他精微的中心思想——也是所有哲學最困難之處，深藏奧祕與寶藏之地——摸索前進。

1. 從伏爾泰到康德
From Voltaire to Kant

這裡的道路，是從無宗教信仰的理論理性（theoretical reason）通往無理論理性的宗教信仰。伏爾泰代表著啟蒙運動、百科全書以及理性的時代（the Age of Reason）。法蘭西斯．培根溫暖的熱情鼓舞，激勵了整個歐洲（不包括盧梭在內）對於科學與邏輯的力量最終可解決所有問題，以及對於人類的「無限完美性」（infinite perfectibility）皆深信不疑。孔多塞在獄中寫出他的《人類精神進步史表綱要》（Historical Tableau of the Progress of the Human Spirit）（西元一七九三年），對於十八世紀在知識與理性上令人崇敬的信任表露無遺，認為建立烏托邦別無他法，唯有普及教育一途；即使連沉穩堅定的德國人，都有他們的**啟蒙運動**（**Aufklärung**）、他們的理性主義者、他們的克里斯汀．沃爾夫（Christian Wolff）以及充滿希望的萊辛。而法國大革命中興奮激動的巴黎人更藉由崇拜「理性女神」——由街頭一位迷人的女士所扮演——的戲劇化方式神化了理性智識。

505《權力意志》（The Will to Power），第2卷，第1部分。
506《作為意志和表象的世界》（The World as Will and Idea），倫敦，第2卷，第３０頁。
507《純粹理性批判》，倫敦，１８８１，第2卷，第２７頁。所有後續的參考皆引用自第2卷。

斯賓諾沙對於理性的信念衍生出一套幾何與邏輯上的恢弘架構：宇宙是一套數學系統，無法以**先驗**（a priori）——來自公認原理的純粹演繹法——來加以描述。霍布斯則認為，培根的理性主義已然成為無可妥協的無神論與唯物論；同時，除了「原子與虛空」之外，沒有其他事物的存在。從斯賓諾沙到狄德羅，信仰的斷壁殘垣散落於理性的進展與覺醒之道路上：老舊教條逐一消失；帶有令人愉悅的裝飾細節與怪異之處、代表著中世紀信仰的哥德式教堂傾塌崩毀了；古代的上帝也隨著波旁王朝從祂的寶座上跌落了下來，天堂消失在單純的天空之中，地獄變成純為情緒的表達方式。愛爾維修與霍爾巴赫使無神論成為法國藝文沙龍間的一種流行時尚，甚至連神職人員都接受了它；拉美特利更將它傳播至德國，並在普魯士國王的支持下極力鼓吹。西元一七八四年，萊辛宣布自己是斯賓諾沙的追隨者而使雅各比震驚不已時，也標記了信仰跌落谷底、理性大獲全勝的一刻。

大衛・休謨（David Hume）在啟蒙運動中扮演著強力抨擊超自然信仰的積極角色，他說道，當理性違反一個人的人性時，沒多久他就會回過頭來反抗理性。對宗教信仰與希望的渴求之聲，飄揚在聳立於歐洲各地十幾萬座教堂的塔尖上，是如此地深植於社會體制與人心之中，無法輕易在理性充滿敵意的判決下就範。深受詛咒的信仰與希望，無可避免會質疑法官的能力並呼籲一項對理性的檢驗——就如同對宗教的檢驗。建議以三段論來摧毀數千年來上百萬人的信仰，這樣的智識是什麼呢？它是絕對正確的嗎？它就像人類其他的器官一樣，在功能及力量上有著嚴格的限制嗎？評斷這位法官、檢視這無情的革命法庭（Revolutionary Tribunal）——曾經如此毫無節制地把所有古老的希望都處以死刑——的時間已然到來，是時候對理性進行批判了。

2. 從洛克到康德
From Locke to Kant

為準備進行這樣一項檢視的道路，已由洛克、柏克萊、休謨的努力鋪設妥當。但顯然，他們的成果仍然充滿對宗教的敵視。約翰．洛克（John Locke）（西元一六三二年至一七〇四年）提出將法蘭西斯．培根的歸納檢測與方法應用在心理學上，在他的偉大著作《人類理解論》（Essay on Human Understanding）（西元一六八九年）中，理性首次在現代思想中反求諸己，哲學開始細察這項長久以來被深信不疑的工具；哲學這場反思的運動，與理查森（Richardson）及盧梭的內省式小說一起逐步發展與成長，就像《克拉麗莎．哈洛威》（Clarissa Harlowe）與《新愛洛伊絲》（La Nouvelle Héloïse）中多情感傷的色彩，在哲學高度的提升上，有著與智識與理性相對應的本能與感情。

知識是如何產生的？我們是否就像某些良善的好人所猜想，擁有天生的思想，舉例來說，像是關於對、錯、上帝？從出生即存在心智之中，產生於所有經驗之前的思想？因為上帝尚未被任何天文望遠鏡所發現，唯恐對神的信仰就此消失的焦慮神學家，認為倘若信仰與道德的基本中心思想被證明是每個正常的靈魂所與生俱來者，那麼信仰與道德或可藉此而被強化。洛克雖是一位虔誠的基督徒，卻因為無法接受這種推測的想法，打算對「基督教的合理性」（The Reasonableness of Christianity）進行最有力的爭辯；他不張揚地聲稱，我們所有的知識都是來自經驗並透過我們的感官，「除非先存在感官之中，否則不會有任何東西出現在心智之中。」我們的心智，出生時宛如一張白板（tabula rasa），然後才由感官經驗（sense-experience）以無數方式書寫於其上，直到感知作用產生記憶、記憶再產生思想。這一切似乎會導出一個驚人的結論：既然僅有物質事物能影響我們的感官，同時我們所知者不外乎物質，因此，我們不得不接受一種唯物論者的哲學；倘若感覺（sensation）是思想的原料，驟下結論者遂主張，物質一定是心智的原料。

絕非如此。喬治．貝克萊主教（Bishop George Berkeley）（西元一六八四年至一七五三年）說，對於知識的這種洛克式分析，更證明了除非是以一種心智的形式，否則物質便無法存在。這是個絕妙的想法，以一項簡單的權宜之計駁斥了唯物論，證明我們知道沒有物質這樣的事物存在，全歐洲也只有一個蓋爾人的想像力可以構思出這種形上學的戲法；但是，看看這件事實多麼地顯而易見，主教說道，洛克不是告訴我們，我們所有的知識都是出自感覺嗎？因此，我們所有知識的任何事物，都只是我們對它的感覺，是故一件「事物」只是一堆的知覺

（perception），亦即經過分類及解讀後的感覺。你會抗議說，你的早餐可是比一堆的知覺還要來得實在多了；而一根鐵鎚經由你的大拇指教會你木工，簡直是再實質不過了。但是，你的早餐一開始也不過是一堆視覺、嗅覺、觸覺的聚集體，接著是味覺，之後才是內在的舒適與飽暖。同理，鐵鎚是一堆顏色、大小、形狀、重量、觸感等的感知作用，它對你而言的實體，不在於它的物質性（materiality），而在於從你的大拇指而來的感覺。如果你沒有感覺，鐵鎚對你來說是完全不存在的，就算它一直猛敲你那沒感覺的大拇指，還是無法從你那裡獲取絲毫的關注。這些都只是一堆的感覺，或是一堆的記憶，是一種心智的狀態。到目前為止就我們所知，所有的物質都是一種精神的狀態，我們直接所知的唯一實體，就是心智。唯物論也不過就是如此。

然而，這位愛爾蘭主教沒能把蘇格蘭的懷疑論者一併納入考量。大衛・休謨（西元一七一一年至一七七六年）二十六歲時，以他那高度異端論調的《人性論》（Treatise on Human Nature）——現代哲學驚人的經典鉅作之一——震驚了整個基督教世界。休謨說，只有當我們藉由內在的知覺去理解物質時，我們才能理解心智；我們從未感知到像是「心智」這樣的主體，我們能感知的，只有個別獨立的想法、記憶、感覺等。心智並非一種實際的物質，一種擁有想法的器官，而只是意指一系列想法的一種抽象名稱；知覺、記憶、感覺**都是**心智，在思想的運作過程背後，並沒有任何可觀察到的「靈魂」。可見的結果就是，如同貝克萊有效地摧毀了物質，休謨也有效地摧毀了心智，一切皆被摧毀殆盡，什麼也沒留下，哲學發現自己站在它所造成的一片廢墟當中。無怪乎有位妙語如珠的智者建議放棄這場爭論，他的結論是：「物質不打緊，心靈沒關係。」（No matter, never mind）[508]

然而，休謨並不滿足於藉由破除靈魂的概念以摧毀正統的宗教，他更提出藉由消滅法律的概念以摧毀科學。科學與哲學一樣，自布魯諾與伽利略起，已然大肆宣揚以因果順序為其必要性的自然法則；斯賓諾沙崇高的形上學即建立於這項輝煌傲人的概念上。但休謨說，根據觀察，我們從未感知到原因與法則；我們感知到的是**推斷**因果關係與必然性（necessity）的事件與結果。法則並非一種外在的必要法令，使事件必須受其支配、控制，而只是一種在心理上對我們萬花筒般的經驗之概要與速記，我們無法保證這些迄今為止所觀察到的結果，將會在未來的經驗中一五二十地完整重現。「法則」是事件發生順序中可觀察到的一種**慣例**（custom），但在慣例之中必無任何的「必然性」可言。

只有數學公式有著必然性，在本質上具備不變的正確性；然而，這僅是因為這樣的公式是一種循環論證：命題的論斷已包含於該項主題之內。舉例來說：「3×3＝9」是一項永恆且必然的真理，因為「3×3」與「9」只是以不同方式表達的同一件事，這項就命題的論斷，並未給主題添加任何的推論。因此，科學必須嚴格局限於數學與直接實驗的範圍內，不應信任來自「法則」、未經驗證過的演繹與推論。「當我們跑遍圖書館，使自己相信了這些原則，」寫出我們離奇怪誕的懷疑論點，「我們會造成什麼樣的浩劫啊！舉例來說，我們隨便拿一冊任何學派的形上學，然後問道：『它包括了任何關於數量或數字的抽象推論嗎？』沒有。『它包括了任何關於事實與存在的物質之實驗推論嗎？』沒有。那麼，可以將這本書付之一炬了，因為它除了詭辯與幻想之外，空無一物。」[509]

想想看這些話對那些以正統學派自居的人來說，是多麼地刺耳！在此之際，傳統的認識論——探究知識的本質、來源及有效性——對宗教來說已不再是一項助力了，貝克萊主教用來屠戮唯物論這條巨龍的寶劍，反而轉過來對付無形的心智與不朽的靈魂；而在這場混亂之中，科學自己也遍體鱗傷。無怪乎當康德在西元一七七五年讀到一冊大衛．休謨的德文翻譯作品時，為其中的結論感到震驚不已，據他所言，從「教條的沉睡」——亦即他始終深信不疑的宗教本質與科學基礎——當中被喚醒。科學與信仰皆準備對懷疑論者舉白旗了嗎？我們能做些什麼來拯救它們呢？

508 這兩句的意思皆為不要緊、沒關係，因其中借用了matter與mind兩個字，是雙關語之意。——譯者注。
509 引述自羅伊斯（Royce），《現代哲學精神》（The Spirit of Modern Philosophy），波士頓，1892，第98頁。

3. 從盧梭到康德
From Rousseau to Kant

據啟蒙運動的論點來說，理性導致了唯物論。貝克萊企圖歸結出物質並不存在的答案，但這又導致休謨的反擊，同理亦可證實心智也不存在。另一個可能的答案是，理性並非最終的考驗。有若干理論性的推論受到我們全體人類的反對，我們無權臆斷我們天性之中的這些需求必須在邏輯的支配下被扼殺，畢竟這樣的邏輯只是我們薄弱而欺騙人心的那一面最近才建構出來的成品。我們的本能與感情，有多常把那微不足道的三段論——希望我們表現得像是幾何圖形一樣規矩，並向數學的精確度示愛——拋諸腦後？有時候，理性無庸置疑是較佳的指引，特別是在城市生活新奇的複雜性與人為的環境之中；但是在人生的重大危機以及作為信仰的艱鉅難題當中，我們信任的是自己的感情而非圖表。如果理性違反了宗教，那麼理性比一無是處還糟！

這樣的論點，事實上就是讓．雅克．盧梭（西元一七一二年至一七七八年）的主張，他在法國幾乎是孤軍奮戰，以一人之力對抗啟蒙運動的唯物論與無神論。對一個天性柔弱敏感又神經質的人來說，被丟進一群抱持著粗野的理性主義與近乎殘酷的快樂主義（hedonism）[510]之百科全書編纂者當中，是怎樣的一種命運啊！盧梭曾是個病懨懨的年輕人，他病弱的身體以及父母與老師們冷漠無情的態度，導致他形成憂鬱沉思與內向的性格，他從現實的痛楚中逃進一個溫室般的夢幻世界，在那裡，他可以藉由想像而擁有現實生活中與愛情中皆被否定的勝利。他的《懺悔錄》（Confessions）即披露了一種尚未和解的情結：極其優雅精緻的感傷多情，混雜著愚鈍的寬容與榮譽，而藉由所有這一切展現出來的，則是他在道德優越感上未被玷汙的信念。[511]

西元一七四九年，法國的第戎學院（Academy of Dijon）提供獎項給一篇題目為「科學與藝術的進展促使道德腐敗抑或淨化？」的論文，盧梭的論文贏得了這個獎項。他認為，文化帶來的罪惡遠比良善來得多，一個人若全心全意的投入，最終卻發現文化非其能力所能及，便會極力主張並證明文化毫無價值可言；想想看印刷為歐洲製造出多麼嚴重的失序，而只要有哲學出現的地方，國家的道德健康隨即敗壞。「哲學家間甚至有這麼一句諺語說，自從有學問的人出現之後，誠實的人就再也找不到了。」「容我斗膽這麼說，深思熟慮的狀態是違反自然的，一位善於思考的人（我們現在會說，一位「知識份子」）即是一隻腐敗墮落的動物。」最好可以捨棄我們在智識上過度快速的發展，而以訓練我們的心和我們的情感為目標。教育不會使一個人變好，只會使他變得聰明機敏——通常是胡鬧作怪的小聰明。本能與情感比之理性，更值得讓人信賴。

在盧梭著名的小說《新愛洛伊絲》（西元一七六一年）當中，盧梭以極長的篇幅洋洋灑灑地舉例闡明，為何情感會勝過智識；多愁善感遂成了貴族名媛間——甚至某些男士間——的流行時尚。百年以來，始終以文學澆灌這片土地的法國，現在則改以真正的淚水來澆灌了；十八世紀歐洲智識的偉大運動，在西元一七八九年至一八四八年間讓位給了浪漫的情感文學。隨著這股浪潮而來的，是一種宗教情感的強烈復甦；夏多布里昂《基督教真諦》（Génie du Christianisme）（西元一八〇二年）之中的狂喜，只是盧梭包含在他劃時代的教育論文——《愛彌兒》（Emile）（西元一七六二年）——當中「薩瓦牧師的信仰告白」（Confession of Faith of the Savoyard Vicar）之回響與共鳴。這篇「告白」，論點簡而言之就是：理性可能違反對上帝與永生的信念，情感卻是一面倒地支持它們；為什麼我們不信任這樣的本能，而寧可屈從於懷疑主義了無生氣的絕望之中？

當康德讀《愛彌兒》時，他省略了每日在西洋菩提樹下的例行散步行程，以便一氣呵成地看完這本書。這是他生命中的一件大事，發現另一個人正摸索著道路想走出無神論的黑暗，並在這些超越感官（supra-sensual）的關注上，大膽肯定情感優先於理論理性。在此，終於有了反宗教的後半段答案；現在，所有的嘲笑者與懷疑者終將潰散。將這些論點理出頭緒、融會貫通，調和貝克萊與休謨的想法以及盧梭的情感，從理性之手中拯救宗教，還要同時從懷疑主義之手中拯救科學；這就是伊曼努爾．康德的使命。

但是，伊曼努爾．康德是誰？

510 主張所有行為皆以追求歡愉為動機的學說。
511 參見《懺悔錄》，第10冊，第2卷，第184頁。

II

康德本尊
Kant Himself

西元一七二四年，伊曼努爾．康德出生於普魯士的柯尼斯堡，除了有一小段時間曾在附近村落擔任私人教師，這位熱愛講授遙遠國度地理與民族學的安靜小教授，終其一生從未離開過柯尼斯堡。他出身貧寒，他的家族在他出生的數百年前便已離開蘇格蘭。他的母親是一位虔信派教徒（Pietist），也就是一個教派的成員，像是英國衛理公會教徒，信守在宗教實踐與信仰上的徹底嚴謹與嚴苛行為。我們的哲學家從早到晚都沉浸在宗教氛圍當中，以致於一方面對他產生了反作用，導致他在成年之後對教堂退避三舍，但在另一方面，卻又讓他始終堅持背負著德國清教徒的沉重印記，並在年歲漸長之後，亟望為自己及這世界（至少）保存住信仰的本質與要點——這是被母親反覆灌輸、深植於他心中的信念。

然而，一個生於腓特烈與伏爾泰時代的年輕人，無法使自己置身於當代的懷疑論浪潮之外。康德深受這些他後來極力駁斥之人的影響，或許其中最重要者，就是他最喜愛的敵手——休謨。我們將會在之後看到一位哲學家不同凡響的思想演進現象：超越自己成熟時期的保守主義並回歸於幾可說是最後的著作，來到約莫七十歲高齡時強勢主張的自由主義——給他帶來連年紀與名望都無法倖免的磨難。即使是在宗教的重建工作中，我們仍可聽到另一個康德的口吻，頻繁到會讓我們誤以為是另一個伏爾泰。叔本華認為這「可說是腓特烈大帝的德政之一，在他所統治的政府下，康德敢於發展自己的思想並出版他的《純粹理性批判》；在任何其他的政府之下，一個領薪水過活的教授（在德國，指的就是政府雇員）幾乎不可能甘冒大不韙，去做這樣一件事。康德後來不得不向腓特烈大帝的繼任者承諾，他不會再繼續寫下去。」[512]為了感謝當局賦予他如此的自由，康德把《純粹理性批判》獻給了策德利茨（Zedlitz）——腓特烈大帝深具遠見、思想先進的教育部長。

西元一七五五年，康德開始在柯尼斯堡大學（University of Königsberg）擔任私人講師。他在這個平庸的低階職位上待了十五年之久，兩度申請教授的職位被拒；西元一七七〇年，他終於成為邏輯與形上學的教授。擁有多年豐富教學經驗的康德寫了一本關於教學方法的教科書；他總是說，這本書中包含了許多絕佳的準則與訓誡，但是他一項都沒採用過。不過比之擔任作家，他或許更能勝任老師的角色，因為兩個世代的學生都很愛他。他所實踐的原則之一，就是特別去關注那些能力中等的學生；因為他說，傻瓜怎麼幫也沒有用，而天才自己會幫助自己。

沒有人料想得到，這樣一位膽怯而謙遜的教授會以一套新的形上學體系震驚全世界；因為驚嚇別人似乎是他最不可能會犯的過錯。他並未預期到自己已跨越了那條界線。四十二歲時，他寫道：「我有幸成為形上學的愛人，但我的情婦至今沒給過我什麼好處。」他說到被形容為「形上學的無底深淵」、形上學宛如「見不到海岸或燈塔的黑暗大海」的那些日子，讓哲學家屍橫遍野；[513]他甚至抨擊形上學學者宛如住在思辨的高塔上，「那裡總是吹著強風。」[514]但他沒能預見，在所有形上學的狂風暴雨之中，最大的一場是他自己颳起來的狂風暴雨。

在這沉靜的數年當中，康德的興趣與其說是在形上學方面，不如說是在更實質的自然科學方面。他寫過行星、地震、火、風、以太、火山、地理學、民族學以及上百個諸如此類的主題，並不總是與形上學有關。他的《天體論》（Theory of the Heavens）（西元一七五五年）提出了若干與拉普拉斯的星雲假說極為類似的主張，並試圖對所有恆星的運動與發展提出力學的解釋。康德認為，所有的行星不是已經有、就是在未來會有生物居住，那些距離太陽最遠的行星有著最久的成長期，也可能會有具備智慧的生物，是比我們的行星上任何現有的物種更為高等的物種。他的《人類學》（Anthropology）（西元一七九八年，從他畢生的授課內容中集結而成）提出了人類起源自動

512《作為意志和表象的世界》，倫敦，１８８３，第２卷，第１３３頁。
513 保爾森（Paulsen），《伊曼努爾·康德》（Immanuel Kant），紐約，１９１０，第８２頁。
514 出處同上，第５６頁。

物的可能性。康德認為，當早期人類仍有相當大的程度需聽任野生動物的擺布時，如果人類的嬰孩在出生時就像現在這樣嚎啕大哭，必然會被猛獸發現吃掉。因此極有可能的情況是，人類剛開始時與現在經過文明薰陶之後的模樣，必定截然不同。接著，康德繼續他巧妙而含蓄的論述：「我們並不知道大自然是如何形成，並藉由什麼原因而促成這樣的發展，但這樣的說法也陪我們走了一段漫長的路；它是否意味著，現階段的歷史在經歷過某些偉大的自然變革——當猩猩或黑猩猩用來走路、觸摸、交談的器官發展成人類清晰明確的架構，包括一個作為理解之用的核心器官，可在社會體制的訓練下與時並進——將不可能再接續第三次的變革。」這種未來時態的使用，是否為康德以謹慎間接的方式，提出人類如何真正從野獸發展成人的觀點？[515]

所以，我們可以看到這個簡樸的矮小男人緩慢的發展。他幾乎不足五英尺高，謙遜畏怯，然而在他的小腦袋中卻包含著，或說從那裡產生出現代哲學中影響最為深遠的一場變革。一位傳記學家曾說，康德的一生，過得就像是最規則的規則動詞。「起床、喝咖啡、寫作、講課、吃飯、散步，」海涅說：「每件事都有著固定的時間。當伊曼努爾·康德穿著他的灰外套、手拄著枴杖，出現在他的大門前，漫步走向西洋菩提樹圍繞的林蔭小道——這條路至今仍被稱為哲學家步道（The Philosopher's Walk），鄰居們就知道此刻的時鐘必然準確地指向三點半整。所以，他全年無休地來回散步；每當天氣陰沉或是烏雲籠罩，看起來像是要下雨時，就會看到他的老僕人蘭普（Lampe）擔憂地跟在康德後面蹣跚而行，腋下夾著一把大傘，活像是個謹慎行事（Prudence）的象徵。」

康德因為體質孱弱，不得不採取嚴格的方法保養身體；他認為沒有醫生的話，這麼做是比較安全保險的，所以他活到了八十歲的高齡。七十歲時，他寫了一篇文章論述「經由決心的力量，以心智力控制疾病感」（On the Power of the Mind to Master the Feeling of Illness by Force of Resolution）。他最喜愛的原則之一就是只用鼻子呼吸，尤其是在戶外，因此在秋天、冬天及春天時，他不准任何人在他每天的例行散步途中跟他說話——沉默總強過感冒；他的養生哲學甚至應用在他的長襪上，他從長褲口袋中拉出細繩，並用那細繩固定長襪，而這些細繩在春天時就會收到小盒子裡。[516]他在做任何事之前，都會先經過深思熟慮，所以他始終維持獨身。有那麼兩次的機會他曾經動過結婚的念頭，一次是因為他思考得太久，結果那位女士嫁給了另一個厚顏無恥的傢伙；另一次是在他下定決心之前，那位女士已經搬離柯尼斯堡了。或許就像尼采，康德也認為婚姻會阻礙他通往誠實追尋真理的道路。「一個結了婚的男人，」塔列朗（Talleyrand）曾說：「為了錢什麼都做得出來。」而康德在二十二歲時，曾以年輕人無所不能的萬分熱忱寫道：「我已經確定了自己決意遵循的未來道路，我將開始前進，沒有任何事物可以阻止我對它的追尋。」[517]

儘管過著沒沒無聞的貧困生活，康德仍堅持不懈地素描、寫作，並改寫他的巨著（magnum opus）長達近乎十五年之久，直到西元一七八一年才完成——當時他已經五十七歲了。從沒有一個人大器晚成得這麼慢，也從來沒有一本書可以如此震驚所有人，把整個哲學界搞得天翻地覆。

515 華萊士（Wallace）建議：《康德》（Kant），費城，1882，第115頁。
516《對康德的《實踐理性批判》之介紹》（introd. To Kant's Critique of Practical Reason），倫敦，1909，第13頁。
517 華萊士，第100頁。

純粹理性批判[518]
The Critique of Pure Reason

「純粹理性批判」這個標題意指為何？**批判**並非即意指批評，而是一種關鍵性的必要分析。康德並未抨擊「純粹理性」，而是在最後指出了它的限制；更確切地說，他希望能展現它的可能性、頌揚它優於不純粹的知識——指的是那些透過扭曲失真的感官途徑使我們接收到的知識。因為，「純粹」的理性意指不經由我們的感官而來、獨立於所有感官經驗的知識，是經由心智與生俱來的本質與結構而為我們所有。

康德開宗明義就對洛克及英國的學派下了戰帖：知識並非皆來自於感官。休謨認為他已經證明了沒有靈魂與科學的存在，我們的心智不過就是我們在運行及進行聯想的一堆想法，我們的確定性不過就是違反法則的永久危險之可能性。這些謬誤的結論，康德說，是謬誤的前提所導致的結果；你假設所有的知識都是來自「個別及不同」的感覺，這些當然無法給予你必然性或是你可以永遠確定的不變結果，你當然無法期望能「看見」你的靈魂——即使是用內在感官之眼。讓我們承認吧，倘若所有的知識都是來自感覺、來自一個無法承諾我們行為規律性的獨立外在世界，知識的絕對確定性（absolute certainty）是不可能存在的。然而，要是我們擁有獨立於感官經驗以外的知識呢？也就是說，**先驗（先於經驗之前）**的知識，它的真實性對我們來說是確定的。那麼，絕對真理與絕對科學就可能存在了，不是嗎？有沒有這樣的絕對知識呢？這是**純粹理性批判**的問題。「我的問題是，當所有經驗的材料與援助都被拿走時，我們希望能以理性去實現什麼？」[519]

《純粹理性批判》成了思想精細複雜的生物學，對概念的起源與進化的檢視，對心智固有結構的分析。如康德所深信，這就是形上學的整個問題所在。「在這本書中，我主要是以完整性為目標。我敢說，應該沒有一個形上學的問題是這裡不能解決的，或是至少，沒有任何解決方法的關鍵是這裡無法提供的。」[520]**為我建立永恆之銅像吧！（Exegi monumentum aere perennius!）**如此自負的天性，在創造的道路上不斷驅策著我們。

《純粹理性批判》開門見山，立刻切入重點。「經驗，絕非我們的理解力僅局限於其中的一個領域，經驗可以告訴我們這件事物是什麼，但它並非必然是什麼而且不可能是什麼；因此，經驗從未提供我們真正的普遍真理，但我們的理性卻又特別急於獲取這一類的知識，因此它並未被滿足，反倒因驚擾而感到不安。普遍真理具備一種內在必然性的特質，必須獨立於經驗之外，本身即為清楚而明確。」[521]也就是說，不管我們之後的經驗如何，普遍真理必然為真，即使是在經驗產生**之前**——亦即**先驗**的真理。「我們在獨立於所有經驗之外的情況下能夠獲取多麼深遠的進展——亦即**先驗**的知識，可以由數學的絕妙範例得到驗證。」[522]數學知識即為必要且確鑿不疑的知識，我們不會認為未來的經驗會違反這樣的知識。我們或許可以想像明天太陽會從西方「升起」，或是有一天在某個可以理解的石棉世界中，火不會燃燒木材；但是我們這輩子可能無法想像2 x 2會得到除了4以外的結果。這樣的真理就是先驗的知識，不需依靠過去、目前或未來的經驗，因此它們可說是絕對而必然的真理；倘若它們有一天變得失真不實，這將會是我們難以想像也無法置信的一件事。但是，我們要從何處獲得這種具備絕對而必然的特性呢？不是從經驗而來，因為經驗只能帶給我們個別的感覺以及單獨的事件，其結果在未來都可能產生變化。[523]這些真理從我們心智與生俱來的結構以及自然且必然的運作方式中，得到它們必然的特性；因為，人

518 關於讀物的建議。康德本身的著作對初學者來說很難理解，因為他的思想被阻絕於一堆古怪又錯綜複雜的術語之外（因此本章極少直接引用他的作品）。或許最簡單的介紹是華萊士的《康德》，在布萊克伍德哲學經典（Blackwood Philosophical Classics）系列中。較困難的進階版，則是保爾森的《伊曼努爾．康德》。張伯倫（Chamberlain）的《伊曼努爾．康德》（兩冊，紐約，１９１４）很有趣，但古怪離題；叔本華的《作為意志和表象的世界》中可以找到對康德的完整評論，第2卷，第1-１５９頁。但請留意，**貨物出售概不退換**（**caveat emptor**）。

519 《純粹理性批判》，序言，第２４頁。

520 出處同上，第２３頁。

521 出處同上，第1頁。

522 第４頁。

類的心智（康德偉大的論點終於在此出現）並不是被動的，任憑經驗與感覺在上面堆疊它們絕對卻離奇的意圖；也不只是一個抽象名詞，代表一系列或哪幾類的心理狀態。人類的心智是一個主動的器官，把感覺塑造、協調成想法，把混亂重複的各種經驗轉化成井然有序的統一思想。

然而，這一切是如何做到的？

1. 先驗感性論

Transcendental Esthetic

嘗試回答這個問題的所有努力以及對心智固有結構與思想天生法則的探究，就是康德所謂的「先驗哲學」（transcendental philosophy），因為這是一個超越感官經驗的問題。「我稱這種知識為先驗，意指它並非那麼專注於客體（object）上，而是專注於客體的先驗概念上。」[524]——也就是說，專注於我們使經驗與知識相互關聯的模式。在逐步將感覺原料發展成思想成品的過程之中，有兩個階段或時期。第一階段是感覺的協調，藉由運用知覺的形式——空間及時間——來協調感覺；第二階段是經此發展出來的知覺之協調，藉由運用概念（conception）的形式——思想的「類別」——來協調知覺。康德使用**「美感」**（**esthetic**）這個字的原始詞源意義來表示感覺或感覺的涵義，並稱第一階段的研究為「先驗感性論」；使用**「邏輯」**（**logic**）這個字指稱思想形式的科學，稱第二階段的研究為「先驗邏輯論」（Transcendental Logic）。這些可怕嚇人的字眼，其意義將會隨著論點的逐步展開而不言自明；一旦跨越了這座山丘，通往康德的道路亦將相對豁然開朗。

那麼，感覺與知覺，指的到底是什麼意思呢？心智又是如何從前者轉換到後者呢？感覺本身，只是一種刺激的意識；我們意識到舌頭上的味道、鼻孔中的氣味、耳朵裡的聲音、皮膚上的溫度、視網膜上的閃光、手指上的壓力，這些都是經驗最初未加工的原料，就像嬰兒剛開始摸索其智力生活的早期階段，都還稱不上是知識。然而，讓這些不同的感覺聚焦於一個物體的時間及空間來自我歸類；比如說蘋果，在鼻孔中產生氣味、在舌頭上產生滋味、在視網膜上產生光亮、在手指及手上產生形狀展現的壓力，於是感覺對於這個「東西」開始進行統一、歸類的工作：產生了一種並非刺激、而是特定物體的意識，叫做知覺。感覺就此轉變成了知識。

但是，這樣的一種歸類、分組過程是自動發生的嗎？這種感覺本身是自發且自然地落入群組及秩序當中、轉變成知覺嗎？洛克與休謨說是，但康德說，絕非如此。

因為，這些不同的感覺是經由不同的感官途徑——經由上千的「傳入神經」（afferent nerves）從皮膚、眼睛、耳朵、舌頭傳入大腦——傳送給我們，當這些信差擠進心智的房間、呼喚要得到心智的關注時，想想看這會是怎樣的一幅大雜燴光景！無怪乎柏拉圖稱其為「感官的烏合之眾」（the rabble of the senses）。如果不管它們，它們還是一群龍蛇雜混、「各式各樣」的烏合之眾，可憐兮兮、無能為力，等待被整頓成意義、目的及力量。這些來自前方戰線上千個防區的訊息毫無困難地被帶給一位將軍，各自獨立地迂迴前進，然後形成理解與命令。不過對這群烏合之眾來說，還要有一位立法者，一股導引、協調的力量，不只是接收這些感覺的微小分子，更要將它們塑造成意識（sense）。

首先，我們可以觀察到並非所有的訊息都會被接受。此刻，眾多的力量正在影響你的身體：一陣刺激的狂風暴雨猛地砸落在你的神經末梢——你把這些像阿米巴變形蟲般的神經末梢伸出去體驗外部的世界，但並非所有的刺激都會被選中，只有那些經過挑選的感覺才能被塑造成符合你當下目的的知覺，或是傳遞那些緊急迫切、關係重大的危險訊息。時鐘滴答作響，你沒聽見；同樣的滴答聲一如往常，並沒有更大聲，然而一旦你的目的要它被聽見時，你就會聽見。熟睡於嬰兒搖籃旁的母親，對外面的騷動一概充耳不聞，但只要小嬰兒稍有動靜，母親馬

523「徹底經驗主義」（radical empiricism）（詹姆斯、杜威等人）在這一點上加入了爭論的戰局，他們反對休謨與康德的主張，認為經驗不僅給予我們關係、順序，還有感覺與事件。

524《純粹理性批判》，第10頁。

上就會從睡夢中醒來注意查看，宛如一位匆忙上升並浮出海面的潛水員。把目的當成加法，刺激「2」與刺激「3」會帶來結果為「5」的反應；把目的當成乘法，相同的刺激、相同的聽覺「2」與「3」會帶來結果為「6」的反應。感覺或想法的聯想，既非僅由一連串的時空因素，亦非經驗的相似性、新鮮度、頻率或強度所決定；最重要的，乃是由心智的目的所決定。感覺及想法只是等待我們指揮的僕從，只在我們需要它們時才會出現；有一位擔任挑選及指揮工作的執行者是它們的主人，等著運用它們，也就是除了感覺與想法之外的**心智**。

康德認為，這位負責挑選及協調的執行者，先行運用了兩個簡單的方法來對它面前的材料進行分類，亦即空間感與時間感。這位將軍根據訊息從何而來以及何時產生來安排它們，並為它們全部找出一套秩序與系統；心智也是如此，以時空因素來分配它的感覺，按其屬性將其歸類為這裡的客體或是那裡的客體、目前或是過去。空間和時間並不是可感知到的事物，而是知覺的模式、將意識置入感覺的方式；因此，空間和時間可說是知覺的器官。

空間和時間就是我們所謂的**先驗**，因為所有整齊有序的經驗都牽涉到它們，並且以它們為前提。沒有空間與時間，感覺永遠無法發展成知覺。空間與時間之所以被稱為**先驗**，因為我們無法想像會有任何未來的經驗不會牽涉到它們，也因為它們的法則——亦即數學法則——是絕對且必然、永恆的**先驗**。先驗意味著不僅是可能，而是必然無疑，就像我們永遠不會發現兩點之間最短的距離不是一條直線；至少，數學可以從大衛·休謨那溶解一切事物的懷疑論中被拯救出來。

各門科學都能同樣地被拯救嗎？沒錯。如果它們的基本原則，也就是因果關係（causality）的法則——一個特定的原因必須**始終**產生一個特定的結果——能被證明，就像空間與時間，在所有理解過程中皆為內在固有之特性，沒有任何可設想到的未來經驗會違反或避開它們；那麼，因果關係是否也是一種**先驗**，亦即所有思想不可或缺的前提與條件？

2. 先驗分析論
Transcendental Analytic

現在，我們從感覺與知覺的廣闊領域來到思想的黑暗、狹窄密室之中，從「先驗感性論」來到「先驗邏輯論」。首先，我們思想中的那些要素之命名與分析，不是由知覺給予心智，而是由心智給予知覺；那些槓桿會把客體的「知覺」知識撐高，變成關係、結果與法則的「概念」知識；那些心智的工具可使經驗去蕪存菁，成為科學。就像知覺以客體相關的時間與空間來整理感覺，概念也以原因、統一性、相互關係、必要性、偶然性等相關的想法來整理知覺（客體與事件）；這些與其他的「類別」，皆為把知覺接收進來的結構，將知覺分類並塑造成思想井然有序的概念。它們就是心智特有的本質與特性，而心智，**即為**經驗的協調。

在這裡，再次觀察心智的活動是否如洛克與休謨所說，只是任憑感官經驗吹製的「被動蠟模」（passive wax）。想想看，像亞里斯多德這樣的一套思想體系，你能想像這廣如宇宙般的資料之排序，是來自無政府狀態的資料本身所產生的自動自發嗎？看看圖書館中壯觀的卡片目錄，是以人類的目的巧妙排列成序；然後，想像所有裝卡片的盒子都被扔在地板上，所有的卡片撒得亂七八糟、凌亂不已。現在，你能想像這些散落各處的卡片自己騰空飛起，以異想天開的方式，從混雜無序的狀態，悄然無聲地按照字母順序與主題類別放回適當的卡片盒中，然後每個卡片盒又被放回架上適當的位置，直到一切又再度成為條理分明、有意義且按照目的排列的順序？這些懷疑論者到底給了我們一個什麼樣的神奇故事啊！

感覺是未經組織整理的刺激，知覺是經過組織整理的感覺，概念是經過組織整理的知覺，科學是經過組織整理的知識，智慧是經過組織整理的生命；每一項都具備了程度極高的秩序、順序及統一性。但這種秩序、順序及統一性從何而來？肯定不是來自事物本身，因為這些事物僅透過同時來自上千個途徑、大量雜亂的感覺而為我們所知，是我們的目的把秩序、順序及統一性置於這些糾纏不清、無法無紀的事物上，是我們自己、我們的性格、我們的心智，在感覺的大海中點燃一盞明燈。當洛克說「感官中不存在的，智識中也不存在」時，他的說法是錯的；而當萊布尼茨補充，「除了智識本身，智識中實為空無一物」時，他就說對了。「沒有概念的知覺，」康德說：「是盲目的。」如果知覺可以自行編排組合成井然有序的思想，如果心智不會主動想辦法從亂中求序，那麼，為何相同的經驗會讓某人表現平平，卻讓另一個主動積極、孜孜不倦的靈魂得見智慧之光與真理的邏輯之美？

於是，這世界有了秩序，但不是來自於它本身，而是因為理解這世界的思想本身即有其條理，經驗分類的第一個階段，最後就是科學與哲學。思想的法則即為事物的法則，因為事物僅能經由必然遵循這些法則的思想而為我們所知，是故這些事物與這樣的思想，實為一體。事實上，正如黑格爾所言，邏輯的法則與自然的法則實為一體，邏輯學與形上學合而為一。科學的概括性原則是必要的，因為這些原則即為最終的思想法則，所有過去、現在、未來的經驗都牽涉到它們，並以它們為前提。科學是絕對的，而真理則是永恆的。

3. 先驗辯證論
Transcendental Dialectic

儘管如此，邏輯與科學的最高普遍原則之確定性與絕對性，卻是自相矛盾地受限並相對：嚴格受限於實際經驗領域裡，並嚴格相對於我們人類的經驗模式中。因為，倘若我們的分析是正確的，那麼這個我們所知的世界就是一幢建造物、一項成品，或可說，幾乎是一件已製成的商品；心智藉由它的塑造形式貢獻給這世界的，與事物藉由它的刺激貢獻給這世界的一樣多（因此，我們認知桌面是圓的，但我們的感覺可能是橢圓的）。某個客體在我們看來是一種現象、外觀，或許它的外貌與進入我們感官的理解範圍之前，其實是截然不同的；而它的廬山真面目到底為何，我們永遠無從得知。這樣的「物自身」（thing-in-itself）可能是思想或推論的一個客體（亦即「本體」（noumenon）），但它無法被體驗——因為在被體驗的過程中，它可能會被經由感官與思想而來的感知改變。「什麼樣的客體可能完全靠自己不外求、並超脫於我們感官的感受性之外，我們對其仍然一無所知。我們只知道自己感知它們的方法，而這樣的方法對我們來說極為獨特罕見，並不見得可為每個生命——無疑是指每個人類——所分享。」[525]譬如我們所知的月亮，只是一堆的感覺（如休謨所見），由我們天生的心理結構加以統一（這部分休謨沒看見）——藉由發展感覺成為知覺，再從知覺成為概念或想法；結果，月亮**對我們來說**，僅是我們的想法。[526]

康德從未懷疑過「物質」以及外部世界的存在，但他補充，除了知道它們存在之外，我們什麼也無法確定。我們的詳細知識是關於它們的外表、現象，以及我們對它們的感覺。唯心論並非如一般人所以為，意味著除了感知的主體之外，別無它物；每個客體有相當大的一部分，是由知覺與理解的形式所創造出來的，我們僅在客體被轉變成想法時才認識它，而它在未轉變之前是什麼模樣，我們無從得知。科學終究是天真的，它以為自己處理的是事物本身強而有力、未被損壞的外部現實。哲學則多了幾分老練的世故，了解科學的整體材料是由感覺、知覺及概念所組成，而非事物本身。「康德最大的功勞，」叔本華說：「就在於把事物的現象與物自身區分開來。」[527]

結果是，任何科學與宗教嘗試去闡釋的最終現實，終究得落回僅為假設的說法；「理解力永遠無法超越感受力的限制。」[528]這樣的先驗科學（transcendental science）在「二律背反」（antinomies）的悖論中失去了它的命題，這樣的先驗神學（transcendental theology）也在「謬誤推論」（paralogism）的倒錯中失去了它的立論。而這就是「先驗辯證論」意欲發揮的殘酷功能，去檢視這些理性嘗試與企圖——從感覺與外觀封閉的圈子中逃脫，來到事物

525《純粹理性批判》，第37頁。倘若康德沒加上最後這一項，他對於知識的必要性之立論將會站不住腳。
526 因此，約翰．史都華．彌爾（John Stuart Mill）以其全然的英國人對於唯實論之傾向，試圖把物質定義為僅是「一種感覺的永久可能性」。
527《作為意志和表象的世界》，第2卷，第7頁。
528《純粹理性批判》，第215頁。

「自身」不可知的世界——建立的有效性。

「二律背反」是來自試圖跳過經驗的科學無法解決的兩難推理。舉例來說，知識試圖去決定這世界為有限空間或為無限空間，而思想則對兩個假設都持反對立場：倘若可超越任何限制，我們會被驅策去想像更遠的、無窮盡的事物；然而，無窮盡本身就是無法想像的。再者，這世界的開端，是否在時間中有一個起點呢？我們無法想像永恆，那麼同樣的，在無法感覺那時間點之前的事物是什麼模樣的情況之下，我們也無法去想像過去的任何一個時間點。或者，科學所研究的一連串連續原因，是否有一個起點——一個第一因？對，因為無盡的連續是無法想像的；不對，因為一個沒有原因的第一因也是無法想像的。那麼，這些思想的死胡同有沒有任何出口呢？康德說，有的，只要我們記住空間、時間和原因都是知覺與概念的模式，也是經驗的網絡與架構，必須進入我們一切的經驗之中；這些兩難的困境，都是因為我們把空間、時間和原因假設為獨立於知覺之外的事物而產生。我們永遠不會擁有任何無法以空間、時間和原因來解讀的經驗，也永遠無法擁有任何的哲學——倘若我們忘了它們並非外物、而是解讀與理解的模式。

因此，「理性」神學的謬誤推論——試圖以理論理性證明靈魂是一種不會朽壞的物質——以自由且凌駕於因果法則之上的意志以及上帝是「必要的存在」，作為一切現實的預設前提。先驗辯證論必須提醒神學，物質、原因與必要性是有限的範疇以及整理與分類的模式——讓心智得以將其應用於感官經驗上，並僅對出現於這種經驗上的現象確實有效；我們無法將這些概念應用到本體（或者僅是推斷和猜測）的世界。宗教不能以理論理性來證明。

於是，**純粹理性批判**在此告一段落。你可以想像大衛・休謨這位比康德還怪異的蘇格蘭人，帶著譏諷的冷笑看待這樣的結果。這是一本驚人的鉅作，長達八百頁，以冗長沉悶的專業術語加重其幾乎令人無法承受之分量，意欲解決所有的形上學問題，並附帶拯救了科學的絕對性與宗教的基本真理。這本書到底做了什麼？它摧毀了科學天真的世界，並將其限制於——若不是在程度上，那麼肯定在範圍上有所限制——一個公認為僅有表象與外觀的世界，超出這個範圍之外，只會導致荒謬的「二律背反」；所以，科學「得救了」！書中最具說服力、最鞭辟入裡的部分，主張信仰的對象——自由而不朽的靈魂、仁慈的創造者——無法以理性加以證明。所以，宗教也「得救了」！無怪乎德國的教士們瘋狂抗議這項救贖，並把他們的狗叫做伊曼努爾‧康德以茲報復。[529]

也難怪海涅會把這位柯尼斯堡的小教授與可怕的羅伯斯比爾拿來相提並論。後者不過是毀了一個國王和幾千個法國人——這是一個德國人可以原諒的事，但是康德，海涅說，他不但毀了上帝，還破壞了神學最珍貴的立論基礎。「這個人的外在生活與他那深具毀滅性、震撼世界的思想，兩者之間的反差是多麼地強烈啊！如果柯尼斯堡的居民們曾臆測到這整套思想的重大意義，他們將對這個人的存在比對一位劊子手還來得敬畏，畢竟劊子手屠戮的只是人類而已。然而，這些好人看待他不過是一位普通的哲學教授，當他每天在固定的時間漫步經過時，他們會對他友善地點點頭打招呼，然後對一下他們表上的時間。」[530]那麼，這是誇大的諷刺，還是被揭露的真相？

529 華萊士，第82頁。
530 海涅，《海涅散文集》（Prose Miscellanies），費城，1876，第146頁。

IV

實踐理性批判 The Critique of Practical Reason

如果宗教無法立基於科學與神學上，那麼要立基於什麼之上呢？答案是道德。建立於神學上的基礎太不穩固，還不如放棄甚至摧毀它；信仰必須超越於理性所能及的範圍，因此，宗教的道德基礎必須是絕對的，而非來自靠不住的感官經驗或是岌岌可危的推論，也不會被容易出錯的理性攙混進來攪和敗壞；它必須是來自經由直接的知覺與直覺所觸及的內在自我。我們必須找出一項普遍且必要的倫理標準、一項如同數學般絕對而確定的道德**先驗**原則，證明「純粹理性可以被實踐，亦即它本身可以自行決定任何以經驗為根據的意志：」[531]證明道德感是與生俱來、而非從經驗中得來。我們需要用來作為宗教基礎的道德責任感，必須是一種絕對至上的命令。

在我們所有的經驗中，最令人感到驚奇的現實就是我們的道德感，一種在面對錯誤的誘惑時無法逃避的感覺。我們可能會屈服於誘惑之下，但那種感覺仍會一直存在。**早上我作出好的決策，晚上我犯下愚蠢錯誤（Le matin je fais des projets, et le soir je fais des sottises）**；但我們知道那些是**愚蠢錯誤**（sottises），我們會再加以解決。是什麼給我們帶來悔恨自責的痛苦以及新的決心？那就是我們內在至上的命令，我們的良知無條件的絕對命令，「宛如作為的座右銘，藉由我們的意志變成普遍通行的自然法則。」[532]經由立即而強烈的情感而非理性的推論，我們知道自己必須避免——倘若所有人皆如此即會——危及社會生活的行為。我是否會希望藉由說謊來脫離困境？但是「當我能用意志力說謊時，我就絕不可能極力主張，認為說謊應該是一項普遍的法則。因為，這樣的法則將會導致毫無承諾可言。」[533]因此，我會意識到我不該說謊，即使說謊對我有好處。謹慎純屬假設，它的座右銘是誠實為上，然而，我們心中的道德法則是無條件且絕對的。

一項行為是良善的，不是因為它帶來好的結果或因為它是明智之舉，而是因為它遵循著我們內在的責任感行事。這樣的道德法則並非來自我們的個人經驗，而是**先於經驗之前**即已專制地為我們所有過去、現在及未來的行為而制定好了。在這世上，唯一完全無條件的良善就是善意，一種遵循道德法則、不論個人利害得失的意志；不管個人是否幸福，只管盡自己的責任就好。「嚴格來說，道德並不是我們如何讓自己快樂的信條，而是我們如何讓自己值得擁有幸福的信條。」[534]讓我們尋求他人的幸福，留給自己完美圓滿——不論它帶給我們的是快樂還是痛苦。[535]而為達個人的完美與他人的幸福，「行動是為了人道的對待——不論是我們自己或他人，在任何情況下都不僅是手段，而是目的。」[536]誠如我們直接的感受，這也是一部分至高無上的命令。讓我們堅守這樣的原則，不久即可創造一個理性人類的理想社會；而為了創造它，我們僅需表現得彷彿自己已經屬於它，將這完美的法則運用於不完美的國家中。你會說，這是一種艱難的道德標準，置責任於美麗之上，置道德於幸福之上；但唯有如此，我們才能不再當野獸，開始朝神的方向邁進。

同時要注意到，這項對於責任的絕對命令最終證明了我們意志的自由。如果我們沒能感覺到自己是自由的，我們怎能想像出這樣一種關於責任的念頭？我們無法藉由理論理性證明這項自由，只能在遇上道德抉擇的危機時直接感覺到它的存在；我們感覺到這項自由是內在自我、「純粹自我」的精髓所在，也感覺到我們的心智所進行的塑造經驗、選擇目標之自發活動。一旦我們開始行動，似乎就會去遵循固定不變的法則；但因為我們只能經由感官去感知行動的結果，而感官又為它傳送的所有感覺披上心智所制定的因果法則外衣。儘管如此，我們仍超越

531《實踐理性批判》，第３１頁。
532《實踐理性》（Practical Reason），第１３９頁。
533 出處同上，第１９頁。
534 出處同上，第２２７頁。
535《倫理的形上學要素》（The Metaphysical Elements of Ethics）序言。
536《道德形而上學》（Metaphysics of Morals），倫敦，１９０９，第４７頁。

我們所制定的法則之上，以某種方式去理解我們的經驗世界；我們每個人都是主動力與創造力的中心。在某種意義上，我們可以感受到——雖然無法證明——我們每個人都是自由的。

再次，雖然我們無法證明，我們可以感覺到我們的不朽。我們可以感知到生命並不像人們所鍾愛的戲劇般美好，並非每個惡棍都罪有應得、每項美德之舉都能獲得獎賞；我們每天都會重新學到，毒蛇的智慧比鴿子的溫順更值回票價，任何偷得夠多的小偷都能耀武揚威。倘若僅有世俗的功利及權宜考量作為美德的正當理由，那麼過於良善似乎就不是什麼明智之舉了。然而，即使明白了這一切，並且不斷被殘酷的現實甩巴掌，我們仍然感受到正當公義的命令——**我們知道自己應該**去做那不明智的良善之舉。倘若我們心中並未感受到此生僅是部分的生命、這個塵世之夢僅是為另一個新生的萌芽與覺醒揭開序幕，倘若我們沒能隱約知道後來更長久的生命將撥亂反正、杯水之恩將會報以湧泉，這種做正確的事的感覺怎麼能存活得下來？

最後，基於同樣理由，我們知道上帝存在。如果責任感涉及並證明回報終將到來的信念是正當的，「不朽的假設……必然會導引至另一個足適這項結果之原因存在的假設；換言之，它必須假設上帝存在。」[537]這點還是無法為「理性」所證明。與我們的行為世界有關之道德感，必然優先於僅為處理感官現象而設計的理論邏輯（theoretical logic）。我們的理性讓我們自由地相信，在物自身背後有一位公平正義的上帝存在；我們的道德感命令我們去相信它。盧梭是對的，心靈的感覺凌駕於頭腦的邏輯之上；巴斯卡也是對的，心靈自有頭腦無法理解之主張。

537《實踐理性》，第220頁。

V 關於宗教和理性

On Religion and Reason

這些主張看起來平庸陳腐、膽怯保守嗎？絕非如此，相反地，它大膽否定了「合理的」神學，直率地把宗教降至道德信念與希望的等級，激起了所有德國以正統信仰自居者的抗議。面對這種「集四十位牧師之力」（forty-parson-power）（套句拜倫的話來說）群情激憤的情況，需要的勇氣遠比與康德的名字聯繫在一起多得多。

然而康德可嘉的勇氣，在他六十六歲發表《判斷力批判》（Critique of Judgment）以及六十九歲發表《純粹理性範圍內的宗教》（Religion within the Limits of Pure Reason）時展露無遺。在這兩本書一開始，康德即回到之前他在《純粹理性批判》中所探討的爭論，當時他曾以證據不足為由而駁斥上帝的存在。但他開始把設計與美關聯起來，他認為，美就是可展現結構對稱性與一致性的一切事物，宛如經過無上智慧之手的設計；他還順帶觀察到（叔本華藉此汲取了他大量的藝術理論），凝視具備對稱性的設計總是帶給我們一種無偏見及私欲的歡愉，「對自然之美的興趣，本身始終是一個良善的標記。」[538] 許多自然界的事物皆展現出這種美麗、對稱性與一致性，讓我們不由得興起這是否為超自然設計的想法。但在另一方面，康德說，自然界也有許多廢棄與混亂、無用的重複與繁殖之例；自然界保存了生命，代價是多少的痛苦與死亡！然而，外在設計的外觀，並非確鑿證明神的存在之證據。過度運用這個想法的神學家應該要拋棄它，而拋棄了這個想法的科學家則應該要運用它；這個極好的線索將引導我們揭露眾多的真相。精心的設計無疑是存在的，然而是內在的設計，由整體所作的部分設計，如果科學能

538 《判斷力批判》，第29節。

夠以生物的各部分對整體的意義來解讀它們，對其他的啟發式原則（生命的機械概念）——尚待探索的豐饒領域——來說，將會帶來絕妙的平衡；但是這些原則單靠自己，甚至連一棵小草的成長也解釋不出來。

這篇宗教的論述，對一位六十九歲的老人來說是一項了不起的研究成果，或許也是康德所有著作中最大膽的一部。既然宗教必須建立在道德感的實踐理性、而非理論理性的邏輯基礎上，隨之而來的，不論是《聖經》抑或啟示，皆必須以其對道德的價值來加以評量，因為其本身不能作為道德準則的評判。教會與教義僅在協助種族的道德發展方面有其價值，當只有信條或儀式篡奪了卓越道德的優先權而成為宗教的一項試煉時，宗教即不復存在。真正的教會是一個民族的共同體，即使分離散布各地，仍可藉由對共同道德法則的奉獻而團結在一起。基督正是為了建立這樣的一個共同體而生，也是為了同樣的目標而死；這是祂所撐持起來的真正教會——相對於法利賽人（Pharisee）極力主張的教會主義。然而，另一種教會主義幾乎摧毀了這項高貴的概念。「基督將上帝的國度帶到塵世，但祂被誤解了，因此教士的國度取代了上帝的國度，在我們之中建立了起來。」[539]信條和儀式再度取代了良善的生活，人們不但沒能藉由宗教結合在一起，反而被分成了上千個教派，各式各樣的「偽善無稽之談」被反覆灌輸成「一種天庭的服務，一個人可以藉著這種阿諛奉承之辭得到天堂統治者的歡心。」[540]再者，奇蹟無法證明宗教，因為我們永遠無法完全信服這些支持奇蹟的證詞；而祈禱的目的倘若是中止應用於所有經驗上的自然法則，亦將毫無用處可言。最後，當教會落入極端保守的政府之手而成為其工具，神職人員——原本該當以宗教的信仰、希望與慈愛來撫慰並指引疲憊煩憂的人類——亦成為神學蒙昧主義（obscurantism）及政治迫害的工具時，我們已落入了曲解誤用的深淵。

這些膽大包天的結論，正是以發生在普魯士的情況為事實依據。腓特烈大帝卒於西元一七八六年，由腓特烈・威廉二世（Frederick William II）繼任，對他來說，他的前任所採行的自由主義政策似乎帶著點法國啟蒙運動不太愛國的味道。於是，曾經擔任腓特烈大帝教育部長的策德利茨被撤換了，他的職位改由一位虔信派教徒沃爾納（Wöllner）擔任；據腓特烈的描述，沃爾納是「一位狡詐而有趣的教士」，把他的時間花在煉金術與薔薇十字會（Rosicrucian）的神祕儀式上，並在強制恢復正統信仰的新君主政策中將自己當成「一項無價值的工具」，攀上權力的高峰。[541]西元一七八八年，沃爾納頒布了禁止在學校或大學中教導任何偏離路德新教（Lutheran Protestantism）正統形式的教材之法令，對所有形式的出版品建立了一套嚴格的審查機制，並下令解僱任何被懷疑是異教份子的教師。剛開始，康德並未受到波及，因為他是個老人了，如同一位王室顧問所說，只有一些人讀過他的著作，而且對其亦不甚了解。然而，他在宗教上的論述是清晰且可理解的，雖然充滿宗教狂熱，但其中伏爾泰的成分仍然過於強烈，以致於無法通過新的出版品審查標準。原本打算要刊出這篇論述的《柏林月刊》（Berliner Monatsschrift），也被下令查禁。

康德此刻展現出的活力與勇氣，幾乎讓人無法相信是來自一個年近七十的老人身上。他把這篇論述寄給幾個在耶拿（Jena）的朋友，透過他們從那裡的大學出版社發行。耶拿位於普魯士以外的地區，而且是在開明的威瑪公爵（Duke of Weimar）——就是當時對歌德照料有加的那位公爵——管轄之下。結果就是，康德在西元一七九四年接到一封來自普魯士國王、措辭強烈的內閣命令，其內容如下：「我們位居最高位者對於你濫用你的邏輯去破壞並摧毀《聖經》（Holy Scripture）及基督教中許多最重要且根本的教義，感到極為不悅。我們要求你立即提出確切的說明，並希望你在未來不會再犯下任何這類的過錯，並且能夠根據你的責任，運用你的才華與影響力促使我們天父的目的更能被實現。如果你堅持繼續反抗這項命令，你恐怕得預期有某些不愉快的後果會產生。」[542]康德的回覆是，每一位學者都應該有權利形成自己在宗教事務上的獨立判斷，並且讓別人知道他的意見；但是在目前這位國王的統治下，他應該保持沉默。有些傳記作者譴責康德的讓步，並認為換作他們可以表現得更加勇敢，但是我們別忘了，康德已經七十歲，他孱弱的病體已不適合挺身出來戰鬥了；而且，他也已經成功地把自己的訊息傳達給了全世界。

539 引述自張伯倫的《伊曼努爾・康德》，第１冊，第５１０頁。
540 保爾森，第３６６頁。
541 《大英百科全書》中的文章〈腓特烈・威廉二世〉（Frederick William II）。
542 保爾森，第４９頁。

VI

關於政治與永恆和平

On Politics and Eternal Peace

普魯士政府或許會饒恕康德的神學——前提是他並未在政治上也犯下異端邪說的罪行。腓特烈．威廉二世登基三年之後，法國大革命撼動了歐洲所有的統治王權。有一段時間，絕大多數在普魯士大學中任教的教師們都忙不迭地簇擁著君主政體以支持它的合法性，六十五歲的康德卻滿懷喜悅地為大革命歡呼，熱淚盈眶地對他的朋友們說：「我現在能像西門（Simeon）一樣說道：『主啊，現在讓你的僕人平靜地離去吧；因為，我的雙眼已見證了你的救贖。』」[543]

康德在西元一七八四年已出版了其政治理論的簡短闡述——在一篇標題為「政治秩序的自然原則——就其與普遍宇宙政治歷史相關觀念而論之」（The Natural Principle of the Political Order considered in connection with the Idea of a Universal Cosmopolitical History）的文章之下。康德一開始即承認，在以一對多的衝突爭鬥當中，最使霍布斯驚訝的就是自然界發展生命的隱密能力之方法；鬥爭是進步不可避免的附屬品。如果人類已完全地社會化，那麼人類將會停滯不前；摻雜了個人主義與競爭對手特定成分的組合，對人類的生存與成長來說是必要的。「倘若缺少某類不合群者的特質……人類可能會過著一種阿爾卡迪亞式的田園牧人生活，完全和諧無爭、心滿意足、相親相愛；但在這種情況下，他們所有的天賦將會永遠隱藏在他們的胚胎之中。」（因此，康德可說完全不是盧梭的盲從者）「感謝自然所賦予的這種不合群、妒忌和虛榮、對占有與權力永不滿足的渴望……人類想要和諧，然而自然知道什麼東西對他的種族是最好的，所以它會促成不和諧的情況產生，讓人類被迫學習如何去運用他的力量、進一步發展他天生即有的能力。」

這種為了生存的鬥爭，並非全然都是壞事。儘管如此，人類不久後也就認知到，這樣的鬥爭必須被局限在特定的範圍內，並以規定、風俗、法律等來加以規範，遂成公民社會的起源與發展之始。然而這時，「這項強迫人類形成社會的不合群特質，再度演變成每個政治實體在對外關係上呈現出不受控制的自由之因；結果就是，任何國家皆必須預期其他國家也會有同樣的這種壞事——也就是先前壓制個體、迫使他們邁向為法律所規範的公民聯盟——的產生。」[544]國家就跟人一樣，時候到了就會從不受規範的自然狀態中出現，並締約以維持和平。歷史的整體意義及運動，就是對好鬥與暴力增加愈來愈多的限制，以及不斷地擴展和平的區域。「整體來看，人類的歷史可視為是大自然一項祕而不宣的計畫之實現，促成一種內外兼備的完美政體，也是唯一一個國家，讓大自然深植於人類之中的所有能力，都能在此得到充分的發展。」[545]倘若沒有這種進展，承先啟後的文明便會宛如薛西弗斯般，不斷反覆地「把一塊巨石推上山頂」，但每次快到山頂時，卻只能眼睜睜地看著石頭又滾回山腳下。歷史也不過是一種迂迴繞行、無止盡的愚行。「然後我們可能會像印度教徒般揣想，認為地球只是被遺忘的古老罪孽之贖罪所在地。」[546]

關於「永恆和平」（Eternal Peace）的論述（出版於西元一七九五年，當時康德已七十一歲）是這個主題更進一步的崇高演繹。康德知道要嘲笑「永恆和平」這個詞是多麼地容易，在他的標題之下，他寫道：「這句話曾經被一位荷蘭的客棧老闆拿來放在他的招牌上作為諷刺的銘文，代表一座教堂後院的墓地。」[547]康德曾經抱怨，顯然每個世代皆然，「我們的統治者沒有錢可以花在公共教育上……因為他們所有的資源都已經放進下一次戰爭的帳戶中

543 華萊士，第40頁。
544《永恆和平及其他論述》（Eternal Peace and Other Essays），波士頓，1914，第14頁。
545 出處同上，第19頁。
546 第58頁。
547 第68頁。

了。」[548]在所有的常備軍隊廢除之前，國家將無法達到真正的文明之境（這項提議之所以特別大膽，是因為我們別忘了，普魯士本身——從腓特烈大帝的父親開始——即為第一個建立徵兵制的國家）。「常備軍隊刺激各國在軍隊數量上相互競爭，毫不受限。由此而產生的費用，使得和平從長遠看來比短暫的戰爭更為沉重；常備軍隊因此成了進行侵略戰爭的起因，目的就是為了擺脫這個包袱。」[549]在戰爭時期，軍隊會藉由徵用、駐紮及掠奪來維持本身所需；最好是在敵人的領土上，但如果需要的話，就在自己的土地。即使如此，都強過用政府的資金來維持它。

據康德的判斷，軍國主義產生的很大的一個原因，是由於歐洲在美洲、非洲及亞洲的擴張，宛如盜賊對他們的戰利品分贓不均而產生爭端。「如果我們把不怎麼殷勤好客的野蠻人……與文明人的不人道行為拿來比較，特別是我們歐洲大陸的國家所施行的不公義之商業行為——甚至是在他們第一次接觸外國土地與人民時，都使我們充滿恐懼；造訪這些外國人士的領土，都被歐洲國家視為征服之舉。美國、黑人的土地、香料群島（Spice Islands）、好望角（Cape of Good Hope）等，一被發現，就被當成是無人之國，而原住民族也被視若無物……做出這一切的國家，為他們的虔敬煞費苦心，把不公惡行當水喝，卻將自己視為正統信仰的不二之選。」[550]——柯尼斯堡的老狐狸不再沉默了！

康德將這種帝國主義的貪婪歸因於歐洲國家的寡頭政體，這些戰利品落入少數幾人之手，即使是在分割之後仍然相當可觀。倘若民主政體被建立起來，所有人可分享政治權力，國際掠奪的戰利品將被細細劃分、直到分量少到再也形成不了誘惑。因此，「永恆和平的條件中，第一條決定性的條款」即為：「每個國家的公民體制應為共和政體，除非由全民公決，否則不得宣戰。」[551]當那些必須挺身戰鬥的人有權在戰爭與和平之間做出抉擇時，歷史將不再以鮮血寫成。「反之，在一個非共和政體的國家中，臣民不是國家的投票成員，開啟戰爭的決定會是世界上最不被關注的問題，因為，在這種情況下的統治者不只是一位公民，而是國家的擁有者，絲毫不需因戰爭而親身受苦，也不需犧牲自己在餐桌或獵場上、或是愉快的宮殿與宮廷節慶之類的樂趣；因此，他可以因微不足道的理由決定一場戰爭，彷彿它只是一場狩獵之旅。至於這場戰爭的正當性，他可能會放任不管，也不會考慮到外交使團，因為他們始終都有萬全的準備，要為那樣的目的提供他們的服務。」[552]這是多麼切合當時境況的時代真理！

西元一七九五年，法國大革命對反動軍隊確然無疑的勝利，使得康德不禁希望共和政體能在歐洲各地迅速成長，建立沒有奴役與剝削、以和平為承諾的民主基礎之上的國際秩序，也能夠就此萌芽。畢竟政府的功能是幫助個體的發展，而非濫用及虐待他們。「每個人都應以其本身絕對的目的而受到尊重，違反屬於他身為人類的尊嚴、只把他當成是達成某些外在目的的工具，都是一項罪行。」[553]這也是絕對至上命令的基本要件，倘若無此，宗教就成了一齣虛偽的鬧劇。因此，康德呼籲平等：不是能力上的平等，而是發展的機會及能力應用上的平等；他反對所有出身與階級的特權，並溯及過去所有的世襲特權所導致的殘暴征伐。此時，正值蒙昧主義、反動勢力以及歐洲所有君主政體聯合起來意欲粉碎法國大革命之際，康德雖然已經七十歲，仍然堅持他的立場，呼籲建立新秩序與徹底的民主自由。從來沒有一個老人能以如此年輕的心聲，勇敢而無畏地大聲疾呼。

儘管如此，康德這時已經油盡燈枯。他已然跑完了他的比賽、打完了他的戰役，逐漸凋零成天真坦率，最後又變成瘋狂卻無害於人的老人。他的感覺與力量逐一遠離了他。西元一八〇四年，七十九歲的康德宛如落葉歸根般安然辭世。

548 第21頁。
549 第71頁。
550 第68頁。
551 第76-77頁。
552 出處同上。
553 保爾森，第340頁。

VII

對康德的批評與評價
Criticism and Estimate

時至今日，歷經一世紀哲學風暴對它的無情考驗，康德這套結構複雜的邏輯、形上學、心理學、倫理學與政治學是否仍能站得住腳？令人欣喜的答案是，這幢偉大建築的絕大部分結構仍安然無恙，代表「批判哲學」（critical philosophy）在思想史上確然有其恆久的重要性存在——雖然結構中的許多局部細節與外圍工事已然動搖。

首先，空間僅是「感覺的形式」、沒有任何獨立於感知心智之外的客觀現實嗎？是也不是。是：因為當空間中沒有感知的對象時，空間只是一個空洞的概念。對感知心智來說：「空間」僅意指特定的物體在參照其他感知物體的情況下，位在某某位置或距離；除了空間中的物體，不可能有外在的知覺存在。因此，空間確為一種「外在感官的必要形式」。

不是：毫無疑問，這樣的空間事實宛如地球年復一年繞行太陽的橢圓形航道，雖然只能被心智陳述，仍獨立於任何的知覺之外；這深不見底的闇黑大海，在拜倫叫它這麼做之前以及停止這麼做之後，已然滔滔往前流去。空間不是心智經由協調無空間的感覺所「構思的結果」（construct），我們對空間的感知，是直接經由我們對不同物體與位置的同步知覺而獲得，就像我們看見一隻昆蟲穿過一片靜止的背景在移動。同樣地，時間的前後感或是運行的測量，當然也極具主觀性與高度相對性；然而，不論時間的流逝是否被量測到或覺察到，一棵樹仍然會變老、凋零並腐朽。事實是，康德過於急切地想證明空間的主觀性（subjectivity），宛如逃離唯物論的一處避難所；他擔心的論點是，倘若空間是客觀且普遍適用的，那麼上帝必然存在於空間之中，是具備空間性及有形的物質。他可能對批判的唯心論——證明我們所知的一切現實，主要皆來自於我們的感覺與想法——已然心滿意足。這隻老狐狸顯然是貪多嚼不爛。[554]

康德可能也對科學真理的相對性（relativity）感到心滿意足，而無須竭盡全力地去尋找那海市蜃樓般的絕對性。但最近的研究像是英國的皮爾森（Pearson）、德國的馬赫（Mach）以及法國的亨利．龐加萊（Henri Poincaré），他們顯然更為贊同的是休謨而非康德：所有的科學，即使是最嚴謹精確的數學，皆與其真實性有關；科學本身並不擔心這回事，還極可能對此相當滿意。或許到頭來，「必要」的知識其實是不必要的？

康德最偉大的成就，就是一勞永逸地證明我們所知的外在世界僅是我們的感覺，心智也不只是一張無可奈何任人形塑的**白板**，抑或是感覺的被動犧牲品，而是一位積極的執行者，在經驗到來時，對其進行挑選與重建的工作。我們可以從這項成就中略加刪修，但亦不減其偉大的精華之美。我們可以跟叔本華一起微笑，在這精準的麵包師傅成打的分類中，是如此恰如其分地被裝成三件一組的箱盒，然後迂迴曲折、極其徹底而伸縮自如地加以詮釋，以符合並涵蓋所有的事物。[555]我們甚至可能質疑這些分類或說思想的詮釋形式，是否亦為與生俱來，在感覺與經驗發生之前即已存在。個體的這種情況，正如斯賓塞也不得不承認，或許是經由種族後天習得的結果；然後再次，甚至或許又經由個體而習得：這些分類可能是思想的常規、知覺與概念的習慣，逐漸由感覺與知覺產生，並且經過自動的排列整理——先是以雜亂無序的方式，然後才以井然有序、自動調適且深具啟發的方式，是一種自然挑選的整理形式；是記憶在進行分類與解讀的工作，將感覺轉化成知覺，再把知覺轉化成想法。記憶，是一

554 康德理論知識的持續生命力，可以從它被就事論事的科學家完整接受而看出，像是近期的查爾斯．斯坦梅斯（Charles P. Steinmetz），即說道：「我們所有的感官知覺都受限於、並附屬於時間與空間的概念。康德，所有哲學家中最偉大、最重要的一位，否定了時間與空間是經驗的產物，而說明它們是經過分類的概念，我們的心智在其中加上了感官知覺。現代物理學在相對論（relativity theory）中得出了相同的結論：絕對的空間與絕對的時間並不存在，只有當空間與時間中有事物或事件存在時，空間與時間才會存在；也就是說，它們是知覺的形式。」——在斯克內克塔迪（Schenectady）的一位論教會（Unitarian Church）發表之演說，１９２３。

555 在前述列舉過的著作中，第2卷，第２３頁。

種增生與堆積。康德認為心智的統一性是天生的（統覺的先驗統一（transcendental unity of apperception）），但實為後天習得的——並非全然如此，而且可能失去、也可能獲得——經由失眠、人格轉換、精神錯亂。概念是一項成果，而非一項天賦。

十九世紀對康德的倫理學——關於一種與生俱來、**先驗**、絕對的道德感之理論——相當嚴苛。進化的哲學不可抗拒地建議，責任感是社會置於個人身上的存款，良知的滿足則是經由後天習得——雖然社會行為的模糊傾向是與生俱來的。道德本身，社會性的人類，並非神祕地出自上帝之手的「特別創作」，而是從容不迫的進化出來的新近產物；道德不是絕對的，而是一種為了團體的生存、多少有點被偶然開發出來的行為準則，隨著團體的性質與環境而改變。舉例來說，一群被敵人包圍的人民會將熱情高漲、不得滿足的個人主義視為不道德，然而個人主義正是一個無慮於本身財富與孤立地位、朝氣蓬勃的國家，會縱容其作為自然資源的剝削以及國家特質的形成之必要組成因素。正如康德認為，沒有任何行為本身是良善的。[556]

虔誠的青少年時期、無盡的責任與罕有的樂趣堆疊而成的艱辛生活，賦予康德一種道德家的傾向。最後，他變成了為責任之故而倡導責任，並在不知不覺中落入普魯士專制主義（absolutism）的懷抱；[557]這一位嚴苛的蘇格蘭加爾文教派（Calvinism）者，對幸福多少有點反對的責任。康德承續了路德與斯多葛學派的改革，如同伏爾泰承續了蒙田與伊比鳩魯學派的文藝復興；他代表著一股對利己主義與快樂主義的嚴厲反動——而愛爾維修與霍爾巴赫在他們那輕率恣意的年代，正是用利己主義與快樂主義來闡述生命——相當於路德反對地中海義大利的奢華享受與散漫放縱。經過一個世紀以來對康德倫理學的專制主義之反動，我們發現自己又回到了城市的肉欲主義（sensualism）與不道德的墮落、無情的個人主義以及無節制的民主式意識或貴族式榮譽之混亂當中。或許崩解的文明會再度張開雙臂擁抱康德對責任的呼籲，而這一天終將到來。

康德的哲學令人驚異之處，在於他的第二本著作《實踐理性批判》，書中他賦予上帝、自由與不朽等宗教思想強勁有力的復甦與再生，而這些觀念顯然在他的第一部作品中已然被摧毀殆盡。「在康德的著作中，」尼采的摯友保羅・瑞（Paul Ree）曾這麼說：「你會覺得自己彷彿置身於一個市集當中，可以從他那裡買到任何你想要的東西——意志的自由與囚禁、唯心論以及對唯心論的反駁、無神論與仁慈的上帝。像是變戲法的人可以從空帽子裡掏出任何東西，康德也掏出了上帝的職責、不朽、自由概念，讓他的讀者大吃一驚。」[558]叔本華也抨擊從獎賞的需求衍生出來的不朽：「康德所謂的美德，是剛開始非常勇敢地朝幸福挖鑿出一條路，但隨即又失去了獨立性，伸出手來要小費。」[559]這位偉大的悲觀主義者相信康德其實是一位懷疑論者，雖然自己放棄了信仰，卻因害怕造成公共道德的不良後果，遲遲無法下手摧毀民眾的信仰。「康德揭露了思辨神學（speculative theology）毫無根據的基礎，但並未動搖大眾神學（popular theology）的一根寒毛，不但如此，甚至以一種基於道德情感、更崇高的形式來確立它。」這點在之後，卻為對哲學一知半解的人曲解成理性的恐懼、上帝的意識等……；康德在搗毀令人敬畏的老舊錯誤時，也深知這麼做的危險性，所以他寧可藉由道德神學取代若干暫時性的脆弱支撐，以便讓崩毀不至於落在他身上，而他也能有時間逃開。」[560]海涅也是如此，在一幅無疑是蓄意的諷刺漫畫中，摧毀了宗教之後的康德，跟他的僕人蘭普外出散步，突然察覺老僕人的眼眶含淚；「於是，伊曼努爾．康德深感同情，證明他不只是一位偉大的哲學家，也是個好人；他半好心半諷刺地說：『老蘭普必須有個上帝，否則他快樂不起來，這叫做實踐理性；但就我而言，實踐理性要能保證上帝的存在。』」[561]如果這些解讀屬實，我們就得把第二部《實踐理性批判》叫做「先驗麻醉論」（Transcendental Anesthetic）了。

不過，我們不需太過認真地看待這些康德內在驚險刺激的重現與再建。《純粹理性範圍內的宗教》這篇論述無庸置疑的熱情，顯示出一種無須質疑的真摯誠意，以及急切於將宗教的基礎從神學轉變成道德、從刻板信條轉

556《實踐理性》，第31頁。
557 參見杜威教授的《德國哲學與政治》（German Philosophy and Politics）。
558 烏恩特曼（Untermann），《科學與革命》（Science and Revolution），芝加哥，1905，第81頁。
559 保爾森，第317頁。
560《作為意志和表象的世界》，第2卷，第129頁。
561 由保爾森引述，第8頁。

變成實際作為的企圖；這些只可能來自一個有深刻體驗的宗教心智。「確然無疑，」他在西元一七六六年時寫給摩西．門德爾松的信中說道：「我以最清晰的信念思考許多事……我永遠沒有勇氣說出來，但我絕不致於口是心非。」[562]而像偉大的《純粹理性批判》這樣晦澀難解的長篇論述，理所當然地會招來許多競爭對手的解讀。首批對《純粹理性批判》所做的評論之一，是由萊因霍爾德在這本書問世之後的數年所寫成，跟我們今天能做的評論相差彷彿：「關於《純粹理性批判》這本書，教條主義者（dogmatist）宣稱它是懷疑論者的企圖，意欲破壞一切知識的確定性；懷疑論者（sceptic）宣稱它是一項傲慢自大的假設，試圖在以前體系的斷垣殘壁上建立起新形式的教條主義；超自然論者（supernaturalist）宣稱它是一場巧妙策劃的陰謀詭計，想要取代宗教的歷史基礎、毫無爭議地建立起自然主義；自然主義者（naturalist）宣稱它是垂死的哲學信仰之新支柱；唯物論者（materialist）宣稱它是物質現實的唯心論自相矛盾之說；精神主義者（spiritualist）宣稱它是所有現實對物質世界無正當理由的限制，隱藏在經驗領域之名下。」[563]事實上，這本書可誇耀之處就在於它對所有這些觀點的正確評價；對於康德這麼敏銳的聰明人來說，它看起來真的就像是已經調和了所有的觀點，並將其融合成如此複雜的真理統一體——這是哲學史上前所未見的。

由於康德的影響，整個十九世紀的哲學思潮都圍繞著他的思辨學說打轉。在康德之後，所有德國人都開始談起了形上學：席勒（Schiller）與歌德研究他，貝多芬以欽慕之情引述他對於生命的兩大奇觀之語——「頭頂布滿星辰的天空，以及內心的道德法則。」還有費希特、謝林、黑格爾、叔本華以這位柯尼斯堡老智者的唯心論為沃土，在其上培育起快速接替承繼的偉大思想體系。這是德國形上學宜人的好日子，讓．保羅．里希特（Jean Paul Richter）寫道：「上帝給了法國土地，給了英國海洋，給了德國空氣中的帝國。」康德對理性的批判以及對感覺的擢升，為叔本華與尼采的唯意志論（voluntarism）、柏格森的直觀論（intuitionism）以及威廉．詹姆斯的實用主義（pragmatism）敞開了大門；他對於思想法則與現實法則一體的認同，給了黑格爾一整個哲學體系；而他那不可知的「物自身」對斯賓塞的影響之大，甚至連斯賓塞自己都沒察覺到。卡萊爾的晦澀難解，很大程度上可以追溯至他企圖以比喻的方式去解釋歌德與康德已然晦澀難解的思想——各式各樣的宗教與哲學，不過是永恆真理不斷變化的外衣。凱爾德（Caird）、葛里茵（Green）、華萊士、華森（Watson）、布萊德利（Bradley）以及許多其他的英國知識份子，都把他們的靈感歸功於第一部《純粹理性批判》；甚至連瘋狂又創新的尼采，他的認識論也從「柯尼斯堡偉大的中國佬」身上獲益良多——雖然他極其激動地譴責康德的靜態倫理學。經過一個世紀在康德的唯心論（與不同的改革版本）以及啟蒙運動的唯物論（與不同的矯正版本）之間拉扯掙扎，最後的勝利似乎是站在康德這一邊。甚至連偉大的唯物論者愛爾維修，都矛盾地寫道：「人類，若允許我這麼說的話，就是物質的創造者。」[564] 哲學永遠不可能再回到簡單而天真的過往，因為康德的存在，從今而後，它必須與眾不同且更加深奧。

562 保爾森，第53頁。
563 出處同上，第114頁。
564 張伯倫，第1卷，第86頁。

VIII

簡述黑格爾

A Note on Hegel

還在不久以前，哲學史學家仍習慣給予康德直接的接班人——費希特、謝林、黑格爾，與現代思想的所有前輩們——從培根、笛卡爾到伏爾泰與休謨同等的讚譽與空間。如今，我們的觀點已經有些不同；我們從叔本華成功打擊對手以爭奪專業地位時，那或許過於強烈而敏銳的惡毒抨擊中獲得相當的樂趣。藉著對康德的探討，叔本華說道：「公眾不得不認清的事實是，晦澀難解並非毫無意義。」費希特與謝林的探索即從中獲益，編織出宏偉壯觀的形上學蛛網。「端出純粹的胡言亂語、串聯起極度無意義的文字迷宮，攀上膽大妄為的高度——以前可能只在瘋人院見識過，而終於在黑格爾時達到極致，還成為有史以來最厚顏無恥的工具，宛如留給後人極為美好的結果，以及一座誌念著德國的蠢笨愚行之紀念碑。」[565]這樣的評論是否公允？

格奧爾格．威廉．弗里德里希．黑格爾（Georg Wilhelm Friedrich Hegel）生於西元一七七〇年的斯圖加特（Stuttgart）。他的父親是符騰堡（Württemberg）邦財政部門的次級官員，黑格爾的個性即由這些公僕耐心而有條不紊的習慣所養成——他們適度的效率讓德國成為世界上治理得最好的國家之一。這位年輕人是個孜孜不倦的學生，對自己所閱讀過的重要書籍皆做出完整而充分的分析，還把冗長的段落都謄寫出來。他認為，真正的文化應始於堅定的自謙；就像在畢達哥拉斯的教育體系中，學生在前五年時會被要求自我保持平靜祥和的心境。

黑格爾在希臘文學上的探討，讓他對雅典文化產生了高度的熱情——即使當所有其他的熱情都幾近消逝時，這股熱情仍然保持不墜。「在希臘之名下，」他寫道：「接受教育薰陶的德國找到了自己的歸屬。歐洲的宗教來自於更深遠的根源，來自於東方……但是在這裡，當前的科學與藝術——滿足、提升、點綴生命的一切——都是直接或間接地源自希臘。」有一段時間，他喜愛希臘的宗教甚於基督教，先於施特勞斯（Strauss）與勒南寫出了《耶穌傳》；在書中，耶穌被視為馬利亞與約瑟的兒子，所有神奇的要素都被略過不提。不過，黑格爾後來銷毀了這本書。

在政治上，黑格爾也展現出一種反叛的精神——從他其後對**現狀**（status quo）的神聖化來看，幾乎無法料想得到。當他在杜賓根（Tübingen）攻讀神學準備擔任牧師的職務時，他跟謝林極力為法國大革命辯護，甚至某天一大早跑去市場中心種下一棵樹，名之為「自由之樹」（Liberty Tree）。「法國經過革命的洗禮，」他寫道：「已從許多體制的束縛中解放了出來；人類的精神早已將這些體制拋棄，宛如丟棄自己嬰兒時期的鞋子，置於人類精神上的重量就像它們置於其他事物上的重量一樣，皆為無足輕重、毫無生命的羽毛。」在當時充滿希望的日子裡，「年輕就像是上了天堂。」黑格爾戲謔著說，就像費希特一樣，帶著一種貴族式的社會主義，以特有的活力把自己獻給了席捲整個歐洲的那股浪漫思潮。

西元一七九三年，黑格爾從杜賓根大學畢業，一份證書述明了他各方面與品格都很好，擅長神學與語言學，但不具備哲學的天分。畢業之後，經濟拮据的黑格爾得在伯爾尼（Berne）及法蘭克福擔任家庭教師以維持生計；這些年是他的蟄伏期，當歐洲被民族主義者撕扯成四分五裂時，他卻在養精蓄銳、快速成長。接著，黑格爾的父親在西元一七九九年過世，黑格爾遂成了約莫一千五百元遺產的繼承人；他認為自己成了有錢人，於是放棄了家庭教師的工作。這時，黑格爾寫信給朋友謝林，詢問他對於自己可以在哪裡安置下來有何建議；黑格爾希望自己待的地方有簡單的食物、豐富的書籍以及「很棒的啤酒」（ein gutes Bier）。謝林於是推薦一個位於威瑪公爵轄下的大學城鎮——耶拿，謝林自己在耶拿教授歷史，提克（Tieck）、諾瓦利斯及施萊格爾（Schlegels）在那裡鼓吹浪漫主義（romanticism），費希特與謝林則提出他們的哲學。黑格爾於是在西元一八〇一年來到耶拿，並在西元一八〇三年成為耶拿大學的一名教師。

565 凱爾德，《黑格爾》（Hegel），布萊克伍德哲學經典，第5-8頁，全文的傳記內容都遵循著凱爾德的敘述。

西元一八〇六年時，黑格爾仍在耶拿；當時拿破崙戰勝了普魯士，使得這個學術小鎮陷入一片混亂與恐懼之中。法國軍隊入侵了黑格爾的家，於是他趕緊像個好哲學家一樣，帶著他第一本重要著作——《精神現象學》（The Phenomenology of Spirit）的手稿溜之大吉。有一段時間，他窮困潦倒到歌德甚至叫科內伯爾（Knebel）借他一些錢，讓他度過難關；黑格爾在寫給科內伯爾的信中，幾近苦澀地說道：「我把《聖經》裡的說法當成指引我的星辰，也是我由經驗中學得的真理：先尋求衣食溫飽，然後天國就會降臨於你。」他在班貝格（Bamberg）當了一陣子的報紙編輯，然後在西元一八一二年，他擔任起紐倫堡（Nürnberg）高級中學的校長；或許就在此時，行政管理工作所需具備的堅忍克己冷卻了他的浪漫主義之火，使他像拿破崙和歌德一樣，成為浪漫時代典型的遺蹟。他在這段時間寫出《邏輯學》（Logic，又稱為《大邏輯》）（西元一八一二年至一八一六年），這本書以其晦澀難解的魅力迷惑了整個德國，並為他在海德堡大學贏得哲學系教授之職。在海德堡時，他寫出了《哲學全書》（Encyclopedia of the Philosophical Sciences）（西元一八一七年）這本鉅作，並挾其實力與聲勢，在西元一八一八年被拔擢至柏林大學（University of Berlin）。從其時開始，黑格爾終其一生皆無可爭議地統御著哲學界，宛如歌德支配著文學界、而貝多芬駕御了音樂界。他的生日剛好緊接在歌德的生日之後，驕傲的德國人於是制定了雙重的國定假日以慶祝他們的誕辰。

有個法國人曾經詢問黑格爾，可否以一句話來說明他的哲學，但他並不像那位僧侶表現得那麼好——那位僧侶在單腳站立時被要求為基督教下一個定義，他簡單乾脆地說：「你要愛你的鄰人如己。」黑格爾呢，卻寧願以十冊的著作來回答這個問題。當他完成這些著作並發表出來時，全世界都在談論它們，而他卻抱怨，「只有一個人了解我，但即使是他也未能全然了解。」[566] 他大部分的著作就像亞里斯多德，是由他的授課筆記彙集而成，或者更糟的，由聽課的學生所做的筆記集結而成；只有《邏輯學》與《精神現象學》是由他親自撰寫。這兩本著作可說是晦澀難解的代表性傑作，抽象、濃縮的風格，古怪的原創術語，以及每個語句皆以大量哥德式的限制子句過度小心地修整，都使得它更為模糊難懂；黑格爾描述他的作品是「嘗試去教導哲學講德語」。[567] 他成功了。《邏輯學》並非在分析推理的方法，而是分析推理中所使用的概念。黑格爾在這裡採用的是由康德命名的分類——存在（Being）、性質（Quality）、量（Quantity）、關係（Relation）等。哲學的首要職責就是去剖析這些遍及我們所有思維之中的基本概念，而「關係」則是其中最無孔不入的一項。因為，每個想法都是一組的關係，我們僅在將某件事跟別的事物聯繫起來、感知到它的相似性與相異性的時候，才會想到它。一個沒有任何關係的想法是空洞、無意義的，這就好像在說：「純粹的存在（Pure Being）就等於空無一物（Nothing）」；完全缺乏關係或性質的存在，其實並不存在，而且不具備任何意義。這個命題導致後續如珠的妙語不斷滋生，至今仍然生生不息；它登時就成為研究黑格爾思想的一項障礙，同時也是一項誘惑。

相反或對立是所有關係中最普遍的一種。思想或萬物的一切情況——世界上的每個想法以及每種狀況——皆會無可避免地導致它的對立，然後再與之統一，形成一個層次更高、更為複雜的整體。這種「辯證運動」（dialectical movement）貫穿黑格爾所寫的著作當中，儘管它是一種古老的思維，在恩培多克勒時即已埋下伏筆，而由亞里斯多德的「黃金中道」加以具體呈現；亞里斯多德甚至寫道：「對立的知識是為一體。」真理（就像電子）是對立部分的自然統一體。保守主義與激進主義的真理是自由主義（liberalism）——開明之心與謹慎之手、開放之手與謹慎之心。我們的意見在大問題上的形成方法，即是在極端意見之間減少波動與擺盪，並在所有具爭議的問題上**尋找中間的真理（veritas in medio stat）**；進化的運動，也是對立持續不斷的發展、融合與調和。謝林是對的，有一種潛在的「對立之同一性」（identity of opposites）；費希特是對的，論點（thesis）、論點之對立（antithesis）與綜合（synthesis），組成了所有發展與現實的公式與奧祕。

不僅思想的發展與演進根據這種「辯證運動」的進行，萬物也是如此；事物的每個狀態都包含了一種矛盾與牴觸，由演化以調和的統一性來加以解決。因此，我們目前的社會體制無疑也隱藏了一種自我侵蝕的矛盾：在經濟正發展成形及資源未開發的時期，激動人心的個人主義確有其存在的必要，以便在後來的時期激發熱切的渴

566 正如我們所預期，無情的評論家質疑這個故事的真實性。
567 華萊士，《黑格爾邏輯緒論》（Prolegomena to the Logic of Hegel），第１６頁。

望，形成相互合作的公民社會。未來會看到的情況，既非當下的現實、亦非憧憬的理想，而是兩者的綜合體，共同形塑出一種更高層次的生活；而提升至更高層次的階段時，也同樣會分成具備生產力、互相牴觸的兩方，再提升至層次更為崇高的組織、複合狀態與統一體。所以，思想的運動與事物的運動並無二致，每一種思想都有辯證的連續進展——從統一性到多樣性，再到「統一中的多樣性」（diversity-in-unity）；思想與存在皆遵循著相同的法則，而邏輯與形上學則為一體。

在感知這種辯證過程以及這種統一性的差異時，心智是不可或缺的器官。心智的功能與哲學的任務，在於發現潛在於多樣性中的統一性；倫理道德的任務，在於使品德與行為產生一致性；政治的任務，在於把所有個體統一成一個國家；宗教的任務，在於達成並讓人感受到，在「絕對」（Absolute）之中所有的相反對立皆被分解、還原成統一的整體，在存在的至高頂點之中，物質與心靈、主體與客體、善與惡實為一體。上帝即為所有關係的體系，萬物皆運行於其中，並擁有它們的存在與意義。在人類來說，這種「絕對」提升成一種自覺意識，並成為「絕對理念」（Absolute Idea）；也就是說，這種自覺意識藉由理解其本身為「絕對」的一部分，可超越個體的限制與目的，在一般衝突爭鬥的表象下捕捉住萬物隱藏的和諧與一致。「理性是宇宙的本體……世界設計的目的是絕對的理性。」[568]

衝突爭鬥與邪惡禍害當然不只是負面的想像事物，它們極為真實；但是從智慧的角度來看，它們是通往實現與良善的必經階段。鬥爭是成長的法則，品格則是形成於充滿動盪與壓力的世界裡；一個人只有藉由強迫、責任與苦難，才能將自己所能發揮到極致，甚至痛苦，都有其存在的合理性——象徵生命並刺激重建；激情也在萬物的緣由中占有一席之地，因為「世界上任何偉大事物的完成，都有激情參與其中。」[569]即使是拿破崙的利己野心，也在無意間促進了國家的發展。生命不是為了達成幸福，而是為了實現成就。「世界的歷史不是幸福的戲劇。幸福的時期在上面寫下的都是空白頁，因為它們都是和諧無紛爭的時期。」[570]這種單調乏味的內容不值一顧。歷史只在某些時期才會被創造——當青春期的猶豫與笨拙逐漸進入成熟期的安適與秩序，現實的衝突為成長所解決時；歷史就是一種辯證運動，幾可說是一系列的革命，一個民族跟著另一個民族而來、一個天才接續另一個天才而生，皆成為「絕對」的工具。偉人與其說是未來的生產者（就像是助產士），倒不如說他們帶來的產物，是經由**時代精神**像慈母般悉心照料而成。天才只是像其他人一樣，在基石上放上另一塊石頭；「不知何故，他的石頭運氣很好，是最後的一塊，當他把石頭放上去時，那道拱門遂得以自行支撐起來。」「這些個體並未意識到他們所展現的一般『理念』……但是他們對於時間的要求有深刻的洞察——什麼事物的發展已臻成熟，這是他們的時代與世界特有的真理；而接下來的物種，或可這麼說，已在時間的子宮中成形了。」[571]

這樣的一種歷史哲學似乎會導引出革命性的結論，而辯證過程也會改變生命的根本原則。沒有什麼情況是永恆不變的，事物的每個階段都存在著互相牴觸的矛盾，唯有「對立的爭鬥」可以解決。因此，政治最深奧的法則就是自由——亦即一條開放改變的大道，而歷史即為自由的成長，國家則是，或說應該是，組織有序的自由。另一方面，「存在即合理」（the real is rational）的學說遂披上了保守的色彩：每一種情況雖然都注定會消失，仍擁有屬於它的神聖權利，如同進化發展中的必要階段；從某種意義上來說：「不論什麼都是對的」（whatever is, is right.）這句話，真是再真實不過了。就如同統一是發展的目標，秩序則是自由的首要條件。

如果黑格爾在晚年時傾向保守，而非他哲學中那種激進的含意，部分原因可能是「時代精神」（套句他自己的歷史用語來說）已經厭倦了過多的改變。在西元一八三〇年的法國七月革命之後，他寫道：「終於，經過四十年的戰爭與無止盡的混亂，一個老心靈可能會欣喜於看見這一切的結束，以及一段和平而滿足時期的開始。」[572] 對於一位主張爭鬥為成長辯證的哲學家來說，變成安於和平的擁護者似乎不怎麼適當，但是當一個人到了六十歲，的確有權利要求和平。雖說如此，黑格爾思想中的矛盾衝突仍然過於深刻而無法奢求和平；他下一個世代的信徒對

568 黑格爾，《歷史哲學》（Philosophy of History），伯恩（Bohn）編，第９頁與１３頁。
569 出處同上，第２６頁。
570 出處同上，第２８頁。
571 出處同上，第３１頁。
572 凱爾德，第９３頁。

無可避免的宿命之辯證，分裂成「黑格爾右派」（Hegelian Right）及「黑格爾左派」（Hegelian Left）。魏塞（Weisse）與較年輕的費希特在「存在即合理」的理論中發現了天命的學說（doctrine of Providence）以哲學表達的方式，並為政治的絕對服從找出正當理由。費爾巴哈（Feuerbach）、莫勒斯霍特（Moleschott）、鮑爾（Bauer）及馬克思則回歸到黑格爾年輕時所主張的懷疑主義及「高等批判」，並將歷史哲學發展成階級鬥爭（class struggle）的理論——從黑格爾式的必要性導引出「不可避免之社會主義」（socialism inevitable）。

藉由**時代精神**以取代「絕對」作為決定歷史的要素，馬克思認為群眾運動（mass movement）與經濟力量是所有根本性改變的基本原因，不論世間萬物或思想生命皆是如此。黑格爾這位至尊教授，無意間竟孵出了社會主義者的蛋。

這位老教授譴責激進份子都是不切實際的空想家，並且謹慎地把自己早期的論述都藏了起來。他聯合普魯士政府，並讚美它是「絕對」的最新表現方式，沐浴在它所提供的學術恩澤之暖陽下；黑格爾的敵人因此稱他為「官方哲學家」（the official philosopher）。黑格爾也開始認為，這整個黑格爾式的思想體系是世界部分的自然法則；但他忘了，他自己的辯證使得他的思想注定要走向無常與衰敗。「從來沒有哲學可以如此高調地呈現，也從來沒有哲學的皇家榮光是如此充分地被認可且受到保障——宛如它在西元一八三〇年時的柏林」。[573]

但是，黑格爾在幸福快樂的那幾年中迅速衰老，變成像故事書中的天才般恍惚健忘、心不在焉。有一次他走進教室，腳上只穿了一隻鞋，沒有注意到自己把另一隻鞋留在泥巴中。當西元一八三一年霍亂在柏林爆發大流行時，黑格爾那病弱的身軀是首批屈服於這場傳染病之下的受害者之一，患病之後僅一天的時間，他就在睡夢中驟然而安靜地離開了人世。拿破崙、貝多芬與黑格爾，都在相繼不到一年的時間內出生，而不過在西元一八二七年至一八三二年的短短數年間，德國便驟然失去了歌德、黑格爾與貝多芬。這是一個時代的結束，也是德國最偉大的時代之中，最後美好而傑出的努力與成果。

573 保爾森，《伊曼努爾・康德》，第385頁。

第七章

叔本華

SCHOPENHAUER

邏輯在此毫無用武之地，沒有人可以用邏輯去說服其他人，即便是邏輯學家，也只是用邏輯作為他的收入來源；要說服一個人，你必須訴諸他的私利、他的渴望、以及他的意志。

I

叔本華的時代背景

The Age

為何十九世紀前半崛起了一批宛如時代之聲的悲觀主義詩人？例如英國的拜倫、法國的德．繆塞（De Musset）、德國的海涅、義大利的萊奧帕爾迪（Leopardi）、俄羅斯的普希金（Pushkin）和萊蒙托夫（Lermontof），以及一群悲觀主義作曲家，如舒伯特（Schubert）、舒曼（Schumann）、蕭邦（Chopin），甚至後來的貝多芬（一個試圖說服自己是樂觀主義者的悲觀主義者），最重要的是，還有一位重度的悲觀主義哲學家亞瑟．叔本華（Arthur Schopenhauer）。

充滿悲慘與苦難的偉大文集《作為意志和表象的世界》在西元一八一八年問世。這是「神聖」同盟（"Holy" Alliance）的時代，滑鐵盧之役慘敗，法國大革命已死，那位「革命之子」（Son of the Revolution）被囚禁在遙遠大海中的一塊岩石上衰敗腐朽；叔本華的意志之完美典範，某種程度上是由於意志壯觀而血腥地幻化在那位小科西嘉人身上具體成形，而他對生命的絕望也多少來自聖海倫娜（St. Helena）那令人悲傷的遙遠距離——意志最後仍被擊敗，陰暗的死亡是所有戰爭中唯一的勝利者。波旁王朝復辟，封建貴族又回頭要求他們的土地所有權，溫和的唯心論者亞歷山大在不知不覺中孕育了一個處處鎮壓進步的聯盟；偉大的時代已然結束。「感謝上帝，」歌德說：「在這個如此徹底結束的世界裡，幸好我已不再年輕。」

整個歐洲宛若被掏空般筋疲力竭。數以百萬計身強力壯的男子喪生，數百萬英畝的土地被棄置不顧或任其荒蕪。在這片大陸上，各地所有的生命都得從頭開始，戰爭所吞噬的剩餘文明經濟必須痛苦而緩慢地復甦。叔本華在西元一八〇四年遊遍法國與奧地利，深為各地村莊的混雜髒亂、農民們的悲慘貧困、城鎮的動盪與苦難等景象所衝擊，拿破崙與反拿破崙的軍隊所行經的每個國家，都留下了被蹂躪的傷疤；莫斯科化為一片灰燼；英國雖然是這場爭鬥中榮耀的勝利者，農人們卻深受小麥價格下跌之苦，工人們則嘗盡了初期不受控制的工廠系統所帶來的震驚與恐懼滋味。軍隊的遣散則使失業的情況雪上加霜。「我曾聽我父親說，」卡萊爾寫道：「在燕麥價格高達十先令一英石的那些年，他注意到工人都各自單獨地躲到小溪邊，以喝水代替進餐，心焦地只想掩飾自己悲慘的處境不被別人發現。」[574]生命似乎從來不曾顯得那麼地無意義、殘酷而卑劣。

的確，隨著大革命的消逝，生命力也似乎從歐洲的靈魂中消失了。那個叫烏托邦的新天堂，其魅力曾讓人們忘記諸神的黃昏，如今卻消退成只有年輕雙眼才得見的模糊、黯淡的未來；老一輩的人曾追隨那股魅力許久，如今卻只把它當成人類希望的笑柄，厭惡地轉身離去。只有年輕人能活在未來，也只有老人能活在過去，但大部分的人都被迫要活在當下，而當下卻是一座廢墟。有多少的英雄與信徒為大革命而奮戰！全歐洲各地有多少年輕的心靈一心嚮往朝氣蓬勃的共和政體，活在它的光芒與希望之中，直到貝多芬將他原本打算獻給那個人——不再是革命之子，而是反動軍的女婿——的《英雄交響曲》（Heroic Symphony）撕成碎片。即使在當時，有多少人為那偉大的希望而奮鬥，直到最後一刻都懷抱著充滿激情的不確定性，卻深信不疑？而這就是一切的結局了：滑鐵盧的失敗、聖海倫娜的流放以及維也納會議的召開；波旁王朝安居於衰頹的法國王位上，沒學到任何事、也沒忘記任何事。這是最終的輝煌結局，一個世代的人付出人類歷史上前所未有的希望與努力；對那些笑聲中摻雜著苦澀淚水的人們來說，這齣悲劇又是怎樣的一場鬧劇！

在那些希望幻滅、充滿苦難的日子裡，許多窮人靠著宗教的希望給予他們慰藉，然而，上層階級有相當大的比例已然失去了他們的信仰，面對這個被摧毀殆盡的世界，毫無令人心安的遠景——有著最終的正義與美好、醜惡的不幸與禍事終將消融之寬廣生活——可資展望。事實上，人們在西元一八一八年眼見的這樣一個可悲的地球，委實很難相信它是由一位充滿智慧與仁慈的上帝所守護。惡魔梅菲斯特（Mephistopheles）大獲全勝，每個浮

574 弗勞德，《湯瑪斯·卡萊爾的書信人生》（Life and Letters of Thomas Carlyle），第1卷，第52頁。

士德（Faust）都絕望已極；伏爾泰播種下的風暴，叔本華坐收其成。

邪惡的問題幾乎從未如此鮮明而急迫地被甩到哲學與宗教的臉上。從布洛涅（Boulogne）到莫斯科與金字塔，每一處軍隊的墓地都在無聲地質問天上冷漠的星辰：主啊，還要多久？為什麼？這場幾乎遍及各地的災難，難道是一位公義的上帝對於這理性與無信仰時代的報復嗎？難道這是在呼喚懺悔者必須屈服於信仰、希望與慈悲的古老美德嗎？施萊格爾這麼認為，還有諾瓦利斯、夏多布里昂、德．繆塞、騷塞（Southey）、華茲華斯以及果戈理（Gogol）也是如此；他們重拾舊有信仰，宛如浪子回頭般快樂地歸鄉。但有些人則得出了更嚴峻的答案，認為歐洲的混亂不過是反映了宇宙的混亂，宇宙毫無神聖的秩序或天堂的希望可言；如果有上帝存在，那麼上帝就是對一切視而不見，讓邪惡籠罩整個地球。拜倫、海涅、萊蒙托夫以及萊奧帕爾迪這麼認為，還有我們的哲學家叔本華。

II 叔本華其人

The Man

西元一七八八年二月二十二日，亞瑟．叔本華出生於德國的但澤（Dantzig），他的父親是一位商人，以經商才能、脾氣火爆、性格獨立、熱愛自由而廣為人知。亞瑟五歲時，他父親從但澤搬家到漢堡，因為當時，西元一七九三年，但澤被荷蘭併吞而失去了獨立自主的地位。所以，年輕的叔本華從小在商業與金融的環境中長大；雖然他很快就放棄了這項父親一直希望他從事的職業，但這種背景仍然在他身上留下了痕跡，帶給他特定的直率方式、注重實際的傾向，以及對世界與人的理解，讓他跟那些他所唾棄的閉門造車或學院派哲學家截然相反。西元一八〇五年，他的父親自殺身亡，而父親的母親，也就是他的祖母，也因精神錯亂而死。

「性格或意志，」叔本華說：「是遺傳自父親，智力則是遺傳自母親。」[575]身為當代最受歡迎的小說家之一，叔本華的母親無疑擁有相當的智力，但也有她的性情與脾氣。她跟乏味的丈夫在一起時很不快樂，因此在丈夫死後，她開始自由戀愛，並且搬到威瑪——因為那裡有著最適合過那種生活的環境。亞瑟．叔本華對他母親的再婚，反應就像哈姆雷特一樣；他跟母親的爭吵教會他許多半真半假關於女人的真理，讓他未來可以用來為他的哲學調味。從他母親寫給他的一封信中，即可看出他們之間的關係與狀態：「你令人難以承受、惱人又麻煩，很難跟你一起生活；你所有美好的特質都被你的自負給遮蔽了，以致於對這世界毫無益處，只因為你無法克制自己愛挑剔別人毛病的傾向。」[576]因此，他們協議分開居住，叔本華只在她「期待並準備接待訪客」時去看她，而且

575《作為意志和表象的世界》，1883，第3卷，第300頁。

是許多客人中的一位；這樣的安排讓他們得以像陌生人般相敬如賓，而非像親人般憎恨對方。歌德喜歡這位叔本華夫人，因為她允許歌德帶著他的夫人克里斯蒂安（Christiane）同往；但他因為告知這位母親她的兒子即將成為一位非常有名的人，而把事情搞得更糟了。叔本華的母親從沒聽說過一個家可以並存兩名天才。最後，在某次爭吵來到最激烈的時刻，這位母親把她的兒子兼對手推下了樓梯；隨後，我們的哲學家憤恨地告訴她，她將只能經由他的口為後人所知。不久之後，叔本華離開了威瑪，雖然他的母親又活了二十四年，但兩人沒再見過一面。拜倫，一樣在西元一七八八年出生，與他母親的關係似乎與叔本華不遑多讓；這些人幾可說是因這種情況而注定成為悲觀主義者，對一個不知道母親的愛——更糟的是，只知道她的恨——的人來說，委實沒有熱愛這個世界的理由。

這時，叔本華已念完了「高級中學」和大學，也學到了比學校所教更多的事物。他對愛情與這世界恣意行樂的結果，在他的性格與哲學上造成了很大的影響。[577]他變得陰沉憂鬱、憤世嫉俗、猜忌多疑，執著於恐懼與邪惡的幻想；他把菸斗鎖起來，從不讓理髮師的剃刀伸到他的脖子上，睡覺時還會在床邊放一把上了膛的手槍——據推測是為了防範宵小；而且他無法忍受噪音。「我一直抱持的觀點是，」他寫道：「一個人能泰然自若承受的噪音量與他的心智能力呈反比，因此，這可以視為一個相當公平的測量方法……噪音對所有具備智識的人來說，都是一項折磨……過剩的生命力以敲敲打打、滾動摔砸的形式展現，證明是我一生中日復一日的折磨。」[578]他對於未被認可的偉大有種幾近偏執之感，因為未能功成名就，他便轉為自我封閉，咬嚙自己的靈魂。

因此，叔本華沒有母親、沒有妻子、沒有子女、沒有家庭、沒有國家。「他全然地孤獨，連一個朋友都沒有；然而在一與零之間，存在的是無限的永恆。」[579]他甚至比歌德還免疫於當時的國家主義之狂熱。在西元一八一三年，他深受費希特對抗拿破崙解放戰爭的熱忱影響，甚至考慮志願從軍，而且真的買了成組成套的軍備武器；好在謹慎行事的念頭及時阻止了他。他認為：「說到底，拿破崙不過就是給予火力全開而不受約束的話語，傳達（某種弱者感受得到但必須加以掩飾的）渴求更多生命之自我主張與欲望。」[580]於是，與其參加戰爭，叔本華決定前往鄉間完成他的哲學博士論文。

完成這篇《論充足理由律的四重根》（On the Fourfold Root of Sufficient Reason）（西元一八一三年）的論文之後，[581]叔本華全心全力，將所有的時間都貢獻在他最傑出的作品上——《作為意志和表象的世界》。他把這份獲得**優異學業成績**（**magna cum laude**）的手稿寄給出版商，他認為自己在這本書中所主張的，並不僅是舊觀念的老調重彈，而是具備高度一致、緊密架構的原創思維，「清楚易解、強而有力，並且不失其美」。這本書「從今而後，可作為上百本其他著作撰述與引據之源頭與起因」。[582]所有這一切，雖說是肆無忌憚的自我中心，卻又是絕對的真實無誤。多年之後，極為肯定自己已解決哲學主要問題的叔本華，甚至想在他的圖章戒指刻上斯芬克斯（Sphinx）自己跳下深淵的圖像——因為這位希臘神話中的人面獅身獸承諾，只要謎題被解開，她就會跳下懸崖。

儘管如此，這本書在當時幾乎沒有引起任何關注；因為這世界已經過於貧乏，無法再去讀任何有關它的貧乏書籍。因此在這本書出版十六年之後，叔本華被告知，這一版絕大部分的書冊，都被當成廢紙賣掉了。在他的論述「論名聲」（Fame）中的「生命的智慧」（The Wisdom of Life），他引述利希頓伯格（Lichtenberger）明顯提及他的著作之兩點評論：「這樣的作品宛如一面明鏡：如果是一個笨蛋往裡看，你無法期待會有一位天使往外看。」

576 華萊士，《叔本華傳》（Life of Schopenhauer），倫敦，無日期，第５９頁。
577 參見華萊士，第９２頁。
578 《作為意志和表象的世界》，第2卷，第１９９頁；文章「論噪音」（On Noise）。
579 尼采，《作為教育家的叔本華》（Schopenhauer as Educator），倫敦，１９１０，第１２２頁。
580 華萊士，《大英百科全書》中的文章「叔本華」（Schopenhauer）。
581 叔本華（毫無充足理由、並以幾近推銷的論點）堅持，必須先讀過《論充足理由律的四重根》才能理解《作為意志和表象的世界》。儘管如此，讀者只需知道「充足理由之原則」（principle of sufficient reason）就是「因果法則」（law of cause and effect）四種形式的呈現即可：1. 邏輯推論（Logical）——由前提決定結論；2. 因果律（Physical）——由原因決定結果；3. 數學證明（Mathematical）——由數學與力學法則決定結構；4. 行為動機（Moral）——由性格決定作為。
582 華萊士，《叔本華傳》，第１０７頁。

以及「如果一顆腦袋和一本書相撞，其中一個聽起來很空洞，那一定會是書嗎？」叔本華繼續以受傷的虛榮心說道：「一個愈能流傳後世——亦即人類整體——的人，對他當代的人來說，就愈顯得格格不入；因為他的作品並不是完全為他們而寫，只是因為就範圍上來說，他們形成了整個人類的一部分，但他的作品之中沒有任何熟悉的地域色彩足以吸引他們。」然後，他開始像寓言故事中的狐狸般口若懸河：「倘若一位音樂家知道他的聽眾幾乎都是聾子，而為了掩飾他們的耳疾，他看到一兩個人帶頭鼓掌；那麼，他會因為他們熱烈的掌聲而感到受寵若驚嗎？倘若他又發現，那一兩個人其實是受賄以確保表現最糟的演奏者可以得到最響亮的掌聲時，他會怎麼說呢？」對某些人來說，自我中心（egotism）其實是對於未能成名的一種補償作用；而對其他人來說，自我中心會慷慨地合作以便更為凸顯它的存在。

叔本華是如此傾盡全力於這本書上，以致於他後來的作品都是對這本書的評註與論述；他成了自己的律法之編纂者，詮釋他自己的悲歌。西元一八三六年，他發表了一篇〈論大自然的意志〉（On the Will in Nature）的論述，某種程度上納入了在西元一八四四年問世的《作為意志和表象的世界》之增補版；西元一八四一年發表了《論倫理學的兩個基礎問題》（The Two Ground-Problems of Ethics），西元一八五一年則發表了內容可觀的兩冊《附錄與補遺》（Parerga et Parliapomena）——以字面之義來說，即為「副產品與剩餘物」（By-products and Leavings），其後被翻譯成英文的《叔本華論文集》（Essays）；這是他的作品中最清晰易讀且充滿智慧與機智的一本。叔本華則收到十冊自己的作品當作全部的酬勞——在這種情況下，要保持樂觀真的很難。

叔本華離開威瑪之後，只有一場歷險打亂了他專心一志、單調乏味的隱居生活。他一直希望有機會能在德國最偉大的大學中發表他的哲學主張，而機會終於來臨；西元一八二二年，他被邀請至柏林大學擔任**編外講師**（**privat-docent**）。叔本華故意把他的課安排在當時不可一世的黑格爾同樣的授課時段，他深信學生會以後人的眼光來看待他與黑格爾的哲學；但學生們顯然無法有如此的遠見，結果就是，叔本華對著空蕩蕩的教室講課。於是他辭職了，藉由對黑格爾的尖刻抨擊為自己報仇雪恥——使他的**傑作**後續的版本大為失色。西元一八三一年，霍亂在柏林爆發大流行，疫情一發不可收拾；黑格爾與叔本華都逃離了柏林，但是黑格爾過早返回柏林，以致於染上了傳染病並於數日之後死去。叔本華則一路馬不停蹄地逃到了法蘭克福，並在那裡度過他七十二年人生中剩下的歲月。

就像一位明智的悲觀主義者，叔本華避免誤踩樂觀主義者的陷阱，也就是靠寫作來維生的企圖。他繼承了他父親公司豐厚的孳息，並以這筆收入維持著還算舒適的生活。他以一種與哲學家不甚相稱的智慧進行投資，當他占有股份的一間公司破產時，其他的債權人都同意接受百分之七十的投資金額做為賠償，唯獨叔本華努力爭取全額賠償，而且也成功了。因此，他現在有能力可以負擔得起一間寄宿公寓中的兩間房，他在那裡度過了他生命中最後三十年，過著沒有夥伴只有一隻狗陪伴的日子。他把那隻小貴賓犬叫做阿塔瑪（Atma）（在婆羅門的用語中為「世界的靈魂」之意），但是鎮上愛開玩笑的婆媽們都叫牠做「小叔本華」。他通常在英倫花園餐廳（Englischer Hof）用餐，每一餐開始時，他會把一枚金幣放在他面前的桌上，等到用餐結束時，再把金幣放回他的口袋裡；於是，一位無疑對此深感憤慨的服務生，最後終於忍不住開口詢問他，這個一成不變的儀式到底有什麼意義？叔本華回答，這是他跟上帝的沉默賭注，如果有一天，那些在這裡用餐的英國軍官談論除了馬、女人、狗以外的話題，他就把這枚金幣放進教堂的捐款箱裡。[583]

這些大學忽視叔本華與他的著作，彷彿證實了他所聲稱，所有哲學上的進步皆來自於學術之牆外。尼采說：「對德國學者來說，再也沒有比叔本華的特立獨行更能得罪他們了。」但是，叔本華也學到了若干耐性，他有信心，即使是慢半拍，世人對他的認可終究會到來。中產階級的人們，包括律師、醫生、商人，發現這個哲學家可以給予他們真實生活現象一個明白易懂的概觀，而非只會說著形上學虛幻不實、裝模作樣的難解術語。歐洲對於西元一八四八年時的理想與努力已經幻滅，人們幾乎是以歡呼喝采的方式轉而擁抱這樣的哲學——充分道出西元一八一五年的絕望心聲。科學對神學的攻擊、社會主義者對貧窮與戰爭的控訴、生存競爭中的生物壓力，一切因素在在都有助於拉抬叔本華的聲望，讓他最後終於一舉成名。

583 華萊士，第171頁。

叔本華還沒老到無法享受他遲來的聲譽。他熱切地閱讀著所有關於他的文章，他請他的朋友們把他們所能找到的每一丁點印出來的評論都寄給他——由他來給付郵資。西元一八五四年，華格納寄給他一份《尼伯龍根的指環》（Der Ring des Nibelungen），其中有句話讚美叔本華的音樂哲學，因此這位偉大的悲觀主義者，在他的晚年幾乎頓時成了一位樂觀主義者；他在晚餐之後孜孜不倦地吹奏著長笛，感謝時間讓他得以擺脫青春之烈火。人們從世界各地前來拜訪他，在西元一八五八年他七十歲生日時，來自四面八方以及各大洲的祝賀宛如雪片般飛來。

這時還不算太晚，叔本華還有兩年多的時間。西元一八六〇年九月二十一日，他一個人坐下來吃早餐，顯然狀況還挺不錯；一個小時之後，他的房東太太發現他仍然坐在椅子上，然而已經斷氣。

III 表象的世界
The World as Idea

翻開《作為意志和表象的世界》這本書，首先會讓讀者感到驚訝的是它的風格。沒有宛如中國謎語般的康德術語，沒有黑格爾的模糊困惑，沒有斯賓諾沙的幾何學；一切都極為清晰有序，並且令人讚賞地完全聚焦於表象世界的主要概念上，然後論述正因如此，才有爭鬥、才有苦難的產生。多麼直言不諱的誠實、令人耳目一新的活力、毫不妥協的坦率！

他的前輩提供的理論抽象到不可見的地步，並且幾乎沒有給予任何對真實世界的說明。而叔本華就像務實的商人之子，給予充足而豐富的具體實例與應用，甚至包括幽默感。[584]在康德之後，哲學中的幽默感儼然是一項驚人的創新。那麼，為什麼這本書不被接受呢？部分的原因是，它攻擊了那些可以讓它獲取公眾注意的人——大學裡的教師。西元一八一八年時，黑格爾是德國哲學的獨裁者，但叔本華仍毫不猶豫地攻擊他；在這本書第二版的序言之中，叔本華寫道：

再沒有別的時機比此時的可恥濫用對哲學更加不利，一方面助長了政治的目的，另一方面則是作為謀生的工具……那麼，沒有任何事物可以對抗**「一個人得先活得下去，才可能思考哲學」**（Primum vivere,

584 一則有關於他的幽默感之例，被埋沒在一個不引人注意的註腳之中。「演員萬茲曼（Unzelmann），」是出了名的喜歡在劇作家的台詞中加上自己的評論，「被禁止在柏林劇院演出時即興創作。此後不久，他騎在馬背上出現於舞台。」就在他們進入時，這匹馬做出極不適合於公眾舞台上的行為，「觀眾開始大笑，於是萬茲曼嚴厲地斥責牠：『你不知道我們被禁止即興演出嗎？』」第２卷，第２７３頁。

deinde philosophari）這句格言嗎？這些先生們渴望活下去，也確實藉由哲學而活：他們被分配給哲學，連同他們的妻小……「我為那個給我麵包吃的人歌唱」的規則，是永遠不會錯的；藉哲學斂財是被古人視為辯士學派的特點……這個時代，二十年來始終為黑格爾——那個聰明的卡利班（Caliban）——喝采、頌讚他是最偉大的哲學家，不可能……讓他成為在一旁觀望、渴望它的讚許之人……但相反的，真理永遠**屬於少數人**（**paucorum hominum**），因此必須平靜而審慎地等待這些少數人，他們非比尋常的思想模式可能會發現它的樂趣……生命短暫，但真理無遠弗屆且永久恆存。讓我們只談論真理。

最後這些話語雖然說得很高尚，但是全文顯然有種吃不到葡萄說葡萄酸的意味。沒人比叔本華更急切於獲得讚許與肯定。如果他對黑格爾仍無惡言相向，會顯得更為高尚；**對於活人，讓我們只說他們的好話**（**de vivis nil nisi bonum**），至於說到謙和虛心等待公眾的認可，「我看不出，」叔本華說：「在我自己跟康德之間，哲學上有達成任何的成就。」[585]「我認為『意志的世界』這個想法是在哲學之名下長久以來一直追求的理念；而這項理念的發現，將被那些熟悉歷史的人視為如同發現賢者之石（philosopher's stone）般不可能。」[586]「我只打算傳遞一項理念，然而，儘管我投注了所有的努力，我仍然找不出比這整本書更能傳遞它的最快方式……讀這本書兩遍，第一遍請以最大的耐心來讀它。」[587]這是多麼地謙虛啊！「謙虛不就是虛偽的謙卑，在這個充斥著妒忌的世界藉由這樣的手段，讓一個擁有卓越與優點的人尋求那些一無所有的人之寬恕？」[588]「毫無疑問，當謙遜被當成一項美德時，對傻瓜來說是極為有利的一件事，因為每個人都渴望把自己說成是一個謙遜的人。」[589]

叔本華的書，開宗明義第一句話就毫無謙遜可言。「這個世界，」開頭就寫道：「是我的想法。」當費希特說出類似的主張時，即使是極富形上學經驗的德國人，都會問道：「他的妻子對這件事的意見是什麼？」但叔本華沒有妻子。當然，他的意思夠簡單了：他希望在一開始就納入康德的定位——外在的世界僅藉由我們的感覺與想法而為我們所知；接下來，就是對唯心論極為清晰而有力的闡述，但這部分可說是全書最不具原創性的一部分，放在後面可能比放在前面要好得多。這個世界花了一個世代的時間才發現叔本華，就是因為他走了最糟的第一步，然後把他自己的思想藏在厚達兩百頁的第二手唯心論之論述後頭。[590]

第一個部分中，對唯物論的抨擊是最重要的部分。當我們僅能透過心智去了解物質時，我們怎能說心智就是物質？

如果我們跟隨著唯物論清楚的觀念來思考，那麼當我們攀爬上它的最高點時，會突然聽見一陣來自奧林匹斯山神無法遏制的大笑。我們會彷彿從夢中驚醒，突然意識到唯物論那致命的結果——知識雖然需費盡千辛萬苦才獲得，但其實也被預設為它不可或缺的前提與條件。唯物論以物質為上；當我們想像自己所認為的物質，其實我們想到的只是感知物質的主體：看到物質的眼睛、感覺物質的雙手、認識物質的理解力。如此一來，這個驚人的**預期理由**（petitio principii）本身便不言自明；因為這最後一個環節頓時成了起點，一個循環的連鎖。像孟喬森男爵（Baron Münchausen）這樣的唯物論者，當他在馬背上游泳時，用他的腿把馬拉上天空，並用他的髮辮把自己也拉上天空[591]……這種粗糙的唯物論，即使是十九世紀中的現在，[592]在無知的妄想下又再度被提出，說它深具原創性……愚昧否定生命力（vital force）的存在，最主要的是，試圖以物理與化學的力量以及物質機械般的效應去解釋生命的現象。[593]……但我絕不相信，即

585 第2卷，第5頁。

586 第1卷，第7頁。

587 出處同上，第8頁。事實上，這正是我們必須做的事：許多人甚至會發現，讀第三次時收穫良多、成效最佳。一本偉大的書就如同一首偉大的交響樂，必須聽過許多次之後才能真正理解。

588 第1卷，第303頁。

589 《叔本華論文集》，文章「論自豪」（On Pride）。

590 與其推薦論述叔本華的書籍，不如讓讀者直接了解叔本華這個人。他三冊的主要著作（每一冊的第一部分除外）都很易於閱讀、言之有物，皆為極具價值且令人愉快的論述。至於叔本華的傳記，讀華萊士所著的《叔本華傳》應該就夠了；其中，叔本華龐大的三冊著作已然被很理想地壓縮成最精華部分——並非去改寫其想法，而是藉由挑選、整合顯著突出的段落，以哲學家自己清晰而傑出的語言來呈現。讀者可盡得簡潔的第一手叔本華思想之利。

591 第1卷，第34頁。

592 沃格特（Vogt）、畢希納（Büchner）、莫勒斯霍特、費爾巴哈等人。

使是最簡單的化學結合，也絕無容許機械效應的解釋之餘地，更不用提光、熱、電的屬性。這些都需要一種動態的解釋。[594]

這是行不通的。先檢視物質、再檢視思想，不可能解決形上學的謎題或是發現現實的奧祕本質。我們必須以自己直接、密切了解的事物——我們自己——作為起點。「我們從外部絕無法得知事物的真正本質，不論我們做了多少調查，除了想像與名稱之外，我們將一無所獲，像是在一座城堡外四處尋找入口的人一樣徒勞無功，只能有時描繪一下城堡的外觀。」[595]讓我們從內部進入。如果我們能查明自身心智的最終本質，或許就能找到通往外在世界的鑰匙。

593 第1卷，第159頁。
594 第3卷，第43頁。
595 第1卷，第128頁。

IV 意志的世界

The World as Will

1.生存的意志

The Will to Live

哲學家幾乎無一例外地認為，心智的本質是在於思想與意識之中；人類是通曉知識的動物，是有理性的動物。「這是古老而普遍的根本錯誤，亦即**第一個漫天大謊**（proton pseudos），……必須在一切開始之前先被棄置才行。」[596]「意識只是我們心智的表面，就像表層的泥土，我們無法從外面的地殼得知其內在的模樣。」[597]在意識之下，智識即為有意識或無意識的**意志**，一種努力奮鬥、堅持不懈的生命力，不由自主的自發性活動，迫切而必要的專橫意志。有時候，智識或許看起來像是在帶領意志，但這只是一個嚮導在帶領他的主人；意志「是最強而有力的盲人，肩負著明眼的瘸腿之人。」[598]我們並不是找到想要某樣事物的理由才有欲望，而是因為我們想要某樣事物才為欲望找出理由。我們甚至精心設計了哲學與神學，以便掩飾我們的渴望。[599]因此，叔本華把人稱之

596 第2卷，第409頁。叔本華忘了（抑或他是從其中得到的提示？）斯賓諾沙曾經強調的論述：「渴望是人類最根本的本質。」——《倫理學》，第4部分，第18個命題；費希特也曾經強調意志的重要性。

597 第2卷，第328頁。

598 第2卷，第421頁。

599 佛洛伊德（Freud）的源頭之一。

為「形而上的動物」，因為其他動物的渴望用不著形上學的粉飾。「當我們以理由與解釋和一個人爭論、竭盡全力去說服他時，最後卻發現，原因在於他不**想**去理解，我們必須應付的是他的**意志**。再沒別的比這一點更令人惱火了。」[600] 因此，邏輯在此毫無用武之地，沒有人可以用邏輯去說服其他人，即使是邏輯學家，也只是用邏輯作為他的收入來源；要說服一個人，你必須訴諸他的私利、他的渴望，以及他的意志。值得注意的是，我們通常會牢記自己的勝利不忘，卻會迅速忘卻自己的失敗，因為記憶是意志的奴僕。[601]「在描述事情時，我們較常犯下有利自己、而非不利自己的錯誤，但此舉毫無不誠實的意圖。」[602]「另一方面來說，當涉及的對象與他所想要的東西密切相關時，連最愚笨之人的理解力都會變得精明起來。」[603] 整體而言，智識是經由危險而逐漸養成的，像是狐狸；或者是經由欲望而逐漸產生的，像是罪犯。然而，智識似乎自始至終臣服於渴望，並為其所用；當它試圖取代意志時，就會產生困惑與混亂。再沒有比考慮再三才行動的人更容易犯下錯誤了。[604]

仔細想想人類為了食物、配偶、子女所產生的激烈紛爭，難道是深思熟慮的結果嗎？當然不是。原因是半自覺的生存意志，並且是充實地活著。「人類顯然只為眼前的事物所吸引，但事實上，他們是從後頭被往前推著走。」[605] 他們認為自己是被眼前所見引領前行，實際上，他們是被自己的感覺、本能（instinct）所驅使，而他們可能大半時間都沒意識到這些作用的運作。智識充其量只能擔任外交部長的工作，「自然生成它，目的是為了服務個體的意志。因此，智識被設計成只了解為意志提供動機的事物，而非去揣摩或理解它們真正的存在。」[606]「意志是心智中唯一永恆不變的要素……是意志經由目的的持續性給予意識一致性，把它的想法與思想凝聚在一起並伴隨著它們，宛如連續不斷的和諧與一致。意志是思想持續的樂音。」[607]

性格存在於意志、而非智識之中，它也是目的與態度持續性的呈現——而這些都是意志。偏好使用「心」（heart）而非「頭腦」（head）的通俗用語是對的，它知道（因為它並未對其進行思考）一個「好的意志」比一個清楚的心智更有深度、更為可靠；當它稱一個人「精明」、「聰明」、「狡猾」時，暗示著它對這個人的猜疑與反感。「心智的傑出特質贏得的是欽慕，而非情感。」「所有的宗教都承諾獎賞……給予不凡的**意志**或真心，而非不凡的頭腦或理解力。」[608]

即使是身體，也都是意志的產物。血液，由我們含糊概稱為生命的事物推動著前進，在胚胎的身體中藉由沖蝕出凹槽來建造它自己的血管，而凹槽加深、閉攏，形成了動脈與靜脈；[609]理解的意志建立起大腦，正如抓取的意志形成了雙手、進食的意志發展出消化道。[610]的確，這些配對——這些意志的形式以及它們的肉體形式——不過是同一個過程與現實的一體兩面；這樣的關係，從情感之中最能一目了然，其中，感覺與身體內部的變化形成了一套錯綜複雜的系統。[611]

意志的作為與身體的運動並非客觀所知的兩回事，而是由因果關係的紐帶對其進行的統一；它們並不分別代表著因果關係的因或果，而是同一件事物以完全不同的方式呈現出來——於知覺中直接、再次地呈現……身體的動作不過是意志的作為具體化呈現。對身體的每個動作而言……整個身體不過就是具體化的意志，這是真實無誤的……因此，身體各部分必須完全對應主要的渴望——經由這樣的渴望，意志才能得到體現；它們必須是這些渴望顯而易見的表現。牙齒、咽喉和腸道是食欲的具體化，生育的器

600 第3卷，第443頁。
601 《叔本華論文集》，文章〈論忠告與格言〉（Counsels and Maxims），第126頁。
602 第2卷，第433頁。
603 第2卷，第437頁。
604 第2卷，第251頁。
605 第3卷，第118頁。
606 第2卷，第463頁與326頁；柏格森的源頭之一。
607 第2卷，第333頁。
608 第2卷，第450頁與449頁。
609 第2卷，第479頁。
610 第2卷，第486頁。這是拉馬克學派者（Lamarckian）對於成長與進化的觀點，由於渴望與功能的需要，迫使結構的成形以及器官的產生。
611 第1卷，第132頁。詹姆斯·蘭吉（James-Lange）情感理論的源頭之一。

官是性欲的具體化……整個神經系統組成了意志的觸角，延伸到裡裡外外……正如一般的人類身體會與一般的人類意志相互對應，因此個體的身體架構也會與個體經調整過的意志——亦即個體的性格——相互對應。[612]

智識會疲倦，但意志永遠不會；智識需要睡眠，意志即使在睡眠中仍在運作。疲倦就像疼痛一樣，在大腦中有它的作用區；肌肉若不連結大腦（就像心臟），便永遠不會感到疲倦。[613]大腦會在睡眠時補充能量，但意志不需要任何食物。因此，腦力工作者最需要睡眠（然而這項事實不能誤導我們過度地延長睡眠，因為這樣一來，睡眠就失去了它的強度……變成只是浪費時間而已）。[614]在睡眠時，人的生命陷入宛如植物人的狀態，同時「意志據其原始的本質進行運作，不受外界干擾，不會因為大腦的活動及認知能力的行使——即最沉重的器官功能——而減少它的力量……因此，在睡眠中，意志的完整力量會被導向維護並改善這個有機體本身；所有的療癒以及病情危險期的有利轉折，都發生在睡眠當中。」[615]布達赫（Burdach）是對的，他宣稱睡眠是原始的狀態；胚胎幾乎不間斷地睡眠，嬰兒大部分的時間也都在睡眠。生命就是「一場對抗睡眠的奮鬥：剛開始，我們從它那裡攻城掠地，而到最後，它終究會收復失土。睡眠是我們跟死亡借來的少量佳肴，為了保持並更新生命被日復一日耗盡精力的部分。」[616]「睡眠是我們永恆的敵人，即使當我們醒著時，它都占有部分的我們。畢竟，即使是最睿智的頭腦，仍可預期它每晚都會有最奇怪、最無意義的夢境，從其中醒來之後，仍得重拾它的沉思冥想嗎？」[617]

那麼，意志可說是人類的本質。現在，如果我們說，它也是各種生命形式的本質——即使是「無生命」的物質呢？如果意志是長久以來所尋求的、長久以來感到絕望的「物自身」——終極的內在現實以及萬物的奧祕本質？

讓我們試著以意志去解讀外在的世界，立即釐清它的真相。當其他人說意志是力量的一種形式時，我們可以說，力量是意志的一種形式。[618]針對休謨的問題「什麼是因果關係？」我們應該回答，就是意志。正如意志是我們自身中普遍運行之因，萬物也是如此；除非我們能充分理解原因即意志，否則因果關係仍會是一道神奇而神祕的公式，毫無意義可言。而如果少了這項祕訣，我們將被迫走上神祕的特質——像是「力量」、「重力」、「吸引力」——這條路。我們不知道這些力量是什麼，但我們至少可以比較清楚地知道，意志是什麼。因此，讓我們假定，排斥與吸引、結合與分解、磁力與電力、重力與結晶，都是意志的展現。[619] 歌德在他一本小說的書名中表達了這樣的想法——他稱戀人間不可抗拒的吸引力為**「有選擇的吸引力」**（elective affinities, die Wahlverwandschaften），吸引戀人的力量與拉引行星的力量，並無二致。

對植物的生命來說，也是如此。我們會發現，愈低等的生命形式中，智識所占的角色愈不重要；但是，意志並非如此。

> 我們是藉由知識之光去追尋其目的，但在這裡……只以一種一面倒的、不變的方式，盲目而靜默地奮鬥；然而，兩種情況都是以意志之名而產生……無意識是萬物原始而自然的狀態，因此，特別是在物種之中，由此基礎而建立的意識成果，成為它們最高等的全盛發展期；而即使如此，無意識仍然持續占有主導的地位。故此，大多數的存在是沒有意識的，但是，它們仍然會根據本性的法則——亦即它們的意志——而行事。植物最多只有一種極為薄弱的模擬意識，最低等的動物也只能略窺意識的端倪。但即使意識已跨越所有的動物種類而躍升至人類及其理性，植物從一開始即有的無意識，仍然是一切的基

---

612 第1卷，第130-141頁；第2卷，第482頁。參見斯賓諾沙，《倫理學》，第3卷，第2頁。但是，有沒有可能渴望會饜足或耗盡呢？在深沉的疲勞或重度的病情中，生存的意志也會逐漸變得薄弱。

613 第2卷，第424頁。

614 第2卷，第468頁。

615 第2卷，第463頁。

616 《叔本華論文集》，文章〈論忠告與格言〉、〈論我們與自己的關係〉（On Our Relations to Ourselves）。

617 第2卷，第333頁。

618 第1卷，第144頁。

619 第1卷，第142頁。

礎，或可回溯至睡眠的必要性。[620]

亞里斯多德是對的，在植物與行星中，在動物與人類中，都有一種內在的力量形塑出各種形式。「動物的本能總的來說，給予我們目的論（teleology）的本質所遺留下來的最好說明。因為本能就類似被某個目的的想法所引導的行動，但卻完全不需要這樣的引導；因此，自然界所有的構成物都類似這種被某個目的的想法所引導之狀況，然而又完全不需要這樣的引導。」[621] 動物所具備的這種不可思議的機械式技能，顯示意志的順位是如何地優於智識。一隻被帶著走遍歐洲的大象，跨越過成千上百座橋梁，卻拒絕走上一座結構脆弱的橋梁——即使牠已看過眾多馬匹與人們跨越這座橋梁；一隻幼犬懼怕從桌上往下跳，但牠並非經由理解而預見摔下去的結果（因為牠並沒有摔落桌子的經驗），而是經由本能；猩猩會藉著牠們發現的火堆來取暖，但是牠們並不會給火堆加柴火。那麼，顯然這類的行動都是基於本能，而非理解、推論的結果；它們是意志而非智識的表現。[622]

意志當然是一種生存的意志、一種使生命極大化的意志。對於所有的生物來說，生命是何等珍貴啊！而生命又是以何等的沉默耐性，在等待它的時機！「千年以來，直流電始終蟄伏，靜靜地躺在銀旁邊的銅與鋅之中，一旦這三種元素在所需條件下匯聚一起，就會被火焰燃燒殆盡。即使是在有機的領域，我們都可以看到一顆種子歷經三千年的時間，仍可保有生命的沉睡力量，直到最有利的情況終於到來，它才會長成一棵植物。」在石灰岩中發現的活蟾蜍讓我們得出的結論是，即使是動物，都能暫時中止生命長達千年之久。[623] 這樣的意志，是一種生存的意志，而它永恆的敵人就是死亡。

但或許，它甚至可以戰勝死亡？

2. 繁殖的意志
The Will to Reproduce

沒錯，它可以藉由繁殖的策略與犧牲來擊敗死亡。

所有正常的生物成長到成熟期時，都會迫不及待地犧牲小我以完成繁殖的任務：才剛讓母蜘蛛受精就被吃掉的公蜘蛛，或是致力為永遠無緣得見的子孫蒐集食物的黃蜂，以及耗盡一切所能只為了讓自己的孩子可以衣食無缺、接受良好教育的人類，皆是如此。繁殖是所有生物的終極目的以及最強烈的本能，因為唯有如此，意志才得以戰勝死亡；而為了確保這項征服死亡的勝利之舉，繁殖的意志幾乎可說完全不受理性知識或深思熟慮的控制——就連哲學家，偶爾也會有子女。

意志在此顯示其本身不受知識支配的特性，本著無意識的天性不假思索地自行運作……因此，負責繁殖的器官恰為意志聚焦的中心，形成與大腦——知識的代表——相反的另一端……前者是維繫生命的原則，確保生命得以無止盡地延續下去。「正因如此，它們被希臘人以**陽具之圖像**（phallus）、被印度人以**男性生殖器之形象**（lingam）加以崇拜……赫西奧德（Hesiod）與帕梅尼德斯的主張涵義極為深遠：性愛（Eros）是第一要務，是創造者，也是起源；以性愛為始，萬物才得以運行。兩性的關係……委實是所有行動與作為不可得見的中心點，即使有各式各樣的面紗籠罩著它，仍然無處不在地伸出頭來窺探；它是戰爭的起因，也是和平的目的；它的基礎是認真而嚴肅的；它是開玩笑的目標、機智不竭的源泉、一切幻想的重點、所有神祕暗示的意義。」[624]……我們看到它無時無刻都安然穩坐，宛如真正世襲的世界之主，用自身充沛的力量登上祖傳的寶座：以輕蔑的目光往下看，嘲笑那些打算用來束縛，囚禁、或至少

620 第1卷，第153頁；第2卷，第418頁與337頁。
621 第1卷，第210頁。
622 第1卷，第29頁。
623 第1卷，第178頁。
624 佛洛伊德關於「清醒的判斷力與無意識」（wit and the unconscious）的理論源頭之一。

可以局限它的措施——盡可能隱藏它、甚至駕馭它，讓它僅為生命從屬而次要的關注之事。[625]

「愛的形上學」圍繞著父親與母親、父母與子女、個體與物種的從屬關係。首先，性的吸引力法則即為，配偶的選擇在很大程度上（雖然是無意識地）是由雙方繁衍後代的適當性、相配度所決定。

> 每個個體都會尋求一位可以中和他的缺點之配偶，以免他的缺點被遺傳下去……身體虛弱的男性會追求身強體壯的女性……每個人都會被另一個人視為特別的美麗，這些他自己所欠缺的完美，不，甚至那些跟他自己相反的不完美。[626]……兩個個別肉體上的特質可以是為了達成盡可能恢復物種類型的目的，一個可以相當特別、完美、完整並補足另一個所缺乏的特性，才會只渴求它一個……我們以深刻的意識考慮並思量身體的每個部分……這關鍵性的審慎讓我們看待一個女人，感覺她開始讓我們感受到愉悅……在這裡，個體在不知不覺中根據某種高於自己的秩序開始行動……每個個體依他或她脫離最適合生育或受精時期有多遠的程度，而逐漸對異性失去吸引力……年輕人就算不美，仍然深具吸引力；而美麗失去了青春，則一無是處……在每個墜入愛河的情況中……唯一依賴的是某個明確性質的個體之生產力，主要是藉由「重點不在於愛的交流，而是占有」的事實來加以確認。[627]

儘管如此，再沒有任何結合比這些因戀愛而結合的婚姻更不快樂了——原因正是，他們的目的是為了物種的永續，而非個人的歡愉。[628]有句西班牙的諺語就是這麼說的：「為愛情而結婚之人，必然會活在悲傷之中。」有關婚姻問題的作品資料大半都毫無用處，因為它們把婚姻視為雙方的匹配與否，而非一種為了保存種族所做的安排。自然界似乎並不在乎父母是否會「從此以後永遠幸福快樂」還是只幸福快樂一天，只要達成了繁殖的目的就好。由父母所安排、基於利害關係的權宜婚姻，往往比因愛情而結合的婚姻要來得更快樂。然而，一個不顧父母忠告、為愛而結婚的女人，在某種意義上確實是值得欽佩的，因為「她寧可選擇最重要的，依據自然界（更確切地說，是物種）的精神而行動，而父母則是依據個人的利己主義在打算。」[629]愛情是最佳的優生學。

既然愛情是自然界所施行的詭計，婚姻就是愛情的損耗，必然會幻滅。只有哲學家能擁有幸福美滿的婚姻，但哲學家是不結婚的。

因為，激情依賴著一種幻覺與假象，聲稱只對物種有價值的那種特質，也會對個人有著同樣的價值；因此，這樣的騙局在物種的目的達成之後，必然會消失無蹤，而個人就會發現他被物種愚弄了。如果佩脫拉克（Petrarch）的激情被滿足了，他的詩歌將永遠保持沉默。[630]

個體從屬於物種並作為它的存續工具，亦可從個體生命力明顯依賴於生殖細胞的條件中看出。性衝動被視為樹（亦即物種）的內在生命，個體的生命端賴它而成長，就像靠這棵樹滋養的樹葉，同時也回過頭去幫助滋養這棵樹；這是為什麼性衝動如此強烈，從我們的天性深處源源不絕地湧出。閹割一個人，就如同切斷他跟他賴以成長的種族之樹之間的聯繫，從此讓他自行凋萎，他的心智與肉體的力量都會因而退化、下降。物種的機能，亦即受精，是在每種動物個體瞬間使盡全力、筋疲力竭的情況下所進行；的確，多數昆蟲更是在快速死亡的情況下進行——塞爾蘇斯（Celsus）對此即說是**播種的部分耗損（Seminis emissioest partis animae jactura）**。以人類的情況來說，生殖力量的滅絕顯示個人已逼近死亡。但在每個年紀，過度使用這項能力都會縮短壽命；另一方面來說，在這方面的節制會提升所有的力量——特別是肌肉的力量，在這一點上，它被視為是希臘運動員一部分的訓練，同樣的克制也適用於延長昆蟲的生命直到下一次的繁殖。所有這些要點都說明了一個事實：個體的生命實際上只是從物種的生命借來的……達到生產繁殖的最高點之後，第一個個體的生命或快或慢地衰退，新的生命則確定可使物種永續

625 第1卷，第426頁與525頁；第3卷，第314頁。叔本華就像所有曾經為性所苦的人一樣，誇大了性的角色；事實上在正常成人的心目中，父母關係可能比性的關係來得更重要。

626 魏寧格的源頭之一。

627 第3卷，第342、357、347、360、359、352、341頁。

628 第3卷，第372頁。

629 第3卷，第371頁。

630 第3卷，第370頁。

生存下去，同樣的現象一再重演……死亡和繁殖的輪流交替，宛如物種跳動的脈搏……死亡之於物種，就如同睡眠之於個體……這就是大自然之於不朽的偉大信條……因為這整個世界與它所有的現象，都是一個不可分割的意志之客觀性（objectivity），亦即理念（Idea），與所有其他理念之關係；這就像是和聲與單一聲音的關係……在愛克曼（Eckermann）的《歌德對話錄》（Conversations with Goethe）（第一卷，第一六一頁）中，歌德說：「作為一個物種的生物，我們的精神相當堅不可摧，並且會恆久持續地活動下去；就像太陽，以我們地球的眼光來看似乎沉落了，但實際上它永不沉落、不斷閃耀發光。」歌德的這項比喻是取之於我，而非我取自於他。[631]

我們似乎只會用空間與時間去區別生物。空間與時間構成了「個體化原則」（principle of individuation），把生命以不同的所在地與時期，區分成與其他不同的獨特生物體。空間與時間宛如馬雅人的面紗（Veil of Maya）——掩藏萬物一致性的假象。實際上，只有物種、生命，以及意志的存在。「要清楚理解個體只是現象，而非物自身」；看清「物質的不斷變化中，存在的實為永久不變的形式。」這，就是哲學的本質。[632]「歷史的座右銘應為：**萬變不離其宗（Eadem, sed aliter）**。」[633]事物變得愈多，不變得也愈多。

人類與萬物在某些人看起來，並非始終只是幻影或幻想；對這些人來說，他們並無探討哲學的能力……歷史的真正哲學，在於感知所有具備無盡改變與各色複雜性的事件，在我們眼前，只有同一個不變的存在，它在今日所追求的與昨日以及未來一樣，目的也都是相同的；歷史哲學家從而得以在所有事件中辨識出相同的性質……即使是環境特殊、服裝不同、風俗習慣各異等一切情況下，不管在那裡，皆可看出相同的人性……從哲學家的觀點來看，光是讀過希羅多德（Herodotus）的《歷史》，你就已經了解足夠的歷史了……古往今來、放諸四海，自然界真正的象徵是圓，因為它的模式就是循環回歸的。[634]

我們寧願相信，所有歷史都是為了迎接宏偉世紀的到來所做的不完美準備，而我們是這宏偉世紀的中堅份子與頂尖精英；但這種進步，只是一種自負和愚蠢的想法。「整體而言，所有時代的智者總是說著同樣的話語，而任何時候都占絕大多數比例的傻瓜，也都有著類似的行事方式，總是做著與智者相反的事；所以，這種情況只會持續上演。因為，正如伏爾泰所言，我們應該讓這愚蠢、邪惡的世界維持我們發現它時的現狀。」[635]

有鑒於這一切，我們對於決定論不可逃避的事實多了一種令人生畏的全新感受。「斯賓諾沙說（使徒書六十二節），如果一顆石頭有意識地穿越空間，它會深信自己是出於自己的自由意志在移動。我補充，石頭是對的。賦予這顆石頭的推動力之於它，宛如動機之於我；而在這顆石頭上所表現出來的內聚力、重力、硬度，這些石頭的內在本質就跟我所認識的自身本質一樣；這顆石頭倘若有被賦予知識，也會認識到它的意志。」[636]然而，石頭與哲學家兩者皆無「自由」意志。整體來說，意志是自由的沒錯，因為它旁邊沒有其他會局限它的意志存在；但是，宇宙意志的每個部分，包括每個物種、每個生物體、每個器官，皆無法改變地由整體所決定。

每個人都相信自己出於**先驗**，享有完全的自由——即使是在他的個人行為上——並且認為他隨時都可以展開另一種方式的人生，這意味著他可以變成另一個人。但是，經由經驗所習得的**後驗**（**a posteriori**），讓他驚訝地發現自己並不自由，而是受到必要性的支配；他所有的決心與反思並未改變他的行為，因此他的生命從開始到結束，都必須以他自己所詛咒的這種特有的個性行事，如同它正在扮演他所承擔的角色，直到最後。[637]

631 第3卷，第310頁；第1卷，第214頁；第3卷，第312、270、267頁；第1卷，第206、362頁。
632 第1卷，第357-8頁。
633 第3卷，第227頁。「萬變不離其宗」。
634 第3卷，第227、267頁；華萊士，第97頁。參見尼采的「永恆回歸」（eternal recurrence）。
635 「生命的智慧」引言。
636 第2卷，第164頁。
637 第1卷，第147頁。

V 邪惡的世界

The World as Evil

但如果這世界即為意志，它必然是一個受盡苦難煎熬的邪惡世界。

首先，意志本身即意指欲望，它想攫取的永遠比它真正可及的範圍大；願望被滿足了一個，總有剩下的十個尚未被滿足。渴望永無止盡，但滿足是有限的——「就像你把施捨的物事丟給一個乞丐，讓他今天不會餓死，只是為了讓他的痛苦延長到明天……只要我們的意識被意志所填滿、占據，只要我們讓步給有著不斷希望與恐懼的眾多欲望，只要我們承受意志的控制與支配，我們就永遠無法擁有持久的幸福與和平。」[638] 成就感是永遠無法被滿足的，對一個理想來說，最致命的打擊莫過於去實現它。「滿足的激情往往導致不幸福，而非幸福。因為它的需求往往與個人的福祉嚴重衝突，而個人會擔憂這些需求損害到他的福祉。」[639] 每個人內心都存在一種分裂性的矛盾，經實現的渴望會發展出另一種新的渴望，以此類推、永無止盡。「事實是，意志必須靠自己而活，因為除了這個貪得無厭的飢餓意志之外，別無他物的存在。」[640] 對每個人而言至關緊要的痛苦程度，完全是由其天性所決定，既不能完全沒有，亦不能滿溢出來……如果有一件緊迫又重要的憂心之事從我們心中消除……必然會有另一件煩惱之事立刻取代它的位置，這件事之前即已存在，但尚未進入意識之中，因為當時還沒有空間可以給它……現在有空間了，它於是站出來、占據了這個寶座。」[641]

再者，生命是邪惡的，因為痛苦是它基本的刺激與現實，歡愉只是痛苦的消極中止。亞里斯多德是對的，智者不尋求歡愉，他們尋求的是遠離憂煩與痛苦的自由。

所有的滿足，或是我們一般所稱的幸福，在現實與本質上都只是消極的……我們並未適當地意識到自己確實擁有的幸福與優勢，也並未珍視它們，而只是視它們為理所當然之事，因為它們只是藉由消極地約束痛苦來滿足我們；只有在我們失去它們的時候，才會察覺到它們的價值。因為，欲望、匱乏、憂傷，才是積極而直接地把自己傳達給我們的人……倘若不是因為痛苦或多或少都與歡愉密切關聯的這項事實，又會是什麼原因導致犬儒派學者否定任何形式的歡愉？法國的一句絕佳諺語中也包含了同樣的真理：「**更好」是「好」的敵人**（le mieux est l'ennemi du bien）；所以，讓「夠好」這樣就好。[642]

生命是邪惡的，因為「一旦欲望與苦難讓一個人得以喘息，**無聊**馬上就會逼近，他必然得分散自己的注意力。」[643]亦即，以更多的苦難來分散注意力。即使社會主義的烏托邦獲得實現，還是會有無數的禍患殘留下來，因為其中一些是維持生命不可或缺之事，譬如爭鬥；如果所有的邪惡禍事都被消除、傾軋爭鬥也完全結束，無聊乏味將會與痛苦一樣難當。所以，「生命像鐘擺般，在痛苦與**無聊**之間來回擺盪……在人類將所有的痛苦與折磨轉變成地獄的概念後，天堂除了**無聊**之外，就一無所有了。」[644]我們愈成功，就愈容易感到無聊。「正如同欲望是人類永恆的禍患，**無聊**也是上流社會的禍患；因為對中產階級來說，週日代表著無聊，平日代表著欲望。」[645]

生命是邪惡的，生物的等級愈高，苦難就愈大。知識的增長是無解的。

因為，當意志的現象變得益發完整時，苦難也會變得愈來愈顯而易見。植物無感覺，故亦無痛苦。

638 第1卷，第253頁。
639 第3卷，第368頁。
640 第1卷，第201頁。
641 第1卷，第409頁。
642 第1卷，第411頁。文章〈論忠告與格言〉，第5頁，「更好是好的敵人」。
643 第1卷，第404頁。
644 第1卷，第402頁。
645 第1卷，第404頁。

最低階的物種可以體驗到某種程度極微的痛苦感受，像是纖毛蟲（Infusoria）與放射蟲（Radiata）；即使是昆蟲類，感覺與承受痛苦的能力仍然極為有限；但這種能力在擁有完整神經系統的脊椎動物身上則極為明顯，同時，隨著智力的發展，這種能力也愈來愈強。因此，隨著知識的獨特性與意識的覺醒日漸提升，痛苦也相對應地隨之增加，並在人類這個物種達到最高點。然後，一個人認識得愈清楚——也就是說，他愈聰明的話——他的痛苦也就愈多；如果一個人是天才，他所受的苦難應是眾人之最。646

因此，知識提升，憂傷也會隨之增加。甚至連記憶力與先見之明，都會讓人類更加不幸；因為我們大部分的苦難就在於回顧與預期，痛苦本身是短暫的。多少的苦難是因為想像死亡、而非死亡本身所產生？

最後也是最重要的一點，生命是邪惡的，因為生命就是一場戰爭。在自然界中，我們隨處可見到爭鬥、競爭、衝突，以及勝利與失敗自我毀滅性的交替產生。所有物種皆「為爭奪其他物種的物質、空間與時間而戰鬥」。

> 水螅的幼蟲，像是從成蟲身上長出來的一個芽，之後才會與成蟲的身體分離開來；當牠還與成蟲相連在一起時，會從成蟲的口中爭奪攫取食物。澳大利亞的鬥牛蟻則提供了我們一個最不尋常的範例：如果牠被砍成頭尾兩半，在頭跟尾之間就會有一場戰鬥產生；牠的頭會用牙齒咬住牠的尾巴，而牠的尾巴也會螫刺牠的頭，英勇地自我防衛。這場戰鬥可以持續半個小時之久，直到兩邊都死掉，或是被其他螞蟻給拖走；這樣的競賽在每次實驗時都會發生……雲漢（Yunghahn）敘述，他在爪哇看到一片平原，眼所能及的範圍之內皆為骸骨所覆蓋；他以為這裡曾經是一片戰場，然而，這些骸骨其實只是大型海龜的骨頭……那些大海龜從海中一路爬上岸來產卵，卻被野狗合力攻擊，把海龜放在牠們的背上，從牠們的胃剝去小塊的殼，活生生把牠們吃掉。但接著，老虎撲咬這些野狗……這些海龜是為此而生……因此，隨處可見的生存意志，都以不同的形式在獵捕、滋養它自己；直到最後，人類征服了其他所有的物種，並視自然一切皆可為己所用；但即使是人類……亦以本身最可怕的獨特性揭示出意志的種種矛盾與差異。於是我們發現，**人類對彼此而言就是一隻狼**（homo homini lupus）。647

生命的全貌幾乎是痛苦到讓人無法深思並探究。生命全賴於我們對它的一知半解。

如果我們可以讓一個人清楚地目睹他的生命會持續遭受的可怕苦難和不幸，他必然會恐懼萬分；如果我們引導根深柢固的樂觀主義者走過醫院、療養院、手術室、監獄、酷刑室、奴隸場、戰場、刑場，如果我們對他敞開所有悲慘不幸的黑暗處所——悲慘與不幸在此隱藏自己以躲避冷酷好奇心的窺探；最後，讓他看看烏戈利諾（Ugolino）讓人餓死的地牢，他終究會了解這個「所有可能的世界中最好的一個世界」之本質。除了我們的真實世界，但丁還能從何處為他的地獄取材？他也的確從中製造出一個極為恰當的地獄；然而另一方面，當他要描寫天堂及它的歡愉時，他就遭遇到無法克服的困難，因為我們的世界無法為其提供任何的素材……每首史詩、戲劇與詩歌都只能代表一種為幸福所做的奮鬥、努力和爭戰，而非持久且完整的幸福本身；詩中引導它的英雄們歷經上千種危險與困境，達成目標；然而，一旦目標達成，它就趕緊讓帷幕落下，因為這時，英雄已無任何用武之地，而英雄原本期待可以帶給他幸福的輝煌目標，卻只帶給他失望；達成目標之後，他並不比以前好過。[648]

我們結婚不快樂，不結婚也不快樂；獨自一人時不快樂，置身社會時也不快樂。我們就像刺蝟一樣聚在一起取暖，靠得太近、太擁擠時感到不舒服，然而保持距離時卻又覺得悲傷。這一切真的是非常可笑，「如果我們以整體的角度來研究每個個體的生命……而且只強調它最顯著的特點，它會永遠都是一場悲劇；但如果一一詳加檢視，它的確有喜劇的特性。」[649]想想看：

一個人五歲時進入一間紡棉工廠或是其他工廠，從此以後，每天都坐在那裡，剛開始是十小時，然

646 第1卷，第400頁。
647 第1卷，第192頁；第3卷，第112頁；第1卷，第191頁。「人類對彼此而言就是一隻狼」。
648 第1卷，第419頁與413頁。
649 第1卷，第415頁。

後十二小時，最後十四小時，執行一成不變的機械勞務，就是為了以這巨大代價獲取活著的滿足感。然而，這就是上百萬人的命運，而數百萬人更有著極為雷同的命運……再者，地球堅實的地殼下存在著強而有力的自然力量，只要某些意外讓它們得以自由運作，必然會摧毀地殼以及生活於其上的一切，正如同以前在我們的地球上至少發生過三次的災難，未來可能仍會經常發生。里斯本大地震、海地大地震，以及龐貝城（Pompeii）的毀滅，只是可能發生之事的調皮小提示而已。[650]

面對這一切，「樂觀主義是對人類所有不幸的苦澀嘲笑。」[651]「我們無法歸因於萊布尼茨的自然神學。」「作為有條不紊、廣泛呈現的樂觀主義，除此之外的任何其他優點，都為後來偉大的伏爾泰製造了機會，催生出他的不朽之作《憨第德》。因此，萊布尼茨為這世界的罪惡找出再三重複且站不住腳的理由——壞事有時會帶來好事——卻得到出乎他預料的肯定。」[652]簡言之，「展現在我們面前的生命本質，自始至終便是有預謀的且故意要喚醒我們的信念：沒有任何事值得我們為其奮鬥、努力及對抗；所有美好的事物都是一場空，這世界到頭來只會徹底枯竭，生命則是得不償失的一回事。」[653]

想要快樂，一個人得跟年輕人一樣無知才行。年輕人認為心甘情願地努力是種樂趣，他們尚未發現，貪得無厭的渴望與毫無效益的成就會令人疲憊；他們尚未得見，失敗是必然的結果。

年輕人的歡樂與快活，部分是出於這個事實：當我們攀登上生命之峰時，死亡仍遙不可見，躺在另一邊的山腳下……而走向生命的盡頭時，我們每天的生活都給我們相同的感覺，宛如罪犯一步步走向絞刑架……想知道生命有多短暫，一個人得活得久一點……我們三十六歲以前，就運用生命能量的方式而言，好比那些靠利息過活的人——今天花光的，明天又有了。但是三十六歲之後，我們就像開始挖掘壕溝以保衛老本的投資者……對這種災難的恐懼，使我們對自己所擁有的事物之愛隨著年齡增長而增加……到目前為止，青年時期是人生中最快樂的時期，柏拉圖對此的評論說得對極了；在《理想國》一開始，他就說這獎賞更應該歸予年長之人，因為一個人在年老時，終於可以從動物般的激情中解脫，這股激情始終不曾停止使得他焦慮不安……然而，我們不能忘記，當這股激情止息時，生命真正的核心也消失了，剩下的只有一個空殼；或者，從另一個角度來看，生命變成像是一齣喜劇，開始時是由真正的演員上場，進行到最後，則換成由機器人穿著他們的服裝在表演。[654]

最後，我們終究難逃一死。就在經驗開始與智慧協調一致時，大腦與身體則開始衰敗。「一切事物不過逗留片刻，就加速走向死亡。」[655]如果死亡是在等待它的時機到來，那麼它不過就是在玩弄我們，宛如貓兒玩弄著無助的老鼠。「顯然，我們的行走不過就是不斷地預防跌倒，我們的肉體生命不過就是不斷地預防死亡——一種不斷往後延遲的死亡。」[656]「在東方暴君宏偉華麗的裝飾品與服飾之間，總是有著一小瓶昂貴的毒藥。」[657]東方哲學深知死亡無所不在，故教導學生平靜的觀點與莊重緩慢的舉止——正因為意識到個人存在的短暫；對死亡的恐懼是哲學的起點，也是宗教的目的。一般人無法心甘情願地就死，因此創造出不計其數的哲學與神學體系，廣泛盛行的不朽信仰，就證明了人們對於死亡有著極其驚駭的恐懼感。

而就像神學是躲避死亡的避難所，精神錯亂也是逃避痛苦的藏身之處。「瘋狂是逃避記憶折磨的一種方法。」[658]它是在意識的思緒中一種自我拯救的喘息；我們只有靠著遺忘，才能在某些經歷或恐懼下存活。我們多麼不願思及那些強烈損害我們的利益、傷害我們的驕傲、或者妨礙我們願望的事物，又是多

650 第3卷，第389頁與395頁。
651 第1卷，第420頁。
652 第3卷，第394頁。
653 第3卷，第383頁。
654 文章〈論忠告與格言〉，第124-139頁。
655 第2卷，第454頁；第3卷，第269頁。
656 文章〈論忠告與格言〉，第28頁，注釋。
657 第1卷，第119頁。
658 第1卷，第250頁。

麼難以決定去把這類的事情放在理性智識的面前、仔細而認真地加以檢視……在意志的抗拒之下，要允許違反它的事物接受理性智識的檢視，這兩者間存在著瘋狂得以干擾心智的空間……倘若意志的抗拒違反某些知識的理解，甚至到達某種無法完全進行運作的程度，那麼智識的某些要素或情況就會完全被壓抑，因為意志無法忍受看到它們；所以，為了完成必要的連結，因意志與智識衝突所產生的缺口，便由愉悅的感覺來填補——瘋狂遂應運而生。因為，智識已放棄了它的本質去取悅意志，於是一個人就會開始想像不存在的事物，瘋狂就從無法忍受的苦難之遺忘河流中產生；它是不斷騷擾的天性——亦即意志——最後的補救辦法。[659]

自殺是最終的避難所。最後在此，說來奇怪，思想與想像戰勝了本能。第歐根尼據說是藉由拒絕呼吸而自我了斷，這對於生存的意志來說，是多麼輝煌的一項勝利！但是，這樣的勝利僅限於個體，意志仍然掌控著整個物種；生命嘲笑自殺，對死亡一笑置之，因為每個刻意的死亡，伴隨的是成千上百個非刻意的出生。「死亡，故意摧毀單一的生存現象，是一項徒勞無功的愚蠢之舉；因為物自身——整體的物種、生命與意志——絲毫未受其影響。不論這一刻支撐著它的水滴可能降落的速度有多快，彩虹還是會持續地閃耀。」[660]苦難與爭鬥在個體死亡之後仍然繼續發生，而只要意志仍然主宰著人類，這些苦難與爭鬥就必然會持續下去。除非意志全然聽命於知識與智慧，否則我們將永無戰勝生命之厄運的一日可言。

659 第3卷，第167-9頁。佛洛伊德的源頭之一。
660 第1卷，第515頁。

VI 生命的智慧 The Wisdom of Life

1. 哲學 Philosophy

首先，想想看我們對於物質財物的渴望是多麼的荒謬。傻瓜會相信，只要他們獲得財富，他們的意志就能夠得到完全的滿足；果真如此的話，富人理當能運用他們的財力去實現每一種渴望。「人們往往被指摘說，他們對於金錢的渴望遠高於一切其他事物，對於金錢的熱愛也比任何事情都來得重要；然而，人們熱愛金錢是很自然、甚至不可避免的，因為金錢就像一隻不知疲倦為何物的變形蟲，隨時準備變身為他們遊蕩的願望或各式各樣的渴望所選定的任何物體。其他的東西只能滿足**一個**願望，然而光是金錢，就有著絕對的好處……因為它可以抽象地滿足每一個願望。」[661] 儘管如此，奉獻於獲取財物的生命毫無用處，除非我們知道如何讓財物變成快樂，而這就是一門需要文化與智慧來加以協助的藝術。不斷追尋感官的快樂，永遠無法帶給我們長久的滿足；一個人得先了解生命的目的以及獲取財物的藝術。「人類熱中於致富的程度，千倍於熱中學習文化的程度。可以肯定的是，一個人致力於達成他的幸福之貢獻，必然遠多於他所擁有的幸福。」[662]「沒有任何心智需求的人，被稱為俗不可耐

661 文章〈生命的智慧〉，第47頁。
662 出處同上，第2頁，

的腓力斯人（Philistine）。」[663]他不知道閒暇時要做什麼——**空閒時很難保持寧靜**（difficilis in otio quies）。[664]他貪婪地到處尋找新的感官刺激，最後仍被不顧後果的酒色之徒與無所事事的富人之剋星——**無聊**——所征服。[665]

解決之道是智慧，而非財富。「人類同時急躁地追求著意志（其重點在於生殖系統）以及純粹智慧（其重點在於大腦）、永恆、自由、安寧的主體。」[666]智慧，雖是從意志中產生，仍有可能反過頭來掌握意志——我們得說，這點相當了不起。知識獨立的可能性，首先是以無動於衷的方式出現，智識偶爾會對渴望的命令做出回應。「有時，智識會拒絕服從意志的指揮，例如，當我們試圖把注意力集中於某件事物時，或是當我們試圖喚起被賦予某件事物的記憶時，卻徒勞無功；在這樣的情況下，意志的憤怒與智識的對抗，使兩者的關係與差異性一目了然。的確，智識因這樣的憤怒所苦惱，有時會越俎代庖地在數小時之後、甚至第二天早上，帶來它被要求的事物，相當反常而且出乎意料。」[667]智識可能會超越這種不完美的屈從，來到支配的地位。「依照先前的反思或是經過確認的必要性，一個人蓄意而殘忍地承受或達成對他來說極度（往往十分嚴重的）重要之事：自殺、行刑、決鬥、各式各樣的冒險，充滿了生命危險；大體而言，就是針對他的整體動物本性所反叛之事。在這樣的情況下，我們可以看出理性能掌控動物本性到什麼樣的程度。」[668]

智識的力量高於意志的力量，容許了刻意的發展：渴望可以被知識——尤其是一種決定論者的哲學，認定每件事都是其前因所導致的不可避免之後果——緩和或平息下來。「煩擾我們的十件事情當中，往往有九件無法成真——如果我們徹底了解它們的原因，從而認知其必要性與真正本質……智識之於人類的意志，正如轡繩與勒馬之於一匹無法控制的馬。」[669]「它有著內在與外在的必要性：再沒有別的事物比明確無誤的知識更能如此徹底地調和我們的心了。」[670]我們對我們的激情愈加了解，它們就愈無法控制我們；「我們的自我控制，最能保護我們不受外在衝動之影響。」[671]**如果你可以讓自己服從於任何事物，就讓你自己服從於理性的支配**（Si vis tibi omnia subjicere, subjice te rationi）。[672]最偉大的奇蹟不是世界的征服者，而是戰勝自己的人。

所以，哲學可淨化意志。但哲學須以經驗與思想的方式去理解，而非只是單純的閱讀與被動的學習。他人的思想川流不息地湧入，必然會對我們自己的思想造成局限與壓抑，長期來看的確會使思想的力量失去作用……大部分學者因自身心智的貧乏，容易強制性地去吸收別人的思想，而成為某種**真空吸力**（fuga vacui）[673]……在我們對於某個主題還沒有自己的想法之前就先去了解別人的想法，是很危險的事；因為當我們在閱讀別人的思想時，是由另一個人在幫我們思考，而我們只是重複他的心理過程……因此，如果有人幾乎整天都在讀書……他就會逐漸失去思考的能力……對於這世界的經驗可能會被視為是一種教科書，由反思與知識形成評論——有大量的反思與智識性的知識，但是經驗極少。這結果就像是那些每一頁只有兩行正文、卻有四十行評論的書。[674]

所以，第一項忠告，就是把生活的重要性置於書本之前；第二項忠告，則是把正文的重要性置於評論之前。了解創造者的思想，遠比闡述者與評論者的文章來得更重要。「唯有從作者本身，我們才能汲取到哲學思想；因此，不論是誰覺得自己為哲學所吸引，都必須從哲學家本身著作的寂靜聖殿中，尋求哲學永恆的導師。」[675]一本

663 第４１頁。
664 第３９頁。
665 第２２頁。
666 第１卷，第２６２頁。
667 第２卷，第４３９頁。
668 第１卷，第１１２頁。
669 第２卷，第４２６頁。
670 第１卷，第３９６頁。
671 文章〈論忠告與格言〉，第５１頁。
672 如果你可以讓自己服從於任何事物，就讓你自己服從於理性的支配。——塞內卡
673 真空吸力。
674 第２卷，第２５４頁；《叔本華論文集》，文章〈書籍與閱讀〉（Books and Reading）；文章〈論忠告與格言〉，第２１頁。
675 第１卷，第２７頁。

天才的作品可抵上千篇的評論。

在這些限制條件下，追求文化，即使是透過書籍，都是極具價值的，因為我們的幸福端賴我們的腦袋中有什麼，而非我們的口袋中有什麼。就連名望都愚不可及。「別人的腦袋是個悲慘陰鬱的地方，無法作為一個人真正幸福的家。」[676]

一個人能成就的作為，對另一個人來說並非絕佳的作為。到頭來，每個人都是獨自的存在，重點在於，誰是獨一無二的那個人……我們從自身得到的幸福遠大於從周遭環境中得來的幸福……一個人生活在其中的世界，主要是以他看待它的方式來塑造它自己……因為存在或發生於一個人的每一件事，都只存在於他的意識當中，而且只對他發生；故對一個人來說，意識的組成是他最不可或缺之事……因此，亞里斯多德所言實為偉大的真理：「要快樂，意味著要能自給自足。」[677]

脫離無盡意志之惡的方法，就是對生活有智慧的沉思，以及與所有時代與國家的偉大成就對話。這些偉大之人曾以如此充滿愛的心靈而活。「無私的智識就像香水一樣，芬芳的氣味超越於意志錯誤而愚蠢的世界之上。」[678]絕大多數的人永遠無法超越視事物為渴望對象的觀點，所以會有苦難的產生；純粹視事物為理解的對象，才能把自己提升到自由的層次。

當某些外在因素或內在傾向突然讓我們脫離無盡的意志之流，並傳遞不受意志所奴役的知識時，我們的關注便不再集中於意志的動機，能夠理解事物而不受它們與意志的關係之約束，能夠純粹、客觀地觀察它們而非出於個人的利益或主觀性，完全關注於事物——僅把它們當成是想法、而非動機。如此一來，原先逃離我們的平靜就會自願來找到我們，並且與我們相處融洽。這種沒有痛苦的狀態，就是伊比鳩魯所讚揚的最高至善以及眾神的境界；因為我們在這一刻，即可從與意志悲慘的對抗中獲得釋放，保有為意志服苦役時得以喘息的安息日。伊克塞翁（Ixion）的地府之輪才終於停止了轉動。[679]

2.天才 Genius

天才是這種無意志的知識（will-less knowledge）最高等的形式，而最低等的生命形式則完全由意志而非知識所構成。人類整體來說，是由大部分的意志與極少數的知識所構成，而天才則是由大部分的知識與極少數的意志所構成。「天才在於其認知機能的發展，遠大於其意志需求的服務。」[680] 這牽涉到某些從生殖活動移轉到智識活動的力量。「天才的基本條件就是擁有一種異常的優勢，可感受覺知與煩躁易怒的特性超越生殖的力量。」[681] 因此，天才與女人之間存在著敵意，因為女人代表了對生存意志及謀生意志的生殖力與智識的屈從。「女人可能有偉大的才能，但絕非天才，因為她們通常都很主觀。」[682] 她們把一切都視為與個人有關，並且是達成個人目的的工具。另一方面：

> 天才純粹就是最徹底的客觀，亦即，心智的客觀傾向……天才能夠將個人的利益、願望及目的全然置諸度外，暫時完全放棄自己的個性，以便保有純粹的認知主體以及對世界的清晰視野……因此，天才的表現在某個面向中即存在於此，在其中，知識高於意志的決定性優勢顯而易見。在常人身上，意志則

676 文章〈生命的智慧〉，第１１７頁。
677 出處同上，第２７頁與4-9頁。
678 文章〈生命的智慧〉，第３４頁與１０９頁。
679 第１卷，第２５４頁。根據古典神話相傳，伊克塞翁因為試圖從朱比特（Jupiter）手中贏取朱諾（Juno），故被施以懲罰，綁在永不停止轉動的地獄之輪上。
680 第３卷，第１３９頁。
681 第３卷，第１５９頁。
682 出處同上

占有優勢的表現，我們可以看得出來，知識只有在意志的推動之下才會開始起作用，而且只受個人關注與利益的動機所引導。[683]

智識從意志的束縛中解脫後，即可看出事物本來的面貌。「天才可以為我們呈上神奇聖杯，在其中，我們所見到的一切基本而重要之事物，皆被蒐集並安置於最清晰的光芒中，偶然發生或格格不入的事物則會被省略。」[684]思想突破激情，宛如陽光穿透雲層、傾瀉而下，顯露出事物的核心。在特別個案的背後，是「柏拉圖式的理念」（Platonic Idea）或形式的普遍本質；就像畫家從他所畫的這個人身上看到的，不僅是個體的性格與特點，還有某些普遍的性質及永恆的現實，因為他揭露了個體僅為一種象徵與手段的事實。因此，天才的祕密就在於對客觀、根本、普遍事物明確而無偏頗的知覺。

人為偏差的移除，使得天才極不適應這個任性妄為、講求實際、充滿個人行為的世界。他的遠見使他無法成為短視之人，在別人眼中，他魯莽而「古怪」，當他的願景已拉到星辰的高度時，本人卻掉落深井之中。因此在一定程度上，天才都有孤僻內向、不愛交際的個性；他所想的是根本、普遍、永恆的事物，而其他人所想的是暫時、個別、直接的事物。「在多數情況下，一個好交際的人在某種程度上智力較低，大體上也較為庸俗。」[685]但天才有自己的彌補之道，而且並不像那些長久依賴外在事物生活的人一樣，那麼需要別人的陪伴。「他從一切美麗事物中得到的歡愉、藝術所給予的慰藉、藝術家所懷抱的熱情……都能讓他忘卻生活的煩憂，」並且「回報他所遭受的痛苦——與意識清晰度成正比而增加的痛苦，以及他在各式各樣的俗人之間所感受到宛如沙漠般的孤寂。」[686]

不管怎樣，天才的結果就是被迫孤立、與世隔絕，有時甚至走向瘋狂一途。讓他極為痛苦的極端敏感性，伴隨著想像力和直覺，還有孤單獨處與適應不良，種種因素結合起來，切斷了原本聯繫心智與現實的紐帶。亞里斯多德又說對了：「在哲學、政治、詩歌或藝術上表現傑出之人似乎都有一種憂鬱沮喪的性情。」[687]瘋狂與天才直接連結的關係「可從偉人的傳記中確認無疑，像是盧梭、拜倫、阿爾菲耶里（Alfieri）等人。」[688]「經過在瘋人院中費盡心血的搜尋調查，我發現了若干病患個案，無疑天生即具備了偉大的才華，並明確地透過他們的瘋狂展現出來。」[689]

然而，人類真正的精英卻存在於這些半瘋狂的人、這些天才之中。「在智力方面，自然界極為精挑細選。它在這方面所建立的差異，遠大於任何國家中因出身、社會階層、財富，或是種姓而形成的差異。」[690]自然界只會產生若干天才，因為天才的這種性情，會阻礙他們追尋那種需要專注於特定性與立即性事務的正常生活。「即使是博學之士，自然界都想讓他們成為土壤的耕作者；的確，哲學系的教授也該以這項標準來評量自己，那麼他們的成就將可達到所有公平的期望。」[691]

3. 藝術 Art

將知識從意志的奴役中解救出來，忘卻個人的自我與物質利益，提升心智以專注於對真理的思索而不受意志

683 第1卷，第240頁與243頁。
684 第1卷，第321頁。
685 文章〈生命的智慧〉，第24頁。書面辯解書（An apologia pro vita sua）。
686 文章〈生命的智慧〉，第19頁。
687 第1卷，第345頁。
688 龍勃羅梭（Lombroso）的源頭，他把叔本華加到這份名單上。
689 第1卷，第247頁。
690 第2卷，第342頁。
691 第3卷，第20頁。哲學系的教授或可藉由指出這項事實——人類天性似乎應為獵人而非農夫——來為自己復仇；農業是人類的一項發明，而不是一種自然的本能。

干擾，正是藝術的作用。科學的對象是包含許多特別個體的整體，藝術的對象則是包含整體通則的特別個體。「如同溫克爾曼（Winckelmann）所言，即使肖像，都應該是個體的完美典範。」[692]在畫動物時，最具特色的特徵即被視為最美的部分，因為它最能展現種族的特點。因此，一件藝術作品是否成功，端視它使人聯想到這個代表性個體所屬之群體的「柏拉圖式理念」或普遍通則之程度。因此，一幅人類的肖像，其目標不在於呈現如攝影般的逼真精準度，而是盡可能透過這個形體顯示出某些人類基本或普遍的特質。[693]藝術比科學更偉大，因為科學是依據艱苦的積累和謹慎的推理而進行，藝術則可藉由直覺和展示立刻達成它的目標；科學用人才即可應付得來，但藝術需要的是天才。

我們的歡愉在本質上，如同在詩歌或繪畫方面，是衍生自對該對象無攙雜個人意志的沉思。對藝術家來說，萊茵河是美不勝收的迷人景致，藉由美景的暗示與聯想激發感官與想像；但是，專心於個人私事的遊客「看萊茵河以及它的河岸就只像是一條線，眾多橋梁也只是切割第一條線的其他線條而已。」[694]能把自己從個人關注之事中釋放出來的藝術家，「以藝術的知覺來說，不論從監獄還是從宮殿中看到的落日，都一樣美。」[695]「無意志的知覺之恩賜，會為過去與遠方投射出迷人的魅力，將它們的美麗光芒呈現在我們面前。」[696]當我們在不受意志刺激、沒有即時危險的情況下加以思考，即使是不友善的對象，都會變得崇高起來。同樣地，藉著把我們從個人意志的傾軋衝突中釋放出來、並讓我們從更寬廣的角度去看待自己的苦難，悲劇也有它的美學價值；而經由展現短暫、個別事物背後永恆而普遍的通則，藝術也讓我們疏離了生活中的苦惱與不幸。斯賓諾沙是對的：「就心智以事物的永恆面向去看待它們來說，它也成了永恆的一部分。」[697]而藝術讓我們得以從意志的爭鬥中昇華的力量，又以音樂所具備的力量最為重要。[698]「音樂絕不像其他的藝術，它不是理念或事物本質的複製品」，而是「意志本身的複製品」；音樂展現給我們的是永遠在移動、爭鬥、飄蕩不定的意志，總是在最後又回到它自己本身，重新開始它的爭鬥。「這是為什麼音樂的效果比其他類型的藝術來得更為強而有力、更具穿透力，因為其他形式的藝術所觸及的只有事物的影子，而音樂所觸及的卻是事物本身。」[699]音樂也與其他形式的藝術截然不同，因為它直接影響我們的情感，[700]而非透過想法的媒介；它訴說著某些比智識更加微妙的事物。對稱性之於造型藝術，宛如韻律之於音樂；因此，音樂與建築正好相反：建築，誠如歌德所說，是凍結的音樂，而其對稱性正是靜止不動的韻律。

4. 宗教 Religion

叔本華的成熟開始為人所理解，他的藝術理論——意志的撤退以及對於永恆與普遍的沉思——也可說是他的宗教理論。年輕時，叔本華幾乎沒受過什麼宗教方面的訓練，同時他的性情也未能讓他擁有尊重當時教會組織的傾向。他鄙視神學家：「正如神學家所言的**最後爭論（ultima ratio）**，我們可以發現許多國家都有火刑的存

692 第1卷，第290頁。

693 文學也是如此，性格寫照是否可提升至偉大的層級——在其他條件不變的情況下——端視該明確描繪的個體代表某種普遍類型的成功程度，像是浮士德與瑪格麗特（Marguerite）、唐吉訶德與桑丘．潘薩（Sancho Panza）。

694 第3卷，第145頁。

695 第1卷，第265頁。

696 第1卷，第256頁。

697 第1卷，第256頁；參見歌德：「要從充滿紛爭的世界中解脫出來，再沒比透過藝術更好的方法。」——《親和力》（Elective Affinities），紐約，1902，第336頁。

698 「叔本華首先以哲學的明確性，在參照其他藝術的情況下，識別並明定音樂的地位。」——華格納，《貝多芬》（Beethoven），波士頓，1872，第23頁。

699 第1卷，第333頁。

700 漢斯利克（Hanslick）〔《論音樂之美》（The Beautiful in Music），倫敦，1891，第23頁〕反對這一點，認為音樂直接影響的只有想像力，而嚴格來說，它直接影響的當然只有感官而已。

在。」[701]他描述宗教像是「平民百姓的形上學」。[702]但是在後來的數年，叔本華開始在某些宗教的實踐與教義中，看見一種深刻的意義。「在我們的時代，介於超自然主義者與理性主義者之間始終持續不懈的這項爭議，所依據者無非是未能認清所有宗教的寓言性質。」[703]舉例來說，基督教就是悲觀主義的一種深刻哲學，「原罪（堅持意志）以及救贖（否定意志）的教義，是組成基督教本質的偉大真理。」[704]齋戒是一項了不起的權宜之計，能夠弱化那些渴望；渴望永遠無法帶領我們走向幸福，不是帶我們走向幻滅，就是助長我們其他的渴望。「美德的力量，讓基督教先是戰勝了猶太教，接著是希臘與羅馬的異教，全賴它的悲觀主義以及坦白懺悔——懺悔我們的國家既卑鄙無恥又罪孽深重；相對的，猶太教與異教皆為樂觀主義。」[705]猶太教與異教認為宗教是對天堂權力的一種賄賂，有助於我們邁向世俗的成功；基督教則認為，宗教是一種威懾的力量，讓我們遠離世俗幸福的無益追尋。在世間的奢華和權力之中，基督教提出了聖人的完美典範——基督中的愚者（the Fool in Christ），拒絕戰鬥，並且完全戰勝了個人的意志。[706]

佛教比基督教更為深奧，因為它以摧毀意志作為宗教的全部，並鼓吹涅槃作為一切個人發展的目標。印度人比歐洲的思想家來得更為深刻，因為他們以內在的直覺來詮釋這世界，而非外在的智識；智識分裂一切，而直覺團結一切。印度人視「我」為虛妄，個人只是一種幻象，唯一的現實是「無限一體」（Infinite One）——「天人合一」（That art thou）。「無論誰能夠對自己這麼說，對每個他所接觸的人這麼說，」這樣的人必然有著極為清晰的頭腦與靈魂，足以洞察我們全屬於一個有機體，我們全都是意志大海中的細小水流——他「相信所有的美德與恩賜，並且直接通往救贖之路。」[707]叔本華不認為基督教有取代東方佛教的可能：「這就跟我們以一顆子彈對抗一座懸崖，是一樣的道理。」[708]相反地，印度哲學湧入歐洲，將會深刻地改變我們的知識與思想。「梵語文學的影響之強與滲透之深，將不小於十五世紀希臘文字的復興。」[709]

那麼，最終極的智慧仍是涅槃，亦即把一個人的自我降低到最小限度的渴望與意志。世界的意志遠大於我們的意志，讓我們毫不猶豫地讓步吧。「意志愈少被刺激，我們受的苦就愈少。」[710]繪畫的偉大傑作所代表的永遠是一種面貌，在其中「我們可以得見最完整知識的呈現：不是針對特定事物，而是……讓一切意志變得更為靜默無聲。」[711]「那種凌駕於一切理性之上的和平、精神的完美平靜、深沉的安寧、神聖的自信與沉著……正如拉斐爾（Raphael）與科雷喬（Correggio）所描繪，是一幅完整而特定的福音，唯有知識留存，意志已然消失。」[712]

---

701 第2卷，第365頁。
702 文章〈宗教〉（Religion），第2頁。
703 第2卷，第369頁。
704 第1卷，第524頁。
705 第2卷，第372頁。
706 第1卷，第493頁。
707 第1卷，第483頁。
708 第1卷，第460頁。
709 第1卷，第13頁。或許，我們正在目睹這個預言應驗於神智學與類似信仰上的成長。
710 文章〈論忠告與格言〉，第19頁。
711 第1卷，第300頁。
712 第531頁。

VII

死亡的智慧 The Wisdom of Death

然而，還有更多的事物是必要的。藉由涅槃，個體可達到無意志的平靜境界並得到救贖；但個體達到之後又如何？生命嘲笑個人的死亡，因為它可以藉由這個人的子孫或是其他人的子孫，繼續讓個人存活下去；即使這個人的生命小溪乾涸了，每一個世代都還有其他成千上百條更深更寬廣的小溪。**人類**要怎樣才能被拯救呢？種族是否跟個人一樣，也有它的涅槃呢？

顯而易見，唯一終極而根本地征服意志的辦法，必然在於中止生命之源，也就是生殖的意志。「對於生殖衝動的滿足，從本質上而言，應徹底受到譴責，因為它是對生命的貪欲最強烈的肯定。」[713] 這些孩童是犯了什麼罪過而必須被生下來？

此刻，倘若我們思索生命的騷動與混亂，可以察覺一切皆為欲望與苦難所占據，使盡它們所有的力量以滿足生命無盡的需求、擋避生命多不勝數的憾事，除了保有備受折磨的短暫存在，不敢有任何其他的奢求。然而在兩者之間、在混亂之中，我們瞥見兩個戀人渴望地相遇，但為何要如此擔心害怕、偷偷摸摸地暗中進行呢？因為這些戀人是背叛者，他們尋求整體的欲望與苦役之延續，使得這些欲望與苦役就無法迅速告終……這同時深刻揭露，為何生殖行為總是使人感到羞愧。[714]

這裡的罪魁禍首是女人。因為，當知識達到無意志的層次時，她那輕率的魅力會誘惑男人再次投入生殖。年輕人尚無足夠智慧可以看出這些魅力是多麼的短暫，然而等到他們有了智慧時，卻又為時已晚。

對於花樣年華的少女，若以戲劇的語言來說，自然界似乎已計畫好讓她們擁有所謂的**驚人效果**，它賦予她們數年時間的豐盛之美，亦毫不吝於讓她們擁有迷人的魅力，而以她們的餘生作為代價；因此，在那數年當中，她們可能會攫取住某個男人的迷戀，程度之深，讓他如飛蛾撲火般承擔起照顧她們的榮幸……只要她們還在人世的期間——如果有理性導引這個男人的思想，他們便會發現毫無理由踏出這一步……在這裡，就跟其他地方一樣，自然界以它一貫的節約作風行事；如同母蟻，受精之後就失去了牠的翅膀，因為此時翅膀不僅顯得多餘，而且還會對生殖孵育的工作造成危險。因此，人類也是一樣，在生過一、兩個孩子之後，女人通常就失去了她的美麗；或許，這真的是類似原因使然。[715]

年輕的男性應該思考的是，「倘若今天賦予他們靈感寫出情歌與十四行詩的對象早個十八年出生，他們大概連瞧都不會多瞧她一眼。」[716]畢竟，男人的身體要比女人來得更為出色。

一個男人的智識只有在被他的性衝動蒙蔽時，才會賦予那個矮小、窄肩、寬臀、短腿的種族**美麗的性別**（fair sex）之稱；因為，性別的整體美感與這樣的衝動有著密切的關聯性。與其說女人美麗，把她們描述成不雅的性別，可能還更具備正當之理由。她們無法對音樂、詩歌或藝術產生感動；如果她們只是為了努力取悅他人而假裝感動，那只能使她們成為笑柄……她們無法對任何事物擁有純粹客觀的興趣……即使是女性中最傑出的知識份子，也從未設法完成一項單一的、貨真價實而具備原創性的創作，也從未在任何領域中給予這世界深具永恆價值的任何作品。[717]

對女性的尊崇，是基督教與德國式感傷（German sentimentality）的產物，反過來也成了頌揚感情、本能及意志

713 華萊士，第29頁。
714 第3卷，第374頁；第1卷，第423頁。
715 文章〈論女人〉（Women），第73頁。
716 第3卷，第339頁。
717 〈論女人〉，第79頁。

高於智識的浪漫主義運動（Romantic movement）的原因。[718]亞洲人對此了解得更清楚，坦白地承認女人的劣勢。「當法律要賦予女人跟男人同等的權利時，他們也應該賦予她們男性的智力。」[719]

亞洲在婚姻體制上再次展現得比我們更為誠實，接受一夫多妻制的習俗，並視其為正常而合法。反觀歐洲，雖然一夫多妻制在我們之間廣為施行，仍以「遮羞布」一言以蔽之。「哪裡有任何真正的一夫一妻論者？」[720]再者，賦予女人財產權是多麼荒謬的一件事啊！「所有女人幾乎無一例外，皆有揮霍無度的傾向。」因為她們只活在當下，主要的戶外運動就是購物。「女人認為賺錢是男人的事，花錢才是她們的事。」[721]這就是她們對於分工的概念。「因此我的意見是，我們不該允許女人完全自行處理她們所關心的事，而應該自始至終都由男人——父親、丈夫、兒子或是國家——來實際監督她們，就像在印度斯坦（Hindostan）的情況。她們也不該被賦予充分的權力去處置任何不是她們自己所賺取的財產。」[722]或許就是路易十三宮廷中那些奢侈無度、鋪張浪費的女人，造成政府普遍的腐敗現象，而以法國大革命（French Revolution）告終。[723]

我們跟女人牽扯得愈少愈好，她們甚至不是一種「必要之惡」（necessary evil）[724]；沒了她們，生活會更為安全而平順。讓男人認清女人的美麗陷阱吧，那麼，不斷繁殖的荒謬鬧劇就會結束了。智識的發展會削弱或挫敗繁殖的意志，最終達成種族滅絕的目的——對永無寧日的意志造成的瘋狂悲劇來說，再沒有比這更好的結局了：為何才剛落在挫敗和死亡上的幕簾，總是會為新的生命、新的掙扎，以及新的挫敗而再度升起？我們還要被這種無事空忙的無盡痛苦誘惑多久？它只會帶領我們走向痛苦的結局。何時我們才會有勇氣當著意志的臉反抗它，告訴它生命的美好只是個謊言，一切最偉大的恩賜也只是死亡？

VIII

對叔本華的批評

Criticism

對這樣的哲學之自然反應，是一種對時代與人類的醫學診斷。

讓我們再次加以了解，這裡發生的現象類似亞歷山大與凱撒之後的時代，東方的信仰和看法如潮水般襲來，先湧入希臘，再來到羅馬。看待外在意志的本質遠比人類的意志來得更為強大，並且欣然擁抱放棄與絕望的學說，是東方的特色。希臘衰敗後，隨之而來的是臉色蒼白的斯多葛學派以及面紅耳赤的伊比鳩魯學派；拿破崙戰爭的混亂也將哀傷的疲憊感帶入了歐洲的靈魂，因而形成了叔本華哲學的呼聲。西元一八一五年時，歐洲委實頭痛得很厲害。[725]

個人的診斷則可從叔本華的主張中尋得蛛絲馬跡——他認為，一個人的幸福來自他自己，而非外在環境。悲

718 第3卷，第209-14頁。
719 〈論女人〉，第84頁。
720 出處同上，第86頁。
721 出處同上，第75頁。
722 華萊士，第80頁。呼應叔本華對他母親的揮霍無度所感到的不滿之情。
723 〈論女人〉，第89頁。
724 卡萊爾的用語。
725 相較於現今（一九二四）歐洲的冷漠與消沉，以及像是史賓格勒（Spengler）的《西方的沒落》（Downfall of the Western World）這類書籍的大受歡迎。

觀主義可說是悲觀主義者的控訴，如果有不健全的體質、神經質的心智、缺乏休閒又陰沉**無聊**的生活，孕育叔本華哲學的適當生理條件就會應運而生了。一個人得有閒暇時間才能夠成為悲觀主義者，積極的生活帶來的幾乎都是良好的身心狀態。叔本華也很欽羨適度目標與穩定生活所帶來的平靜與沉著，[726] 但他的個人經驗幾乎無法對此表示任何意見，沒錯，**空閒時很難保持寧靜**；叔本華有足夠的金錢可以繼續從事休閒活動，但他發現，不斷休閒比不斷工作更叫人難以忍受。或許哲學家憂鬱的傾向，是因為他們需要久坐的職業過於反常而不近人情，所以他們對於生命意義的抨擊，往往只是宣泄不順暢的一種症狀而已。

涅槃對於百無聊賴、委靡不振的人來說是一種理想，像是查爾德·哈洛德（Childe Harold）或勒內（René），剛開始過度渴望、在一項熱情上孤注一擲，之後失去了這種熱情，只能以冷漠、任性的厭倦煩悶消耗餘生；倘若智識的產生是為了作為意志的僕人，這項智識的特別產物——如我們所知的叔本華哲學——極可能是病態而怠惰的意志所形成的藉口與辯解。同時，叔本華早期與女人和男人相處的經驗，使他發展出一種異常多疑與敏感的傾向——就像司湯達爾（Stendhal）、福婁拜（Flaubert）及尼采，也是如此；他變得憤世嫉俗、離群寡居，並寫道：「有需要的朋友並不是真正的朋友，只是一位借款人。」[737] 以及「別告訴朋友任何你想對敵人隱瞞之事。」[728] 他建議我們採取一種安靜、單調、隱士般的生活，他害怕社會，感受不到人際交往的任何價值與樂趣；[729] 但是當幸福無法被分享時，它就消逝了。

當然，悲觀主義中有著相當程度的自我中心：這世界對我們來說不夠好，所以我們就用哲學來對它嗤之以鼻。但是，這樣等於忘了斯賓諾沙的教誨：我們的道德譴責和認可的條件，僅出自於人類的判斷，應用在宇宙整體上時，大部分是無關緊要的。或許我們對世界輕蔑的厭惡，其實只是我們厭惡自己的一個藉口：我們糟蹋自己的生活，卻歸咎於無法出聲為自己辯護的「環境」或「世界」。成熟的人會接受生命的自然限制，而非期待眾神偏袒他；也不會要求手上要有灌了鉛的骰子，讓他可以用欺詐的手段去贏得人生這場遊戲。他贊同卡萊爾，知道只因為太陽不點燃我們的雪茄就詆毀它，是沒有意義的。或許，如果我們足夠聰明，能去幫助太陽，或許它就可以做到這件事；而如果我們可以用我們自己的一點陽光去幫助這廣袤中立的宇宙，它可能會變成一個令人十分愉快的地方。事實上，這世界並非贊同我們，也並非反對我們，它只是我們手中的原料，可以根據我們自己的所思所為，成為天堂或是地獄。

叔本華以及與他同時期的人所抱持的悲觀主義，部分的原因在於他們的浪漫態度與期望——年輕人對這世界的期望太高。悲觀主義就是樂觀主義過後的那個早晨，就像西元一八一五年得為西元一七八九年付出代價。對於感情、本能與意志的浪漫昇華與解放，以及對於智識、克制與秩序的浪漫藐視，帶來了自然會產生的苦果。因為「這世界」，猶如霍勒斯．沃波爾所言，「對那些會思考的人來說，是一齣喜劇；對那些有感覺的人來說，是一齣悲劇。」「或許沒有任何運動像訴諸情感的浪漫主義一樣，如此富於憂思……當浪漫主義者發現他的幸福理想發展成實際上的不幸福，他不會怪罪自己的理想，而只會假設這世界不值得一個像他這樣情感細膩、頭腦清楚的人留戀。」[730] 一個變化無常的宇宙，該如何才能滿足一個反覆無常的靈魂？

拿破崙帝國崛起的奇觀、盧梭對於智識的譴責（及康德對於智識的批判），及其本身充滿熱情的性情與經驗，共同促使叔本華的意志得以占據首要且根本性的地位。或許，滑鐵盧與聖海倫娜促成了悲觀主義的發展，同時，來自叔本華對於生命的傷痛與懲罰的苦澀經驗也占了一席之地；人類歷史上最強而有力的個人意志曾經威風凜凜、專橫統御著各大洲，然而它那不光彩的毀滅卻宛如昆蟲般指日可待——自出生的那一天起，無可避免的死亡即如影隨形。叔本華從沒想到，奮戰過而失敗總好過不戰而敗；他無法像更具陽剛活力的黑格爾般，感受爭鬥的榮耀與可取；生活在戰爭中的他嚮往的是和平，因為他只看到遍地爭鬥，無法看到在爭鬥背後，還有鄰人友善的

726 第1卷，第422頁。
727 〈論忠告與格言〉，第86頁。
728 出處同上，第96頁。
729 出處同上，第24頁與37頁。
730 白壁德（Babbitt），《盧梭與浪漫主義》（Rousseau and Romanticism），第208頁。

援助、孩童與年輕人的歡笑嬉鬧、充滿活力的少女活潑的舞蹈、父母與戀人欣然的犧牲奉獻、土地寬大而慷慨的恩賜，以及春天的新生與萬物的復甦。

而如果一個渴望被滿足了，只會引導出另一個渴望嗎？或許我們永不滿足反而是件好事。古老的教誨告訴我們，幸福在於成果，而非在於占有或饜足。身心健全的人所追求的，與其說是幸福，不如說是一個發揮能力的機會；倘若必須為這樣的自由與力量付出痛苦的代價，他也會欣然接受這項懲罰——而這樣的代價尚不至於太高。我們需要阻力來提升自己，就如同飛機或鳥兒也需要阻力來提升它們；我們也需要阻礙，因為對抗阻礙的過程可以磨礪我們的實力、刺激我們的成長。沒經歷過悲劇的生命，對一個人來說是不值得一提的。[731]

那麼，「愈有知識的人愈感悲傷」以及頭腦最為清醒的人受苦最深，這些說法是真的嗎？沒錯，但是隨著知識的成長，增加的不止是悲傷，還有喜悅；最精微的樂趣與最強烈的痛苦，都是保留給成熟而高度發展的靈魂。伏爾泰寧願選擇婆羅門（Brahmin）的「不快樂」智慧，拒絕農婦無知的幸福，是有道理的；我們希望能夠敏銳而深入地體驗生命，即使必須付出痛苦的代價；我們想要大膽探索生命最深處的祕密，即使必須面對理想破滅的代價。[732]維吉爾品嘗了各種歡愉，體驗了帝王喜好的奢華，最後「厭倦了一切，除了理解的樂趣」。當感官不再滿足，贏取那些藝術家、詩人和哲學家的同伴情誼，不論多麼地堅苦卓絕，都是值得的；也唯有成熟的心智，才能夠理解他們。智慧是一種苦樂參半的樂趣，藉由導引絕對的不和諧進入它的和諧之中，即可變得更加深入而強烈。

歡愉是負面的嗎？只有嚴重受創的靈魂，自我退縮並切斷與這世界的聯繫，才會對生命說出如此根本的褻瀆與侮慢言語。除了我們的本能和諧的運作之外，還有什麼可以稱之為歡愉？除非運作中的本能導致的是撤退而非前進，歡愉又怎會是負面的？逃避與停止、投降與防備、退隱與寂靜的歡愉無疑是負面的，因為迫使我們走向這些歡愉的本能，本質上就是負面的，是潰逃與懼怕的形式；那麼，同理我們是否可說，當正面的本能——獲取與擁有、好戰與支配、行動與娛樂、結合與愛的本能——占上風時，隨之而來的歡愉也是正面的？歡笑的喜悅是負面的嗎？那麼，嬉戲喧鬧的孩童、交配鳥兒的歡唱、雄雞的報曉聲、以及藝術創意的狂喜呢？生命本身就是一種正面的力量，它的每一項正常功能都包含了若干的喜悅與樂趣。

死亡極為可怕，這點確然無疑。但是，如果一個人過著正常的生活，死亡所帶來的恐懼絕大部分都會消散不見；一個人必須好好地活，才能好好地死。永生不死會讓我們感到高興嗎？誰會羨慕阿哈索魯（Ahasuerus）的命運？對他來說，永生不死是曾經施加於人類身上的最沉重懲罰。如果不是因為生命是甜美的，為何死亡會是可怕的？我們不必跟拿破崙一樣，說所有懼怕死亡的人，本質上都是無神論者；但我們可以確定地說，一個已經活了七十個年頭的人，已然從他的悲觀主義中倖存了下來。歌德說，沒有人在三十歲之後還是悲觀主義者，二十歲之前也幾乎不會是。悲觀主義是自我意識與自尊心強烈的年輕人所擁有的奢侈品，特別是那些來自共產主義家庭溫暖懷抱的年輕人，進入個人主義競爭與貪婪的冷酷氛圍後，一心只想重回母親的懷抱；他們瘋狂投身於對抗世界的假想敵與罪惡，而隨著歲月流逝，悲傷地褪下烏托邦與所有理想的層層外衣。二十歲之前，我們享受的是身體的樂趣，三十歲之後，則是心智的樂趣；二十歲之前，我們經歷的是被保護與安全感的愉悅，三十歲之後，則是身為父母與家庭的樂趣。

一個人幾乎一生都住在供膳宿的公寓之中，並且遺棄他唯一的孩子成為匿名的私生子，他怎能不成為一位悲觀主義者？[733] 叔本華不幸的根源在於他把正常生活拒於門外，他拒絕了女人、婚姻與子女；他將身為父母視為最大的罪惡，而一個身心健全的男人則會將其視為生命中最大的滿足。他認為愛情的隱蔽性是出於對延續種族的恥

731 參見叔本華自己的敘述：「沒有規律的工作，沒有固定範圍的活動，是一件多麼悲慘的事啊！……困難重重的努力與奮鬥！但這對一個人來說是理所當然的事，就像挖地對鼴鼠來說是天經地義的活動；讓他所有的欲望得到滿足是某種無法忍受的事，那種來自歡愉的停滯感持續得太久了。克服困境，就是去感受存在的完整樂趣。」——〈論忠告與格言〉，第５３頁。你可能會想了解更多有關較為成熟的叔本華對於他年輕時的精彩理念有什麼看法。

732 阿納托爾．法朗士（伏爾泰最後的化身）將他最後的傑作之一《人類的悲劇》（The Human Tragedy）題獻給這項艱鉅的任務——顯示雖然「理解之樂是一種悲傷的喜悅」，然而「對那些曾經體驗過它的人來說，絕不會以輕浮的歡樂與庸俗群眾的空洞希望來跟它交換。」參見《伊比鳩魯的花園》，紐約，１９０８，第１２０頁。

733 菲諾特（Finot），《幸福學》（The Science of Happiness），紐約，１９１４，第７０頁。

辱感——還有比這更為迂腐的荒謬之事嗎？從愛情中，他只看到個體對種族所做的犧牲，卻忽視了本能回報以這項犧牲所帶來的樂趣——這樣的樂趣是如此之大，以致能夠賦予世界上絕大部分的詩文作品無限的靈感。[734]他認為女人只有潑婦與罪人兩種，再沒有其他類型了；他也認為，願意承擔扶養妻子責任的男人是傻瓜[735]；但顯然比之我們不幸單身的熱情傳道者，這樣的男人並沒有比較不快樂，而且（如巴爾扎克所言），支持一項不道德行為跟扶養一個家庭，花費是一樣的。他輕蔑女性的美麗，彷彿我們可以略去任何形式之美、不該把這樣的美麗當成生命的色彩與芬芳般好好珍惜。一件不幸之事，竟使得這個不幸的靈魂如此地仇恨女人！

在這非凡又激動人心的哲學之中，還有其他較為技術性、但較不重要的爭論存在。在一個生存意志為其唯一真正力量的世界裡，怎麼會有自殺的發生？智識被生出、養大而作為意志的僕人，要怎樣才能擁有獨立性與客觀性？天才是存在於與意志分離的知識中，還是它包含了意志的巨大力量——宛如它的驅動力——甚至是個人野心與自負的巨大合成？[736]瘋狂通常都與天才有關，但它是否只屬於「浪漫」類型的天才（拜倫、雪萊、愛倫坡（Edgar Allen Poe）、海涅、斯溫伯恩（Swinburne）、斯特林堡（Strindberg）、杜斯妥也夫斯基（Dostoievski）等人），而非「經典」及更有深度、極為健全的天才類型（蘇格拉底、柏拉圖、斯賓諾沙、培根、牛頓、伏爾泰、歌德、達爾文、惠特曼等人）？如果智識與哲學的功能並非否定意志，而是協調渴望成為和諧一致的意志呢？如果「意志」本身除了作為協調的統一產物外，還是一種神祕的抽象物，宛如「力量」般難以捉摸，又該如何呢？

儘管如此，跟樂觀主義比較起來，這樣的哲學有種直率的誠實，而大部分的樂觀主義信條則像是催眠般的偽善。如斯賓諾沙所言，善惡好壞都是十分主觀的用語，都是出於人類的偏見；這麼說是完全沒錯的，但是我們不得不如此地評斷這世界——我們無法出於任何「不偏不倚」的角度，而只能從人類苦難與需求的實際觀點去評斷。叔本華是對的，他強迫哲學面對邪惡的原始現實，指出思想應該承擔起減輕、緩解的人性化任務；從叔本華的時代開始，哲學就很難再安居於切砍邏輯的形上學所營造的虛幻不實氛圍當中了，思想家開始了解到，沒有行動作為的思想，是一種疾病。

歸根究柢，叔本華使心理學家看清了本能精巧微妙的深度以及無所不在的力量。理智主義（Intellectualism）主張人類是獨一無二具有思想的動物，能有意識地採取手段以達成理性選擇的目的，然而盧梭讓它生了病，康德讓它臥了床，叔本華則讓它一命嗚呼。經過兩個世紀的內省分析，哲學發現在思想背後有渴望的存在，在智識背後還有本能的存在；就像經歷了一個世紀的唯物論洗禮之後，物理學發現在物質背後有能量的存在。我們應該感謝叔本華，他為我們揭露了心的奧祕，讓我們知道，原來我們的渴望就是我們哲學的公理；他還為思想的理解開道，讓我們知道思想的理解不僅是客觀事件的抽象計算，更是行動與渴望的彈性工具。

最後，雖然誇大了些，叔本華也再次教育了我們天才的必要性以及藝術的價值。他看到了至善即是美，而至樂則在於創造或珍惜這樣的美。他加入歌德與卡萊爾的陣營，對抗黑格爾、馬克思與巴克爾試圖消滅天才作為人類歷史上一項基本因素的嘗試。在一個似乎所有偉大事物都已消逝凋萎的時代，叔本華卻再次鼓吹英雄的高貴崇拜；儘管他擁有許多缺點，他仍成功地讓自己的名字跟他們一樣，千古流傳。

734 再次參見叔本華自己的敘述：「這非為自己所尋求之事物（這是偉大隨處可見的印記）給予熱情的愛一種莊嚴而崇高的格調。」——第3卷，第368頁。

735 〈論女人〉，第73頁。

736 參見叔本華：「最偉大的智識能力只能在熱烈而充滿激情的意志中找到。」——第2卷，第413頁。

第八章

赫伯特・斯賓塞

HERBERT SPENCER

在社會條件所規定的限度內追求個人的幸福，是實現全體最大幸福的第一項必要條件。

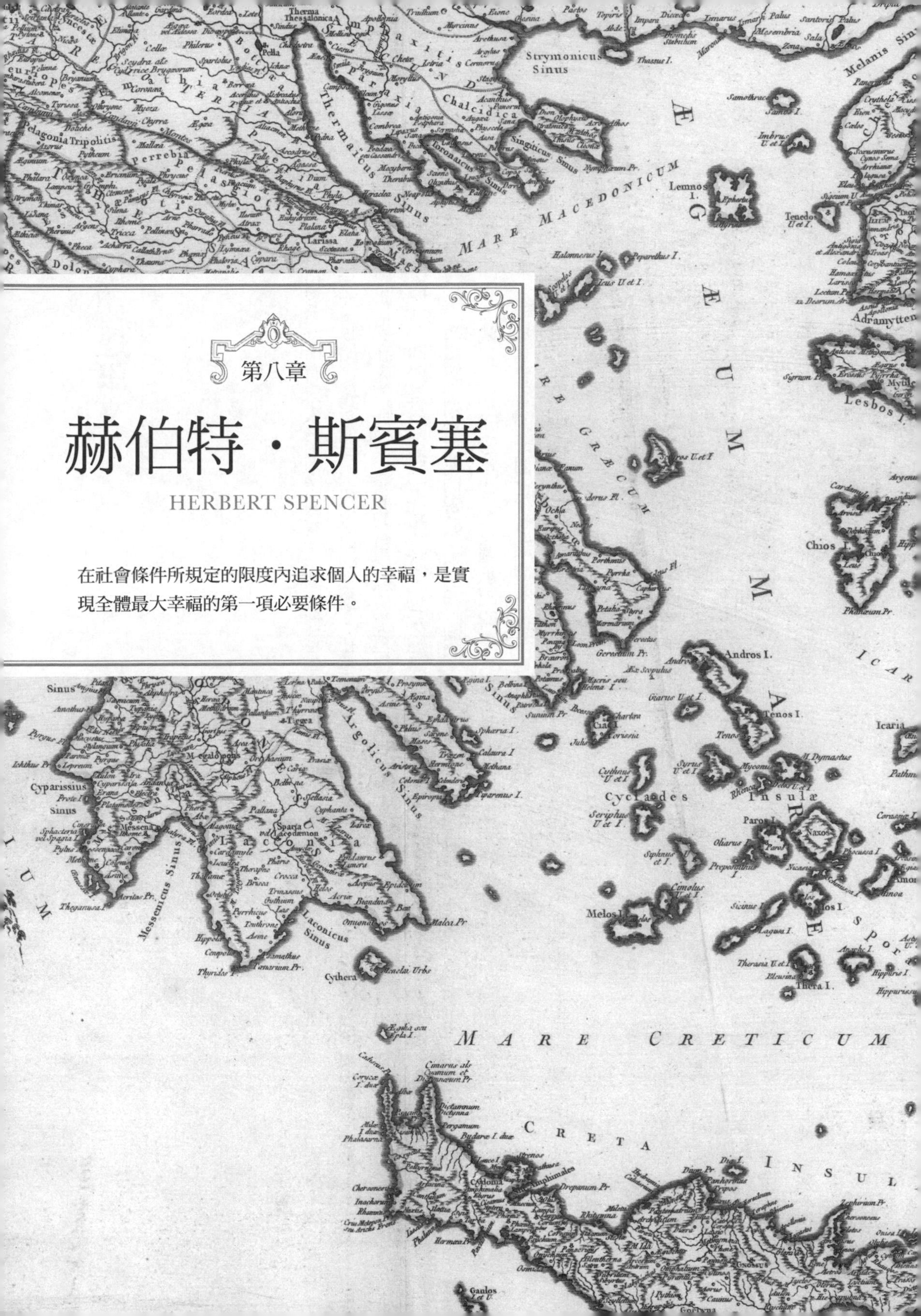

I 孔德與達爾文

COMTE AND DARWIN

自稱為「所有未來形上學之緒論」的康德哲學，不但蓄意地對思辨的傳統模式猛戳了一刀，而且與它原本的意圖相左，也給了所有的形上學致命的一擊。在整個思想史中，形上學的角色本為試圖去發現現實終極本質的一種嘗試；但現在人們從最受尊敬的哲學權威那裡得知，現實永遠無法真正被體驗，現實是一種可以想像但不可知的「本體」，即使是最精微的人類智慧，也永遠無法超越現象、穿透馬雅人的面紗。費希特、黑格爾及謝林夸夸其談的形上學言語，包括他們對於這古老謎團的各種著作，他們的自我、理念與意志，彼此互相抵消而終於歸零；因此，截至一八三〇年代，普遍承認的事實是，這宇宙仍然完好地守護著它的祕密。經過「絕對中毒」（Absolute intoxication）的一個世代，歐洲的心智已誓言抗拒任何形式的形上學。

既然法國已經出產了懷疑主義，再製造出一位「實證主義」運動（"positivist" movement）的發起人（如果哲學領域中真有這樣的人存在，每個想法都會被膜拜多年）也不為過。奧古斯特．孔德（Auguste Comte），他的父母為他取名為伊西多爾．奧古斯特．馬里．弗朗索瓦．澤維爾．孔德（Isidore Auguste Marie Francois Xavier Comte），出生於西元一七九八年的蒙彼利埃（Montpellier）。他年輕時的偶像是班傑明．富蘭克林，他稱其為現代的蘇格拉底。「你知道，他在二十五歲時就計畫要使自己擁有完美的智慧，而他的確履行了他的計畫。我也大膽地進行了同樣的計畫，雖然我還未滿二十歲。」他成為偉大的烏托邦社會主義者（Utopian）聖西門（Saint-Simon）的祕書，這讓孔德有了一個好的開始；聖西門把杜爾哥與孔多塞的改革熱情傳遞給他，還包括若干理念：社會就像是一種物理現象，可以被歸納成法律與科學；所有的哲學都應該致力於提升人類的道德和政治方面的進步。然而，就像我們絕大多數決心要改革世界的人一樣，孔德發現，光是要處理自己國家的事務就已經夠窒礙難行了；於是在西元一八二七年，經過兩年不幸的婚姻，他不但精神崩潰，還試圖在塞納河自殺幸好被人救起。若不是那位救命恩人，孔德無法於西元一八三〇年至一八四二年間出版五冊《實證哲學》（Positive Philosophy），並在西元一八五一年至一八五四年間出版四冊《實證政治體系》（Positive Polity）。

以範圍及毅力而言，這是一項在現代僅次於斯賓塞「綜合哲學」（Synthetic Philosophy）的志業。在這裡，各門學科據其主題逐漸遞減的簡單性與通用性而分類成：數學、天文學、物理學、化學、生物學以及社會學；每一門學科皆以它之前所有學科的成果為基礎，因此，社會學是所有科學的頂點，而其他各門學科能為社會學提供的啟迪，則是它們唯一存在的理由。以精確知識的意義來說，科學是以上述給定的學科順序，從一個主題擴展到另一個主題；而充滿複雜現象的社會生活成為屈服於科學方法的最後一門學科，也是理所當然的。在思想的各個領域中，思想史學家可觀察出「三階段定律」（Law of Three Stages）：首先，主體以**神學**方式（**theological** fashion）被設想出來，所有的問題皆以某些神祇的意志來加以解釋，譬如，把星辰視為眾神，或是眾神的戰車；其次，同一主體會達到**形上學**階段（**metaphysical** stage），以形上學的抽象概念來加以解釋，譬如，星辰以圓形的循環移動，因為圓形是最完美的圖形；最後，這個主體以精確的觀察、假設與實驗被歸納為**實證**科學（**positive** science），它的現象會透過自然的因果規律性來加以說明。「上帝的意志」屈服於柏拉圖的「理念」或黑格爾的「絕對理念」、諸如此類的虛幻實體，然後這些依次又屈服於科學定律。形上學是一個發展受阻的階段，但孔德說，是時候摒棄這些幼稚的想法了，哲學與科學並沒有什麼不同，它以改善人類生活的觀點，協調、整合所有的科學。

與這樣的實證主義（positivism）相關的特定教條式理智主義，或許也反映出了這位幻想破滅、與世隔絕的哲學家。西元一八四五年，當克洛蒂爾德．德沃夫人（Mme. Clotilde de Vaux）（她的丈夫在監獄裡度過一生）占據了孔德的心，他對她的情感溫暖了他的思想，也為其增添了色彩，同時引發了他將情感置於智識之上、作為一種改革力量的反應，並且下了結論，認為這世界只能靠一種新的宗教來救贖，而這種新的宗教，應該藉由頌揚人道作為儀式崇拜的對象，發揮支持並加強人性中薄弱的利他主義之功能。孔德晚年花了許多時間在為人道宗教（Religion of

Humanity）制定出一套包含祭司、聖禮、祈禱和教規戒律的複雜體系，並且提出一種新的日曆，在其中，以對人類進步貢獻卓越的英雄取代異教神祇與中世紀的聖徒。如同一位妙語如珠的智者所形容，孔德給了世界天主教的一切——除了基督教之外。

實證主義運動與英國思潮不謀而合，後者從工業與貿易的生命中汲取其精神，以一種特定的敬意、實事求是地看待事實與問題。培根式的傳統將思想轉往事物的方向、將心智轉往物質的方向；霍布斯的唯物主義、洛克的感覺論（sensationalism）、休謨的懷疑主義、邊沁的功利主義（utilitarianism），都是以實際而忙碌的生活為主題的眾多變化。在這首國家的交響曲中，貝克萊是個來自愛爾蘭的不和諧音，黑格爾則嘲笑以「哲學工具」之名表彰物理與化學設備的英國習性；然而，這樣的一個用語對於贊同孔德與斯賓塞的人來說，很自然就會用於定義哲學作為所有科學成果的普遍通則。因此，實證主義運動在英國得到的擁護者，比在它的起源地還多；這些擁護者或許不如慷慨大方的利特雷（Littré）般熱情而殷切，然而他們所具備的英國式韌性，卻使得約翰．史都華．彌爾（John Stuart Mill）（西元一八〇六年至一八七三年）與弗雷德里克．哈里森（Frederick Harrison）（西元一八三一年至一九二三年）畢生對孔德的哲學奉行不渝——雖然他們英國式的謹慎還是讓他們對孔德那儀式繁複的宗教敬而遠之。

在此之際，源自些許科學根源的工業革命，卻回過頭來進一步地刺激了科學的發展。牛頓與赫歇爾（Herschel）把星辰天體學說帶到了英國，波以耳（Boyle）與戴維（Davy）開啟了化學的寶藏，法拉第（Faraday）的發現使全世界都得以邁向電氣化，朗福德（Rumford）與焦耳（Joule）則分別證明了動力的轉化、平衡以及能量守恆（conservation of energy）。科學已然達到相當複雜的階段，使得原本混亂迷惑、不知所措的世界欣然接受這集各家大成的綜合成果到來；但在赫伯特．斯賓塞年輕時，所有引起英國騷動的智識性影響當中，最重要的就是生物學的成長以及進化論的學說。在這項學說的發展上，科學的國際化堪稱典範：康德曾談及猿類變成人類的可能性，歌德曾寫過植物形態的演變，伊拉斯謨斯．達爾文（Erasmus Darwin）和拉馬克（Lamarck）則提出有關物種進化的理論——物種遺傳來自用進廢退的影響，從較為簡單的形態逐漸演進而成；西元一八三〇年，聖希萊爾（St. Hilaire）在那場知名的進化論辯論中幾乎大勝居維葉（Cuvier），震驚了整個歐洲，卻使老歌德滿心歡喜：這就像是另一場**起義**（Ernani），在一個不變的世界中對抗不變的規則與秩序之傳統理念。

在西元一八五〇年代，進化論仍尚未成為定論。斯賓塞遠在達爾文之前即已在他「發展假說」（The Development Hypothesis）（西元一八五二年）的論文以及《心理學原理》（Principles of Psychology）（西元一八五五年）中都表達過這樣的想法；西元一八五八年，達爾文與華萊士在倫敦林奈學會（Linnaean Society）發表了他們知名的論文；西元一八五九年，《物種起源》（Origin of Species）的問世就像慈祥的主教們所設想的，把舊世界撞毀成了碎片：從現在開始我們所擁有的，不再只是對於進化的模糊概念——較高等的物種不知何故從較低等的物種演進而來，而是確實的模式與進化過程詳實豐富、有文件可資證明的理論，「進化的手段是藉由自然淘汰、或是保存生存競爭中的有利物種。」十年之中，全世界都在談論進化論。斯賓塞得以被提升至這波思潮的高峰，全賴他心智的清晰度與廣闊範圍，啟發了他把進化的想法應用到研究的各個領域，並帶進幾乎所有知識為他的理論作出貢獻。就像十七世紀時的數學主宰著哲學，把笛卡爾、霍布斯、斯賓諾沙、萊布尼茨、巴斯卡帶給世界；心理學也寫出了貝克萊、休謨、孔狄亞克及康德的哲學。十九世紀亦是如此，生物學是謝林與叔本華，斯賓塞、尼采與柏格森的哲學思想之背景。在每一種情況下，這些劃時代的想法都是來自不同人零零碎碎的產物，多少有點晦澀模糊；然而，這些想法會歸屬於那個協調整合、闡明澄清它們的人。就像新大陸以亞美利哥·維斯普奇（Amerigo Vespucci）命名，只因為他畫了一張地圖；赫伯特·斯賓塞就是達爾文時代的維斯普奇，也可說是它的哥倫布。

II

斯賓塞的成長與發展

THE DEVELOPMENT OF SPENCER

斯賓塞在西元一八二〇年出生於德比（Derby），他的祖先不管是父系還是母系，都是非英國國教徒（Nonconformist）或不順從國教者（Dissenter）。斯賓塞的祖母（父親方）曾是約翰·衛斯理（John Wesley）的忠實追隨者，而他父親的兄弟湯瑪斯雖是一位英國聖公會的牧師，卻在教會中帶頭發起衛理公會派運動，他一生從未涉足一場音樂會或戲劇表演，並積極參與政治改革運動；這項傳統延續到斯賓塞的父親時，更是強烈地趨向異端論點，而到了赫伯特·斯賓塞身上，幾可說是冥頑不靈的個人主義達到了高峰。斯賓塞的父親從未用超自然的原因來解釋任何事情，他被一位熟識的朋友形容為「沒有任何信仰或宗教，為世所僅見」[737]（雖然赫伯特認為這部分是誇大其詞）。他傾心科學，並寫了一本《發明幾何學》（Inventional Geometry）；在政治上，他跟他的兒子一樣是個人主義者，「從不為任何人脫下他的帽子，不管對方是什麼身分地位。」[738]「如果他不了解我母親提出來的某些問題，他就會保持沉默，也不會詢問這個問題是什麼，讓它繼續懸而未決。儘管徒勞無功，他一輩子仍然持續這樣的做法，結果當然是毫無助益。」[739]這讓人想起（除了保持沉默之外）赫伯特·斯賓塞在晚年時，對國家職能的延伸所進行的抵制與反抗。

斯賓塞的父親、舅舅以及祖父（父親方）都是私立學校的教師，然而這個兒子，雖然在他的世紀是最著名的英國哲學家，到了四十歲時卻仍然是一個未曾受過教育的人。赫伯特很懶惰，他父親又溺愛他，當他十三歲時，終於被送去辛頓（Hinton）跟著他那以嚴格出名的舅舅念書，但赫伯特旋即就從舅舅那裡逃跑了，沒命的一路跋涉回到他在德比的家——第一天走了四十八英里，第二天四十七英里，第三天二十英里，只靠一點麵包跟啤酒。

儘管如此，他在幾週之後又回到了辛頓，並且在那裡待了三年之久。這是斯賓塞唯一接受過的系統化學校教育，但是之後，他也無法說出自己究竟在那裡學會了什麼——不是歷史，不是自然科學，也不是一般文學。他帶著特有的驕傲說道：「我從不曾於少年時代或青年時期，在英國接受過一堂正規的教育課程；直到現在，我仍然完全沒有正規的語法知識，這是大家應該要知道的事實，因為其所隱含的言外之意與普遍接受的假設不符。」[740] 四十歲時，他嘗試去閱讀《伊里亞特》（Iliad），但是「讀完大約六本書之後，我覺得要繼續下去是多麼艱鉅的一項任務啊，我覺得自己寧願付一大筆錢都不願再讀到最後。」[741] 他的一位祕書柯利爾告訴我們，斯賓塞從沒讀完任何科學的書籍；[742] 即使在他所喜愛的領域，他也沒受過任何有系統的指導。他燒傷他的手指，搞出幾次化學爆炸；他隨意看看學校與家裡的昆蟲，得到昆蟲學的知識；他在後來擔任土木工程師的工作中，學到什麼是岩層與化石；剩下的科學，他隨意選擇、現學現用。直到三十歲前，他完全沒有想到過哲學。[743] 然後，他讀了劉易斯，試圖在下一階段進入康德，但是一開始就發現，康德認為空間與時間只是感官知覺的形式而非客觀事物，他當下就確定康德是個笨蛋，於是把書給扔了。[744] 斯賓塞的祕書告訴我們，他寫《社會靜力學》（Social Statics）時，「除了一本現在已被遺忘、由強納森．戴蒙（Jonathan Dymond）所著的老舊論述，他沒讀過任何其他倫理學的專著或論述。」「他寫**心理學**之前只讀過休謨、曼塞爾（Mansel）、里德（Reid）；他寫**生物學**之前也只讀過卡彭

---

737 斯賓塞，《斯賓塞自傳》（Autobiography），紐約，１９０４，第１卷，第５１頁。
738 第５３頁。
739 第６１頁
740 第７頁。
741 第３００頁。
742 羅伊斯的《赫伯特．斯賓塞》（Herbert Spencer）附錄。
743 《斯賓塞自傳》，第１卷，第４３８頁。
744 第２８９頁與２９１頁

特的《比較生理學》（Comparative Physiology）（而非《物種起源》）；他寫**社會學**卻沒讀過孔德或泰勒（Tylor），寫**倫理學**卻沒讀過康德、穆勒或任何其他倫理學者的著作——除了塞奇威克（Sedgwick）的書。」[745]跟約翰·史都華·彌爾勤奮不懈的教育比較起來，是多麼大的反差啊！

那麼，他是從哪裡找出支持他無數論點的大量事實呢？他大部分都是「隨手撿取」，藉由直接觀察而非閱讀得來。「他的好奇心從不止息，他總是可以導引他的同伴去注意若干值得注意的現象……在那之前，只有他能看出其中的顯著特點。」在雅典娜男士俱樂部（Athenaeum Club），他幾乎榨乾了赫胥黎（Huxley）以及他其他朋友們的專業知識；他快速瀏覽完俱樂部所有的期刊，就像在德比的哲學學會（Philosophical Society）中那些曾經在他父親手中傳閱過的雜誌。「目光犀利地攫取每一項對他有利的事實。」[746]一旦確定他想做什麼，一旦找出他所有工作反覆思考的中心思想與發展，斯賓塞的腦袋就會變成磁鐵以吸引所有相關的材料，思想也會變成前所未有的井然有序，幾乎是自動地將所有吸收進來的材料加以分類；無怪乎無產階級及商人都樂於聽到他，因為他的心智就像他們一樣——是書本學習的陌生人，未沾染上「文化」氣息，天生就具備自然而然、實事求是的知識，是從生活與工作中學習而來的。

因為斯賓塞得為謀生而工作，他所從事的職業加強了他思想中講求實際的傾向。他是鐵道路線與橋梁的考察者、督導員與設計師，大致說來，就是一位工程師；他動輒冒出新的發明點子，雖然都失敗了，但在他的**自傳**中，他說自己會回頭審視它們，宛如父親對任性的兒子充滿著溺愛：他充滿回憶與懷舊之情的書頁上，滿是獨創的鹽瓶、貯藏的容器、熄燭器、病人椅等諸如此類的物事。就像我們大部分人在年輕時候做過的，斯賓塞也發明過新的飲食方式；有段時間他成了素食者，但是當他看到一位素食的同伴因此而貧血、而他自己也失去了氣力，他便放棄了素食。「我發現我得重寫自己在素食期間寫過的東西，因為這些東西是如此缺乏活力。」[747]當時，他願意去嘗試任何事物，他甚至想過移居到紐西蘭，卻忘了一個年輕的國家用不上哲學家；為此，他很經典地分別列出支持與反對此舉的原因，並且給每個原因一個數值。結果，留在英國的數值是一百一十，前往紐西蘭的數值是三百零一；但他還是留了下來。

斯賓塞性格上的優點也是他的缺點。他堅決注重現實的傾向及實際感，付出的代價是缺乏詩歌及藝術的精神與熱情。在斯賓塞的二十卷著作中，唯一有詩意的筆觸是來自一位印刷業者的要求，希望他能夠談及「科學預測的日常韻律」。他堅持不懈的執著，從另一方面來說，也是一種自以為是的牛脾氣；他可以橫掃整個宇宙以找出證據來支持自己的假設，但是他無法同意別人的觀點與見解；他的自我中心足以支持他的不守成規，但是他對於自己的偉大之處亦無法自謙。身為一位先驅者，他亦有其限制：教條式的狹隘，伴隨著勇敢坦率與強烈的原創性；嚴厲抗拒所有的阿諛奉承，拒絕任何政府提出的榮譽，在長期健康欠佳及半隱居的狀態下，追尋他那痛苦費力的工作長達四十年之久，某個得以接近他的骨相學家對他的評論是：「自尊心極為強烈。」[748] 身為教師們的兒孫，斯賓塞在他的書中揮舞著戒尺、高調地說教，「我從不感到困惑。」他告訴我們。[749] 而他獨居的單身生活更讓他缺乏人性的溫暖特質——雖然他可以很義憤填膺地訴求人道。他曾經與那位偉大的英國女性——喬治・艾略特有一段情，但是這位過於充滿智識的女性很難取悅他。[750] 他缺乏幽默感，風格上亦無精細微妙之處；當他輸了他最喜愛的撞球遊戲時，他會譴責對手花太多時間在這樣的一種遊戲上，才會變成這方面的專家；在他的**自傳**當中，他為自己早期的作品寫評論，說明自己的作品應該如何完成。[751]

顯然，斯賓塞身上的重責大任，使他不得不以比原本更加嚴肅的眼光來看待生命。「我週日時參加聖克勞德（St. Cloud）的遊樂會，」他在巴黎寫道：「被那些不成熟的成年人給逗得很樂，法國人從來沒有完全地長大

745 柯利爾（Collier），在羅伊斯書中，第210 f.頁。
746 出處同上。
747 《斯賓塞自傳》，第1卷，第401頁。
748 第228頁。
749 第464頁。
750 第1卷，第457-62頁；第2卷，第44頁。
751 第1卷，第415頁與546頁。

過；我看到頭髮花白的人們騎著旋轉木馬，就是我們自己市集中也有的那種。」[752]斯賓塞如此地忙著分析、描述生命，以致於他從來沒有時間真正去感受生活。看過尼加拉瀑布之後，他在日記中草草寫下：「遠大於我的想像。」[753]他以最堂皇的學究精神描述最尋常不過的事件，像是他告訴我們，他只發過唯一一次的誓。[754]他沒遇過任何緊急的危機，也沒有感受過任何浪漫的戀情（如果他的記憶沒出錯的話）；他曾經有過一些親密關係，但是他記述它們的方式宛如數學般的公式化；他所繪製出來的友誼曲線不溫不火，沒有任何令人振奮的熱情筆觸。一位朋友曾經對斯賓塞說，倘若他口述的對象是年輕的女性速記員時，他就寫不好；但斯賓塞對他說，這對他一點也不會造成任何困擾。他的祕書曾經這麼形容他：「毫無熱情的薄唇流露出感官肉欲的完全缺乏，淺色的雙眼則洩漏出情感深度的不足。」[755]這就是斯賓塞風格單調乏味的水平度：他從來不曾高飛翱翔，也不需要驚嘆號，在一個浪漫的世紀，他就像是一座雕像般的實例，以高尚尊嚴與自我克制屹立不搖。

斯賓塞的心智在邏輯思維方面異常敏銳，他以棋手般的精確度整理、安排自己的**先驗與後驗**。他可以為現代歷史中的複雜問題做出最清楚的闡釋，還可以用最清楚易懂的用語撰寫艱難的問題，讓全世界的每個世代都對哲學感興趣。「我曾被評論說擁有一種不尋常的闡述能力，」他說道：「可以用一種不常見的清晰度和連貫性，列舉我的數據資料、推理與結論。」[756]他喜愛寬廣概括的普遍原則，使他的工作因他的假設變得有趣，而非他的證據。赫胥黎說，斯賓塞認為的悲劇，就是某個理論被某個事實給扼殺了。[757]但因為斯賓塞心智中的理論不計其數，他每一、兩天就一定會遇上一場悲劇。當赫胥黎震驚於巴克爾軟弱無力、猶豫不決的步態時，他對斯賓塞說：「喔，我見過這樣的人，他頭重腳輕。」而斯賓塞補充了這句話：「巴克爾接收了數量過多的問題，遠超過他能組織整理的程度。」[758]對於斯賓塞來說，剛好相反：他能夠組織整理的問題遠多於他所能接收的範圍。他全心放在協調、綜合的工作，他輕貶卡萊爾缺乏類似的才能；對他而言，對秩序的喜愛宛如一種受制於奴役的熱情，使得傑出的概括推論能力征服了他。但這世界需要像他這樣的心智：可以把雜亂無章的事實，以陽光照射的清晰度轉變成文明的意義；同時，斯賓塞為他的世代所執行的這項服務，也讓他有資格享有人性的缺陷——讓他更像個凡人。如果他在這裡被相當直率地描繪出來，那是因為當我們知道一個偉人的缺點時，我們會更愛他；但是當他閃耀著全然完美的光芒時，我們卻會疑神疑鬼地厭惡他。「直到現在，」斯賓塞在四十歲時寫道：「我的生命或可適當地描繪成具有各式各樣的雜項特徵。」[759]鮮少有哲學家的生涯是如此的雜亂散漫、游移不定。「大約此時，」（二十三歲時）「我的注意力轉移到製表上。」[760]但他逐漸發現了自己的領域，並且以誠實的農活來耕種它。早在西元一八四二年，他即為《非國教徒》（Non-conformist）（注意斯賓塞所選擇的媒體）寫過一些關於「政府的適當權力範圍」（The Proper Sphere of Government）為主題的文章，其中包含了他之後的**自由放任**（**laissez-faire**）哲學之**源起**（**in ovo**）。六年之後，他不再從事工程，轉行成為《經濟學人》（The Economist）的編輯；三十歲時，他輕蔑地批評強納森．戴蒙的《論道德原則》（Essays on the Principles of Morality），他的父親刺激他，要他也以這樣的一個主題發揮己見；他接受了這項挑戰，寫出他的《社會靜力學》。雖然這本書的銷量很少，卻為斯賓塞贏得雜誌的敲門磚；西元一八五二年，他的〈人口理論〉（The Theory of Population）（馬爾薩斯影響十九世紀思潮的眾多例子之一）論文提出，生存的競爭導致適者生存的結果，創造出那些歷史性的詞彙。同年，他的〈發展假說〉所持論點與舊有的異議——新物種起源於從來沒被發現的舊物種之漸進調整與轉變——不謀而合，指出比起新物種是由上帝「特別創造」的理論，舊有的論點反而更具說服力得多；更進一步指出，新物種的發展並不比

752 第1卷，第５３３頁。
753 第2卷，第４６５頁。
754 廷德爾（Tyndall）曾說，斯賓塞如果偶爾會詛咒、罵罵髒話，他會是一個好得多的同伴。——艾略特（Elliott），《赫伯特．斯賓塞》（Herbert Spencer），第６１頁。
755 羅伊斯，第１８８頁。
756 《斯賓塞自傳》，第2卷，第５１１頁。
757 第1卷，第４６７頁。
758 第2卷，第4頁。
759 第2卷，第６７頁。
760 第1卷，第２７９頁。

人類自卵子與精子而來、或是植物從種子而來的發展更為神奇或不可思議。西元一八五五年，斯賓塞的第二本書《心理學原理》（The Principle of Psychology）問世，著手追溯、探查心智的演化。接著，西元一八五七年，他發表了「進步：法則與原因」（Progress, Its Law and Cause）論文，採用馮・貝爾的想法，亦即所有生命形式的成長皆始於同質、終於異質，並更進一步地將其提升為一項歷史與進步的通則。簡言之，斯賓塞與他的時代精神一起成長，現在，他已經準備好成為全面進化的哲學家了。西元一八五八年，斯賓塞修改他的論文準備集結出版時，突然看出自己想法的統一性與順序性，於是一個念頭打中了他，就像是一道耀眼的陽光穿透敞開的大門照射進來——應用在生物學上的進化論，或許同樣可以被應用在每一門科學上；這不僅可以用來解釋生物的種與屬，還可以解釋行星與地層，以及社會與政治史、道德和美學概念。這個念頭激發了他一系列著作的思想，他在其中證明了物質與心靈從星雲到人類、從野蠻人到莎士比亞的演進。但是，當他想到自己已年近四十時，幾乎喪失了信心：一個已屆不惑之年、健康又欠佳的人，要如何在他的有生之年，全面涵蓋並詳加研究人類知識的所有領域？斯賓塞在不過三年之前才經歷過一次徹底的精神崩潰，喪失行為能力長達十八個月之久，心智沮喪消沉、勇氣消失殆盡，絕望而漫無目的地從一個地方遊蕩到另一個地方；他意識到他的潛在力量，使他身體的虛弱更加苦澀難當。他知道自己永遠無法再回復相當程度的健康，也無法再承受一次會超過一小時的心智工作。從沒有一個人在自己選擇的工作上如此窒礙難行，也從沒有一個人在人生過了快一半時，才去選擇投入一項如此偉大的志業。

斯賓塞很窮，但他並沒花太多心思在思考如何維持生計。「我指的不是過日子，」他說：「我不認為過日子值得勞神費心。」[761] 他在獲得一位舅舅留給他的二千五百元遺產之後，就辭去了《經濟學人》的編輯工作；但是，他無所事事的賦閒狀態耗盡了這項餽贈，於是他想到，或許可以為他未來打算出版的作品找到願意提前訂閱的訂戶，這樣他至少可以勉強餬口，支持他追求自己的理想。斯賓塞就這個想法準備了一份大綱並提給了赫胥黎、劉易斯以及其他朋友們，他們替他弄到了一份最初訂閱者的驚人名單——這些名字可能會為他的創辦計畫書增色不少：金斯利（Kingsley）、萊爾（Lyell）、胡克（Hooker）、廷德爾、巴克爾、弗勞德、貝恩（Bain）、赫歇爾及其他聲名顯赫之士。這份發布於西元一八六〇年的創辦計畫書，為斯賓塞帶進四百四十份來自歐洲的訂閱量與二百份來自美國的訂閱量，總計承諾了他一年一千五百元、不多不少的一筆經費，於是，斯賓塞心滿意足地開始著手進行他的工作。

但是，在西元一八六二年《第一項原則》出版之後，許多訂閱者撤回了他們的名字，因為那知名的〈第一部〉（Part One）中意欲調解科學與宗教之爭的企圖，得罪了主教與權威學者之流；和事佬的道路果然崎嶇難行。《第一項原則》以及《物種起源》成為這些著作所引發論戰的眾矢之的，而赫胥黎就是達爾文主義（Darwinism）及不可知論這支軍隊的總司令；進化論者一度被深受敬重的體面人士們嚴重排斥，他們被指責為不道德的怪物，而且公開羞辱他們還被認為是有禮貌的行徑。斯賓塞的訂閱者在每次分期付款時就消失不見，還有許多在款項到期時拖欠著不繳；斯賓塞盡可能地繼續出版，從自己的口袋掏錢出來補足每一期虧損的金額。最後，他的資金與勇氣都已耗竭，於是他對剩下的訂戶發布了一份聲明，宣布他無法再繼續提供他們這項服務。

接下來，出現了歷史上相當鼓舞人心的一個插曲。斯賓塞的最大敵手竟在西元一八六六年二月四日寫了一封信給他，這位敵手在《第一項原則》問世之前始終堅守英國哲學陣營，現在眼見自己已被進化論的哲學家所取代，於是寫給他如下內容的信函：

親愛的先生：

上週抵達此地，看到您十二月號的《生物學》（Biology）已然交付（livraison），當我看到附在其中的那份聲明時，我幾乎無法形容自己感到多麼地遺憾……我的提議是，您應該繼續撰寫您的下一篇專著，我保證不讓出版商虧損……我請求您不要把這項提議當作我對您個人提供的恩惠，即使真是如此，我仍然希望您能允許。但是，事情完全不是這樣，這只是一個為達公眾目的的合作提議。您已為此奉獻了您的心力與健康。

您誠摯的，

761 湯普森（J.A. Thomson），《赫伯特・斯賓塞》，第71頁。

約翰・史都華・彌爾[762]

斯賓塞禮貌地回絕了，但彌爾在他的朋友間遊說，勸說他們之中的幾位每人認購了二百五十份；斯賓塞再次拒絕了，而且絲毫不為所動。接下來，突然出現了一封來自尤曼斯教授（Prof. Youmans）的信，信中說，某些仰慕斯賓塞的美國人已經以其名義購買了七千元的公債，以後這筆利息或股息將會直接撥到他的名下。這一次，斯賓塞讓步了，這份贈禮的本意重新鼓舞了他，他重回工作崗位，努力奉獻心力長達四十年，直到所有的「綜合哲學」都安然地付梓出版。心智與意志交戰疾病與無數阻礙之後竟大獲全勝，可說是人類之書上光輝燦爛的亮點之一。

762《斯賓塞自傳》，第2卷，第156頁。

第一項原則

FIRST PRINCIPLES

1.不可知者

The Unknowable

「我們太常遺忘，」斯賓塞一開始就說：「不僅是因為有『良善的靈魂在邪惡之事中』，通常也有真理的靈魂在錯誤之事中。」因此，他建議以一種觀點去檢視宗教的思想：以這種觀點，去發現隱藏於眾多信仰不斷改變形式之下的核心真理，如此一來，將賦予宗教之於人類靈魂的持久力量。

斯賓塞旋即發現，每種宇宙起源的理論都只會把我們逼入「不能想像」（inconceivability）的困境。無神論者試圖想像一個獨立存在的世界，沒有原因而且沒有開始，但是，我們無法設想任何無始無因的事物；有神論者只是把這個難題往後拖延一步而已；那些神學家說「上帝創造了世界」，於是，隨之而來的就是孩童提出無法回答的疑問：「那誰創造了上帝？」所有最終的宗教觀念，在邏輯上都是無法想像的。

所有最終的科學觀念，也同樣超出理性概念之外。物質是什麼？我們把它縮小到原子，然後發現我們自己被迫像分割分子一樣去分割原子，我們陷入了一個困境：物質可以被無限地分割——這是不能想像的，又或者它的可分割性是有極限的——這也同樣不能想像。空間與時間的可分割性也是如此，兩者最終都是不合理的觀念。運動更是被包裹在三重的晦澀難解中，因為它涉及物質的改變、隨著時間，以及在空間中的位置。當我們徹底分析物質時，最後只會發現力的存在——一種影響我們感覺器官的力，或是一種抵禦我們行動器官的力；但是，誰能告訴我們，力又是什麼？從物理學轉向心理學，我們來到心智與意識，也遇到比以往更多的難題與困惑。「最終的科學觀念，」那麼，「是現實的所有表徵，無法被理解……科學家在各個方向的研究調查，都讓他面對難以解釋之謎，他們甚至比以往更清楚地意識到，這是一個多麼難以理解而不可捉摸的謎題；他們馬上領會到人類智識的偉大與渺小——它在處理所有經驗範圍內之事物的力量，以及它在處理超越經驗範圍外之事物的無能。在它的最終本質之中，他們比任何人都更加了解自己其實一無所知。」[763]套句赫胥黎的話，唯一誠實的哲學即為不可知論。

這些晦澀難解的問題，共同的原因就是所有知識的相對性。「思考是相互關聯的，再沒比關係更能表達思想了……智識只能透過與現象對話、或是為了與現象對話而被架構起來，但是當我們試圖用智識去理解任何超越現象之外的事物，它只會把我們捲入困惑與無意義之中。」[764]然而，這些相對現象以其名稱與性質暗示了某些超越其上、最終而絕對的事物。「留神觀察我們的思維，可以看出要排除隱藏在『表象』（Appearances）背後的『現實性』（Actuality）意識，是多麼地不可能；我們也可以看出這樣的不可能性，如何導致我們對於現實性產生堅不可摧的信念。」[765]但是，那樣的現實性為何，我們無從得知。

以此觀點來看，科學與宗教的和解不再是難如登天的任務。「真理通常存在於對立意見的協調之中。」[766]讓科學承認它的「法則」只能應用在現象與相對事物上，讓宗教承認它的神學是一種合理化的神話，目的是為了形塑出一種無視概念的信仰；讓宗教不再把「絕對」刻劃成一位備受頌讚的人，或者更糟，變成一頭殘忍嗜血、奸詐危險的怪物，受盡「在人類身上被鄙視的阿諛奉承之熱愛」的折磨；[767]讓科學不再否定神的存在，或視唯物論為理所當然。心靈與物質同樣是相對的現象，一個本質始終保持未知的終極因（ultimate cause）之雙重效應；承認這種「不可理解之力」（Inscrutable Power）的存在是所有宗教真理的核心，亦為所有哲學的起始點。

2. 進化論 Evolution

一旦確認不可知者的存在，哲學放棄了對它的探究，轉而朝向可知的領域。形上學是座海市蜃樓，就像米榭勒（Michelet）對它的形容，它是「把一個人有條不紊的搞糊塗的一門藝術」。哲學的適當領域與功能，存在於科學成果的累積與統一之中。「最低形式的知識是未統一的知識，科學是部分統一的知識，哲學則是完全統一的知識。」[768] 如此完整的統一性需要一種廣泛而普遍通用的原則，可以包含所有的經驗、描述所有知識的基本特性。真有這種原則存在嗎？

我們或許可藉由統一物理學的最高普遍原則來得出這樣的一個原則，亦即藉由物質不滅、能量守恆、運動的連續性、力與力間關係的持久性（亦即自然法則的不容違背性）、力的可轉化性與平衡性（即使是精神與肉體的力量）以及運動的節奏模式。這項最後的普遍原則並不那麼容易被辨識出來，但只需要被指出即可注意到：自然萬物皆有其運行之節律，從心臟的跳動到小提琴琴弦的顫動，從光、熱與聲音的波動到大海潮汐的起伏，從性行為的週期性到行星、彗星與恆星的運行週期，從日夜交替到四季更迭、或許還有氣候變化的節律，從分子的振盪到國家的興衰、星辰的誕生與殞落。

所有這些「可知的法則」皆可被還原（藉由某種分析法，在此不加以詳述）為力的持久性之最終法則。但是，這

763《第一項原則》，紐約，1910，第56頁。
764 第107-108頁。這個論點不自覺地跟著康德走，並且簡要地搶先了柏格森一步。
765 第83頁。
766《斯賓塞自傳》，第2卷，第16頁。
767《第一項原則》，第103頁。
768 第119頁。

項通則有其停滯與怠惰之處，它甚至並未暗示我們生命的奧祕。現實的動態原理是什麼？萬物成長與衰敗的公式是什麼？進化與崩解的公式必然存在，因為「任何事物的完整經歷，必然包括它從無法察覺的狀態當中出現，以及它消失進入無法察覺的狀態之中的過程。」[769]

從而，斯賓塞為我們提出他著名的進化論公式，不僅使得歐洲所有的知識份子為之屏息，並且還花了十卷著作與四十年的時間來加以說明。「進化是一種物質的整合，並伴隨著運動的耗散；在這過程當中，物質從一種不明確、不一致的同質化轉變成一種明確而一致的異質化，而留存的運動也經歷了一種平行的轉換。」[770] 這是什麼意思？

從星雲中產生的行星；在地球上形成的海洋與山脈；植物新陳代謝的元素，以及人類新陳代謝的動物組織；在胚胎中發展出來的心臟，以及出生後骨頭的融合；感覺與記憶的統一轉化為知識與思想，知識的統一再轉化為科學與哲學；家庭發展成部落、宗族、城市、國家、聯盟以及「世界聯邦」——這些都是物質的整合，各個單獨的項目聚集成眾、群組及全體。這樣的整合過程涉及各部分的運動減少，就像國家權力的提升使個人的自由度下降，但同時也賦予各個部分相互依存與一整套的保護關係，以構成「一致性」並促成全體共同之生存。這樣的過程也帶來更為明確的形式與功能，像是不成形狀、朦朧不清的星雲，卻可形成規律橢圓形狀的行星、有著銳利稜線的山脈、具備特定形式與性質的生物與器官、生理與政治結構上的分工與功能特化……等等；同時，這個整合體的各個部分，在性質與運作上會變得不僅明確具體，而且多元化、異質、多樣。混沌初始的星雲是同質的，也就是說，它由各個相似的部分組成；但是不久，它便分化成氣體、液體和固體——地球有了碧綠的草地、雪白的山頂，還有蔚藍的海洋；從同質性極高的原生質中，進化的生命生出了營養、繁殖、運動、感知等各式各樣的器官；一種通行所有大陸的語言，卻有著多不勝數的方言；單一科學可以孕育出上百種科學，一個國家的民俗風情可以蓬勃發展出成千上百種形式各異的文學藝術；個體特徵成長，獨特性脫穎而出，每個種族與人民都各自發展出他們獨一無二的特質與精神。整合與異質化，也就是聚集各部分使成更大的整體，並分化各部分變成更多變的形式——這些就是進化的軌道運行之焦點。不論是從擴散轉化成整合與一致，或是從同質的簡單性轉化成分化的複雜性（參見西元一六〇〇年至一九〇〇年的美國），都是在進化的流程之中；而不論是從整合返回擴散、還是從複雜性回歸簡單性（參見西元二〇〇年至六〇〇年的歐洲），則陷入崩解的衰退之中。

斯賓塞並不滿足於這項綜合性的公式，於是致力於藉由機械力量的自然運作產生之不可避免的必要性，展現這項公式是如何地被遵循並運行。首先，「同質的不穩定性」（Instability of the Homogeneous）是存在的：意思是，相似的部分無法長期地保持相似，因為它們處於不平均承受外力的狀態；比方說，外在部分會較快受到攻擊，就像戰爭時，位於海岸線上的城鎮；還有各式各樣的職業，會把相似的人塑造成上百種專業和貿易的不同化身。同樣地，「效果的增殖」（Multiplication of Effects）也是存在的：一個原因可能會產生大量而多樣的結果，而且有助於使世界產生差異；像是瑪麗．安托瓦內特（Marie Antoinette）說錯的一句話[771]、一封更改過的埃姆斯（Ems）密電[772]、或是薩拉米斯（Salamis）的一陣風，都可能在歷史上產生無止盡的影響。同時，還有「隔離」（Segregation）的法則：一個同質性極高的整體之各部分，分別被驅使進入不同的區域，會被不同的環境塑造成各個相異的產物，就像英國人可以變成美國人、加拿大人或是澳大利亞人——根據各地不同的特質。自然的力量以眾多方式建構起這不斷演變的世界之多樣性。

但最後，「平衡」（Equilibration）會無可避免地到來。每個運動在阻力之下運行，遲早都會走到盡頭；每個有節律的振盪（除非有來自外部的強化）都會承受若干速度與幅度上的損失。行星（未來）會運行於一個比之以前更小的軌道上；隨著數百年的歲月消逝，太陽照耀的光芒也會變得沒那麼溫暖明亮；潮汐的摩擦力會減緩地球的轉

769 第253頁。

770 第367頁。

771 瑪麗．安托瓦內特（Marie Antoinette），法國國王路易十六的皇后，在位期間揮霍無度，當時法國正值饑荒，大臣報告：「百姓們都沒麵包吃了。」而瑪麗皇后回答：「沒麵包吃，為何不吃蛋糕呢？」這句話後來廣為流傳，而瑪麗皇后也於法國大革命期間被送上斷頭台。——編注

772 一八七〇年，普魯士國王威廉一世發給俾斯麥一封電報，俾斯麥刪改了一些電報內容，並將電報公開發表，激怒法國。不久後法國對普魯士宣戰，造成普法戰爭。——編注

動。這個地球，發出上百萬種規律震動與持續低語的運動，有著上百萬種恣意繁殖的生命形式蓬勃生長，有一天將會在它的軌道以及各部分運行得更為緩慢而從容；就連血液，也將在我們逐漸乾涸的血管中愈流愈慢、溫度愈來愈低；我們不需再匆忙行事，就像瀕亡的種族，就長眠而非生命方面，我們該想的是天堂，該渴望的是涅槃。逐漸地，接著快速地，平衡將變成解體——進化令人不快的尾聲。社會將會瓦解、群眾將會遷移，城市也將消失在農民生活的黑暗偏僻地域之中；沒有政府強大到足以將鬆散的各地方單位團結在一起，社會秩序甚至被徹底遺忘。個人也是如此，整合將屈服於崩解，整合的協調（生命）轉化成散漫的紊亂（死亡）；地球處於不可逆的退化中，成為一座衰敗的混亂劇場、一齣能量的陰鬱戲劇，分解成塵埃與星雲——它從何處來，即往何處去。於是，一個進化與崩解的循環就此完成，而新的循環將重新開始，周而復始、永無止盡，但結局始終不變。**死亡的警示（Memento mori）**被寫在我們必須面對的生命面容上，而每個新生都為衰敗與死亡揭開了序幕。

《第一項原則》是一齣富麗堂皇的戲劇，以幾近經典的沉著冷靜述說著興衰輪替的故事，包括行星、生命以及人類的進化與崩解；然而，它也是一齣悲劇，因為最適合描述它的結語，莫過於哈姆雷特（Hamlet）的話：「剩下的只有沉默。」難怪以信仰與希望為食的男女會反抗這樣一個對於生存的結語。我們知道我們必將死亡，但因為它是一個無法去操心的問題，我們寧可思考生命。對斯賓塞來說，這是一種近乎叔本華式的意識——認為人類的一切努力皆為徒勞無功。在他成功的事業接近尾聲時，他表達了自己的感受，認為生命並不值得活；他也有哲學家看得太遠的通病，所以反而看不見從他鼻子下掠過的短暫而瑣碎之生存樂趣。

斯賓塞知道人們不會欣賞他的哲學——最後的結語不是上帝與天堂，而是平衡與崩解。在為他的第一部分（First Part）作結時，他以不尋常的流暢辯才與熾熱激情，捍衛他說出自己所見到的黑暗真理之權利。

> 無論誰猶豫著不願說出他所認為的最高真理，擔心這樣的真理是否在當時來說過於先進，他可以從客觀角度來審視自己的作為，以便消除自己的疑慮。切記看法是一種動力，性格藉此使外部環境適應它本身，而他的看法正形成了這項動力的一部分——組成全體力量的力之單位，聯合其他這樣的單位之力，這股全體的力量即可造成社會的改變；他會意識到，他可以適當地表達出自己內心深處的信念，讓

它得以產生可能的影響。他所贊同的某些原則以及與他人的矛盾牴觸，並非全然徒勞無功；以他所擁有的能力、抱負與信念而言，他並不是一個偶然的意外，而是時代的產物。他不但是過去之子，也是未來之父；他的思想宛如他的新生兒，他不會粗心大意地讓它夭折。就像所有其他人一樣，他會理所當然地視自己為致力於探究未知原因（Unknown Cause）的無數動力之一，而當這未知原因在他心中形成某種特定的信念時，他因此得以公開承認這樣的信念，並將其付諸行動……因此，有智慧的人尊重他的信念絕非偶然，因為他會毫無畏懼地說出自己所認定的最高真理，明知道它可能會引起什麼樣的後果仍坦然以對，如此一來，他已在這世上善盡了他的職責：他明白，如果他能帶來他意欲達成的改變，很好；如果做不到，也很好——雖然沒有**那麼好**。

IV 生物學：生命的進化

Biology: The Evolution of Life

西元一八七二年，綜合哲學的第二冊與第三冊以《生物學原理》（Principles of Biology）之名問世，顯露出哲學家侵入他人的專業領域時自然會有的局限性，但他們可藉由闡明深具啟發性的普遍通則來彌補錯誤或細節，而這樣的通則可為生物事實的廣大範疇提供一種新的一致性與可理解性。

斯賓塞以一個著名的定義作為開端：「生命是內在關係對外在關係的不斷調整。」[773]生命的完整性端視這項對應關係的完整性，當這項對應關係很完美時，生命就很完美。這樣的對應關係不僅是一種被動的適應，使生命與眾不同之處，即在於內在關係的調整對於外在關係變化的預期；就像是動物會蜷伏蹲低身體以避免強風的吹颳，或是人類會生火來溫熱他的食物。但這項定義的缺點，不只在於它忽視生物對環境改造的傾向，同時在於它未能說明使生物得以做出這些賦予生命力特色、預先調整之微妙力量是什麼。在後來的版本所增補的一章中，斯賓塞不得不就「生命的動態元素」（The Dynamic Element in Life）加以討論，並承認他的定義並未真正揭露生命的本質。「我們不得不承認，生命的本質無法以物理化學的術語加以表達。」[774]他不了解，這樣的一項坦承會對他思想體系中的一致性與完整性造成多麼大的傷害。

正如斯賓塞看到個體生命中內在關係對外在關係的調適，他也看到物種的生命中，其再生繁殖力對棲息地情況的驚人調適。繁殖原來是有營養的表層對需要營養的主體重新調適而產生，舉例來說，阿米巴原蟲的成長，牽涉到本體的增長比表層的增長來得更為快速，而本體必須藉由表層來獲取它所需要的營養。分裂、發芽、孢子的形成、有性生殖皆如出一轍，本體對表層的比率降低，營養的平衡逐漸恢復。因此，個別生物體的成長超過某個點之後就很危險，通常在一段時間之後，成長就會為繁殖所取代。

平均而言，成長與能量消耗率成反比，而繁殖率與成長程度成反比。「飼養動物的人都知道，如果一匹小雌馬被允許懷上一頭小馬駒，牠就會因此而無法長成到適當的大小……相反的事實是被閹割過的動物，像是閹雞、還有特別明顯的貓，往往會比牠們未被閹割的同伴長得更大。」[775]然而隨著個體的發展與能力之進步，生殖率有下降的傾向。「當組織衰敗，幾乎沒有對付外在危險的能力時，就必須要有強大的繁殖力，才能彌補由此而產生的死亡率，否則種族必將滅絕；相反地，當具備極高的天賦能提供更強的自我保護能力時，程度相對較低的繁殖率則是必要的。」以免繁殖速率超過食物的供給。[776]那麼總的來說，個性化與起源，或說個體發展與繁殖力，存在著一種對立的關係。而比之個體，這項法則更常適用於群體與物種：愈是高度發展的物種或群體，它的出生率就會愈低；但平均而言，它也適用於個體。舉例來說，智識的發展似乎與繁殖力相互為敵。「舉凡有異常繁殖力存在之處，心智必然遲緩懈怠；而舉凡在心智活動上（教育期間）一直有著過度開支之處，往往會有完全或部分的不育隨之而來。因此，人類今後必得經歷的某種進一步的進化，比之任何其他種類的進化，會是一種可預見將導致人類生殖能力衰退下降的進化。」[777]哲學家在逃避親子責任上始終聲名狼藉，但另一方面在女人來說，母性的出現通常伴隨著智力活動的降低；[778]或許她的青春期縮短，是為了提早生殖所做的犧牲。

儘管出生率以這種相似的方式去適應群體生存的需要，這樣的適應與調整永遠沒有完成的一天。馬爾薩斯的普遍通則是對的，人口的增長往往會超出生存的方法與手段。「從一開始，人口的壓力就是進步的直接原因，也

773《生物學原理》，紐約，1910，第1卷，第99頁。
774 第1卷，第120頁。
775 第2卷，第459頁。
776 第2卷，第421頁。
777 第2卷，第530頁。
778《斯賓塞自傳》，第1卷，第62頁。

導致了種族最初的擴散，使人類不得不放棄捕食動物的習性而轉向農業的發展，並進一步對地球表面進行了清除，強迫人類進入社會狀態……發展出社會意識，刺激我們不斷改善生產、提升技術與智識。」[779]人口壓力可說是生存競爭的主因，藉此，適者得以生存，種族的水平也才得以提升。

不論適者生存主要是由於自發性的有利變異，還是由於連續數代持續獲取的特性或能力之部分遺傳，在這個問題上，斯賓塞並未採取任何教條式的立場；他欣然地接受達爾文的理論，但認為還有些該理論所無法解釋的事實，迫使他不得不有條件地接受拉馬克的觀點。在他與魏斯曼（Weismann）的爭論當中，他火力全開地為拉馬克辯護，並指出達爾文理論中的若干瑕疵。在當年那段時日，斯賓塞幾乎是站在拉馬克這一邊孤軍奮戰，頗為有趣的是，我們可以注意到新拉馬克派學者也包括了達爾文的後代，而這位當代偉大的英國生物學家提供給當今遺傳學學生的觀點是，達爾文關於進化的**特定**理論（當然不是一般理論）必須被摒棄。[780]

V

心理學：心智的進化

Psychology: The Evolution of Mind

兩冊的《心理學原理》（西元一八七三年）是斯賓塞系列學說中最弱、最不具說服力的一環。在這個主題上，他曾經有一冊較早的著作問世（西元一八五五年），是對唯物論與決定論積極有力的辯護；但後來，年齡與思想將其修正成較為溫和的形式，以上百頁煞費苦心卻沒能闡釋清楚的分析填塞；斯賓塞富於理論而窮於證據的傾向，在這裡比別本著作要來得更為明顯。他提出上百個理論：神經源起於細胞間的結締組織、本能始於反射的複合與後天性格的傳輸、心理範疇的起源出自種族經驗，除此之外還有個理論是關於「理想化的唯實論」（transfigured realism）；[781]這些理論全都有著形上學使人困惑的力量，而非心理學中實事求是、闡明事實的美德。在這兩冊心理學的著作中，我們離開了注重實際的英國而「回到了康德」。

但讓我們馬上就留下深刻印象的一點是，心理學史上頭一遭出現了如此堅定的進化論者觀點，企圖解釋遺傳學，並致力於追溯思想撲朔迷離的複雜性至最簡單的神經運作，最終再到物質的運動。這項努力的確是失敗了，但是又有誰曾經在這樣的一項嘗試上成功過呢？斯賓塞以一項恢宏的計畫開始，揭開意識演進過程的序幕；到最

779《生物學原理》，第2卷，第536頁。

780 參見威廉．貝特森爵士（Sir Wm. Bateson）在美國科學促進會（American Association for the Advancement of Science）的演說內容（一九二一年十二月二十八日，多倫多），《科學》（Science）期刊，一九二二年一月二十日。

781 斯賓塞意指，藉此，雖然經驗的對象極有可能被感知能力所美化，並相當不同於它們看起來的樣子，但它們有一種並不完全取決於對它們的感知之存在。——第2卷，第494頁。

後，為了使意識進化，他不得不斷定意識無所不在。[782]他堅持從星雲到心智都有連續不斷的演化在進行，最後坦承物質只能透過心智得知。或許唯物論哲學的摒棄，是這兩冊中最值得注意的段落：

> 分子的振盪可以用意識與神經的衝擊一起來表示嗎？這兩者可以被視為一體嗎？沒有任何研究成果可以讓我們把它們相提並論。一單位的感覺與一單位的運動沒有任何共通之處，當我們把這兩者並列在一起時，這點變得比以往任何時候都來得更為明顯。意識隨即給出了立即的判斷，可能是合理的解析……因為它可能顯示出振盪的分子是從眾多單位的感覺中發展出來的一個概念。（也就是說，我們對物質的認識是建立在心智的單位上——感覺、記憶與想法。）……如果我們不得不在轉化精神現象為物理現象以及轉化物理現象為精神現象的選項中做出選擇，那麼後者似乎是兩者中較可被接受的一項。[783]

儘管如此，心智的進化從簡單、混合到複雜，從反射、向性到本能，從記憶與想像到智識與理性，這樣的發展模式當然是存在的。對那些經過這一千四百頁的生理和心理分析考驗之後還活著的讀者來說，隨之而來的是一種壓倒性的感覺——感受到生命的延續性與心智的連續性；他會像在觀賞一部緩慢播放的電影，看到神經的形成、自行適應的反射與本能的發展，以及意識與思想透過互相衝突的衝動碰撞而產生。「智識既非擁有不同等級，亦非由完全獨立的機能所組成，它最高的表現形式是，由源自最簡單元素的步驟毫無知覺的產生複雜的影響。」[784]本能與理性之間並無間隙，兩者皆為內在關係對外在關係的調適，唯一的差異只是程度而已，但就藉由本能做出反應的關係而言，是相當千篇一律而簡單的；而那些藉由理性做出反應的關係則相當新穎而複雜。一項理性的行動，只是眾多本能反應中最後存活下來的一個；「深思熟慮」只是從眾多競爭激烈的衝動之中，經過相互殘殺的爭鬥而存活下來的一個衝動。[785]基本上，理性與本能、心智與生命並無二致，實為一體。

意志這個抽象語詞，被我們用來概括我們的積極衝動以及決斷力——一種將念頭暢行無阻地付諸行動的自然流動。[786]念頭是行動的第一個階段，而行動則是想法的最後階段；同樣地，情感是本能行動的第一個階段，而情感的表達是完成反應的實用序曲；生氣時的齜牙咧嘴，實際暗示著把敵人撕扯成碎片，有這樣一個自然的開始往往會導致那樣的結局。[787]「思想的形式」，就像空間與時間的知覺或是數量與原因的概念，是康德認為與生俱來的，其實只是出於本能的思考方式；就如同本能是整個種族後天習得的習慣，但卻是個體天生即具備的。因此，這些類別不過是緩慢從進化過程中習得的心理習慣，從而成為我們現在所擁有的部分智識遺產。[788]這一切心理學長久以來的謎題，可以藉由「不斷累積修改的遺傳」來加以解釋。[789]毫無疑問，就是這些無所不在的假設使得斯賓塞費盡心力的著作成果充滿了疑問，而且還可能徒勞無功。

782《斯賓塞自傳》，第2卷，第549頁。
783《心理學原理》，紐約，1910，第1卷，第158-9頁。
784 第1卷，第388頁。
785 第1卷，第453-5頁。
786 第1卷，第496-7頁。
787 第1卷，第482頁；第2卷，第540頁。
788 第1卷，第466頁
789 第1卷，第491頁

VI

社會學：社會的進化

Sociology: The Evolution of Society

然而，斯賓塞的社會學卻有著截然不同的評價。這些出版時期長達二十年的厚實書冊，是斯賓塞最傑出的作品，涵蓋了他最喜愛的範圍，展現了他在啟發普遍通則與政治哲學上的最佳表現。從他的第一本《社會靜力學》到最後一冊的《社會學原理》（The Principles of Sociology），延伸了將近半世紀的時間，他的興趣主要在經濟與政府的問題，就像柏拉圖一樣，他也以道德與政治正義的論述開始並結束。從沒有人為社會學付出過這麼多心力，甚至連孔德（社會學這門學科的創立者，也是社會學這個名詞的創造者）也沒有。

在一冊普及的入門卷《社會學研究》（The Study of Sociology）（西元一八七三年）中，斯賓塞辯才無礙地主張這門新學科的認同與發展。如果決定論在心理學是正確的，社會現象中必然存在著因果的規律性，一個徹底而縝密地研究人類與社會的學生，不會滿足於僅是依時間順序排列記載的歷史，像是李維（Livy）的著作，或是傳記般的歷史，像是卡萊爾的作品；他會在人類歷史中尋找那些發展、因果順序、深具啟發的關聯性通則，能夠把雜亂無章的事實轉變成科學的圖表。傳記之於人類學，宛如歷史之於社會學。[790]當然，社會的研究還必須先克服成千上百個阻礙，才能不負它被稱為一門科學之美名。[791]這門起步不久的研究受到個人、教育、神學、經濟、政治、國家、宗教等眾多方面的偏見以及無知者自以為是的無所不知所煩擾。「有個故事是關於一個剛到英國三週的法國人，想寫一本關於英國的書；但是在三個月之後，他發現自己還沒準備好要寫這本書；三年之後，他的結論是，他對英國一無所知。」[792]這樣的一個人，才能說是已準備好展開社會學的研究。人們在成為物理學、化學或生物學的權威之前，皆以畢生的研究做好萬全的準備；但是社會與政治事務的領域，連雜貨店的年輕小伙子都成了專家，不但知悉解決之道，還要求大家都得聽他的。

在這件事上，斯賓塞自己所做的準備工作可說是知識份子的良知典範。他僱用了三位祕書幫他蒐集資料，並以每位重要人士的國內、教會、職業、政治、工業等機構之平行欄位來分類這些資料。他自掏腰包出版了八大冊這些蒐集來的資料，以便讓其他學生也可以對他的結論加以驗證或修改；這項出版工作在他去世時尚未完成，他甚至留下部分的微薄積蓄以完成這項志業。經過七年的準備工作，這套**社會學**著作的第一冊在西元一八七六年問世，而最後一冊則直到西元一八九六年才完成。當斯賓塞的一切都成了古籍文物的研究時，這三冊對社會中的每個學生來說，仍然是相當豐富的報償。

儘管如此，這項工作的初步構想仍顯示出斯賓塞典型的習慣——倉促做出普遍通則的結論。他深信社會是一個有機體，有著營養、循環、協調與繁殖的各項器官，[793] 極為類似個體的情況。沒錯，個體的意識是局部的，但社會的每個部分都保有自己的意識與意志，而政府與當局的中央集權則傾向於縮小這種區別的範圍。「社會有機體在這些基本特點上，就像個別有機體一樣：它會成長；在成長時，它會變得更複雜；在變得更複雜時，它的各部分會發展出愈來愈高的相互依存性；它的生命會比它各個組成單位的生命要來得更為綿長而無限；……在這兩種情況下，都有愈來愈高的整合度伴隨著愈來愈高的異質性。」[794] 如此一來，社會的發展充分執行了進化的公式：政治單位的成長規模從家庭到國家和聯盟，經濟單位的成長規模從小型的國內產業到壟斷獨占和企業聯合，人口單位的成長規模從村落到城鎮和城市——這些成長確然無疑地呈現出一種整合的過程；勞動分工，職業與行

790 《社會學研究》，紐約，1910，第52頁。
791 《倫理學原理》（The Principles of Ethics），紐約，1910，第1卷，第464頁。倘若斯賓塞的批評者讀到這一段文字，他們就不會指責他對社會學的評價過高了。
792 《社會學研究》，第9頁。
793 參考〈殖民的萌芽以及種族通婚的有性繁殖〉。
794 《斯賓塞自傳》，第2卷，第56頁。

業的倍增，城市與鄉村、國家與國家之間在經濟相互依存性上的成長，充分闡明了一致性與差異化的發展。

異質化整合的相同原則亦適用於社會現象的每個領域，從宗教與政府到科學與藝術皆然。宗教在每個國家大致皆始於眾多神靈的崇拜，宗教的發展體現的概念是，由一位無所不能的主要神祇管轄其他居次要地位的眾神，並且協調他們擔任特殊角色的階級。一開始的眾神可能是來自夢境或鬼魂的啟發，[795]「靈」（spirit）這個字，以往與現在對鬼神皆同樣適用。原始的心智相信，在死亡、睡眠或出神狀態下，魂或靈可以脫離肉體，甚至在打噴嚏時，呼氣的力量都能噴出靈魂，所以才會有「上帝保佑你！」這類保護性的說法——或是對應的等同語——在從事這類危險的活動時用上。回聲與倒影是一個人的靈魂或替身的聲音與景象，巴蘇陀人（Basuto）拒絕走在溪邊，唯恐鱷魚會攫住自己的影子且吃掉它；上帝一開始也只是「一個永久存在的鬼魂」。[796]人們相信那些在塵世生活中有權有勢的人，死後仍可以鬼魂的形體保有強大的力量。坦納人（Tannese）所說的神這個字，字面上的意義就是一個亡者；[797]「耶和華」（Jehovah）意指「強者」、「戰士」，或許曾為地方的統治者，死後遂被當成是「軍隊之神」來崇拜；而如此危險的鬼魂必須被加以取悅，因此喪葬禮儀演變成敬神儀式，所有對塵世首長求寵討好的模式，都被應用於祈禱儀式與對眾神的安撫與滿足。教會的收入源自於對眾神的餽贈，就像國家的收入源自於對領袖首長的贈禮；對國王的頂禮演變成在神明祭壇前的俯跪與禮拜。死去的君王衍生出神祇的現象，從羅馬人的例子即可清楚得見；他們在這些統治者生前，即已將其奉若神明。所有宗教似乎都有這種崇敬祖先的起源，這類習俗的力量，或可以酋長的故事加以說明：一位酋長提出疑問：他是否可以在天堂與那些沒接受過洗禮的祖先重逢，由於所得到的回答不甚滿意，因此他拒絕接受洗禮。[798]（若干這樣的信念成為日本人在西元一九〇五年的戰爭中所展現的一部分大無畏精神，藉由祖先從天空俯瞰他們的想法，死亡對他們來說就變得更容易面對了。）

宗教或許是原始人類的生活中一項主要的特色。生存對他們來說是如此地岌岌可危又卑微簡陋，他們的靈魂寧願活在會有事物到來的希望之中，而不願活在眼前所見的現實當中。在某種程度上，超自然的宗教會伴隨著軍國主義者的社會而出現；當戰爭為工業所代替，思想便會從死亡轉往生命，生命脫離虔誠權威的常規而轉向主動與自由的開放道路。的確，曾經發生在西方社會的歷史上、影響最為深遠的改變，就是軍事政權逐漸為工業統治所取代。學生總是習慣性地根據政府形態，將社會分類為君主、貴族或民主政體，然而這些都是表面上的膚淺區分，最偉大的分界線在於區別出好戰社會與工業社會，並區別出藉由戰爭而生存的國家與藉由工作而生存的國家。

軍事國家始終為中央集權政府，而且幾乎總是採用君主政體；它所灌輸的是軍團強制性的合作，鼓勵的是威權獨裁的宗教信仰，崇拜的是戰神。它發展出嚴格的階級區別與階級規範，維持本國固有的男性專制主義，而好戰社會中的高死亡率使得它傾向採取一夫多妻制，因此婦女的地位也相對低落。大部分的國家都屬於軍事國家，因為戰爭能夠加強中央政權的力量，並使所有的利益皆隸屬在國家之下。因此，「歷史並不比國家的新門監獄（Newgate）日程紀錄強多少。」不過是國家的搶劫、叛變、謀殺和自殺之紀錄。同類相食是原始社會的恥辱，但某些現代社會則是「社會相食」（sociophagous），必須以特定食物——奴役與消耗整個民族的生命——來加以餵養。除非有朝一日戰爭被禁止並解決，否則文明將只是災難與災難之間偶爾發生的插曲而已。「發展出高度社會化……國家的可能性，基本上端賴戰爭的戒絕與中止。」[799]

實現如此願景的希望存在於工業社會的發展，而非人們心中的靈性轉化。工業有利於民主與和平：當生命不再為戰爭所主宰時，不計其數的經濟發展中心就會出現，權力會善意地散布至大部分的群體成員手中。由於生產只能在創造力是自由的情況下才能欣欣向榮，故工業社會必須打破權威、等級與種姓等傳統——以上這類傳統必須在軍事國家中才得以茁壯，而軍事國家也只有在這些傳統之下才能富強。軍職不再被視為享譽極高的職業，愛

795 《社會學原理》，紐約，1910，第1卷，第286頁。
796 第1卷，第296頁。
797 第1卷，第303頁。
798 第1卷，第284頁與422頁。《大英百科全書》，「崇敬祖先」（Ancestor-worship）。
799 第2卷，第663頁。

國主義成為對自己國家的熱愛，而非對其他國家的仇視與敵意。[800]本國的和平成為繁榮的首要需求，且隨著資本的國際化、成千上百種跨界投資的產生，國際和平也成為一種必需品。同時，對外戰爭減少，國內的暴行也隨之減少，於是一夫一妻制取代了一夫多妻制，因為男人的壽命變得幾乎與女人的壽命一樣長；而婦女的地位上升，「婦女解放」成為順理成章之事。[801]迷信的宗教讓位給自由主義的信條，後者努力的重點在於塵世的人類生命與性格之改善與昇華。工業的機制教導了人類宇宙的機制以及因果恆定順序的觀念，自然原因的確實調查取代了訴諸超自然現象的簡單解釋。[802]歷史開始研究工作中的人們而非戰爭中的國王，不再只記載名人，而是偉大的發明與嶄新的想法。政府的力量減弱，國內生產團體的力量增強，「從身分地位到合同契約」（from status to contract）、從附屬的平等到主動的自由、從強制的合作到自由的合作，諸多轉移逐漸展開。好戰型社會與工業型社會之間的懸殊差異，由「個體是為國家利益而存在之信念，反轉成為國家是為個體利益而存在之信念」即可看出。[803]

在英國正如火如荼展開對帝制軍國主義的激烈抗議時，斯賓塞選擇把英國當成接近工業社會的一種類型，而以法國與德國作為軍國國家之實例。

報刊新聞不時提醒我們德國與法國在軍備發展上的相互競爭，兩者的政體都把大部分的精力消耗在增生它們銳利的齒爪上，而一方的增長就會促使另一方跟著增長……近來，法國的外交部長談到突尼斯、河內（Tongking）[804]、剛果、馬達加斯加，並擴大了在政治竊盜上與其他國家競爭的需求；他並認為，藉由將低等民族的領土據為己有之手段，法國可重獲部分榮光——這是由過去數個世紀以來，眾多深具冒險性的事業所賦予它的保證……因此，我們可以看出為什麼法國就像德國一樣，在社會重組的方案下，由社會所負擔的每個公民也為社會付出勞力，故可獲取如此廣大的忠誠度與黏著力，創造出如此令人畏懼的政體；這也是為什麼在法國，聖西門、傅立葉、普魯東（Proudhon）、卡貝（Cabet）、路易・勃朗（Louis Blanc）、皮埃爾・勒魯（Pierre Leroux）現在皆以言論與行動力求促成某種共產主義的工作與生活形式……相較之下，我們在英國所觀察到的現象即可證實，國民被占有的程度比起法國與德國都來得低，不論在軍事形式與公民形式之下幾無二致，這種占有國民正是社會主義的主要內容，也因此英國關於社會主義的意見與觀念，和法、德兩國相比，並沒有太大的進展。[805]

如同這段文字所指，斯賓塞深信社會主義衍生自軍國類型或封建類型的國家，與工業並無自然的從屬關聯。就像軍國主義，社會主義亦涉及中央集權的發展、政府權力的延伸、主動權的衰退，以及個體的從屬關係；「願俾斯麥公爵（Prince Bismarck）展現對國家社會主義（State Socialism）的傾向。」[806]「當一個體制變得完整時，也會變得更加嚴密；這就是所有體制的法則。」[807]社會主義之於工業，就像是精準的直覺能力之於動物；它會創造出一群人類的螞蟻與蜜蜂，導致遠比現狀更為單調乏味、令人絕望的奴役制度產生。

> 在社會主義必要的強制仲裁下……監督管理階層追求他們本身的利益時……將不會受到工人的聯合抵制；工人無法像現在一樣，因為不滿足工作條件而進行罷工，管理階層的力量將會不斷增長、縱橫蔓生、合併鞏固，直到勢不可擋……而當對這些工人的管理是由官僚體制來執行時，我們轉向官僚體制本身，詢問官僚體制又是由誰加以管理，但無法得到任何令人滿意的答覆……在這種情況之下，必然會有一種新的貴族政體產生，而為了支持這樣的一個政體，人民群眾必然得艱辛工作；這樣的政體經過鞏固強化之後，所能行使的權力將遠遠超過以往任何的貴族政體。[808]

800 第2卷，第634-5頁。
801 第1卷，第681頁。
802 第2卷，第599頁。
803 第1卷，第575頁。
804 Tonkin是越南河內的舊名。——譯者注。
805 第3卷，第596-9頁。
806 《社會靜力學》，第329頁。
807 《社會學原理》，第1卷，第571頁。

經濟關係與政治關係截然不同，前者更為複雜得多，倘若沒有這種奴役人民的官僚體制，沒有任何政府能夠管理、調節所有的經濟關係。在工業錯綜複雜的形勢當中，國家的干預總是會忽略掉其中的某些因素，因此屢試屢敗；像是中世紀時英國所施行的工資訂定法（wage-fixing laws）以及法國大革命時所施行的價格管制法（price-fixing laws），經濟關係必須留待市場供需自動加以自行調節（雖然可能不甚完美）。市場對於它最需要的事物，自然會付出最高的代價去取得；如果有特定的人或職務可因而獲取豐厚的回報，是因為他們涉及或者冒了特別的風險或辛勞。在目前的形勢下所組成的群眾，不會容忍一種強制性平等的存在；除非自動改變的環境自動改變了人類的性格，否則立法所制定的人為改變就會像占星術般徒勞無功。[809]

斯賓塞幾乎無法忍受世界由受薪階級統治的想法。他透過難以駕馭的倫敦《泰晤士報》（The London Times）對工會領袖有所認識，而他對這些人並不怎麼有什麼好感。[810]他指出，除非大部分的罷工都失敗，否則罷工毫無用處；原因是，如果所有工人在不同的時間罷工而且都成功了，那麼價格想必會跟著調升的工資一起上漲，情況就會跟罷工前一樣沒有改變。[811]「我們目前應將僱用階級（employing classes）曾經蒙受的不公義與受雇階級（employed classes）曾經蒙受的不公義並列考量。」[812]

儘管如此，斯賓塞並未盲目地做出保守的結論。他了解周遭社會體制的混亂與殘酷，並且顯然亟欲尋找出一個替代方案。最後，他將同情票投給了合作運動（cooperative movement）；他看到了從身分地位到合同契約這項變遷的頂點，亨利・梅恩爵士（Sir Henry Maine）在其中發現了經濟史的本質。「當社會升級成較高的類型時，勞工管理的強制性也會降低；我們在此達成的形式是，降低到最小程度的強制性可與聯合行動保持一致。就每個成員的工作而言，他都是自己的主人，僅需服從那些由大多數成員所訂定、維持秩序所需的規則。那麼，從好戰狀態的強制合作，過渡到工業主義（industrialism）的自願合作，可以說已經完成了。」[813]斯賓塞懷疑人類是否足夠誠實並有能力到可以讓如此民主的一個工業體制有效地運作，但他盡可能去嘗試。他預見到未來，工業不再由絕對的決策者所掌控，人們也不再為製造垃圾而犧牲他們的生活。「正如同軍國類型與工業類型的差別在於，從個體是為國家利益而存在，反轉成國家是為個體利益而存在，工業類型以及可能從它演變而來的類型也是如此，它們的差別在於，從為工作而生活，反轉成為生活而工作。」814

808 第3卷，第588頁。這類的危險即存在於今日的俄國。

809 參見《人與國家》（The Man vs. the State）。

810 第3卷，第589頁。

811 第3卷，第545頁。

812 《斯賓塞自傳》，第2卷，第433頁。

813 第3卷，第572頁。

814 第1卷，第575頁。

VII

倫理學：道德的進化

Ethics: The Evolution of Morals

工業改造（industrial reconstruction）的問題對斯賓塞來說似乎是如此地重要，以致於他在《倫理學原理》（西元一八九三年）一書中為這個問題投入了最多的篇章與心力。「這是我的任務的最後一部分……相較之下，我將所有前述的部分都視為附屬的次要內容。」[815] 斯賓塞具備著維多利亞時代中期所賦予的道德嚴謹性，對尋找一項自然的新倫理，以取代傳統信仰相關的舊有道德準則，斯賓塞格外敏感。「所謂的正確作為對人有超自然的約束力，倘若為人所否決，也並未留下空白；現存的自然制裁之蠻橫專斷亦毫不遜色，而且涵蓋的範圍更廣。」[816]

這項新的道德必須建立於生物學之上。「對生物進化論的接受，決定了特定的道德觀念。」[817] 西元一八九三年，赫胥黎在牛津大學的羅馬講座（Romanes lectures）主張生物學不能被當成一種道德的指引，「自然充滿血淋淋的銳齒與利爪」（如同但尼生（Tennyson）對它的形容）」頌揚的是殘暴與狡詐而非正義與愛。然而斯賓塞認為，一項道德準則倘若無法通過物競天擇的考驗與生存的競爭，從一開始就注定淪為口惠不實、徒勞無功的結果。行為就跟任何其他的事情一樣，被稱為好或壞端視它是否能良好適應，抑或無法適應生命的目的；「至高的行為有助於生命達成最深遠的長度、最廣大的寬度以及最偉大的完整性。」[818] 或者，就進化公式方面來說，行為即是能在異質化兩端中間使個體或群體更為整合、協調一致的道德。道德就跟藝術一樣，是多樣性的統一實現，至高類型的人，就是能在生命最寬廣的多樣性、複雜性與完整性之中，有效統一其自身的人。

這是一個相當模糊的定義，然而它必得如此，因為沒有別的事物會因地因時而有如此廣泛的變化，適應的具體必要性從而產生，關於良善的理念具體內容也是如此。的確，某些行為形式被大規模標記為適應了最完整的生命——藉由物競天擇附屬在那些保護與擴張行動上的愉悅感。現代生活的複雜性使例外的情況倍增，但一般說來，愉悅代表的是生物學上有益的活動，痛苦則代表生物學上危險的活動。[819]儘管如此，在這個原則的廣闊範圍內，我們卻發現最多樣、顯然也是最充滿敵意的良善之概念。西方的規範中，被視為道德的行為，幾乎總能在世界上某些地方被認為不道德的；不僅是一夫多妻制，還有自殺、謀殺自己的同胞甚至父母，然而在某些民族中，這些行為被視為一種崇高的道德認同。

「斐濟酋長的妻子們認為，在她們的丈夫去世時跟著被絞死，是一種妻子的神聖義務。某個被威廉斯（Williams）拯救的女人『在夜晚逃走，游過河去，把自己交給她的族人，堅持要完成這項她因一時軟弱而勉強答應放棄的犧牲。』威爾克斯（Wilkes）講述另一個人對她的拯救者口出『汙言穢語』，從此之後對他表現出不共戴天的憎惡與敵意。」[820]「利文斯通（Livingstone）說到他們在贊比西河（Zambesi）岸遇到的馬可洛洛族（Makololo）女人，當她們聽到英國的男人都只有一個妻子時，全都大感震驚，因為只有一個妻子的男人是不『值得尊敬的』。根據里德（Reade）的敘述，在赤道非洲（Equatorial Africa）地區也是如此，如果一個男人結婚了，而他的妻子認為他還可以負擔另一個配偶，她會纏著他答應再娶一個；如果他拒絕的話，她會說他是個『吝嗇小氣的傢伙』。」[821]

這樣的事實自然與我們與生俱來的道德感——告訴每個人什麼是對的、什麼是錯的——顯然相互牴觸。然

815《倫理學原理》，第1卷，第13頁。
816 第1卷，第7頁。
817 第1卷，第25頁。
818 第1卷，第22頁與26頁；第2卷，第3頁。
819 第1卷，第98頁。
820 第1卷，第469頁。
821 第1卷，第327頁。

而，平均而言，愉悅、痛苦與善行、惡行之間的關聯，指出了這想法中存在著一定程度的真理；極可能的情況是，某些後天從種族習得的道德觀念成了遺傳至個體的特性。[822] 斯賓塞在此，運用了他最喜愛的公式去調和直覺論者與功利主義者，再一次回到後天性格的遺傳之主張。

然而，與生俱來的道德感倘若存在的話，在今日必定窒礙難行，因為道德觀念從來不曾比現在更加令人感到混淆、困惑。眾所周知，我們應用在實際生活上的原則，十之八九與那些我們在教堂或書本上所宣揚的原則背道而馳。歐洲與美國所公開聲稱的道德，是一種和平主義者的基督教；但他們實際遵循的道德，卻是劫掠成性的日耳曼人奉行的軍國主義法典規範，幾乎歐洲各地的統治階層皆源起於此。在信奉天主教的法國與新教的德國，決鬥的實行即是從原始日耳曼人的禮俗中留下來的頑強遺俗。[823] 我們的道德家們忙著為這些矛盾致歉，就像後來實行一夫一妻制的希臘與印度的道德家們，在一個半淫亂的時代，努力將它解釋為被塑造出來的眾神作為。[824]

一個國家是以基督教道德路線還是以日耳曼禮俗方針來培養它的公民，取決於它主要關注的問題是工業還是戰爭。一個軍國主義社會頌揚的某些美德與寬容，可能會被其他民族視為罪行；但是對於那些藉由戰爭而習於侵略、搶劫與背信的人民來說，與藉由工業與和平學會誠實與互不侵犯之價值的人民相比，他們可能不會那麼明確地譴責這些行為。慷慨與人道的美德在戰爭不頻繁的時期較易養成，長期的生產穩定會反覆灌輸人民互助共濟的好處。[825] 一個好戰社會中的愛國成員會視勇氣與力量為一個人的最高美德，視服從為公民的最高美德，並視多次為人母的沉默屈從為女人的最高美德。[826] 德皇認為上帝是德國軍隊的領袖，並藉由出席禮拜貫徹祂對於鬥爭的認可與讚許。[827] 北美印地安人「視使用弓箭、戰棍與戰矛為一個人最高貴的利用……視農業與機械勞動為有辱身分的工作……一直到近代。直到現在，國家福利愈來愈依賴於卓越的生產力，」以及這些「較高的心智能力，於是其他非戰鬥性的職業才得以提升其地位並贏得社會的敬重。」[828]

如今，戰爭只是大規模的自相殘殺。這種行為沒有理由不被歸類為同類相殘，亦沒有理由不被嚴正譴責。「正義的情操與信念，只有在社會的外在對立降低，以及社會成員的內在和諧合作度提升時，才得以成長。」[829] 如何促進這樣的和諧與一致性？正如我們所看到的，透過自由比透過監管要來得更容易。正義的公式應為：「每個人可自由去做他想做的事，條件是他沒有侵犯到任何其他人相同的自由。」[830]這是一個敵視戰爭的公式，因為戰爭頌揚的是權威、嚴格控制與服從；這個公式有利於和平的工業，因為工業可用絕對平等的機會提供最多的刺激；它還可順應基督教道德，因為它視每個人為神聖不可侵犯的，使他們免於被侵略。[831]同時，這個公式還有最終審判，也就是「物競天擇」的認可與支持，因為它平等地對所有人開啟了地球的資源，並且允許每個人根據他的能力與工作得到繁榮發展的機會。

一開始，這個公式看起來可能像是一項冷酷無情的原則，許多人會反對它；為能遂行國家擴展之實，民族的原則並非根據每個人的能力與成果而給予資源，而是根據他的需要。但是，一個在這種原則支配下的社會，很快就會被淘汰。

在未成熟的狀態下，獲得的利益必然與擁有的能力成反比。在家族群體當中，大部分人必須被給予，但只有極少數人是應得的——倘若應得與否是以價值來衡量的話。相反地，達到成熟狀態之後，受益必須直接隨著價值而改變，而價值則必須根據生存條件的適應度來衡量；不適應者必須承受不適應的弊病，適應良好者則因適應良好而受益。如果一個物種想被保存下來，有兩項法則是它必得遵循的……

822 第1卷，第471頁。
823 第1卷，第323頁。
824 第1卷，第458頁。
825 參見尼采的哲學。
826 第1卷，第391 f.頁。
827 第1卷，第318頁。
828 第1卷，第423-4頁。
829 第1卷，第377頁。
830 第2卷，第46頁。
831 第1卷，第257頁。

如果在年幼者當中，受益與效率成正比，那麼物種必然會迅即消失；如果在成年者當中，受益與無效率成正比，那麼物種也會在經過幾個世代的衰敗後而消失……用父母和孩子、以及政府和人民來比喻的唯一理由，就是對這些比喻抱持信心的人民的幼稚與天真。[832]

自由與進化競相爭奪斯賓塞歡心的優先順位，[833]最後由自由勝出。斯賓塞認為，隨著戰爭減少，國家對個人的掌控也失去了大部分的理由與藉口；[834]在永久和平的條件下，國家在傑弗遜界線（Jeffersonian bounds）之內將會減少其行動，只會採取防止違反平等自由的行動。這樣的正義應不計代價地施行，如此一來違法者才會知道，受害者的貧窮匱乏並不會使他們免於懲罰。同時，國家的一切費用皆應以直接的稅收來支出，以免不可見的稅收轉移了公眾對於政府揮霍無度的注意力。[835]但是，「除了維護正義之外，國家不得做出任何違背正義之事。」[836]否則，它將會保護低等劣質的個體免於獎賞與能力、懲罰與無能的自然分配——而這正是群體生存與進步所仰賴者。

如果我們可以把土地與它被改變的部分分開來看，正義的原則還需要土地的共同擁有權。[837]在斯賓塞的第一本書中，他主張土地國有化以使經濟機會均等；但在後來，他撤回了這個論點（很大程度上是出自於對亨利．喬治（Henry George）的厭惡，這位先生稱他為「迷惘的哲學家」（the perplexed philosopher）），理由是，土地只會由擁有它的家族謹慎、節儉地管理運用，只能靠家族把曾經在這片土地上付出的心力留傳給它自己的子孫。至於私有財產，則是直接源自於正義法則，因為每個人都應該享有可保留他儉省下來成果的自由。遺產的正義則不是那麼明顯，但是「遺贈的權利包括在所有權的權利之中，否則，所有權將是不完整的。」[838]國家之間的貿易應該就像個人之間一樣自由，正義的法則不該只是種族部落間的規範，而應是國際關係間不容侵犯的準則。

扼要地來說，這些才是真正「人類的權利」——眾人均等的生命、自由以及追求幸福之權利。除了這些經濟權利外，政治權利則是不重要的虛幻事物；政府形式的改變對經濟生活不自由的地方並無甚影響，**自由放任**的君主政體比社會主義者的民主政體要好得多了。

投票表決只是為了保護權利而創造出一個機制的方法，問題在於，投票的普遍性是否有助於創造出保護權利的最佳機制。然而我們已經看到，它並未有效地保障這個目的……經驗很明白地告訴我們——但這點即使沒有經驗也是顯而易見——在選票普遍分配的情況下，人數較多的階級必然會從人數較少的階級所付出的代價中受益……顯然，適用於工業型社會、完全實現公平原則的國家憲法，必然不是代表著個人、而是代表著利益……或許藉由合作組織的發展（理論上，雖然目前尚未被實際運用），工業型社會可以抹滅僱用者與受僱者之間的區別、產生社會秩序，在這樣的安排之下，對立的階級利益若非不存在，就是可以被減輕到不至於嚴重複雜化問題的程度……然而，如同現存——而且必然已長期存在——的這種人性，所謂平等權利的擁有，無法保證所謂的平等權利有被妥善地維護。[839]

既然政治權利只是一種幻影，只有經濟權利有所助益，當女性耗費那麼多時間尋求這項公民權時，她們其實都被誤導了。斯賓塞擔心的是，女性幫助無助者的母性本能，會導致她們轉而支持溫和的專制主義式國家。[840]在這一點上，他的心中存有若干困惑；他主張政治權利無足輕重，而且非常重要的是，女性不該擁有這些權利。他譴責戰爭，然後爭辯說，女性不應該投票是因為她們沒有在戰場上冒著生命的危險[841]——對任何因女人受苦而出生的男人來說，使用這個說法顯然相當的可恥。他害怕女人，因為她們可能過於無私而利他；然而在他的書中，

832 第2卷，第4頁與217頁。
833 艾略特，《赫伯特．斯賓塞》，第81頁。
834 第1卷，第148頁與420頁。
835 第2卷，第200頁。
836 第2卷，第222頁。
837 第2卷，第81頁。
838 第2卷，第120頁。
839 第2卷，第192-3頁。
840 第2卷，第196-7頁。
841 第2卷，第166頁。

最終的構想是工業與和平會將利他主義發展到可以平衡利己主義的地步，從而進化出哲學的無政府主義（anarchism）之自發性秩序。

利己主義與利他主義（這個字詞以及若干這個路線的思想，斯賓塞或多或少、在不知不覺中採用自孔德）的衝突，起因於個體與其家庭、群組、種族的衝突。利己主義大概會維持它的主導地位，但或許這是一個令人滿意的結果；因為，倘若每個人都先想到別人的利益甚於自己的利益，我們應該會陷入屈膝禮與退避隱居的混亂之中，或許「在社會條件所規定的限度內追求個人的幸福，是實現全體最大幸福的第一項必要條件。」[842]然而，我們可以預期同情的範疇將會極度地擴張，利他主義的衝動也會極度地發展；即使是現在，身為父母者也會欣然為子女承受犧牲。「無子女者想要孩子的渴望以及偶爾發生的收養行為，在在顯示出為實現特定利己行為之滿足感，這些利他活動的存在是多麼地必要。」[843]愛國主義的強烈情感亦是另一個實例，顯示對於整體利益高於個人所直接關注事物的激情傾向。而社會生活方式的每個世代，都加深了這種互助共濟的衝動。[844]「不懈的社會紀律對人性的塑造程度之深，最終，我們將會自發地追求富同情心的歡愉，以至利益眾人的最大程度。」[845]責任感——世世代代對社會行為難以抗拒的回響——終將消失；基於社會效用而產生物競天擇並成為本能的利他行為，就像所有本能的運作般，將充滿喜悅地、而非強迫性地被執行。人類社會的自然進化，會使我們比以往任何時候都更接近完美的狀態。

842 第1卷，第196頁與190頁。
843 第1卷，第242-3頁。
844 第1卷，第466頁。
845 第1卷，第250頁。

VIII

對斯賓塞的批評
Criticism

聰明的讀者在這趟簡短的分析過程中，[846]將會認知到這項論點有一定的難處，他們需要的只是若干零星的提醒，讓他們知道瑕疵存在何處。負面的批評總是不怎麼令人愉快，在一項偉大的成就面前更是如此；但我們部分的任務，就是觀察時間的洪流給予斯賓塞的綜合哲學什麼樣的評價。

1. 第一項原則
First Principles

第一項阻礙當然就是不可知者。我們可以誠摯地承認人類知識有其可能的局限，我們無法揣測生存的大海是多麼地廣大高深，因為我們只是其中的一波短暫浪潮；然而我們在這個主題上不能過於武斷，因為以嚴格的邏輯來說，這項斷言一切皆不可知的主張，其中已隱含了這件事的若干知識。的確，就像斯賓塞在他十冊鉅作中持續

846 這樣的分析當然是不完整的。「篇幅不允許」（作者往往對這個懶惰的託詞一笑置之，但必須在此這麼說）我們對斯賓塞的教育、論文集加以討論，或對他的社會學做大篇幅探討。關於教育，我們已經了解得非常清楚了，相較於文學與藝術的科學主張，我們今日需要的是對斯賓塞勝利的主張做出某種更正與改善。散文之中，最佳者就是那些關於文體、歡笑與音樂的散文。休．艾略特（Hugh Elliott）的《赫伯特．斯賓塞》（Herbert Spencer）是一部令人欽佩的論述。

闡述的，他展現了「不可知者一項龐大而驚人的知識」。[847]如同黑格爾的說法：藉由推理去限制理由，宛如不進入水中而試著去游泳。對於「不可想像性」的邏輯斷義與詭辯，以現在的我們看來，是多麼地遙遠，多麼像那些一知半解、活著就是為了辯論的日子！就此而言，一部無約束引導的機器並不會比第一因更容易被想像或理解；特別是，倘若我們是以第一因這個語詞來意指世界上一切的原因與力量。斯賓塞活在一個充滿機器的世界，視機械作用（mechanism）為理所當然；就像達爾文活在一個充滿無情的個體競爭之時代，眼中所見者只有生存的鬥爭。

我們該如何評論這項關於進化的龐大定義？它是否能說明什麼？「『先有簡單之物，然後複雜之物才從其中演變進化而來』等等，這樣的說法無法解釋大自然。」[848]柏格森說，斯賓塞只是重新拼湊，並未解釋與闡明，[849]如同他最終察覺到的，他遺漏了這世界的關鍵元素。批評家們顯然被這個定義激怒了：對一個譴責拉丁語學習的人來說，它的拉丁化英語特別引人注意，並且定義出一種不費力即可理解的良好文體。然而，某些失敗是斯賓塞不得不承認的；無可否認，他選擇為專注一切存在流動的簡短論述之必要，犧牲了即時的清晰度。但事實上，他有點太喜歡自己的這個定義了；他讓它在舌尖上宛如精選的佳肴般滾動，把它拆開、再把它組合起來，沒完沒了。這項定義的弱點在於他所假定的「同質的不穩定性」，一個由相似的各部分組成的整體，會比一個由相異的各部分所組成的整體更不穩定、更容易改變嗎？較為複雜的異質，被假定為比簡單的同質更不穩定。在民族學與政治學中，異質性導致不穩定、移民血統融合成一種可強化社會的國家類型，被視為理所當然。塔爾德認為，文明來自一個群組透過世代的相互模仿，使得成員的相似性提升；在此，進化的運動被設想為一種朝向同質性的進展。哥德式建築當然比希臘式建築複雜得多，但並不必然是藝術演變成一種更高的階段。斯賓塞太快假設早期的事物在結構上較為簡單，低估了原生質的複雜性以及原始人類的智慧。[850]最後，這項定義沒能提到特有的那一項：幾乎在今日所有人心中，皆不可分割地將它與進化的觀念聯想在一起，也就是，物競天擇；或許（儘管這也並不盡完美）把歷史描述為一種生存鬥爭以及適者生存——亦即最適合的生物，最適合的社會，最適合的道德，最適合的語言、觀念、哲學——會比不連貫與連貫性、同質與異質、耗散與整合的公式更具啟發性？

「我並不善於觀察具體的人類，」斯賓塞說：「我過於遊蕩在抽象之中。」[851] 這種誠實極為危險。斯賓塞的方法本來就過於偏向演繹推論與**先驗**，截然不同於培根的理想或是科學思想的實際程序。他的祕書說他有著「源源不絕的能力可以發展**先驗**與**後驗**、歸納與演繹的論據，以支持任何想像得到的命題。」[852] 而**先驗**的論據可能又優於其他。斯賓塞像科學家般展開觀察，也像科學家般做出假設，但是之後，他卻不像科學家般訴諸實驗或不偏不倚的觀察，而是選擇性地累積有利的數據資料，並對「負面例證」完全嗤之以鼻。相較之下，當達爾文碰上對他的理論不利的數據資料時，他會匆忙地把它們先記錄下來，因為他知道，它們總是有方法比受歡迎的事實更容易逃出他的記憶！

2. 生物學與心理學
Biology and Psychology

在斯賓塞一篇關於「進步」（Progress）的論述中，他在其中的一個注腳裡坦承，他的進化想法是基於拉馬克的後天性格可傳遞性之理論，並非真正以達爾文的物競天擇理論為基本思想；因此，與其說他是達爾文主義的哲學家，不如說他是拉馬克主義（Lamarckianism）的哲學家。當《物種起源》問世時，他已經將近四十歲，而當一

847 布朗（Browne）的《康德與斯賓塞》（Kant and Spencer），第253頁。
848 里奇的《達爾文與黑格爾》（Darwin and Hegel），第60頁。
849《創造進化論》（Creative Evolution），第64頁。
850 參見博厄斯（Boas）的《原始人的心智》（The Mind of Primitive Man）。
851《斯賓塞自傳》，第2卷，第461頁。
852 羅伊斯，第194頁。

個人四十歲時，他的類別領域已經固定而不可改變了。

除此之外還有次要的難題，像是如何使他那深具啟發性的原則——生育率會隨著發展的進化而降低——與事實相符；事實上，與野蠻民族比較起來，文明的歐洲擁有更高的生育率。斯賓塞生物學理論的重大缺陷在於他對拉馬克的依賴，以及他沒能發現生命的動態概念。當他坦承生命「無法以物理化學名詞來設想」[853]時，「這項坦承對他的進化公式，對生命的定義、以及綜合哲學的一致性來說，相當致命。」[854]從心智的力量中找尋生命的奧祕、使外在關係去適應內在關係，可能比生物幾乎是被動地去適應環境來得好。倘若以斯賓塞的前提來推演，完全的適應意味著邁向死亡。

而斯賓塞的心理學著作，與其說是發表新知，不如說是制定公式，將我們所知者重塑為幾乎可說是飛揚跋扈的複雜術語，把本該澄清說明之處變得更加晦澀難解，讓讀者疲於應付公式、定義，以及將心理事實簡化成神經結構的可疑歸納方式；同時，他可能沒能觀察到心智與意識的起源，因此留下相當多未加以說明之處。沒錯，斯賓塞藉由主張心智為神經演化過程（以某種方式從原始的星雲中機械地形成）的主體附屬物（subjective accompaniment），設法掩蓋他思想體系中這個裂開的缺口；但是，除了神經機制之外為何會有這項主體附屬物的產生，他並未說明。然而，這當然正是所有心理學的要點。

3. 社會學與倫理學 Sociology and Ethics

斯賓塞壯觀的社會學，長達三千頁的內容自然給了許多人攻擊的機會。貫穿全書的是斯賓塞一貫的假設：進化即為進步的同義詞，在昆蟲與細菌對抗人類的無情戰爭中，進化極可能帶給它們最後的勝利。然而，並無相當的證據可以顯示：比起出現在工業國家之前的「好戰」封建國家，工業國家更愛好和平、或是擁有更高的道德水平。雅典最具破壞性的戰爭，是在它的封建領主把權力讓予商業資產階級許久之後才到來；而現代歐洲國家似乎皆以漫不經心的冷漠開啟戰爭，不論是否為工業國家；工業的帝國主義可以跟飢渴於征服土地的朝代一樣窮兵黷武，而現代國家中最軍國主義者，正是全世界兩個主要的工業國家之一。再者，德國快速的工業發展似乎藉由國家控制的特定交通與貿易而受到助益，而非阻礙。社會主義顯然並非由軍國主義、而是由工業主義之中發展出來。斯賓塞的著作有其特定的時代背景，當時，英國的相對孤立使它成為歐洲的和平主義者，而它在商業與工業的霸主地位，也使它堅信自由貿易之功。如果斯賓塞能活著看到自由貿易的理論可以多麼容易地隨著商業與工業的優勢而消失，以及和平主義如何隨著德國對比利時的攻擊威脅到英國的孤立而消失，他必然會感到十分震驚。誠然，斯賓塞誇大了工業政權的優點，幾乎無視國家干預進行節制之前，蓬勃氾濫於英國的殘酷剝削；他眼中只見到「在本世紀中葉，尤其在英國，」呈現出「相當程度的個人自由，比以往任何時候都來得高。」[855] 無怪乎尼采對工業化有著無比厭惡的反應，轉而誇大軍旅生活的美德。[856]

社會有機體的比喻本可將斯賓塞推往國家社會主義的主張，讓他的邏輯比他的情感更加強而有力；因為比之**自由放任**的社會，國家社會主義所代表的就是一種程度極高的異質整合。若以斯賓塞自己的公式衡量標準來看，他將不得不稱讚德國為現代國家中進化程度最高者；但斯賓塞試圖以異質化牽涉各部分的自由、而這樣的自由又意味著主張最低的政府管控程度來契合他的這個論點。然而，這與我們在他「**一致**的異質化」說法中所認知的又相當地不同調；同時，在人體的整合與進化之中，也並未留予各部位多少自由的空間。而斯賓塞對此的答覆是，在一個社會裡，意識只存在各部分、各單位之中，但在人體裡，意識只存在整體之中。然而，社會意識——群體

853《生物學原理》，第1卷，第120頁。

854 湯普森，《赫伯特．斯賓塞》，第109頁。

855《社會學原理》，第3卷，第607頁。參見《社會學研究》，第335頁：「可資為證的是，更高的工資通常會導致更奢靡揮霍的生活或是更為過量的縱情飲酒。」

856 參見《喜悅的智慧》（The Joyful Wisdom），第40節。

對於利益與運行過程的意識——集中於社會，猶如個人意識集中於個體；我們之中極少數人會有任何的「國家意識」。斯賓塞讓我們免於嚴密管控的國家社會主義，但代價是犧牲了他的一致性與邏輯性。

還有，他對於個人主義的誇大。我們必須記住，斯賓塞被夾在兩個時代之間，他的政治思想形成於自由放任的時代，並且深受亞當・斯密（Adam Smith）的影響；而他晚年所生活的時期，則是英國致力於藉由社會控制去更正工業體制的弊端。他不厭其煩地重申自己反對國家干預的論點：反對國家資助的教育，亦反對政府在防止欺詐性的金融上對公民的保護；[857]他甚至一度主張戰爭的管理應該是一項私人、而非國家關切之事。[858]如同威爾斯的形容，他希望「將公眾的不思進取提升至國家政策的尊嚴地位。」斯賓塞甚至是自己把手稿帶到印刷業者處，因為他對政府機構毫無信心，以至於無法信任郵局可安全送達他的手稿。[859]他是一個有強烈個性的人，急躁地堅持採取放任政策，而每一項立法的新舉措對他來說，似乎都是對他個人自由的一種侵犯。斯賓塞無法理解班傑明・基德（Benjamin Kidd）的論點：他認為，因為物競天擇運作於群體上，尤其在階級及國際競爭方面愈來愈多，於個體上則愈來愈少，因此家族原則（family-principle）（弱者可由強者加以援助）的擴大應用，對維持群體的團結與力量來說是不可或缺的。為何國家應保護它的人民免受反社會的物質力量之害，而拒絕保護他們免受反社會的經濟力量之害，這是斯賓塞忽略的一點。他蔑視把政府與人民比作父母與孩子的幼稚比喻，但真正的比喻，應該是兄弟之間的互相幫助。他的政治比他的生物學更具達爾文主義的色彩。

不過，這些批評也已經足夠了。讓我們再次回過頭來看看斯賓塞這個人，以更公允的角度來看待其作品的偉大之處。

857《斯賓塞自傳》，第2卷，第5頁。
858 第1卷，第239頁。
859 柯利爾，在羅伊斯書中，第221頁。

IX

結論 Conclusion

《第一項原則》使斯賓塞幾乎立刻成為他那個時代中最著名的哲學家。這本著作迅速被翻譯成歐洲通行的絕大多數語言，甚至俄語。在俄羅斯，它不得不面對並擊退政府的起訴。斯賓塞被視為時代精神的哲學代表人物，他的影響不僅無所不在、逐漸成為歐洲的思潮，更對文學與藝術的寫實主義運動（realistic movement）造成強烈的影響。西元一八六九年，斯賓塞很驚訝地發現，《第一項原則》竟被牛津大學採用為教科書。[860]更不可思議的是，西元一八七〇年之後，他的書開始為他帶來報酬，使他的財務開始穩定有保障。在某些情況下，仰慕者會送他實質的禮物，但他總是把這些禮物退回去。當沙皇亞歷山大二世（Czar Alexander II）來訪倫敦時，他對德比勳爵（Lord Derby）表達渴望與傑出的英國學者會面之意，德比勳爵邀請了斯賓塞、赫胥黎、廷德爾等人出席；其他人都出席了，唯獨斯賓塞婉拒了這項邀請；他只跟少數幾個至交好友交往。「沒有人可以等同於他的著作，」他寫道：「他的心智活動所產出的一切最好產物，都進入他的書中了；它們不同於大量的次級產物，也就是那些混雜在他日常言談中的產物。」[861]當人們堅持要來看他時，他會在耳朵裡塞上東西，然後平靜地傾聽他們的談話。

說來奇怪的是，斯賓塞的名聲也消失得幾乎跟它的到來般突如其然。他比自己聲望所到達頂點的時間活得還久，並在晚年時，因為看到自己的長篇大論對阻止「溫和的專制主義式」立法潮流絲毫使不上力，而深感悲傷。

860《斯賓塞自傳》，第2卷，第242頁。
861《斯賓塞自傳》，第1卷，第423頁。

他幾乎在每個階級都不受歡迎，特權領域遭他侵犯的科學專家們以微弱的讚美之詞來指責他，忽略他的貢獻並強調他的錯誤；所有教派的主教皆團結在一起，將他放逐至永恆的懲罰中；勞工運動的支持者原本贊同他對戰爭的譴責，但當他坦白說出自己對社會主義與工會政治的想法時，也憤怒地離棄了他；保守派人士喜歡他在社會主義上的觀點，但也因為他的不可知論而迴避他。「我比任何托利黨員（Tory）還保守，比任何激進黨員（Radical）還激進。」他傷感地說。[862] 他真誠得無可救藥，得罪了所有的團體，只因為他對每個議題都直言不諱。就在他對工人作為他們雇主的犧牲者表達了同情之後，他又補充，如果位置對調的話，工人也會一樣地盛氣凌人；對女人作為男人的犧牲者表達了同情之後，他也沒忘記補充，就女人能駕馭的程度來說，男人才是女人的犧牲者。於是，他獨自一人，慢慢變老。

斯賓塞隨著年歲漸增，反對立場愈來愈見溫和，所持意見也愈來愈適度而有節制。一直以來，他對英國那裝飾作用的國王嘲笑有加，但現在，他表達的觀點是，就像我們沒有權利去剝奪一個孩子的洋娃娃，我們也沒有權利去剝奪一群人民的國王。[863] 在宗教上，他認為妨礙傳統信仰是荒謬而不厚道的，因為它似乎可帶來有益而令人振奮的影響；[864] 他開始了解，宗教信仰與政治運動是建立在需要與衝動之上，超越智識所能攻擊的範圍之外。他讓自己甘於見到這世界不斷地流逝，並且不怎麼照著他自己沉重著作中所大聲疾呼的方向前進。他回首自己艱鉅的生涯時，認為自己是個傻瓜，一心只想著追求文學聲譽，而非生命中更簡單的樂趣。[865] 當他在西元一九〇三年辭世時，他想起自己一生的努力，宛如付諸流水、徒勞無功。[866]

當然，我們現在知道並非如此。斯賓塞名氣的衰退，部分是因為英國黑格爾反應（English-Hegelian reaction）反對實證主義的結果；自由主義的復甦將會再次提升他的地位，使他成為他的世紀中最偉大的英國哲學家。他讓哲學與事物有了一種新的接觸，並帶給它一種現實主義，使得德國哲學在它旁邊相形失色，看起來虛弱而蒼白、膽怯而抽象；他歸納他的時代、形成他的看法，這是自從但丁以來沒人做過的一件事；他精彩而巧妙地對一項如此廣泛的知識領域完成了統整工作，使得批評家因這項成就羞愧到只能保持沉默。我們如今得以站在這個高度上，是經由他的奮鬥與努力為我們所贏得的；我們似乎能站得比他更高，是因為他把我們舉到了他的肩膀上。有一天，當他的尖銳的反對被遺忘時，我們應給予他更為公允的評價。

862 第2卷，第431頁。
863 艾略特，第66頁。
864《斯賓塞自傳》，第2卷，第547頁。
865 第2卷，第534頁。
866 湯普森，第51頁。

第九章

弗里德里希·尼采

FRIEDRICH NIETZSCHE

人類不是我們的目標，超人才是。

I

尼采的思想脈絡

The Lineage of Nietzsche

尼采是達爾文之子、俾斯麥的兄弟。

他嘲笑英國的進化論者和德國的民族主義者，其實都不打緊，因為他習慣譴責那些影響他最深的人，這是他的一種無意識方式，用來掩蓋自己欠他們的債。

斯賓塞的倫理哲學並非進化論最自然的推論結果。如果生命是一種適者生存的爭鬥，那麼力量就是最終的美德，軟弱則是唯一的缺陷。**善與好**（good）就是存活下來、獲勝的那一方，**惡與壞**（bad）就是屈服讓步、失敗的那一方；只有英國達爾文主義者的守舊怯懦，以及法國實證主義者與德國社會主義者的庸俗體面，才能掩飾這個結論的必然性。這些人有足夠的勇氣拒絕基督教的神學，卻不敢合乎邏輯地拒絕那些從基督教神學中衍生出來的道德觀念，以及對順從、溫和、利他主義的崇敬；他們不再是英國國教徒、天主教徒或路德教派成員，但是他們不敢拒絕成為基督教徒。——弗里德里希·尼采如此認為。

「從伏爾泰到奧古斯特·孔德，暗暗激勵法國自由思想家的不是待在基督教理想的背後……而是盡可能地去戰勝它。孔德的『為別人而活』比基督教還要更基督教；在德國有叔本華，在英國則有約翰·史都華·彌爾，他們以對他人的憐憫心與有效性作為行動的準則，讓有關同理心的理論（theory of sympathetic affections）獲得最高的聲譽……所有社會主義的體系皆不知不覺地將它們自己置於……這些學說教義的共同點上。」[867]

達爾文在無意中完成了百科全書派學者的工作：百科全書派去除了現代道德的神學基礎，但是道德本身仍然未受影響、不容侵犯，高懸於空中；其實生物學只要輕吹一口氣，就能清除這個虛偽的空架子了。思路明晰的人很快就會認知到每個時代思想最深刻的心智都了解到：在這場我們稱之為生命的戰鬥中，我們需要的不是良善而是力量，不是謙卑而是驕傲，不是利他主義而是果敢堅定的智識；平等和民主違反了選擇與生存的糧食。天才才是進化的目標，而非大眾；權力才是一切分歧與命運的仲裁者，而非「正義」。對弗里德里希．尼采來說似乎正是如此。

現在，倘若這一切屬實，那麼就沒有任何人物能比俾斯麥更崇高或是更偉大了。我們所說的這個人，了解生命的現實面，直言不諱地道出「國家之間沒有利他主義」這回事，現代問題應該由血與鐵來決定，而不是投票與辭令。對一個已被幻想、民主與「理想」所腐化的歐洲來說，他是一股多麼清新的旋風！在短短幾個月中，他將使墮落頹廢的奧地利接受他的領導；在短短幾個月中，他將使陶醉於拿破崙傳奇的法國自愧不如；在這短短的數月之中，他不是也迫使那些日爾曼的小「國家」、所有那些小君主、公國以及權力融合在一起，成為一個強大的帝國，成為代表新道德力量的真正象徵？這個新德國日益增長的軍事和工業活力需要一個為其發聲的喉舌，戰爭的仲裁則需要一種為其提供正當理由的哲學。基督教無法證明它的正當性，但是達爾文可以。只要有膽量，就可以把事情做好。

尼采有這樣的膽量，於是他成為這個新德國的喉舌。

867 引述自法蓋的《解讀尼采》（On Reading Nietzsche），紐約，1918，第71頁。

II 青少年時期
Youth

然而，尼采的父親是一位牧師，事實上，他的雙親都來自數代以來皆擔任神職人員的家庭；甚至連他自己，到最後也仍然是一位傳道者。他抨擊基督教，因為他身上有著太多的基督教道德精神；他的哲學試圖藉由激烈的矛盾去平衡、矯正一種無法抗拒溫和、仁慈與和平的傾向；而熱那亞那些善良的人們稱他為「**聖徒**」（**Il Santo**），難道不是一種最終的侮辱嗎？他的母親是一位虔誠的清教徒，跟扶養伊曼努爾·康德的母親是同一種類型的女性。除了一次或許該被稱為災難的例外，尼采自始至終一直維持著虔誠的清教徒身分，純潔地宛如一尊雕像；因此，他亦譴責清教（Puritanism）與虔敬。這位無可救藥的聖徒，是多麼渴望成為罪人啊！

西元一八四四年十月十五日，尼采出生於普魯士的呂肯（Röcken），剛好與當時在位的普魯士國王腓特烈·威廉四世（Frederick William IV）的誕辰同一天。尼采的父親曾經指導過幾位王室成員，對這項愛國的巧合感到十分欣喜，於是以國王之名來為這個新生兒命名。「在所有的活動與事件中，選擇在這一天出生的一個好處，就是在我的整個童年當中，我的生日總是全國民眾歡欣鼓舞的一天。」[868]

尼采父親的早逝，使得尼采成為家中所有聖潔女性的犧牲者；她們把他寵愛成一個幾乎具備女性的細膩與感性的男人。他不喜歡附近鄰居那些搶鳥巢、挖果園、扮士兵、愛說謊的壞男孩；他的同學稱他為「小牧師」，其中一個甚至把他描述成「聖殿的耶穌」。他喜歡自己一個人讀《聖經》，或是充滿感情地朗讀給別人聽，讓他們感動到熱淚盈眶。但是，他心中潛藏著一種神經質的斯多葛學派以及榮耀感；當他的學校同伴們對穆修斯·斯凱沃拉（*Mutius Scaevola*）的故事表示懷疑時，他在自己的掌心點燃了一束火柴，直到它們燃燒殆盡。[869]這個典型的事件，說明了尼采終其一生都在尋找肉體以及智識的方法，以強化自己成為一個理想化、充滿男子氣概的男性。「對我來說，我不是上帝與美德。」[870]

十八歲時，尼采對他父親及祖父們的上帝失去了信心，將他的餘生都花在尋找一位新的神上；他曾認為他找到了一位新的神，也就是「超人」。他之後說，他很容易就接受了這樣的改變；然而他輕易欺騙自己的習慣，使他成為一位不可靠的自傳作者。他就像孤注一擲的賭徒，把一切都押在骰子的一個點數上，卻全盤皆輸；他變得憤世嫉俗。宗教曾經是他生命中一項特有的精髓，如今，生命似乎變得空虛而毫無意義。他突然進入了一個縱情聲色的時期，他跟在波恩（Bonn）及萊比錫（Leipzig）的大學同學們一起狂歡，甚至克服了讓他難以接受的抽菸、喝酒等男性藝術的潔癖；但是沒多久之後，酒精、女人和菸草就讓他感到憎惡，促使他強烈地蔑視他的國家及時代中這整個**安逸的棺柩**（**biergemütlichkeit**），他認為喝啤酒、抽菸斗的人無法擁有清晰洞察或敏銳思考的能力。

大約就在此時，西元一八六五年，尼采發現了叔本華的《作為意志和表象的世界》，認為這本書宛如「一面鏡子，在其中我意外窺見這世界、生命以及我自己的本性，皆以駭人的偉大與莊嚴被刻畫出來。」[871]他把這本書

---

868 《瞧！這個人》，英文翻譯版，李維（Lew）編輯，第15頁。

869 孟肯（Mencken），《尼采的哲學》（The Philosophy of Friedrich Nietzsche），波士頓，1913，第10頁。

870 《查拉圖斯特拉如是說》（Thus Spake Zarathustra），第129頁；這本書在下文中將以「Z」稱之。下列的著作（以英文翻譯之書名）也將以其首字母而稱之，包括：《悲劇的誕生》（The Birth of Tragedy）（1872）、《不合時宜的考察》（Thoughts Out of Season）（1873-76）、《人性，太人性》（Human All Too Human）（1876-80）、《晨曦》（The Dawn of Day）（1881）、《喜悅的智慧》（The Joyful Wisdom）（1882）、《善惡的彼岸》（Beyond Good and Evil）（1886）、《道德譜系學》（The Genealogy of Morals）（1887）、《華格納事件》（The Case of Wagner）（1888）、《偶像的黃昏》（The Twilight of the Idols）（1888）、《反基督》（Antichrist）（1889）、《瞧！這個人》（Ecce Homo）（1889）、《權力意志》（The Will to Power）（1889）。其中，介紹尼采自己的最好一本著作，或許可說是《善惡的彼岸》；《查拉圖斯特拉如是說》相當晦澀難解，同時它的後半部傾向細節的闡述；《權力意志》比其他著作包含了更多的實質重點。最完整的傳記是由福斯特．尼采夫人（Frau Förster-Nietzsche）所撰，哈勒維（Halévy）所著的傳記要短得多，但也相當不錯。索爾特（Salter）的《思想家尼采》（Nietzsche the Thinker）（紐約，1917）屬於學者的闡述論著。

帶回自己的住所，如飢似渴地細讀其中的每一個字。「就像是叔本華正親自對我說話，我可以感受到他的熱忱，像是看到他在我面前；每一行字句，都大聲疾呼著脫離、否定與放棄。」[872]叔本華哲學的黑暗色彩，就此永遠烙印於尼采的思想之中；他不僅是「作為教育家的叔本華」（他文章之一的標題）的忠實追隨者，甚至在他譴責悲觀主義是一種頹廢墮落的形式時，本質上他仍然是一個不快樂的人；他的神經系統似乎是周密地設計來作為承受苦難之用，他將悲劇昇華為生活的喜悅，不過是另一種自欺欺人的手段。只有斯賓諾沙或歌德能拯救他脫離叔本華。而他雖然宣揚**安之若素的心境**（**aequanimitas**）與**命運之愛**，卻從來不曾加以實踐；聖賢智者的寧靜淡定以及平衡心智的沉著鎮定，從來就不是他的強項。

尼采在二十三歲時被徵召入軍隊服役。他本來很高興可以因為近視以及身為寡婦唯一獨子的身分而免除兵役，但軍隊不管怎樣都要徵召他；就算是哲學家，軍隊也很歡迎他們在薩多瓦（Sadowa）與色當（Sedan）戰役中充當砲灰。然而，某次從馬背上的墜落使他的胸肌受到劇烈的扭傷，也迫使負責招募的中士不得不放棄這個獵物；尼采終其一生都沒能從這次的受傷中完全復原。他的軍旅經驗是那麼地短暫，以致於他離開軍隊時，仍然抱持著剛進去時對於軍人的諸多幻想。艱苦的斯巴達式指揮與服從的生活，對於耐力和紀律的需求，在在吸引著他的想像力；現在，既然他已經毋須親自實現這個理想，他便轉而崇拜那些軍人，因為他的健康情況已不允許他成為其中之一了。

於是，尼采從軍旅生活轉而從事完全相反的哲學家學術生活；他沒能成為戰士，反而成了博士。二十五歲時，他被任命為巴塞爾大學（University of Basle）的古典語文學教授；從這個安全的距離，他得以欽慕俾斯麥血淋淋的嘲諷。對於接下這份非英雄式的安穩工作，他有種古怪的遺憾：一方面，他希望自己可以從事某種實際又積極的行業，像是醫學；然而同時，他又發現自己深為音樂所吸引。他可以說成了一位鋼琴家，甚至寫出了奏鳴曲；「沒有音樂的話，」他說：「生命將成為一個錯誤。」[873]

特里布森（Tribschen）就位在距離巴塞爾不遠處，音樂界的巨擘理察・華格納（Richard Wagner）正跟另一個男人的妻子定居於此。西元一八六九年時，尼采受邀前往華格納的住處，並在那裡度過了他的聖誕節。尼采十分熱中於音樂的未來發展，而華格納也並未看輕這樣的新成員，他們的學術成就與大學教授身分所帶來的聲望，多少有助於達成華格納的理想。在這位偉大作曲家的魔力之下，尼采開始撰寫他的第一本書，內容始於希臘戲劇，終於《尼伯龍根的指環》（The Ring of the Nibelungs），向世界宣揚華格納就是現代的**埃斯庫羅斯**（Aeschylus）[874]；他甚至上到阿爾卑斯山，以便能夠遠離塵囂、在平靜中寫作。西元一八七〇年，他聽到消息傳來，德國與法國就要開戰了。

尼采猶豫了。希臘的精神以及一切詩歌、戲劇、哲學與音樂的繆思皆已將它們的神聖之手置於他的身上，但他無法抗拒國家的召喚，因為那裡也同樣的詩意；「這裡，」他寫道：「你的國家有著可恥的起源，因為對絕大部分的人類來說，受苦的源泉永不枯竭，吞噬的火焰也永無止息。然而，當它召喚我們時，我們的靈魂卻遺忘了它們自己；在國家血腥的號召之下，眾人皆急於驅策出勇氣、提升至英雄主義（heroism）的高度。」[875]在法蘭克福，就在尼采前往前線的路上，他看到一隊雄偉壯觀的騎兵鏗鏘有力地穿越小鎮；他說，他當場產生一種覺察與憧憬，而他的整個哲學即從其中衍生發展而成。「我第一次感受到，最強烈、最崇高的生命意志（Will to Life）無法在悲慘的生存鬥爭之中表現出來，而必須在戰爭意志（Will to War）、權力意志（Will to Power），以及征服意志（Will to Overpower）之中產生！」[876]然而，糟糕的視力使尼采不符主動服役的資格，不得不安於醫護的職務；雖然他也見到了夠多的慘狀，但他從來不曾真正了解那些戰場的殘酷現實，是故之後，他膽怯的靈魂便以缺乏經驗所產生的一切想像，對其加以理想化。但甚至連醫護工作，對尼采來說都太過於敏感，光看到血就會讓他不舒

871 《悲劇的誕生》的引言，第17頁。
872 由孟肯引述，第18頁。
873 給布蘭德斯的信，收錄於亨內克（Huneker）的《利己主義者》（Egoists），紐約，1910，第251頁。
874 古希臘悲劇詩人，被譽為「悲劇之父」。——編注。
875 哈勒維，《尼采傳》（Life of Friedrich Nietzsche），倫敦，1911，第106頁。
876 福斯特．尼采，《青年尼采》（The Young Nietzsche），倫敦，1912，第235頁。

服，最後，他因為生病而在一片廢墟中被送回家；此後，他一直有著雪萊脆弱的神經以及卡萊爾虛弱的腸胃，在戰士的盔甲之下，是個女孩的靈魂。

III

尼采與華格納

Nietzsche and Wagner

早在西元一八七二年，尼采即出版了他的第一本、也是唯一一本完整的書——《悲劇的誕生》（The Birth of Tragedy out of the Spirit of Music）。[877]

從來沒有一位語言學家可以如此抒情而詩意地敘述。尼采述說了希臘藝術所崇拜的兩位神祇：首先是狄奧尼索斯（Dionysus）〔或稱酒神（Bacchus）〕，代表飲酒與狂歡、上升的生命、戰鬥的喜悅、狂喜的情感與靈感之神，也是直覺、冒險及無畏苦難之神，更是歌曲、音樂、舞蹈及戲劇之神。再來則是阿波羅（Apollo），代表和平、悠閒與安息之神，是審美情感與智識沉思、邏輯秩序與哲學平靜之神，亦是繪畫、雕塑與史詩之神。最高貴的希臘藝術就是這兩個完美典範的結合，亦即狄奧尼索斯永不止息的男性陽剛力量，以及阿波羅平靜的女性陰柔之美。在戲劇中，狄奧尼索斯激發合唱的靈感，阿波羅激發對白的靈感；合唱是由狄奧尼索斯的崇拜者（以森林之神的裝扮）隊伍中直接發展出來的，而對白則是一種事後的想法，一種對於情緒經驗的反思之附屬物。

希臘戲劇最深刻的特點，就是透過藝術，以狄奧尼索斯崇拜（Dionysian）征服了悲觀主義。希臘人並非我們在現代狂想曲中所見到的那些開朗而樂觀的人，他們對生命疼痛難當的螫刺以及悲劇性的短促亦瞭若指掌，當邁達斯（Midas）問西勒諾斯（Silenus），什麼樣的命運對一個人來說是最好的？西勒諾斯回答：「每天與時間可憐

877 這本書的出版剛好是在尼采與華格納後來決裂之時，而華格納也大約在同一時間完成他的〈音樂從戲劇中的演變〉（On the Evolution of Music Out of the Drama）論文。〔《華格納散文集》（Prose Works），第10卷〕。

的競賽，意外與悲傷的孩子，為何你要逼我說出最好別說出口的話？最好的命運是得不到的，那就是一開始就別出生，什麼也不是。次好的命運是早點死去。」顯然這些人並沒能受教於叔本華或印度教教徒。但希臘人以藝術的光輝克服了理想幻滅的陰鬱，從他們自身所遭受的苦難中，創造出戲劇中的壯觀奇景，發現「這些苦難只是一種美學的現象」，一種藝術沉思或重建的對象，「其存在與這世界，看來是有著充分而正當的理由。」[878]「崇高莊嚴是對可憎事物的藝術征服。」[879]悲觀主義是衰敗的象徵，而樂觀主義則是膚淺的象徵。「悲劇性的樂觀」是強者的心態，他們追求經驗的強度與廣度，即使必須付出災難與不幸的代價也在所不惜，並且能夠欣然地發現，爭鬥是生命的法則。「悲劇本身，即證明了希臘人不是悲觀主義者的事實。」這種心態產生出埃斯庫羅斯的戲劇以及前蘇格拉底的哲學，當時可說是「希臘無與倫比的黃金歲月」。[880]

蘇格拉底是「講求理論之人的類型」[881]，也是希臘性格品質鬆動的一個徵兆。「往昔人類的身心靈擁有馬拉松般的堅實能力，卻因可疑的啟蒙而日益被犧牲殆盡，同時伴隨肉體與心智力量的逐步退化。」[882]批判哲學取代了前蘇格拉底時代冷靜而達觀的哲學詩歌，科學取代了藝術，智識取代了本能，辯證法取代了運動會。在蘇格拉底的影響下，柏拉圖從運動員變成唯美主義者，從劇作家變成邏輯學家，變成激情的敵人、詩人的放逐者、「前基督教時期的基督教徒」，以及認識論者。在德爾斐的阿波羅神廟中，銘刻著那些毫無熱情的智慧之語——**認識你自己**以及**無過之，亦無不及**。[883]這讓蘇格拉底與柏拉圖產生了智識即唯一美德的錯覺，也讓亞里斯多德產生黃金中道這種使人缺乏活力的學說。在年輕富活力朝氣的時期，人民創造出來的是神話與詩歌，希臘創造出來的是荷馬和埃斯庫羅斯；在垂垂老矣的衰敗時期，人民創造出來的是哲學與邏輯，希臘創造出來的是尤里庇狄斯——邏輯學家改變了劇作家，理性主義者摧毀了神話與符號，感性主義者（sentimentalist）摧毀了男性化時代的悲劇性樂觀，蘇格拉底的朋友們以一群崇拜阿波羅的出色辯證家與演說家，取代了狄奧尼索斯的合唱。

無怪乎阿波羅神廟的德爾斐神諭斷言蘇格拉底是全希臘最有智慧的人，而僅次於他的則是尤里庇狄斯；也無怪乎「阿里斯托芬萬無一失的本能……包括了蘇格拉底與尤里庇狄斯……相同的憎惡之情，並在他們身上看出一種墮落文化的徵兆。」[884]的確，他們放棄了自己的信念。尤里庇狄斯的最後一齣戲劇《酒神的女信徒》（The

Bacchae）就是他對狄奧尼索斯的屈服，也是他自殺的序幕；而蘇格拉底被關在監獄中時，也是演奏狄奧尼索斯的音樂，使自己的良知得以安適。「他得自問『或許，對我來說無法用智力了解之事，也並非不合理之事？或許有某個智慧的領域，是邏輯學家無法涉足其中的？或許藝術也是科學的必要關聯與補充之物？』」[885] 但是一切都太遲了，邏輯學家與理性主義者所做的一切已無法挽回，希臘的戲劇與希臘的品格已然衰敗凋零。「令人驚訝之事已發生：當詩人們以及哲學家們放棄了自己的信念，他們的意向已然獲勝。」[886] 他們結束了狄奧尼索斯的藝術以及英雄的時代。

然而，或許狄奧尼索斯的時代會再度來臨？康德不是永遠摧毀了理論理性與理論家嗎？叔本華不是再次教導了我們本能的深奧與思想的悲劇嗎？理察．華格納這位現代的埃斯庫羅斯，不是恢復了神話與符號，並在酒神的狂喜之中再度結合了音樂與戲劇嗎？「從狄奧尼索斯之源，德國精神力量崛起，它與蘇格拉底文化的原始條件並無任何共通之處……也就是說，德國音樂……在它浩瀚太陽系的運行軌道中，有巴哈到貝多芬，又從貝多芬到華格納。」[887] 長久以來，德國精神始終被動地反映義大利與法國的阿波羅藝術。何不讓德國人民了解，他們自身的本能其實比這些頹朽的文化要來得更為扎實而健全；何不讓他們就像改革宗教一樣改革音樂，再度將路德野火般

878《悲劇的誕生》，第５０頁與１８３頁。
879 第６２頁。
880《華格納與尼采書信集》（The Wagner-Nietzsche Correspondence），紐約，１９２１，第１６７頁。
881《悲劇的誕生》，第１１４頁。
882 第１０２頁。
893「認識你自己」以及「無過之，亦無不及」。
884《悲劇的誕生》，第１８２頁。
885 第１１３頁。
886 第９５頁。
887《悲劇的誕生》，第１５０頁。

的活力注入藝術與生命之中？誰知道，是否有另一個時代的英雄即將從德國的戰爭劇痛中誕生，又是否會有悲劇從音樂精神之中重生？

西元一八七二年，尼采返回巴塞爾。雖然肉體仍然孱弱，卻有著燃燒著雄心壯志的精神，並且不願將自己的精力繼續消耗在講課的苦差事上。「堆積在我眼前的工作夠我忙五十年了，我在桎梏下必然會停滯不前。」[888]他已對戰爭有些醒悟：「德意志帝國被摘除了德國精神。」他寫道。[889]西元一八七一年的勝利已將某種劣等的狂妄自負帶入了德國的靈魂之中，再也沒有比這對靈性成長更惡質的事了。尼采的某種頑皮本質，使他在每個偶像面前都蠢動不安，他決定藉由抨擊最令人尊敬的倡導者大衛・史特勞斯（David Strauss），著手攻擊這種令人生厭的自滿。「我以決鬥與抗爭進入社會——司湯達爾給了這項建議。」[890]

在尼采那本書名取得極好的《不合時宜的考察》第二部分〈作為教育家的叔本華〉中，他把他的炮火轉向沙文主義的大學。「經驗教導我們，沒有任何事比在國家大學中支持差勁哲學家的慣例，更能對偉大哲學家的養成造成阻礙……沒有任何國家膽敢資助像柏拉圖及叔本華這樣的哲學家……國家始終懼怕他們。」[891]他在〈我們教育體制的未來〉（The Future of Our Educational Institutions）一文中再度猛烈抨擊，在〈歷史的適用與誤用〉（The Use and Abuse of History）中嘲諷德國知識份子沉淪於古文物研究獎學金的枝微末節上。而在這兩篇文章之中，尼采的兩項獨特想法已經嶄露頭角：亦即，就進化論來說，道德與神學必須被重建；再者，生命的職責「不在於促成絕大多數人的改善，作為個體來說，這些人是最沒有價值的類型，」而是「在於創造天才。」亦即優越人格的發展與提升。[892]

這些論文之中，最為狂熱的一篇即為〈理察・華格納在拜羅伊特〉（Richard Wagner in Bayreuth），他盛讚華格納為「從不知恐懼意義為何」的齊格弗里德（Siegfried）[893]以及唯一真正藝術的創立者——因為他是將所有藝術融合成一項集偉大美學之大成的第一人；同時還呼籲德國，應意識到即將來臨的華格納慶典所代表的雄偉壯觀之重大意義。「拜羅伊特對我們來說，象徵著征戰之日的清晨盛典。」[894]這是出自年輕人的崇拜之聲，出自幾乎像女性般細膩的精神之聲，在華格納身上看到某些充滿陽剛氣息的果斷與勇氣——其後，也成為超人概念的一環。但是，這位崇拜者同時也是一位哲學家，他認清華格納有著某種專橫獨斷的利己主義，讓一個貴族主義的靈魂大為反感。他無法忍受華格納在西元一八七一年對法國的抨擊（因為巴黎對《唐懷瑟》（Tannhäuser）的反應不怎麼友善），並且對華格納竟然嫉妒布拉姆斯（Brahms）大感震驚。[895]甚至這篇表示讚美之文的中心主題，對華格納也是不祥之兆；「這世界已經東方化夠久了，現在，人們渴望的是希臘化。」[896]但尼采已經知道，華格納是半個猶太人。

接下來，在西元一八七六年，拜羅伊特的慶典到來，華格納的歌劇演出夜復一夜，毫不間斷；**華格納崇拜者（Wagnériennes）**、皇帝、王子、公主，以及有錢有閒的富人，把身無分文的愛好者排擠在外。突然之間，尼采終於明白華格納身上有多少蓋爾（Geyer）的血統，[897]《尼伯龍根的指環》這齣戲劇的成功有多大的程度應歸功於其中豐富的戲劇效果，**希臘的米洛斯島**是多麼遙遠，那些在音樂中缺少的，逐漸變成戲劇。「我的願景是，戲劇以交響樂曲、一種從**德國抒情歌曲（Lied）**中衍生出來的形式**蔓延**開來；然而，歌劇那種不同性質的吸引力，使華格納不可抗拒地往另一個方向發展。」[898]但尼采無法走往另一個方向，他憎惡戲劇與歌劇，「再待在這裡我會

888 哈勒維，第169頁。
889 出處同上，第151頁。
890 出處同上。
891 〈作為教育家的叔本華〉，第8節。
892 出處同上，第6節。
893 《不合時宜的考察》，第1卷，第117頁。
894 出處同上，第104頁。
895 出處同上，第104頁。
896 《華格納與尼采書信集》，第223頁。
897 《不合時宜的考察》，第1卷，第122頁。
898 尼采認為華格納的父親是路德維格．蓋爾（Ludwig Geyer），一位猶太演員。

發瘋，」他寫道：「我恐懼地等待著這些漫長的音樂之夜降臨……我再也無法承受了。」[899]

因此，尼采逃走了，一句話也沒跟華格納交代，當時，華格納大獲全勝，全世界都拜倒於他的魅力之下。尼采逃跑了，並「厭倦了這一切：浪漫主義中的女權主義（feminism）、散漫的狂想曲、理想主義的謊言，以及人類良知的弱化，這一切曾經征服最勇敢的靈魂之一。」[900]之後，他來到了遙遠的索倫托（Sorrento），一個絕對不會遇見華格納的地方；華格納此時正安歇於他的勝利之中，並全神貫注於他正在創作的一齣新歌劇《帕西法爾》（Parsifal）；這齣歌劇歌頌基督教、憐憫同情、非肉體之愛，以及由一個「純粹的傻瓜」（「基督中的愚者」）所救贖的世界。尼采就此不發一言地轉身離開，此後不曾與華格納說過一句話。「對我來說，要承認某種與自我的坦率真誠並不一致的**偉大**，是不可能的事；當我發現這種人的那一刻起，他的成就對我來說便毫無價值了。」[901]尼采青睞的是齊格弗里德這類的反叛者，而非帕西法爾這樣的聖徒；他無法原諒華格納竟然看待基督教的道德價值與道德之美遠高於它在神學上的缺陷。在《華格納事件》中，他以神經質的狂怒痛斥華格納：

> 華格納奉承所有虛無的佛教本能，並且在音樂中掩飾這一點；他奉承一切基督教、宗教形式以及頹廢墮落的表現方式……理察．華格納……是一種老朽而絕望的浪漫，突然崩垮於聖十字（Holy Cross）之前。難道沒有德國人能看清、並以良知中的憐憫為這幅可怕的景象悲嘆痛哭？難道我是唯一一個因他而受苦之人？……然而，我也是最墮落腐敗的華格納崇拜者之一……是的，我是時代之子，就像華格納一樣——亦即，一個頹廢者；但我已意識到了這一點，並捍衛自己以對抗它。[902]

尼采其實比自己所以為的還要更偏向「阿波羅崇拜」（Apollonian）：微妙、細膩、精緻的愛好者，而非狄奧尼索斯的狂野活力，亦非對酒、歌與愛的柔情。「你的兄弟帶著細膩特性的舉止，真是個最令人不舒服的伙伴。」華格納曾對福斯特．尼采夫人說道：「……有時候，他對我的笑話感到很尷尬，然後我會比之前更變本加厲地大講特講。」[903]尼采身上有太多柏拉圖的影子：他害怕藝術會使人們忘卻如何變得堅強，[904]心性變得過於柔軟，他以為全世界都跟他自己一樣，瀕臨信仰基督教的危險邊緣；尚未有戰爭足以合這位溫文的教授之意。然而在私底下，尼采知道華格納跟他一樣沒有錯，帕西法爾的溫和跟齊格弗里德的力量一樣，皆有其必要；這些殘酷的對立特性，以某種宇宙的方式合併成健全而深具創意的統一體。他喜歡把他與華格納的關係想像成仍然悄悄維持某種密切的關聯，如同「恆星般的友誼」（stellar friendship）[905]，他與華格納的交往曾經是他生命中最有價值、最豐碩的經驗。在他最後精神錯亂之際，有那麼片刻的清醒，他看到一幅早已辭世的華格納照片，於是輕聲說出：「我非常愛他。」

899 哈勒維，第191頁。
900 《華格納與尼采書信集》，第310頁。
901 出處同上，第295頁。
902 《華格納事件》，第46、27、9、2頁；參見法蓋，第21頁。
903 引述自埃利斯（Ellis）的《誓詞》（Affirmations），倫敦，1898，第27頁。
904 參見《查拉圖斯特拉如是說》，第258-264頁及364-374頁，其中提到的是華格納。
905 參見《華格納與尼采書信集》，第311頁。

IV

查拉圖斯特拉之歌
The Song of Zarathustra

既然藝術似乎辜負了尼采的期望，他轉而在科學與哲學中尋求慰藉；經歷過狄奧尼索斯的熱情與特里布森、拜羅伊特的騷亂之後，科學那崇拜阿波羅的冷酷氛圍淨化了他的靈魂，而哲學「提供了一個任何專制暴政都無法穿透的避難所」。[906]跟斯賓諾沙一樣，尼采試圖藉由檢視他的激情來使它們平靜下來；他說，我們需要「一種情感的化學作用」。因此，在他的下一本書《人性，太人性》（西元一八七八年至一八八〇年）中，他成了心理學家，以一種外科醫生的冷酷無情來分析最溫柔的感情以及最受珍視的信條，並勇敢地將這本書毫無保留地獻給了臭名昭彰的伏爾泰。他亦將這些書冊寄給華格納，後者則以《帕西法爾》之書回報他。他們兩人再也沒有往來過。

接著，西元一八七九年，在尼采正值盛年之時，他的身體與精神都崩潰了，並且嚴重到瀕臨死亡。他已執拗地準備好面對最後的結局：「答應我，」他交代他的妹妹，「當我離開人世的時候，只有我的朋友得以圍繞在我的棺槨旁，不能有任何好奇的圍觀群眾；當我已無法保護我自己時，不要有神父或任何人在我的墓旁大放厥辭、發表虛假謊言，讓我就像一個誠實的異教徒般下降至我的墓穴。」[907]結果他康復了，這場英雄般的葬禮也只好被迫延期。隨著這場疾病而來的，卻是他對健康與陽光、生命歡笑與舞蹈、《卡門》（Carmen）的「南方音樂」之熱愛；以及更強烈對抗死亡的意志，一種「積極肯定的態度」——即使在生命的辛酸與痛苦之中，依然可以感受到它的甜美；或許還有一種令人同情的努力，試圖提升至斯賓諾沙對自然限制與人類命運的欣然接受之境界。「我對偉大所設定的準則是**命運之愛**……不僅在所有必然之下都不能氣餒，而且還必須去愛這樣的命運。」哎，說的遠比做的容易呀。

《晨曦》（西元一八八一年）與《喜悅的智慧》（西元一八八二年）是尼采接下來的著作，書名反映了一種康復漸癒期的感恩之情；比之後來的著作，這兩本書的語氣更為和藹可親，言詞也較不那麼尖銳犀利；這時，尼采有了一年平靜的日子，靠著他任教的大學給他的退休金，過著適度而節制的生活。這位驕傲的哲學家甚至融化於一項美麗的脆弱之中，發現自己突然墜入了愛河；但露．莎樂美（Lou Salomé）並未回應他的愛。尼采的眼光太銳利、太深入，無法讓人得到安慰；相較之下，保羅．瑞較不危險，而且為尼采這位德．繆塞[908]扮演帕吉羅醫生（Dr. Pagello）的角色。尼采在絕望之下又逃走了，並在此時撰寫出反對女性的警句格言。事實上，他天真、熱情、浪漫、柔弱到單純無知的地步，他對抗柔弱情感的戰爭只是企圖去驅除一項美德，因為這項美德導致苦澀的欺騙與永遠無法癒合的傷口。

再沒有任何時候的尼采比現在更加地與世隔絕。「跟男性一起生活對我來說很困難，因為很難保持靜默。」[909]他從義大利來到阿爾卑斯山脈中位於上恩加丁山（Upper Engadine）的村落希爾斯—瑪麗亞（Sils-Maria），既不愛男人也不愛女人，並祈禱人類能夠被超越。在這孤寂的山頂，他那曠世鉅作的靈感於焉誕生。

我坐在那裡等待著——什麼也不等，
享受著超越善與惡的感受，此刻
光明來了，此刻，陰影來了；只有
白晝、湖泊、正午，無盡的時間。
接著，我的朋友，突然一分為二，

906《不合時宜的考察》，第2卷，第１２２頁。
907《孤獨的尼采》（The Lonely Nietzsche），第６５頁。
908 德．繆塞為法國浪漫主義作家，與女作家喬治．桑相愛，後來喬治．桑移情別戀，愛上了帕吉羅醫生。——編注
909《查拉圖斯特拉如是說》，第２１２頁。

查拉圖斯特拉從我身邊走過。[910]

現在，尼采的「靈魂高漲滿溢，再無空間可以容納。」[911]他找到了一位新的導師——索羅亞斯德（Zoroaster），一位新的神——超人，以及一個新的宗教——永恆回歸。他現在可以高歌了：在他靈感的熱情之下，哲學在詩歌中找到了安居之所。「我可以高歌，也將會高歌，雖然我是獨自在一間空屋之中，只能唱給自己的耳朵聽。」[912]（這句話展現的是怎樣的一種孤獨啊！）「爾等偉大的星辰啊！你的幸福會是什麼？不是為了那些讓你閃耀出最燦爛光芒之人嗎？……看！我已厭倦了我的智慧，就像採集過多蜂蜜的蜜蜂；我需要伸出手去摘取它。」[913]因此，他寫出了《查拉圖斯特拉如是說》（西元一八八三年），並在「理察・華格納於威尼斯斷氣的神聖時刻」完成了它。[914]這是他對《帕西法爾》莊嚴而動人的回答，然而創造出《帕西法爾》的人已然離開了人世。

《查拉圖斯特拉如是說》是尼采最傑出的作品，他自己也知道。「這部作品獨一無二，」他之後寫道：「別讓我們把其他詩人拿來相提並論，或許從未有任何作品是以如此豐盛而大量的力道創造出來……即使所有偉大靈魂的精神與良善都被匯聚在一起，也無法創造出任何一篇查拉圖斯特拉的對話。」[915]的確是誇張了些！但這本書的確是十九世紀的偉大著作之一。不過，尼采當時頗費了一番功夫才讓它付梓；第一部分的印刷時間被延遲了，因為印刷業者的印刷機器先是忙於處理五十萬冊**讚美詩集**（hymn-book）的訂單，接著又是川流不息湧入的反猶太小冊子；[916]同時，出版商還斷然拒絕印製這本書最後的部分，因為從經濟的角度來看，這本書幾乎毫無價值。因此，這位作者得自掏腰包以出版這本書；結果賣出四十本，送出七本，其中有一位收到書的人表示感謝，但是沒有任何人給予溢美之詞。從來沒有一個人是如此地孤單。

三十歲的查拉圖斯特拉，從他沉思冥想的山上下來向群眾布道，就像他的原型——波斯的索羅亞斯德；但是，群眾轉過頭去看另一個走繩索者的表演。結果，這個走繩索的人摔下來死了，於是查拉圖斯特拉肩負著他、把他搬走。「因為你以危險為業，因此，我應該用我的雙手埋葬你。」「活在危險之中，」他鼓吹，「在維蘇威火山旁建起你的城市，把你的船隻航往未開發的海域，生活在戰爭的狀態之下。」

而且切記，要抱持著懷疑之心。查拉圖斯特拉下山之後，遇到一位老隱士跟他談論上帝。但是剩下查拉圖斯特拉自己一個人的時候，他如此道出了他的心聲：「這真的可能嗎？這位森林中的老聖徒還沒聽說過關於上帝已死的任何事！」[917]但是，上帝當然已死，所有的神都死了。

因為，古老的神在很久以前皆走到了盡頭，而且肯定是一個良好而愉悅的盡頭！

祂們並未緩慢消逝於暮色之中，雖然謊言是這麼說的！[918]相反的，在很久以前，祂們是大笑而死！

這發生在某個神自己說出最不敬神的詞語之時：「這裡只有一個神！汝等當在我之前沒有任何其他的神。」

一位古老而嚴峻、留著鬍子的神，一位易猜疑、妒忌之神，以此方式放棄了自己。

然後所有的神都在祂們的寶座上笑到天搖地動，大聲喊道：「難道虔敬意指的不只是有神，而是無神？」

凡是有耳朵的人，讓他聽吧。

查拉圖斯特拉如是說。[919]

多麼幸災樂禍的無神論！「不就是這樣無神的虔敬？」「如果有神，祂們會創造出什麼？……如果有神，我

910 哈勒維，第２３４頁。
911 《查拉圖斯特拉如是說》，第３１５頁。
912 《查拉圖斯特拉如是說》，第２７９頁。
913 《查拉圖斯特拉如是說》，第１頁。
914 《瞧！這個人》，第９７頁。
915 《瞧！這個人》，第１０６頁。
916 哈勒維，第２６１頁。
917 《查拉圖斯特拉如是說》，第４頁。
918 對華格納的《諸神的黃昏》（Götterdämmerung）之一項抨擊。
919 《查拉圖斯特拉如是說》，第２６３頁。

如何能忍受成為無神？因此，無神是**必然的**。」[920]「誰比我更不虔敬，我願欣賞他的教誨。」[921]「我懇求你，我的弟兄們，繼續忠於塵世，別相信那些對你講述著天上的希望之人！不論他們知道與否，他們就是毒害他人之人。」[922]眾多昔日的反叛者最後回頭來品嘗這劑甜蜜的毒藥，宛如生活中不可或缺的麻醉。這些「崇高之人」聚集在查拉圖斯特拉的洞穴，準備要宣揚他的教義；他離開他們一會兒，回來時卻發現他們正在焚香敬拜一隻驢子，因為牠「以自己的形象創造出這個世界，換句話說，愈愚蠢愈好。」[923]這並不具教化作用；但接著就是我們的正文：

> 確然無疑，善與惡的創造者必得先是一個毀滅者，把價值砸成碎片。
>
> 因此，至惡會是至善的一部分，但那是一種創造性的善。
>
> 我們可以由此而說，你們是最明智的人，不論它有多糟，保持沉默是最糟的，所有未說出口的真理都會變得有毒。
>
> 不論什麼會打破我們的真理，就讓它被打破吧！許多房舍百廢待興。
>
> 查拉圖斯特拉如是說。[924]

這是否對神大不敬？但查拉圖斯特拉抱怨，「再也沒有人知道該如何表示崇敬了，」[925]他說自己是「所有不信神的人之中最虔敬的一個。」[926]他渴望信仰，憐憫「所有像我一樣承受強烈嫌惡之苦的人，對這樣的人來說，古老的神已死去，但尚未有任何新的神躺在搖籃與尿布之中。」[927]然後，他宣告了新的神之名：

> 眾神已死，現在我們有超人活著……
>
> 我來教導你關於超人之事。人類是一種應被超越之物，你們做了什麼能夠超越他？……
>
> 人類偉大的一點在於，他是橋梁，而非目標；人類可以被珍視之處在於，他是**過渡**與**破壞**。
>
> 我愛那些除非在毀滅中，否則不知如何活下去的人，因為他們就是超越者；
>
> 我愛那些偉大的輕慢者，因為他們就是偉大的崇拜者，是渴望飛往彼岸的箭。
>
> 我愛那些不會在星辰之外尋求毀滅及犧牲理由的人，他們為地球犧牲自己，期待地球或許有天會變

成超人的……

是時候了，人類該確立他的目標；是時候了，人類該種下他最大的希望之源……

告訴我，我的弟兄們，是否這目標缺乏人性，而非人性本身匱乏目標？……

愛距離最遙遠之人，遠大於愛你的鄰人。[928]

尼采顯然預見了每個讀者都會認為自己就是超人，所以他藉由坦承超人尚未出生來設法預防這種事；我們只能成為他的先行者以及滋養他的土壤。「不會有超出你能力範圍之外的事物……超出你能力範圍之外者，是不合乎德行的；別要求你們自己去完成與可能性相悖之事。」[929]那種幸福不是我們可以擁有的，只有超人能夠體會；而對我們來說，最好的目標就是工作；「有一段很長的時間，我已不再致力於自己的幸福；現在，我只致力於自己的工作。」[930]

尼采並不滿足於以自己的形象造神，他還必須使自己永恆不朽。在超人之後，隨之而來的是永恆回歸：一切都會分毫不差地重新來過，而且這種情況會發生無數次；所以，不只尼采會重生，還有這個由鐵血與懺悔組成的

920 《查拉圖斯特拉如是說》，第116-8頁。
921 《查拉圖斯特拉如是說》，第245頁。
922 《查拉圖斯特拉如是說》，第5頁。
923 《查拉圖斯特拉如是說》，第457頁。
924 《查拉圖斯特拉如是說》，第162頁。
925 《查拉圖斯特拉如是說》，第354頁。
926 《查拉圖斯特拉如是說》，第376頁。
927 《查拉圖斯特拉如是說》，第434頁。
928 《查拉圖斯特拉如是說》，第108頁（與419頁）、5、8、11、79、80頁。
929 《查拉圖斯特拉如是說》，第423-6頁。
930 《查拉圖斯特拉如是說》，第341頁。

德國，以及人類心智——從愚昧無知到《查拉圖斯特拉如是說》——一切辛勞與痛苦的成果。這是個令人敬畏的學說，是對生命抱持積極態度並接受生命最後的、也是最勇敢的形式；它怎麼可能不是呢？現實的可能組合有限，但時間是無止盡的，因此，將來無可避免地會有那麼一天，生命與物質會落入它們曾經擁有過的形式，從那樣致命的重複之中，所有的歷史都會重新展開它們迂迴曲折的歷程，決定論會帶領我們走向這樣的一種困境。無怪乎查拉圖斯特拉不敢說出這是他最後的一課，恐懼顫慄、躊躇不語，直到一個聲音跟他說：「查拉圖斯特拉，這與你自己何干呢？說你該說的話，打破這一切吧！」[931]

931《查拉圖斯特拉如是說》，第210頁。

V 英雄的道德

Hero-Morality

《查拉圖斯特拉如是說》成為尼采的福音書，他之後的著作僅是對這本書的評注而已。如果歐洲不欣賞他的詩歌，或許能理解他的散文吧。在有了先知之歌與哲學家的邏輯後，儘管哲學家自己不相信邏輯，又有什麼關係呢？邏輯倘若不是一種證明的象徵，至少也是一種澄清的工具。

尼采這時比以往任何時候都來得更加孤單，因為，即使是對尼采的朋友們來說，《查拉圖斯特拉如是說》似乎還是有些古怪。像奧弗貝克（Overbeck）與布克哈特（Burckhardt）這些學者都是尼采在巴塞爾大學的同僚，對他之前的著作《悲劇的誕生》十分欽慕，所以他們只會哀悼失去了一位優秀傑出的語言學家，而無法苟同慶賀一位詩人的誕生。尼采的妹妹（她幾乎證明了他的觀點：對哲學家來說，姊妹就像是令人欽佩的妻子替代品）突然離他而去，嫁給那些尼采所鄙視的反猶太主義者之一，前往巴拉圭尋找一處共產主義的殖民地。她要求她那面色蒼白、身體虛弱的哥哥為了自己的健康著想，跟他們一起走；但比之身體的健康，尼采更重視心靈的生命，他想要留在戰場上，歐洲對他的必要性，「宛如一座文化博物館」。[932]他居無定所、亦無規律時節，住過瑞士、威尼斯、熱那亞、尼斯和杜林（Turin），喜愛在圍繞著聖馬可之獅（lions of St. Mark）的鴿群中寫作。「聖馬可廣場（Piazza San Marco）是我最好的工作室。」但他得遵循哈姆雷特的勸告，避開高照的豔陽，以免傷害到他那患病不適的眼睛；他把自己關在昏暗無光的閣樓中，在緊閉的窗簾後工作。由於他的眼疾，此後他便不再寫書，只寫格言警

932菲吉斯（Figgis），《自由意志》（The Will to Freedom），紐約，１９１７，第２４９頁。

句。

尼采將這些未完成的片段集結於標題為《善惡的彼岸》（西元一八八六年）與《道德譜系學》（西元一八八七年）兩本書之中，他希望在這些書中能夠摧毀舊的道德，為超人的道德鋪好路。有那麼一刻，他又成了原來的那位語言學家，尋求並非無可非議的辭源學，來加強他的新道德。他觀察到德國語言中包含了兩個字有**壞**的意思：**惡劣**（schlecht）與**邪惡**（böse），**惡劣**是由上層階級指稱下層階級，原意指普通、常見，後來引申成庸俗、無價值、壞的意思。**邪惡**（böse）是由下層階級指稱上層階級，意指不常見、不規則、難以估量、危險、有害、殘忍的。拿破崙是**邪惡**的，許多單純的人懼怕特殊的個體，視其為一種崩解的力量；中國有句諺語是這麼說的：「偉人乃公眾之不幸（the great man is a public misfortune）。」同理，相對於**惡劣**與**邪惡**，**良好**（gut）也有兩種意思：當它為貴族所運用時，意指堅強、勇敢、強大、好戰、神聖的（gut來自Gott，神）；當它為人民所運用時，意指常見、和平、無害、善良的。

因此，這裡產生了兩種人類行為矛盾的價值判斷，兩種道德的立場和標準：**貴族道德**（Herren-moral）與**庶民道德**（Heerden-moral），亦即主人的道德與一般百姓的道德。前者是傳統古人，尤其是羅馬人所接受的標準；即使對一般羅馬人來說，美德就是**動力**（virtus），代表男子氣概、冒險進取、勇氣與膽量。然而，來自亞洲，特別是猶太人在政治上被迫屈服的那些日子，產生了另一種標準；因為屈從滋生出謙卑，無助則滋生出利他主義，那是一種求助的行為。在這種庶民道德（herd-morality）之下，對危險與力量之愛讓步給對安全與和平之愛，力量為狡猾奸詐取代，公開為祕密復仇取代，嚴厲為憐憫取代，首創為模仿取代，榮譽的自豪為良知的長鞭取代。榮譽是屬於異教的、羅馬的、封建的、貴族的，而良知則是屬於猶太人的、基督教的、資產階級的、民主的。[933]從阿摩司（Amos）到耶穌，先知們的辯才無礙，使得臣民階級的觀點成為一種幾為普世所通行的道德；「世界」以及「肉體」成了罪惡的同義詞，而貧窮則成了一種美德的證明。[934]

這種價值判斷因耶穌而達到高峰。每個跟隨他的人都享有平等的價值以及權利，從他的教義中，衍生出民主政體、功利主義以及社會主義。現在，進步的定義根據的是這些庶民的哲學理念、逐步的均等化及庸俗化、頹廢及墮落的生命。[935]這場衰敗之局的最後階段，即為憐憫與自我犧牲的喜悅、罪犯的情感慰藉，以及「一個無能力排泄的社會」。積極主動的同情是合法的，但憐憫是一種麻痺心智的奢侈品，一種浪費在無可救藥的拙劣之人、無能者、有缺陷者、惡毒之人、該受處罰的患病者，以及無法挽回的罪犯身上的情感；憐憫有種特定的粗鄙與侵入的性質，「探視病者」是優越者在凝視我們同胞的無助時，所產生的一種性高潮。[936]

在這一切「道德」背後，是一種祕密的權力意志。愛的本身只是一種占有的渴望，求愛是一種戰鬥，而交配則是一種支配：唐．荷塞（Don Jose）殺了卡門，是為了防止她成為別人的**財產**。「人們想像自己擁有無私的愛，因為他們會汲汲於對另一個人有好處之事，而往往與他們自己的利益相左。但是藉由這樣的作為，他們真正希望的是去**占有另一個人……愛是所有情感中最利己的一種，因此，當它受到妨礙時，也最無法寬厚以待（L'amour est de tous les sentiments le plus egoiste, et, par conséquent, lorsqu'il est blessé, le moins généreux.）**。」[937]即使是在真理之愛中，仍存在一種占有的渴望，或許是成為它的第一個擁有者，或許是發現它仍原封未動。謙卑不過是權力意志的保護色而已。

在對抗這種權力的熱情時，理性與道德毫無用武之地，不過是當成它手中的武器、遊戲中的傻瓜。「哲學體系是閃耀著光芒的海市蜃樓。」我們從其中看見的並非長久以來所尋求的真理，而是反射出我們自己內心的渴

---

933 參見丹納的《法國大革命》（The French Revolution），紐約，1885，第3卷，第94頁。

934 《善惡的彼岸》，第117頁。

935 出處同上，第121-3頁。

936 《晨曦》，第232頁。

937 《華格納事件》，第9頁，引用班傑明．康斯坦（Benjamin Constant）之語：「愛是所有情感中最利己的一種，因此，當它受到妨礙時，也最無法寬厚以待。」但尼采對愛的說法則溫和得多：「一個男人對一個女人瞬間爆發的熱情，從何而生？……尤其只來自感官的吸引。但是，當一個男人發現軟弱、需要幫助以及崇高精神的特性，全都兼備於一個女人身上時，他會遭受到一種靈魂氾濫之苦，同時深受感動又苦惱；此時，偉大愛情之源便由此產生。」（《人性，太人性》，第2卷，第287頁）；他還引述自法國：「我所聽過最純潔的表達方式：真愛是以靈魂來擁抱肉體（Dans le veritable amour c'est l'âme qui enveloppe le corps.）。」

望。「哲學家全都在裝腔作勢，彷彿他們真正的見解可以透過冷酷、純粹、神聖、無動於衷的辯證之自我演化而被發現……事實上，某種帶有偏見的命題、想法或是『暗示』（suggestion）——通常是他們內心抽象或去蕪存菁後的渴望——是他們用事後找出的論點來加以定義的。」

就是這些隱密的渴望，這些對權力意志的悸動，決定了我們的思想。「我們大部分的智識活動都在無意識中運作，我們對其亦無所知覺……有意識的思考……是最弱的部分。」因為，未受意識干擾的本能，就是權力意志最直接的運作；「本能是所有種類的智識當中，迄今發現最明智的一項。」的確，意識的角色已被無意義地過度高估了；「意識可以被視為次要，幾可說是無謂且多餘的，或許注定要消失或是被完美的自動作用（automatism）所取代。」[938]

對強者來說，幾乎不需要以理性的偽裝來隱藏他們的渴望，他們簡單的理由就是：「我要（I will）。」在主人的靈魂中那股尚未腐敗的活力中，「渴望」就是正當的理由，而意識、憐憫或懊悔皆不得其門而入。然而迄今，猶太教與基督教的民主（Judaeo-Christian-democratic）觀點在近代占了上風，使得強者現在以他們的力量與健康為恥，開始為自己找「理由」；貴族的美德與價值判斷已不復存在，「歐洲受到一種新興佛教的威脅。」甚至連叔本華與華格納都成了悲天憫人的佛教徒。「整個歐洲的道德建立在平民百姓適用的價值上。」強者不能再行使他們的力量，而必須變得愈像弱者愈好；「良善就是不去做我們的能力不足以承擔之事。」康德，這位「柯尼斯堡偉大的中國佬」，不就證明了人絕不能被當成工具嗎？因此，強者的本能包括狩獵、戰鬥、征服和統治，因為缺乏宣洩出口，便內化為自我折磨（self-laceration），導致了禁欲主義與「內疚良知」（bad conscience）的產生；有無法排解的本能如果無法找到排解的管道，就會向內深入，這也就是我所謂的人類不斷成長的「內在化」（internalization），在此，我們有了後來被稱為**靈魂**的第一種形式。[939]

走往衰敗的常規是，適合庶民的美德汙染了領導者，使他們崩壞成為凡夫俗子。「首先，道德體系不得不屈服於**社會階層的階段性變化**（gradations of rank），所有的假定都必須回歸到以良知為起點，但直到最後他們才會徹底明白『適合一個人的必然適合另一個人』這種說法是**不道德**的。」不同的功能需要的是不同的特質，在一個社會中，強者「邪惡」的美德跟弱者「良善」的美德一樣有其必要；嚴厲、暴力、危險、戰爭，與仁慈、和平一樣有價值。偉人只會出現在需要危險、暴力與無情的時機，人類最值得稱道之處就是意志的力量、熱情的動力與持久性；倘若沒了熱情，人類不過就是無味的牛奶，成就不了任何事蹟。貪婪、嫉妒，甚至仇恨，都是奮鬥、汰選、生存的過程中不可或缺的要素；邪惡之於良善，宛如變異之於遺傳、創新與實驗之於風俗慣例。倘若沒能以一種近乎犯罪般的侵害去違反先例以及「秩序」，就不會有任何的發展可言。倘若邪惡沒有半點好處，它早該消失了。我們必須慎防自己變得過度良善。「人類必須變得更好、更邪惡」。[940]

尼采深感安慰地發現，世上竟存在著如許之多的邪惡與殘酷。他那施虐狂般的愉悅可在某種程度上反映出來：他認為，「殘酷構成了古人最大的喜悅與樂趣。」他深信，我們在戲劇的悲劇或是莊嚴崇高的任何事中所得到的愉悅，只是一種精緻而替代性的殘酷。「人類是最殘酷的動物，」查拉圖斯特拉說：「當他的目光緊盯著悲劇、鬥牛，以及十字架上的酷刑時，會感受到一種在世上前所未有的快樂；當他發明地獄時……瞧！地獄就是他在人間的天堂。」現在，想到他的壓迫者正在另一個世界接受永恆的懲罰，就足以讓他忍受自己在現世的苦難了。[941]

938《人性，太人性》，第2卷，第26頁；《善惡的彼岸》，第9頁；《喜悅的智慧》，第258頁；《善惡的彼岸》，第162頁；《權力意志》，第2卷，38頁。

939《善惡的彼岸》，第128、14、177頁；《權力意志》，第1卷，第228頁；《道德譜系學》，第46頁與100頁。心理學的學生可能會有興趣在《人性，太人性》第1卷的第23-27頁、《晨曦》第125-131頁（夢的理論）、《人性，太人性》第1卷的第215頁（阿德勒（Adler）的神經機能症組成（neurotic constitution）理論），以及《晨曦》第293頁（「矯正過度」（overcorrection））之中，進一步探究精神分析的來源。對實用主義有興趣的人，會在《善惡的彼岸》第9、50、53頁及《權力意志》第2卷第20、24、26、50頁之中，找到相當完整的預測。

940《善惡的彼岸》，第165頁（引述自約翰·史都華·彌爾）與59頁；《權力意志》，第1卷，第308頁；《查拉圖斯特拉如是說》，第421頁。

941《道德譜系學》，第73頁；《善惡的彼岸》，第177頁；《查拉圖斯特拉如是說》，第317頁。

最終的道德是生物學。我們必須以事物對生命的價值來評斷它們，我們需要從生理學角度「對所有價值進行重新評估」（transvaluation of all values）；對一個人、一個群組，或是一個物種來說，真正的試煉是能量、能力與力量。我們或可在一定程度上安於十九世紀對於物質的強調，否則會將所有崇高的美德破壞殆盡；靈魂是生物體的一項功能，大腦多一滴血或少一滴血，都會使一個人所受的苦比普羅米修斯（Prometheus）為禿鷹啄食之苦更甚。不同的食物也會產生不同的心理效應：稻米造就了佛教，德國形上學則是啤酒的產物；因此，一種哲學的真偽，端視它所表達及頌讚的是生命的起還是落。頹廢墮落之人會說：「生命毫無價值。」但不如讓他說：「我毫無價值。」當生命中一切的英雄價值都可以容許衰敗，而民主，這個對所有的偉人都抱持懷疑的體制，每隔十年就毀了另一個民族，這麼一來生命怎麼會值得我們活下去？

時下合群的歐洲人所擺出的姿態，就像是在說，他是唯一一種得到允許、正當性已被承認的人類；他美化了自己的特質，像是公益精神、仁慈、服從、勤勉、節制、謙遜、寬容、同情等，作為人類特有的美德；而由於擁有這些美德，他自然會對群眾展現溫和、持久忍耐、有助益的態度。但在某些情況下，領導者與前導者仍被認為是不能摒棄的；如今，不斷有眾多的嘗試想藉著把聰明合群之人召集在一起，以取代指揮官的地位。舉例來說，所有代表性的政體（representative constitution）都是源自於這個想法。儘管這一切，一位絕對統治者的出現，對這些合群的歐洲人來說是何等的幸事，拯救他們脫離逐漸無法承受的重擔，拿破崙的出現與影響就是最後的偉大證明；受拿破崙影響的世界史，就是個人與時代追求更高幸福感的歷史，極具價值並橫跨整個世紀。[942]

942《晨曦》，第84頁；埃利斯，第50頁；《善惡的彼岸》，第121頁。

VI

超人

The Superman

正如道德存在於力量而非仁慈之中，人類努力的目標就不該是全體的提升，而是發展更好、更強大的個體。「人類不是我們的目標，超人才是。」一通情達理的人根本不會試圖去使人類變得更好——人類並不需要改善，因為人類根本就不存在，它只是一種抽象的概念；真正存在的，是像一座龐大的蟻丘般聚集在一起的個體。就整體的觀點來說，它更像是一間巨大的實驗工作室，其中有些實驗品在每個時代都能成功，但是大部分都失敗了；所有這些實驗的目標並不是為了眾人的快樂與福祉，而是為了人類類型的提升與改善。否則，寧可讓人類社會毀滅，也比沒有任何更高等的類型出現來得好，因為社會只是一種用來加強個體力量與人格的工具，群體本身並非其目的。「如果所有個體的用途只在維持這些機器的運作，那麼這些機器的目的是什麼？「機器」，或說社會組織，「本身即為其目的，這不就是一齣**人類的喜劇**（umana com-media）嗎？」[943]

剛開始，尼采所說的似乎是他希望製造出一個新種族的主張；[944] 但後來，他逐漸認為他的超人就是從平庸大眾的泥淖中不期然崛起的優越個體，他的存在，與其歸功於物競天擇的機會，不如說是刻意育種與精心培育的結果。因為，生物的演進過程並不偏愛例外特殊的個體，大自然對它最精良的產物是最殘酷的，它寧可偏愛並保護普通、平庸的大多數，大自然中有股永久回復至大多數水準與類型的作用力，反覆循環地由極大多數來支配、統

943《權力意志》，第2卷，第387頁；《人性，太人性》，第1卷，第375頁。

944 參見《查拉圖斯特拉如是說》，第104頁。

治最優者。[945]唯有透過人類的挑選、優生學的遠見以及崇高的教育，超人才能生存。

而歸根究柢，讓更高等的個體為了愛情結婚——英雄跟女僕、天才與縫紉女工——是多麼地荒謬啊！叔本華錯了，愛情不是優生學，當一個男人墜入愛河時，他不該獲准去做出會影響他終生幸福的決定，因為男人無法同時墜入愛河並保持明智的能力。我們應該對那些戀人的誓言宣告無效，並且明定愛情是婚姻的法定障礙；最優秀者只能跟最優秀者結婚，愛情應該留給下層社會的烏合之眾就好，因為婚姻的目的不僅是為了繁育後代，更是為了發展進化。

你還年輕，對子女與婚姻懷抱著渴望。然而，我請問你，你是敢於渴望子女的人嗎？你是那勝利之人、自我超越之人、得以駕馭自身感官的指揮官、自身美德的主人，抑或你的渴望只是動物的本能或必要？或是因為孤獨寂寞？或是因為無法調和自己的內心？我假設你的勝利與自由都是渴望擁有子女，你想建立起超越自己的鮮活紀念碑，以記錄你的勝利與解放。但首先，你應建立起自身堅實的肉體與靈魂，你的目的應不僅是繁衍自己的後代，更是繁衍比自己更優秀的後代！兩個人的意志想創造出來的那一個，超越了原來創造它的人，我稱之為婚姻；我稱婚姻是對你們彼此的崇敬，也是對那些有這種意志之人的一種崇敬。[946]

沒有優良的血統，不可能擁有崇高的特質。「只有智識無法使人變得崇高，反之，我們始終需要某些事物，才能使智識變得崇高；那麼，什麼是必要的？血統……（我在這裡所指的並不是要把『閣下』放在前頭，或是記載皇親貴族的『歌達年鑑』（Almanac de Gotha）：這是一句對蠢驢所說的插入語）」。我指的是給予良好的出身與優生的繁殖。培育超人的公式中，接下來的要素就是一所嚴厲的學校：在那裡，完美是理所當然必須苛求之事，甚至不是值得表揚的優點；在那裡，幾乎毫無安適可言，只有許多責任待盡；在那裡，肉體將被教導要靜默地受苦，意志將學會服從與指揮。沒有自由意志主義者的任何廢話！沒有被放縱與「自由」削弱的肉體與道德勇氣！那裡也是一間可以學到開懷大笑的學校，而哲學家應該根據大笑的能力被評分；「他可以大步跨越最高的山峰，大笑以對所有的悲劇。」不會有任何道德的酸液腐蝕超人的教育，只有意志的禁欲主義，而無肉體的譴責定罪。「別停止跳舞，你們這些甜美的女孩們！不會有掃興之人以惡毒的眼光來看待你們，……沒有任何與女孩為敵的人有著美麗的腳踝。」[947]即使是超人，也懂得欣賞美麗的腳踝。

一個被如此生出並培育的人將超越善與惡。如果他的目的有需要，他會毫不猶豫地採行**邪惡**；他會無所畏懼，而不僅是良善。「什麼是善？……勇敢就是善。」「什麼是善？可提升人的權力感、權力意志、權力本身者的一切，就是善。什麼是惡（惡劣）？來自軟弱的一切，就是惡」。倘若他們有特定的目的，或許超人顯著的特點就是熱愛危險與爭鬥；他不會先尋求安全，並且把幸福留給大多數人。「查拉圖斯特拉喜愛這一切，像是遙遠的航海旅程，以及充滿危險的生活。」[948]是故，所有的戰爭都是善，儘管現代戰爭的起因皆是庸俗瑣碎之事；「一場好的戰爭可以神聖化任何起因。」即使革命都是善的：不是革命本身——因為再沒比群眾至上更不幸的事了——而是因為這些爭鬥衝突能帶出個體潛在的偉大之處，而他們之前未能接受到充足的刺激或機會。亂世出英雄，從法國大革命的動盪混亂與愚蠢之舉中出現了拿破崙，從文藝復興的猛烈狂熱與混亂失序中則出現了具備如此強大特徵的眾多個體；如此盛宴是歐洲從其時到現在幾乎不曾得見、並且再也無法承載的豐足。

能量、智識與自豪，這些特質造就了超人。但是，它們必須能夠協調一致：這些激情只有被某種偉大目的——將渴望的混亂塑造成人格的力量——選中並統一時，才會變成力量。「哀哉思想家！他不是他種植植物的園丁，而是植物的土壤！」是誰跟隨著他的衝動？是弱者，他缺乏約束的力量，不夠強壯到足以說不；他是不協調的頹廢墮落者。使一個人的自我擁有井井有條的紀律，這是最崇高的目標。「不想只成為平凡百姓的人，僅需做一件事：不再寬容自己。」為達成此目標，一個人可以嚴以待人，但更重要的是嚴以律己；為達成此目標，一

945 《權力意志》，第2卷，第158頁。
946 《查拉圖斯特拉如是說》，第94頁。
947 《權力意志》，第2卷，第353頁；《善惡的彼岸》，第260頁；《查拉圖斯特拉如是說》，第49頁與149頁。
948 《查拉圖斯特拉如是說》，第60頁與222頁；《反基督》，第128頁；《權力意志》，第2卷，第257頁。

個人除了**出賣朋友**之外，幾乎可以用盡一切方法。這就是崇高的最終特權，超人的最後公式。[949]

唯有看到這樣的一個人是我們努力的目標與獎勵，我們才能熱愛生命、奮發向上。「我們必須有一個目標，為了它，我們應珍視彼此。」[950]讓我們變得偉大，或是成為偉大之人的僕人或工具。當上百萬的歐洲人把自己當成工具，為波拿巴（Bonaparte）的目的而奉獻，並且欣然為他赴死、倒下時仍高歌著他的名字時，會是多麼美好的一幅景象！或許，我們之中理解的人可以成為他——這個我們無法成為的人——的先知，可以鋪好路迎接他的到來；對時間與空間來說無關緊要的我們，雖然分散各地，仍可為此目的一起努力。倘若查拉圖斯特拉能聽見這些暗中的幫手、對崇高之人的愛戴者所表達的心聲，他即使在苦難中仍會歡喜高歌。「當今的孤獨之人，你們脫穎而出，你們有朝一日會成為一個民族，你們自己選擇了自己；一個被選中的民族即將崛起，而超人則將從其中產生。」[951]

949《晨曦》，第295頁與194-7頁；《偶像的黃昏》，第57頁；《權力意志》，第2卷，第221-2、369、400頁；「作為教育家的叔本華」，第1節。

950引述於索爾特，第446頁。

951《查拉圖斯特拉如是說》，第107頁。

VII

衰敗
Decadence

因此，通往超人之路必須藉助於貴族政體，而「狂熱於投票計數」的民主，必須在為時已晚之前連根拔除。在此，第一步就是在所有較崇高人士關心的範圍內摧毀基督教，因為基督的勝利即民主之濫觴；「第一位基督徒，在他最深沉的本能中即為一個反抗一切特權的叛軍，堅持不懈地為『平等權利』而奮鬥。」在現代，他可能會被送到西伯利亞去。「他是你們之中最偉大的一個，讓他成為你的奴僕。」這種說法顯然與所有的政治智慧與理智完全倒置，的確，當一個人在讀《福音書》時，會感受到宛如俄羅斯小說般的氛圍，有種剽竊自杜斯妥也夫斯基的感覺；只有在下層社會，也只有在一個統治者已然腐朽且不在其位的時代，才會有這種根深柢固的觀念。「當尼祿（Nero）與卡拉卡拉（Caracalla）在位時，出現了最低等之人的價值高於在上位者的悖論。」[952]

隨著歐洲為基督教征服，古老的貴族政體也隨之結束。因此，在歐洲橫行一時的日耳曼貴族戰士，使得古老的陽剛美德再度甦醒與復興，並且種下了現代貴族之根。這些人不為「道德」所累，他們「不受一切社會束縛，在他們如同野獸般清白的良知中，就像狂喜的怪物從一列充滿謀殺、縱火、劫掠、拷打的可怕火車中返回，帶著一種自負與妥協，宛如自己犯下的不過是一樁學生的任性之舉」。這樣的人，組成了德國、斯堪的那維亞、法國、英國、義大利與俄羅斯的統治階層。

952《反基督》，第195頁；埃利斯，第49-50頁；《權力意志》，第2卷，第313頁。

一群金髮碧眼白膚的猛獸，一個征服者與主人的種族，以軍事機構與組織力量肆無忌憚地伸出他們可怕的利爪，染指另一個可能在數量上遠大於他們的族群……這一群人創立了國家。這個理想的消散使得國家的創建以契約開始。但對這些有指揮能力、天生就是主人、帶著激烈狂暴行動到來的人，他們與這些契約有何相干呢？[953]

這股輝煌統治血脈的腐敗，先是由於天主教對於女性美德的讚頌，其次是因清教徒與庶民對宗教改革的理想，再者則是與劣質血統的通婚所致。就像天主教在文藝復興的貴族與非道德的文化中變得成熟柔和，宗教改革則以猶太教的嚴謹與肅穆之復興粉碎了它。「有人終於了解、或是有人**將會**了解文藝復興是什麼嗎？**對基督教價值進行重新評估**的過程中，這項嘗試以所有手段、本能與天才著手進行，目的是使**相反的**價值、**崇高的**價值獲得勝利……我看到眼前的可能性以魅力與輝煌的假象展現完美的神奇魔力……**凱撒·波吉亞**（Caesar Borgia）**作為教皇**[954]……你明白我所說的嗎？」[955]

新教與啤酒鈍化了德國人的智慧，現在，再加上華格納的歌劇。結果就是：「如今的普魯士，是文化最危險的敵人之一。」「一個德國人的出現，就會讓我消化不良。」「倘若如同吉朋所說，毀滅一個世界不需別的，只需時間——雖然是一段很漫長的時間；那麼在德國，摧毀一個荒謬不實的想法也不需別的，只需時間——雖然仍是一段很漫長的時間。」當德國打敗拿破崙時，其對文化造成的慘重災難就跟路德打敗教會時一樣；從那時起，德國拋棄了它的歌德、它的叔本華、它的貝多芬，開始崇拜起「愛國者」；「**德意志高於一切**（**Deutschland über Alles**），我害怕這會是德國哲學的結束。」[956]然而，德國人天生具備的嚴肅與深度，讓他們有理由再度成為解救歐洲的希望。比之法國或英國，他們有更多的男性化美德，他們堅持不懈、勤奮又有耐心毅力，從而擁有相當的學術成就、科學成果以及軍事紀律；看到整個歐洲都對德國軍隊憂心忡忡，著實令人感到歡欣不已。如果德國的組織力量能夠在物質與人力上與俄國的潛在資源並肩合作，偉大政治的時代便將到來。「我們需要德國與斯拉夫種族共生，我們也需要最聰明的金融家——猶太人，如此一來，我們即可成為全世界的主人……我們需與俄國進行無條件的聯盟。」另一種選擇則是圍剿與扼殺。

德國的問題，在於過於麻木，這是堅硬性格必須付出的代價。德國錯失了一段悠久的文化傳統，正是這樣的傳統，使法國人成為全歐洲最優雅精緻的民族。「我只相信法國文化，歐洲其他一切自稱為文化者，我都視為是一種誤解。」「當一個人在讀蒙田、拉羅什富科……伏維納格斯，以及尚福爾（Chamfort）時，他更接近的是古人，而非其他任何國家的任何作者群。」伏爾泰是「心智的偉大領主」，丹納是「現存歷史學家中的第一把交椅」；即使是後來的法國作家福婁拜、布爾熱（Bourget）、阿納托爾．法朗士等，在思想與語言的清澈明晰度上也遠遠超越其他歐洲國家的人，「這些法國人有著多麼清晰及細膩的精密度！」歐洲貴族的品味、易感與禮儀，都是法國的成就；但那是舊的法國、十六與十七世紀的法國。法國大革命藉由摧毀貴族階級，也摧毀了文化的載具與溫床，如今的法國靈魂，比之以往要來得憔悴而蒼白；儘管如此，它仍然具備了某些優秀的特質。「在法國，幾乎所有心理與藝術的問題皆考慮得十分周全，比之在德國更是無比精微而徹底……在此非常時刻，當德國正崛起成為世界政治的一股偉大力量時，法國也在世界文化中重新贏得它的重要地位。」[957]

俄國就是歐洲的金髮碧眼白膚之猛獸。俄國民族「頑固且認命的宿命論特質，讓他們甚至在今日亦具備了超越我們西方人的優勢。」俄國有強大的政府而無「低能的議會」，意志的力量長久以來的蓄積，如今已一觸即發。俄國成為歐洲的霸主指日可待，毫不令人驚訝。「一個關切歐洲未來的思想家，他有關未來的所有想法將會寄望於猶太人與俄國人，先將他們視為在偉大力量的競賽與戰鬥之中最確切、最有可能的因素。」

但從各方面來說，現存的民族之中，最優秀且最有活力的是義大利人。就像阿爾菲耶里所吹噓的：人類這種

953《道德譜系學》，第４０頁。
954 凱撒．波吉亞（Caesar Borgia，西元一四七五～一五〇七年），教皇亞歷山大六世的私生子，十七歲成為大主教，十八歲成為樞機主教。
955《反基督》，第２２８頁。
956 菲吉斯，第４７頁，注釋；《偶像的黃昏》，第５１頁。
957 索爾特，第４６４-７頁；《瞧！這個人》，第３７頁與８３頁；《善惡的彼岸》，第２１３-６頁；《偶像的黃昏》，第５４頁；法蓋，第１０-１１頁。

作物在義大利長得尤其強健繁盛。即使是最低階層的義大利人，仍然有著充滿男子氣概的舉止以及貴族氣派的驕傲。「一位貧窮的威尼斯船夫，始終強過一位柏林的樞密顧問（Geheimrath），而且到頭來，也的確是一個更好的人。」[958]

最糟的是英國人，就是他們用民主的錯覺腐蝕了法國人的心智；「店小二、基督徒、母牛、女人、英國人還有其他民主主義者，應該被放在一起。」英國的功利主義與庸俗是歐洲文化的深淵，只有在一個競爭劇烈的國家，人們才會有生命只是為了生存而奮鬥的想法；只有在一個店小二與船老大的數量倍增到超過貴族階級的國家，民主才會被偽造、虛構出來。這就是英國帶給現代世界的禮物，一份害人的禮物。誰能解救歐洲免於英國的毒害並解救英國免於民主的毒害？

958《道德譜系學》，第98頁；《善惡的彼岸》，第146頁與208頁；索爾特，第469頁。

VIII

貴族政體

Aristocracy

民主意味著飄移與游離；意味著把許可權讓予一個有機體的每個部分，讓它們隨自己高興、為所欲為；意味著統一凝聚與相互依存的流逝，取而代之的是自由和混亂的登基；意味著崇拜平庸、憎惡卓越；意味著不可能有偉人的產生——偉人要怎麼屈服於選舉的羞辱與卑劣之下？他能有什麼機會？「人們所憎惡的是自由的精神、拒絕約束的人，以及跪拜者，宛如犬隻痛恨狼群。」這樣的人絕非「正常普通的黨員」。超人怎能在如此的土壤中得到滋養而成長？當一個國家最偉大的人才都被棄而不用、甚至因為根本不為人知而感到心灰意冷時，這個國家怎能變得偉大？這樣的社會是一個失格的社會，仿效以水平而非垂直方式進行，數量廣大的平凡之人變成大眾的理想和典範，而非優於大眾的卓越之人；人人都像是從一個模子出來的，甚至連兩性都愈來愈相似——男人開始變得像女人，女人開始變得像男人。[959]

女權主義是施行民主與基督教信仰的必然結果。「真正的男人不多，所以女人便設法使自己更具備男子氣概；唯有具備足夠男子氣概的男人，才能挽救女人原有的女人味。」易卜生說：「典型的老處女」創造出「被解放的女人」。「『女人是從男人的肋骨中創造出來的？『我的肋骨如此脆弱，真是神奇啊！』男人這麼說。」女人因她的「解放」而失去了權力與聲望，女人現在有她們在波旁王朝時所享有的地位嗎？男女之間的平等是不可能之事，因為他們之間永遠都會有戰爭，而沒有勝利，就沒有和平可言，和平只在其中一方被公認為主人時才會

959《權力意志》，第1卷，第382-4頁；第2卷，第206頁；《查拉圖斯特拉如是說》，第141頁。

到來。嘗試跟女人談平等是很危險的，因為她不會就此滿足；相較之下，如果男人夠像個男人時，她還比較滿足於屈從他。最重要的是，她的圓滿與幸福在於成為一個母親。「女人的一切是個謎，但女人的一切也有個答案：生兒育女。」「男人對女人來說是個工具，目的永遠是孩子；但女人對男人來說呢？……一個危險的玩具。」「男人應被教育成為戰爭而生，而女人應被教育成為戰士的娛樂而生，其他一切都是沒有必要的愚行蠢事。」然而，「比之完美的男人，完美的女人是更高等的人類，也更罕見而珍貴……對待女人，再多的溫柔都嫌不夠。」[960]

婚姻的緊張關係，部分是來自它滿足了女人，卻限制、掏空了男人。當一個男人追求一個女人時，他願意給她全世界；當她嫁給他時，他也的確這麼做了，因為一旦有了小孩，他就必須忘記這個世界；愛情的利他主義成了家庭的利己主義，誠實與創新是獨身的奢侈品。「就最高的哲學思想而言，所有已婚男人都是不可信的……整體來說，一個人選擇評估存在作為他的探索領域時，卻必須擔負起照顧家庭、賺取生計，給妻兒安全感與社會地位，對我來說似乎很荒謬可笑。」許多哲學家在兒女出生後就凋零了。「風吹進我的鑰匙孔，它說『來吧！』我的門狡猾地自己打開了，它說『走吧！』但是，我被自己對孩子的愛給束縛住了。」[961]

隨女權主義而來的是社會主義與無政府主義，它們全都是民主的垃圾。如果平等的政治權力才是公平正義，為何不求經濟權力也要平等？為何到處都有領導者的存在？有些社會主義者會欽慕《查拉圖斯特拉如是說》這本書，但他們的欽慕之情並不可取。「有些人鼓吹我對生命的學說，卻同時鼓吹平等……我不想被人把我跟那些平等的鼓吹者混為一談。因為在我內心，公平正義說道：『人是不平等的。』」「我們希望自己與他人不具備任何共同點。」「你們這些平等的鼓吹者，你們心中那無能的瘋狂暴君吶喊著要求平等。」大自然對平等深惡痛絕，它熱愛個體、類別與物種的分化變異；社會主義是違反生物學的，進化的過程牽涉到次等的物種、種族、種類或個體為高等者所利用；所有的生命都是剝削利用，最終以其他生命維持己身的存續；大魚會捕食小魚，這就是生命的原貌與始末。社會主義是一種妒忌：「他們想要我們所擁有的事物。」[962]然而，社會主義運動也是一種容易管理的運動，控制它只需要偶爾打開主人與奴隸之間的活板門，讓不滿的讀者往上來到天堂。令人擔心的不是領導者，而是那些卑下的低階者——他們以為藉由一場革命就能逃離原來的主僕從屬關係，但這其實是他們的無能與懶惰所造成的自然結果。雖說，奴隸只有在反抗時才是高貴的。

奴隸無論如何都會比他現代的主人——資產階級——來得高貴。有錢人成為眾多人崇拜與羨慕的對象，是十九世紀文化的劣質象徵。然而，這些商人也是奴隸、是常規的傀儡，忙碌的受害者，他們沒有時間去探索新的想法，思考是他們的禁忌，智識的樂趣對他們來說遙不可及；因此，他們汲汲於永無止境的追尋「幸福」，他們的華廈永遠不像家，他們庸俗的奢侈缺乏品味，他們用金錢堆砌充滿「原作」的畫廊，他們的聲色娛樂只會鈍化心靈，無法提振或刺激心智。「看看這些多餘的累贅！他們獲取了財富，卻變得更為貧窮。」他們接受了上層社會所有的約束與限制，獨缺得以通往心智王國的補償。「看看他們怎麼攀爬上去，這些動作敏捷的猩猩！他們爬過彼此身上，將自己拖入泥淖與深淵之中……充滿店小二的惡臭、野心的蠕動，以及死亡的氣息。」這樣的人擁有財富毫無用處，因為他們無法藉著高尚的用途、藉著對文學與藝術有識別能力的贊助，賦予這些財富尊嚴。「只有智者才應該擁有財產。」其他人視財產本身為目的，愈來愈肆無忌憚地追求它，看看「國家當前的瘋狂，尤其渴望生產得愈多愈好，同時可以變得愈富有愈好。」最後，人類變成了食肉的猛禽；「他們互相埋伏對方，伺機而動地攫取彼此的事物，而他們稱這樣的舉動為敦親睦鄰……他們在各種垃圾中尋找最小的利益。」「今日，商業道德只不過是一種經過改進、美化的海盜道德——在成本最低的市場購買，在價格最高的市場銷售。」這些人大聲疾呼著**自由放任**，不需政府干涉，但這些才是最需要監督與管控的人。或許在這種情況下，採行某種程度、同樣危險的社會主義甚至都是合理的；「我們應該從私人或私有企業手中拿走所有運輸與貿易的部門，因

960 《查拉圖斯特拉如是說》，第248頁與169頁；亨內克，《利己主義者》，第266頁。

961 《孤獨的尼采》，第77頁與313頁；《查拉圖斯特拉如是說》，第232頁。

962 《查拉圖斯特拉如是說》，第137-8頁；《善惡的彼岸》，第226頁；《權力意志》，第1卷，第102頁（預測了一場革命，「巴黎公社（Paris Commune）與之相比……似乎就像是輕微的消化不良而已。」）；第2卷，第208頁；《晨曦》，第362頁。當尼采撰寫這些關於貴族的段落時，住在一間由一年一千元的收入所支付的昏暗閣樓中——而這筆收入，絕大部分都被拿去支付了他書籍的出版費用。

為這些部分最有利於大筆財富的累積（特別是貨幣市場），並且看待那些擁有過多的人如同那些一無所有的人一樣，都對社會充滿了危險性。」[963]

高於資產階級、低於貴族階級的是軍人。一位在戰場上耗盡兵力的將軍，至少讓那些軍人在榮耀的麻醉下享有死亡的歡愉，也遠比在賺錢機器上耗盡勞力的雇主要來得高貴；你可以觀察到那些人離開他們的工廠前往殺戮戰場時，是多麼地如釋重負。拿破崙不是屠夫，而是施恩者，因為他讓人們死於軍人的光榮而非經濟的耗竭。人們蜂擁追隨他那致命的軍旗，因為他們寧可冒著戰爭的風險，也不願忍受生產一百萬顆領扣的單調乏味。「有一天，這項榮耀應賦予拿破崙，表彰他曾經一度使這世界的男人與戰士比零售商人與腓力斯人來得更重要。」戰爭對那些日漸軟弱、耽於安逸、卑劣可鄙的人來說，是一劑絕妙的療法，可以激發在和平中被腐朽殆盡的本能；戰爭與普遍兵役制對民主的柔弱不振是必要的解毒劑。「當社會的本能最終使它放棄了戰爭與征服時，它已然衰敗，適用民主與店小二標準的時機已然成熟。」然而，現代戰爭的起因與高尚絕對無關，王朝戰爭與宗教戰爭比用槍解決貿易紛爭還稍好一些。[964]「五十年之內，這些巴別塔政府（Babel government）」（歐洲的民主國家）「將會為了爭奪世界市場，在一場巨大的戰爭中交鋒。」[965]但又或許，從如此的瘋狂中會出現歐洲的統一——為了這樣的一個結局，甚至連貿易戰爭都不算是太大的代價；因為唯有一個統一的歐洲，才能有更高的貴族政體隨之產生，而歐洲也才有可能藉此恢復往日榮光。

政治的問題則是要防止商人掌權。因為這樣的人，只有政客的短視近利與急功好利，而沒有訓練來擔任政治家精英所擁有的長遠眼光與寬廣氣度。更優秀者擁有統治的神權，亦即優越能力之權利；單純的人有他們的位子，但不是在王權的寶座上，而在他們的位子上，他們很快樂，他們的美德對社會而言，跟領導者的美德一樣必要。「對深刻的心智來說，視其本身的平庸為一種障礙，是絕對不值得的。」勤勞、節儉、規律、節制、堅定的信念，平庸之人有了這樣的美德便趨近完美了，但完美只是一項工具。「高度的文明是一個金字塔，它只能豎立於一座寬廣的基底之上，前提是為強健穩固的平庸大眾所鞏固而成。無論何時、無論何地，總會有些人是領導者，有些是追隨者；絕大多數人不得不，但卻是快樂地，在較優秀者的智慧引導之下幹活。[966]

哪裡發現生物，哪裡就會聽到服從的聲音。所有的生物都是服從之物。第二點是，接受指揮者是無法服從自我的人，這就是生物的方式。我所聽到的第三點是，指揮比服從要困難得多；不僅是因為指揮者必須擔負起所有服從者的包袱，這樣的重擔也很容易會壓垮他——在我看來，艱難嘗試與危險，包含於一切的指揮工作當中；而不論何時，負責指揮的生物都冒著生命的危險。[967]

於是，理想的社會應被區分為三個等級：生產者（農夫、無產階級、商人）、政府官員（軍人與公職人員）以及統治者。統治者可遂行統治之職，但不能執行政府職務；因為，實際的政府工作是瑣碎而卑微的工作。統治者會是哲學政治家，而非公職人員；他們的力量是以信譽與軍隊的控制為基礎，但他們自己的生活則更像軍人而非金融家，他們將再次成為柏拉圖的保衛者。柏拉圖是對的，哲學家是最高等級之人，具備優雅、勇氣與力量，集學者與將領之能於一身；他們藉由謙恭有禮之舉與**團結精神（corps d'esprit）**結合在一起。「這些人經由道德[968]、崇敬、慣例、感恩，還有相互監督與同儕（inter pares）猜忌，嚴格地限制於範圍之內；另一方面，從他們對待彼此的態度中，他們會創造出關心、自我控制、體諒、自豪、友誼。」[969]

這樣的貴族政體會是一種等級制度嗎？他們的權力是世襲的嗎？大部分是的，偶爾也會開放讓新血流入。但是，再沒有比與俗不可耐的暴發戶通婚更能汙染並削弱貴族政體了，而這正是英國貴族的習性；也正是這樣的通

963 《不合時宜的考察》，第1卷，第142頁；《人性，太人性》，第1卷，第360頁；第2卷，第147頁與340頁；《偶像的黃昏》，第100頁；《查拉圖斯特拉如是說》，第64、305、355頁。
964 《喜悅的智慧》，第77-8頁；《善惡的彼岸》，第121頁；法蓋，第22頁；《人性，太人性》，第2卷，第288頁。
965 《道德譜系學》，第255頁（這項預測撰寫於1887年）。
966 《反基督》，第219-220頁。
967 《查拉圖斯特拉如是說》，第159頁。
968 這個可憐的流亡者何時得以重返？
969 諾爾道（Nordau）引述，《退化》（Degeneration），紐約，1895，第439頁。

婚，摧毀了這世界有史以來最偉大的政體——貴族政體之下的古羅馬元老院。沒有「意外出生」這回事，每一次生育都是自然對婚姻的裁決，只有經過世世代代的挑選與準備之後，完美之人才會出現。「一個人的祖先們已為他是什麼樣的人付出了代價。」

這個論點對我們長久以來的民主之耳來說，是否過於不中聽呢？但是，「那些無法承受這項哲學的種族注定要滅亡，而那些視其為最大幸事者則注定要成為世界的霸主。」唯有這樣的貴族政體才能具備足夠的遠見與勇氣，使整個歐洲成為一個國家，終結這種愚笨的民族主義（nationalism）、狹隘的**主戰論者**（**Vaterlanderei**）；讓我們成為像拿破崙、歌德、貝多芬、叔本華、司湯達爾和海涅一樣「優秀的歐洲人」。長久以來我們一直支離破碎，是整體的零散碎片；一項偉大的文化，如何能在充滿愛國主義偏見與狹隘地方主義（provincialism）的氛圍之中成長？狹隘政治的時代已經過去，偉大政治的來臨已難以抗拒。新的種族與新的領導者何時會出現？新的歐洲何時會誕生？

你們沒有聽說過我的孩子們嗎？跟我說說我的花園、我的快樂島、我的美麗新種族吧。我因它們而富有，也因它們而貧窮……我不曾屈服於什麼？為了擁有這些孩子、這些生機盎然的花園、這些作為我最高意志與希望的生命之樹，我有什麼不能屈服的？[970]

970《權力意志》，第2卷，第353、362-4、371、422頁；《善惡的彼岸》，第239頁；《不合時宜的考察》，第2卷，第39頁；《查拉圖斯特拉如是說》，第413頁。

IX

對尼采的批評

Criticism

這是一首美麗的詩。或許它太像一首詩，而非一種哲學。我們知道其中的荒謬之處，因為尼采太過於企圖說服並糾正他自己；但是我們也可以從字裡行間看得出來他所承受的痛苦，使得我們即使是在懷疑他之處，都必須愛他。曾幾何時，我們厭倦了多愁善感與妄想錯覺，開始津津有味地品嘗起懷疑與否定的刺痛；於是尼采的到來，對我們來說不啻是一帖強心劑，宛如在擁擠教堂中經歷一場冗長儀式後的開放空間和清新微風。「知道如何在我著作的空氣之中呼吸的人，會意識到令人振奮的是處於如此高度的空氣，一個人必須為此打造、鍛鍊自己，否則，它有可能會置他於死地。」[971] 我們千萬別錯把這麻醉劑當成嬰兒的牛奶。

還有，這是怎樣的一種風格！「人們總有一天會說，海涅跟我是迄今為止的德國作品中最偉大的藝術家，我們讓任何德國人能做的，就是在我們身後望塵莫及。」情況幾乎便是如此。[972]「我的風格會跳舞。」他說；每個句子都像一把長矛，語言的風格輕快敏捷、強而有力、興奮不安，就像是一位劍術家的風格，迅捷速度與高超技藝讓一般人眼花撩亂、應接不暇。然而重讀它時，我們可以從這樣的驚豔當中察覺出若干的原因是由於誇張的言語、有趣但最終過於神經質的自我中心、對每一項已被接受的觀念過度簡單輕率的反轉與倒置、對一切美德的嘲弄、對一切罪行的讚頌；我們發現尼采宛如大二學生，以令人震驚為樂；我們的結論是，當一個人並未偏袒任何

971《瞧！這個人》，第2頁。
972《瞧！這個人》，第39頁。尼采認為他自己是個波蘭人。

道德時，要變得有趣是很簡單的。這些武斷的主張、未修正的普遍通則、預言性的重複、自相矛盾的說法——來自他人並不比來自他自己多——揭露了一個失去平衡、徘徊於瘋狂邊緣的心智。最後，他的精彩絕倫就像抽打在肉體上的鞭子或談話時不時強調重點的大聲疾呼，使我們筋疲力竭、使我們的神經疲憊不堪。在這樣的言論暴力之中，有的是日耳曼人的恫嚇氣焰，[973]毫無藝術的首要原則——克制，也毫無尼采所欽羨的法國人特質——平衡、和諧，爭論時的文雅風格。儘管如此，它仍然不失為一種強而有力的風格，以滿懷的熱情與不斷重複的論點征服我們。尼采不需證明，他只是宣布並揭露，並以他的想像力而非邏輯贏得我們的青睞；他帶給我們的不只是一種哲學，也不只是詩文，而是一種新的信念、新的希望，以及新的宗教。

尼采的思想不亞於他的風格，在在顯示出他是浪漫主義運動之子。「什麼事，」他問道：「是哲學家要求自己的第一件也是最後一件事？是克服自己的年齡，成為『不受時間限制所影響』的人。」然而對於這個完美忠告，尼采自己在實踐上與其說是遵從，還不如說是違反來得多：他不僅接受了時代精神的洗禮，而且還完全地沉浸於其中。他不了解康德的主觀論（subjectivism）——正如叔本華如實地陳述「世界是我的表象」（the world is my idea）——如何導引出費希特的「絕對自我」（absolute ego），又如何導引出施蒂納的不平衡個人主義，再至超人的非道德論（ummoralism）。[974]超人不僅是叔本華的「天才」、卡萊爾的「英雄」，或是華格納的齊格弗里德，他看起來與席勒的卡爾．莫爾（Karl Moor）及歌德的格茨（Götz）極為可疑地相似；而尼采從年輕的歌德那裡採用的也不只是**超人**（Übermensch）這個詞，歌德後來展現出的超然鎮靜，令尼采不屑卻又羨又妒。他的信中充滿了浪漫的情感與溫柔，一再出現「我受苦」的字眼，幾乎就跟海涅慣用的「我死去」一樣頻繁。[975]尼采稱自己是「一個神祕而近乎狂女的靈魂」，並稱《悲劇的誕生》為「一位浪漫主義者的告白」。[976]「我恐怕，」他在給布蘭德斯的信中寫道：「我太像個音樂家而非浪漫主義者。」[977]「當一個作者的作品開始說話時，他就必須保持沉默。」[978]但尼采從不隱藏自己，他每一頁都要衝出來當第一個說話的人。他頌揚本能、反對思想，頌揚個體、反對社會，頌揚「狄奧尼索斯崇拜」、反對「阿波羅崇拜」（亦即浪漫類型對抗傳統類型），如同他自己的出生與死亡日期般明確無誤地背棄了自己的時代。他代表著他那個時代的哲學，就像華格納代表著那個時代的音樂一樣，集浪漫運動之大成，達浪漫主義潮流之高峰。他從所有社會束縛中解放並頌揚叔本華的「意志」與「天才」，如同華格納從傳統束縛中解放並頌讚在《悲愴奏鳴曲》（Sonata Pathetique）、《五號交響曲》（the Fifth Symphony）與《第九號交響曲》（the Ninth Symphony）之中被撕裂的激情。尼采是盧梭的傳承之中，最後一位偉大的繼承者。

現在，讓我們回首與尼采一同走過的來時路，並告訴他（雖然無濟於事）我們常常忍不住要打斷他的若干反對意見。在後來的數年，他其實明智到足以看出《悲劇的誕生》的創見是多麼地荒謬。[979]像是維拉莫維茨（Wilamowitz-Moellen-dorff）等語言學學者，完全不把這本書當一回事；根據埃斯庫羅斯推論出華格納的嘗試，不過是年輕的崇拜者在專橫暴政之神面前的自我犧牲。誰想得到宗教改革（the Reformation）是「狄奧尼索斯崇拜」，亦即狂野、非道德、嗜酒、酒神的，而文藝復興正是這些特質的相反，亦即安靜、受限、有節制的「阿波羅崇拜」？誰猜想得到「蘇格拉底主義（Socratism）是歌劇的文化」？[980]對蘇格拉底的抨擊，是對華格納的崇拜者表現不屑一顧的邏輯思維；對狄奧尼索斯的欽羨，則是一個需得久坐之人的偶像崇拜（拿破崙的神化也是如此）以及靦腆的單身漢對於男性化的嗜酒與性欲私底下又羨又妒的心態。

或許尼采認為前蘇格拉底時代是希臘幸福太平時期的看法，並沒有錯；伯羅奔尼撒戰爭無疑侵蝕了伯里克利文化（Periclean culture）的經濟與政治基礎，但是僅苛責蘇格拉底要為分崩離析的希臘負責（就好像尼采本身的作用

973 菲吉斯，第２０３頁與５６頁。
974 參見桑塔耶那，《德國哲學的自我主義》（Egotism in German Philosophy）。
975 例如，參見哈勒維，第２３１頁。
976 《悲劇的誕生》，第６頁與２５頁。
977 亨內克引述，《利己主義者》，第２５１頁。
978 法蓋引述，第９頁。
979 參見《悲劇的誕生》，引言第１頁與第４頁。
980 《悲劇的誕生》，第１４２頁。

主要也並非如此），而不提到他致力於挽救一個與其說被哲學所崩解，不如說是被戰爭、腐敗與不道德的行為所毀壞的社會，仍是頗為荒謬。只有抱持著悖論的教授，才會認為赫拉克利特隱晦難解、教條式斷簡殘篇的價值，高於柏拉圖圓融的智慧與成熟的藝術之上。尼采譴責柏拉圖就像他譴責自己所有的債權人一樣——債務人眼中的債權人，當然不會是什麼英雄。但是，除了色拉敘馬霍斯與卡利克勒斯的道德以及柏拉圖的蘇格拉底政治之外，尼采的哲學是什麼呢？他所有的語言學著作從未真正深入洞察希臘人的精神，也從未學到適度與自覺（就像德爾斐神廟銘刻的神諭以及來自偉大哲學家的教誨）必須築堤防護激情與渴望之火，而不是將其撲滅殆盡；[981]阿波羅必須給狄奧尼索斯設限。有些人把尼采說成是異教徒，但他其實不是；他既非佩里克利斯般的希臘異教徒，也非歌德般的德國異教徒，他缺乏使這些人堅強的平衡與克制之特質。「我將所有文化必備的條件，也就是平靜安寧，還給人們。」他寫道，[982]但可嘆的是，一個人要怎麼給別人他沒有的東西？

在尼采所有的著作中，只有《查拉圖斯特拉如是說》安然無恙地逃過批評與責難，部分是因為它的晦澀難解，部分是因為它無可反駁的優點，使得所有吹毛求疵的評論都因此而相形見絀。永恆回歸的觀念雖然對偏「阿波羅崇拜」的斯賓塞與偏「狄奧尼索斯崇拜」的尼采來說已習以為常，卻給人不健康幻想的印象，宛如是為恢復不朽信仰的一種怪異的、最後的努力。每個評論家都看出來為了準備並協助超人的到來，尼采大膽鼓吹的利己主義（查拉圖斯特拉「宣稱完整自我是神聖的，而自私的人有福了」，明確無誤地回應了施蒂納的主張）與利他主義和自我犧牲的訴求之間，存在著矛盾與牴觸。然而讀到這項哲學的人，誰會把自己歸類成奴僕，而不是超人呢？

至於《善惡的彼岸》與《道德譜系學》的道德體系，更是深具刺激性的誇張。我們認可要求人們變得更勇敢、對自己更嚴苛的必要，幾乎所有的道德哲學都是這麼要求的；但是，不會有要求人們變得更殘忍、「更邪惡」的迫切必要，[983]這顯然是一項超出本分以外的工作吧？同時，也沒有任何偉大的呼籲會控訴，道德是弱者利用來限制強者的一項武器，而強者並不怎麼為道德所打動，反過來卻巧妙地加以利用：大部分的道德規範都是由上強加於其下，而非顛倒過來；是故，群眾的褒貶都是藉由對聲望與信譽的模仿而來。謙卑偶爾被不當地對待也並非壞事，就像這位陰鬱的好詩人所說：「我們已經貶斥、迴避得夠久了」；但是，我們並未觀察到這項特質在現代人的品格之中有過剩的現象。在此，尼采反而未能具備他所頌讚對哲學極為必要的歷史感，否則他將會看到，心靈順從與謙遜的學說對野蠻民族那種暴力與好戰的美德來說，是一帖必要的解毒劑；這些蠻族在公元的第一個千年時，幾乎摧毀了尼采經常回頭從中尋找養分與庇護的那個文化。這項對權力與運動的荒唐強調，想必是對這個狂熱與混亂時代的回響吧？這項按說普遍的「權力意志」，幾乎沒有表達出印度人的寂滅境界、中國人的沉著平靜，或是中世紀農民對日常工作的滿足感。權力是某些人的偶像沒錯，但我們大多數人寧願渴求安全與和平。

整體來說，正如每個讀者所察覺，尼采沒能認識到社會本能的地位和價值，他認為利己主義與個人主義的衝動需要藉由哲學來加強！當整個歐洲陷入利己戰爭的泥淖，正在遺忘那些尼采極為欽慕，卻搖搖欲墜依靠著合作、社會禮儀與自我約束來維持的文化習性與收穫之際，令人不禁懷疑尼采的眼睛到底在看哪裡。基督教的基本功能是藉由灌輸溫和的極端理想以節制人類殘暴的天性，任何擔心人類從利己主義到過度的基督教美德而腐敗的思想家，只需看看尼采就可以感到安慰與放心。

因疾病與神經質而孤寂，被迫加入戰爭以對抗人類的惰性與平庸，尼采因此導引出的假設是，所有偉大的美德即獨一無二的人類所擁有之美德；他回應叔本華的個體在物種中被淹沒之說法，亦深受個體來自社會控制的不平衡解放之說影響。尋求愛情所遭受的挫折，使得他轉而怨恨女人，認為她們對哲學家來說不值得追尋、對男人來說則違反自然；失去親子關係與友誼，使尼采無從知曉生命中最美好的時刻是來自相互關係與同袍情誼，而非統治與戰爭。他活得不夠久遠，以致於無法使自己似是而非的陳述轉變成為成熟的智慧。或許，如果他活得夠久，便能夠將刺耳尖銳的混亂轉變成一種悅耳和諧的哲學。他用來描述耶穌的話，其實更適合用來描述他自己：「他死得太早；他自己會廢除他的學說，如果他能夠達到」一個更成熟的年紀，「足夠崇高的境界，就會撤銷他

981 參見桑塔耶那，第141頁。
982 哈勒維，第192頁。
983 參見諾爾道，《退化》，第451頁，對尼采有相當狂亂的攻擊，認為他是個富有想像力的虐待狂。

過去的主張！」[984]然而，死神對他有別的計畫。

或許他在政治上的願景比道德上來得更為堅實。貴族政體的確是理想的政府形態，誰能否認這一點？「啊，仁慈的天堂啊！在每個國家之中……有一個最合適、最明智、最勇敢、最優秀者；我們能找到誰來當我們之中的王，讓我們都能在真理之中……我們要用什麼技巧來找到他？天堂是否會出於憐憫，告訴我們任何技巧？因為我們對他的需要是多麼地強烈而巨大！」[985]然而，誰是最好的人選？最好的人選是否只出現於特定的家族之中，因此我們必須保有世襲的貴族？我們曾經有過啊，可是它只導致黨派的追逐、階級的無責任感，以及停滯不前的結果；或許貴族階級可以藉由與中產階級的通婚被拯救，但也往往因此而被毀滅。不然，英國貴族還能如何維持下去？或許近親繁殖反而會退化？顯然這些複雜的問題有著許多面向可以探討，但尼采在他似是而非的論點上未免投入得過於起勁。[986]世襲貴族並不熱中於世界統一，反而傾向於狹隘的民族主義政策，無論他們在表現作為上是多麼國際化，倘若他們摒棄了民族主義，就會失去了操縱對外關係的主要力量來源。或許，一個世界國家（world-state）對文化的幫助並不如尼采所想像的那麼大，廣大群眾移動的速度是很緩慢的，當德國只是「一種地理的表達方式」時，各自獨立的王宮在藝術贊助上相互競爭，或許對文化的貢獻還比它的帝國統一與擴張的時期來得更大。珍惜歌德、拯救華格納的人，並不是一位皇帝。

以為文化的偉大時期都來自於世襲貴族的時代，是一種常見的錯覺。相反地，佩里克利斯、梅迪奇（Medici）、伊莉莎白（Elizabeth）家族興盛時期以及浪漫主義時代，都深受新興資產階級的財富所滋養；同時，文學藝術上的創意作品並非貴族家族的成就，而是中產階級的產物：是由助產士的兒子蘇格拉底、律師的兒子伏爾泰，和屠夫的兒子莎士比亞，是由這樣的人創造出來的成果。運動與改變的時代，亦即充滿活力的新興階級權力與自尊崛起的時代，刺激了文化的創作，政治亦然；把缺乏貴族血統的天才排除於治國之才的門檻外，不啻是一種自我毀滅之舉。較佳的方案當然是一種「開放給人才的職業」，而不論人才的出身為何，即使是天才，也會從最匪夷所思的地方出生。讓我們可以被**所有**最優者統治。貴族政體要能流暢運作，只有在其中的成員不是因為出身、而是因為能力而被授予權力；也就是說，基於一個樂於開放給所有人均等機會的民主國家，貴族政體才能持續精選最優秀者、不斷從中取得養分。

扣除了這些之後（倘若這些都是必須的），還剩下了什麼？剩下的也足夠讓評論家渾身不舒服了。每個胸懷大志者與受尊敬的體面人士都駁斥了尼采的學說，然而，他仍然是現代思想史上重要的里程碑，也是德國散文的顛峰代表。他固然對若干誇大的毛病難辭其咎，特別是當他預測未來將會把過去分成「尼采之前」與「尼采之後」兩個時期；但他的確成功對體制與主張進行有益的嚴格探討，而這些體制與主張，幾個世紀以來一直都被視為理所當然。他被認為為希臘戲劇與哲學開創了一幅新的遠景，並指出華格納的音樂中開始埋下了浪漫主義的衰敗種子；他分析人性的精微與敏銳，宛如一把外科醫生的手術刀般犀利，或許也同樣地有助益；他揭露了某些隱藏的道德根源，沒有任何現代思想家能夠做到這一點；[987]「他提出一項迄今在道德領域中幾乎不為人知的價值觀，也就是貴族精英之說。」[988]他強迫我們不得不誠實思索關於達爾文主義的倫理意涵，他撰寫出他的世紀裡最偉大的散文詩，同時（也是最重要的一點），他設想到人類就是人類自己必須超越的事物。他的言語尖刻苦澀，卻有著無價的真誠；他的思想貫穿現代心智厚重的雲層與糾結的蛛網，宛如淨化一切的閃電與呼嘯而過的狂風。因為有了尼采，現在歐洲的哲學天空顯得更明晰、更清新了。[989]

984《查拉圖斯特拉如是說》，第99-100頁。

985卡萊爾，《過去和現在》（Past and Present），紐約，1901。

986「在我年輕時，」尼采在某個時候曾這麼說：「我以模稜兩可嘲弄這世界；現在我老了，我真心為此懺悔。」

987雖然如你所料，尼采的道德要素可以從柏拉圖、馬基維利、霍布斯、拉羅什富科，甚至在巴爾扎克筆下《高老頭》（Pere Goriot）之中的魏特琳（Vautrin）中找到。

988齊美爾（Simmel）。

989對熟悉阿志巴綏夫（Artzibashef）、斯特林堡、皮哲比謝夫斯基（Przybyszewski）、霍普特曼（Hauptmann）、戴邁爾（Dehmel）、漢姆生（Hamsun）、鄧南遮（d'Annunzio）著作的人來說，尼采對當代文學的廣泛影響已無需贅述。

X 終曲 Finale

「我愛他創造出超越自己的事物，然後殞滅。」查拉圖斯特拉說。[990]毋庸置疑，尼采思想的強度讓他的心力提早消耗殆盡，他對抗時代的戰役則使他的心智失去了平衡；「與時代的道德體系對抗始終是一件可怕的事，它的報復必然隨之而來……不管是從內還是從外。」[991]到最後，尼采的文字益發尖酸刻薄，他抨擊的對象不僅是想法觀念，還有人──華格納、基督等。「智慧的成長，」他寫道：「可以藉由苦澀尖刻的程度降低，來加以確切地衡量。」[992]但是，他無法說服自己那枝犀利的筆，甚至當他的心智逐漸崩潰瓦解時，他的笑聲都開始變得神經質；再沒有比這段反思更能清楚揭露那正在腐蝕他的毒害了：「或許我最了解為何人類是唯一會大笑的動物：他獨自一人的苦難是如此難以承受，因此不得不發明出笑聲。」[993]疾病與日益嚴重的失明之苦，是導致尼采崩潰的生理因素。[994]他開始失去控制，屈服於妄自尊大與被迫害的偏執妄想之下。他寄了一本他的著作給丹納，附上注記跟這位偉大的評論家保證，這是有史以來最令人驚嘆的一本書；[995]同時正如我們所見，他也在他最後一本書《瞧！這個人》之中瘋狂地自我吹噓[996]。**瞧！這個人！**哀哉，我們看見的這個人真是再好不過了！

倘若有若干來自他人的賞識評論，或許可以先一步阻止這種代償性的自我主義，讓尼采更能保持住他的洞察與理智；但是，對他的公允評價與賞識顯然來得太晚。當幾乎所有人都忽視他或譏誚他時，只有丹納寄給他慷慨的讚美之詞；布蘭德斯寫信告訴尼采，他在哥本哈根大學（University of Copenhagen）開了一門講座課程，教授尼采的「貴族式激進主義」（aristocratic radicalism）；斯特林堡則寫信跟尼采說，他將尼采的想法轉化成戲劇性的利用方式；但或許其中最棒的一件事，就是一位匿名的仰慕者寄來一張四百元的支票。但是，當這些微弱的曙光出現時，尼采在視力與靈魂上都幾近失明了；他已然放棄了希望。「我的時代尚未到來，」他寫道：「唯有明天之後的時日是屬於我的。」[997]

西元一八八九年一月，最後一擊在杜林以暴怒的中風形式到來。尼采跌跌撞撞、蹣跚而盲目地摸索回他閣樓的房間，匆匆給數人寫下了喪失心神的信件：對科西瑪．華格納（Cosima Wagner），他寫了「阿里阿德涅（Ariadne），我愛你。」這幾個字；對布蘭德斯，他寫了一段較長的訊息，署名是「被釘上十字架者」（The Crucified）；對布克哈特與奧弗貝克寫了古怪荒誕的書信，以致於奧弗貝克收到信後急忙趕來幫忙，並發現尼采正在用他的手肘猛撞鋼琴，哭號著高唱他的酒神狂喜之歌。

一開始，他們把尼采送進一間精神病院，[998]但是他年老的母親連忙趕來安撫他，以她自己的寬容關懷悉心照料著他。這是多麼感人的一幅情景！這位虔誠的女人敏感但耐心地承受她的兒子背離一切她所珍視的價值之衝擊，儘管如此，仍然深愛他並且以自己的雙臂來接納他，宛如另一幅**聖母慟子像**（Pietà）。尼采的母親於西元一八九七年辭世，於是尼采被他的妹妹帶往威瑪。克萊默（Kramer）塑造了一座尼采的雕像，這件令人悲憫的事物，展現出這一度強大的心靈經歷崩毀、無助與認命。但是，尼采並非全然地不快樂，他現在擁有的和平與寧

990《查拉圖斯特拉如是說》，第86頁。
991 埃利斯，第39頁。
992 埃利斯引述，第80頁。
993《權力意志》，第1卷，第24頁。
994 參見古爾德（Gould）的《傳記診所》（Biographical Clinic）中關於尼采的文章。
995 菲吉斯，第43頁。
996《瞧！這個人》，第20頁；參見諾道爾，第465頁。
997《瞧！這個人》，第55頁。
998「正確的人在正確的地方。」殘酷的諾道爾如是說。

靜，是他神智清楚時從未有過的享受；當大自然讓他發瘋時，也對他展現了憐憫之心。尼采有一次偶然發覺他的妹妹正看著他啜泣，他無法理解她為什麼哭：「伊莉莎白（Lisbeth），」他問道：「你為什麼哭？我們不快樂嗎？」還有一次，尼采聽到有關書籍的談話，他蒼白的臉突然亮了起來：「啊！」他面露喜色地說道：「我也寫過好些很棒的書呢！」然而，片刻的清醒瞬間即逝。

西元一九〇〇年，尼采離開了人世。鮮少有人為天才付出了如此巨大的代價。

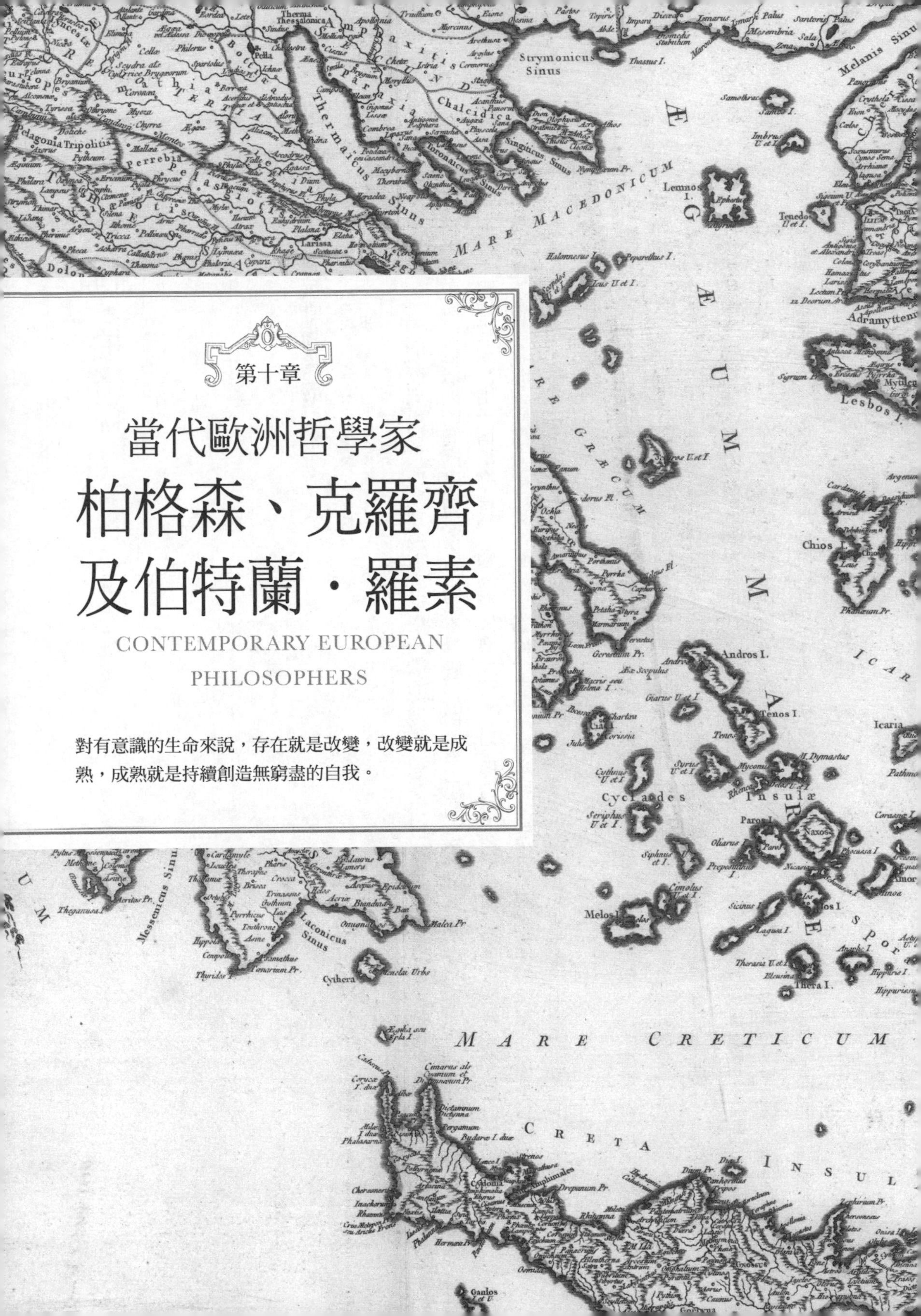

第十章

當代歐洲哲學家

柏格森、克羅齊及伯特蘭・羅素

CONTEMPORARY EUROPEAN PHILOSOPHERS

對有意識的生命來說，存在就是改變，改變就是成熟，成熟就是持續創造無窮盡的自我。

I 亨利·柏格森 Henri Bergson

1. 對抗唯物論的反叛 The Revolt Against Materialism

現代哲學的歷史可以寫成物理學與心理學交戰的篇章。思想可以從它的對象開始，最後仍保持其一致性，在物質現象與機械法則的範圍之內設法帶出它本身神祕的現實；思想也可以從它本身開始，藉由邏輯顯而易見的必要性，驅使它設想出一切事物皆為心智的形式與產物。數學與力學在現代科學發展上的優先順位，以及工業與物理學在擴張需求的共同壓力下之相互刺激，都給予思辨一種唯物論的推動力，也使得哲學的模式成了這些科學中最成功的一項。雖然笛卡爾竭力主張哲學應該始於自我再往外求，西方歐洲的工業化卻驅使思想遠離了思想本身，駛往物質事物的方向。

斯賓塞的體系是機械觀點達到最高點之表現。他雖被譽為是「達爾文主義的哲學家」，卻是工業化更真實的倒影與代表；他賦予工業榮耀與美德，這在我們事後看來似乎很荒謬可笑；他的觀點與其說是一位生物學家對生命**活力**的感受，不如說是一位機械技師跟一位工程師對物質運動的理解。斯賓塞的哲學被迅速淘汰，主要是因為近代思想中，物理學已為生物學的觀點所取代，從不斷成長的傾向，而非事物的慣性，去看待世界在生命運動中的本質與奧祕。的確，在我們這個時代，物質本身幾乎就呈現了生命：電學、磁學、電子的研究都給物理學帶來活力論的調性，而不是減少心理學轉向物理學——這點多少也是英國思想有自覺的雄心抱負；因此，我們採取了賦予物理學生命的方法，並採用了一種幾近精神化的物質觀點。在現代思想中，是叔本華首先強調生命的概念比力量的概念更根本、更包容的可能性；在我們的世代，則是柏格森汲取了這個想法，並且透過他的真誠與無礙的辯才之力，幾乎轉變了一個抱持著懷疑態度的世界。

西元一八五九年，柏格森出生於巴黎，雙親有著法國及猶太人血統。他是一個熱中於學習的學生，似乎只要有什麼獎項，他都可以拿得到。剛開始，他藉由專攻數學與物理學向現代科學傳統表示敬意，但是他的分析才能很快就讓他碰上了潛伏於每一門學科背後的形上學問題，於是他自然而然地走上通往哲學的道路。西元一八七八年，他進入巴黎高等師範學院（Ecole Normale Supérieure）就讀，畢業之後，隨即被指派到克萊蒙費朗公立中學（Lycée of Clermont-Ferrand）教授哲學；西元一八八八年，他在那裡寫出了他的第一本重要著作《時間與自由意志》（Essai sur les données immédiates de la conscience，英譯為Time and Free-will）；沉寂了八年之後，他的下一部作品（也是最困難的一部）《物質與記憶》（Matiére et mémoire）才出現。西元一八九八年，他成為巴黎高等師範學院的教授；西元一九〇〇年，又成為法蘭西學院（Collège de France）的教授，從其時起便一直未變。西元一九〇七年，他以最傑出的作品《創造進化論》（L'Evolution créatrice，Creative Evolution）享譽國際，幾乎一夕之間成為哲學界最受歡迎的人物。他的成功，只需看到他的書被放上西元一九一四年的禁書目錄就知道了，而就在這一年，他被遴選為法國科學院院士。

柏格森，這位注定要屠戮唯物論巨人的大衛，值得注意的一點是他從年輕時即為斯賓塞的信徒。但是了解得愈多，反而導致他開始抱持著懷疑的態度；初期的信徒是最有可能的變節者，正如年少時的罪人往往在年老時變成了聖人。柏格森愈深入探討斯賓塞，就愈敏銳地察覺到唯物論機制中三個患有風濕病症的關節：在物質與生命之間、身體與心智之間，以及決定論與選擇之間。巴斯德（Pasteur）的耐心使得自然發生論（abiogenesis）的信念（生命由非生命物質所產生）已不足採信，而經過百年來的理論與上千個徒勞無功的實驗，物質主義者在解決生命起源的問題上可說是毫無進展；再者，雖然思想與大腦有著顯而易見的連結，連結的方式卻從來不曾被發現。如果心智是物質，所有心理活動都是神經狀態的一種機械結果，那麼，意識的用途是什麼？正如誠實又具邏輯性的赫胥黎所稱，為何大腦的物質機制不能免除這種「附帶現象」（epiphenomenon）——這團由大腦的騷動所產生的無用火焰？最後，決定論有比自由意志更容易理解嗎？如果當下這一刻不包含任何活生生的、創造性的選擇，完全是前一刻的物質與運動機械式產物，那麼，前一刻也是更前一刻的機械式效應或結果，以此無窮盡地回推……，直到我們來到原始的星雲，也就是之後所有事件的總因；這些事件，包括莎士比亞戲劇中的每一行文字詩句、他的靈魂中的每一項苦難；哈姆雷特與奧賽羅、馬克白與李爾王的陰鬱言辭，每一個子句、每一個詞組，都是來自遙遠的天空和漫長的億萬年前，已由那傳說中的星雲之結構與內容所寫成。這是怎樣一篇建立於輕信之上的草稿！這是怎樣的信仰運動，竟敢要求這個懷疑的世代相信如此的理論！《舊約聖經》或《新約聖經》的奧祕或奇蹟，有這個荒謬可怕的宿命神話、這個星雲組成的悲劇一半的不可思議嗎？這裡已經有夠多足以反抗之事。倘若柏格森可以如此迅速地崛起並聲名大噪，那是因為，他有勇氣去懷疑所有懷疑者曾經虔誠篤信的信念。

2. 心智與大腦
Mind and Brain

我們很自然傾向於唯物論，柏格森認為，那是因為我們傾向於就空間的方面來思考，我們全都是幾何學家。但是，時間跟空間一樣地基本，而且無疑是時間掌握了生命的本質，或許還有一切的現實。我們必須理解的是，時間是一種累積、成長與持續。「持續是過去的不斷進展，它侵蝕未來，並且在前進時膨脹、增長。」意指「全體的過去延長到現在，確實停留在那裡發揮作用。」持續意指過去的綿延不斷，因此沒有任何事物會被遺忘或錯失。「我們無疑只思考著過去的一小部分，但重點是我們整個的過去……我們的渴望、意志與行動作為。」既然時間是一種累積，未來就永遠不會跟過去一樣，因為我們所踏出的每一步之中都有新的累積產生。「每一刻不只是新的，而且是無法預見的……改變會遠比我們所設想得還徹底。」對萬物的幾何性預測雖是機械論者

（mechanist）科學的目標，卻僅是知性論者（intellectualist）的幻想；無論如何，「對有意識的生命來說，存在就是改變，改變就是成熟，成熟就是持續創造無窮盡的自我。」如果這對萬物來說皆為真呢？或許所有現實都是時間與持續、形成與改變？[999]

以我們人類來說，記憶是持續的工具、時間的侍女；藉由記憶，我們才能有這麼多的過去被積極地保留下來，多樣的選擇才能在每種情況中展現出來。當生命在它的範圍、傳承及記憶上變得愈來愈豐富時，選擇的領域也隨之擴大，最後，種種可能的反應就產生了意識，也就是反應的排練。「意識似乎與生物選擇的力量成比例，它點亮了圍繞著行為的潛能區域，填補了『已經做的事』與『可能會做的事』之間的空白。」意識並非無用的附加物，而是一座充滿想像力的生動戲院，在做出不可挽回或改變的選擇之前，各種選項的反應會在那裡進行描繪與測試。「在現實中，」那麼，「一個生物就是一個行動的中心，代表著進入世界的所有偶然與應變的總和；也就是說，可能行動的特定數量。」人類不是被動適應的機器，而是重新調配的力量以及創造進化的中心。[1000]

自由意志是意識的必然結果，說我們是自由的，只意味著我們知道自己在做什麼。

記憶的主要功能是喚起所有類似於目前感知的過去感知，幫我們回想起它們前後的事情，藉此建議我們最有用的那一項決定。但它的功能還不僅於此，藉著讓我們在單一直覺中抓取眾多持續的時刻，記憶讓我們免於大量事物運動，也就是「必要節奏」的約束，記憶能收斂成一個瞬間的時刻愈多，就能使我們對事情的掌握益發穩當；如此一來，生物的記憶即可確實地浮現，最重要的是，得以衡量它對事物採取行動的能力。[1001]

如果決定論者是對的，每一項行動作為都是先前存在的力量自動、機械的結果，那麼動機就會不費吹灰之力

999《創造進化論》，紐約，1911，第7、15、5、6、1頁。
1000出處同上，第179頁與262頁。
1001《物質與記憶》（Matter and Memory），倫敦，1919，第303頁。

的湧現並促成行動；然而恰恰相反，選擇是負擔沉重、必須付出努力的工作，它需要決心，提升人格的力量以對抗衝動、習慣或懶散的精神引力。選擇是一種創造，而創造是吃力而艱辛的工作，因此，人類才會有擔憂的特性，也才會疲憊地羨慕動物無須選擇的例行常規，認為牠們「是那麼地平靜和自足」。只不過，你的狗呈現出孔夫子般的安寧祥和，並非出自於哲學的冷靜沉著，也不是莫測高深的寧靜表象，只是本能的必然，一種動物不需、也無法選擇的規律與秩序。「對動物來說，發明不過就是例行主題的一種變化而已，限制物種的習性，無疑能夠成功地讓牠們藉由個體的主動性而得到擴展，但也只能逃離這種自動作用一時半刻，僅足以創造出另一個新的自動作用。囚禁的大門一打開，立刻又關上了；拉扯牠的鐐銬，能做到的也只是把鐐銬的鎖鏈拉長而已。但對人類來說，意識能夠打斷這樣的鎖鏈，也只有人，能夠讓自己得到自由。」[1002]

再者，心智並不等同於大腦。意識依賴大腦，大腦停擺則意識也一起停擺，它的情況就像是一件外套掛在一根釘子上，當釘子掉落時外套也一併掉落，但這並不證明這件外套是一種「附帶現象」，是這根釘子的裝飾用表層物質。大腦是影像與反應模式的系統，意識則是影像的回憶與反應的選擇。「河流雖然必須取道河床蜿蜒曲折的路徑，但它的方向與河床截然不同，正如意識與賦予它生命的有機體截然不同，雖然它也必須經歷這個有機體的起伏變化。」[1003]

> 有時我們會聽到這個說法，說我們的意識是直接與大腦連結，因此我們必須認為，只有具備大腦的生物才擁有意識，而不具備大腦的生物則沒有意識。但是，很容易看出這種說法的謬誤：這就好像我們說，因為我們自己的消化功能直接與胃相連，所以只有具備胃這個器官的生物才有消化的功能；但這麼說的話，我們就錯得離譜了，因為許多生物並不需要胃或甚至特定的器官才能消化，一隻阿米巴原蟲雖然是幾乎未經分化的一團原生質，仍然具備著消化的功能。正確來說，分工的精細程度與生物的複雜性與完善度成正比；特定器官會指派以負責特定功能，而消化的機能就集中於胃，或者更確切地說，一個普遍的消化器官，由於局限於單一功能而能夠運作得更好。同樣地，在人類來說，意識毫無疑問是與大腦連結在一起，但這點絕不能導引出「大腦對意識來說是不可或缺的器官」之結論。我們可以看出動物

的階層愈低，神經中樞就愈簡化、彼此分隔得愈開，最後完全地消失，融進這個有機體幾乎無甚差異的整體團塊之中。那麼，如果在最高階層的生物中，意識是附屬於極為複雜的神經中樞，我們能否假設意識會伴隨著這整個神經系統往下衍生，當最後神經物質融入尚未分化的生命物質時，意識還是存在那裡，雖然擴散而混亂，但並未消失無蹤？這樣的話，理論上來說，一切生物可能都有意識；**原則上**，意識與生命共榮共存。[1004]

儘管如此，為何我們似乎總是以物質與大腦來設想心智與思想？這是因為我們稱之為「智識」的部分心智，就是一個與生俱來的唯物論者；在進化的過程中，它的發展就是為了理解並處理與物質、空間有關的對象，於是從這個領域之中，它便衍生出它所有的概念與「法則」，以及它無遠弗屆、宿命的、並可預測的規律性觀念。「我們的智識，以這個字眼的狹義來說，它的用意在於確保我們的身體完美適應周遭的環境，並代表它們與外界事物的關係；簡言之，智識思考的對象就是物質。」[1005]它熟悉的是固體、無生命的事物，認為所有的形成（becoming）都是存在（being）、[1006]都是一系列的狀態；然而，它忽略了事物的連結組織，以及組成其生命的時間持續之流動現象。

仔細觀察一部電影，它在我們疲憊的眼睛之下似乎以運動與動作活了起來，在此，科學與機械作用的確抓住了生命的連續性；反之，科學與智識也正是在此暴露了它們的局限性。電影並不會動，因為它並不是一幅運動中

1002《創造進化論》，第264頁。這是柏格森慣於利用比喻取代論點的一個例子，也可看出他傾向於誇大動物與人類之間的差距。但哲學不該遂行阿諛奉承之實。吉羅姆・可瓦尼亞比較明智，他「拒絕簽署《人類權利宣言》（Declaration of the Rights of Man），因為人類與猩猩之間被畫出來的那條明顯界線是無根據且不合理的。」

1003 出處同上，第270頁。

1004《心力》（Mind-Energy），紐約，1920，第11頁。

1005《創造進化論》，第9頁。

1006 參見尼采：「存在是由那些承受形成之苦的人所發明的虛構謊言。」《悲劇的誕生》，第27頁。

的畫面，它只是一連串瞬間拍攝下來的照片，快速連續拍下來的「快照」，被快速連續地投射於螢幕上時，可以讓觀眾心甘情願地享受一種連續性的錯覺，就像他在童年時期看過的那些拳擊英雄的微型電影（thumb-nail movie）；但是，它仍然只是一種錯覺，電影膠片顯然只是一系列的照片，在其中，一切彷彿永遠靜止且凝結住了。正如「運動中」的照片，相機把靜態的姿勢分割成栩栩如生、流暢的現實，人類的智識也抓住了一系列的狀態，但錯失了將它們編織成完整生命的連續性。也就是說，我們看見物質，卻忽略了能量；我們以為自己知道物質是什麼，但是當我們在原子的核心中發現能量時，我們困惑茫然、不知所措，我們的範疇與分類頓時消融、無影無蹤。「誠然，為達更高的嚴密性，數學過程中有關運動的所有考量因素都會被消除；然而將運動的概念引進數字的創始，卻是現代數學的起源。」[1007]在十九世紀時，除了傳統的空間幾何學之外，幾乎所有數學上的進展都是來自於時間與運動概念的運用。正如我們可以從馬赫、皮爾森以及亨利・龐加萊（Henri Poincare）的著作中看出，令人不快的懷疑氛圍瀰漫所有當代科學之中：「精確」的科學竟是一種近似值，它抓住的僅是現實的慣性，而非真實的生命。

但是，倘若我們堅持將物理概念運用於思想的領域，並以決定論、機械作用、唯物論的**僵局**告終，那就是我們自己的錯了。反思的最微不足道之時刻，都能顯示出將物理概念運用在心智的世界是多麼不恰當：我們能輕易的將一英里想像成半英里，瞬間的意念思考就能環遊地球一周；我們的想法逃避一切這樣的努力——不論是被描繪成在空間中運動的物質粒子，或是被空間局限其快速的移動與運作。生命逃避這些**堅實**的概念，因為它是有關時間的問題，而非空間；生命不是定位，而是改變；不是那麼地與數量相關，而是質量；不只是單純物質與運動的再分配，而是流動而持久的創造。

一條相當短的曲線非常接近一條直線，越短越接近。在短到極限的情況下，它可以隨你高興地被稱為直線的一部分，因為在它的每一個點上，曲線會與切線重疊。所以同理，在任何一點上，「生命力」就是對物理與化學力量的切線；但事實上，大腦會想像：產生曲線的運動會在不同時刻停駐，曲線上的點只是心智依據想像採取的看法。在現實中，正如直線並非由曲線組成的一樣，生命也不是由物理化學元素所構成。[1008]

如果不藉由思考及智識，那麼我們該如何抓住生命的流動與本質？智識就是一切嗎？讓我們停下來想想，凝視內在的現實，亦即我們自己；比之所有其他事物，我們對自己的認識應更為清楚。那麼，我們看到什麼？心智，而非物質；時間，而非空間；行動，而非被動；選擇，而非機械作用。我們看見生命的精微之處是在於它巧妙而有穿透力的流動，不是在於它的「心理狀態」，也不是它那被奪去生命、四分五裂的各部位——就像動物學家在檢視死青蛙的腿，或是在顯微鏡下研究調配製品，卻認為自己是研究**生命**的**生物**學家！這種直接的感知、單純而可靠的看待（**期待**（**intueor**））事情，是一種直覺；不是任何神祕的過程，只是對人類心智的可能做最直接的檢視。斯賓諾沙是對的，反射性思想（reflective thought）絕非最高形式的知識；它無疑比道聽塗說來得強，但是與事物本身的直接感知比較起來，它又是多麼地不堪一擊！「真實的經驗主義給自己訂定的任務是，藉由某種智識的聽診，盡可能接近生命的原貌，或探測它的深度、或感受它的精神脈動。」[1009]我們「收聽」生命的電流，透過直接感知，我們感受到了**心智**的存在；透過智識的婉轉言詞，我們得到思想是分子在大腦裡跳舞的見解。直覺在這裡見到的生命核心更為真實，我們對此還有任何懷疑嗎？

這並非意指著思想是一種疾病，如同盧梭的看法；也不是說智識是一種奸詐危險之物，每個正派的公民都應該斷然拋棄它。智識仍保有處理物質與空間世界、應對生命與心智物質方面或空間表現形式的正常功能，而直覺則僅限於生命與心智的直接感覺——不是它們的外在體現，而是內在本質。「我從未堅持『以他物取代智識的位置』或將本能置於智識之上是必要的，我只是試圖證明，當我們脫離數學與物理學的領域、進入生命與意識的領域時，我們必須訴諸某種超越純粹理解的**生命感**（**sense of life**），它源自跟本能一樣的必要衝動；雖然嚴格來

1007《創造進化論》，第32頁。
1008 出處同上，第31頁。
1009《形上學導論》（Introduction to Metaphysics），第14頁。

說，所謂的本能是截然不同的一回事。」我們也並未試圖「以智識來駁斥智識」，只是「採用理解的語言，因為只有理解才擁有語言。」如果我們使用的是僅有象徵意義的心理學特定字詞，但仍然帶有它們的起源強諸於其上的物質內涵之色彩，我們也無能為力。**精神**（Spirit）意指著**氣息**（breath），**心智**（mind）意指一種**判斷基準**（measure），**思想**（thinking）則意指一件**事物**（thing）；儘管如此，這些都是靈魂必須用以表達自己的粗糙媒介。「應當這麼說，我們並未超越我們的智識，因為我們的智識還是存在著；藉由我們的智識，我們可以看到意識的其他形式。」即使連內省與直覺，都是唯物論者的隱喻與象徵。這將是一項合理而正當的反對理由，「倘若我們的概念與邏輯思維中，並未殘留一種模糊的星雲狀物質，它由某種特有的物質所構成，從其中形成的明亮核心　我們稱之為智識。」這門新的心理學對我們揭示了一處遠比智識寬廣至極的心智領域。「探索無意識最不可侵犯的深度，深耕意識的底土，這就是心理學在這個剛展開的世紀所擔負之主要任務。我毫不懷疑，精彩絕妙的發現正在前方等著我們。」1010

3. 創造進化論
Creative Evolution

有了這項新的定位，進化論在我們看來似乎不一樣了，與達爾文和斯賓塞所描述盲目、沉悶的鬥爭與破壞機制截然不同；我們意識到進化論中持續的、生命力的累積，以及生命與心智的創造力。「全新發現的持續發展。」我們也準備好去理解，為何最新、最專業的研究者像是詹寧斯（Jennings）及莫帕（Maupas）拒絕了原生動物行為的機械論，為何威爾遜教授（Professor E. B. Wilson），這位身為當代細胞學家的院長，以如下的論述為他關於細胞的著作總結：「整體來說，對於細胞的研究似乎是擴大、而非縮小那分隔最低等的生命形式與無機世界之間的巨大差距。」在生物學的世界中，到處都可聽到一片撻伐達爾文的反對聲浪。1011

達爾文主義大致意味著，適合變異的物競天擇形成了新的器官與功能、新的生物與物種的起源；但是這項成形才幾乎不到半世紀之久的概念，已經宛如蟲蛀般破爛不堪、窒礙難行。這個理論如何解釋本能的起源？設想它們是後天習性的承襲累積當然很方便，但是專家的意見在我們面前關起了那扇門，雖然也許有一天，那扇門會再開啟。如果只有先天的力量與特質可被傳送，每一項本能在一開始出現時，必然就跟它現在一樣地強大；可以這麼說，它必然一出生就已成熟，全副武裝地蓄勢待發，否則，它便無法在生存的爭鬥中對它的擁有者產生幫助。如果本能在一開始出現時就軟弱不堪，它只能藉由非經遺傳而來的後天實力（以目前的假設來說）達成生存的價值。每個起源在這裡都是一項奇蹟。

同時，就跟最先出現的本能一樣，各種變異也是如此。我們不禁要問，變化如何以它的第一種形式，提供選擇一個可乘之機；尤其在某些情況下，像是眼睛這類構造如此複雜的器官，困難程度著實令人沮喪：要不是眼睛以完全成形、具備完整能力的形式一次到位（這就跟約拿（Jonah）在鯨魚腹中的反省一樣的可信），就是變化藉由一次偶發的生存，開始一連串更為「偶發」的變異，從而製造出眼睛。基於變異與天擇的盲目過程所導引出複雜結構的機械生產理論，每一個步驟呈現給我們的都是童話故事，全都有著一切童年傳說的不可置信，卻毫無童話的美好之處。然而，最關鍵的困難點在於，不同方法所導致的類似效果出現在大相逕庭的進化路線中。以動植物發明性別作為繁殖的方式為例，動物與植物雖是極為分歧的進化路線，卻都發生了相同而複雜的「意外」；另外一例是在兩個截然不同的門——軟體動物和脊椎動物——中視力器官的發展，「相同而數不盡的小型變異，倘若只是純屬偶然，怎能以相同的順序發生於兩條全然獨立的進化路線上？」還有更引人注目的是：

自然界藉由截然不同的胚胎發生過程，讓相鄰的物種有時竟產生一模一樣的結果……脊椎動物的視網膜是由胚胎尚未發展完成的大腦所擴展形成的……相反地，軟體動物的視網膜是由外胚層[1012]直接衍生

1010 魯何（Ruhe），《柏格森哲學》（The Philosophy of Bergson），第37頁；《創造進化論》，第258頁與12頁。

1011 出處同上，第11頁與35頁。

出來的……如果一隻蠑螈的水晶體被移除了，可由虹膜再生出來——雖然原始的晶體是產生自外胚層，而虹膜則是來自於中胚層。更甚者，在斑點蠑螈（*Salamandra maculata*）身上，如果晶體被移除而虹膜還在，晶體的再生會發生於虹膜的上部；但如果虹膜的上部也被移除，再生就會發生於剩餘區域的內層或視網膜層。因此，不同部位、不同的組成構造，按說意味著不同的功能與作用，卻能夠執行相同的職責，甚至在必要時為這部機器製造出相同的零件。[1013]

因此，以失憶症與失語症來說：「丟失」的記憶與功能會重新出現於再生或替代的組織中。[1014]不只是肉體部位的無助機制，我們當然還有更多進化上壓倒性的證據：生命遠超過它的機制結構，它是一種成長的力量，能夠自我修復，可以在某種程度上根據自己的意志塑造、影響周遭環境。非由任何外在的設計形成這些令人驚異的奇蹟，而只是一種反轉的機制，一種對人類的主動性與創造性進化深具毀滅的宿命論，如同印度教思想對印度酷熱的沉重投降。「我們必須超越機械作用與終極目的論（finalism）這兩者的觀點，因為實際上只有這個觀點：人類的心智應考慮到人類本身的努力成果之引導。」我們起初以為，萬物的運動是由於某種類似人類的意志利用它們作為一場宇宙遊戲中的工具；後來，我們以為宇宙本身就是一部機器，因為我們在特性與哲學方面都為我們的機械時代所主宰。萬物皆有其計畫，然而是在萬物之內而非之外，一種生命原理的**圓滿實現**，由整體的作用與目的所形成的一切內在決定。[1015]

生命就是努力奮鬥，是一股向上、向外、不斷前進的推力。「永遠都會是這世界生產繁殖的推動力。」它是慣性與偶然的相反，有著自我驅使的成長與發展方向；它也是物質的暗潮，走向鬆弛、休息與死亡之事物的衰滯與懈怠。生命在每個階段都必須與其媒介的慣性奮戰，如果它藉由生育繁殖戰勝了死亡，反過來，它也必須被迫讓出每一座要塞，放棄每一副最終屈服於慣性與衰敗的個別肉體；即使只是站起來，都是在反抗物質及其「法則」：得以自由移動、勇往直前、尋找探索，而非像植物般等待，是一項經由每一刻的努力與辛勞而贏得的勝利。而一方面，意識一旦被允許時，就會悄悄地溜進本能、習慣及睡眠安逸的自動作用之中。

混沌之初，生命幾乎跟物質一樣呆滯遲緩、了無生氣，呈現一種靜止不動的形式，彷彿生命的衝動過於微弱，以致於無法冒險移動。在進化發展的一大途徑上，這種靜止不動的穩定性已成為生命的目標：彎腰垂首的百合以及巍峨雄偉的橡樹，即為安全之神的祭壇。然而，生命並不滿足於植物這種「待在家裡」的存在狀態，它的發展總是會脫離安全之道、邁向自由之路；脫離甲殼、魚鱗、獸皮以及其他繁重而累贅的保護，邁向鳥兒無拘無束卻充滿危險的自由。「因此，裝備沉重的重甲兵為軍團士兵取代。包裹著鎧甲的騎士必須讓位給移動迅捷、裝備輕便的步兵，以生命進化的一般方式來說，就像人類社會與個人命運的演變，最偉大的成功屬於那些願意承擔最沉重的風險之人。」[1016] 所以，人類也不再進化形成新的器官，而以製作工具與武器取代；如此一來，不需要用到這些工具與武器時，就可以將它們擱在一旁，而不必亦步亦趨地帶上他全部的裝備，宛如巨大的堡壘要塞，乳齒象、大地懶般的龐然大物，沉重的防禦裝備使牠們失去了在地球上的優勢與統治地位。生命的工具對生命來說可以是阻力，也可以是助力。

本能跟器官一樣。本能是心智的工具，就像所有固定並附屬於肉體的器官，當環境需要本能消失時，它也會變成一種負擔。本能是現成的，能對刻板傳統的情況提供決定性的，通常也是成功的回應，但是它無法使生物適應改變，無法使人類產生彈性以適應現代生活隨時在改變的複雜性。本能是安全的工具，智識則是魯莽冒險的器官。本能是盲從機器的生命。

當某個生物表現得像是物質或機械裝置，或是當小丑漫無目的跌跌撞撞、靠在不存在的柱子上時，通常會讓我們忍不住大笑；這具有多麼重大的意義！甚至當我們最愛的人在一條結冰的小徑上跌倒時，我們也是先忍俊不住，然後才會詢問他們是否安然無恙。斯賓諾沙幾乎與神性混淆的幾何生命，正是幽默與淚水的原因；人類得作

1012 成長中的胚胎器官是自三層組織中的任一層演變出來的，包括外層或外胚層、中間層或中胚層、內層或內胚層。
1013《創造進化論》，第６４頁與７５頁。
1014《物質與記憶》，第２章。
1015《創造進化論》，第８９頁。
1016 出處同上，第１３２頁。

為機器是可笑又可恥的，而人類的哲學竟如此描述他們自己，亦是可笑又可恥。

生命在進化上採取了三條路線：在其中的一條路線，它再次陷入植物近乎物質般的停滯狀態，有時也會在此找到苟且的安全感及千年來懦怯的尸位素餐；在另一條路線，它的精神與努力凝結成本能，宛如螞蟻與蜜蜂的情況；但在脊椎動物身上，它接受了自由的挑戰，拋開了現成的本能，勇敢地進軍思想無止盡的冒險之旅。本能仍然維持著它想像現實以及攫取世界本質的更深刻方式，但智識以更強大、更無畏的方式以及更寬廣的範圍成長；生命的關注與希望，最終在智識中找到了安棲之所。

對於持續創造的生命來說，每個個體與物種都只是一種實驗；這樣的生命，我們以上帝來稱之。上帝與生命並無二致，但這樣的上帝能力有限、並非萬能——祂受限於物質，必須一步步痛苦地克服自己的慣性；也並非無所不知，而必須逐步往知識、意識、「更光明」的方向摸索前進。「以如此方式定義的上帝，並非一位現成可得的造物主，而是永不止息的生命、行動與自由；以如此方式構思的創造，也不是神祕難解之謎。當我們得以自由地行動時，」當我們有意識地選擇行動、策劃生活時，「便可感受到創造在我們自身之中的運作。」[1017] 我們的奮鬥與苦難、雄心與潰敗，以及嚮往比現在更好、更強大的渴望，都是我們內在**生命衝動**（**Élan Vital**）的願望與傾向，使我們不斷成長，並把這個漫遊迷失的星球轉變成一座劇院，充滿無止境的創造物。

誰知道，生命最終可能會征服它遠古以來的所有敵人與物質，贏得最偉大的勝利，甚至學會如何巧妙地避開死亡？即使是對於我們的希望，都能讓我們保持著開放的心態。[1018] 倘若時間夠慷慨大方，生命可以有無限的可能——想想看生命與心智在千年的短暫瞬間、在歐洲與美洲的叢林中成就了什麼，對生命能成就之事樹立起屏障與阻礙，又是多麼愚蠢之舉。「動物立足於植物之上，人類駕馭了動物的獸性；在時空中，全體人類宛如一支巨大的軍隊，疾馳於我們每個人的左右前後，發動壓倒性的猛烈攻擊，足以打敗一切反抗軍，清除最難以克服的障礙，或許甚至包括了死亡。」[1019]

4. 對柏格森的批評
Criticism

「我相信，」柏格森說：「花在哲學辯駁的時間，通常都是浪費掉的時間；經過眾多思想家對彼此的眾多抨擊之後，現在還剩下了什麼？不是什麼都沒有，就是可以肯定極為稀少；有價值且持久的部分，是其中每個人所貢獻的少量之絕對真理。真正的論述本身就能夠取代錯誤的觀念，並且不須煩勞我們去反駁任何人，即可成為最佳的辯駁。」[1020] 這是智慧本身的聲音。當我們「證明」或「反駁」一套哲學時，我們只是再給出另一套哲學；而這套哲學就跟第一套哲學一樣，也是易犯錯的經驗與希望之複合物。隨著經驗的擴展與希望的改變，我們會在自己所譴責的「謬誤」中發現更多的「真理」，或許也會在我們年輕時以為的永恆真理中發現更多的謬誤。當我們被高舉至叛逆的翅膀上時，我們喜愛的是憤世嫉俗、惡魔般的決定論與機械作用；但是當死亡突然陰森地逼近山腳下時，我們會試圖看穿超越它的另一個希望。哲學是年齡的一項用途。儘管如此……

閱讀柏格森的著作時，會先讓人留下深刻印象的是他精彩出色的風格；他並不像尼采一樣大放悖論的煙火，而是維持著穩定的明亮度，出自一個決心不辜負耀眼法國散文優良傳統的人。法語比之其他語言更難出錯，因為法語絕不容忍晦澀難解，真理比虛構之事更為清晰。倘若柏格森偶爾有晦澀難解的表達，那是因為他豐富的意象、比喻、例證已被揮霍一空。他對於隱喻有種近乎猶太人的熱情，有時傾向於使用巧妙的明喻來替代耐心的證

1017 出處同上，第248頁。
1018 柏格森認為，心電感應排山倒海般的證據是無可否認的；他不但是檢視約薩帕・帕拉迪諾（Eusapia Palladino）之人的其中一位，而且在他的記述中，還傾向於相信這位靈媒的真實性。一九一三年時，他接受並擔任心靈研究協會（Society for Psychical Research）主席一職。參見《心力》，第81頁。
1019 《創造進化論》，第271頁。
1020 魯何，第47頁。

據。我們得一邊提防這樣的形象製造者，就像當心天花亂墜的珠寶商或房地產詩人；但同時又從《創造進化論》中感激地認知到，其中的確擁有這個世紀第一流的哲學瑰寶。1021

或許柏格森應該要更明智地將他對於智識的批評建立在一個更寬廣的智慧基礎上，而非根據直覺的敕令。因為內省直覺（Introspective intuition）跟外在感官一樣容易犯錯，必須藉由實事求是的經驗來加以測試與更正，而且僅能信任它啟發並推動我們行動方面的發現。柏格森過度推定這樣的假設：智識能理解的只有狀態，而非現實與生命的變遷；如同詹姆斯在柏格森之前就曾說過，思想是一條**過渡轉變**的想法（**transitive ideas**）之流；1022「想法」指的只是記憶從思想之流中挑選出來的若干念頭，這樣的內心之流充分反映出感知的連續性與生命的運動。

這項深具說服力的挑戰得以對理智主義提出檢驗，是一項有益之舉。但是，把直覺放在思想的位置，就如同以孩提時的童話故事去糾正青少年時期的幻想一樣不明智；讓我們往前更正我們的錯誤，而不是往後。若要宣稱世界因過多的智識而受苦，則需要狂人般的勇氣。從盧梭、夏多布里昂到柏格森、尼采與詹姆斯，浪漫主義對抗思想的抗爭已然大功告成；如果我們不被要求在直覺的聖像面前重新點燃蠟燭的話，我們便會同意罷黜理性女神（Goddess of Reason）。人類因直覺而存在，但因智慧而進步。

柏格森的學說中最棒的一點，就是他對唯物論者的機制所發動的抨擊。我們那些實驗室中的學者專家們，在他們專精的領域中變得有些過度自信，以為可以把宇宙都擠進一根試管當中。唯物論就像一種只能辨識出名詞的文法，但就像語言還包含了動詞跟名詞性實詞一樣，現實也包含了行動與對象、生命與運動，以及物質；一個人或許就像負擔過重的鋼鐵產生的「疲勞」現象，只能理解一種分子般的記憶、分子般的遠見、分子般的規劃、分子般的唯心論？如果柏格森以一種淨化的懷疑主義來滿足這些新的信條，他可能會比較沒那麼富有建設性，但是他可能會讓自己處於較不樂於回應駁辯的狀態。當他的體系開始成形時，他的疑慮也隨之融化了；他從來不曾停下來問「物質」是什麼，不論它的惰性是否並不像我們原先所以為的那麼強，不論它是否並非生命的敵人、而是生命自願的奴僕——倘若生命百分百地了解它自己的心智。他認為世界與精神、肉體與靈魂、物質與生命，皆為彼此敵視的對立方；然而物質、肉體與「世界」，不過是等著由智慧與意志來使之成形的物質材料。誰知道這些事物也並非生命的形式以及心智的徵兆？或許在此，也正如赫拉克利特會說，有神的存在。

柏格森對達爾文主義的批評，自然是來自他的生命哲學（vitalism）。他承繼了拉馬克建立的法國傳統，視衝動與渴望為進化的積極動力；他那生氣蓬勃的傾向拒絕接受斯賓塞哲學的概念——完全由機械物質整合與運動耗散所操縱的一種進化。生命是一種正向的力量，努力藉由它堅持不懈的渴望建立起它的器官，我們必須敬佩柏格森在生物學上徹底與周全的準備工作，以及他對文獻資料的嫻熟程度，甚至包括了期刊雜誌，當前科學隱身於其中，接受了十年之久的檢驗與鑑定。他謙虛審慎地展現他的博學多聞，但毫無斯賓塞書中那種壓得人喘不過氣的大象般巨大威嚴感。從各方面來說，他對達爾文的批評被證明確實應驗了，進化論中具體的達爾文主義之特點，現在大體而言都已經被摒棄了。[1023]

柏格森與達爾文時代的關係，在許多方面都酷似康德與伏爾泰的關係。康德力圖擊潰世俗的、部分無神論的理智主義巨大浪潮，那場浪潮始於培根與笛卡爾，終於狄德羅與休謨懷疑主義。康德的努力否定了智識在先驗問題的領域具有決定性的作用。然而，達爾文無意識地、斯賓塞有意識地繼承了伏爾泰，以及比伏爾泰更伏爾泰的追隨者們對準古老信念的抨擊。在康德與叔本華之前早已棄守的唯物主義機械論，在我們的世紀之初又贏回了所有的古老力量。柏格森對它的抨擊，並非基於康德式的知識批判，亦非基於唯心論者所持之論點，認為物質僅能透過心智為人所知；而是跟隨著叔本華的引導，在主觀世界與客觀世界中，尋求一項令人振奮的原則、一種積極

1021 就跟叔本華一樣，對於柏格森，讀者也可以逕行略過所有的摘要，毅然進軍哲學家本身的傑作。威爾登・卡爾（Wildon Carr）的闡述顯示出過度的崇拜，而休・艾略特卻又過度貶抑，因此他們互相抵消了對方的論述，讓人感到困惑。柏格森的《形上學導論》就像大家從形上學中所能期待的一樣簡單，《笑》（Laughter）中的文章雖然僅呈現片面之觀點，但是讀起來令人頗感愉快，而且讓人獲益匪淺。

1022 參見詹姆斯《心理學原理》「意識流」（Stream of Thought）一文中的知名內容；紐約，1890，第1卷，第9章。

1023 不過，柏格森的論點並非全然堅不可摧。不同的進化路線中出現類似的結果（像是性別或視力），可能是由於類似環境的迫切需要所產生的機械式結果；同時，部分特性的傳送，是經由連續數代持續的後天習得，倘若後續的研究能夠證明達爾文這方面信念的正當性，許多達爾文主義的難題或可找出一個解決的方案。

的圓滿實現，或可使生命的奇蹟與奧妙更易為人所理解。生命哲學從來不曾提出如此強而有力的爭論，卻又呈現出如此得體誘人的裝扮。

柏格森的知名度一開始就水漲船高，因為他挺身捍衛那一盞永遠會在人類胸懷中萌發的希望之燈。當人們發現，原來可以相信永生與眾神卻又不必喪失對哲學的尊重時，他們既歡喜又充滿了感激之情。因此，柏格森的教室成了光鮮亮麗的仕女們聚集的沙龍，歡欣於能以如此博學的口才支持、維護她們內心的渴望；而突兀地摻雜在她們之中的是熱切的工團主義者，他們在柏格森對理智主義的批評之中，為他們「少思考、多行動」的信條找到了正當的理由。不過，柏格森突然鵲起的名聲也必須付出代價：柏格森支持者的矛盾性瓦解了他的一批追隨者，因此柏格森可能得分擔斯賓塞的命運，出席自己的名聲之葬禮。

然而，在所有當代對哲學的貢獻之中，柏格森的學說是最珍貴的。柏格森重視萬物難以捉摸的偶然性，強調心智的改造活動，這些是我們需要的。我們差點就要認為這世界是一場已經完成、已經決定好的表演，我們的主動行動在其中是自欺欺人的錯覺，我們的努力奮鬥更像是諸神惡魔般的幽默感。但在柏格森之後，我們得以看待這世界宛如我們自己有創造力量的舞台與材料；柏格森出現之前，我們只是一部龐大、死氣沉沉機器中的齒輪與螺絲釘，現在，如果我們願意，我們可以幫忙在這齣創造的戲劇之中寫出我們自己的角色。

II 貝內德托·克羅齊
Benedetto Croce

1. 克羅齊其人
The Man

從柏格森到克羅齊，是一段不可能的轉變與過渡：他們在各方面，幾乎可說是兩條毫無交集的平行線。柏格森是神祕主義者，轉化他的憧憬幻想為迷惑欺人的清晰見解，克羅齊是懷疑論者，擁有一種幾乎是德國人獨有的晦澀難解天賦；柏格森抱持著宗教的心態，但談起話來就像是個徹頭徹尾的進化論者，克羅齊是反教權主義者，寫起文章就像是美國的黑格爾；柏格森是法國的猶太人，傳承了斯賓諾沙與拉馬克的傳統，克羅齊是義大利的天主教徒，除了經院哲學以及對美的虔誠之外，並未保留他的任何宗教信仰。

或許義大利近百年來在哲學上的相對貧瘠，某些部分是由於學術態度與方法上的保留，即使是那些已摒棄舊神學的思想家（無疑，更是由於工業與財富的北移所致）。義大利或可被描述為一個曾經發生過文藝復興、但是從來沒有發生過宗教改革的國家；它會為了美而毫不猶豫地摧毀自己，但是在思考真理時，它就跟彼拉多（Pilate）一樣多疑。或許義大利人比我們其他人都來得更明智，早已發現真理不過是海市蜃樓，然而「美」雖然主觀，卻是占有與現實；文藝復興的藝術家們（除了陰鬱而近似新教徒的米開朗基羅，他的畫筆是薩沃納羅拉之聲的回響）從來不把他們的腦力耗費在道德與神學的擔憂上，只要教會認可他們的才華、支付他們的帳單，對他們來說即已足夠。在義大利，不成文的規定是文藝人士不給教會添麻煩；教會把全世界帶到嘉諾撒、對每個國家強索皇室貢品，使義大利成為全世界的精品藝廊，一個義大利人怎麼可能對這樣的教會不友善呢？

因此，義大利對舊有信仰始終保持著忠誠，也滿足於阿奎那的**知識大全**（Summa）哲學。喬瓦尼・維柯（Giambattista Vico）的出現，再次擾亂了義大利人心智的一池春水；但維柯走了之後，哲學似乎也隨他而逝了。羅斯米尼（Rosmini）一度認為他會反叛，但他仍然放棄了。綜觀義大利，人們變得愈來愈漠視宗教，卻愈來愈忠於教會。

貝內德托・克羅齊是個例外。西元一八六六年，他出生於阿奎那省（the province of Aquila）的一個小城鎮，是一個富裕保守的天主教家庭中唯一的兒子，接受了徹底而完全的天主教神學訓練；然而最後，或許為了恢復平衡起見，他反而成了一個無神論者。在一個沒有發生過任何宗教改革的國家，在正統學說與絕對無信仰之間並無任何折衷之道。貝內德托起初非常虔誠，堅持研究宗教的各個階段，直到最後，甚至延伸至宗教的哲學與人類學；但不知不覺中，他的研究取代了他的信仰。

西元一八八三年，生命給了克羅齊一場無情的打擊，而且是那種通常會使人的心靈回歸信仰的重大打擊。當克羅齊一家人來到卡薩米喬拉（Casamicciola）時，一場突如其來的大地震摧毀了這個小鎮，貝內德托失去了他的雙親與唯一的姊姊，自己則多處骨折，被埋在殘垣斷瓦之下多時才獲救。克羅齊花了好幾年恢復健康，然而，他之後的生活與工作顯示出他的精神並未因此被擊潰，恢復期寧靜的日常生活給了他、或說加強了他對學識的愛好與興趣；他用這場大災難留給他的一小筆財富收藏藏書，成立了義大利最好的圖書館之一。同時，克羅齊也成為一位哲學家，但毋須為貧窮或教授職位這種哲學家通常必須擔負的懲罰付出代價；他實現了《聖經》中的《傳道書》所給予的謹慎忠告：「智慧與產業並好（wisdom is good with an inheritance）。」

克羅齊終其一生都是文學與休閒的學生與愛好者，他勉強參與政治、並成為公共教育的部長，雖然違背了他的主張，但或許有助於為政治家的內閣增添若干哲學尊嚴的氣息；他被選入義大利參議院，而根據義大利的常規是，一日為參議員、終生為參議員（公職是終身職）。克羅齊提供了一個令人羨慕的特例，雖然在古羅馬並非不尋常，但在我們這個時代卻頗為獨特：一個人可以同時是參議員又是哲學家；他可能會使伊阿古（Iago）對他深感興趣。不過，克羅齊並未認真看待他的政治生涯，他的時間主要花在編輯他那國際知名的期刊《文哲評論》（La Critica）上，他跟喬瓦尼．詹蒂萊（Giovanni Gentile）在這本期刊中共同剖析思想與**純文學**（**belles lettres**）的世界。

西元一九一四年的戰爭到來時，對於區區的經濟衝突問題竟得以干擾歐洲心智的成長，克羅齊深感憤怒，他譴責戰爭的爆發宛如自殺的狂熱；甚至當義大利出於必要，而決心與盟軍命運相合時，他仍然保持冷漠的超然立場；於是就像英國的伯特蘭．羅素或法國的羅曼．羅蘭（Remain Rolland），克羅齊也成了義大利不受歡迎的人物。但是，義大利現在早已寬宥了他，這個國家所有的年輕人都尊崇他是他們公正無私的指引、他們的哲學家以及他們的朋友；對他們來說，他已成為跟大學機構一樣重要的體制。現在，聽到像是朱塞佩．納托利（Giuseppe Natoli）這類對他的評論也已司空見慣了：「貝內德托．克羅齊的體系仍是當代思想的最高征服者。」讓我們來探索這股影響力的奧祕何在吧。

2. 精神哲學 The Philosophy of the Spirit

克羅齊的第一本書，最初的形式其實是一系列在《唯物史觀與卡爾．馬克思的經濟學》（Historical Materialism and the Economics of Karl Marx）的休閒文章（西元一八九五年至一九〇〇年）。他強烈受到他在羅馬大學（University of Rome）的教授安東尼奧．拉布里奧拉（Antonio Labriola）的激發，在這位教授的引導下，克羅齊一頭栽入馬克思的《資本論》（Kapital）迷宮當中。「與馬克思主義（Marxism）文學的交流，以及我密切注意德國與義大利社會主義報刊評論一段時間之後的熱切渴望，激動了我全部的存在；我第一次體驗到一股政治的熱誠在內心覺醒，產生一種奇異又新奇的感受。我就像是一個不再年輕的人初次墜入愛河，應該觀察的是自己身上這股新的激情神祕的過程。」[1024]但是，社會改革的美酒並未完全讓他昏了頭，他很快就與人類政治的荒謬絕倫和解，並且再次拜倒於哲學的聖壇之前。

這趟激勵人心的經歷促成了克羅齊的一項結果：把效益（Utility）的概念提升到與善、美、真理的概念同等地位。這並不是說他給予經濟事務像在馬克思與恩格斯（Engels）體系中被賦予至高無上的重要性。他讚揚這些人的理論雖然不完整，卻得以讓這世界注意到先前被低估、幾乎被忽視的事實；但是，他拒絕以經濟詮釋歷史的絕對主義，認為這樣做是屈服於工業環境的不平衡，並拒絕承認唯物論是一種成熟的哲學，甚至是一種科學的方法；心智對他來說，是最初也是最終的現實。而當他開始撰寫他的思想體系時，甚至幾近挑釁地稱其為「精神哲學」（The Philosophy of the Spirit）。

因為，克羅齊是一位唯心論者，從黑格爾之後，他沒有認可過任何的哲學。所有的現實都是意念，我們所能了解的，只有這樣的意念在我們的感官與思想中所採取的形式；因此，所有的哲學都可以被還原、簡化成邏輯，而真理則是我們意念中的一種完美關係。或許克羅齊有些太過於偏愛他的這個結論了，如果沒了邏輯，他就一無是處；甚至在他的《美學》（Esthetics）一書當中，他也抗拒不了誘惑，硬塞進一章關於邏輯的內容。沒錯，他把哲學稱作對具體的普遍概念之研究，把科學稱作對抽象的普遍概念之研究；然而對讀者來說，很不幸的是，克羅齊所謂具體的普遍概念其實是抽象的普遍概念，因為他終究是傳統經院哲學的產物，樂於對研究主體進行深奧的區別與分類，讓讀者都筋疲力竭，不經意就會陷入邏輯的詭辯之中；而他輕易駁斥的觀點，遠超過他所能推斷的觀點。克羅齊是一個德國化的義大利人，就像尼采是一個義大利化的德國人。

再沒有比組成克羅齊**精神哲學**（**Filosofia dello Spirito**）三部曲第一部的標題——《邏輯學，作為純粹概念的科學》（Logic as the Science of the Pure Concept）（西元一九〇五年）更德國化、更黑格爾了。克羅齊希望每個觀念都能夠盡可能地純粹，似乎也意指著盡可能地意識形態、抽象、非實務性，毫無將其轉變成清晰、實際內容的熱情；而正是這種務實的內容，才使得威廉·詹姆斯成為哲學迷霧中一盞燈塔般的明燈。把一項觀念歸納成它的實際結果、再用這個結果來定義這項觀念，克羅齊對這樣的做法毫不關心；他更喜歡的是把實際事務歸納成觀念、關係及類別。如果把所有的抽象或專門用語從他的書中刪除的話，這些書就不會那麼臃腫虛胖了。

克羅齊所謂的「純粹概念」（pure concept）指的是一種普遍的概念，就像數量、質量、進化，或是任何可被設想成應用於所有現實的思想。他繼續要弄這些概念，彷彿黑格爾的精神在他身上找到了另一個化身，彷彿他下定決心要跟這位以晦澀難解聞名的大師一決高下。藉著把這一切都稱之為這樣的「邏輯」，克羅齊讓自己相信了他對形上學的蔑視，並在這一點上無懈可擊地保持著；他認為形上學是神學的回聲，當今大學的哲學教授不過就是中世紀神學家的現代版。他在他的唯心論中混合了某種對於脆弱信仰的嚴厲態度：他拒絕宗教；他相信意志的自由，但不相信靈魂的不朽；對他來說，對美的崇拜與文化的生活就是宗教的替代品。「他們的宗教是原始民族整個智識的遺產，我們的智識遺產是我們的宗教……我們不知道藉由那些想把宗教跟人類的理論活動、藝術、評論與哲學一起保存下來的人，宗教會製造出什麼用途……哲學把所有存在的理由都從宗教中刪除了……如同精神的科學，它視宗教為一種可以被超越的現象、短暫的歷史事實、心靈的狀態。」[1025]當羅馬人讀到這段話時，蒙娜麗莎（La Gioconda）式的微笑是否將不再停留於他們的面容上？

在此，我們有的是一種不尋常的哲學：同時為自然主義與精神主義、不可知論與非命運論，既講求實用又是理想主義，更兼具經濟與美學效益。事實是，克羅齊的興趣肯定更在生命的理論層面、而非實用層面上；然而，他所嘗試的特定主題亦見證了他試圖克服自己學術傾向的光榮成就。結果，他的鉅作《實踐哲學》（The Philosophy of the Practical）在某種程度上變成了另一個名稱的邏輯、對自由意志的老問題進行形上學的討論；在另一本厚度較沒那麼驚人的大部頭《論歷史》（On History）當中，他得出了饒富成效的概念：視歷史為運動中的哲學，並認為歷史學家應以原因與事件的確實流動與運行，而非以理論與抽象來展現自然與人類。克羅齊熱愛他的維柯，並且熱烈贊同早先義大利人的呼籲，認為歷史應該由哲學家來撰寫。他認為，迷戀完美科學的歷史會導致一種從顯微鏡中觀天的學識，歷史學家反而會因為知道得太多，而在其中迷失了真相。正如同在科學歷史學家證

1024 皮科利（Piccoli），《貝內德托・克羅齊》（Benedetto Croce），紐約，1922，第72頁。

1025 《美學》，英文翻譯本，第63頁。

明完全沒有特洛伊的存在之後，謝里曼（Schliemann）挖掘出不僅一個特洛伊、而是七個特洛伊；所以克羅齊認為，吹毛求疵的歷史學家誇大了我們對過去的無知。

> 我回想起當我年輕時忙於研究的日子，當時一個僅略具文學知識的朋友對我所說的一番話。我借給他一本深具批判性、挑剔異常的古羅馬歷史書籍，當他讀完時，他把書還給我，他的評論是，他已學到作為「最博學的語言學家」的驕傲信念，因為他們筋疲力竭苦幹的結果，得出的結論是他們一無所知；而他的一無所知毫不費力，只是一項大自然的慷慨餽贈。[1026]

克羅齊承認查明確實的過去的確有其難處，並引述盧梭對歷史的定義：「從眾多謊言中選出最像事實的藝術。」[1027]他並不贊同像是黑格爾、馬克思或巴克爾的理論家，把過去扭曲成以其偏見作結的三段論。歷史沒有任何預定的計畫，撰寫歷史的哲學家必須致力於揭露前因、後果及其關聯性，而非追蹤宇宙的計畫；他也必須記住，歷史的價值在於它為當代帶來的意義與啟發。如果歷史學家能把歷史寫成大自然的天啟以及人類的明鏡，那麼歷史最終可能如同拿破崙所稱，是「唯一真實的哲學以及唯一真實的心理學」。

3. 美是什麼？

What Is Beauty

克羅齊從歷史與文學的研究來到哲學，因此，他的哲學興趣自然深受評論與美學的問題所影響。他最偉大的著作就是《美學》（西元一九〇二年）。他喜愛藝術更甚於形上學與科學，認為科學帶給我們效用，但藝術帶給我們美感；科學讓我們遠離個體與現實，進入一個愈來愈充滿數學抽象概念的世界，直到他們（如同愛因斯坦）得出毫無實際重要性的重大結論，但是藝術會直接把我們帶往特定的人物、獨特的事實，以及憑具體的個別形式直覺而得知的哲學普遍性。「知識有兩種形式：若非**直觀**知識（intuitive knowledge），就是**邏輯**知識（logical knowledge），經由想像得來的知識，或是經由智識得來的知識；個體的知識，或是普遍的知識；來自個別的事物，或是來自它們之間的關係；若非印象的產物，即為概念的產物。」[1028]因此，藝術的起源在於形成印象的力量。「藝術是由獨特的想像力所支配，而印象是其唯一的財富。它不區分對象，不評斷其為真實或想像之物，不限定它們，也不給它們下定義；它只是去感覺並呈現它們，僅此而已。」[1029]因為想像先於思想，對思想來說也是必要的，心智的藝術活動，或說形成印象的活動，是在邏輯的、形成概念的活動之前即已發生；人類一旦開始想像，遠在開始思考之前，他就已經是一位藝術家了。

偉大的藝術家也了解這個課題。「一個人不是用雙手繪畫，而是用腦袋。」米開朗基羅這麼說；而李奧納多也寫道：「當崇高天才的心智從事於外部工作最少時，則最積極活躍於發明。」每個人都知道達文西（da Vinci）的故事，當他在畫〈最後的晚餐〉（Last Supper）時，對下令他開始工作的修道院院長感到非常不悅，於是動也不動地坐在一幅原封不動的畫布前長達數日之久，並且為了報復那位糾纏不休，持續詢問他什麼時候才會開始工作的院長，便將這位渾然不覺的紳士作為猶大畫像的模特兒。

美學活動的本質在於藝術家構思完美形象的這種沉靜之努力，這種完美應可表達出他心目中的主題形象，在於一種直覺形式，它並未牽涉任何神祕的洞察力，而是完美的視界、完整的感知、以及足夠的想像力。藝術的奇蹟不在於外化表現（externalization），而是想法的概念；外化表現不過是機械技巧和手工技能的問題。

「當我們掌控了內在世界、生動而明確地構思一幅畫像或一座雕塑、或是找到一個音樂的主題時，表現自然會完整地產生，其他什麼都不需要了。那麼，如果我們張開嘴說話或高歌……我們所做的，只

1026 《論歷史》，英文翻譯本，第34頁。
1027 出處同上，第32頁。
1028 《美學》，第1頁。
1029 卡爾（Carr）《貝內德托・克羅齊的哲學》（The Philosophy of Benedetto Croce），倫敦，1917，第35頁。

不過是把我們內心說的話大聲地說出來，把我們在內心唱的歌高聲地唱出來。如果我們的雙手敲擊著鋼琴的鍵盤，如果我們拿起鉛筆或鑿子，這樣的行動是樂意而自願的；」（它們屬於實用的活動，而非美學的活動）「所以我們所做的，不過是以大型的活動去執行我們已經在內心短暫且快速地執行過的事。」[1030]

這有助於我們回答「美是什麼」這令人困惑難解的問題嗎？在此可以肯定的是，有多少腦袋就有多少意見；而在這個問題上，每個愛好者都會認為自己是不容駁斥的權威專家。克羅齊對這個問題的回答是，美是一個印象（或一系列印象）的心理組成，抓住了所感知的事物本質；再次，這樣的美屬於內在的印象，而非它所體現的外在形式。我們總傾向於認為自己跟莎士比亞之間的差異，主要在於外在的表現手法與技巧，我們的想法藏得太深以致於無法轉換成文字；但這不過是一種盲目相信的假象：這樣的差異不在於外化表現印象的力量，而在於內在形成表現物體印象的力量。

即使是傾向沉思而非創造的美感，也是一種內在的表現；我們理解或欣賞一件藝術作品的程度，端視我們藉由直接的直覺去領會被描繪的現實之能力，亦即我們為自己形成傳神達意的印象之力量。「當我們享受一件美的藝術作品時，我們所表達的始終是自己的直覺……當我閱讀莎士比亞時，只能由我自己的直覺去形成哈姆雷特或奧賽羅的印象。」[1031]不論是藝術家的創作中還是旁觀者對美的思索中，美學的奧祕即為富有表現力的印象。美是一種適當的表達，同時，既然不適當就不會有任何真正的表達，我們或許可以非常簡單地回答這個古老的問題，就說，美是一種表達。[1032]

4. 對克羅齊的批評 Criticism

這一切都跟沒有星光的夜晚一樣清晰，也並未比它應該要有的更為明智。《精神哲學》缺乏精神，並且不允許展現同情的闡述；《實踐哲學》不切實際，並且缺乏鮮活參照的氣息。《論歷史》的文章只抓住了片面的真理，它建議把歷史與哲學合而為一，卻沒能看出歷史只有在不去分析而是進行綜合時，才能成為哲學；不是「撕碎的歷史」（shredded history）（在不同書中給予人類所謂孤立的經濟、政治、科學、哲學、宗教、文學、藝術活動的不同故事），而是我們可能會不太認真地戲稱「結婚的歷史」（wedded history），亦即在其中，某特定期間（符合個別脆弱性可能需要的短暫時間）內各個階段的人類生活，應該被研究的是他們的相互關係，在類似情況下的共同反應，以及各式各樣的相互影響。這才會是一個時代的生動寫照，演繹出人類複雜性的印象。這樣的歷史，才是哲學家會同意撰寫的歷史。

至於《美學》，就讓別人來評斷吧，至少學生是無法理解它的。一個人一旦形成印象，就是藝術家嗎？藝術的本質是否只存在於概念，而非外化表現？難道我們從未有過比我們的言語更美的思想或感覺？我們如何得知藝術家心靈中的內在印象是什麼，或者，我們所仰慕的這件作品是已充分實現還是並未領會他的想法？我們如何稱羅丹的「老娼妓」（Harlot）是一件美麗的作品——除了因為它是一個適當概念**富有表現力的具體化（expressive embodiment）**，便無其他理由？概念也可以是一個醜陋而令人痛苦的主題嗎？亞里斯多德指出，當我們看到那些在現實中令我們感到厭惡的事物之忠實印象時，會使我們感到愉悅；這又是為什麼——除了我們崇敬那些充分體現想法的藝術之外，就沒有其他理由了嗎？

了解藝術家對這些哲學家來告訴他們美是什麼的想法很有趣，但無疑也令人感到困窘。目前還活著的最偉大藝術家，已經放棄了回答這個問題的希望。「我深信，」他寫道：「我們永遠也不會知道究竟為什麼一件事物是美的。」但是，這同樣成熟、芳醇的智慧，教導了我們往往學得太晚的一課。「從來沒有人能告訴我精準的正確

1030 《美學》，第50頁。
1031 卡爾，第72頁。
1032 《美學》，第79頁。

方法……至於我，我遵循自己對於美的感覺，人類有什麼把握找到一個更好的引導？……如果我必須在美與真理之間做出選擇，我會毫不猶豫，我該保有的是美……在這世上，除了美之外，無一為真。」[1033] 讓我們期盼我們毋須選擇，或許有一天，我們的靈魂會足夠強大而清晰，甚至得以在最黑暗的真理之中，看出它的閃爍之美。

1033 阿納托爾·法朗士，《論生命與文學》（On Life and Letters），英文翻譯本，第2卷，第113頁與176頁。

III

伯特蘭・羅素
Bertrand Russel

1. 邏輯學家
The Logician

我們把我們這個世代歐洲最年輕、最精力充沛的思想家保留到最後一個來談。

當伯特蘭・羅素在哥倫比亞大學（Columbia University）發表演說時，他看起來就像他的主題「認識論」一樣單薄、蒼白、死氣沉沉；每個階段，你都會以為他宛如風中殘燭般就快熄滅了。第一次世界大戰（Great War）才剛爆發，這位思想敏感柔弱、愛好和平的哲學家承受著極端的震驚，眼看最文明的大陸竟然分崩離析成野蠻暴虐的狀態。你可以想像，他談論的是那麼冷僻的主題，像是「我們對外在世界的知識」（Our Knowledge of the External World），因為他知道這很冷僻，而且希望它盡可能遠離愈來愈令人生畏的真實現況。接下來，再見到他已經是十年之後，我們很高興地發現他雖然已經五十二歲，仍然帶著一股反叛的能量，精神矍鑠、心情愉快。雖然中間的這十年幾乎摧毀了他所有的希望，削弱了他所有的友誼，打斷了幾乎所有他曾經擁有、提供他良好保護的貴族生活之羈絆。

因為，伯特蘭・羅素屬於羅素家族，是英國或說全世界最古老、最有名望的家族之一，一個世世代代為英國產出政治家的家族。他的祖父約翰・羅素勳爵（Lord John Russell）是一位偉大的自由黨首相（Liberal Prime Minister），為自由貿易、普及的免費教育、猶太人的解放、各個領域的自由而奮鬥，始終在為一場不屈不撓的戰役而努力奮戰。他的父親安柏利子爵（Viscount Amberley）是一位自由的思想家，並未用西方世界世襲相傳的神學來壓垮他的兒子。伯特蘭．羅素是第二位羅素伯爵（Earl Russell）的假定繼承人，但是他拒絕接受這項繼承的體制，自豪地掙取自己的生計；當劍橋大學因為他的和平主義（pacifism）而開除他時，他把世界當成他的學院，成了一位遊歷四方的辯士學派學者（這裡指的是辯士學派曾經崇高的原義），接受這世界欣然的支持。

曾經有兩個伯特蘭．羅素存在，一個死於戰爭中，另一個則從第一位的裹屍布中復活——從一位數學邏輯家的灰燼中誕生出另一位近乎神祕的共產主義者。或許他身上始終有著一股微妙、神祕的張力，剛開始由大量的代數公式表示，接著在社會主義中找到一種扭曲的表現，其所擁有的特徵與其說是哲學，不如說是宗教。在他的著作中，最具特色的書名是《神祕主義與邏輯》（Mysticism and Logic），對神祕主義的不合邏輯性展開一場無情的攻擊，接著對科學方法的無比頌揚，讓人想到的是邏輯的神祕主義。羅素繼承了英國實證哲學家的傳統，決心要意志堅強、講求實際——因為他知道自己做不到。

或許正是因為這樣的過度矯正，羅素特別強調邏輯的美德，並創造出數學的神性。他在西元一九一四年時給人的印象是冷酷，一種暫時有生命的抽象概念，一道有著兩條腿的公式。他告訴我們，他從沒看過一部電影，直到他讀到柏格森以電影來比喻智識，他才順從地去看了一場表演，僅是作為研究哲學的一項任務。伯格森鮮活的時間感與運動感，以及他感受到一切活物都有著一種生氣蓬勃的推動力，並未給羅素留下任何深刻的印象；對他來說，柏格森的主張像是一首美麗的詩，這就是全部了。羅素的神只有一位，就是數學；他對於古典文學並無偏好，並且像是另一個斯賓塞一樣，強力主張教育中要有更多的科學。他認為這個世界的災難與不幸，主要是源自於神祕主義以及思想中應受譴責的晦澀難解；道德的首要法則應該是直截了當的思考。「如果我或是任何其他人應該相信謊言的話，這世界還是滅亡的好……那是思想的宗教，在它灼熱的火焰之中，這世界的渣滓廢物會被燃燒殆盡。」[1034]

他對於明確清晰的熱情，無可避免地驅使他走向數學；他對這項貴族科學平靜的準確度幾乎感到激動不已。「在正確的觀察下，數學所擁有的不僅是真理，更是至高無上之美，是一種冷靜而簡樸之美，就像一尊雕塑品，不需訴諸我們任何軟弱的天性，也不需繪畫或音樂的華麗虛飾，還是純粹得令人讚嘆，表現出嚴峻的完美，就像唯有最偉大的藝術可以展現的那種美。」[1035] 羅素深信，數學的進步是十九世紀最精良的特點，特別是「先前圍繞著數學無窮大難題的解決方案，或許是我們時代足以誇耀的最偉大成就。」[1036] 在一個世紀之中，支撐數學要塞長達二千年之久的古老幾何學，已幾乎完全被摧毀殆盡；世界上最古老的教科書——歐幾里德的文本，最終仍被取代、廢棄。「英國的孩童仍在學習歐幾里德，這無異於一件醜聞。」[1037]

或許大部分現代數學的創新，源自於對公理的摒棄。羅素喜愛那些挑戰「真理不證自明」的人，並堅持顯而易見的論證；他欣喜於聽到平行線可能會在某處交會，以及整體可能不比它的一部分大。他樂於以下列這類的難題來使天真單純的讀者大吃一驚：偶數只占所有數字的一半，卻跟所有數字合計起來一樣多，因為每個數字的倍數都是偶數。的確，這整個重點就是關於迄今為止尚難以說明清楚的數學無窮大問題——整體包含著跟整體項目一樣多的部分。如果讀者被這樣的精神感動的話，可以遵循著這條切線前進。[1038]

吸引羅素走向數學的原因，仍是它精確嚴密的非個人性與客觀性；在這裡，也只有在這裡，存在著永恆的真理與絕對的知識。這些**先驗定理**（à priori theorems）即為柏拉圖的「理念」、斯賓諾沙的「永恆秩序」、世界的

1034 《神祕主義與邏輯》，倫敦，１９１９，第２４１頁。
1035 出處同上，第６０頁。
1036 第６４頁。
1037 第９５頁。
1038 這並不是說，我們會推薦羅素的數學著作給外行的讀者。《數學哲學導論》（Introduction to Mathematical Philosophy）以一種華而不實的可讀性展開說明，但很快就出現了只有數學方面的專家才能符合的要求；甚至連《哲學問題》（The Problems of Philosophy）這本小書，雖然試圖走通俗路線，仍是艱深而且充滿不必要的認識論；而大部頭的《神祕主義與邏輯》就清楚、入世得多。《萊布尼茨的哲學》（The Philosophy of Leibniz）雖然頁數有限，卻是一位偉大思想家的絕佳闡述；《心靈分析》（The Analysis of Mind）與《物質分析》（The Analysis of Matter）雙冊將有助於使讀者了解某些最新的心理學與物理學。羅素在戰後的著作雖然仍帶有幾分他因理想主義陷入幻滅、自然產生的困惑與迷亂，但讀起來相對輕鬆、有趣得多，也值得一讀。《人類為何奮鬥》（Why Men Fight）仍是世紀最佳短文之作；《自由之路》（Roads to Freedom）則是對社會哲學的一項可親的研究考察，像是古老的第歐根尼，羅素以哥倫布的熱誠，重新發現這片哲學的新大陸。

本體。哲學藉著將本身局限於同樣精確與正確、先於所有經驗之前的陳述，它的目標應等同於數學的完美。「哲學的命題……必須是先驗的。」這位奇特的實證哲學家如是說。這樣的命題指的不是事物，而是關係——普遍的關係，獨立於特定個別的「事實」與事件之外；如果這世上的所有個別項目都改變了，這些命題仍然會保持著正確無誤。比方說：「如果所有的A都等於B，X若等於A的話，X就是B。」而不論A是什麼，這項命題都是正確的。它可以歸納成一項普遍、先驗的形式，關於蘇格拉底的死亡率之古老三段論；即使沒有蘇格拉底、甚至沒有任何人曾經存在，它仍然為真。柏拉圖與斯賓諾沙是對的：「普遍概念的世界也可以被描述成本質的世界。本質的世界是不變、嚴密、精確的，令數學家、邏輯學家、形上學體系的建立者，以及熱愛完美更甚於生命者心花怒放。」[1039]要將所有的哲學歸納為這樣的數學形式，把所有特定具體的內容從其中拿掉，把（龐大的）它壓縮成數學——這就是這位新畢達哥拉斯的雄心壯志。

「人們已發現如何使推理符號化，就像在代數學中一樣，以致於演繹法可被數學規則影響……純數學完全由論斷所組成，意思是，如果如此這般的命題對任何事物而言都是正確的，那麼如此這般的另一個命題對那件事物而言就是正確的。不去討論第一個命題是否為真，不提被認為真的事物中重要的是什麼，都是必要的……如此一來，數學可以被定義成我們從不知道在討論什麼、也不知我們所說是否為真的對象。」[1040]

或許（如果容許我們冒昧地以自己的意見打斷其闡述）這樣的描述對數學哲學來說並未過於不公。對於喜愛數學的人來說，數學是一場精彩的遊戲，保證可以跟下棋一樣快速地「消磨時間」，一種單人牌戲的新形態，一種盡可能遠離被汙染事物所碰觸之遊戲。在撰寫了數冊這類高高在上的學術性空談之後，值得注意的是，伯特蘭．羅素突然落回地表，開始以無比的熱情對戰爭、政府、社會主義與革命進行思考與推論，而且從來不曾用到他的《數學原理》（Principia Mathematica）中那些難上加難、無懈可擊的公式；但顯而易見，也沒有任何其他人曾經利用過這些公式。想要有實際的用處，推理論據必須跟事物有關，必須亦步亦趨地與它們保持密切的接觸；抽象概念有其作為彙總提要的用途，但要作為論證的工具，還需要進行測試與經驗的評論。在此，我們所面臨的危險是一種毫不相干的經院哲學，在其中，中世紀哲學的《知識大全》鉅作將成為務實思想的模範。

從這樣的一個起點出發，伯特蘭・羅素幾乎注定會逐漸走向不可知論。他在基督教中發現了許多無法以數學表達之處，因此除了道德標準，他摒棄了整個基督教。他輕蔑地談到，基督教文明不但迫害否定基督教的人，更禁錮那些對它忠貞不二的人。[1041]在如此矛盾對立的一個世界中，他無法發現任何上帝；相反地，只有一位極富幽默感的梅菲斯特能以一種異常殘暴的心態製造出上帝。[1042]他信奉斯賓塞對於世界末日的所見與洞察，流暢地描述斯多葛學派對於所有個體與物種的最終挫敗之屈從。我們談及進化與進步，但進步是一種自我本位的說法，進化則只是在一個無關道德的活動範圍中，有一半的事物會因消散及死亡而終結。「我們被告知的是，有機生命是逐漸從原生動物發展成為哲學家，而我們確信這種發展是一項不容置疑的進展。不幸的是，給予我們這項保證的是哲學家，而非原生動物。」[1043]這位「自由之人」無法以幼稚的希望與擬人化的神來寬慰自己，他必須振作起自己的勇氣──即使他知道，到最後他也難逃一死，畢竟萬物皆難逃一死。儘管如此，他還是不願投降；如果他不能贏，至少可以享受奮戰的過程，同時藉由知識預見他自己的潰敗，他可以不受那股摧毀他的盲目力量影響。羅素的崇敬不是對外在那些無理性的野蠻力量，以無目標的堅持去征服他、拆毀被建立起來的每座家屋、每個文明；而是對他內在的那些創造力量，儘管面對失敗仍然使勁奮戰，至少在幾個世紀以來皆創造出雕刻與繪畫作品的精細而脆弱之美，以及帕特農神殿（Parthenon）那雄偉莊嚴的廢墟遺蹟。

這，就是伯特蘭・羅素在第一次世界大戰之前的哲學。

1039 《神祕主義與邏輯》，第111頁；《哲學問題》，第156頁。
1040 《神祕主義與邏輯》，第76頁與75頁。
1041 《人類為何奮鬥》，紐約，1917，第45頁。
1042 《神祕主義與邏輯》，第76頁與75頁。
1043 出處同上，第106頁。

2. 改革者
The Reformer

接著來臨的，就是大戰所帶來的極度瘋狂；長久以來埋藏於邏輯、數學與認識論的大石下始終不發一言的伯特蘭．羅素，突然像被解放的自由之火般爆發了出來，世人也震驚地發現，這位看起來弱不禁風的教授原來有著無限的勇氣，而且是滿懷熱情的人道主義者。這位學者從他告一段落的公式中探出頭來、大步向前，並且對他的國家中地位最崇高的政治家丟出潮水般滔滔不絕的論戰，即使他們剝奪了他在大學的教職，把他像另一個伽利略般隔離於倫敦狹窄的一隅，也沒能使他停下腳步。就算是懷疑他的智慧之人，也不得不認同他的真誠；但是，他們對他如此驚人的轉型深感不知所措，以致於一度陷入一種極不像英國人無法容忍的偏狹心態中。我們這位準備開戰的和平主義者，雖然擁有最值得尊敬的出身，仍無法見容於公眾，不但被逐出社會，更被指控為叛國者，背叛這個曾經悉心栽培他的國家；而這個國家的生死存亡，似乎因戰爭的漩渦波及而深受威脅。

在伯特蘭．羅素的反抗背後，存在著對一切血淋淋衝突的一項單純恐懼。他試圖變成一位脫離現實的知識份子以置身事外，但他其實是情感的產物；帝國的利益對他來說，似乎並不值得他所看到的那些滿懷驕傲、勇往直前殺敵或戰死沙場的年輕人賠上性命。他開始查找這樣一場大屠殺的原因，並認為他在社會主義中找出了一項經濟與政治的分析，同時揭示出這場疾病的根源，並指出唯一的治療方法；原因就是私人財產，治療方法就是共產主義。

伯特蘭．羅素以平易近人的方式指出，一切的財產都有其暴力和盜竊之根源；在金柏利（Kimberley）鑽石礦場與蘭德（Rand）金礦場，把劫掠搜刮的成果過渡成財產的擁有，這種行為堂而皇之地在全世界的眼皮子底下進行。「不論任何形式或種類的土地私有結果，對社會都毫無益處。如果人類有理智的話，應該頒布明天就終止土地私有的命令，而且除了給予目前持有土地者若干適中的生活收入之外，並不提供任何其他的補償。」[1044]

既然私有財產是由國家所保護，這些強取豪奪以獲得財產的作為不但受到立法支持認可，並且由武力與戰爭強制執行，由此看來，國家就是一個巨大的禍源；倘若國家的大部分功能由合作社及生產者聯合組織所接管，國家仍會安然無恙。人格與個體性被我們的社會硬擠成一種死板的一致性，只有現代生活更高的安全性與秩序性，才能使我們甘於服從國家的命令。

自由是至善，倘若沒有了自由，人格將無所依從、無法存在。今日的生命與智慧如此錯綜複雜，唯有透過自由的爭辯與討論，我們才能小心謹慎地穿越錯誤與偏見的叢林，抵達全面觀點的目的地——也就是真理。讓人們，甚至教師們意見相左、進行辯論；從如此多樣化的意見之中，才會得出一種明智理性的信念相對性，而不會輕易地訴諸武力。仇恨與戰爭主要來自於一成不變的觀念或教條式的信條，而思想與言論的自由就像一股清新的氣流，吹過「現代」心智的精神官能症與盲目迷信，產生通風、淨化的作用。

因為，我們並非像自己以為的那麼有教養；我們只是普及教育的偉大實驗，而它還沒有時間深刻影響我們的思考方式以及公眾生活。我們建立起這套設備，但我們在方法與技巧方面仍然屬於原始、未經訓練的狀態；我們認為教育是特定不變的知識主體之傳遞，然而，它更應該是心智的科學習性成長與發展。缺乏才智之人所獨具之特點，就是意見的急就章與絕對性；科學家不易輕信，從不會不經修改就把自己的意見說出口，科學與科學方法在教育上更大的用途，就是給予我們衡量理智良心的方法：只相信手中持有的證據，而且隨時有心理準備得承認它可能會出錯。以這樣的方式，教育可以證明是針對我們弊病的偉大解決之道，它甚至可以使我們的子子孫孫成為全新的人，亦即在新的社會尚未來臨之前必須先出現的新人類。「我們性格中出於本能的部分可塑性極強，可以因信仰、物質環境、社會環境、體制而改變。」舉例來說，我們可以想見，教育能夠形塑我們欽慕藝術更甚財富的看法，如同在文藝復興發生的那段時日；同時，還可藉由「推動富有創意的一切事物、降低以占有為中心的衝動與渴望」的決心去引導自己。這就是成長的原則（Principle of Growth），而它所產生的必然結果即為一種自然的新道德之兩大戒律：其一，崇敬的原則（Principle of Reverence），亦即「盡可能提升個體與社會共同體的生命

1044《人類為何奮鬥》，第134頁。

力」；其二，寬容的原則（Principle of Tolerance），亦即「單一個體或單一社會共同體的成長，盡可能不以其他個體或社會共同體的損失為代價。」[1045]

如果我們傑出的學校與大學組織可以被妥善地發展與掌控，並且明智地引導至人類高尚品德的重建，那麼，沒有任何事是人們做不到的；這絕非暴力的革命或紙上的立法，而是脫離經濟貪婪與國際暴行的方法。人類逐漸得以掌控所有其他形式的生命，因為他花了許多時間去發展這樣的結果；如果他可以花更多時間，並且更明智地運用這些時間，那麼他甚至可以學會如何去掌控、改造自己。我們的學校，就是開啟通往烏托邦那道門的魔法密語。

3. 後記 Epilogue

這一切當然是相當樂觀的主張。誠然，寧可滿懷希望，也比一味絕望來得強。羅素在他的社會哲學中注入了神祕主義與情感，雖然他曾極為堅決地在形上學與宗教的態度上壓抑這樣的情感，然而他並未對經濟與政治理論上的假設運用同樣嚴格的審查方式，並對其公理抱持同樣的懷疑態度，雖然在數學與邏輯上，這樣的做法帶給他極大的滿足。他對「先驗」之熱情、對「甚於生命的完美」之熱愛，在此引領他走向輝煌燦爛的畫面，與其說是為解決生命問題切實可行之辦法，更像是被當成對這乏味世界充滿詩意的慰藉。舉例來說，思忖一個藝術比財富更受敬重的社會頗令人感到愉快，但只要國家有興衰起伏，自然的群體選擇變遷，所根據的是它們的經濟力量，而非藝術力量；擁有較高生存價值、贏得較多喝采與大量回報的是經濟力量，而非藝術力量；藝術只能成為從財富中生長出來的鮮花，而無法取代財富。這就是為什麼梅迪奇出現在米開朗基羅之前。

然而，沒有必要再從羅素輝煌願景的雞蛋中挑出更多的骨頭，他本身的經歷，對他來說已然是最嚴厲的評論家了。在俄國，他發現自己面對著創造一個社會主義的社會之努力嘗試，而這項實驗所遭遇到的困難，幾乎摧毀了羅素對自己所傳播福音的信仰；他失望地發現，俄國政府無法冒著民主這類措施的風險，然而這對他來說，是一種自由主義哲學的公理；同時，他對於言論自由與新聞自由受到壓制也深感憤怒，而對於政府堅決壟斷並徹底利用所有的宣傳管道，他則為蘇聯人民因未受教育而不識字感到高興，因為在報紙媒體受政府資助的時代，擁有閱讀能力反而成了獲取真理的障礙。他驚訝地發現，土地國有化被迫（除了紙上談兵）屈服於私人的所有權；他逐漸領悟到，今日的人類將不悉心耕作並節儉管理他們所持有的土地財產——除非他們能夠把這些財物，包括他們所投入的改善，都留傳給他們的子孫。「俄國似乎正在轉變成一個更大的法國，一個自耕農的偉大國家，舊有的封建制度已然消失。」他開始了解，這場戲劇性的革命推翻，它所有的犧牲與英勇的行為，只能說是俄國的另一場發生於西元一七八九年的法國大革命而已。

羅素前往中國擔任教職的那一年，或許還感到更為自在些；那裡的機械裝置較少，生活步調也較為緩慢，一個人可以坐下來思考，仔細分析生命時，它仍是停滯不前。在這茫茫人海之中，我們的哲學家有了新的觀點與看法，他了解到，歐洲不過是一塊較大陸地與較古老（或較有深度）文化的暫時性偽足；他所有的理論與三段論，在這個龐然大國前，逐漸改變成審慎適度的相對主義。

你可以看出他的體系逐漸放寬、變鬆，就像他所寫的：

我逐漸理解，白種人其實並沒有我以前所認為的那麼重要。如果歐洲與美國在戰爭中全滅絕了，也未必意味著人類這個物種會就此毀滅，更不會是文明的末日，因為還是會剩下數量相當可觀的中國人；從各方面看來，中國更是我所見過最偉大的國家：不僅是在人數上與文化上最偉大，在我看來，更是在智識上最為偉大。我不知道有其他的文明像中國一樣，如此心胸開闊、如此注重實際、如此樂於面對事

1045 出處同上，第101、248、256頁；《神祕主義與邏輯》，第108頁。

實的原貌，而非試圖將其扭曲成某種特定模式。1046

一個人從英國轉換到美國、俄國，再到印度跟中國，要讓他的社會哲學始終保持不變，委實有些困難。這個世界說服了伯特蘭．羅素，讓他知道，它對他的公式來說太大了，也或許因為過於龐大而笨重，以致於無法極為迅速地走向他心之所繫的渴望，而且同時存在著那麼多的心，那麼多不同的渴望！你可以發現現在的羅素「隨著年歲的增長更有智慧」，因時間與豐富多彩的生活而變得圓潤、成熟，對人類承繼的所有弊病仍保持著完全地清醒，但已然成熟臻至溫和而適度，得以了解社會改變的諸多難處。從各方面來說，他成了一個非常討喜的人：最深奧的形上學與最精微的數學對他來說易如反掌，但他總是以真誠的人才會有的那種清楚、明晰的方式簡易地陳述；他沉迷於往往耗盡感覺源泉的思想領域，然而卻以憐憫之情溫暖並啟迪人心；他對人類，更是充滿了近乎神祕的溫柔情感。他不是逢迎拍馬的朝臣，卻絕對是學者與紳士；比之那些裝腔作勢的人，他是一位更好的基督徒。幸運的是，他還年輕並充滿活力，生命的火焰仍然在他身上旺盛地燃燒著；接下來的這十年，誰知道會不會看到他從幻滅與覺醒中重生出智慧，在「沉著穩重的哲學情誼」（the serene Brotherhood of philosophy）之最崇高者中，寫下自己的永恆之名？

1046《紐約世界報》（New York World）上的訪談錄，一九二四年五月四日。

第十一章

當代美國哲學家

桑塔耶那、詹姆斯及杜威

CONTEMPORARY AMERICAN PHILOSOPHERS

無知並不是一種福氣，而是無意識與被奴役；唯有智識，能使我們成為塑造自己命運的參與者。

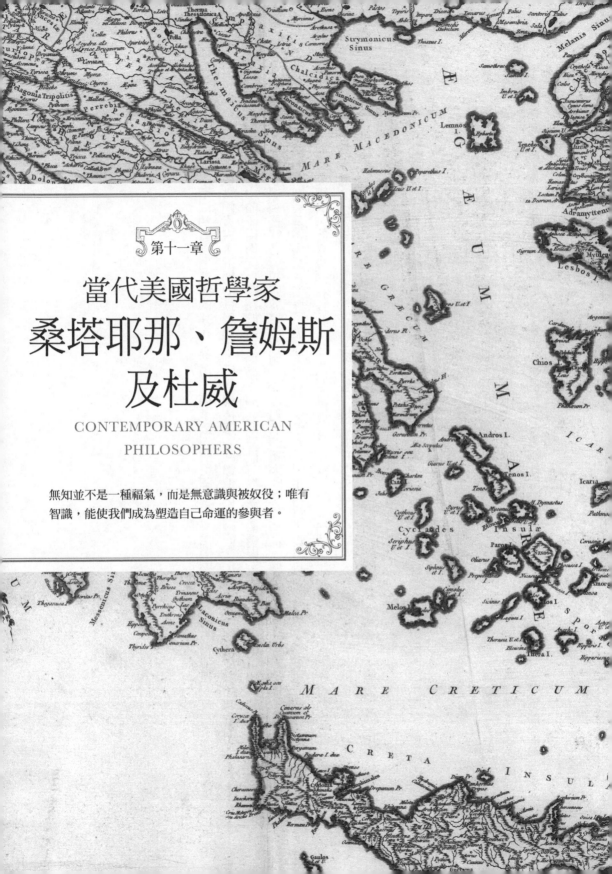

引言 Introduction

眾所周知有兩個美國的存在。其中一個是歐洲的美國，主要是美國東部各州，在那裡，較古老的家族後裔仍然尊敬外國貴族，近期的移民則帶著某種懷舊鄉愁回顧他們祖國的文化與傳統。在這片歐洲的美國土地上，有一種進行中的矛盾衝突，存在於盎格魯撒克遜人冷靜而有教養的靈魂與新民族不安而創新的精神之間。英國的思想與禮儀規範終究必須屈服於這片包圍、淹沒他們的新大陸文化之下，雖然眼下英國式的道德不再統治美國，但英國的氛圍與基調仍暫時主導了美國東部的文學界。我們在大西洋各州的藝術與品味標準是英國的，我們的文學遺產是英國的，而當我們有時間談及我們的哲學時，也是走在英國思想的路線上。是這個新的英國，孕育了華盛頓、歐文（Irving）、愛默生、甚至愛倫坡；是這個新的英國，寫出了美國首位哲學家喬納森·愛德華茲（Jonathan Edwards）的書；也是這個新的英國，抓住並重塑了這位充滿異國氛圍的奇特人物——美國最近的思想家喬治·桑塔耶那（George Santayana）。因為，桑塔耶那是美國哲學家沒錯，但也只是蒙地理位置之賜；他是出生於西班牙的歐洲人，在懵懂無知的童年被載往美國，長大成人之後又返回歐洲這個天堂，彷彿他跟我們在一起的這些年，只是一段見習期。桑塔耶那充滿古老美國「優雅有禮的傳統」氣息。

另一個美國，就是美國人的天下。組成這個美國的人，不論是來自北方各州的北方佬（Yankee）、印第安納州的居民（Hoosier）還是牛仔們，他們根生於這片大陸，而非歐洲；他們的行為舉止、想法觀念與理想都是土生土長，他們的靈魂既未被那些使波士頓、紐約、費城、里奇蒙添色增光的上流社會家庭所碰觸，亦未被歐洲南部或東部那種變化無常的激情所影響；無論男女，都被原始的環境與艱苦的差事形塑出粗獷堅實的肉體與直率淳樸的心靈。是這個美國，孕育出林肯、梭羅、惠特曼與馬克・吐溫（Mark Twain）；是這個美國，屬於「粗淺實用的常識」、「注重實效的人」以及「精明實際的商人」；是這個美國，使威廉・詹姆斯留下深刻印象並成為它的哲學代表人物，而他的弟弟卻比英國人更像英國人；也是這個美國，塑造出約翰・杜威（John Dewey）。

不管年代順序，我們應該先探討的是桑塔耶那。因為，他雖是我們這些偉大哲學家中最年輕的一位，卻代表著一個較古老的外來學派；同時，他精微的思想與芳醇的風格，就像在一個花朵已被拿走的房間之中，仍然滿室盈香、久久不散。我們極可能不會再有任何像桑塔耶那這樣的人出現了，因為從今而後，是美國而非歐洲，將寫出屬於美國的哲學。

1047 參見他自己對於兩個美國的分析：「美國不只是一個有著古老心態的年輕國家，而是有著兩種心態的國家：一個是信仰的倖存以及先祖們的規範，另一個是一種本能的表達，年輕世代的做法與發現。在心智崇高的一切事物中——包括宗教、文學、道德情感——代代相傳的精神如此盛行，以致於蕭伯納（Bernard Shaw）先生發現，美國落後了時代長達百年之久。事實是，美國人心智中有一半始終保持著些微的（我不會說是擱淺或觸礁）停滯不前，輕緩地漂浮於往後倒退的水流中；然而同時，隨著發明創造、工業與社會組織的發展，另一半的心智卻一躍而下，跳入某種尼加拉瓜的瀑布急流中。這點可以從美國的建築物中發現其象徵……美國的意志占據了摩天大樓，而美國的智識則棲息於殖民風格的宅邸中。」——《主義之風》（Winds of Doctrine），紐約，１９１３，第１８８頁。

I

喬治・桑塔耶那
George Santayana

1. 生平
Biographical

西元一八六三年，桑塔耶那出生於馬德里；西元一八七二年，他被帶往美國，一直待在美國直到西元一九一二年。他在哈佛取得學位，並且從二十七歲開始就在哈佛執教，一直到他五十歲。他的學生之一生動地描述了他：

那些在課堂上記得他模樣的人，會記得他是一個帶有莊重、親切、內向特質的人，他那由文藝復興時期的畫家所描繪的面容宛如使徒約翰，有著神祕的眼神、微笑時像僧侶一般，半是促狹、半是滿足；他流瀉出心平氣和的深沉嗓音，柔和悅耳、抑揚頓挫，像禮拜儀式般充滿安定和諧之感；他的課程內容有著詩歌般複雜精細的完美以及預言般的重要意涵；他為他的聽眾而說，卻不知怎的，又非對他們而說，深深激動他們的天性、擾亂他們的心智，宛如一股神諭的力量，充滿神祕和敬畏。他是那麼地遙不可及卻又充滿魅力，如此令人感動卻又堅定自若、不為所動。[1048]

桑塔耶那對他所選擇的這個國家並不十分滿意。他的靈魂因廣博的學習而軟化，但宛如詩人靈魂般的敏感度，必然使他因美國城市生活的喧囂繁忙而受苦不已（因為他一開始是詩人，後來才成為哲學家）。他出於本能地退縮回波士頓，彷彿想盡可能離歐洲愈近愈好，於是又從波士頓來到劍橋與哈佛，他喜愛保有隱私，偏愛柏拉圖與亞里斯多德更甚於詹姆斯與羅伊斯。他對同僚的受歡迎有些苦澀地一笑置之，對人群與報刊評論保持著與世隔絕的超然態度；但是他也知道自己很幸運，能夠在迄今所知的美國大學最好的哲學學校之中找到一個家。「在理性生活中的一個清新早晨，雖然多雲，但是閃耀生輝。」[1049]

桑塔耶那的第一篇哲學方面的論述是《美感》（The Sense of Beauty）（西元一八九六年），連實事求是、不講情面的孟斯特伯格（Münsterberg）都將其評為美國在美學上的最佳貢獻。五年之後，出現了一本較不完整、但較為可讀的《詩與宗教的闡釋》（Interpretations of Poetry and Religion）。接下來的七年之中，就像雅各（Jacob）為他所愛之人奉獻了七年的服侍時間，桑塔耶那也默默地工作，在這期間只偶爾出版過若干詩作，因為他正籌畫著他的巨著《理性生活》（The Life of Reason），其中包括了五冊的作品〔《理性常識》（Reason in Common Sense）、《理性社會》（Reason in Society）、《理性宗教》（Reason in Religion）、《理性藝術》（Reason in Art）、《理性科學》（Reason in Science）〕；《理性生活》一問世，隨即讓桑塔耶那的聲望與地位大幅提升，完全彌補了以往所欠缺的知名度。在此，宛如一位西班牙大公的靈魂嫁接到溫和文雅的愛默生家族血統之上，形成地中海貴族與新英格蘭個人主義的一種優美精練之混合；最重要的是，一個幾乎不受其時代精神影響、徹底解放的靈魂，宛如以某種來自古老亞歷山大港的異教學者語調來陳述他的意見，以毫不疑惑的優越眼光觀察我們微不足道的體制，以最平靜的推論與最完美的散文粉碎我們的新舊夢想。自柏拉圖以降，幾乎沒有任何哲學可以用言語表達得如此美妙：充滿新奇氣味的文字、質感細膩的措辭，以精微之處妝點得滿室芬芳，以嘲諷的機智使文采鋒芒畢露；彷彿詩人在這些華麗的隱喻之中講演，藝術家在這些鑿刻的段落中表達情感。發現一個可以立即感受到美的誘惑和真理的召喚之人，著實令人感到愉快。

在這項努力的成果之後，桑塔耶那滿足於他的名聲，也滿足於自己的詩作與若干次要的著作。[1050] 接著，說來

1048 霍勒斯・凱倫（Horace Kallen），《哲學期刊》（The Journal of Philosophy），１９２１年９月２９日，第１８卷，第５３４頁。
1049 《美國的性格與觀點》（Character and Opinion in the United States），紐約，１９２１，第１章結尾。

奇怪，在他離開哈佛、前往英國定居之後，全世界都以為他視自己的工作已然大功告成，他卻又在西元一九二三年發表了一部內容充實、分量實在的《懷疑主義與動物信仰》（Scepticism and. Animal Faith），更快活地宣布，這只是一套被稱為「存在領域」（Realms of Being）的新哲學體制的介紹。讓人振奮的是，可以看到一個六十歲的人仍然勇往直前，再次航向遙不可知的旅程，創作出一本書有著充滿活力的思想、精練優美的風格——就像以往他所撰寫的任何作品一樣。我們亦應從這本最近期的作品開始探索，因為事實上，它的確是通往桑塔耶那一切思想的大門。

2. 懷疑主義與動物信仰 Scepticism and Animal Faith

「在此，」這本書的序言中說道：「又多了一套哲學體系。如果讀者忍俊不住，我可以向他保證，我會跟他一起笑……我只是試圖為讀者表達出當他微笑時仍被吸引的那些原則。」桑塔耶那相當謙虛而審慎地（這對哲學家來說很奇特）相信除了他自己的體系之外，其他體系也是有可能的。「如果任何人更喜愛別人的體系，我不會要求他以我的方式去思考；如果可以的話，就讓他把自己的靈魂之窗打掃得更乾淨，那麼遠景的多樣性與它的美，將會更鮮明地在他的眼前舒展開來。」[1051]

在這本介紹性的最後作品當中，桑塔耶那打算清除認識論那糾纏不清並使現代哲學無法成長的蛛網。在他勾畫出理性生活之前，他願意以專業的認識論者所看重的一切技術性相關事物，先就人類理性的起源、有效性與限制進行討論。他深知，思想的偉大陷阱就是對傳統假設不加批判地通盤接受：「批評讓習於常規懷抱的靈魂驚喜不已。」他不按常規地說。他樂於去懷疑幾乎每一件事：我們所接觸的世界滿盈感官特質的露水，藉由這些感官特質它才得以川流不息；而我們的過去，則是藉著經欲望扭曲過後不太牢靠的記憶，代代相傳下來。對桑塔耶那來說，只有一件事似乎是確定的，亦即當下的經驗：這種顏色、形式、味道、氣味、性質，這些才是「真實」的世界，它們的感知組成了「本質的發現」（the discovery of essence）。[1052]

唯心論是對的，但是並不具備任何重大的意義：我們的確只經由我們的想法去認識這個世界，但既然這世界已運轉了數千年之久，大體上，如果我們合併運用的感覺是正確的，我們應可接受這種務實的認可而毋須擔心未來。「動物信仰」可能是一種神話信仰，但是，這樣的神話是一種好的神話，因為生命比任何三段論更好。休謨所犯的謬誤，在於他假設藉由發現觀念的起源，便能摧毀觀念的有效性：「對他來說，一個自然的孩子意味著一個私生子[1053]；他的哲學尚未到達一位法國淑女的智慧水平，法國淑女會問，難道並非所有的孩子都是自然的嗎？」[1054]在質疑經驗的真實性方面抱持嚴格懷疑態度的努力，已經由德國人發揮到淋漓盡致、簡直到了疾病的程度，就像一個精神病患，不停洗著手想除去手上根本不存在的髒汙。但即使是那些「在自己的心智中尋找宇宙根基」的哲學家，也並非真的相信「當事物沒被感知到就不再存在」的主張。

我們並未被要求要徹底廢除我們對於自然世界的概念，或甚至在日常生活中不再相信它。我們只在朝向北北西時或持先驗哲學時，才會變成唯心論者；當風往南吹時，我們仍然是唯實論者……我應該羞於贊同某些未經爭論、我亦無法相信的意見；對我來說，在其他立場而非我所持之立場下產生影響，似

1050 這些主要包括了：《三位哲學詩人》（Three Philosophical Poets）（1910）對盧克萊修、但丁及歌德的經典講座內容；《主義之風》（1913）；《德國哲學的自我主義》（1916）；《美國的性格與觀點》（1921）；《英國獨白》（Soliloquies in England）（1922）。這些全都相當值得一讀，而且比之《理性生活》簡單多了；但在《理性生活》中，又以《理性宗教》為其中最佳的一本。由洛根・皮爾索爾・史密斯（L. P. Smith）編輯的《喬治・桑塔耶那著作小品》（Little Essays from the Writings of George Santayana）亦經桑塔耶那自己編整過，是一部值得讀揚的選集。

1051 《懷疑主義與動物信仰》，第5頁與6頁。

1052 出處同上，第11f.頁。

1053 「私生子」的英文為Nature kid，亦可解讀為「自然的孩子」。——編注

1054 《理性常識》，紐約，1911，第93頁。

乎是不誠實且懦弱的行為……因此在我眼中，除了斯賓諾沙之外，沒有任何現代的作家是一位完全的哲學家……我坦率地握住自然的手，在我最深遠的思辨中接受它作為一項法則，亦即我日日賴以為生的動物信仰。1055

就這樣，桑塔耶那對認識論的論述到此為止。我們可以較順暢地喘口氣，然後跟著他進入下一個階段，也就是對柏拉圖與亞里斯多德雄偉的重建工作，同時也是他稱之為「理性生活」的階段。如此這般關於認識論的介紹，顯然對他的新哲學是一場必要的洗禮、一種過渡性的讓步；哲學在穿上認識論的禮服時仍需打上領結鞠躬哈腰，就像工會領袖在國王的法庭上也得暫時穿上絲質馬褲。有一天，當中世紀真正結束時，哲學會從那些高高在上的雲層中走下人間，開始與人類有關的事務打交道。

3. 理性科學

Reason in Science

理性生活是「一切實際的思想與行動，以其意識的成果證明為正當者之名。」理性絕非本能之敵，而是本能成功的和諧齊奏；它是自然在我們內在所形成的意識，照亮它自己的道路與目標。理性是「衝動與觀念構思（ideation）這兩個元素的幸福婚姻，如果完全分離開來，將使人類降至禽獸或瘋人的等級。理性的動物是因這兩個怪獸的結合而產生，由觀念（不再不切實際）與行動（不再徒勞無功）而構成。」理性是「人類對神性的模仿。」1056

理性生活顯而易見地以科學作為基礎，因為「科學包含了所有值得信賴的知識。」桑塔耶那了解，理性不穩定，科學也不可靠，因此，他接受使用現代科學的分析方法，簡略表達與描述我們經驗中可觀察到的規律性，但不能用來支配這世界、保證不變的「法則」；但即使是經過如此的調整與修改，科學仍是我們唯一可依賴的事物。「對智識的信仰……是經由其成果所認可的唯一信仰。」[1057]因此，桑塔耶那下定決心要理解生命，感覺上就像蘇格拉底所說，沒有經過辯證的生命是不值得存在的；他將使所有「人類進步的階段」、所有人類所關注之事與歷史的盛會，皆臣服於理性的仔細檢視之下。

儘管如此，桑塔耶那仍然相當謙遜，他說自己沒有要提出新的哲學，只是將舊有的哲學應用到我們目前的生活。他認為，首批哲學家就是最好的哲學家，而在他們之中，他對德謨克利特與亞里斯多德的評價最高；[1058]他喜歡前者平鋪直述、直截了當的唯物論，後者從容不迫、臨危不亂的健全理智。「亞里斯多德對於人性的概念完全正確：每件理想的事物都有一個自然的基礎，而每件自然的事物都有一個理想的發展。他的倫理學在徹底融會貫通、仔細衡量之後，會像是一部毋須更改的完美成品；理性生活，在此找到了經典的闡釋。」因此，穿戴起德謨克利特的原子與亞里斯多德的黃金中道之盔甲，桑塔耶那準備好面對當代生活的問題了。

在自然哲學中，我顯然是唯一一個碩果僅存、堅決無疑的唯物論者……但我不能聲稱自己了解物質本身是什麼……我在等科學人士告訴我……但是，不論物質可能是什麼，我放肆地稱呼其為物質，就像我並不知道相識友人的祕密，卻仍然稱呼他們史密斯跟瓊斯。[1059]

桑塔耶那不允許自己享受泛神論的奢侈，因為它只是無神論的一種遁辭；我們稱自然為上帝，對它毫無助益。「**自然**（nature）這個字眼已經夠詩意了，充分表明我們居住的這個世界擁有生產與控管的作用，以及無盡的生命力和多變的秩序。」想要以這些精練、改變本性的形式永遠緊握這些舊有的信仰不放，宛如拙劣修補著過時盔甲的唐吉訶德。然而，桑塔耶那充滿詩人的特質，足以讓他了解到一個被迫放棄神的世界，是一個冷酷且令

1055《懷疑主義與動物信仰》，第192、298、305、308頁。
1056《理性常識》，第3、6、17頁。
1057《理性科學》，紐約，1906，第318頁；《理性常識》，第96頁。
1058 他在最近的著作《地獄對話錄》（Dialogues in Limbo）中將德謨克利特塑造成了英雄。
1059《懷疑主義與動物信仰》，第8頁與7頁。

人難受的家。「為何人類的良知，到頭來總是會反抗自然主義，以某種或其他形式回到對不可見之物的狂熱崇拜？」或許，「因為靈魂、永恆及理想物以類聚。」它無法滿足於現狀，嚮往更好的生命；思及死亡讓人感到唏噓不已，所以會想緊握住某種力量的希望不放，或許可以使自己在周遭不斷的變遷之中永恆地存在。但是，桑塔耶那直率地做出總結：「我相信沒有什麼是永恆不朽的……誠然，這世界的精神與能量的確在我們身上起了作用，宛如大海在每一道小小的浪潮中升起；但是，它流經我們之後，不論我們如何哭號，它仍然繼續前行、不會回頭。我們所擁有的特權是當它到來時，我們能夠感知得到。」[1060]

機械作用或許是宇宙通用的法則。雖然「物理學對地殼上瞬間運動及發芽成長的原因無法解釋，包含人類事物的發展也是。」但心理學上的最佳方法，就是去假設機械作用甚至可普遍通行於靈魂最隱蔽的深處；只有在心理學開始尋求每項心理活動的機械與物質基礎時，才會逐漸從文學發展成科學。即使是斯賓諾沙在激情上的傑出工作，也只是一種「文學心理學」，一種演繹的辯證法；因為，它並未尋找每種衝動與情感背後所根據的生理與機械理由。今日的「行為主義者」已找到正確的道路，應該無所畏懼地遵循前進。[1061]

因此，徹底機械及物質的生命意識並無任何因果效能，那是一種狀況及過程，而非一項事物；效能存在於熱之中，故衝動與渴望藉此驅動大腦與身體，而非在光之中，如同思想般閃現。「思想的價值是想像上的，而非因果的。」也就是說，它不是行動的工具，而是想像經驗的劇場、道德與美學樂趣的接受器。

> 是心智在控制困惑的身體，並為尚未確定傾向的生理習性指引方向嗎？或是並非如此，反而比較像是一種內在的機械裝置在執行這項令人驚嘆的工作，而心智則到處捕捉這種運作的隱約微光，一下是喜悅與合作，一下是無能為力的反抗？……拉朗德（Lalande）或任何人，以他的望遠鏡搜尋天際尚且找不到任何上帝；如果他用顯微鏡搜尋大腦，也絕對找不到人類的心智……相信這樣的精神，就跟相信魔法沒什麼兩樣……心理學家能觀察到的唯一事實是物理的事實……靈魂只是實體動物內在一種精良而迅速的組織……一個龐大、驚人的神經與組織網絡，在每個世代由種子中產生出來。[1062]

我們必須接受這種輕快活潑的唯物論嗎？像桑塔耶那這麼敏銳細微的一位思想家、這麼不食人間煙火的一位詩人，竟然會把這項哲學的重擔綁在他的脖子上，畢竟經過數世紀的努力，我們仍然一如往昔般徒勞無功，無法解釋花朵的成長與孩童的笑聲。這著實令人震驚。世界是一種「可一分為二之混合體」（a bisectible hybrid）的概念或許是正確的，半為物質、半為精神，是「一部自動機械裝置與一個鬼魂的笨拙結合」；[1063]但這是經過人格化的邏輯與明晰度，伴隨著桑塔耶那對自己的概念，亦即把他自己當成一部自動反映自身、擁有自動作用的自動裝置。同時，倘若意識並無任何效能，為何它可以極為緩慢而痛苦地逐步進化、發展？為何它可以在一個無用事物會迅速殞滅的世界中存活下來？意識是判斷力的器官，也是喜悅的載具；它的重要功能即為反應的練習與協調。正因為有意識，我們才得以為人類。或許花朵與它的種子、孩童與他們的笑聲，包含了比任何曾在陸上或海上的機器更多的宇宙祕密；或許用生命觀點來解讀自然，比用死亡觀點來理解它，要來得更為明智。

然而，桑塔耶那也讀過柏格森的哲學，卻拒絕接受並嗤之以鼻。

> 柏格森談到許多關於生命之事，他認為自己已深入了生命的本質；然而死亡，與誕生一樣，皆為對生命的自然分析。必須等待陽光和雨水去啟動的創造目的，是什麼？任何個體都能突然被一顆子彈消滅的這種生命，是什麼？溫度略為下降就會從宇宙中被驅逐殆盡的這種生命衝動，又是什麼？[1064]

1060 出處同上，第２３７頁與２７１頁；《理性常識》，第１８９頁；《主義之風》，第１９９頁。
1061 《理性科學》，第７５、１３１、１３６頁。
1062 《理性常識》，第２１９、２１４、２１２頁；《主義之風》，第１５０頁；《懷疑主義與動物信仰》，第２８７、２５７、２１８-９頁。
1063 《理性常識》，第２１１頁。
1064 《主義之風》，第１０７頁。

4. 理性宗教
Reason in Religion

聖柏夫曾評論他的同胞，說他們不再是基督徒之後，仍然會是長久的天主教徒。這是勒南與阿納托爾．法朗士的分析，而桑塔耶那也深有同感。他對天主教的熱愛，就像他明知道某個女人欺騙他，卻仍然渴望她一樣。「雖然明知道她說謊，我還是對她深信不疑。」他哀悼自己的失去信仰，「這項絢麗的錯誤，」比之生命本身「更符合靈魂的衝動。」他描述自己在牛津大學的某種古老儀式之中：

被放逐的我，
不僅從狂風吹拂的荒野中被放逐，
瓜達拉瑪山脈（Guadarama）在此高舉著紫色的榮冠；
更從精神的領域、天國、確然無疑，
一切希望的目標，以及最美好的憧憬中被放逐。

正是出於這種祕密的愛戀、這種無信仰的深信，桑塔耶那在《理性宗教》中實現了他的傑作，以一種溫柔的悲傷填滿了懷疑論調的書頁，並在天主教的美之中，找到繼續愛戀它的充分理由。沒錯，他微笑以對「這項傳統的正統信仰，亦即宇宙存在之因，並有利於人類或人類的精神。」但他蔑視「年輕機智才子與陳腐諷刺作家常見的啟迪，這些人以看穿宗教的科學無能而自誇自擂，但那只是即使最盲目的人都有一半能看得清的事；他們不去探索思想的習性，也不思考從其中萌芽的那些教義之原始意義與真正作用。」畢竟，世界各地的人類都有宗教信仰，這是一個了不起的現象；如果我們不了解宗教，如何能了解人類呢？「這樣的研究，將使懷疑論者面對凡人存在的奧祕與悲愴，讓他了解為何宗教如此深切動人，從某種意義上來說，如此極度公義。」[1065]

桑塔耶那與盧克萊修所見略同，認為最先創造出神的原因是恐懼。

對於超自然的信仰，是人們在時運最低潮時做出的絕望賭注，這種信仰絕非正常生命力的來源，如果後來時運好轉，他們可能就會逐漸恢復自己的生命力……如果一切順遂，我們應該只會歸功於自己……人類最先學會分辨與重複的事情，就是出於自己的意志想做的事，以及抗拒他偶然需求的事；因此，他面對現實所產生的第一種情感，就是某種特定的敵意，使得他在弱者面前表現殘酷，在強者面前搖尾乞憐、畏懼不已……觀察到宗教的動機是多麼地低下而卑微，著實令人感到可悲；即使是歸功於神的最高動機，他們從其中獲得的也不過是一種受盡壓迫、痛苦難當的生存。被賦予些許佳肴、被銘記不忘、被讚美頌揚、被盲目而小心翼翼地遵從——這些事情被認為與神的顏面有關，為此，祂們會在代價最高昂的規模上施予恩惠與懲罰。[1066]

想像力更為恐懼雪上加霜，因為人類是無可救藥的萬物有靈論者（animist），以擬人化的方式來詮釋一切萬物，把自然加以人格化並戲劇化，賦予它一大群的神祇；「彩虹被當成……某些變幻莫測的美麗女神行經空中留下的痕跡。」這並不是說，人們著實深信這些光鮮亮麗的神話，而是它們的詩歌有助於人們承受單調乏味的生活；然而這種神話詩歌的創作趨勢在今日已然衰微，科學也已然導致一種對抗想像力的猛烈、多疑之反應。但是早期的原始民族，特別是在毗鄰東方的地區，神話不受抑制、也毋須經過證實。《舊約聖經》中有著豐富的詩歌與隱喻，而撰寫它的猶太人並未如實地採用他們自己的人物；但是當較為刻板、缺乏想像力的歐洲民族誤將這些詩作當成科學，我們的西方神學就此誕生了。最初，基督教就是希臘神學與猶太道德的不穩定結合，其中一方或另一方終將讓步；於是在天主教中，希臘與異教徒的元素占了上風，但在新教之中，則是嚴峻的希伯來道德規範勝出。一方形成文藝復興，另一方則產生宗教改革。[1067]

德國人，桑塔耶那稱他們為「北方的蠻族」，認為他們從未真正接受羅馬基督教。「非基督教倫理的勇氣與

1065《理性宗教》，紐約，1913，第4頁。
1066《理性科學》，第297頁；《理性宗教》，第28與34頁。
1067《懷疑主義與動物信仰》，第6頁；《理性常識》，第128頁；《理性宗教》，第27f.頁。

榮譽，以及非基督教倫理的大量迷信、傳說與情操，始終存在於中世紀的人民之中。」哥德式教堂是屬於蠻族的，而不是羅馬的；日耳曼好戰的性情凌駕於東方的寧靜和平之上，把基督教從強調兄弟之愛的宗教轉變成商業美德的嚴厲教化，從一種原為貧苦窮人創立的宗教轉變成象徵繁榮與權力的宗教。「日耳曼族將這種朝氣蓬勃的宗教所具備的深刻、野蠻、詩意特質，巧妙地逐漸滲入基督教，取代了兩個即將終結的世界最後一聲的嘆息。」[1068]

桑塔耶那認為，再沒有比基督教更美的事物了——前提是，不從字面上來加以詮釋。但是，德國人卻堅持要逐字如實地加以解讀；其後，基督教正統在德國的崩解便成了無可避免的結局，因為如果要按照字面之義來解讀，再沒有比某些古老的教條更荒謬可笑的事了：像是對無辜者的刑罰與詛咒，或是邪惡存在於一個由全能恩典所創造的世界之中。各自表述解讀的原則，自然導致了各民族中多種教派叢生的現象，並在精英份子之中形成一種溫和的泛神論——不過就是一種「以詩意表達的自然主義」。萊辛與歌德、卡萊爾與愛默生，都是這項改變的代表人物；簡言之，耶穌的道德體系摧毀了窮兵黷武的耶和華，後者因為一次歷史性的惡作劇災禍，隨著先知與基督的和平主義被傳送到基督教之中。[1069]

桑塔耶那不論是從組織結構及遺傳角度，都無法贊同新教；他更喜愛他年輕時信仰的色彩與芳香。他斥責新教徒拋棄了中世紀國度的美麗傳說，更重要的是，忽視了聖母瑪利亞（Virgin Mary）——這是他跟海涅皆認為是「詩歌中最美麗的花朵」。正如一位妙語如珠的才子這麼形容：桑塔耶那不相信上帝的存在，但相信瑪利亞是祂的母親；他甚至用聖母與聖徒的畫像裝飾自己的房間。[1070]他喜愛天主教的美更甚於任何其他信仰的真理，而他喜愛藝術甚於工業，更是基於同樣的道理。

> 對於神話的批評，可分為兩個階段……第一個階段氣憤地把它們當成迷信，第二個階段則微笑地把它們當成詩歌……宗教是經由人類想像力加以解讀的人類經驗……認為宗教包含的是真理與生命的一種文字原義之表徵，而非一種象徵性之表徵，純粹是一種不可能的想法；任何抱持著這種想法的人，就是在這個主題上尚未進入以哲理研究、思考的有益領域……宗教的問題絕不該成為爭辯的問題……我們寧

可尋求的是去尊敬虔誠的行為，並且去理解在這些神話故事中所體現的詩文。[1071]

因此，一位文人學者會讓神話保持它們的原貌，對人民的生命發揮慰藉與啟發的相當作用；或許，他還會因為他們所抱持的希望而感到有些忌妒，但是，他並不相信還有來生。「被生出來的這個事實，就是永生不朽的一個壞兆頭。」[1072]唯一讓桑塔耶那感到興趣的不朽，是斯賓諾沙所描述的那一種。

「他活在理想之中，」桑塔耶那說道：「並把這種理想在社會或藝術中表達出來，享受一種雙重的不朽；當他活著的時候，這種永恆吸納了他，當他離開人世時，他的影響將他人也帶入這種相同的吸納之中，透過他身上最好部分的理想同一性，使他們轉世再生並在他身上匯聚一堂、占有永久的一席之地，這是他能夠理性地希望從毀滅中所營救之事物。毋須用任何藉口、託辭或渴望去欺瞞自己，他就可以說自己並未全然死亡，因為比之平庸大眾，他對於構成自己存在的事物有著更好的看法與見解。藉由成為他自己的死亡與宇宙興衰的目擊者與懺悔者，他視自己與一切靈魂的精神面以及一切領悟的主人為一體，經過他對自己這樣的設想，他便可以真正感受並了解自己的永恆。」[1073]

1068《理性宗教》，第１０３與１２５頁。
1069《理性宗教》，第１３７、１３０、１７２頁。
1070 瑪格麗特・孟斯特伯格（Margaret Münsterberg），《美國信使》（The American Mercury），１９２４年１月，第７４頁。
1071《美感》，紐約，１８９６，第１８９頁；《懷疑主義與動物信仰》，第２４７頁；《主義之風》，第４６頁；《理性宗教》，第９８頁與９７頁。
1072《理性宗教》，第２４０頁。
1073 出處同上，第２７３頁。

5. 理性社會
Reason in Society

哲學的一大問題，是要設計出一種方式可以說服人們去實行美德，而不需經由超自然的希望與恐懼之刺激。理論上來說，哲學曾經兩度解決過這個問題；蘇格拉底與斯賓諾沙的哲學，都曾給予這世界自然或理性道德相當充分的完善體系。如果人們能夠被形塑到任一種哲學體系之中，一切都會很好。但是「一種真正理性的道德或社會政體從來不曾存在於這世上，而且很難找到。」正因如此，也為哲學家保留了這項樂趣。「一位哲學家的內在擁有一座天堂，因此我懷疑那傳說中的極樂可以延續到其他的來世……只是一種詩意的象徵；他可以享受真理的愉悅，也可以同樣樂意去享受這個活動領域，或是退出它。」（雖然可以觀察到他身上有某種持久的固執特性）。「對於我們其他人來說，未來也好、過去也好，通往道德成長的康莊大道，必然在於那些蓬勃發展於愛與家庭豐足氛圍中的社會情感成長當中。」[1074]

沒錯，就像叔本華所說，愛是種族在個體身上玩的一種把戲，「十分之九的愛起因於愛人者，十分之一才在被愛的對象上。」那樣的愛「再次將靈魂融進非個人的盲目變遷之中。」儘管如此，愛有它的回報，人類在他最大的犧牲之中，也找到了他最幸福的圓滿實現。「拉普拉斯據稱在臨終前說道：科學僅是微不足道的小事，除了愛之外，沒有什麼事物是真實的。」畢竟，儘管有著詩意的幻想，浪漫的愛通常以一段關係作結——父母與子女的關係，遠比任何獨身的安全感更令本能感到滿足。子女就是我們的永恆不朽，「當我們發現有一半的不朽原文已被謄寫在另一份貨真價實的副本上時，我們會更心甘情願地把這份沾滿汙點的生命原稿付諸熊熊火焰。」[1075]

家庭是通往人類永存的途徑，也仍為人類社會的基本體制，可以在所有其他體制都失敗之後，繼續在種族之中延續下去。但是，家庭只能引導文明到某種簡單的程度，文明更進一步的發展，需要一套規模更大、更複雜的體制，家庭在其中則不再是生產單位，也失去了對其成員經濟關係的控制，並且我們會發現，它的權威與權力愈來愈被國家取代。國家或許是一隻怪獸，正如尼采對其所稱，擁有不必要的巨大規模；但它那中央集權式的專制，也有廢止其他雜七雜八、多如牛毛的小規模專制暴政的優點，在那種暴政之中的生命，長久以來受盡了糾纏與限制。一個默默接受貢品的大海盜，總好過一百個小海盜毫無預警、毫無節制地任意劫掠。[1076]

這在某種程度上，也相當於人民的愛國主義。他們深知自己為政府付出的代價低於無政府的混亂局勢。桑塔耶那也不禁要問，這種愛國主義是否確實弊大於利，因為它通常會把不忠誠的惡名與呼籲改變的行動連結在一起。「除非對自己國家的愛是相當盲目而使人倦怠的，否則，這樣的愛必須能夠區別國家的實際情況與其固有的理想；同時，這種區別又會涉及一種改變與努力嘗試的需求。」從另一個角度來看，種族的愛國主義是必不可少的。「有些種族顯然優於其他種族，對生存條件更徹底的調整，會帶給他們精神勝利、廣度，以及相對的穩定性。」因此，除非是相互認可有平等性和穩定性的種族之間，否則通婚會是一項冒險之舉。「猶太人、希臘人、羅馬人、英國人，從來沒有比對抗其他國家時更為偉大的時刻；它們反抗敵人的同時，或許也吸納了敵人的文化。但是，每當兩方的接觸導致合併時，這種偉大之處也會失去內部的作用。」[1077]

國家的大惡在於它傾向於變成戰爭的機器、充滿敵意的拳頭，在據稱是次等世界的臉上搖晃。桑塔耶那認為，在戰爭中，每個人都是輸家。

正如大部分的時代與國家之中，不論糟糕的政黨與政府在哪，除了對當地的蹂躪與劫掠外，不論是自己國家的軍隊或是敵人的軍隊打贏這場戰爭，對一個社會來說幾乎無甚差別……不管怎樣，這些平民百姓在這些國家中，得繼續付出極高的稅金，在一切私人利益上，得承受最大程度的煩惱與忽視。儘管

1074《理性科學》，第239頁；《懷疑主義與動物信仰》，第54頁。
1075《理性社會》，紐約，1915，第22、6、195、41頁；《理性常識》，第57頁；《理性社會》，第258頁。
1076《理性社會》，第45、77、79頁。
1077 出處同上，第164-167頁。

如此，受壓迫的對象像其他人一樣洋溢著愛國的熱忱，並且責難任何指出事實的人毫無責任與榮譽感。對一個無法代表公眾利益的政府展現無可救藥的忠誠，是多麼地不合情理。[1078]

這對一位哲學家來說是非常強烈的措辭，但是讓我們先保留桑塔耶那未經刪除的完整文字。事實上，他經常認為被一個較大的國家征服與吸納，是向人類的組織與安定往前邁進的一步。如果全世界都被某個強國或權力集團所統治，這對全世界來說將是一個福音；就像全世界曾經為羅馬所統治，先是以武力征服，接著以文字。

> 這種我們曾經夢想、表面上幾乎已然建立的世界秩序，世界和平的帝國，完全深植人心的理性藝術，以及對哲學的崇敬，不再被提及……那些黑暗的時代，我們從其中得出我們的政治實踐，而它們的政治理論，我們最好還是詳加研究一番，因為它們關於統一世界的帝國以及天主教教會的理論，依序說來其實是前一個理性時代的回響；而在當時，若干意識到統治世界的人，至少曾有片刻時間試圖把這世界當成一個整體來審視、並且公平正確地統治它。[1079]

或許，國際運動的發展可以為群體競爭的精神提供某種宣洩的出口，並在一定程度上作為「戰爭的道德同義詞」；或許，金融財政上的交叉投資也可以克服貿易激烈爭奪世界市場的傾向。桑塔耶那並不像斯賓塞那麼傾心於工業，他知道工業有其好戰的一面，也有其和平的一面；比之現代大都會的吵雜忙碌，他在古老貴族政體的氛圍中更加自在。我們製造得太多，而且被淹沒在我們所製造的事物當中；如同愛默生的形容，「事物掌控並凌駕了人類。」「在一個全由哲學家組成的世界，一天只需要以一種相當令人愉快的品質體力勞動一、兩個小時，就足以滿足物質所需。」英國比美國聰明，因為，英國雖然也一心沉迷於生產的狂熱，至少還有一部分的人民了解休閒的價值與藝術。[1080]

桑塔耶那認為這樣的文化，眾所周知，一直以來都是貴族政體的成果。

> 文明迄今仍存在於某種習性的擴散與稀釋當中，而這種習性是來自於特權中心，而非來自平民百姓；它藉由來自他們的變形，在他們當中崛起；之後，再將自己強加於他們之上……一個完全由這樣的工人與農民組成之國家，就像現代國家大部分的構成一樣，會是一個十足粗野、沒有文化的國家；每一

項自由的傳統都會在其中毀滅殆盡，愛國主義本身的合理性與歷史精髓也會因而喪失。毫無疑問，國家的感情會持續下去，因為人們所缺乏的並不是寬宏的行為；他們具備了每一種衝動。他們無法積聚的是經驗，而如果要積聚這樣的經驗，他們勢必組成那些層級更高的機構，也就是組成一個貴族社會的相同機構。[1081]

桑塔耶那對平等的理想很反感，並在這一點上與柏拉圖意見相左，認為不平等的平等，仍是不平等（the equality of unequals is inequality）。儘管如此，他自己也並未完全採信貴族政體，他知道歷史已經試行過這個政體，也發現了它的優缺點頗為均衡地互相抵消：它讓無貴族血統的人才吃閉門羹，扼止了正好是那些貴族政體（理論上）得以發展與運用的優勢與價值之成長。總的來說，這是一條狹窄的道路。貴族政體促成了文化發展，也促成了專制暴政；少數人的自由，代價是百萬人的奴役。政治的首要原則應該是，一個社會應以它可改善其中組成個體的生命與能力之程度來加以評量。「但若為達成獨特的個別生命出類拔萃之目的，每個國家都像大海裡的沙子般，沒有一個值得永誌不忘。」[1082]就這個觀點來說，民主政體是貴族政體的一大改進，但它也有它的弊端存在：不只是它的腐敗與無能，更糟的是它獨具的專制暴政、對一致性的盲目崇拜。「沒有任何暴政比粗俗、匿名的暴政更可惡了，這種暴政無孔不入、阻撓一切的成長，會以無所不在、氣勢洶洶的愚行，使所有創新的萌芽與才華的嫩枝枯萎損毀。」[1083]

1078 出處同上，第１７１頁。
1079 出處同上，第８１頁；《理性科學》，第２５５頁，此處所指，無疑是安東尼（Antonine）的時代，同時暗示他接受了吉朋與勒南的判斷，亦即那是政府的歷史上最好的時期。
1080 《理性社會》，第８７、６６、６９頁。
1081 出處同上，第１２５與１２４頁；《理性科學》，第２５５頁。
1082 《理性社會》，第５２頁。
1083 出處同上，第２１７頁；《美感》，第１１０頁。

而桑塔耶那尤其鄙視的，是現代生活的混亂及不雅的慌亂。他納悶是否舊有的貴族主義沒能給予人類更多的幸福；它的信條帶來的利益不是自由，而是智慧，並滿足於一個人天生的限制，因為這項經典的傳統深知只有少數人能夠勝出。但是現在，民主政體開啟了所有人都可自由參加的偉大競賽，**自由放任**的個人主義自由式摔角大賽，每個靈魂都因為必須踩著別人往上爬而備受折磨，沒有人了解知足為何物；對抗彼此的階級戰爭毫無節制；「無論誰在這場爭鬥中獲勝（自由主義甚至為此清出戰場），都會為自由主義畫下終點。」[1084]這也是革命無可避免的報應：為了存活，它們必須恢復它們之前所摧毀的專制暴政。

革命是種含混不清的事物。它們的成功通常與適應的能力以及再吸收進其所反叛對抗之事物的能力成正比。一千次的改革仍然讓這世界腐敗如初，因為每一次成功的改革都會建立一個新的體制，從而又孵育出物以類聚的新弊端與陋習。[1085]

那麼，我們該致力於何種形式的社會呢？或許一種也無，因為各種形式之間並無甚差異。但若真要特別說出一個，那就是「榮譽政治」（timocracy），由具備優點與榮譽感的人所組成的政府，一種非世襲的貴族政體，所有男女皆可根據能力得其門而入，通往國家的最高公職，但是無能力、不適任者，不管公民投票的方式將其美化到什麼程度，都將不得其門而入。「唯一可繼續存在的平等，即機會的平等。」[1086]在這樣的政府之下，腐敗的程度將會降到最低，而科學與藝術將會經由有區別的鼓勵而蓬勃發展。在政治混亂的今日，這世界所殷切盼望的正是這種集民主政體與貴族政體之大成的綜合體：只有最優秀的人才能擔負統治之責，但是每個人都有平等的機會使自己值得被列名為最優秀之人。當然，這又是柏拉圖的論調，《理想國》中的哲學家國王，無可避免地出現於所有具備遠見的政治哲學之視野中；我們對這些問題思考得愈久，就愈確定會回歸到柏拉圖的主張。我們不需要任何新的哲學，只需要有勇氣去遵循最古老卻最美好的哲學。

6. 評論 Comment

在這些書頁當中充滿了某種愁思，是出自一個與他所愛、所習慣的一切分離之人，一個失去祖國的人，一位被放逐到美國中產階級的西班牙貴族。因此，一種祕密的悲傷不時會迸發出來：「生命值得活下去，」他說：「是最必要的假設，如果不是如此假設的話，它便是最不可能的結論。」[1087]在《理性生活》的第一冊中，他談到人類生命及歷史的規劃與意義，作為哲學的主題；然而在最後一冊，他卻對其是否有意義或規劃而感到疑惑？[1088]他無意識地描繪出自己的悲劇：「完美之中有著悲劇，因為形成完美的宇宙，本身就是不完美的。」[1089]桑塔耶那就像雪萊，在這個平凡次級的星球上從來沒有無拘無束的自在感；他那敏銳的美感，似乎帶給他對醜陋事物所承受的痛苦，多於這世界稀疏散落的美好所產生的樂趣。他有時不免變得苦澀而嘲諷，異教（paganism）那種洗滌人心的痛快笑聲，從來不曾出現在他身上；更別提勒南與阿納托爾．法朗士那種溫暖而寬容的人性。他始終保持著冷漠疏離的優越感，因此也始終保持孤單而寂寞。「智慧的作用是什麼？」他自問自答：「睜著一隻眼夢想；超然世外卻對這世界不懷敵意；欣見易逝之美、憐憫短暫之苦，但片刻不曾忘卻它們是多麼地難以捉摸。」[1090]

但或許這種恆常不變的**死亡警示**，反倒是一記歡樂的喪鐘。要活下去，一個人必須謹記生命而非死亡，必須

1084 赫伯特·史密斯（Herbert W. Smith），《美國評論》（American Review），1923年3月，第195頁。
1085 《理性宗教》，第83頁；但參見《理性科學》，第233頁。。
1086 《理性社會》，第123頁。
1087 《理性常識》，第252頁。
1088 出處同上，第9頁。
1089 《理性科學》，第237頁。
1090 赫伯特·史密斯，《美國評論》，1923年3月，第191頁。

同時擁抱眼前實際的事物以及遙遠完美的希望。「思辨思考的目標不是別的，正是盡可能像是在永恆中一樣地活著，吸納真理、並為真理所吸納。」[1091] 但如此一來，卻又把哲學看待得比它應當被看待的程度更為嚴肅；同時，一種讓人從實際生活中抽離的哲學，跟任何神仙的迷信一樣步入了歧途，會讓人只專注於另一個世界的某種夢想，而無視於這個世界的實際事物。「智慧來自於幻滅。」桑塔耶那如是說，[1092] 但同樣地，這只是智慧的開端，就像懷疑是哲學的開端，並非終點與實現；終點是幸福，而哲學只是一項工具；如果我們把它當成是一個終點，我們就會變成像是印度神祕主義者，他們的生命目的就是專注在他們的肚臍之上。

或許桑塔耶那認為宇宙僅是一種物質機制的概念，與這種陰鬱的自我退縮有關；從現實世界中抽離出生命之後，他在自己的內心中尋找生命，雖然他抗議並非如此。我們可能不相信他，但他的過度抗議卻以它的美解除了我們的武裝：

> 理論並非缺乏情感之物。如果音樂僅藉著賦予單一感官形式即可充滿激情，更有多少視覺無法想像創造的美麗或驚怖，將秩序與方式帶進我們所知的一切……如果你習於相信特別的天意，或是期待在來生繼續你的浪漫冒險，唯物論會非常令人不快地粉碎你的希望，你可能會有一、兩年時間想著自己沒有了生活目標。但是，一個徹頭徹尾的唯物論者，為此信念而生，並非因一場在冷水中無預期的洗禮而半路出家，像是超凡入聖的德謨克利特，那位大笑哲學家；機械作用帶給他的愉悅，可以分成如此眾多神奇而美麗的形式，產生如許令人興奮的激情，等同於訪客在一座自然史博物館中所感受到的智識品質：在那裡，他們會看到裝在容器中、五花八門的蝴蝶，火烈鳥與甲殼類動物，長毛象與大猩猩。毫無疑問，在不可捉摸的生命中有著極度的痛苦與折磨，但是牠們很快就會結束；此際的盛會是多麼地輝煌燦爛，宇宙的相互影響有著多麼無窮的樂趣，那些絕對而渺小的激情又是多麼地愚蠢而必然。[1093]

但或許那些蝴蝶，如果牠們能夠言語，會提醒我們一座博物館（就像唯物論者的哲學）只是無生命物的展示櫃，世界的現實規避了這些不幸的防腐保存品，在千變萬化、永無止盡的生命之流中，再次停駐於激情的陣痛中。

「桑塔耶那，」一位觀察入微的朋友曾這麼說他，

自然而然地偏好獨處……我記得俯身於一艘停泊於南安普敦的遠洋客輪欄杆上，觀看來自英國交通船的乘客擠滿了上下輪船的跳板；只有一個人遠遠地站在船緣，帶著冷靜而有趣的抽離感，觀察他氣極敗壞、寸步難行的同行旅伴；一直到甲板已經清空無人，他才接著走下來。「除了桑塔耶那，還會是誰？」一個聲音在我身邊響起。但是發現了一個忠於自己的人物，我們都感到很愉快。[1094]

畢竟，我們也必須這麼說他的哲學：一種誠實無畏的自我表達，一個成熟而微妙的靈魂，在此悄悄地以莊嚴而優雅的典雅散文，寫下自己的心聲，雖然不免過於沉重。我們可能不喜歡它的低調、它對於一個已然消逝的世界甜蜜而惋惜的低語，我們仍可從中看出它對於這個垂死卻又初生的時代有著精緻而完美的表達；在這個時代之中，人類無法全然地明智、也無法完全地自由，因為他們才摒棄了舊想法，而又尚未找到能夠吸引他們趨近完美的新觀念。

1091 《理性常識》，第28頁。
1092 出處同上，第202頁。
1093 《理性科學》，第89-90頁。
1094 瑪格麗特·孟斯特伯格，《美國信使》，1924年1月，第69頁。

II 威廉·詹姆斯
William James

1. 其人
Personal

讀者應毋須再加以提醒，我們剛才所概括總結的哲學，是一種什麼都有、就是沒有其源起地特色的歐洲哲學；它具備了古老文化的細微差別、優美、圓潤、謙從的特點，但是，你從《理性生活》任何段落的字裡行間中，都找不出任何屬於美國本土的聲音。然而以威廉·詹姆斯來說，他所表達的意見、言論以及獨特的遣字用詞，都是十足十的美國風格。他急切地抓住這類極具特色的表達方式，像是「現金價值」（cash-value）、「成果」（results）、「利潤」（profits），以便將他的思想帶進「平民百姓」所能理解的範圍之中；他的言談不若桑塔耶那或亨利·詹姆斯（Henry James）般含蓄矜持，而是以生動活潑的白話方式有力而直率地表達，使他的「實用主義」與「保留能量」（reserve energy）哲學之說，在精神上與羅斯福的「實際」與「艱忍」不謀而合。同時，他也為一般平民百姓發聲，認為在古老神學要素中「溫柔心態」的信任，在美國靈魂中始終與商業和金融的務實精神、與將荒野變樂土的堅韌執著勇氣，實則共存共榮。

西元一八四二年，威廉·詹姆斯出生於紐約市。他的父親是一位斯維東堡的（Swedenborgian）神祕主義者，但是他的神祕主義並無損於他的機智與幽默，而他的兒子在這三項特點上也毫不匱乏。在美國的私校度過幾年之後，威廉跟他的弟弟亨利（小他一歲）一起被送去了法國的私校；在那裡，他們加入了夏柯（Charcot）以及其他精神病理學家的工作，於是兩個人都轉而投入了心理學的研究；套句老話，他們一個開始把小說寫得像心理學，另一個則是把心理學寫得像小說。亨利一生中大部分的時間都待在國外，最後甚至成了英國公民；藉由持續不斷地浸淫於歐洲文化中，他所獲取的思想成熟度是他的哥哥所缺乏的。但是決定返回美國定居的威廉，深受一個擁有年輕心靈、豐沛機會與希望的國家之刺激，緊緊抓住了他的時代精神與本土脈動，於是，他被高舉於**時代精神**的翅膀之上，飛到其他美國哲學家從未如此深受歡迎的孤獨顛峰。

西元一八七〇年，威廉．詹姆斯在哈佛大學取得他的醫學博士學位，並從西元一八七二年開始在哈佛從事教職，直至西元一九一〇年去世為止；他一開始是教授解剖學和生理學，然後是心理學，最後是哲學。他最大的成就也差不多就是他的第一項成就——《心理學原理》（The Principles of Psychology）（西元一八九〇年），一項集結了解剖學、哲學和分析的迷人混合體；因為就詹姆斯來說，心理學仍像是剛脫離形上學的胎膜，還滴著羊水。然而，這本書仍是該主題中最具啟發性、最引人入勝的摘要彙整。某些亨利放進他字裡行間的精微之處，也有助於激發威廉最敏銳的自省，而這是心理學自從大衛．休謨展現非比尋常的清晰度以來，就未曾見識過的精彩風光。

事實上，這種對深具啟發性的分析之熱情，勢必會使詹姆斯從心理學轉向哲學領域，最後回歸到形上學本身。他認為（違反他自己的實證主義傾向），形上學只是努力把事情想得透徹而已，並以他自己簡單易懂的方式，把哲學定義成「只是以最全面的可能方式去考慮事情」[1095]。所以在西元一九〇〇年之後，他的著作幾乎全都在哲學的領域：先是發表了《信仰的意志》（The Will to Believe）（西元一八九七年），然後是一部心理學的詮釋傑作《宗教經驗之種種》（Varieties of Religious Experience）（西元一九〇二年）；接下來，他進入了另一個階段，知名著作包括有《實用主義》（Pragmatism）（西元一九〇七年）、《多元的宇宙》（A Pluralistic Universe）（西元一九〇九年）、以及《真理的意義》（The Meaning of Truth）（西元一九〇九年）。而在他辭世之後的一年，還有《一些哲學問題》（Some Problems of Philosophy）（西元一九一一年）以及其後重要的《徹底經驗主義論文集》（Essays in Radical

1095《一些哲學問題》，第25頁。

Empiricism）（西元一九一二年）之著作問世。我們必須以最後的這本書作為研究的起點，因為在這些論文之中，詹姆斯可說是最清楚而透徹地闡明了他的哲學根基。[1096]

2. 實用主義
Pragmatism

威廉．詹姆斯的思想始終是以事物為導向。如果他以心理學作為開端，也並不是想成為一個形上學家，熱愛在虛無縹緲的晦澀難解之中迷失自己；而是成為一個唯實論者，認為思想不論與物質有多大的區別，也不過是反射外在與物質現實的一面鏡子。同時，比之某些人所認為的思想作用，思想其實是一面更好的鏡子，可感知並反映的不僅是休謨所認為的單獨事物，還有它們之間的關係；思想會從整體的脈絡與背景中去觀察一切事物，而這樣的整體脈絡與關係，會立即產生於我們的感知覺察當中，如同這件事物的形狀、觸感及氣味。因此，康德所謂的「知識的問題」（我們如何將意義與秩序放進感覺之中？）是無意義的，因為，至少扼要的意義與秩序，早就已經存在於感覺之中了。英國學派中舊的原子論心理學，把思想構思為一系列機械相關的獨立想法，是誤導性地複製了物理與化學的結果。思想不是一系列的事物，而是知覺與感覺的連續性流動，在其中，想法通過結節宛如血液中的血球；我們有對應介系詞、動詞、副詞、連接詞的心智「狀態」（state）（雖然這又是一個令人誤導的靜態用語），還有反映我們言論的名詞與代名詞的「狀態」；我們有「**為**（for）誰」、「**對**（to）誰」、「**反對**（against）誰」、「**因為**（because）誰」、「在誰**背後**（behind）」、「在誰**之後**（after）」的感覺，也有對物質與對人的感覺；這些在思想之**流**中的「過渡轉變」元素組成了我們心智生活的思緒，給予了我們某種程度的事物連續性。

意識不是一種實體。它並非一件物事，而是關係的一種變遷、一套系統；在這個點上，思想的順序與關係深具啟發性地與事件的順序、事物的關係一致。在這樣的時刻，閃現於思想之中的是現實本身，而非僅是「現象」；因為在現象與「表象」之外，就什麼也沒有了。而對於靈魂來說，除了經驗過程之外，也沒有任何進展的必要；靈魂只是我們心智生活的總和，如同「本體」只是所有現象的總和以及世界關係網絡的「絕對」。

對於當下、實際、真實事物的相同熱情，引導詹姆斯走上了實用主義之路。在法國學校清楚明確的教育之中被養成，他憎惡德國形上學的晦澀難解與迂腐術語；當哈里斯（Harris）等人開始將垂死的黑格爾哲學（Hegelianism）引進美國時，詹姆斯的反應就像偵測到某種外來移民傳染病的檢疫官。他深信德國形上學的術語與問題都是虛假不實的，並且極力找出某種意義的試煉，以對所有公平正直的心智證明這些抽象概念的空虛。西元一八七八年，詹姆斯發現了他想尋找的武器。他偶然在《大眾科學月刊》（Popular Science Monthly）中看到一篇查爾斯・皮爾斯（Charles Peirce）寫的文章〈如何使我們的思緒明晰〉（How to Make Our Ideas Clear）；為了找出一個想法的意義，皮爾斯說，我們必須檢視這個想法所導致的行動結果，否則，對它的諸多爭議將永無止盡，也肯定將永無結果。這是一個詹姆斯樂於遵循的提示，他以其測試古老形上學的問題與想法，它們在此一擊之下潰不成軍，就像化合物突然被電流射穿。在這種情況下，這類問題才會如同柏拉圖知名的描繪，從洞穴的陰影中走進正午燦爛的陽光之中，呈現清晰與現實的意義。

這個簡單又老套的測試，引領詹姆斯找到真理的新定義。真理如同善與美，曾經被設想成一種客觀的關係；現在，如果真理就像善與美，也是人類的判斷與需求之相對事物？「自然法則」曾被視為「客觀的」、永恆不變的真理，斯賓諾沙甚至視此為其哲學中特有的本體，然而，這些真理是否只是經驗的公式化表述，方便而成功的實踐？並非物體的複製品，而是特定結果的正確計算？

1096 如果讀者有空閒時間可以多讀一本詹姆斯的書，應該直接選擇《實用主義》，將可在此找到清晰明確的基礎──與大部分的哲學比較起來。如果還有時間，從（未縮寫的）《心理學原理》的精彩內容中亦可獲益良多。此外，亨利・詹姆斯寫了兩本自傳，其中有許多關於威廉的可喜軼聞。弗盧努瓦（Flournoy）有一冊極佳的闡釋，辛士（Schinz）的《反實用主義》（Anti-Pragmatism）則提供了頗為猛烈的批判。

真理是想法的「現金價值」。

真實……只是我們思想方式的權宜之計，就像「正確」只是我們行為方式的權宜之計，是一種以近乎任何方式呈現、長遠而整體性的權宜之計，因為滿足我們所有得見經驗的權宜之計，並不必然可以同樣地滿足我們未來的所有經驗……真理是善的**一種形式**並且與其相互協調、配合，而非如一般所認為的，是一種與善截然不同的範疇。真實是一切以信仰方式證明自己為善者之名。[1097]

真理是一種過程，而且這個過程剛好「發生於一個想法」；真實存在的事物即為一種可被核實的證明。與其去問一個想法從何處而生或是前提為何，實用主義寧可去檢視其結果，「轉移重點並且向前看」；它是「一種態度，不看最初之事、原則、『類別』等所謂必然要件，而看重最後之事、成果、後果以及事實。」[1098]經院哲學問道：這個東西**是**什麼？然後迷失在「強辯」之中；達爾文主義問道：這個東西的起源是什麼？然後迷失在星雲之中；實用主義則問道：這個東西的結果是什麼？然後將思想的面貌轉向行動與未來的道路。

3. 多元論
Pluralism

讓我們把這個方法應用在哲學最古老的問題上，也就是上帝的存在與本質。經院哲學家將神描述為「**各種存在於天界之上**（Ens a se extra et supra omne genus）、**必要**（necessarium）、**合而為一**（unum）、**無窮盡**（infinite）、**完美**（perfectum）、**單純**（simplex）、**永遠不變**（immutabile）、**無可估量**（immensum）、**永恆**（eternum）、**有智慧**（intelligens）。」[1099]洋洋灑灑、十分壯觀，哪個神不會以這樣的一個定義為榮？但這是什麼意思呢？它會對人類造成什麼結果、有什麼影響？如果上帝是全知全能的，我們全成了被操縱的玩偶，完全無法做任何事去改變命運的過程，因為這樣的過程，是上帝從一開始即已勾勒並裁定的旨意；加爾文教派與宿命論，就是這種定義之下合乎邏輯的必然推論。相同的測試應用於機械決定論上，產生的結果是相同的：如果我們真的相信決定論，我們就成了印度神祕主義者，並且沉溺於無邊無際、把我們自己當成提線木偶般的宿命論點之中。我們當然不會接受這些灰暗陰鬱的哲學，人類的智識不斷提出這些哲學，是因為它們具備了簡單而對稱的邏輯；但是，生命會忽略並流過它們，繼續走下去。

一種哲學或許在其他方面都無懈可擊，但是有兩種缺陷會成為它是否可被普遍採納的致命傷。首先，它的終極原則基本上不能使我們最深切的渴望與最珍貴的希望受挫及失望……但是在哲學中，比之牴觸我們積極的傾向，第二項更為嚴重的致命傷是，沒能給他們任何推擠的對象；若是一種哲學的原則與我們最親密的力量是如此不相稱、無法配合，以致於在普遍事務上否定了它們所有的關聯、一舉殲滅它們的動機，這樣的哲學甚至會比悲觀主義要來得更不受歡迎……這也是唯物論始終無法被普遍採納的原因。」—[1100]

人們接受或拒絕某種哲學思想，根據的不是客觀真理，而是他們的需求與性情；他們不會問這是否合乎邏輯，而是問，這種哲學若確實實踐，對我們的生活以及我們的利益意味著什麼？支持與反對的論點本可有所啟發，但從未得到證明。

邏輯和布道從未使人信服，
夜的夾鉗深深鑽入我的靈魂……
如今我重新檢視哲學與宗教，

1097《實用主義》，第２２２、７５、５３、４５頁。
1098 出處同上，第５４頁。
1099 第１２１頁。
1100《心理學原理》，紐約，１８９０，第2卷，第３１２頁。

> 它們可能在課堂上充分得證，卻絲毫無法在寬廣的雲朵之下、在風景以及流水之間得到證明。[1101]我們認識到，論點是由我們的需求所支配，而我們的需求無法由論點所支配。
>
> 哲學的歷史，在相當大的程度上是人類性格的某種衝突與牴觸……一位專業的哲學家無論擁有什麼樣的性格，當他在探索哲理時，都必須設法抑制自己實際的性情傾向。性格不是一般會被認可的理由，所以為了得出他的結論，他只得極力主張客觀的理由；然而，比之他任何更為嚴格的客觀前提，他的性格必然帶給他更為強烈的偏見。[1102]

這些選擇並支配哲學的性情傾向，或可區分成柔弱的心智（tender-minded）與堅韌的心智（tough-minded）。心智柔弱者的性情傾向於宗教，喜愛明確不變的教條以及先驗的真理，自然而然形成自由意志、唯心論、一元論（monism）以及樂觀主義；心智堅韌者的性情則傾向於唯物論、無宗教、經驗主義（只以「事實」為運作之依歸）、感覺論（追溯所有的知識至感覺）、宿命論、多元論、悲觀主義、懷疑論。每一個團體中都有分歧與矛盾，而且有些性格傾向會自然而然地從某個團體中選擇部分的理論，再從另一個團體中選擇另一個部分的理論。有些人（舉例來說，威廉．詹姆斯）在對事實與感官的依賴上表現出「堅韌的心智」，然而在對決定論的恐懼以及對宗教信仰的需求上則表現出「柔弱的心智」。我們可能找到一種哲學，能夠調和這些顯然相互矛盾的需求嗎？

詹姆斯認為，多元化的有神論（theism）為我們提供了一個這樣的集各家優點之大成。他給我們的，是一個能力有時而窮的上帝，而非奧林匹斯山上轟隆作響的怒喝者，冷漠地高踞於雲端之上；「是一位幫助者，**同輩中最年長之人**（**primus inter pares**），是這個偉大世界的命運塑造者當中的一份子。」[1103]這個宇宙不是一個封閉、和諧的體系，而是一觸即發的情勢與相互衝突的目的戰場；它以悲哀的易見性，顯示了它並非單一宇宙，而是多元宇宙（multi-verse）。毋須多言，我們生活並運行其中的混亂是一個一致意志的結果，因為它在在顯示了本身矛盾與分裂的現象。或許古人比我們明智得多，因為以這世界驚人的多樣性來說，多神論（polytheism）或許比一神論（monotheism）更為確切可行。這樣的多神論「始終是平民百姓的真正信仰，迄今仍然如此。」[1104]人民是對的，哲學家錯了。一元論是哲學家的自然疾病，飢渴於尋求統一性，而非（如他們所以為的）真理。「『世界為一！』

這種公式可能成了對數字的一種崇拜；沒錯，『三』跟『七』也被視為是神聖的數字，但是以抽象概念來說，為什麼『一』就比『四十三』或『二百萬零十』更優秀呢？」[1105]

比之單一宇宙，多元宇宙的價值在於，我們自己的力量與意志在有衝突情勢與敵對力量之處，不但有其價值，並且有助於決定爭議與問題。在一個多元宇宙的世界裡，沒有什麼是無法挽回的決定，所有的行動也都有其相關的重要性。對我們來說，一元論的世界是一個死氣沉沉的世界；在這樣的一個宇宙，我們（不管願不願意）執行某個全能的神或是原始的星雲指派給我們的任務，集合我們所有的眼淚也無法消除那永恆劇本上的一個字。在一個已完成的宇宙當中，個體性只是一種錯覺；一元論者向我們保證，「在現實中」，我們都是拼湊成一整個馬賽克本體般的微小碎片。但是在一個未完成的宇宙當中，我們可以為自己所扮演的腳色寫出若干情節，在某種程度上，我們的選擇會形塑我們將生活於其中的未來。在這樣的一個世界裡，我們才得以擁有自由，因為它是一個被機會、而非命運所支配的世界，一切都尚屬於「不完全」的狀態，我們所成為者或是所做之事，可以改變一切。正如巴斯卡所言，如果克麗奧佩特拉（Cleopatra）的鼻子長了一吋或是短了一吋，所有的歷史都將被改寫。

然而，對於這樣的自由意志、多元宇宙，或是能力有限的上帝，跟相反的哲學同樣缺乏理論性的證據；即使是實際證據，也可能因人而異。可以想像，有些人會從決定論的哲學之中找到對他們生活更好的結果，而非從自由意志論的哲學之中。但只要沒有明確的證據存在，我們就該以生命及道德所關注的利益去做出決定。

如果有任何真正更好的生活是我們應該去過的，如果有任何想法（如果我們相信它的價值）能夠幫助我

1101 惠特曼，《草葉集》，費城，１９００，第６１與１７２頁。
1102 《實用主義》，第６頁。
1103 出處同上，第２９８頁。
1104 《宗教經驗之種種》，紐約，１９０２，第５２６頁。
1105 《實用主義》，第３１２頁。答案當然是一個支撐著整個宇宙的統一體或是法則體系，易於解釋、預測及控制。

們去過這樣的生活，那麼，相信這樣的想法**對我們來說真是再好不過了；除非，相信它的確會在無意中損害到其他更重大的利益。**[1106]

如今，上帝信仰的持續存在，即是它為普遍的生命及道德價值之最佳明證。詹姆斯對宗教經驗與信仰無盡的多樣化不但深感驚異，也深受吸引，即使他相當不表贊同，仍以一種藝術家的同情心來描述它們；他在每一種經驗與信仰之中看到某些真理，並請求對每一個新希望抱持著開放的心胸。他毫不猶豫地成為心靈研究協會的一員：為何這樣的現象不能跟其他現象一樣，成為耐心檢視的對象？甚至到最後他也被說服，深信有另一個（精神）世界存在的現實。

> 我本身絕不相信，我們的人類經驗是宇宙之中現存最高等形式的經驗；我寧可相信我們跟這整個宇宙的關係，與我們的貓狗寵物跟整個人類生命的關係相去不遠。牠們住在我們的繪畫室與圖書室中，參與某些牠們對其重要性一無所知的事件；牠們只是與歷史曲線交會，然而歷史的起迄與形式則全然超出牠們的理解範圍。我們與更寬廣萬物生命的交會，亦是如此。[1107]

儘管如此，詹姆斯並未把哲學視為是對死亡的一種沉思；除非問題能夠引導並刺激我們塵世的經歷，否則問題對他來說毫無價值可言。「他僅專注於我們天性的優點上，而非時間的長短。」[1108]他並不是只活在自己研究的象牙塔中，而是活在生命的洪流裡；他始終不懈地致力於改善人類生命的各種努力上，總是在幫助別人，以他的勇氣蔓延傳播的影響力來振奮人心。他深信每個人身上都有「保留的能量」，偶然會因環境的促成而出現；他對個人與社會不斷的呼籲是，祈請這些資源應被完整地利用。詹姆斯震驚於人類能量在戰爭中被無謂地浪費，建議這些強大的戰鬥衝動與嫻熟技能，可在「對抗自然的戰爭」當中取得更為合適的宣洩管道。為何每個人不論貧富，不能夠為國家付出生命中的兩年時間？不是以殺戮他人為目的，而是去克服瘟疫、排掉沼澤濕地無用的水、灌溉沙漠，挖掘運河。民主進行極為緩慢而痛苦才建立起來的實體工程與社會工程，戰爭卻可以如此迅速地將其毀於一旦。

詹姆斯同情社會主義，但他不喜歡社會主義對個人與天才的貶抑。丹納的公式把所有文化的表現形式歸納為

「種族、環境與時間」並不夠精確，因為其中遺漏了個體的因素；然而，只有個體才有價值，其他一切——甚至哲學——都只是一種手段與工具。因此一方面，我們需要國家了解，它不過是為維護個別男女利益的受託人與公僕；另一方面，我們需要一種哲學與信仰，「把宇宙視為一種冒險經歷，而非一種策畫方案。」[1109] 並且，藉著堅持這世界雖有許多挫敗，仍有勝利等待我們去贏取的主張，激勵一切的能量。

一位遭遇船難的水手，埋葬在這片海岸，
祝你啟航。
當我們迷失時，最最英勇的三桅小帆船，
平安度過了狂風暴雨。[1110]

4. 評論 Comment

讀者不需指引即已知曉這套哲學中的新舊元素為何，這是現代科學與宗教一部分的戰爭；就像康德與柏格森，這也是從唯物論的普遍化機械學說中拯救信仰的另一項努力。實用主義源自於康德的「實踐理性」、叔本華對意志的稱道、達爾文的適者（因此有最適合、最真實的想法隨之而來）生存觀念、功利主義中以用途來衡量一切物

1106 出處同上，第７８頁。
1107 出處同上，第２９９頁。
1108 凱倫（Kallen），《威廉·詹姆斯和伯格森》（William James and Henri Bergson），第２４０頁。
1109 切斯特頓（Chesterton）。
1110 詹姆斯引述自希臘文選（《實用主義》，第２９７頁）。

品的標準、英國哲學的實證與歸納傳統；以及最後，美國本土的建議。

誠然就如每個人所指出，即使並非在物質上，詹姆斯的思維也的確是明確而獨特的美國方式。美國人對於運動與獲取物質的渴望使他的風格與思想的風帆鼓漲，給予他們一種上升的浮力以及近乎飛機般的能動性。亨內克稱其為「市儈庸人的哲學」，的確，詹姆斯的哲學帶有若干推銷的意味在內；他談及上帝宛如一件商品，藉由一切樂觀廣告的謀略銷售給抱持著唯物主義心態的消費者；他勸告我們相信的方式，宛如他正在推薦一種股息極高的長期投資，沒有什麼可損失的，全世界（以及另一個世界）都會贏。這就是年輕的美國遇上歐洲的形上學與科學時，所產生的防禦性反應。

他所謂對真理的新試驗，當然是一種古老的方式，誠實的哲學家適當地描述實用主義為「把舊有的思想方式冠上新的名稱。」倘若這新的試驗意味著真理是藉由經驗與實驗加以試煉，那麼答案是，當然有；倘若它意味著個人效益是真理的一種試驗，那麼答案也是，當然沒有。個人效益就只是個人效益而已，而非構成真理的普遍永久效益。所以當某些實用主義者談及某個信仰曾經為真，因為它在當時是有用的（雖然現在已被駁斥推翻），他們不過是在學術上睜著眼睛說瞎話；那是一個有用的錯誤，而非一項真理。實用主義只有在被當成老生常談時，才是正確的。

然而詹姆斯打算做的事，是去除那個對哲學糾纏不清的蛛網，以一種嶄新、令人驚奇的方式重申古老英國對神學與思想體系（ideology）的態度；他不過是繼續培根的工作，把哲學的面貌再次轉向無法逃避的世界萬物。人們將記住他對經驗的強調以及這種新的唯實論，而非他對於真理的理論；比起稱他為哲學家，他更可能被譽為一位心理學家。他也知道自己無法為古老的問題找出解決方法，他很坦白地承認自己只是表達了另一種猜測、另一種信仰。當他辭世時，他的書桌上躺著一張紙，上面寫著他最後的、或許也是他最經典的遺言：「沒有任何結論。對於我們該做出結論的事物，又得出了什麼結論？沒有任何命運可預測，也沒有任何忠告可給予。永別了。」

III

約翰・杜威
John Dewey

1. 教育
Education

實用主義畢竟「不怎麼算得上」是一種美國哲學，因為它並未抓住位於新英格蘭各州西方與南方、範圍更為遼闊的美國精神；實用主義是一種高度道學的哲學，違背了作者本身的清教徒起源。它同時談論到講求實際的結果與注重事實的問題，但接下來，它就以希望的速度從塵世一躍來到天堂；它一開始對形上學與認識論的反應是健康的，讓人期待它會是一種自然的哲學與社會的哲學，但是到了最後，卻像是一種近乎愧悔的辯解，懇求給予每一種親愛的信念智識上的尊敬。哲學什麼時候才能學會把種種令人困惑的來生問題留給宗教、把種種知識過程的微妙難題留給心理學，然後把它的全力投注於啟發人類、協調並提升人類的生命？

萬事俱備，只欠東風。情勢已然準備好讓約翰・杜威滿足這項需求，並勾勒出一種足以表達明智而有自覺的美國精神之哲學。杜威出生於「貧瘠的東部」（西元一八五九年於佛蒙特州的伯靈頓（Burlington））並且在那裡就學，彷彿要在冒險進入新領域之前，先汲取古老的文化精髓。不過，他聽從了格里利（Greeley）的勸告，很快就去到西部，在明尼蘇達大學（西元一八八八年至一八八九年）、密西根大學（西元一八八九年至一八九四年）以及芝加哥大學（西元一八九四年至一九〇四年）教授哲學；這時，他才返回東部，加入並在其後領導哥倫比亞大學的哲學系。在杜威生命的前二十年，佛蒙特的環境形塑了他近乎質樸的單純特性，即使到了現在，仍深為全世界所稱道；其後他待在中西部的二十年，見識到遼闊廣大的美國——而東部人卻是如此自豪於對其一無所知。然而，杜威學到了它的局限以及它的力量；於是當他開始構思自己的哲學時，他帶給自己的學生與讀者一種健全而簡單的自然主義，也就是詮釋構成美國「各州」膚淺迷信的基礎。他寫的哲學宛如惠特曼所寫的詩，不僅是某個新英格蘭州的哲學，而是整個美洲大陸的哲學。[111]

杜威一開始是以他在芝加哥大學教育學院的著作引起全世界的矚目。在那段時間，他展現了自己思想中堅定的實驗、創新傾向；三十年之後的今天，他仍然對教育上每一項新的措施保持著開放心態，對於「明日學校」（schools of tomorrow）的興趣也始終未減。或許他最偉大的著作就是《民主與教育》，在書中，他將自己哲學中的不同訴求匯聚一堂，集中於發展一個更好世代的籲求與任務；所有先進的教師都認可他的領導，美國幾乎沒有一間學校不曾受到他的影響。我們會發現他活躍於世界各地，致力於改造全世界的學校：他在中國待了兩年，對教師們講授教育改革的題目，並且對土耳其政府提出一份重新整頓他們的公立學校之報告。

杜威遵循斯賓塞增加科學、減少文學的籲求，在教育上，杜威更補充說明，即使是科學，也不該只是學習書本上的知識，而應該從做中學，成為從實用職業的實際操作中學習的學生。他並不特別重視「自由」的教育，這個詞原本是用於指稱一個「自由人」的文化，亦即一個從未工作的人；這樣的一種教育，自然比較適合貴族社會中有錢有閒的階級，而非工業社會或民主社會的生活。今天，幾乎我們所有人皆被席捲進歐洲與美國的工業化浪潮之中，我們必須學習的課題是來自工作與職業，而非經由書本習得；經院哲學的文化導致媚上欺下的勢利心態，但工作上的夥伴情誼卻會促成民主的發展。在工業社會中，學校應該是工作空間與社區的縮影，應該經由實踐、試驗和錯誤教導學生經濟與社會秩序所必需的技藝與訓練。最後，教育必須被重新審思，不僅是為了長大成人做準備（我們哪來的荒謬想法，認為教育在青春期之後就該停止），而應該發揮讓我們的心智持續成長、生命持續教化之作用。在某種意義上來說，學校只能夠提供我們心理成長的工具，其餘端賴我們對於經驗的吸收與詮釋；真正的教育在我們離開學校之後才開始，而在我們的生命結束之前，更沒有任何理由去停止這樣的教育。

2.工具主義 Instrumentalism

杜威極為鮮明的特點，即在於他對進化論毫不掩飾的全盤接受。對他來說，心智跟肉體都是在生存競爭當中，從較為低等的形式展開進化的器官。他在每個領域的起點，都是不折不扣的達爾文主義者。

笛卡爾說道：「當實體事物逐漸從無到有時，與立即形成被視為完美成品的狀態相比，它們的本質是比較容易想像的。」現代世界也逐漸自覺到這樣的邏輯，從而在日後更進一步地控制它；達爾文的《物種起源》邏輯即為近代科學的成就……當達爾文說到物種時，就如同伽利略說到地球：**它還是動了（e pur si muove）**，作為一種提出問題並尋求解釋的學術研究推理之方法，他一勞永逸地解放了遺傳與實驗的想法。[III2]

萬物不以超自然的因果關係加以解釋，而是以它們在環境中所處的位置與功能。杜威坦承自己的自然主義傾向，他力言：「理想化並合理化整個宇宙，不啻是坦承我們沒有能力去掌控那些特別與我們有關事物的進程。」[III3]他也不信任叔本華的意志以及柏格森的衝動，這些或許存在，但是沒有崇拜它們的必要，因為這些塵世的力量通常並不會毀滅人類所創造並敬畏的一切；[III4]神性存在於我們的內心，而非存在於這些模糊、不確定的宇宙力量

III1 杜威最重要的著作包括：《學校與社會》（The School and Society）（１９００）、《邏輯理論研究》（Studies in Logical Theory）（１９０３）、《倫理學》（Ethics）（與塔夫茨（Tufts）合著，１９０８）、《我們如何思維》（How We Think）（１９０９）、《達爾文對哲學的影響》（The Influence of Darwin on Philosophy）（１９１０）、《民主與教育》（Democracy and Education）（１９１３）、《明日學校》（Schools of Tomorrow）（杜威與女兒伊芙琳（Evelyn）合著，１９１５）、《實驗邏輯論文集》（Essays in Experimental Logic）（１９１６）、《創造性智慧》（Creative Intelligence）（１９１７）、《哲學之改造》（Reconstruction in Philosophy）（１９２０）、《人性與行為》（Human Nature and Conduct）（１９２２）。最後這兩本是探討杜威思想最容易的入門書籍。

III2 《達爾文對哲學的影響》，紐約，１９１０，第８頁。

III3 出處同上，第１７頁。

之中。「智識從事物遙遠邊際的孤立中降落人間，由此以不會移動的動力與最終的至善角色進行運作，在人類不斷變遷的俗務當中占有了一席之地。」[115]我們必須忠於全人類。

杜威就像一位優良的實證主義者，身上流著培根、霍布斯、斯賓塞與彌爾血統的後裔，抵制作為神學的回聲與偽裝的形上學。哲學的困境在於，它始終把哲學本身的問題與宗教的問題混為一談；「當我讀到柏拉圖時，哲學始於它基本的政治基礎與使命感，是一種認可，承認它的問題就是關於一種公正社會秩序的組織；但是，它很快就迷失在另一個世界的夢想當中。」[116]德國哲學對於宗教問題的興趣，也使得哲學的發展偏轉了方向；而在英國哲學中，對於社會問題的興趣則遠勝於超自然的主題。兩百年以來，唯心論與感覺論之間的戰火始終蔓延不歇——前者反映了專制的宗教和封建式貴族，後者則反映出進步中的民主對於自由主義的信念。

這場戰爭尚未平息，因此可說，我們尚未完全擺脫中世紀的陰影。唯有自然主義的觀點為各個領域採用時，屬於現代的世紀才得以開展。這並非意味著心智將淪為物質，而是指心智與生命將以生物學、而非神學的術語被理解，是環境中的某種器官或生物體，作用並反應，被塑造並塑造成形；我們必須探討的不是「意識的狀態」，而是反應的方式。「大腦主要是某種特定行為的器官，而非認識世界的器官。」[117]思想則是一種重新適應的工具，一種相當於四肢與牙齒的器官；想法則是想像的接觸、進行調整的實驗。然而，這並非被動的調整，不僅是斯賓塞哲學的調整。「完全適應環境意味著死亡，所有反應的基本要點是控制環境的渴望。」[118]哲學的問題不在於我們能如何認識外在的世界，而是我們能如何學會控制它並改造它，並且是為了什麼樣的目標。哲學不是感覺與知識的分析（心理學才是），而是知識與渴望的合成與協調。

要了解思想，我們必須觀察它在特定情況下的出現。我們察覺到，推理始於難題，而非前提；然後，它會設想出一個成為結論的假設，為達此結論，它反過頭來尋求其前提；最後，它會將假設置於觀察或實驗的試驗之下。「思維的第一項顯著特點，就是面對事實——查詢、記錄、廣泛而仔細地審視與觀察。」[119]神祕主義在此顯然討不了好去。

再者，思維也是社會性的；它不僅產生於具體情況下，也產生於特定的文化**環境**（milieu）之中。個體是社會的產物，就像社會是個體的產物一樣，一個由風俗、禮儀、慣例、語言與傳統觀念所組成的廣泛網絡，虎視眈眈地撲向每一個新生兒，準備將他塑造成出現於眾人之中的形象；這種社會遺傳的運作是如此快速而徹底，以致於它常被誤認為是物理或生物遺傳。甚至連斯賓塞都相信，康德思想的類別、習慣與形式是個人與生俱來的；但極有可能，它們只是從成人到孩童的一種心理習性之社會傳輸的產物。[1120]大體來說，本能的角色被誇大了，而早期訓練的角色反而被低估了；像是性欲及好鬥這類最強大的本能，已然經由社會訓練被大幅降低並加以控制，因此，那些後天習得及嫻熟的其他本能，沒有理由不能經由社會影響及教育同樣地加以改變。我們必須捨棄我們對於無法改變的人性與無所不能的環境之想法，改變或成長沒有任何已知的極限；或許天底下沒有不可能的事，而可經由思維造就而成。

3. 科學及政治
Science and Politics

杜威所崇敬並視為所有事物中最為可貴者，就是成長發展；他是如此崇敬成長發展，以致於他用這項相對但

1114 《人性與行為》，紐約，１９２２，第７４頁。
1115 《達爾文對哲學的影響》，第５５頁。
1116 出處同上，第２１頁。
1117 《創造性智慧》，紐約，１９１７，第３６頁。
1118 講授「心理倫理學」（Psychological Ethics）主題的內容，１９２４年9月29日。
1119 《哲學之改造》，紐約，１９２０，第１４０頁。
1120 出處同上，第９２頁。

具體的概念以及沒有絕對的「善」，作為他的道德標準。

完美並非一項最終的目標，而是不斷愈臻完善、成熟、精益求精的持續過程，才是生活的目標……壞人是一個不管以前曾經多麼良善的人，開始墮落，往不太好的方向發展；好人則是一個不管以前曾經在道德上多麼卑劣的人，開始往比較好的方向發展。這樣的一個概念，使人們嚴以評斷自己，寬以評斷他人。[1121]

成為好人，不僅是成為一個服從、無害之人。不具備能力的良善，宛如瘸了一條腿；倘若我們缺乏智識，全世界的美德都救不了我們。無知並不是一種福氣，而是無意識與被奴役；唯有智識，能使我們成為塑造自己命運的參與者。意志的自由並未違反因果順序，它可藉由知識啟迪並教化行為；「一位醫生或工程師在他知道自己是與什麼打交道的程度上，他的思想或行動是自由的；或許我們可以在此找到自由的關鍵。」[1122] 畢竟，我們的信任必須是在思想之中，而非在本能之中——本能如何能讓我們適應工業在我們周遭所建立起來日益人工的環境、以及我們捲入的複雜問題之迷宮？

物理科學目前遠遠超越了心靈的科學。我們已充分掌握了物理機制，生產出可能的商品；但我們尚未從這些狀況中獲取知識，可能的價值可藉此在生活中成真。因此，我們仍任由習慣、偶然性、力量擺布……隨著我們控制自然、利用自然為人類所用並滿足人類所需的能力巨幅增長，我們發現目的的真正實現與價值的享受益發無法得到保證、危險而不穩定。有時候，我們彷彿陷入了矛盾之中：我們生產得愈多，意味著我們能以它們做出的用途愈不確定、愈不普遍。無怪乎卡萊爾或拉斯金（Ruskin）對我們整個工業文明下了禁令，托爾斯泰則主張回歸荒漠。然而，要從容地看待這個情況並看出它的完整全貌，唯一的方法是記住這整個問題，只是科學發展及其應用於生活的問題之一……道德、哲學，返回它最初的愛——孕育良善的智慧。但是，這又回歸到蘇格拉底那搭配了許多詢問與測試的特殊方法之原則；藉由井然有序的大量知識以及對於這些安排的控制，工業、法律以及教育可以關注於所有男性與女性的參與問題，甚至在所有獲取價值上的吸收能力。[1123]

不像大部分的哲學家，杜威接受了民主政體，雖然他對民主的缺失也了然於心。政治秩序的目的是幫助個人全面地自我發展，然而，唯有當每個人盡其所能共同參與決定其群體的政策與命運，這樣的目的方能達成。固定的類別等級，有適合的固定物種與之配套；就在物種轉化理論到來的同一時間，階級的流動性也開始展開。[1124]貴族政體與君主政體比民主政體更有效率，但是也更加危險。杜威不信任國家政府，他希望執行的是一種多元化的秩序，在其中，社會工作可以盡可能由自願性團體來完成，包括多樣的組織、政黨、企業、工會等，他認為，這是一種個人主義與共同行動的和解。

隨著這些發展的重要性日增，國家也益發傾向於成為它們之間的管理者與調解人，確定其行動之界限、預防並解決衝突……此外，自願性團體……與政治的界限並不一致。數學家、化學家、天文學家社團以及工商企業、勞動組織、教會，都是跨國性的團體，因為他們所代表的關注是全球性的。隨著這樣的發展與方式，國際主義（internationalism）已不再是一種熱望，而是一項事實；不是感性的理想，而是實際的力量。然而，這些關注卻被排他的國家主權之傳統學說所阻擋，陷入了失序的混亂當中。正是這種學說或教條的風行，對有效的國際思維——與當前勞工、商業、科學、藝術和宗教的變遷力量同步——形成，造成了強大的屏障。[1125]

然而，只有在我們把（在自然科學中大獲全勝的）實驗方法與態度應用到社會問題上時，政治的改造與重建才有可能發生。我們仍然處於政治哲學的形上學階段，把抽象概念往彼此的頭上扔，當爭辯結束時，卻什麼也沒

1121《哲學之改造》，第177與176頁。
1122《人性與行為》，第303頁。
1123《心理學與社會科學》（Psychology and Social Science），《達爾文對哲學的影響》，第71頁。
1124《哲學之改造》，第75頁。
1125 出處同上，第203頁與205頁。

贏。我們無法以大批的想法、宏偉的概括來治癒我們的社會疾病，像是個人主義、秩序、民主、君主政體、貴族政體……等等。我們必須以一個特定具體的假設而非普遍的理論，去對付每一個問題；理論只是摸索的觸角，豐碩的進步成果能否存活，必須仰賴於試驗和錯誤。

> 實驗態度……詳盡的分析取代了全盤的斷言，特定具體的問題取代了捉摸不定的信念，小而微的事實取代了見解與看法——其範圍十分精確地與其模糊不確定性成正比。在社會科學之中，像是道德、政治與教育領域，思維仍是以大量的對立在運作，如秩序與自由、個人主義與社會主義、文化與功利、自發性與紀律懲戒、現實性與傳統慣例的理論之對立。物理科學的領域也曾經被類似的「總括式」觀點所占據，其情感訴求與智識清晰度恰成反比。然而隨著實驗方法的進步，問題已不再是這兩大對立敵手中哪個有權稱霸該領域，而是藉由漸進式的解決之道，逐步釐清一個令人困惑的題目。我沒見過在未經實驗的想法之中，最終結果是一方或另一方獲得任何類似勝利的實例；它們全都會煙消雲散，因為它們對已然被發覺的情況來說，愈來愈無關緊要，同時又因為它們被察覺到的無關緊要，它們變得毫無意義、乏味而無趣。[1126]

哲學的工作即在於此，在把人類知識應用於社會對立的領域當中。哲學就像是個膽怯的老處女，緊握著老舊的問題和想法不放；「現代難題的當務之急留給了文學與政治。」[1127]今天，各門科學學科在哲學面前宛如逃難——一個接一個的學科競相逃離它的懷抱，奔向有生產價值的世界，直到它只剩下寒冷與孤單，宛如被拋棄的母親，被抽走了所有的生命力，幾乎所有的熱情也全都耗盡了。哲學膽怯地抽離了它所真正關注的問題——人類以及他們在世上的生命，而躲進一個正在崩毀的角落，叫做認識論；因此它時時刻刻皆處於被法則定律——禁止人們住在站不住腳、單薄脆弱又東倒西歪的建築物——攆走的危險之中。然而，這些古老的問題對我們來說，已然失去了意義；「我們不解決這些問題，我們忘掉它。」[1128]它們在社會衝突與生活變遷的熱度中蒸發了。哲學，就跟其他的事物一樣，必須讓自己還俗，必須要留在世俗人間，藉由啟發、教化生命來維持它的生計。

未參與哲學專業事務的認真、嚴肅之人最想了解的是，在智識的傳承上，新的工業、政治、科學運動需要什麼樣的調整與放棄……未來，哲學的任務是去釐清當代的人們在社會與道德衝突上的想法，若盡可能從人的角度來看的話，它的目標就是成為一個處理這些衝突的器官……一種可調整生命中相互衝突的因素、包容一切且具有遠見的理論，就是哲學。[1129]

而一種如此通情達理的哲學，最終當然可能成就哲學家國王。

1126《新共和》（New Republic），1917年2月3日。
1127《創造性智慧》，第4頁。
1128《達爾文對哲學的影響》，第19頁。
1129《創造性智慧》，第5頁；《哲學之改造》，第26頁；《達爾文對哲學的影響》，第45頁。

結語 Conclusion

如果讀者現在自行為這三位哲學家做個總結，他或許會比一開始更能看得出來，無視年代順序、把桑塔耶那置於詹姆斯與杜威之前是合理的。往前回顧，我們目前仍然在世的思想家中，顯然這位最具說服力、最敏銳纖細的思想家幾乎全然歸屬於歐洲的文化傳統之下；威廉．詹姆斯雖然也在許多方面依附於那樣的傳統，至少在他的思想中仍抓住了美國東部各州的精神，在他的風格中抓住了整個美國的精神；約翰．杜威則是美國東部與西部兼容並蓄的產物，賦予他的民族那實際而民主的傾向某種哲學的形式。顯而易見的是，我們減輕了自古以來對歐洲思想的依賴，開始在哲學、文學與科學上以我們自己的方式、做我們自己的功課。當然，這只是一個開端，因為我們還很年輕，尚未學會如何在完全沒有我們歐洲祖先的協助下自己走路。但如果我們發現很難去超越自己，有時更因我們自己的膚淺、地方主義、狹隘、偏執、不成熟的偏狹、反對創新與實驗的膽怯暴行而感到沮喪受挫，讓我們切記，英國從建國到莎士比亞出現，也要八百年的時間；法國從建國到蒙田出現，一樣需要八百年；我們從歐洲而來，在我們自己之間選擇了生存與模仿，成為主動創始的個人主義者與貪婪攫取的先鋒，而非沉思冥想與具備藝術氣息的靈魂。我們必須花力氣去清除我們偉大的森林、開發我們富饒的土地，我們還沒有時間造就出本國的文學與成熟的哲學。

但是，我們逐漸富裕，而財富是藝術的前奏。在每個國家，奢華與休閒的工具都是經由數世紀的實質努力逐步累積，然後文化才會自然而然隨之而來，就像在一片經過澆灌的肥沃土地上，花草植物才得以生長。財富是第一步的必要之務，因為一個民族也必須先能夠存活下來，才得以探討哲理。毋庸置疑，我們比一般國家成長的速度更快，我們靈魂的混亂失序，正是由於我們過於快速的發展使然。因為青春期的突然成長與經驗，我們一度就像青少年般煩躁不安、無法平衡；但我們的成熟期很快就會到來，我們的心智終究會趕上我們的肉體，我們的文化也終究會匹配我們所擁有的財富。或許會有比莎士比亞更偉大的靈魂、比柏拉圖更偉大的心智，正等待被誕生。而當我們學會崇敬自由宛如崇敬財富時，我們的文藝復興也終將到來。

詞彙表
Glossary

注意：本詞彙表中主要包含的是最重要、最困難，且在書中出現得相當頻繁之詞彙。

擬人論（Anthropomorphism）：以人的相似性來詮釋上帝。

阿波羅崇拜（Apollonian）：擁有阿波羅的冷靜、「古典」之美，相對於狄奧尼索斯訴諸情感的「浪漫」特質。

後驗（À posteriori）：從觀察事實到一般性結論的推論。

先驗（À priori）：從一般性命題到特定性結論的推論。

屬性（Attribute）：在斯賓諾沙的思想中，是本體或現實的無限面向之一，就像（物質）延展或思想。

行為主義者（Behaviorist）：將心理學局限於客觀觀察的領域、忽視內省與意識的人。

加爾文教派（Calvinism）：新教的一種形式，強調每個人被罰下地獄或是得到救贖的永恆宿命。

因果關係（Causality）：原因與結果的運作。

概念（Concept）：一個想法，往往特別用於指稱哲學的想法。

意識（Consciousness）：體認或覺察。

宇宙論（Cosmology）：對世界的起源與本質的一種研究。

決定論（Determinism）：一種學說，認為所有的事件都是先前情況所產生的必然結果，人類所做出的顯而易見之選擇，亦皆為其遺傳及先前環境的機械化表現形式。

辯證法（Dialectic）：任何邏輯推演的過程。在黑格爾的思想中，一個想法或狀態需藉由論點、論點之對立、綜合的過程，才能發展成另一個想法或狀態。

生命原理的圓滿實現（Entelechy）：決定萬物發展的內在本質。

享樂主義者（Epicurean）：相信歡愉即為至善的人。

認識論（Epistemology）：對知識的起源、過程、有效性的一種研究。

本質（Essence）：最重要並顯著的面向。

美學（Esthetics）：對美之本質的一種研究。在康德的思想中，是對感覺的一種研究。

倫理學（Ethics）：對行為對錯的一種研究。

宿命論（Fatalism）：一種學說，認為一個人無法做任何事或以任何方式去影響他早已注定的命運。

終極目的論（Finalism）：一種學說，認為事件是由其所服務的目的而造成。

第一因（First Cause）：整個一連串的原因之起點，往往等同於上帝。

正式地（Formally）：一種根據形式或結構的專門方式。

自由意志（Free will）：執行者在遺傳、環境與情勢的決定性衝動下所擁有的部分自由，並以其所做出有意識選擇之行為。

快樂主義（Hedonism）：一種學說，認為歡愉是每個選擇實際而適當的動機。

啟發法（Heuristic）：一種研究的方法。

唯心論（Idealism）：在形上學中，是一種認為想法或思想是基本現實的學說；在倫理學中，是一種對道德理想的奉獻與熱愛。

觀念構思（Ideation）：思考的過程。

工具主義（Instrumentalism）：一種學說，認為想法是反應與適應的工具，想法的真實性須由其有效性來加以評斷。

直觀論（Intuitionism）：在形上學中，是一種認為揭露事物現實的是直覺、而非理性的學說；在倫理學中，是一種認為人類的對錯感是與生俱來的學說。

拉馬克主義（Lamarckianism）：認為後天習得的性格特質是可傳遞的一種信念。

邏輯（Logic）：對於推論的研究。在黑格爾的哲學中，是一種對於基本想法的起源及自然順序的研究。

唯物論（Materialism）：一種認為物質是唯一現實的學說。

機械作用（Mechanism）：一種認為所有事件與思想皆根據機械學法則而產生的學說。

形上學（Metaphysics）：對最終、基本現實的探究。

方式（Mode）：在斯賓諾沙的哲學中，代表一種特別的事物、形式、事件，或是想法。

自然主義（Naturalism）：一種學說，認為一切現實皆不脫「自然法則」之支配。

精神官能症（Neurosis）：一種心理失調或疾病。

涅槃（Nirvana）：在印度教的理論中，因欲望的絕對斷絕而生成幸福的一種狀態。

本體（Noumenon）：在康德的思想中，本體即為最終現實或「物自身」，可以藉由思想被構思出來，但無法在經驗中感知。

客觀（Objective）：不受感知個體的支配。在斯賓諾沙的思想中，這是存在於思想中的事實。

本體論（Ontology）：一種對事物最終本質的研究。

泛神論（Pantheism）：一種學說，認為上帝本為萬物內在所固有。

多元論（Pluralism）：一種學說，認為世界並非在法則與結構中的一個單元，而是相反的力量與過程的發生地點。

多神論（Polytheism）：對眾神的崇拜。

實證主義（Positivism）：樂於在哲學探究問題的限制上接受科學的方法。

實用主義（Pragmatism）：一種學說，認為真理即為想法的實用功效。

緒論（Prolegomena）：入門研究。

唯實論（Realism）：在認識論中的一種學說，認為外部世界獨立於知覺而存在，並實質地為我們所感知；在邏輯中的這項學說，則是主張普遍的觀念皆有與其相對應的客觀現實存在。

經院哲學（Scholasticism）：中世紀神學家的哲學，大體來說，就是把思辨與觀察和實踐分離開來的一種哲學。

社會學（Sociology）：一種對社會體制與過程的研究。

主觀（Subjective）：在斯賓諾沙的思想中，這是存在於思想中的事實，如同思想的對象。

本體（Substance）：在斯賓諾沙的思想中，是基本、永恆的現實，也是這世界的架構與法則。

目的論（Teleology）：認為發展是由事物所服務的目的所造成的一種理論或研究。

有神論者（Theist）：相信人格化的上帝之人。

先驗（Transcendental）：超越感官的領域與範圍。

趨性（Tropism）：一種恆定不變的反應。

功利主義（Utilitarianism）：一種學說，認為所有的行動作為都應以其促進最大多數人的最大福祉之效用來加以評斷。

生命哲學（Vitalism）：一種學說，認為生命是基本現實，其中的一切都只是一種形式或表現。

唯意志論（Voluntarism）：一種學說，認為意志是宇宙與人類行為的基本因素。

566, 567, 568, 570
上恩加丁山 Upper Engadine 463
大君王 Grand Monarch 194.26
大法官 Lord Chancellor 144, 175, 176, 179, 274
大流士 Darius 35, 132
大笑並製造大笑 Rire et faire rire 248, 249
大笑哲學家 laughing philosopher 133, 290, 558
大淘汰 Great Elimination 61, 64
大眾神學 popular theology 331
大復興 Magna Instauratio 155
大衛・史特勞斯 David Strauss 458
大衛・休謨 David Hume 298.300.301.312.316.561
大離散 Dispersion 182, 183
女權主義 feminism 30, 49, 460, 483, 484
小亞細亞 Asia Minor 34, 35, 132
工作計畫；論工作計畫 Plan of the Work 154, 155
工具主義 instrumentalism 573, 583
工業主義 industrialism 428, 441
工業改造 industrial reconstruction 431
工業革命 Industrial Revolution 117, 398
工資訂定法 wage-fixing laws 428
才能 capacity 111
才能 faculty 89
才智 phronesis 51
不可知者 The Unknowable 409, 411, 438
不可知論 Unknowable 233
不可理解之力 Inscrutable Power 410
不可避免之社會主義 socialism inevitable 340
不平等的平等，仍是不平等 the equality of unequals is inequality 555
不足的想法 inadequate idea 216, 217
不能想像 inconceivability 409
不順從國教者 Dissenter 400
不會動搖的原動力 primum mobile immotum 105
of the Human Spirit 297
《人類學》 Anthropology 305
《十九世紀文學主要潮流》 Main Currents in Nineteenth Century Literature 233
《十八世紀的人物肖像》 Portraits of the Eighteenth Century 237
丁道爾 Tyndal 245
七年戰爭 Seven Years' War 266
九號交響曲 the Ninth Symphony 491
了解事出必有因的快樂之人 Felix qui potuit rerum cognoscere causas 160
二律背反 antinomies 315
人人出版社 Everyman 315, 316
人口理論 The Theory of Population 405
人民 Y Narod 115
人道宗教 Religion of Humanity 397
人類的喜劇 umana com-media 474
人類對彼此而言就是一隻狼 homo homini lupus 368
力 Force 105

三劃

《三位哲學詩人》 Three Philosophical Poets 543
《大英百科全書》 Encyclopedia Britannica 156
《大眾科學月刊》 Popular Science Monthly 563
《大復興》 Magna Instauratio 155
《大邏輯》 Logic 336
《工具論》 Organon 88, 91, 94, 127
《不合時宜的考察》 Thoughts Out of Season 451, 458, 459, 463, 487, 488
三一律 three unities 109
三一學院 Trinity College 142
三段論 syllogism 89, 94, 125, 126, 286, 298, 302, 522, 530, 535, 543
三階段定律 Law of Three Stages 397
上帝 God 531, 545, 546, 550, 564,

英文字首

D・G・里奇 D. G. Ritchie 65
M・阿諾 M. Arnold 99

一劃

《一些哲學問題》 Some Problems of Philosophy 561
一元論 monism 566
一位論教會 Unitarian Church 329
一個人在隱居生活中過得最好 bene vixit qui bene latuit 146
一個人得先活得下去，才可能思考哲學 Primum vivere, deinde philosophari 351
一神論 monotheism 566
一般民眾 la canaille 281
一般用語 term 89
一般概念 general idea 63
一貫性 unity 108, 109

二劃

《人口論》 Essay on Population 174
《人性，太人性》 Human All Too Human 451
《人性與行為》 Human Nature and Conduct 573
《人性論》 Treatise on Human Nature 300
《人是機器》 Man a Machine 270
《人與國家》 The Man vs. the State 429
《人類的故事》 The Story of Mankind 23
《人類的悲劇》 The Human Tragedy 391
《人類為何奮鬥》 Why Men Fight 529
《人類探險》 The Human Adventure 23
《人類理解論》 Essay on Human Understanding 299
《人類理解論》 Essay on the Human Understanding 245
《人類精神進步史表綱要》 Historical Tableau of the Progress

巴黎公社 Paris Commune 485
巴黎洛雷特聖母院 Notre Dame de Lorette 282
巴黎皇家圖書館 Royal Library of Paris 259
巴黎高等師範學院 École Normale Supérieure 501
巴蘇陀人 Basuto 424
引言論述 Introductory Treatises 154
心神寧定 ataraxia 134, 136
心理分析學 psychoanalysis 59
心理倫理學 Psychological Ethics 575
心理學與社會科學 Psychology and Social Science 577
心智 mind 210, 300, 306, 419, 439, 502, 508
心靈研究協會 Society for Psychical Research 513, 568
戈蒂埃 Gautier 291
文字永存，言語已逝 scripta moment, verba volant 237
文壇泰斗斯威夫特 Dean Swift 245
文藝復興 Renaissance 132, 133, 135, 137, 139, 141, 148, 159, 176, 184, 186, 238, 245, 330, 477, 480, 491, 517, 534, 540, 581
方式 mode 205, 584
方法的存疑 methodic doubt 167
方濟各會會士 Capuchin 275
比較解剖學 comparative anatomy 157
比爾德 Beard 139
牛虻 gad-fly 47
犬儒學派門徒 Cynic 53, 75

五劃

《世界文明史》 The Story of Civilization 25
《世界史綱》 Outline of History 169
《世界史綱》 The Outline of History 23
《世界原貌》 Le Monde comme il va 248
《主流思潮》 Main Currents 255
《主義之風》 Winds of Doctrine
丹尼斯・狄德羅 Denis Diderot 271
丹尼斯侯爵夫人 Mme. Denis 256
丹尼爾 Daniel 25
丹尼爾・佩爾 Daniel Pere 259
丹尼爾・奧康內爾 Daniel O'Connell 59
丹納 Taine 212
丹麥的克里斯蒂安七世 Christian VII of Denmark 263
丹敦 Danton 238
第五號交響曲 the Fifth Symphony 491
內在 echo 105
內疚良知 bad conscience 472
內省直覺 Introspective intuition 514
分配正義 distributive justice 47
切斯特頓 Chesterton 569
反柏拉圖 anti-Platonic 82
反射性思想 reflective thought 507
反教權主義 anticlericalism 275, 517
天人合一 That art thou 382
天命的學說 doctrine of Providence 340
太陽神阿波羅 Apollo Lyceus 87
孔子 Confucius 25, 26
孔多塞 Condorcet 286, 297, 396
孔狄亞克 Condillac 399
孔德 Comte 26, 195, 396
孔德親王 Prince de Condé 195
尤里庇狄斯 Euripides 75, 83, 456
尤里梅敦 Eurymedon 129
尤曼斯教授 Prof. Youmans 408
巴克 Barker 49, 51
巴克爾 Buckle 246, 260, 261, 393, 404, 406, 522
巴別塔政府 Babel government 486
巴利亞多利德 Valladolid 278
巴斯卡 Pascal 61, 287, 320, 399, 567
巴斯德 Pasteur 501
巴塞爾大學 University of Basle 452, 469
巴爾扎克 Balzac 392, 495
巴魯赫 Baruch 190
巴魯赫・斯賓諾沙 Baruch Spinoza 184, 188
不會移動的第一動力 first mover unmoved 166
不論什麼都是對的 whatever is, is right 339
不斷生成的自然 natura naturans 206
不斷生成的自然 natural begetting 206

四劃

《分析前篇》 Prior Analytics 88
《分析後篇》 Posterior Analytics 88
《厄里費勒》 Eriphyle 254
《友誼文集》 Iolaüs: an Anthology of Friendship 159
《反馬基維利主義》 Anti-Machiavel 253
《反基督》 Antichrist 215, 451, 477, 479, 481, 487
《反實用主義》 Anti-Pragmatism 563
《天真漢》 L' Ingenu 248, 249. 258
《天象論》 Meteorology 88, 90
《天體論》 Theory of the Heavens 305
《心力》 Mind-Energy 505, 513
《心理學原理》 Principles of Psychology 399
《心理學原理》 The Principle of Psychology 406
《心理學原理》 The Principles of Psychology 561
《心靈分析》 The Analysis of Mind 429
《文明史》 History of Civilization 246, 261
《文哲評論》 La Critica 519
《文學的故事》 The Story of the World's Literature 23
《木林集》 Forest of Forests 155, 179
《木林集》 Sylva Sylvarum 155, 179
《比較生理學》 Comparative Physiology 402
中間點 mean 89, 112

49
尼科爾 Nichol 145, 153, 157, 159, 161, 177
尼祿 Nero 479
左拉 Zola 276
市集偶像 Idols of the Market-place 166
布西發拉斯 Bucephalus 84
布克哈特 Burckhardt 469, 497
布里丹之驢 Buridan's ass 96, 97
布洛涅 Boulogne 344
布朗 Browne 439
布朗寧 Browning 28
布萊克伍德哲學經典 Blackwood Philosophical Classics 309, 335
布萊德利 Bradley 333
布馮 Buffon 246
布達赫 Burdach 358
布雷斯特德教授 Professor Breasted 23
布爾熱 Bourget 481
布魯特斯 Brutus 93
布魯諾 Bruno 186, 300
布蘭德斯 Brandes 233, 237, 255, 259, 453, 496, 497
平方反比定律 the law of inverse squares 63
平等 Equality 36, 51, 54, 66, 113, 116, 122, 123, 127, 151, 219, 226, 229, 247, 255, 284, 286, 287, 288, 289, 327, 426, 428, 433, 434, 435, 449, 470, 479, 483, 484, 553, 555, 556
平等教育 equal education 61
平衡 Equilibration 77, 96, 111, 228, 237, 322, 398, 411, 413, 414, 416, 436, 450, 452, 490, 492, 493, 496, 518, 520, 581
弗里德里希・施萊格爾 Friedrich Schlegel 93
弗朗索瓦・瑪利・阿魯埃 Francois Marie Arouet 239
弗勞德 Froude 212, 343, 406
弗雷烈 Freret 246
弗雷德里克・哈里森 Frederick Harrison 398
弗盧努瓦 Flournoy 563
必要 necessarium 564
必要之惡 necessary evil 386
189
以利沙 Elisha 188
功利主義 utilitarianism 398, 432, 471, 482, 569, 585
加利利 Galilee 216
加圖 Cato 175, 277
加爾文教派 Calvinism 330, 564, 582
加爾基斯 Chalcis 130
卡弗 Carver 113
卡瓦列力 Cavalieri 159
卡利克勒斯 Callicles 51
卡利班 Caliban 352
卡利斯尼斯 Calisthenes 128
卡貝 Cabet 426
卡岩 Cayenne 282
卡拉卡拉 Caracalla 478
卡昂 Caen 240
卡博特 Cabot 170
卡萊爾 Carlyle 66
卡爾 Carr 523
卡爾文 Calvin 238
卡爾曼－李維 Calmann-Levy 234
卡爾・莫爾 Karl Moor 490
卡薩米喬拉 Casamicciola 518
古爾德 Gould 497
可拉勒斯 Colerus 191, 192
史威夫特 Swift 170
史賓格勒 Spengler 21, 25, 387
司湯達爾 Stendhal 388, 458, 488
四藝 quadrivium 75
尼古拉斯・培根爵士 Sir Nicholas Bacon 141
尼布爾 Niebuhr 260
尼依 德 朗克洛 Ninon de l' Enclos 240
尼采 Nietzsche 24, 27, 29, 36, 49, 51, 73, 93, 112, 121, 123, 176, 196, 212, 213, 215, 218, 220, 221, 232, 238, 287, 296, 307, 330, 332, 333, 347, 349, 365, 388, 399, 433, 447, 448, 449, 450, 451, 452, 453, 455, 456, 457, 458, 459, 460, 461, 462, 463, 464, 466, 467, 468, 469, 470, 472, 473, 474, 475, 476, 478, 480, 482, 484, 485, 486, 488, 489, 490, 491, 492, 493, 494, 495, 496, 497, 498, 505, 513, 514, 520, 552
尼采式問題 Nietzschean problem 539, 543, 547, 551
《代表性人物》Representative Men 49
《代數彩虹論》Treatise on the Rainbow 192
《以色列人的歷史》History of the People of Israel 91
《卡拉馬助夫兄弟們》The Brothers Karamazov 28
《卡門》Carmen 462
《古人的智慧》Wisdom of the Ancients 147
《古代政權》The Ancient Régime 237, 271
《可蘭經》Alcoran 49, 15
《尼各馬科倫理學》Nicomachean Ethics 126
《尼伯龍根的指環》Der Ring des Nibelungen 350
《尼伯龍根的指環》The Ring of the Nibelungs 453
《尼采的哲學》The Philosophy of Friedrich Nietzsche 451
《尼采傳》Life of Friedrich Nietzsche 453
《布魯圖斯》Bruttis 254
《幼兒的起源》On the Origin of the Child 102
《弗朗索瓦・伏爾泰》Francois de Voltaire 259
《札第格》Zadig 248
《民主與教育》Democracy and Education 572, 573
《永恆和平及其他論述》Eternal Peace and Other Essays 325
《生物學》Biology 407
《生物學原理》Principles of Biology 416, 417, 419, 441
世俗的秩序 temporal order 202
世界是我的表象 the world is my idea 490
世界國家 world-state 494
主動的理性 active reason 108
主戰論者 Vaterlanderei 488
主觀論 subjectivism 490
代達羅斯 Daedalus 108
以太 ether 201
以弗所 Ephesus 97
以色列・亞伯拉罕 Israel Abrahams

朗索瓦・澤維爾・孔德 Isidore Auguste Marie Francois Xavier Comte 396
伊克塞翁 Ixion 376, 377
伊利斯 Elis 34, 102
伊庇魯斯 Epirus 34
伊底帕斯情結／戀母情結 Oedipus complex 60
伊拉斯帕 Araspe 242
伊拉斯謨斯 Erasmus 238
伊拉斯謨斯・達爾文 Erasmus Darwin 398
伊芙琳 Evelyn 573
伊阿古 Iago 518
伊索（寓言）Aesop 149
伊索克拉底 Isocrates 83, 129
伊曼努爾・康德 Immanuel Kant 272
伊莉莎白 Elizabeth 141, 144, 148, 178, 494
伊斯特米亞競賽 Isthmian games 46
伊麗莎白・史蒂文斯 Elizabeth Sirvens 276
伍德布里奇教授 Prof, Woodbridge 207
伍德沃德 Woodward 274
伏爾泰 Voltaire 18, 24, 26, 27, 41, 92, 149, 197, 235, 236, 237, 238, 239, 240, 241, 242, 243, 244, 245, 246, 247, 248, 249, 250, 252, 253, 254, 255, 256, 257, 258, 259, 260, 262, 263, 264, 266, 267, 268, 270, 272, 274, 275, 276, 277, 278, 279, 280, 281, 282, 284, 285, 286, 287, 288, 289, 290, 291, 292, 297304, 323, 330, 334, 344, 365, 370, 390, 391, 392, 448, 462, 481, 494, 515
伏爾泰的上帝興起 Deo erexit Voltaire 282
伏維納格斯 Vauvenargues 284, 481
休・艾略特 Hugh Elliott 436, 515
休倫族 Huron 248
休謨 Hume 186, 231, 298, 300, 301, 302, 303, 304, 308, 311, 312, 313, 315, 316, 329, 334, 359, 398, 399, 401, 515, 543, 561, 562
《伊里亞特》 Iliad 401
《伊底帕斯王》 Oedipe 241, 254
《伊底帕斯王》 Oedipus Rex 108
《伊曼努爾・康德》 Immanuel Kant 305
《伊雷娜》 Iréne 254, 292
《伏爾泰》 Voltaire 237, 239
《伏爾泰散文集》 Voltaire's Prose 274, 287
《伏爾泰傳》 Life of Voltaire 237
《伏爾泰精選集》 Selected Works of Voltaire 266, 277, 279, 289
《伏爾泰與他的書信》 Voltaire in His Letters 259, 261, 281, 289
《回到瑪土撒拉時代》 Back to Methuselah 251
《地獄對話錄》 Dialogues in Limbo 545
《地獄篇》 Inferno 95
《多元的宇宙》 A Pluralistic Universe 561
《守護神》 Palladium 257
《百科全書》 Encyclopedic 272
《自由之路》 Roads to Freedom 529
《自由意志》 The Will to Freedom 469
《自然史》 Historia Naturalis 155
《自然史》 Natural History 88
《自然史雜誌》 Hist. Nat. 87
《自然的詮釋》 The Interpretation of Nature 142, 165
《自然的詮釋》 Valerius Terminus 147
《自然體系》 System of Nature 271, 280
《西方的沒落》 Decline of the West 26
《西方的沒落》 Downfall of the Western World 387
交付 livraison 407
伊比鳩魯 Epicurus 36, 113, 133, 134, 135, 136, 148, 186, 376
伊比鳩魯學派 Epicureanism 20, 133, 134, 136, 330, 387
伊卡魯斯 Icarus 79
伊本・埃茲拉 Ibn Ezra 185
伊本・蓋比魯勒 Ibn Gebirol 185
伊西多爾・奧古斯特・馬里・弗
必備之儀 de rigueur 128
本尼迪克特 Benedict 190
本恩 Benn 83
本能 instinct 556, 59, 71, 148, 211, 212, 214, 217, 218, 225, 288, 289, 303, 356, 360, 372, 389, 390, 393, 419, 420, 421, 435, 436, 456, 457, 460, 472, 486, 493, 504-512, 533, 539, 540, 544, 575, 576
本質 essence 203, 583
本質的發現 the discovery of essence 543
本・瓊森 Ben Jonson 142
本體 noumenon 314, 584
本體；物質 substance 168, 203, 205, 585
本體論 Ontology 30, 584
民族主義 nationalism 195, 335, 448, 488, 494
民眾法庭 Dikasteria 36
永恆回歸 eternal recurrence 365, 464, 467, 492
永恆形式 sub specie eternitatis 202, 218
永恆的秩序 cternal order 202
瓜達拉瑪山脈 Guadaranna 548
瓦爾登湖 Walden Pond 221
生存意志 will to live 232, 356, 368, 377, 392
生命的動態元素 The Dynamic Element in Life 417
生命的智慧 The Wisdom of Life 347, 365, 372, 373, 375, 377, 379, 381, 383
生命哲學 vitalism 515, 516, 585
白壁德 Babbitt 389
皮科利 Piccoli 521
皮哲比謝夫斯基 Przybyszewski 495
皮埃爾・勒魯 Pierre Leroux 426
皮爾森 Pearson 329, 506
目的因 final cause 104, 105
目的論 teleology 360, 585
穴居偶像 Idols of the Cave 166

六劃

《伊比鳩魯的花園》 Garden of Epicures 135, 391

232
自然主義 naturalism 158, 238, 332, 521, 546, 550, 572, 573, 574, 584
自然主義者 naturalist 99, 262, 332, 382
自然法則 natural laws 63, 224, 280, 300, 318, 322, 340, 411, 563, 584
自然神學 theodicy 266, 37
自然發生論 abiogenesis 501
至善 supreme good 110, 200, 376, 393, 466, 533, 574, 583
色拉敘馬霍斯 Thrasymachus 50, 733, 492
色當 Sedan 452
色雷斯 Thrace 84, 98
色諾芬 Xenophanes 208
艾迪生 Addison 244
艾略特 Elliott 405, 435, 445
艾塞克斯伯爵 Earl of Essex 144
艾薩克・牛頓 Isaac Newton 245
艾薩克牧師 Rabbin Isaac 278
行為主義者 behaviorist 157, 211, 546, 582
行為動機 Moral 347
西里西亞 Silesia 253
西姆柯維奇 Simkhovitch 589
西拉鳩斯市 Syracuse 79
西門 Simeon 325
西勒諾斯 Silenus 455
西塞羅 Cicero 29, 215
西雷 Cirey 247, 248, 249, 251, 252, 258
西蒙・德・弗里斯 Simon De Vries 194
西德尼 Sidney 142

七劃

《亨利七世統治史》 History of Henry VII 179
《亨利亞德》 Henriade 241, 242
《伯羅奔尼撒戰爭史》 History of the Peloponnesian War 52
《作為教育家的叔本華》 Schopenhauer as Educator 347
《作為意志和表象的世界》 The World as Will and Idea 297, 305, 309, 315,331, 342, 345, 347, 348, 351, 451
安提斯泰尼 Antisthenes 39, 113, 122, 133
安逸的棺柩 biergemütlichkeit 451
成長的原則 Principle of Growth 534
托利黨員 Tory 445
托爾斯泰 Tolstoi 54, 576
早上我作出好的決策，晚上我犯下愚蠢錯誤 Le matin je fais des projets, et le soir je fais des sottises 318, 319
有神論 theism 566
有神論者 Theist 282, 409, 585
有選擇的吸引力 elective affinities, die Wahlverwandschaften 359
朱比特 Jupiter 377
朱迪亞 Judea 47, 72
朱塞佩・納托利 Giuseppe Natoli 519
朱諾 Juno 377
百科全書 Encyclopédie 176
米卡 Mitya 28
米利都人 Miletus 96, 97
米拉波 Mirabeau 238, 286
米洛斯 Melos 52, 459
米開朗基羅 Michelangelo 159, 517, 523, 535
米榭勒 Michelet 411
米爾頓 Milton 224
米德爾頓 C. S. Middleton 233
老子 Lao-tze 25
老娼妓 Harlot 525
考利 Cowley 176
肉慾主義 sensualism 330
自由之樹 Liberty Tree 335
自由主義 liberalism 263, 286, 289, 304, 322, 337, 426, 445, 535, 556, 574
自由放任 laissez-faire 405, 434, 442, 485, 556
自由意志 Free will 49, 107, 158, 212, 218, 269, 280, 365, 476, 502, 503, 521, 566, 583
自由意志論 libertarian 60, 567
自由黨首相 Liberal Prime Minister 528
自我 Ich 232
自我中心 egotism 348
自保 conatus esse preservandi 212,
共相；普遍性 universals 92, 93, 116
共產主義 communism 49, 53, 76, 115, 116, 137, 391, 426, 469, 532
共產制度 a system of communism 67, 71, 116
共產黨 Communist Party 75
印度斯坦 Hindostan 386
合作運動 cooperative movement 428
吉朋 Gibbon 260, 263, 480, 555
吉爾伯特 Gilbert 139, 175
吉羅姆・可瓦尼亞 Jérome Coignard 240
因果法則 law of cause and effect 218, 316, 320, 347
因果律 Physical 347
因果關係 causality 168, 260, 300, 312, 358, 359, 573, 582
地方主義 provincialism 488
地點的一貫性 unity of place 109
多元宇宙 multi-verse 566, 567
多元論 Pluralism 564, 566, 584
多佛 Dover 243
多神論 polytheism 566, 584
好望角 Cape of Good Hope 326
如此世界 The World as It Goes 288
存在 Being 337, 505
存在 einai 205
存在 to be 205
存在即合理 the real is rational 339
存在領域 Realms of Being 542
存疑的聖托馬斯 St. Thomas of Didymus 272
宇宙論 Cosmology 74, 582
安尼塞里士 Anniceris 79
安妮・庫克夫人 Lady Anne Cooke 140
安東尼 Antonine 195, 555
安東尼・皮烏斯 Antoninus Pius 153
安東尼奧・拉布里奧拉 Antonio Labriola 519
安柏利子爵 Viscount Amberley 528
安納薩哥拉斯 Anaxagoras 73, 97, 101, 187
安提帕特 Antipater 129
安提阿 Antioch 183

Plato, sed magis amica veritas 93
呂肯 Röcken 450
坎農教授 Professor Cannon 214
妙語 bon mot 251
妨礙行進的累贅 impedimenta 260
完美 perfect 204
完美 perfectum 564
完整 complete 204
希比亞斯 Hippias 36
希波克拉底 Hippocrates 102, 174
希爾斯—瑪麗亞 Sils-Maria 463
希羅多德 Herodotus 364
希臘七賢 Seven Wise Men 112, 159
廷德爾 Tyndall 405, 406, 444
形上學 metaphysics 26, 28, 29, 30, 48, 62, 67, 99, 104, 114, 126, 164, 168, 176, 204, 205, 218, 222, 226, 251, 267, 271, 272, 280, 299, 300, 301, 305, 308, 314, 316, 328, 332, 334, 338, 349, 352, 354, 356, 362, 382, 392, 396, 397, 411, 417, 474, 501, 515, 521, 522, 530, 534, 536, 561, 563, 570, 571, 574, 577, 583, 584
形上學階段 metaphysical stage 397, 577
形式 form 89
形成 becoming 505
形成的衝動 formative impulse 108
形象的崇拜 image-worship 164
快樂主義 hedonism 302, 330, 583
我知道什麼？ Que sais-je? 274
我思，故我在 Cogito, ergo sum 186
我要 I will 472
我們教育體制的未來 The Future of Our Educational Institutions 458
我們該當放棄 dass wir entsagen sollen 232
我們對外在世界的知識 Our Knowledge of the External World 527
我就是我 I am who am 205
批判哲學 critical philosophy 297, 328, 456
技藝長久，時光飛逝 Ars longa, vita brevis 175
把所有的恐懼、無情的命運
伯利勳爵 Lord Burghley 141, 143, 151, 156
伯里克利文化 Periclean culture 492
伯特蘭・羅素 Bertrand Russell 63, 519, 527, 528, 530, 531, 532, 536
伯爾尼 Berne 335
伯羅奔尼撒戰爭 Peloponnesian war 36, 492
伯靈頓 Burlington 571
伽利略 Galileo 139, 173, 187, 203, 300, 532, 573
但丁 Dante 64, 94, 128, 369, 446, 543
但尼生 Tennyson 430
但澤 Dantzig 345
佛洛伊德 Freud 357, 367, 373
佛洛伊德學說的心理分析 Freudian psychoanalysis 49
克里托 Crito 31, 42, 43, 44, 45
克里特島 Crete 34
克里提亞斯 Critias 37
克里斯汀・沃爾夫 Christian Wolff 297
克里斯蒂安 Christiane 346
克里薩斯王 Croesus 152
克法洛斯 Cephalus 51
克律西波斯 Chrysippus 133
克洛蒂爾德・德沃夫人 Mme. Clotilde de Vaux 397
克倫威爾 Cromwell 189, 245
克萊蒙費朗公立中學 Lycée of Clermont-Ferrand 501
克萊默 Kramer 497
克萊羅 Clairaut 247
克諾索斯 Cnossus 88
克羅尼亞 Chaeronea 84, 132, 133
克羅齊 Croce 517-522, 524
克麗奧佩特拉 Cleopatra 567
判斷基準 measure 508
別再往前 non plus ultra 139
利己主義 egoism 68, 74, 77, 214,271, 330, 362, 436, 459, 492, 493, 584,
利文斯通 Livingstone 431
利特雷 Littré 398
利潤 profits 560
君主國家；君主政體 monarchy 73
吾愛吾師，吾更愛真理 Amicus
《克拉麗莎・哈洛威》 Clarissa Harlowe 299
《判斷力批判》 Critique of Judgment 321
《利己主義者》 Egoists 453, 485, 491
《希臘的哲學家》 The Greek Philosophers 83
《希臘思想家》 Greek Thinkers 90
《希臘政治理論》 Greek Political Theory 49
《希臘哲學》 Greek Philosophy 90
《希臘悲劇》 Greek Tragedy 109
《形上學》 Metaphysics 88, 89, 105, 106
《形上學導論》 Introduction to Metaphysics 507, 515
《我們如何思維》 How We Think 573
《批判辭典》 Critical Dictionary 278
《沃爾夫岡・歌德》 Wolfgang Goethe 233
《貝內德托・克羅齊》 Benedetto Croce 521
《貝內德托・克羅齊的哲學》 The Philosophy of Benedetto Croce 523
《貝多芬》 Beethoven 381
《貝格瑞先生在巴黎》 M. Bergeret in Paris 193
「更好」是「好」的敵人 le mieux est I'ennemi du bien 367
亨內克 Huneker 453, 485, 491, 570
亨利・柏格森 Henri Bergson 500
亨利・梅恩爵士 Sir Henry Maine 428
亨利・喬治 Henry George 434
亨利・奧爾登伯格 Henry Oldenburg 194
亨利・詹姆斯 Henry James 560, 563
亨利・龐加萊 Henri Poincare 506
亨利・龐加萊 Henri Poincaré 329
亨德里克・威廉・房龍 Hendrik Willem van Loon 23

Bacon 143, 145, 179
《法蘭西斯．培根的生命及時代》Life and Times of Francis Bacon 145
《法蘭西斯．培根的哲學著作》The Philosophical Works of Francis Bacon 175
《物性論》On the Nature of Things 134
《物理學》Physics 88, 99
《物種起源》Origin of Species 399, 402, 407, 440, 573
《物質分析》The Analysis of Matter 529
《物質與記憶》Matiére et mémoire 503, 511
《物質與記憶》Matter and Memory 501
《盲人書信集》Letter on the Blind 246
《知識之頌讚》The Praise of Knowledge 146
《社會正義隨筆》Essays in Social Justice 113
《社會契約論》Social Contract 288
《社會學研究》The Study of Sociology 422, 423, 441
《社會學原理》The Principles of Sociology 422, 425, 427, 441
《社會靜力學》Social Statics 401, 405, 422, 427
《阿特米爾》Artemire 242
《附錄與補遺》Parerga et Parliapomena 348
尚．雅克 Jean Jacques 248
尚．雅克．盧梭 Jean Jacques Rousseau 249, 266
事物 res 93
事物 thing 508
亞米塔斯 Amyntas 82
亞伯特 Abbott 143, 145, 178
亞里士底布斯 Aristippus 39, 133
亞里斯多德 Aristotle 35, 38, 63, 75, 77, 82-130, 132, 138, 142, 152, 162-164, 171, 175, 186, 213, 218, 222, 313, 336, 337, 360, 366, 376, 378, 456, 525, 541, 544, 545
亞里斯多德主義者 Aristotelian 93
貝克 Bekker 24
貝克萊 Berkeley 299-303, 398, 399
貝恩 Bain 406
貝特列—波尼 Bellet-Bonne 290
貝爾福特．巴克斯 Belfort Bax 233
赤道非洲 Equatorial Africa 431
辛士 Schinz 563
辛頓 Hinton 400, 401
邦葛羅斯 Pangloss 267, 268, 269
邪惡 böse 470
利希頓伯格 Lichtenberger 347
里德 Reade 431
里德 Reid 401

八劃

《亞里斯多德，科學史上的重要篇章》Aristotle, a Chapter from the History of Science 87
《亞里斯多德》Aristotle 83, 87, 90
《亞里斯多德著作史》History of the Aristotelian Writings 90
《亞里斯多德與早期逍遙學派門徒》Aristotle and the Earlier Peripatetics 83
《叔本華傳》Life of Schopenhauer 347, 353
《叔本華論文集》Essays 348, 357, 359, 375
《命題篇》Propositions 88
《孤獨的尼采》The Lonely Nietzsche 463, 485
《宗教的故事》The Story of Religion 24
《宗教經驗之種種》Varieties of Religious Experience 561, 567
《帕西法爾》Parsifal 460, 462, 464
《幸福學》The Science of Happiness 391
《明日學校》Schools of Tomorrow 572, 573
《法之書》Book of the Law 188
《法律篇》Laws 68-71, 75, 79
《法國大革命》The French Revolution 471
《法國史》History of France 259
《法蘭西斯．培根》Francis
Quique metus omnes, et inexorabile fatum 160
李奧納多 Leonardo 31, 139, 523
李爾王 Lear 502
李維 Levy 451
李維 Livy 422
杜林 Turin 467, 497
杜威 Dewey 311, 539, 571-575, 577, 580
杜威教授 Professor Dewey 219, 331
杜美斯妮女士 Mlle. Dumesnil 236
杜斯妥也夫斯基 Dostoievski 137, 392, 479
杜爾哥 Turgot 79, 286, 287, 396
杜賓根 Tübingen 335
決定論 determinism 107, 133, 207, 218, 219, 365, 374, 419, 422, 468, 501, 502, 503, 506, 513, 565, 566, 567
沃格特 Vogt 355
沃爾伯格 Voorburg 194
沃爾納 Wöllner 322, 323
沉思錄 Meditations 136, 137
沉著穩重的哲學情誼 the serene Brotherhood of philosophs 536
沒有原因的第一因 first cause uncaused 166, 316
沒有開始 beginningless 105
沙皇亞歷山大二世 Czar Alexander II 444
狄　尼西　斯 Dionysius 43
狄奧尼索斯 Dionysus 79, 455, 456, 457, 460, 462, 491, 492, 582
狄奧尼索斯崇拜 Dionysian 455, 491, 492
狄德羅 Diderot 176, 246, 270, 271, 272, 276, 279, 298, 515
狄摩西尼斯 Demosthenes 85, 129, 130
男人最不可能教化的就是女人 Woman will be the last thing civilized by man 119, 249
男性 vir 111
男性生殖器之形象 lingam 361
肖特韋爾 Shotwell 135
良好 gut 470
貝內德托．克羅齊 Benedetto Croce 517, 518, 519, 521

拉馬克主義 Lamarckianism 440, 584
拉馬克學派者 Lamarckian 357
拉斐爾 Raphael 383
拉斯金 Ruskin 576
拉普拉斯 Laplace 187, 305, 552
拉穆斯 Ramus 128
拉羅什富科 La Rochefoucauld 80, 481, 495
拒絕簽署人類權利宣言 Declaration of the Rights of Man 505
放射蟲 Radiata 368
昇華 sublimated 60
明日學校 schools of tomorrow 572
林布蘭 Rembrandt 184
果戈理 Gogol 344
河內 Tongking 426, 427
法利賽人 Pharisee 322
法拉第 Faraday 398
法國大革命 French Revolution 386
法國大革命 the Revolution 238
法國科學院 French Academy 247, 253, 292, 501
法國啟蒙運動 French Enlightenment 176, 322
法蓋 Faguet 48, 67, 449, 461, 481, 487, 491
法蘭西斯・培根 Francis Bacon 128, 139, 141, 169, 171, 173, 176, 297, 299
法蘭西學院 Collége de France 501
泛神論 pantheism 221, 232, 279, 545, 550, 584
波以耳 Boyle 398
波底烏斯 Boethius 91
波洛克 Pollock 27, 191, 193, 204, 209, 213, 221, 231
波恩 Bonn 451
波拿巴 Bonaparte 478
波旁王朝 Bourbons 239, 260, 298, 342, 343, 483
波茨坦 Potsdam 253, 255
波斯波利斯 Persepolis 288, 289
牧神節 Lupercalia 175
物自身 thing-in-itself 314, 315, 320, 332, 358, 364, 372, 584
物理形態 physis 39
198, 244, 270, 276, 277, 278, 279, 281, 282, 289, 298, 299, 300-304, 315-318, 321-323, 327, 330-335, 343, 344, 357, 371, 382, 383, 397, 398, 400, 407, 409, 410, 422, 424, 425, 426, 445, 451, 457, 460, 464, 480, 486, 490, 517, 518, 521, 525, 528, 534, 539, 548, 549, 550, 565, 566, 568, 571, 574, 577
宗教改革 the Reformation 152, 238, 480, 491, 517, 518, 549
宗教法庭 Inquisition 183, 186, 2189, 268, 269,
官方哲學家 the official philosopher 340
尚福爾 Chamfort 481
居茨科 Gutzkow 185
居維葉 Cuvier 398
帕吉羅醫生 Dr. Pagello 463
帕特農神殿 Parthenon 532
帕梅尼德斯 Parmenides 26, 39, 361
帖木兒 Tamerlane 245
幸福 happiness 110
幸福園 Les Délices 257, 258, 262, 288
底比斯 Thebes 84, 118, 132, 133
彼拉多 Pilate 517
彼奧提亞 Boeotia 34
征服意志 Will to Overpower 384, 453
忠僕 doulos 117
性愛 Eros 361
性質 Quality 337
所拉門納 Solamona 170
傳遞了所有的理解 passeth all understanding 176
所羅門之屋 Solomon' s House 170-172
拉夫里翁 Laurium 84
拉巴里 La Barre 276
拉伯雷 Rabelais 238
拉科尼亞 Laconia 34
拉美特利 La Mettrie 256, 270, 271, 298
拉朗德 Lalande 546
拉馬丁 Lamartine 238
拉馬克 Lamarck 398, 418, 440, 515, 517
亞美利哥・維斯普奇 Amerigo Vespucci 399
亞瑟・叔本華 Arthur Schopenhauer 342
亞當・史密斯 Adam Smith 442
亞該亞 Achaea 35
亞歷山大 Alexander 82, 84-87, 129, 132, 162, 245, 342, 387,
亞歷山大・格蘭特爵士 Sir Alexander Grant 90
亞歷山大港 Alexandria 127, 183, 541
亞賽納西烏斯 Athenaeus 86
享樂主義者 epicurean 134, 583
佩利希爾 Pellissier 259, 273, 274, 279, 281, 285, 287
佩里克利斯 Pericles 51, 97, 492, 494
佩拉 Pella 84
佩金 Pekin 282
佩恩 E. J. Payne 139
佩脫拉克 Petrarch 363
使徒保羅 Apostle Paul 206
使神狂喜 god-intoxicated 231
初釀 first vintage 168
卓越 arete 111
卓越 excellence 110, 111
叔本華 Schopenhauer 24, 26, 27, 133, 212, 232, 296, 304, 305, 315, 321, 329, 331, 332, 334, 342-393, 399, 414, 448, 451, 452, 456-459, 472, 476, 480, 488, 490, 491, 493, 501, 515, 552, 569, 573
受雇階級 employed classes 428
命運之愛 Amor fati 220, 452, 462
命題 proposition 165
和平主義 pacifism 137, 253, 432, 441, 528, 550
坦納人 Tannese 424
孟子 Mencius 25
孟肯 Mencken 451, 453
孟喬森男爵 Baron Münchausen 353
孟斐斯 Memphis 251
孟斯特伯格 Münsterberg 541, 551, 559
宗教 Religion 24, 25, 34, 36, 40, 41, 61, 62, 75, 121, 122, 135, 137, 150, 152, 182, 184, 189, 194, 195,

Monatsschrift 323
《柏格森哲學》 The Philosophy of Bergson 509
《查拉圖斯特拉如是說》 Thus Spake Zarathustra 51, 451, 461, 463-465, 467-469, 473, 475, 477, 479, 483, 484, 485, 487, 489, 492, 495, 497
《查密迪斯篇》 Charmides 59
《查理十二的歷史》 History of Charles XII 259
《科學》 Science 419
《科學與革命》 Science and Revolution 331
《美狄亞篇》 Medea 75
《美國的性格與觀點》 Character and Opinion in the United States 541, 543
《美國信使》 The American Mercury 551, 559
《美國評論》 American Review 557
《美感》 The Sense of Beauty 541, 551, 555
《美學》 Esthetics 520-523, 525
《耶穌傳》 Life of Jesus 97, 335
《英國書信集》 Letters on the English 245, 247
《英國獨白》 Soliloquies in England 543
《英雄交響曲》 Heroic Symphony 343
《神祕主義與邏輯》 Mysticism and Logic 528, 529, 531, 535
《神學政治論》 A Treatise on Religion and the State 193
《神學政治論》 T. T-P. 207
《迷宮的線索》 Fil. Lab. 175
《迷宮的線索》 Filum Labyrinthi 155
《迷宮的線索》 Thread of the Labyrinth 155
《迷途指津》 Guide to the Perplexed 183, 185
《退化》 Degeneration 487, 493
俄羅斯的凱薩琳二世 Catherine II of Russia 263
俄羅斯的凱薩琳大帝 Catherine of Russia 248
492, 582
阿哈索魯 Ahasuerus 391
阿奎那省 the province of Aquila 518
阿威羅伊 Averroës 185
阿倫德爾勳爵 Lord Arundel 180
阿納托爾 Anatole 276
阿納托爾．法朗士 Anatole France 135, 193, 236, 267, 391, 481, 527, 548, 557
阿曼德 Armand 239
阿提卡 Attica 34
阿斯克勒庇阿德斯 Asclepiads 83
阿斯克雷比斯 Asclepius 45
阿塔內斯 Atarneus 83
阿塔瑪 Atma 349
阿爾比恩 Albion 245
阿爾卡迪亞 Arcadia 324
阿爾西比亞德斯 Alcibiades 38, 39, 41
阿爾伯特．伯格 Albert Burgh 193
阿爾哥利斯 Argolis 34
阿爾菲耶里 Alfieri 378, 482
阿德里安．考貝夫 Adrian Koerbagh 192
阿德勒 Adler 473
阿摩司 Amos 470
附帶現象 epiphenomenon 502, 504
非道德論 immoralism 51
非道德論 unmoralism 490

九劃

《非國教徒》 Non-conformist 405
《俄羅斯歷史》 History of Russia 259
《信仰的意志》 The Will to Believe 561
《信仰的壁壘》 Bulwark of Faith 278
《威廉•詹姆斯和伯格森》 William James and Henri Bergson 569
《思想家尼采》 Nietzsche the Thinker 451
《政治論》 Tractatus Politicus 192
《政治學》 Politics 37, 88
《柏林月刊》 Berliner
物質 matter 105
物質不打緊，心靈沒關係 No matter, never mind 300
物質性 materiality 300
狀態 state 562
直布羅陀海峽 Gibraltar 34, 139
直觀知識 intuitive knowledge 522
直觀論 intuitionism 332, 583
知性論者 intellectualist 503
知道要問什麼問題，就已經知道了一半的答案 Prudens quaestio dimidium scientiae 102
知識大全 Summa 518, 531
知覺 perception 299
社會心理學 social psychology 122, 123, 158
社會制度 Society 170
社會相食 sociophagous 425
社會階層的階段性變化 gradations of rank 472
社會學 Sociology 271, 397, 402, 422, 423, 437, 441, 585
空無一物 Nothing 337
空無一物 no-thing 104
空閒時很難保持寧靜 difficilis in otio quies 374
表象 Appearances 338, 351, 410, 490, 504, 563,
金柏利 Kimberley 532
金斯利 Kingsley 406
金屬 metal 62, 66, 68
門諾教派 Mennonite sect 190
阿比西尼亞 Abyssinia 87
阿卡其亞博士之誹謗 Diatribe of Dr. Akakia 256
阿尼圖斯 Anytus 42
阿布德拉 Abdera 98
阿坎 Haquin 258
阿志巴綏夫 Artzibashef 495
阿狄曼圖斯 Adeimantus 50, 67
阿貝拉 Abélard 127
阿那克西美尼 Anaximenes 97
阿那克西曼德 Anaximander 96
阿里阿德涅 Ariadne 497
阿里斯托芬 Aristophanes 42, 43, 55, 456
阿波羅 Apollo 455
阿波羅多洛斯 Apollodorus 44
阿波羅崇拜 Apollonian 460, 491,

563, 574, 581
柏拉圖主義 Platonism 82
柏拉圖主義者 Platonist 93
柏拉圖式的理念 Platonic Idea 378
柏林大學 University of Berlin 336, 348
柏格森 Bergson 332, 357, 399, 411, 438, 500, 501, 502
柏格森哲學的生命衝動 Bergsonian élan vital 49, 61, 206, 232, 512
柏圖 Bertaut 239
柔弱的心智 tender-minded 566
查拉圖斯特拉 Zarathustra 464, 465, 466, 468, 473, 477, 478, 492, 496
查理曼大帝 Charlemagne 258
查爾斯·皮爾斯 Charles Peirce 563
查爾斯·斯坦梅斯 Charles P. Steinmetz 329
查爾德·哈洛德 Childe Harold 388
柯尼希 Koenig 256
柯尼斯堡大學 University of Königsberg 305
柯尼斯堡的蘇格蘭人 Scot of Königsberg 296
柯利爾 Collier 401, 403, 443
柯里尼 Collini 257
柯勒律治 Coleridge 232
毗濕奴 Vishnu 273
洛克 Locke 27, 176, 186, 245, 272, 298, 299, 308, 311, 313, 398
洛克里斯 Locris 34
洛根·皮爾索爾·史密斯 L. P. Smith 543
活力 élan 126
炫耀性消費 conspicuous consumption 54
為我建立永恆之銅像吧！ Exegi monumentum aere perennius! 309
相對主義；相對性 relativity 261, 329
相對論 relativity theory 329
科內伯爾 Knebel 336
科西瑪·華格納 Cosima Wagner 497
科里奧蘭納斯 Coriolanus 175
530
客觀現實 objective reality 74, 93, 328, 585
很棒的啤酒 ein gutes Bier 335
律法的守護者 Keepers of the Law 190
後驗 à posteriori 365, 404, 439, 582
思想 thinking 508
思想體系 ideology 127, 202, 203, 205, 296, 313, 332, 340, 416, 440, 520, 570
思辨哲學 speculative philosophy 86, 297
思辨神學 speculative theology 331
恆星般的友誼 stellar friendship 461
恬淡寡欲 apatheia 133
拜倫 Byron 232, 321, 328, 342, 344, 346, 378, 392
拜爾 Bayle 212, 272, 278, 281
拜羅伊特 Bayreuth 458, 458, 462,
政府 Government
政府的適當權力範圍 The Proper Sphere of Government 405
政治哲學 political philosophy 29, 30, 55, 85, 86, 115, 121, 224, 284, 422, 556, 577
政治秩序的自然原則—就其與普遍宇宙政治歷史相關觀念而論之 The Natural Principle of the Political Order considered in connection with the Idea of a Universal Cosmopolitical History 325
施內尼學派 Cyrenaic 133
施特勞斯 Strauss 335
施萊格爾 Schlegels 335, 344
施萊爾馬赫 Schleiermacher 231
施蒂納 Stirner 51, 490, 492
星雲假說 nebular hypothesis 187, 305
柏拉圖 Plato 22, 23, 27, 28, 34-80, 82, 83, 86, 89, 91-94, 98, 106, 111-113, 116, 118, 125-129, 133, 146, 161, 167, 168, 170, 174, 176, 186, 208, 213, 220, 311, 370, 392, 397, 422, 456, 458, 460, 487, 492, 495, 530, 540, 541, 544, 555, 556,
保守主義 conservatism 79, 115, 117, 152, 284, 304, 337
保留能量 reserve energy 560
保爾森 Paulsen 305, 309, 323, 321, 331, 333, 340
保羅·瑞 Paul Ree 330, 463
冠冕堂皇的神話 royal fable 62
冠冕堂皇的謊言 royal lies 74
勇氣 andreia 51
勇氣魄力 mettle 66
南特敕令 Edict of Nantes 275
品達 Pindar 132
哈西德·克萊斯卡 Hasdai Crescas 183, 185
哈伯特·朗蓋 Hubert Languet 159
哈里斯 Harris 563
哈姆雷特 Hamlet 111, 345, 414, 469, 502, 524
哈勒先生 Mr. Haller 262
哈勒維 Halévy 451, 453, 459, 461, 465, 491, 493
哈維 Harvey 139, 175
哈靈頓 Harrington 77
城邦 city-state 17, 35, 36, 40, 83, 84, 85, 120, 129
威利斯 Willis 189, 193 , 195, 209, 231
威斯特法倫 Westphalia 267
威廉·貝特森爵士 Sir Wm. Bateson 419
威廉斯 Williams 431
威廉·塞西爾爵士 Sir William Cecil 141
威廉·詹姆斯 William James 93, 205, 332, 520, 539, 560, 561, 562, 566, 580
威廉·摩里斯 William Morris 54
威爾克斯 Wilkes 431
威爾·杜蘭 Will Durant 20
威爾斯 Wells 169, 442
威爾登·卡爾 Wildon Carr 515
威爾遜教授 Professor E. B. Wilson 508
威瑪公爵 Duke of Weimar 323, 335
客觀 Objective 584
客觀地 objectively 204, 376
客觀存在 objective existence 93
客觀性 objectivity 212, 364, 392,

《泰晤士報》 The London Times 428
《原始人的心智》 The Mind of Primitive Man 439
《原則與起源》 De Principiis 155
《原則與起源》 On Origins 155
《原理》 Principia 247
《哲學之改造》 Reconstruction in Philosophy 573, 575, 577, 579
《哲學全書》 Encyclopedia of the Philosophical Sciences 336
《哲學的批判》 A Criticism of Philosophies 155
《哲學的批判》 Redargutio Philosophiarum 155
《哲學的故事》 The Story of Philosophy 21, 24, 27
《哲學家伏爾泰》 Voltaire Philosophe 246
《哲學家門農》 Memnon the Philosopher 251
《哲學問題》 The Problems of Philosophy 529, 531
《哲學期刊》 The Journal of Philosophy 541
《哲學辭典》 Dictionnaire Philosophique 245
《哲學辭典》 Philosophical Dictionary 41
《唐克瑞迪》 Tancréde 254
《唐懷瑟》 Tannhäuser 459
《恩培多克勒在埃特納》 Empedocles on Etna 99
《拿破崙如是說》 Napoleon in His Own Words 239
《時間與自由意志》 Essai sur les données immédiates de la conscience 501
《時間與自由意志》 Time and Free-will 501
《浪漫史》 Romances 237, 239, 249, 251, 281
《海伯利安》 Hyperion 221
《海涅散文集》 Prose Miscellanies 317
《特洛伊婦女》 Trojan Women 108
《真理的意義》 The Meaning of Truth 561
范・伏洛頓 Van Vloten 188, 193
范・登・恩德 Van den Ende 191
范・登・斯佩克 Van den Spyck 195
軍國主義 militarism 70, 152, 228, 326, 426, 427, 432, 441
迦太基 Carthage 183
迦瑪列 Gamaliel 191
迪・威特 De Witts 224
迪福 Defoe 170
革命之子 Son of the Revolution 342
革命法庭 Revolutionary Tribunal 298
韋爾敦 Welldon 90
音樂從戲劇中的演變 On the Evolution of Music Out of the Drama 455
飛利浦・西德尼爵士 Sir Philip Sidney 159
香料群島 Spice Islands 326
神 Providence 281
神性 divinity 106, 116, 199, 208, 528, 544, 573
神祕主義 mysticism 93, 528, 534, 560, 574
神經機能症組成 neurotic constitution 473
「神聖」同盟 "Holy" Alliance 343
神學方式 theological fashion 397
神職人員 oratores 74, 138, 246, 261, 264, 275-278, 298, 451
神權政體 theocracy 75

十劃

《師主篇》 The Imitation of Christ 137
《修辭學》 Rhetoric 88, 90
《倫理的形上學要素》 The Metaphysical Elements of Ethics 319
《倫理學》 Ethics 27, 88, 90, 105, 106, 107, 111, 113, 114, 126, 129, 159, 191-193, 202, 204, 207, 209, 211, 213, 221, 222, 227, 229, 231, 233, 355, 359, 573
《倫理學原理》 The Principles of Ethics 423, 430, 431
科林斯 Collins 245
科恩 Cohn 274
科雷喬 Correggio 383
科爾多瓦 Cordova 183, 185
科學的直觀 Scientia intuitiva 202
約伯 Job 207, 220
約克宅邸 York House 141
約克黨 Yorkist 258
約威特 tr. Jowett 43, 49, 90
約拿 Jonah 509
約翰內斯・米勒 Johannes Miiller 212
約翰・杜威 John Dewey 539, 571-581
約翰・洛克 John Locke 299
約翰・梅西 John Macy 23
約翰・史都華・彌爾 John Stuart Mill 315, 398, 402, 408, 448, 473
約翰・衛斯理 John Wesley 400
約翰・羅素勳爵 Lord John Russell 528
紅薔薇黨 Lancastrian 258
美勒托斯 Meletus 42
美國科學促進會 American Association for the Advancement of Science 419
美國陸軍部 War Department 171
美塞尼亞 Messenia 34
美感 esthetic 310, 385, 522, 524, 557
美德 virtù 51
美德 virtue 111
美學 Esthetics 30, 88, 108, 208, 380, 406, 456, 458, 521-524, 541, 546, 583
美麗的性別 fair sex 385
耶和華 Jehovah 106, 424, 550
耶拿 Jena 323, 335, 336
耶穌復活 Resurrection 281
耶穌會會士 Jesuit 75, 259
胡克 Hooker 406
胡格諾教徒 Huguenot 270
英國黑格爾反應 English-Hegelian reaction 445
英國自然神論者 English Deist 278
英國皇家學會 Royal Society 176, 194
英雄主義 heroism 453
英雄的道德 Hero-Morality 51, 469

時間產生 time-begotten 205
書面辯解書 An apologia pro vita sua 379
書籍與閱讀 Books and Reading 375
朗福德 Rumford 398
柴勒 Zeller 83, 87, 89, 90, 101, 105, 130
格里利 Greeley 571
格拉納達 Granada 183
格茨 Götz 490
格奧爾格・威廉・弗里德里希・黑格爾 Georg Wilhelm Friedrich Hegel 334
格雷戈爾・孟德爾 Gregor Mendel 102
格雷茨 Graetz 189
格羅特 Grote 83, 130, 260
格蘭特 Grant 87, 106
桑丘・潘薩 Sancho Panza 381
桑塔耶那 Santayana 111, 209, 491, 493, 538-559, 580
桑德森 Saunderson 279
氣息 breath 508
泰勒 Tylor 402
泰勒斯 Thales 39, 96, 119
泰爾 Tyre 183
浪漫主義 romanticism 232, 296, 335, 336, 389, 460, 463, 491, 494, 495, 514
浪漫主義運動 Romantic movement 386, 490
浮士德 Faust 381
海克力斯之柱 Pillars of Hercules 34
海軍至上主義 navalism 70
海格特 Highgate 179
海涅 Heine 134, 306, 317, 331, 342, 344, 392, 488, 490, 550
海德堡大學 University of Heidelberg 195, 336
涂爾幹 Durkheim 158
涅槃 Nirvana 83, 382, 383, 384, 388, 414, 584
消失的中產階級 elimination of the middle class 123
烏戈利諾 Ugolino 369
烏列爾・達・科斯塔 Uriel a Costa 184
155
哲學家 Ille Philosophus 89
哲學家步道 The Philosopher's Walk 306
哲學家國王 philosopher-king 57, 64, 106, 146, 153, 161, 556, 579
哲學博士 Ph.D. 64, 346
哲學學會 Philosophical Society 402
唐吉訶德 Don Quixote 111, 263, 266, 381, 545
唐・荷塞 Don Jose 471
埃吉爾 Egil 258
埃托利亞 Aetolia 34
埃利亞的芝諾 Zeno of Elea 39
埃利斯 Ellis 461, 475, 479, 497
埃姆斯 Ems 413
埃帕米農達 Epaminondas 84
埃特納 Etna 99
埃斯庫羅斯 Aeschylus 453, 456, 457, 491
埃斯賓諾沙 Espinoza 184
夏皮羅教授 Professor Schapiro 23
夏多布里昂 Chateaubriand 289, 303, 344, 514
夏柯 Charcot 560
夏特萊侯爵夫人 Marquise du Chatelet 247
夏特萊侯爵夫人 Mme. du Chatelet 254
夏斯特呂 Chastellux 292
家庭 ménage 248
家族原則 family-principle 442
席米拉 Semira 251
席勒 Schiller 332, 490
恩格斯 Engels 520
恩培多克勒 Empedocles 39, 98, 101, 337
拿破崙 Napoleon 73, 123, 129, 159, 160, 191, 239, 336, 338, 340, 343, 346, 387, 389, 391, 449, 470, 474, 477, 480, 486, 488, 491, 522
效果的增殖 Multiplication of Effects 413
效益 Utility 370, 520, 521, 570
時代精神 Zeitgeist 270, 339, 340, 406, 444, 490, 541, 561
時間的一貫性 unity of time 109
時間的持續 duration 222
《笑》Laughter 515
《紐約時報》New York Times 171
《純粹理性批判》Critique of Pure Reason 296, 297, 304, 308, 309, 311, 315, 321, 330-333
《純粹理性範圍內的宗教》Religion within the Limits of Pure Reason 321, 331
《草葉集》Leaves of Grass 126, 567
《酒神的女信徒》The Bacchae 456
《馬可・奧勒留》Marc Aurele 185
《高老頭》Pere Goriot 495
修昔底德 Thucydides 51
修訂版 De Emendationc 201
俾斯麥 Bismarck 123, 225, 413, 448, 449, 452
俾斯麥公爵 Prince Bismarck 427
個人主義 individualism 40, 61, 64, 84, 186, 216, 218, 225, 226, 324, 330, 337, 391, 400, 442, 490, 493, 541, 556, 577, 578, 580
個體化原則 principle of individuation 364
倫理學 Ethics 28, 30, 48, 110, 150, 203, 204, 218, 226, 328, 330, 333, 401, 402, 430, 441, 545, 583
倫敦林奈學會 Linnaean Society 399
倫敦塔 Tower 179
倫斯伯格 Rhynsburg 191, 192
原子論 atomism 98, 562
原動力 prime mover 105
原理 principle 64, 69, 89, 166, 168, 273, 298, 412, 510, 583
哥本哈根大學 University of Copenhagen 496
哥白尼 Copernicus 139, 175, 203
哥倫比亞大學 Columbia University 527, 571
哥倫布 Columbus 170, 1833, 399, 529
哲學心理學 philosophical psychology 30, 107
哲學的偉大復興 Great Reconstruction of Philosophy

十二劃

傅立葉 Fourier 54, 426
凱倫 Kallen 541, 569
凱爾德 Caird 333, 335, 339
凱撒 Caesar Julius 134, 175, 179, 245, 387
凱撒・波吉亞 Caesar Borgia 480, 481
普勞底加斯 Prodicus 36
喬瓦尼・詹蒂萊 Giovanni Gentile 319
喬瓦尼・維柯 Giambattista Vico 518
喬治・艾略特 George Eliot 222
喬治・桑塔耶那 George Santayana 538, 540, 543
喬叟 Chaucer 128
喬納森・愛德華茲 Jonathan Edwards 538
悲觀主義 pessimism 22, 264, 267, 342, 382, 388, 389, 391, 455, 456, 565, 566
惠更斯 Huygens 194
惠特曼 Whitman 126, 219, 392, 539, 567, 572
提克 Tieck 335
斐迪南 Ferdinand 189
斯巴達 Sparta 34, 35, 37, 52, 75, 78, 132, 216, 452
斯多葛學派 Stoicism 20, 97, 133, 134, 136, 148, 186, 217, 330, 387, 450, 531
斯特林堡 Strindberg 392, 495, 496
斯溫伯恩 Swinburne 392
斯賓塞 Spencer 24, 26, 88, 102, 142, 205, 233, 296, 329, 332, 396-446, 448, 492, 500, 501, 508, 515, 516, 528, 531, 554, 572, 575
斯賓諾沙 Spinoza 26, 27, 63, 159, 168, 182-233, 264, 278, 279, 281, 296, 298, 300, 351, 355, 359, 365, 380, 388, 392, 399, 452, 462, 507, 511, 517, 530, 544, 546, 551, 552, 563, 582, 584, 585
普希金 Pushkin 342
普魯東 Proudhon 426
普魯塔克 Plutarch 63, 85
普羅泰哥拉斯 Protagoras 36, 48, 566, 574, 583
唯物論 materialism 36, 135, 176, 245, 298-302, 328, 333, 353, 393, 410, 419, 420, 500-502, 506, 514, 520, 545, 558, 565, 566, 569, 584
培根 Bacon 28, 99, 125, 128, 131-180, 186, 201, 202, 245, 272, 274, 297, 298, 299, 334, 392, 439, 515, 570, 574
基督教的新教 Protestantism 189
屠格涅夫 Turgenev 29
康茂德 Commodus 161
康德 Kant 25, 67, 186, 187, 232, 272, 282, 289, 296-340, 351, 352, 389, 393, 396, 398, 399, 401, 402, 411, 419, 420, 439, 450, 457, 472, 490, 515, 562, 569, 575, 583, 584
張伯倫 Chamberlain 309, 323, 333
族群偶像 Idols of the Tribe 164
曼塞爾 Mansel 401
梅迪奇 Medici 494, 535
梅雷迪斯 Meredith 119, 249
梭羅 Thoreau 28, 221, 539
淡漠無情 apathy 133, 134, 148
理念 Ideas 62-65, 74, 134, 168, 339, 352, 364, 380, 391, 396, 397, 399, 430, 471, 530
理查森 Richardson 299
理想 ideal 204
畢阿斯 Bias 159
畢達哥拉斯 Pythagoras 29, 31, 39, 47, 63, 68, 72, 75, 99, 334, 530
笛卡爾 Descartes 167, 186, 187, 203, 207, 270, 272, 274, 334, 399, 500, 515, 573
第一因 first cause 316, 438, 583
第一部分 First Part 191, 353, 414, 464
第歐根尼 Diogenes 53, 133, 288, 372, 529
荷馬 Homer 34, 122, 456
莫利 Morley 239, 245, 257, 259, 261, 263, 279, 281, 285, 293
莫佩爾蒂 Maupertuis 247, 256
莫帕 Maupas 508
莫勒斯霍特 Moleschott 340, 355
麥考萊 Macaulay 145, 163, 171, 173, 177
烏托邦 Utopia 52, 54, 58, 59, 62, 63, 70, 74, 79, 116, 155, 156, 162, 169, 170, 172, 214, 272, 286, 297, 343, 367, 391, 534
烏托邦社會主義者 Utopian 396
烏恩特曼 Untermann 331
特里布森 Tribschen 452, 462
特威克納姆 Twickenham 144
狼 lycos 87
班貝格 Bamberg 336
班傑明・基德 Benjamin Kidd 442
班傑明・康斯坦 Benjamin Constant 471
班傑明・富蘭克林 Benjamin Franklin 291
留基伯 Leucippus 98
真空吸力 fuga vacui 375
真理之中 medio veritas 145
真愛是以靈魂來擁抱肉體 Dans le veritable amour c'est I'â me qui enveloppe le corps 471
祖國 Fatherland 189, 285
秩序 Order 179, 202
秩序與美 taxis kai kosmos 73
納瓦爾 Navarre 241
索爾特 Salter 451, 479, 481, 483
索羅亞斯德 Zoroaster 464
貢貝爾茨 Gomperz 90, 101
馬克思 Marx 77, 123, 340, 393, 519, 520, 522
馬拉 Marat 238, 286
馬洛 Marlowe 142
馬洛克 Mallock 137
馬勒伯朗士 Malebranche 210
馬基維利 Machiavelli 51, 149, 159, 178, 213, 495
馬蒂諾 Martineau 27, 204, 207
馬爾薩斯 Malthus 174, 405, 417
馬赫 Mach 231, 329, 506
高乃依 Corneille 290
高等批判 higher criticism 340
高爾吉亞 Gorgias 36

十一劃

勒南 Renan 91, 96, 133, 185, 233, 335, 548, 555, 557
唯心論 idealism 116, 315, 329, 331-333, 342, 352, 514, 521, 543,

瑞典的古斯塔夫三世 Gustavus III of Sweden 263
經院哲學 scholasticism 22, 24, 74, 91, 93, 105, 127, 138, 146, 154, 161, 186, 205, 206, 517, 520, 531, 564, 572, 585
聖西門 St. Simon 54 396, 426
聖希萊爾 St. Hilaire 398
聖柏夫 Sainte-Beuve 236, 237, 247, 253, 255, 257, 265, 279, 287, 289, 291, 548
聖經中的傳道書 Ecclesiastes 233, 518
葛里茵 Green 333
葛勞康 Glaucon 50, 59, 69
詹姆斯 James 205, 214, 311, 332, 514, 515, 520, 539, 541, 560-570, 580
詹姆斯一世 James I 162
詹姆斯・哈維・羅賓遜 James Harvey Robinson 22
詹姆斯・蘭吉 James-Lange 357
詹寧斯 Jennings 508
資產 Property 53, 54, 87, 124, 284, 285
路易十三 Louis XIII 258, 386
路易十六 Louis XVI 239, 286, 291, 292, 413
路易十四 Louis XIV 194, 240, 270
路易・勃朗 Louis Blanc 426
路易斯・梅耶 Louis Meyer 194
路德 Luther 238, 330, 457, 480

十四劃

圖密善 Domitian 161
實用主義 pragmatism 146, 332, 473, 560, 562-564, 570, 571, 584
實證主義 positivism 396, 397, 398, 445, 561, 584
徹底經驗主義 radical empiricism 311, 561
榮譽政治 timocracy 556
歌德 Goethe 129, 150, 178, 231, 232, 233, 323, 332, 336, 340, 343, 346, 359, 364, 381, 391, 392, 393, 398, 452, 480, 488, 490, 492, 494, 543, 550
瑪拿西・本・以色列 Menasseh 464, 466, 475-479, 483, 490, 492
進步 Progress 440
開普勒 Kepler 175, 203
雅各比 Jacobi 204, 231, 298
雅典 Athens 35
馮・貝爾 Von Baer 102
馮・契爾豪斯 Von Tschirnhaus 194
黑格爾 Hegel 232, 296, 314, 332, 334-340, 348, 351, 352, 393, 396-398, 438, 439, 517, 520, 521, 522, 563, 582, 584
達朗貝爾 D' Alembert 176, 263, 271, 276
達爾文 Darwin 174, 392, 399, 418, 439, 440, 448, 449, 508, 515, 569, 573

十三劃

塔列朗 Talleyrand 307
塔西佗 Tacitus 148
塔爾德 Tarde 123, 158, 438
塔蘭泰爾 Tallentyre 237, 239, 249, 257, 259, 263, 267, 277, 291, 293
塞內卡 Seneca 134, 146, 153, 375
塞奇威克 Sedgwick 402
塞爾蘇斯 Celsus 363
奧卡姆 Occam 125, 128
奧弗貝克 Overbeck 469, 497
奧斯本 Osborn 99
奧爾登伯格 Oldenburg 192
意志 will 211, 232, 355, 361, 377, 453, 583
意識 Consciousness 186, 582
愛比克泰德 Epictetus 134, 136, 137
愛克曼 Eckermann 364
愛倫坡 Poe 392, 538
愛爾維修 Helvetius 263, 270, 271, 278, 298, 330, 333
愛德華・卡彭特 Edward Carpenter 159
愛默生 Emerson 31, 49, 538, 541, 551, 554
感覺 sensation 100, 186, 201, 238, 299, 300, 308-316, 318, 328, 329, 332, 412, 420, 562, 566, 574, 583
溫克爾曼 Winckelmann 380
164
智識 intellect 158, 200, 211
湯瑪斯・阿奎那 Thomas Aquinas 127, 138
無政府主義 anarchism 30, 38, 436, 484
無神論 atheism 150, 151, 271, 279, 282, 298, 302, 303, 331, 465, 515, 518, 545
無意識 unconscious 59, 112, 210, 213, 239, 355, 360, 361, 363, 472, 508, 576
焦耳 Joule 398
策德利茨 Zedlitz 305, 322
絕對 Absolute 338
腓特烈大帝 Frederick the Great 249, 253, 255, 270, 304, 305, 322, 326
腓特烈・威廉二世 Frederick William II 322, 323
腓特烈・威廉四世 Frederick William IV 450
舒伯特 Schubert 342
舒曼 Schumann 342
華格納 Wagner 350, 381, 452-465, 472, 480, 490, 491, 494, 495, 496, 497
華茲華斯 Wordsworth 232, 344
華森 Watson 333
華萊士 Wallace 307
華萊士 Wallas 158
菲利普 Philip 84, 123, 132
菲諾特 Finot 391
萊布尼茨 Leibniz 26, 186, 194, 264, 314, 370, 399, 529
萊辛 Lessing 231, 297, 298, 550
萊奧帕爾迪 Leopardi 342, 344
萊爾 Lyell 406
萊維・本・格爾森 Levi ben Gerson 185
萊蒙托夫 Lermontof 342, 344
萊錫姆學苑 Lyceum 66
貴格會教徒 Quaker 244
貴族政體 aristocracy 36, 122, 483
費尼隆 Fenelon 134
費希特 Fichte 232, 332, 334, 335, 337, 340, 346, 352, 396, 490
費爾巴哈 Feuerbach 340, 354
超人 Superman 114, 218, 451, 458,

德雷福斯 Dreyfus 276
德爾斐 Delphi 39
德・繆塞 De Musset 342
德謨克利特 Democritus 36, 98, 99, 108, 133, 164, 176, 186, 545, 558
德・羅翰爵士 Chevalier de Rohan 242
德・蘇利公爵 Due de Sully 242
摩西 Moses 198
摩西・門德爾松 Moses Mendelssohn 231
摩西・邁蒙尼德 Moses Maimonides 183
摩爾人 Moors 183
數學證明 Mathematical 347
暴民統治 mob-rule 55
樂觀主義 optimism 176, 264, 269, 370, 382, 389, 392,456, 566
樂觀主義者 optimist 117, 342, 349, 350, 369
歐內斯特・勒南 Ernest Renan 233
歐文 Irving 538
歐幾里德 Euclid 201
歐瑪 Omar 49
潘恩 Paine 272
熱那亞 Genoa 183
論人的天性 Of Nature in Men 149
論女人 Women 385, 387, 393
論友情 Of Friendship 151
論父母與子女 Of Parents and Children 153
論名聲 Fame 347
論死亡 Of Death 179
論自豪 On Pride 353
論利己之智慧 Of Wisdom for a Man' s Self 145
論我們與自己的關係 On Our Relations to Ourselves 359
論迅能 Of Dispatch 153
論邦國強大之術 Of the True Greatness of Kingdoms 153
論忠告與格言 Counsels and Maxims 357, 359, 367, 371, 375, 383, 389, 391
論青年與老年 Of Youth and Age 151
論信徒與朋友 Of Followers and Friend 151
論叛亂與動亂 Of Seditions and the Fourfold Root of Sufficient Reason 347
《論生命與文學》 On Life and Letters 527
《論生滅》 Growth and Decay 88
《論定義》 Definitions 92
《論述地球之智慧》 Descriptio Globi Intellectualis 155
《論音樂之美》 The Beautiful in Music 381
《論倫理學的兩個基礎問題》 The Two Ground-Problems of Ethics 348
《論動物生殖》 De Gen. Animalium 88, 103, 105, 119
《論動物結構》 De part, An. 88, 101, 103
《論動物運動》 The Movements of Animals 88
《論道德原則》 Essays on the Principles of Morality 405
《論道德與民族精神：從查理曼大帝到路易十三》 Essai sur les moeurs et l' esprit des Nations, et sur les principaux faits de l' histoire depuis Charlemagne jusqu'à Louis XIII 258- 260, 277, 279
《論寬容》 Treatise on Toleration 277
《論歷史》 On History 521, 523, 525
《論題篇》 Topics 88
《論靈魂》 De Anima 88, 101, 109
《諸神的黃昏》 Götterdämmerung 465
劉易斯 Lewes 87
墨蘭頓 Melanchthon 238
寫實主義運動 realistic movement 444
德比 Derby 400, 402
德比勳爵 Lord Derby 444
德國抒情歌曲 Lied 459
德・麥斯特 De Maistre 236
德・斯達爾 De Stael 289
德意志高於一切 Deutschland über Alles 480
德瑞克 Drake 170
ben Israel 189
瑪格麗特・孟斯特伯格 Margaret Münsterberg 551, 559
福婁拜 Flaubert 388, 481
維吉爾 Virgil 94, 160, 390
維克多・雨果 Victor Hugo 238
維拉莫維茨 Wilamowitz-Moellendorff 491
維薩里 Vesalius 139
蒙田 Montaigne 159, 176, 238, 274, 330, 481, 580
認識論 epistemology 20, 25, 26, 30, 186, 232, 301, 333, 527, 529, 532. 542, 544, 571, 578, 583, 585
赫西奧德 Hesiod 361
赫伯特・喬治・威爾斯 H. G. Wells 23, 175
赫拉克利特 Heraclitus 39, 78, 97, 127, 133, 492, 515
赫胥黎 Huxley 402, 404, 406, 407, 410, 430, 444, 502
赫歇爾 Herschel 398, 406
赫爾德 Herder 231
齊美爾 Simmel 495

十五劃

《劍橋近代史》 The Cambridge Modern History 139
《德國哲學的自我主義》 Egotism in German Philosophy 491
《德國哲學與政治》 German Philosophy and Politics 331
《摩西五經》 Pentateuch 198
《數學原理》 Principia Mathematica 530
《數學哲學導論》 Introduction to Mathematical Philosophy 529
《歐洲歷史概要》 Outlines of European History 139
《範疇篇》 Categories 88
《論人》 On Man 271
《論人類不平等的起源》 Discourse on the Origin of Inequality 288
《論大自然的意志》 On the Will in Nature 348
《論天》 On the Heavens 88
《論充足理由律的四重根》 On

戴蒙 Damon 59
戴邁爾 Dehmel 495
擬人論 Anthropomorphism 582
濟慈 Keats 220
聯想法則 laws of association 107
薔薇十字會 Rosicrucian 322
薛西弗斯 Sisyphus 100
薛西斯 Xerxes 35
謝里曼 Schliemann 522
謝林 Schelling 232, 332, 334, 335, 337, 396, 399
賽頓 Sidon 182
賽維爾格斯 Scelliéres 292
趨性 Tropism 585
邁達斯 Midas 455
邁錫尼 Mycene 88
歸納法 induction 163, 168, 173, 174, 176, 245
簡單體驗 simple experience 168
簡・瑞利沃茲 Jan Rieuwertz 196
簡・德・威特 Jan de Witt 194, 195

十八劃

《薩伊爾》Zaire 254
舊約聖經 Old Testament 185, 187, 205, 278, 549
薩瓦牧師的信仰告白 Confession of Faith of the Savoyard Vicar 303
薩多瓦 Sadowa 452
薩沃納羅拉 Savonarola 48, 517
薩帕・帕拉迪諾 Eusapia Palladino 513
薩帕塔的問題 The Questions of Zapata 278
薩拉丁 Saladin 94
薩拉米斯 Salamis 413
謬誤推論 paralogism 315
豐特奈爾 Fontenelle 241
魏特琳 Vautrin 495
魏斯曼 Weismann 418
魏塞 Weisse 340
魏寧格 Weininger 119

十九劃

《懷疑主義與動物信仰》Scepticism and. Animal Faith
憨第德 Candide 262, 267
戰爭 War 36, 52, 266, 287
戰爭意志 Will to War 453
戰神 ares 111, 425
機械論者 mechanist 502
激進主義 radicalism 115.496
盧克萊修 Lucretius 36, 134, 137, 186, 543, 548
盧梭 Rousseau 36, 249, 266, 285, 302, 389
穆修斯・斯凱沃拉 Mutius Scaevola 450
蕭伯納 Bernard Shaw 539
蕭伯納 Shaw 251
蕭邦 Chopin 343
諾瓦利斯 Novalis 230
諾伍德 Norwood 109
諾克斯 Knox 238
諾爾道 Nordau 487
霍夫丁 Hoffding 207
霍布斯 Hobbes 26, 176, 224, 245, 298, 324, 398, 399, 495, 574
霍勒斯 Horace 125
霍勒斯・沃波爾 Horace Walpole 258
霍勒斯・凱倫 Horace Kallen 541
霍普特曼 Hauptmann 495
霍爾巴赫 Holbach 271
霍爾巴赫男爵 Baron d'Holbach 271
鮑威爾 Bauer 340
鮑斯韋爾 Boswell 263
龍勃羅梭 Lombroso 379

十七劃

《瞧!這個人》Ecce Homo 221, 451, 465, 481, 486, 487, 489
《賽密拉米斯》Semiramis 254
《簡要研究》Short Studies 213
《簡論上帝與人》A Short Treatise on God and Man 193
彌爾 J. S. Mill 94, 315, 398
彌爾 Mill 124
優卑亞 Euboea 35
戲劇哲學家 dramatist-philosopher 89
戲劇偶像 Idols of the Theatre 166
戴維 Davy 398
Troubles 153
論真理 Of Truth 147
論高位 Of Great Place 179
論偽飾 Of Dissimulation 161
論婚姻與獨身 Of Marriage and Single Life 151
論習性 Of Custom 153
論善 Of Goodness 149
論無神論 Of Atheism 151
論愛情 Of Love 151
論榮譽和名譽 Essay of Honor and Reputation 147
論說集 Dissertations 136
論養生 Of Regiment of Health 149
論噪音 On Noise 347
論學習 Of Studies 147
論辭令 Of Discourse 161
鄧南遮 d'Annunzio 495
魯何 Ruhe 509, 513
黎塞留 Richelieu 254

十六劃

《學校與社會》The School and Society 573
《學術的進展》Adv. Of L. 29, 149, 151, 153, 156, 157, 159, 161, 163, 165, 167, 175, 179
《學術的進展》Advancement of Learning 99
《學術的進展》De Aug 157
《學術的進展》De Augmentis 147
《學術的進展》De Augmentis Scientiarum 155
《學術的進展》The Advancement of Learning 139
《憨第德》Candide 248
《歷史中之歷史概要》Introduction to the History of History 135
《歷史哲學》Philosophy of History 339
《盧克萊修論生死》Lucretius on Life and Death 137
《盧梭與浪漫主義》Rousseau and Romanticism 389
《穆罕默德》Mahomet 254
《親和力》Elective Affinities 381

二十一劃

《辯謬篇》 Sophistical Refutation 88
蘭吉 Lange 214
蘭普 Lampe 306
辯士學派 Sophist 36, 40, 48, 73, 98, 228, 352, 528
辯證法 Dialectic 240, 456, 546, 582
露・莎樂美 Lou Salomé 463

二十二劃

《權力意志》 The Will to Power 297, 451, 473, 475, 477, 479, 485, 489, 497
《邏輯理論研究》 Studies in Logical Theory 573
《邏輯學，作為純粹概念的科學》 Logic as the Science of the Pure Concept 520
權力意志 Will to Power 232, 453
權宜婚姻 manages de convenances 248
邏輯知識 logical knowledge 522
邏輯推論 Logical 347

二十四劃

《靈魂的自然史》 Natural History of the Soul 270
讓・加勒士 Jean Galas 275
讓・保羅・里克特 Jean Paul Richter 332
靈 spirit 424
靈魂 Soul 281

二十五劃

觀念構思 ideation 544, 583

二十六劃

596 讚美詩集 hymn-book 464
542, 543, 545, 547, 549, 551, 553
《關於斯賓諾沙體系的若干討論》 Einige Gespräche über Spinoza's System 230
寵物理論 pet theory 215
懷疑主義 scepticism 238
懷疑論者 sceptic 332
羅伊斯 Royce 301
羅吉爾 Roger 128
羅伯遜 J. M. Robertson 175, 237, 241, 246, 259, 273, 277, 291
羅素伯爵 Earl Russell 528
羅馬大學 University of Rome 519
羅馬天主教會 Roman Catholic Church 77
羅馬帝國 Empire 137, 138
羅馬教廷 Papacy 138
羅馬教皇；波普 Pope 145, 244
羅曼・羅蘭 Remain Rolland 519
羅傑・阿什姆 Roger Ascham 178
羅傑・培根 Roger Bacon 139
羅斯 Ross 158
羅斯米尼 Rosmini 518
羅萊 Rawley 174
羅爾斯頓 Rolleston 137
羅賓遜 Robinson 139
羅賓遜教授 Professor Robinson 23
贊比西河 Zambesi 431
贊西佩 Xanthippe 39
邊沁 Bentham 177, 398
龐巴度侯爵夫人 Mme. de Pompadour 276
龐貝城 Pompeii 370
龐培 Pompey 134

二十劃

《懺悔錄》 Confessions 302
蘇格拉底 Socrates 17, 20, 25, 30, 31, 37- 46, 49, 50, 52, 92- 94, 96, 98, 99, 112, 113, 128, 129, 132, 133, 146, 164, 173, 174, 186, 213, 216, 217, 392, 396, 456, 457, 491492, 494, 530, 545, 552, 576
蘇格拉底主義 Socratism 491
蘇格拉底左翼 Socratic Left 75
議會大廈 Houses of Parliament 171
騷塞 Southey 344

野人文化
讀者回函卡

書　名

姓　名　　　　　　　　　　　　□女 □男　年齡

地　址

電　話　　　　　　　　　　手機

Email

□同意 □不同意　收到野人文化新書電子報

學　歷 □國中(含以下) □高中職 □大專 □研究所以上

職　業 □生產/製造 □金融/商業 □傳播/廣告 □軍警/公務員 □教育/文化 □旅遊/運輸 □醫療/保健 □仲介/服務 □學生 □自由/家管 □其他

◆你從何處知道此書？

□書店：名稱 ________　□網路：名稱 ________

□量販店：名稱 ________　□其他 ________

◆你以何種方式購買本書？

□誠品書店 □誠品網路書店 □金石堂書店 □金石堂網路書店

□博客來網路書店 □其他 ________

◆你的閱讀習慣：

□親子教養 □文學 □翻譯小說 □日文小說 □華文小說 □藝術設計

□人文社科 □自然科學 □商業理財 □宗教哲學 □心理勵志

□休閒生活（旅遊、瘦身、美容、園藝等） □手工藝／DIY □飲食／食譜

□健康養生 □兩性 □圖文書／漫畫 □其他 ________

◆你對本書的評價：（請填代號，1. 非常滿意　2. 滿意　3. 尚可　4. 待改進）

書名 _____ 封面設計 _____ 版面編排 _____ 印刷 _____ 內容 _____

整體評價 _____

◆你對本書的建議：

野人文化部落格 http://yeren.pixnet.net/blog

野人文化粉絲專頁 http://www.facebook.com/yerenpublish

廣　告　回　函
板橋郵政管理局登記證
板 橋 廣 字 第 143 號

郵資已付　免貼郵票

野人

23141
新北市新店區民權路108-2號9樓
野人文化股份有限公司 收

請沿線撕下對折寄回

野人

書號：0NEV0034